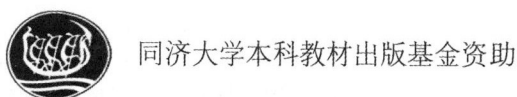 同济大学本科教材出版基金资助

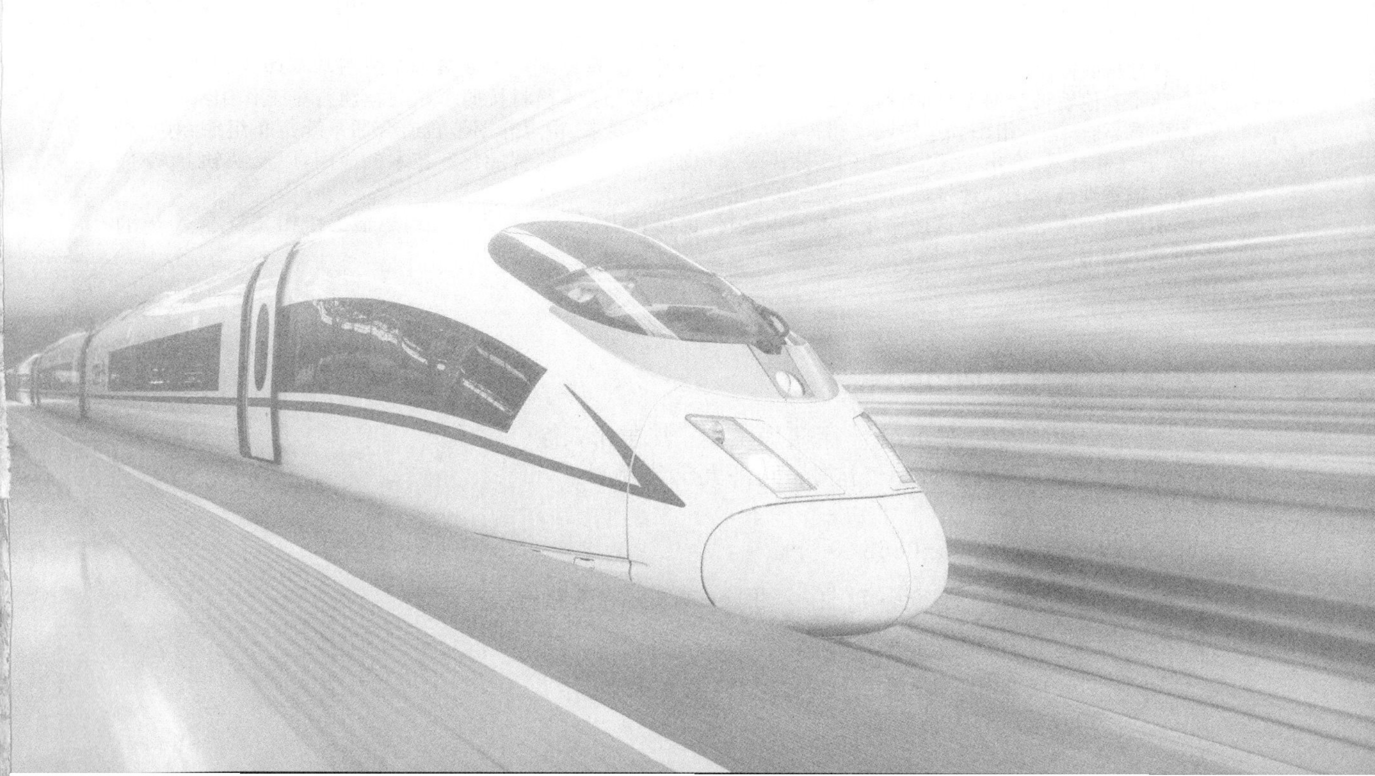

（修订本）

Train Operation Organization of Rail System
(Revised Edition)

徐瑞华　主编　　江志彬　徐行方　副主编

·上海·

内 容 提 要

为满足我国多层次轨道交通快速发展对高等院校运输管理人才培养的需要，本教材遵循高等院校交通运输专业课程建设和教学改革的要求，根据《轨道交通系统行车组织》(2005年版)的使用情况，吸收和参考了国内外相关教材内容，并结合本学科最新的研究成果，对其进行了修订。

本教材面向多层次轨道交通系统行车组织的共性特点，重点阐述了铁路行车组织基本理论和方法，兼顾介绍了其他轨道交通系统的行车组织特点。在内容组织上，本教材按照车站与枢纽行车工作组织、运力资源配置、列车运行组织和运输调度指挥四大板块的教学要求，重点介绍了轨道交通系统行车组织的基础理论、方法和技术，突出了运输生产的实际需要及运输管理信息化、智能化新技术的应用，以反映轨道交通系统运输管理技术的快速发展，拓宽学生的专业知识面。

本教材为高等院校交通运输专业本科生教材，也可作为研究生及从事交通运输工作相关技术人员的学习参考用书。

图书在版编目(CIP)数据

轨道交通系统行车组织 / 徐瑞华主编；江志彬，徐行方副主编. -- 修订本. -- 上海：同济大学出版社，2023.9
　ISBN 978-7-5765-0868-0

　Ⅰ. ①轨… Ⅱ. ①徐… ②江… ③徐… Ⅲ. ①铁路行车-行车组织 Ⅳ. ①U292

中国国家版本馆 CIP 数据核字(2023)第 132008 号

轨道交通系统行车组织(修订本)

徐瑞华　主编　　江志彬　徐行方　副主编

责任编辑　陆克丽霞　　责任校对　徐春莲　　封面设计　陈益平

出版发行	同济大学出版社　www.tongjipress.com.cn	
	(地址：上海市四平路1239号　邮编：200092　电话：021-65985622)	
经　销	全国各地新华书店	
制　作	南京月叶图文制作有限公司	
印　刷	启东市人民印刷有限公司	
开　本	787 mm×1092 mm　1/16	
印　张	30.25	
字　数	755 000	
版　次	2023 年 9 月第 1 版	
印　次	2023 年 9 月第 1 次印刷	
书　号	ISBN 978-7-5765-0868-0	
定　价	86.00 元	

本书若有印装质量问题，请向本社发行部调换　　版权所有　侵权必究

修订本前言

交通运输在人类社会生活中占有极为重要的地位,是国民经济活动中必不可少的重要组成部分。轨道交通系统泛指使用一定类型的机车车辆组成列车在固定轨道上运行的交通运输系统,有普速铁路、高速铁路、城际铁路、市域(郊)铁路、城市轨道交通等多种类别。进入21世纪后,以提高运输能力和提升技术装备水平为主线,全面推进技术创新、体制创新和管理创新,我国轨道交通系统取得了举世瞩目的建设成就和显著的社会经济效益。当前,我国开启了全面建设社会主义现代化国家,以中国式现代化全面推进中华民族伟大复兴的新征程。加快建设交通强国,是建设现代化经济体系的先行领域,也是全面建设社会主义现代化国家的重要支撑。

交通强国,铁路先行。为了满足我国多层次轨道交通快速发展对高等院校运输管理人才培养的需要,根据高等院校交通运输专业课程建设和教学改革的要求,编者结合理论研究、教改实践及《轨道交通系统行车组织》(2005年版)的使用情况,在吸收和参考国内外相关教材内容的基础上,重新编写了《轨道交通系统行车组织》(修订本)。

本教材在内容组织上,面向多层次轨道交通系统行车组织的共性特点,按照车站及枢纽行车工作组织、运力资源配置、列车运行组织和运输调度指挥四大板块的教学需求,重点阐述铁路行车组织基本理论和方法,兼顾介绍城市轨道交通等其他轨道交通行车组织基本理论和方法。在重点叙述轨道交通系统行车组织的共性内容及各自特点的同时,为适应新技术的快速发展及更好地拓宽学生的专业知识面,本次主要修订了以下内容:

(1) 鉴于铁路运输管理体制的重大改革,对2005年版中涉及原铁道部、铁路分局、中国铁路总公司等运输组织的相关内容进行了修正。

(2) 基于轨道交通系统快速发展、技术不断更新的形势,在第一篇轨道交通系统车站与枢纽行车工作组织、第四篇轨道交通系统列车运行调度工作中,更新并增加了编组站作业自动化、铁路运输调度指挥信息化等有关新技术的内容。

(3) 在第二篇轨道交通系统行车工作计划、第三篇轨道交通系统列车运行组织中,增加并更新了中欧班列运输组织、列车运行图表示方法及要素确定、高速铁路及重载铁路列车运行图编制、城市轨道交通开行方案及乘务计划等内容。

(4) 更新及修正了2005年版中的数据和错误。

本教材由徐瑞华担任主编，负责全书的统稿修订，江志彬、徐行方担任副主编。参与本书编写的人员分工如下：徐瑞华（绪论），徐行方、谢超（第一篇），徐瑞华、梁东力、王芳盛（第二篇），江志彬、徐瑞华（第三篇），徐瑞华、王鹏玲、王芳盛（第四篇）。

在本教材编写过程中，交通运输专业教学指导委员会提出了宝贵的指导意见，编者参考引用了国内外专家学者的专著、教材和研究成果，资料收集过程中得到了中国铁路上海局集团有限公司、上海申通地铁集团有限公司等单位的大力支持，在此一并表示衷心的感谢。

由于本教材涵盖内容较多，加之编写时间较紧及编者业务水平所限，在全书内容组织和文献资料取舍方面，难免存在诸多不当和疏漏之处，热诚欢迎学术界同行及各位读者批评指正。

编 者

2023 年 3 月

目 录

绪 论

第一章　轨道交通系统概述 …………………………………………………… 002
第二章　轨道交通系统行车组织的内容 ………………………………………… 009

第一篇　轨道交通系统车站与枢纽行车工作组织

第三章　概述 …………………………………………………………………… 014
　　第一节　车站作业及其分类 ………………………………………………… 014
　　第二节　车站设施设备 ……………………………………………………… 016
　　第三节　车站工作的组织与管理 …………………………………………… 028
第四章　车站基本生产活动及其技术作业 …………………………………… 032
　　第一节　中间站生产活动及其技术作业 …………………………………… 032
　　第二节　技术站生产活动及其技术作业 …………………………………… 035
　　第三节　车站接发列车作业 ………………………………………………… 039
　　第四节　车站列车折返作业 ………………………………………………… 040
第五章　车站调车工作组织 …………………………………………………… 043
　　第一节　概述 ………………………………………………………………… 043
　　第二节　调车作业时间标准确定 …………………………………………… 044
　　第三节　牵出线调车作业 …………………………………………………… 047
　　第四节　驼峰调车作业 ……………………………………………………… 050
　　第五节　调车作业计划 ……………………………………………………… 054
第六章　铁路技术站工作组织 ………………………………………………… 064
　　第一节　列车到发技术作业 ………………………………………………… 064
　　第二节　车站技术设备的运用 ……………………………………………… 068
　　第三节　货车集结过程 ……………………………………………………… 078
　　第四节　货物作业车的技术作业 …………………………………………… 082
　　第五节　铁路车站与企业专用线的统一技术作业过程 …………………… 089
第七章　车站作业计划、调度指挥及统计分析 ……………………………… 093
　　第一节　车站作业计划 ……………………………………………………… 093
　　第二节　车站作业调度指挥 ………………………………………………… 103

第三节　车站工作统计与分析 ·· 105
第八章　车站作业系统的协调及技术设备合理数量的确定 ··· 113
　　第一节　车站各子系统工作的协调条件 ··· 113
　　第二节　系统能力一定条件下到发车场线路数的确定 ····································· 116
　　第三节　不改变其他系统工作条件下驼峰需要能力的确定 ······························ 117
　　第四节　牵出线编组机车台数及调车场线路数的确定 ····································· 119
　　第五节　编组站各项设备的综合计算 ··· 121
第九章　编组站综合作业自动化 ·· 124
　　第一节　车站信息及票据传输过程 ·· 124
　　第二节　编组站作业自动化 ·· 125
第十章　铁路枢纽行车工作组织 ·· 131
　　第一节　概述 ··· 131
　　第二节　铁路枢纽车站作业的合理分工 ··· 133
　　第三节　铁路枢纽车流组织及列车运行组织 ··· 140
复习与思考题 ·· 147

第二篇　轨道交通系统行车工作计划

第十一章　概述 ·· 150
　　第一节　列车编组计划概述 ·· 150
　　第二节　货物列车的分类与编组办法 ··· 152
　　第三节　货物列车编组计划的编制程序与原则 ··· 157
　　第四节　车流径路及其确定原则 ··· 159
第十二章　装车地直达列车编组计划的编制 ··· 162
　　第一节　装车地直达运输概述 ··· 162
　　第二节　装车地直达列车编组方案 ·· 165
　　第三节　装车地直达列车编组计划的编制与执行 ·· 169
第十三章　技术站列车编组计划的编制 ·· 172
　　第一节　编制技术站单组列车编组计划的主要因素 ······································· 172
　　第二节　编制技术站单组列车编组计划的基本原理 ······································· 178
　　第三节　直线方向单组列车的编组方案数 ·· 178
　　第四节　编制单组列车编组计划的计算方法 ··· 184
　　第五节　分组列车编组计划的编制 ·· 199
　　第六节　非直达列车编组计划的编制 ··· 205
第十四章　铁路运输生产技术计划 ·· 210
　　第一节　概述 ··· 210
　　第二节　车辆运用数量指标计划 ··· 211
　　第三节　车辆运用质量指标计划 ··· 219

  第四节 运用车保有量计划 …… 228
  第五节 机车运用计划 …… 229
第十五章 城市轨道交通车辆运用及乘务计划 …… 234
  第一节 全日行车计划 …… 234
  第二节 车辆运用计划 …… 237
  第三节 乘务计划及值乘管理 …… 240
复习思考题 …… 252

第三篇 轨道交通系统列车运行组织

第十六章 概述 …… 254
  第一节 列车运行图的图形表示方法 …… 254
  第二节 列车运行图的分类 …… 263
第十七章 列车运行过程控制 …… 268
  第一节 闭塞的基本概念 …… 268
  第二节 自动闭塞的原理和类型 …… 271
  第三节 高速铁路列车运行控制系统 …… 276
  第四节 城市轨道交通列车自动控制系统 …… 281
第十八章 列车运行图要素 …… 285
  第一节 概述 …… 285
  第二节 车站间隔时间 …… 291
  第三节 追踪列车间隔时间 …… 297
第十九章 线路通过能力及旅行速度 …… 306
  第一节 运输能力概述 …… 306
  第二节 平行运行图通过能力 …… 308
  第三节 普速铁路非平行运行图通过能力 …… 317
  第四节 高速铁路通过能力 …… 327
  第五节 城市轨道交通通过能力 …… 333
  第六节 施工及综合维修天窗 …… 336
  第七节 旅行速度及其影响因素 …… 340
第二十章 列车运行图编制 …… 348
  第一节 概述 …… 348
  第二节 普速铁路列车运行图编制 …… 351
  第三节 分号列车运行图编制 …… 362
  第四节 电力牵引区段列车运行图编制 …… 365
  第五节 高速铁路列车运行图编制 …… 366
  第六节 重载铁路列车运行图编制 …… 372
  第七节 城市轨道交通列车运行图编制 …… 374

第八节　列车运行图指标 …… 377
　　第九节　列车运行图的计算机编制技术 …… 379
第二十一章　运输能力加强 …… 384
　　第一节　概述 …… 384
　　第二节　提高列车重量 …… 387
　　第三节　增加行车密度 …… 389
　　第四节　提高行车速度 …… 394
　　第五节　城市轨道交通通过能力加强 …… 396
　　第六节　轨道交通运输系统能力的利用 …… 399
复习思考题 …… 402

第四篇　轨道交通系统列车运行调度工作

第二十二章　概述 …… 404
　　第一节　运输调度指挥系统 …… 404
　　第二节　铁路运输调度工作的任务 …… 406
第二十三章　铁路调度日（班）计划 …… 408
　　第一节　概述 …… 408
　　第二节　调度日（班）计划的编制 …… 411
第二十四章　铁路车流调整 …… 420
　　第一节　车流预测 …… 420
　　第二节　车流调整 …… 422
第二十五章　列车运行调整 …… 427
　　第一节　概述 …… 427
　　第二节　铁路列车运行调整 …… 427
　　第三节　城市轨道交通列车运行调整 …… 429
第二十六章　铁路日常统计与分析 …… 431
　　第一节　旅客运输主要工作指标统计与分析 …… 431
　　第二节　货物运输主要工作指标统计与分析 …… 434
第二十七章　轨道交通系统运营可靠性 …… 443
　　第一节　概述 …… 443
　　第二节　轨道交通系统运输能力损失及其传递 …… 444
第二十八章　铁路运输调度指挥现代化 …… 450
　　第一节　概述 …… 450
　　第二节　铁路列车调度指挥系统 …… 451
　　第三节　分散自律调度集中系统 …… 461
复习思考题 …… 473
参考文献 …… 474

绪 论

第一章

轨道交通系统概述

交通运输在人类社会生活中占有极为重要的地位,是国民经济活动中必不可少的重要组成部分。国民经济要求运输业运量大、速度快、成本低、质量好,并能保证运输的经常性。轨道交通系统与其他运输方式相比具有其独特的优势,在世界范围内得到了广泛的发展。

我国幅员辽阔、人口众多、耕地紧缺,能源结构以煤炭为主。自然资源主要分布在西部和北部的内陆地区,工业基地则主要分布在东部和南部沿海地区。自然资源和工业布局的错位态势,决定了我国地区经济发展的不平衡,决定了货运结构以能源、原材料和初级产品为主,也决定了物资由北向南和由西向东的基本流向。随着我国社会经济快速发展,大量剩余劳动力从农村流向城市,从内陆省份流向沿海地区;同时,随着人民生活水平的不断提高,旅游业的发展成为促进旅客运输发展的重要因素。面对不断增长的客货运输需求,建设现代化、高质量的综合立体交通网络迫在眉睫。综合立体交通网络需要以国家发展规划为依据,发挥国土空间规划的指导和约束作用,统筹铁路、公路、水运、民航、管道、邮政等基础设施规划建设,以多中心、网络化为主形态,完善多层次网络布局,优化存量资源配置,扩大优质增量供给,实现立体互联,增强系统弹性。强化西部地区补短板,推进东北地区提质改造,推动中部地区大通道大枢纽建设,加速东部地区优化升级,形成区域交通协调发展新格局。当前,我国已进入了全面建设社会主义现代化国家,以中国式现代化全面推进中华民族伟大复兴的新阶段。加快建设交通强国,是建设现代化经济体系的先行领域,也是全面建设社会主义现代化国家的重要支撑。交通强国,铁路先行。以铁路为主体的轨道交通系统将在中国式现代化建设中起到极为重要的作用。

轨道交通系统泛指使用一定类型的机车车辆组成列车在固定轨道上运行的交通运输系统。就目前的发展情况来看,轨道交通可以分为普速铁路、高速铁路、城际铁路、市域(郊)铁路、城市轨道交通等类型。

一、普速铁路

铁路是国家战略性、先导性、关键性重大基础设施,是国民经济大动脉、重大民生工程和综合立体交通运输网络骨干,在经济社会发展中的地位和作用至关重要。铁路运输与其他运输方式相比,具有以下主要特点:

(1) 在现代技术条件下,受地理条件的限制较小,几乎可以在任何地区修建。

(2) 能担负大量的客货运输任务。

(3) 运输成本较低,投资效果较好。

(4) 有较快的送达速度。

(5) 受气候条件的影响小,能保证运输的准确性与经常性。

铁路运输生产过程是在全国纵横交错的铁路网上进行的。截至2022年底,全国铁路营业里程15.5万km,其中高铁4.2万km;路网密度161.1 km/万km^2,复线率59.6%,电化率73.8%;全国铁路机车拥有量为2.21万台,其中,内燃机车0.78万台,电力机车1.42万台;全国铁路客车拥有量为7.7万辆,其中动车组4 194标准组、33 554辆;货车拥有量为99.7万辆。2022年,国家铁路旅客发送量完成16.10亿人,旅客周转量完成6 571.76亿人·km;国家铁路货运总发送量完成39.03亿吨,其中,集装箱发送量比上年增长20.6%,货运总周转量完成32 668.36亿t·km。2019年,全国铁路旅客发送量完成36.60亿人,旅客周转量完成14 706.64亿人·km,货运总发送量完成43.89亿t,货运总周转量完成30 181.95亿t·km。受疫情影响,2022年客货运量较2019年有所下降,客运量下降幅度最大。

铁路运输的作业环节多而复杂,要求各单位和各工种间密切配合,协同动作,像一架庞大的联动机环环紧扣,有节奏地工作。为此,在铁路运输组织工作中必须贯彻高度集中、统一指挥的原则。铁路运输的主要任务在于适应社会主义市场经济的发展,开发有竞争力的客货运输产品,合理地组织运输生产过程,采取各种有力措施保证安全、迅速、经济、准确、便利地运送旅客和货物,以满足国家建设和人民生活的需要。

铁路运输生产过程的主要内容,就旅客运输而言,是根据客运需要和设备条件,在不同发到站之间为旅客提供一定数量、编组的旅客列车,以满足旅客旅行过程中对购票、乘降、托运行包、候车换乘、其他服务等多方面的需求;就货物运输而言,是利用线路、机车、车辆等技术设备,将原料或产品装入车辆,并按相同去向将车辆组成列车,以列车方式从一个生产地点运送到另一个生产地点或消费地点。在运送过程中,必须进行装车站的发送作业、途中运送以及卸车站的终到作业。为了加速货物运送以及更合理地运用铁路技术设备,在运送途中需要进行列车的改编作业。为了保证装车需要,卸后空车也要及时回送到装车站。

二、高速铁路

高速铁路是一个具有时间性和相对性的概念。1964年10月,世界上第一条高速铁路东海道新干线在日本诞生,标志着世界铁路开始进入高速化时代。1975年5月,日本在《全国新干线铁道整备法》中规定:"列车在主要区间能以200 km/h以上速度运行的干线铁路称为高速铁路。"这是世界上第一个以法规条文形式明确的高速铁路定义。1976年,法国政府资助TGV[①]计划,法国高速铁路东南线随之开始建造。1981年9月,运行于巴黎与里昂之间的TGV系统正式向公众开放。德国在1979年试制成第一辆ICE[②]列车,1982年德国高速铁路计划开始实施,1991年6月德国首条曼海姆至斯图加特高速铁路线建成通车。1985年5月,联合国欧洲经济委员会在日内瓦签署的《国际铁路干线协议》规定,凡新建重要国际铁路干线的列车最高运行速度,客运专线应能达到300 km/h,客货混运线路应能达到250 km/h。20世纪90年代中期,欧洲高速铁路网建设项目进入实施阶段。1994年,英

---

① TGV:Train à Grande Vitesse,法国高速铁路系统。
② ICE:Inter City Express,城际特快列车。德国国铁为迈向国际化所注册的英文名字。

吉利海峡隧道通车,高速铁路将法、英两国连接起来;1997年,从巴黎始发的"欧洲之星"高速列车又将法国、比利时、荷兰和德国连接在一起。

高速铁路诞生在日本,发展于西欧,兴盛于中国,现已在许多国家建成,并出现了"新干线""TGV""ICE""摆式列车""CRH[①]"等多种高速技术模式,大体可划分为以下三种技术模式:

(1) 新建高速专线,列车运行速度达到250~350 km/h。

(2) 大量改造既有线,列车运行速度达到200~250 km/h。

(3) 既有线开行摆式列车,列车运行速度达到200~250 km/h。

目前,高速铁路被定义为"列车在主要区间能以200 km/h以上速度运行的干线铁路"是较为合适的。由于这个定义兼顾了各国铁路的实际情况,且考虑了既有线经技术改造后所能达到的列车最高运行速度,因而被广泛接受。

2004年1月21日,中华人民共和国国务院审议通过《中长期铁路网规划》,规划建设四纵四横客运专线,设计速度指标为200 km/h以上。2008年8月1日,中国第一条具有自主知识产权、达到国际先进水平的高速铁路"京津城际铁路"开通运营。同年,在四纵四横客运专线网规划的基础上,国家发展和改革委员会批准了《中长期铁路网规划(2008年调整)》,规划到2020年,全国铁路营业里程为12万km以上,复线率和电气化率分别为50%和60%以上,主要繁忙干线实现客货分线。在此基础上,由原四纵四横客运专线网扩展到修建客运专线1.6万km以上,并新建四纵四横客运专线网的联络线和城市群城际轨道交通系统。2009年12月26日,京广高速铁路武广段开通运营,列车最高运营速度达350 km/h,标志着中国铁路正式进入高铁时代。2011年6月30日,京沪高速铁路正式开通运营,动车组以最高速度350 km/h运行。随着多条客运专线和高速铁路相继建成,地方政府和公众愈发感受到高速铁路带来的时空距离缩短以及对经济建设的推动作用。2016年,我国在原《中长期铁路网规划(2008年调整)》的基础上,再次提出了新的《中长期铁路网规划》,结合铁路建设发展的实际情况,具体提出了八纵八横高速铁路网建设规划。截至2022年底,中国高铁运营里程突破4万km,四纵四横高速铁路网络已经建成,八纵八横高速铁路网正在建设完善中,部分区际联络线、城际铁路和高速铁路加密线路也在紧锣密鼓地规划和建设中。中国高铁从无到有、从追跑者到成为领跑者,在基础设施建设、技术装备制造以及运营管理等方面均取得了举世瞩目的成就,产生了巨大的社会效益和经济效益。根据国务院发布的《"十四五"现代综合交通运输体系发展规划》,到2025年主要采用250 km/h及以上速度标准的高速铁路网对50万人口以上城市的覆盖率为95%以上,普速铁路瓶颈路段基本消除,推进高速铁路主通道建设,提升沿江、沿海、呼南、京昆等重要通道以及京沪高铁辅助通道的运输能力,有序建设区域连接线。

三、城际及市域(郊)铁路

城际铁路是指专门服务于相邻城市间或城市群,旅客列车设计速度为200 km/h及以下的快速、便捷、高密度客运专线铁路。现代城际铁路通常为客运专线,且速度等级较高。

---

① CRH:China Railway High-Speed,中国高铁。

城际铁路线路在地面、地下隧道或高架桥中皆可铺设。2016年出台的《中长期铁路网规划》将城际铁路作为八纵八横高速铁路网的补充,进一步加强了城际铁路的建设力度。2021年,京津冀、长三角、粤港澳大湾区三大区域的城际铁路建设作为重大工程被纳入"十四五"规划,该规划指出到2035年基本形成城市群1~2 h出行圈,轨道上的京津冀、长三角和粤港澳大湾区基本建成。截至2022年6月30日,我国内地共有城际铁路线路15条,共计运营里程超过1 292.73 km,运营车站数超过143座。

市域(郊)铁路是指在都市圈地区,侧重服务都市圈范围中心城区至外围组团(郊区、新城、卫星城等)或外围组团间的快速出行,并可兼顾中心城区内部快速出行,采用"高密度、小编组、公交化"的运输组织模式,承担以通勤客流为主的都市圈范围内中长距离旅客运输的快捷客运轨道交通系统。发展市域(郊)铁路,对优化城市功能布局、促进城市和小城镇协调发展、扩大有效投资具有一举多得之效,有利于扩大公共交通服务供给、有效缓解城市交通拥堵。我国京津冀、粤港澳大湾区、长三角、成渝、长江中游等地区正在通过市域(郊)铁路建设打造1 h通勤圈,加快同城化。截至2022年底,我国内地共有已运营市域(郊)铁路线路39条,共计运营里程超过2 115.89 km,运营车站数超过356座。

四、城市轨道交通系统

城市轨道交通是指列车或车辆以电力为动力、在钢轨上或沿导向轨运行的城市公共交通方式。根据基本技术特征,城市轨道交通可以分为传统轨道交通和新型轨道交通两大类。传统轨道交通的基本技术特征是钢轮车辆在钢轨上人工或自动控制导向运行,以地铁和轻轨为代表;新型轨道交通的基本技术特征是胶轮车辆沿导向轨自动控制导向运行,以自动导向交通为代表。

城市轨道交通的诞生和发展已有160多年的历史。但重视和大规模修建城市轨道交通系统则是在第二次世界大战结束以后。伴随着世界范围内城市化发展的进程,城市区域不断扩大,城市人口日益增加,城市交通问题面临严峻挑战。过饱和的城市道路、超负荷的客运交通使得行车难、乘车难不仅成为市民工作和生活的一个突出问题,而且成为直接制约城市经济发展的一个严重问题。另外,道路上车辆排放的废气和车辆行驶引起的噪声、震动对环境造成的污染,越来越引起人们的重视。在这样的背景下,世界各国纷纷采用立体化的快速轨道交通来解决日益恶化的城市交通问题,并且逐步形成了以地铁和轻轨为主体、多种轨道交通类型并存的现代城市轨道交通发展格局和趋势。

我国城市轨道交通建设始于20世纪60年代。1965—2000年间,我国仅有4座城市建成7条地铁线路,共计146 km。进入21世纪,我国城市轨道交通得到快速发展,以五年为周期,线路规模连续翻番增长。自2016年起,我国城市轨道交通运营里程跃居全球第一,已建成轨道交通的城市之多、线路之长位居世界前列。截至2022年底,中国(不含港澳台)累计有55个城市投运城市轨道交通,线路总长度超过1万km,达到10 291.95 km,共包括9种轨道交通制式。其中,地铁8 012.85 km,占比约77.86%;市域快轨1 223.35 km,占比约11.89%;有轨电车564.75 km,占比约5.49%;轻轨219.7 km,占比约2.13%。

1. 地铁

最初地铁是指修建在城市地下隧道中的铁路。但现在定义一个城市轨道交通系统为地铁,并不要求该系统的线路必须全部修建在地下隧道内,它可以有部分地面线路和高架线路。1863年,世界上第一条地铁线路在英国伦敦建成并投入运营,在此后的80多年间,地铁的修建步伐缓慢,到20世纪40年代末,世界上仅有21座城市修建了地铁。第二次世界大战后,地铁修建速度加快,到20世纪90年代初,全世界已有80多座城市建成了地铁。截至2022年底,全世界已有超过200座城市开通了800多条地铁线路,运营里程总长度近20 000 km。按技术特征,地铁可划分为重型地铁、轻型地铁和微型地铁。

2. 轻轨

轻轨是从旧式有轨电车发展演变而来的。20世纪50年代,联邦德国和比利时的一些城市对旧式有轨电车线路进行了改建,运营效果很好。后来,新型轻轨车辆研制成功,为现代轻轨系统的诞生奠定了基础。现代轻轨系统与旧式有轨电车系统相比,具有路权形式多样、行车速度快、乘坐舒适、噪声较低等优点。轻轨的技术比较成熟、工程造价较低,以及多种技术标准并存(高技术标准的轻轨接近于轻型地铁,而低技术标准的轻轨则接近于新型有轨电车)等特点又使其具有较强的因地制宜性,20世纪80年代起,轻轨成为世界各国城市发展轨道交通的首选技术之一。

3. 其他

城市轨道交通根据技术特点,除了有地铁和轻轨外,还有如单轨、有轨电车、导轨式胶轮系统、中低速磁浮系统等多种轨道交通形式。

单轨是指车辆或列车在高架轨道上运行的城市轨道交通系统。从构造形式上来看,单轨有跨骑式和悬挂式两种。跨骑式单轨是采取列车跨坐在高架轨道上运行的形式,车辆的走行部在车体的下部;悬挂式单轨则是采取列车悬吊在高架轨道下运行的形式,车辆的走行部在车体的上部。20世纪初,单轨在城市公共交通中出现。1901年,德国的乌珀塔尔修建了一条横跨市区河流的悬挂式单轨轨道交通,现仍在运营。目前,日本是世界上修建单轨轨道交通最多的国家。我国的重庆、芜湖等城市也开通运营了单轨轨道交通线路,其中重庆轨道交通3号线全长66 km,是世界上最长的单轨轨道交通线路。

有轨电车是指采用电力驱动并在轨道上行驶,按地面公交模式组织运营的轻型城市轨道交通系统,与城市道路交叉时主要为平交道口,线路不封闭,与道路上其他交通方式共享路权。单向高峰每小时运量5 000~8 000人次,车长通常10~20 m,1~2节车厢为一列。1881年,在德国柏林市附近的西特菲尔建设的首条有轨电车线路开通运营。截至2022年底,中国(不含港澳台)开通有轨电车总运营里程564.75 km。

自动导向交通是指新交通系统中利用导轨导向和自动控制运行的一种新型轨道交通类型。自动导向交通线路大多采用高架结构,轨道通常为混凝土整体道床,在轨道的中央或两侧矮墙上安装导向轨;车辆通常采用轻小型和橡胶轮胎,且无人驾驶。目前,美国、日本、澳大利亚、加拿大、英国、法国、德国和新加坡都有建成运营的APM(Automated People Mover System)或AGT(Automated Guideway Transit)线路,这些线路大多建在机场、中央商务区、购物中心、医院、娱乐场所和动物园等处。上海的轨道交通浦江线为APM轨道交通线,全长6.689 km,采用全高架敷设方式,共设6座高架车站,列车采用胶轮3动1拖4节编组列车,于2018年3月开通试运营。

中低速磁浮交通具有环保、安全性高、爬坡能力强、转弯半径小、建设成本低等优点,适用于城市市区、近距离城市间及旅游景区内的交通连接，可替代轻轨和地铁。中低速磁浮交通主要由列车、线路与车站、供电、列车运行控制等系统组成。由于磁浮交通车轨一体但又无接触运行的特殊性，因此接触轨系统以及电磁环境下的列车运行控制系统有别于轮轨交通体系；其余系统与城市轨道交通系统类似，直接或适度改造后即可用于中低速磁浮交通。2014 年 5 月，我国首条中低速磁浮商业示范运营线路——长沙磁浮快线正式开工建设。2016 年 5 月，长沙磁浮快线开通试运营，它是国内第一条自主设计、制造、施工和管理的、拥有完全自主知识产权的中低速磁浮交通示范运营线路。

五、高速磁浮交通系统

在轮轨系统条件下，限制列车速度提高的因素除了传统铁路技术的轮轨支承、导向方式及接触网、受电弓供电方式外，列车牵引力也是一个主要因素。牵引力的大小取决于轮轨黏着力和列车空气阻力，轮轨黏着力是动轮荷载与轮轨黏着系数的乘积，黏着系数随行车速度的提高而降低；当达到一定速度时，以空气阻力为主的运行阻力将超过黏着力，从而使列车无法进一步提高速度。

为了克服轮轨黏着力限制这一阻碍，20 世纪 60 年代初，一些国家开始研究非黏着式超高速车辆，经过近 40 年的研究和试验，已取得重大进展，部分国家已进入实用化阶段。其中，德国和日本起步最早，且都取得了很大的成功，但两国采用的制式截然不同。

磁浮列车与传统轮轨列车不同，它用电磁吸力或电动斥力来克服车辆重力和产生过弯道时的导向力，通过电磁力将列车浮起，采用长定子同步直流电机将电供至地面线圈，驱动列车高速行驶，从而既取消了轮轨，也取消了受电弓，实现不触地、不带燃料的地面"飞行"。

根据磁浮列车上电磁铁的使用方式，磁浮交通的基本技术制式可分为两大类：电磁悬挂制式（常导磁吸式）和电动悬挂制式（超导磁斥式）。

1. 德国常导磁浮系统

德国从 1968 年开始，历时 30 多年对常导磁浮技术进行研究，将磁浮列车称为 Transrapid(TR)。1983 年，德国在曼姆斯兰德建设了一条长为 32 km 的试验线。1991 年 12 月，专家鉴定意见认为，磁浮技术已经成熟，可以进入实用阶段。其开发目的是实现大城市间的高速客运，速度目标值为 400～500 km/h。

多年研究表明，短途磁浮铁路运营速度一般为 200 km/h，用于连接机场和市中心；中程距离的运营速度为 300 km/h，适用于城间运输；长距离运输时的运营速度则需 400～500 km/h。

2. 日本超导磁浮系统

日本在不断发展其轮轨高速铁路的同时，也开展了磁浮交通系统的研究和试验。超高速地面运输机（High Speed Surface Transport，HSST）是由日本航空公司开发的一种陆上快速交通工具，其外形类似于飞机，属于运量中等、速度中等的城市交通工具。

日本国铁选择了超导磁斥式作为以运行速度 500 km/h 为目标的磁浮高速交通（Maglev，ML）的技术方式。由于宫崎试验线的线路短且是单线、无隧道，不能进行多工况、长距离的磁浮列车试验运行，因此，1990 年 6 月日本政府批准在山梨县再修建一条试验线。

3. 中国高速磁浮交通系统

高速磁浮交通系统(High Speed Maglev Transportation System)是一种新型的有轨交通系统。我国于2001年在上海开始建设,并于2002年投入运营了一段长约30 km的高速磁浮示范运营线。上海磁浮线的建成运营为进一步研究确定高速磁浮技术的成熟性、可用性和经济性积累了宝贵的运营经验,也为高速磁浮交通系统的运用打下了良好的基础。之后,我国又进行了高速磁浮系统关键技术的研究开发,攻克了关键核心技术,系统解决了速度提升、复杂环境适应性、核心系统国产化等难题,实现了系统集成、车辆、牵引供电、运控通信、线路轨道等成套工程化技术的重大突破。2021年,由中国中车研制,具有完全自主知识产权的世界首套设计速度为600 km/h的高速磁浮交通系统在青岛成功下线,这标志着我国掌握了高速磁浮成套技术和工程化能力。未来,我国将以工程促发展,推动速度为600 km/h的高速磁浮交通系统的长距离示范运营线建设;同时,加快整合速度为600 km/h级磁浮交通的相关产业链体系。

从全球角度来看,一方面,未来磁浮交通的最高试验速度将不断提高,目前已突破600 km/h;另一方面,多个国家及相关公司表示低真空管道磁浮交通系统的最高速度可达1 000 km/h以上。未来,高速磁浮交通系统将向技术实用化和低成本方向发展。

第二章

轨道交通系统行车组织的内容

由于轨道交通系统的运输生产具有自身特点及要求,因此必须有科学的生产管理办法,才能做到安全正点、多装快卸、多拉快跑、优质低耗、服务良好地完成规定的运输任务。虽然,不同制式的轨道交通具有各自的技术特点及运营要求,但从共性上来看,轨道交通系统的运输组织主要包含以下内容:

(1) 运输计划。就货物运输而言,在我国主要依靠铁路进行。在计划经济条件下,我国铁路根据国民经济各部门的生产供应计划和产品销售计划,制订货物运输计划。在运输能力短缺的条件下,货物运输计划对于充分利用有限的运输能力、保证关系国计民生的重点物资运输、促进国土开发和社会主义经济建设的发展发挥过重要作用。在社会主义市场经济条件下,特别是随着我国改革开放和中国式现代化建设的发展,人民消费水平的提高,货物运输需求在大宗物资运输总量保持稳定增长态势的同时,小批量、轻质、高附加值货物的运输需求迅速增长。运输市场日益呈现出需求多元化的发展态势。在新形势下,尽管运输产品的开发和运输资源的配置已经转向以运输市场为主体,然而,运输计划仍然是组织现代化运输大生产的重要手段。运输计划在综合平衡运量需求和运能供给、组织日常运输生产上依然发挥着整合、协调和优化的重要作用。运输计划按时间长短通常分为长远计划、年度计划和月度计划。同时,它也是编制相应时期铁路其他工作计划的依据。在一定时期内,需由某一发站运往某一到站的货运量,即有一定流向和流程的货物吨数,称为货流。货物装车以后,就转化为车流。有了运输计划,就可以确定货流及车流的数量和方向,因而它是组织铁路货物运输工作的基础。

就旅客运输而言,我国普速铁路、高速铁路、城际及市域(郊)铁路、城市轨道交通都承担着相应的客运需求。随着我国改革开放和社会主义现代化建设的发展,人民生活水平的提高,以及其他交通运输方式的发展,客运市场竞争日趋激烈。因此,轨道交通部门应根据市场变化及运输需求特点,制订出合理的运输计划来综合平衡运量需求和运能供给,以及组织日常运输生产。

(2) 货物列车编组计划。货物在发站装车以后,如何将这些车流编成各种列车输送到目的地,需要有一套经济合理的组织方法。货物列车编组计划就是规定如何将车流组织成各种专门的列车,从发生地向目的地运送的制度,它是全路的车流组织计划。通过货物列车编组计划,可以合理地组织车流输送,加速货物送达,充分利用铁路通过能力,合理地分配全路各技术站的调车工作任务。

(3) 列车运行图。列车运行图是轨道交通系统行车组织的基础,凡是与列车运行有关的各个部门,都必须正确地组织本部门的工作,以保证列车按运行图运行。列车运行图又是轨道交通部门向运输市场用户提供的运输产品和服务的目录清单,从列车种类的多元化、送达速度的不断提高和时间安排的方便选择等方面,体现出轨道交通系统的运输质量和服务水平在不断提高。

(4) 技术计划。为了完成月度货物运输计划,需要有一定的机车车辆加以保证。技术计划规定了机车车辆运用的数量指标和质量指标,是机车车辆的保证计划。

(5) 运输方案。铁路运输生产需要路内外各有关部门紧密配合。运输方案就是按照月度货物运输计划、技术计划所确定的任务及列车编组计划、列车运行图、站段技术作业过程等技术文件的规定,对一月或一旬的货运工作、列车工作和机车工作等进行综合部署,使运输部门和有关部门密切协调配合,共同完成运输任务。

(6) 日常工作计划和运输调整。由于在实际工作中受到各种因素的影响,每天或一班中各个阶段的情况往往不同,因此,应针对当时形成的具体情况,通过编制日常工作计划,规定一日(24 h)、一班(12 h)内的具体运输工作任务,并采取相应的运输调整措施,以保证完成月度运输计划和技术计划。

上述轨道交通系统运输组织的主要内容是一个彼此紧密联系的统一体系。从轨道交通系统行车组织的共性特点出发,可将其归纳为车站及枢纽行车工作组织、运力资源配置、列车运行组织和运输调度指挥四大板块。根据上述内容间的相关性及专业课程的设置特点,本教材包含四篇内容:第一篇轨道交通系统车站与枢纽行车工作组织;第二篇轨道交通系统行车工作计划;第三篇轨道交通系统列车运行组织;第四篇轨道交通系统列车运行调度工作。

自20世纪70年代以来,随着世界范围内能源危机、环境污染和人口爆炸等热点问题被提出并探讨,经济和社会的可持续发展已成为21世纪世界面对的最大中心问题。为此,交通运输的可持续发展问题被提出。人们从资源、环境和生态角度,重新审视各种交通运输方式的发展前景。铁路因其占地少、能耗少、污染轻、能源利用的可替代性强、环境效益好等可持续发展特性获得了越来越多人的认同,铁路从第二次世界大战前在发达国家的衰落进入了开始全面复兴的新阶段。我国轨道交通系统也经历了快速发展阶段,从普速铁路繁忙干线多次大面积列车提速,到干线高速铁路建设,并成网运行;从修建城市地铁,到城市轨道交通多元化发展、网络化运营;目前正在形成都市圈、城市群多层次轨道交通网络。以提高运输能力和提升技术装备水平为主线,全面推进技术创新、体制创新和管理创新,我国轨道交通系统取得了举世瞩目的建设成就及显著的经济效益和社会效益。

铁路是国家战略性、先导性、关键性重大基础设施,也是国民经济大动脉、重大民生工程和综合交通运输体系骨干,在经济社会发展中的地位和作用至关重要。《新时代交通强国铁路先行规划纲要》指出,到2035年,将率先建成服务安全优质、保障坚强有力、实力国际领先的现代化铁路强国。基础设施规模质量、技术装备和科技创新能力、服务品质和产品供给水平世界领先;运输安全水平、经营管理水平、现代治理能力位居世界前列;绿色环保优势和综合交通骨干地位、服务保障和支撑引领作用、国际竞争力和影响力全面增强。到2050年,全面建成更高水平的现代化铁路强国,全面服务和保障社会主义现代化强国建设。铁路服务供给和经营发展、支撑保障和先行引领、安全水平和现代治理能力迈上更高水平;智慧化和绿色化水平、科技创新能力和产业链水平、国际竞争力和影响力保持领先,制度优势更加突出。形成辐射功能强大的现代铁路产业体系,建成具有全球竞争力的世界一流铁路企业。中国铁路成为社会主义现代化强国和中华民族伟大复兴的重要标志和组成部分,成为世界铁路发展的重要推动者和全球铁路规则制定的重要参与者。主要任务包括:

(1) 现代化铁路网率先建成。铁路网内外互联互通、区际多路畅通、省会高效连通、地市快速通达、县域基本覆盖、枢纽衔接顺畅,网络设施智慧升级,有效供给能力充沛。全国铁路网20万km左右,其中高铁7万km左右。20万人口以上的城市实现铁路覆盖,其中50万人口以上的城市实现高铁通达。

(2) 创新引领技术自主先进。铁路自主创新能力和产业链现代化水平全面提升,铁路科技创新体系健全完善,关键核心技术装备自主可控、先进适用、安全高效,智能高铁率先建成,智慧铁路加快实现。

(3) 运输服务供给品质一流。高效率的全程服务体系和高品质的产品供给体系更加完善,全国1h、2h、3h高铁出行圈和全国1天、2天、3天快货物流圈全面形成,人享其行、物畅其流,安全优质、人民满意。

(4) 铁路运输安全持续稳定。人防、物防、技防"三位一体"的安全保障体系健全有力,本质安全水平、安全预防及管控能力、应急处置及救援能力全面提升,高铁和旅客列车安全得到可靠保障,铁路交通事故率、死亡率大幅降低。

(5) 运营效率效益更加优良。运输效率、资源配置效率、资本运营效率持续提升,市场规模、经营发展质量不断跃升,主要运输经济指标保持世界领先,主要经营效益指标位居世界前列,国铁资本做强、做优、做大,中国国家铁路集团有限公司(以下简称"国铁集团")成为世界一流企业。

(6) 铁路治理体系健全高效。党对铁路的全面领导坚强有力,铁路管理体制机制更加健全,制度更加完备,人才队伍精良,市场环境优良,发展活力增强,国铁企业的行业主体作用突出,治理体系和治理能力实现现代化。

(7) 绿色骨干优势充分发挥。铁路与其他交通运输方式实现深度融合、优势互补,铁路比较优势更好发挥,铁路的客货运输市场份额持续提升,在现代综合交通运输体系中的骨干作用和地位明显增强。

(8) 支撑引领作用全面增强。铁路服务经济社会发展的作用更加显著,应对突发事件及自然灾害、完成急难险重任务、服务重大战略、维护国家安全的能力全面提升,铁路成为社会主义现代化建设的重要支撑。

(9) 国际竞争力影响力跃升。中欧班列成为具有国际影响力的世界知名铁路物流品牌,中国成为全球铁路科技创新高地,铁路走出去的产业链和价值链向中高端聚集,中国铁路国际竞争力和影响力显著提升。

高新技术的应用是铁路运输技术进步的基础。如加速牵引动力的改革,广泛采用自动和遥控设备改善车辆性能,采用大吨位货车提高载重、减轻自重,设置更强大的线路上部建筑,采用更先进的列车运行控制系统,发展集装箱运输,提高装卸、养路机械化水平,以及为大幅度提高列车重量、增加行车密度和不断提高列车速度所采取的一系列相应技术措施。

随着信息技术的发展,生产过程的自动化和管理控制的信息化、智能化成为现代科学技术革命的主要方向,使用数学优化方法和计算机工具来解决铁路运输中的实际问题是本学科的重要发展方向,如列车运行图、列车编组计划、运输生产计划和车站作业计划的智能化编制,铁路线路通过能力分阶段加强措施的最优选择,以及车站作业控制自动化、调度指挥智能化、日常业务管理信息化等。

可以预见,轨道交通系统行车组织的内容必将随着轨道交通现代化实践及理论的进展而日益丰富和发展。同时,随着铁路运输走向市场,也必将引起原有运输组织管理方法及计划指标体系等多方面的变化。从事轨道交通运输管理的人员,需要努力学习和掌握先进的科学技术、现代化的管理方法,为发展国民经济当好先行,为建设交通强国作出积极贡献。

第一篇

轨道交通系统车站与枢纽行车工作组织

第三章

概　　述

第一节　车站作业及其分类

在轨道交通运输过程中,车站起着极其重要的作用。就运输企业内部而言,车站不仅是线路上供列车到发、通过及折返等作业的分界点,以保证行车安全和必要的通过能力;而且也是办理客货运业务、进行运输生产的基地。就运输企业外部而言,车站是运输企业与服务对象的主要联系环节。

一、铁路车站含义及其作业

为了完成客货运输任务,组织列车安全运行和保证必要的通过能力,铁路网上设有大量车站。从铁路行车组织角度来看,车站是指设有一定数量配线的分界点。分界点包括车站、线路所及自动闭塞区段的通过信号机,铁路线路通过分界点划分成区间或闭塞分区,其作用在于保证行车安全和必要的通过能力。

车站办理的作业主要包括客运作业、货运作业和行车技术作业。客运作业包括办理客票发售、旅客乘降、客运服务、行包运输以及旅客的文化和生活服务等;货运作业包括办理货物的承运、装车、卸车、保管与交付,零担货物的中转,货运票据的编制与处理等;行车技术作业包括办理列车接发、列车到达和出发技术作业,列车的解体和编组,车辆的摘挂和取送,列车折返,以及列车的交会和越行(避让)等。

由此可见,车站是铁路与人民群众及国民经济各部门的重要联系环节,并参与整个运输生产过程。车站工作组织水平在很大程度上影响着铁路运输工作的数量和质量指标。据统计,我国铁路货车周转时间中,车辆在站停留时间约占 65%(未含列车运行过程中在中间站的停留时间)。显然,改善车站作业组织是提高运输效率和工作水平的重要环节。本章将重点介绍车站行车作业组织。

二、铁路车站分类

车站按其主要功能和设备的不同,可分为以下多种类别。

1. 按业务性质分

从业务性质上,车站可分为客运站、货运站和客货运站。

客运站是专门办理旅客运输的车站,通常设在政治、经济、文化中心城市和旅游胜地等有大量旅客到发的地点。旅客列车的通过、始发、终到和折返作业,以及为旅客服务的有关业务是客运站的主要工作。

货运站是专门办理货物运输的车站,一般设在大城市、工矿地区和港口等有大量货物装卸的地点。货运站的主要工作是办理货物列车到发、车辆取送等作业,以及货物承运、交付、装卸等与货运有关的业务。货运站的布置类型有通过式和尽头式,一般中小型货运站多采用通过式,大型货运站多采用尽头式。

客货运站是同时办理客、货运业务的车站,客货共线的铁路网上绝大多数车站属于客货运站。

2. 按技术作业分

从技术作业性质上,车站可分为中间站、区段站和编组站。

中间站是设在铁路区段内的车站,办理列车接发、会让作业及摘挂列车的调车作业,有些中间站还办理列车的始发、终到及折返作业。

区段站设在机车牵引区段的分界处,其主要工作是办理货物列车的中转作业,进行机车的更换或机车乘务组的换班,以及区段列车、摘挂列车的解体和编组作业。

编组站是专门办理大量货物列车解编作业和列车车辆技术作业的车站,通常设在有大量车流汇集或分散的地点,通常位于几条铁路线的交叉点,其主要工作是解体和编组各种货物列车。

由于区段站和编组站拥有较多的技术设备,并主要办理货物列车和车辆的技术作业,故又统称为技术站。铁路线以技术站划分为区段。

3. 按作业量分

根据客货运量和技术作业量的大小,并考虑车站在铁路网上的地位和作用,车站可划分成特等站和一、二、三、四、五等站。车站等级是车站设置相应机构和配备定员的依据。

规模较大的车站,根据线群的配置及用途划分成数个车场。按照站内各个车场相互位置配列的不同,车站可分为横列式、纵列式和混合式等类型。

三、城市轨道交通车站及其分类

城市轨道交通车站的运输生产主要由行车组织和客运组织两部分工作构成。其中,行车组织工作包括接发列车作业和列车折返作业等;客运组织工作包括售检票、乘降和换乘组织,以及文化、生活等其他方面的服务。

车站按其运营功能的不同可分为中间站、换乘站和起终点站。

中间站一般只供乘客乘降之用,有的中间站设有存车线或折返设备,可供列车存放或折返,以便在相邻区段上组织密度不同的列车运行和进行列车运行调整,城市轨道交通路网中的车站大多属于中间站。换乘站除了供本站乘客乘降外,还可供乘客在不同线路之间换乘。设计换乘站时,应尽可能地将换乘客流和到发客流分开。起点站和终点站是指线路两端的车站,除供乘客乘降服务以外,还能供列车折返、停留和临时检修使用。

车站按其是否具有站控功能可分为集中站(区域控制站)和非集中站(非区域控制站)。

集中站通常为有道岔车站,具有车站控制功能。集中站的车站值班员根据调度命令,可监控集中站管辖线路上的列车运行,办理电话闭塞行车,执行扣车与催发车等列车运行调整措施。非集中站通常为无道岔车站。

第二节 车站设施设备

一、车站线路与道岔设备

(一) 车站线路

车站内除了设有与区间直接连通的正线外,通常还设有以下用途的线路:
(1) 接发旅客列车或货物列车采用的到发线。
(2) 解体或编组列车采用的调车线和牵出线。
(3) 办理货物装卸作业的货物线。
(4) 办理其他各种作业的线路,如机车走行线、存车线、检修线、折返线等。
(5) 为保证行车安全而设置的安全线和避难线。

此外,还有一些不属于车站管辖范围但与车站连接的线路,如通向工矿企业或仓库的工业企业线,以及机务段、车辆段等所管辖的段管线。

车站线路的长度可分为全长和有效长度两种。全长是指线路一端的道岔基本轨接头至另一端的道岔基本轨接头的长度。如为尽头式线路,则为道岔基本轨接头至车挡长度。线路全长减去该线路上所有道岔的长度,称为铺轨长度。确定线路全长,主要是为了设计时便于估计造价,比较设计方案。有效长度是指在线路全长范围内可以停留机车车辆而不妨碍邻线行车的长度,其起止范围由警冲标、道岔尖轨始端、出站信号机(或调车信号机)、车挡等因素确定。

为了便于使用、维修和管理,站内股道要有规定的编号。股道的编号方法是:单线铁路车站从靠近站台起,向远离站舍方向顺序编号,正线用罗马数字编号,站线用阿拉伯数字编号。双线铁路车站先编正线股道号码,下行正线一侧用单数,上行正线一侧用双数,从正线向外顺序编号。

(二) 道岔设备

道岔是列车从一股道转向另一股道的转辙设备。道岔种类很多,常用的有单开道岔、对称道岔、三开道岔和交分道岔四种。站内道岔编号的方法是:以站舍中心线为界,在下行列车进站一侧由外向内顺序编为单数,在上行列车进站一侧顺序编为双数。

岔心所形成的角称为道岔的辙叉角,道岔号码通常用辙叉角的余切来表示,因此,道岔号码与辙叉角成反比关系,辙叉角越小,道岔号码越大,导曲线半径也越大,机车车辆通过该道岔时就越平稳,允许的过岔速度也就越高。随着列车的重量和速度不断提高,应逐步采用强度更高、号码更大的道岔。目前,我国普速铁路大多采用9号、12号、18号三个型号的道岔,高速铁路主要采用18号、42号、62号三个型号的道岔。

道岔有两根可以移动的尖轨,一根密贴于基本轨,另一根离开基本轨,可以同时改变两根尖轨的位置。通常把道岔经常所处的位置称为定位,根据需要临时改变的另一位置称为反位。为改变道岔的两个位置,在道岔尖轨处需要安装道岔转辙设备。当列车迎着道岔尖轨运行时,该道岔就称为对向道岔;反之,当列车顺着道岔尖轨运行时,该道岔就称为顺向道岔。

为了保证行车安全,凡是列车经过的道岔,不论对向还是顺向,都要和信号机实现联锁。在电动的道岔转换器和锁闭器的结构上也要使之能够反映出道岔不密贴和挤岔等危险情况,一旦道岔不密贴或被挤时,信号机就不能开放。

二、调车设施

(一) 牵出线

牵出线是为车列解体、编组、转线调车作业而专设的牵出式调车线路。牵出线的有效长度应满足摘挂列车一次牵出车列长度的需要,一般不短于该区段运行货物列车长度的一半。当受地形限制或本站作业量不大时,至少应满足每次能牵出 10 辆,有效长度不小于 200 m 的要求。

牵出线的设置可根据车站行车作业性质,货场与车站的相互位置,货场与车站联络线的平、纵断面条件而定。

1. 中间站

中间站是否设置牵出线,应根据衔接区间正线数,行车密度大小,行车速度高低,车站调车作业量,货场设置位置,正线、支线和工业企业线的平、纵断面是否满足调车作业的要求等因素确定。双线铁路中间站应设置牵出线;单线铁路中间站的路段设计行车速度大于 120 km/h,或平行运行图列车对数在 24 对以上,或当车站调车作业量大时,一般均应设牵出线。货场与车站纵列布置,如相距较远,联络线上又有铁路专用线接轨且运量较大,或联络线平、纵断面条件不利于调车时,宜设置牵出线。

行车量不大或本站作业量较小的单、双线铁路中间站可以利用正线、支线或工业企业线进行调车作业,当中间站上有岔线接轨且符合调车作业条件时,可利用岔线进行调车作业;不设牵出线的单线铁路中间站可利用正线进行调车作业,但其平、纵断面及视线等条件应符合调车作业的要求。

2. 区段站

牵出线是区段站的主要调车设备。当调车作业量不大时,可采用平面牵出线;当调车作业量较大时,可在牵出线上设简易驼峰。

在区段站上,改编车数量的多少、改编列车的编组要求、调车作业的方法、站内调机的台数及作业分工、货场与工业企业线的位置及其作业量等,对牵出线的数量和长度都有影响。

区段站的调车场两端应各设一条牵出线,一主一次。当每昼夜实际解编作业量不超过 7 列时,次要牵出线可缓设;如有运量较小的线路或工业企业线在该站接轨,其平、纵断面又适合调车时,可利用该线作为次要牵出线。

主要牵出线的有效长度不应小于到发线的有效长度,并应满足调车作业通视良好的要求,以保证整列一次转线的安全和提高作业效率。但在困难条件下仅进行加减轴作业时,可适当减小主要牵出线的有效长度。次要牵出线的有效长度不应小于到发线有效长度的一半。

3. 编组站

编组站设置牵出线的数量可根据一昼夜需要编组列车数、平均编组一列车占用牵出线的时间、牵出线因作业妨碍影响的利用率和牵出线被固定作业耽误的时间进行计算,也可根据我国实际配备牵出线的经验查表确定。

(二) 驼峰

驼峰是利用车辆本身所受的重力并辅以机车的推力进行车列解体的一种调车设备。驼峰由推送部分、溜放部分和峰顶平台三部分组成,如图3-1所示。推送部分的坡度是为了形成驼峰的高度和车钩的压缩状态。溜放部分的坡度是为了提高车组的溜行速度和造成车组间必要的安全间隔。峰顶平台则是为了缓和两个不同坡段的连接,防止车钩折损。

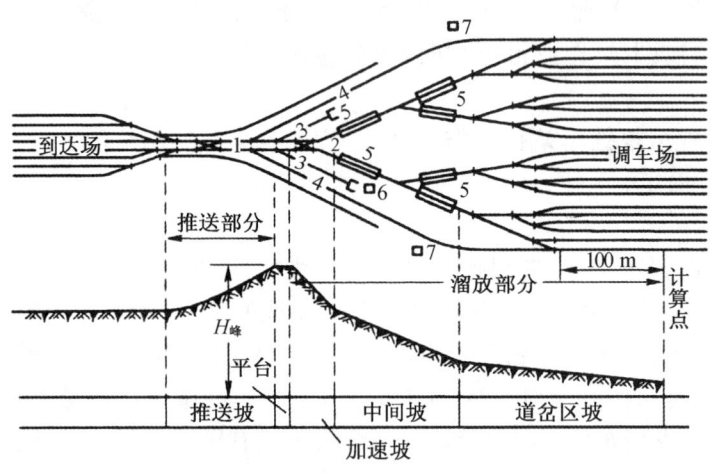

1—推送线;2—溜放线;3—禁溜线;4—迂回线;5—减速器;6,7—驼峰信号楼

图3-1 驼峰平、纵断面图

为满足调车作业的需要,驼峰除了应配置相应线路和一定数量的调机外,还应装设必要的通信、信号、转换道岔和制动车辆等各种设备。驼峰按其线路配置和技术设备的不同,可分为简易驼峰、非机械化驼峰、机械化驼峰和自动化驼峰,它们的技术特征见表3-1。通常,将机械化驼峰向自动化驼峰过渡的驼峰类型称为半自动化驼峰,主要是对车辆溜放进路和溜放速度实现半自动控制;完整意义上的自动化驼峰能对机车推峰速度、溜放进路、溜放速度和分解提钩实现自动控制。

表3-1 驼峰类型及其技术特征

驼峰类型	简易驼峰	非机械化驼峰	机械化驼峰	自动化驼峰
驼峰高度	1.5~2.0 m	3.5 m左右	3.5 m左右	3.5 m左右
推送线、溜放线	各1股	各2股	各2股	各2股
峰下线束布置	复式梯形	对称线束形	对称线束形	对称线束形
道岔控制方式	分散操纵	电气集中	驼峰自动集中	驼峰自动集中
调速制动工具	铁鞋	铁鞋	人工控制减速器	自动控制减速器

在机械化驼峰或自动化驼峰编组站,为了使溜放车组进入调车线后能停留在预定的地点,或以一定的限速与停留车组安全连挂,在调车场通常设置以下三种制式的调速工具:

（1）点式控制，即在调车场各股道的固定地点设置减速器。

（2）连续式控制，即在调车场各股道上连续布置减速顶、加减速顶、绳索牵引小车或直线电机加减速小车等连续式调速工具。

（3）点连式控制，即在调车场各股道的前半部分设置减速器，后半部分设置连续式调速工具。

三、信号设备

信号设备是信号、联锁、闭塞设备的总称。在轨道交通运输设备中，信号设备是重要技术设备之一，在保障行车安全、提高运输效率和改善行车工作人员的劳动条件等方面发挥着重要作用。

信号是指示列车运行和调车工作的命令。相关的行车人员必须按照信号指示来操作，以保证运输安全和提高运输效率。信号可以分为视觉信号和听觉信号两大类。用号角、口笛、响墩发出的音响和机车、轨道车上的鸣笛等发出的信号属于听觉信号；用信号机、信号灯、信号旗、信号牌、火炬等显示的信号都是视觉信号。

大多数情况下，信号设备固定安装在一定的位置，这种信号称为固定信号，相对而言还有手信号和移动信号。固定信号应设在列车运行方向的左侧，或设在它所属线路中心的上空。在有曲线、建筑物等影响瞭望信号的特殊情况下，也可设在右侧。

铁路信号系统按其应用场所可分为车站信号控制系统、编组站调车控制系统、区间信号控制系统、行车指挥控制系统和列车运行控制系统等。以下主要介绍车站信号控制系统的有关内容。

（一）车站信号系统

车站信号系统是实现联锁控制的系统，又称车站联锁系统。它根据一定的逻辑关系，通过控制信号机、转辙机和轨道电路等对象，实施检测和控制，以实现对车站进路进行安全控制的目的。车站信号系统由以下几部分组成：

（1）进路空闲检测设备。检查进路空闲是保证行车安全的重要条件之一，目前主要利用轨道电路来完成这一任务。

（2）道岔控制设备。道岔是进路上的可动部分，如果控制不当，有可能造成列车或车列脱轨，或驶入停有车辆的线路而发生撞车事故。因此，道岔控制是非常重要的。在现代联锁系统中，对于道岔的控制主要由动力转辙机及其控制电路实现。

（3）信号控制设备。在车站上设置的信号机有列车信号机和调车信号机两种，分别用以防护列车进路和调车进路。信号机的开放与关闭直接关系到行车安全，所以只有当确认安全条件已经满足时才允许信号机开放，否则信号机必须处于关闭状态。信号机是联锁系统中极其重要的基础设备之一。

（4）联锁设备。为保证行车安全，通过技术方法使道岔、进路和信号机三者之间按一定的程序、一定的条件建立起相互联系而又制约的关系。为完成联锁关系而装设的信号设备称为联锁设备。联锁设备可以分散控制，也可以集中控制。联锁设备有继电联锁和计算机联锁两大类。

对于铁路信号系统来说，必须遵循故障导向安全的原则，即考虑在发生故障后，其后果不应危及行车安全。

(二)车站信号机的类型及设置

1. 进站信号机的设置

为了防护车站,指示列车能否由区间进入车站,在车站的入口处设置的信号机称为进站信号机,具体位置设在车站最外方道岔尖轨尖端(顺向为警冲标)不少于50 m的地点,如因调车作业和制动距离的需要,可适当外移,但一般不宜超过400 m。

进站列车经过的径路称为接车进路。进站信号机是用来防护接车进路的。如图3-2中的下行进站信号机X防护三条接车进路:其中I_A是下行正线接车进路,7道和8道是站线(也称侧线)接车进路。这些接车进路的始点是进站信号机X,终点是至股道另一端的能起阻拦作用的列车信号机,若无列车信号机时,则至股道末端的警冲标。因为这三条接车进路的始端在同一地点,所以可共用一架进站信号机进行防护。

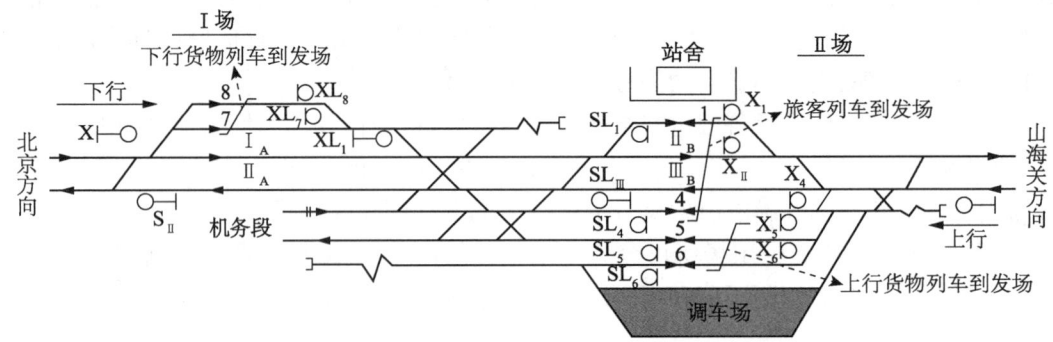

图3-2 布置车站信号机举例

2. 进路信号机的设置

在图3-2中,列车由Ⅰ场至Ⅱ场或由Ⅱ场至Ⅰ场所经由的径路,称为转场进路。转场进路要有进路信号机进行防护。例如,由Ⅰ场的I_A股道至Ⅱ场的1、$Ⅱ_B$、4、5、6道共有5条转场进路,在这5条转场进路的共同始端设一架进路信号机XL_1进行防护。通过Ⅰ场进到Ⅱ场的下行列车,如旅客列车和货物列车都在Ⅰ场的I_A股道通过,直接被接入Ⅱ场的1道、4道(旅客列车)或5道、6道(货物列车)。以XL_1为始端的转场进路都是接车转场进路,所以称XL_1为接车进路信号机。

下行无改编中转货物列车要接入Ⅰ场的7道和8道,更换机车后由Ⅰ场转到Ⅱ场,经由Ⅱ场的$Ⅱ_B$股道发车。由Ⅰ场的7道、8道到Ⅱ场去的这两条转场进路的始端不在同一地点,需要分别设置两架进路信号机XL_7和XL_8进行防护。这两条是发车转场进路,它们为发车进路信号机。

3. 出站信号机的设置

如图3-2所示,下行列车都从Ⅱ场向山海关方向发车。因此,需要在Ⅱ场设下行出站信号机。根据Ⅱ场各股道的用途,能发车的股道有1、$Ⅱ_B$、4、5、6道共5股道。列车出站时所经过的径路称为发车进路。发车进路要设置出站信号机进行防护。因为这5条发车进路的始端不在同一地点,所以要在每一条发车股道列车停车地点前方设置出站信号机进行防护,如 X_1、$X_Ⅱ$、X_4、X_5 和 X_6。发车进路的终端(双线区段)为站界标。出站信号机除了防护发车进路外,还要防护闭塞分区、所间区间或站间区间。

办理下行通过列车时,要开放 X、XL_1、$X_Ⅱ$ 三架信号机,使之从 $Ⅰ_A$ 和 $Ⅱ_B$ 线通过。对上行列车而言,进站信号机是 S,发车进路信号机有 SL_1、$SL_Ⅲ$、SL_4 和 SL_5,出站信号机是 $S_Ⅱ$。

在信号机的编号中,"X"表示下行,"S"表示上行。没有数字注脚的是进站信号机。有数字注脚的表示属于某股道的出站信号机,注有"L"的为进路信号机。

凡是在正线上设置的列车信号机,都使用高柱信号机。凡是在站线上设置的列车信号机,准许使用矮柱信号机。信号机设在列车运行方向的线路左侧。

4. 调车信号机的设置

在图 3-3 中,假设有车组需从股道ⅢG 转送到股道 2G 去。为完成这一调车作业,机车车辆应首先从ⅢG 向咽喉区调出,直到机车车辆全部越过 19 号道岔后才可停车。这条进路是这次调车作业的第一行

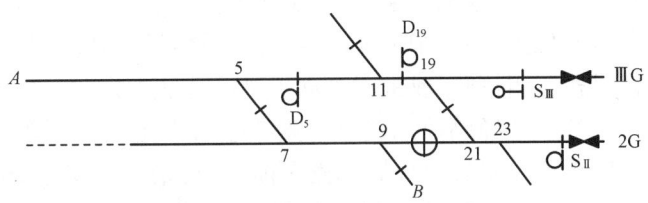

图 3-3 布置调车信号的基本方法

程,称为牵出进路。为了防护这一条调车进路,在进路的始端,即在 19 号道岔警冲标内方应设一架调车信号机。因为ⅢG 是到发线,设有出站信号机,所以该调车信号的灯光装在出站信号机上,称为出站兼调车信号机,如果ⅢG 不是发车线,则仅设调车信号机。出站兼调车信号机按照出站信号机编号,上行用的编为 $S_Ⅲ$。待通向 2G 的进路排通后,可向 2G 调车。这个行程称为这一调车作业的第二行程,此进路称为折返进路。第一行程和第二行程的分歧道岔是 19 号,称其为折返道岔。为了防护折返进路,在 19 号道岔尖轨前应设一架调车信号机,如图 3-3 中的 D_{19}(调车信号机的编号与道岔的编号一样,由站外向站内依次编为奇数或偶数)。

从上述分析可以发现,只要设置信号机 $S_Ⅲ$ 和 D_{19},就能指挥从ⅢG 到 2G 的调车作业,并能保证进路的安全。同理,为了指挥由 2G 向ⅢG 转送车辆的作业并保证其安全,在 23 号道岔警冲标内方需要设置出站兼调车信号机 $S_Ⅱ$。从保证安全的角度出发,股道 2G 和ⅢG 间的调车作业只需三架调车信号机 $S_Ⅱ$、$S_Ⅲ$ 和 D_{19} 防护即可。但从提高车站线路设备运用效率的角度考虑,这是不够的。根据咽喉布置情况,道岔 19 和道岔 5 相距较远,其间能容纳一个小的车组。当车组牵出在 D_{19} 外方停留期间,如果道岔 5 不被占用,则应允许通过道岔 5 办理其他列车或调车进路,如图 3-3 中所示的经由 5/7 道岔反位的 $A→B$ 进路。为了保证 $A→B$ 进路的安全,在道岔 5 警冲标内方设一架调车信号机 D_5,用它来阻拦牵出车组越过信号机 D_5,即 D_5 将由股道牵出的调车进路与 $A→B$ 间的进路隔离开来,使之能够进行平行作业。

综上所述,有三种不同作业的调车信号机的设置:

(1)调车起始信号机。这类信号机设于一个完整的调车作业的起点,如 $S_Ⅲ$、$S_Ⅱ$。当由股道、专用线、牵出线、机待线、调车场及机务段等处向咽喉区调车时,都需要在调车进路的始端设置调车起始信号机。

(2)调车折返信号机(又称回程信号机)。这类信号机是指挥机车车辆折返用的,如

D_{19}，设在折返道岔的尖轨与基本轨接缝的地方，以缩短调车行程、提高作业效率。应当注意的是，不仅仅股道与股道间的调车转线作业含有折返行程，其他如调车场与到发线之间、机务段与专用线之间许多调车作业都可能包含折返过程。因此，布置折返信号机时应从多方面去考虑。

（3）调车阻拦信号机（或称目标信号机）。设置这类信号机的目的是增加平行作业，以提高车站通过能力，如 D_5。

（三）联锁的概念与原理

进路是由道岔的位置所决定的，在进路的入口处设有信号机进行防护。所谓建立进路，就是把进路上的道岔扳到进路所要求的位置上，然后再将该进路的防护信号机开放。若道岔位置不对，则不准信号机开放；信号机开放后不准许进路上的道岔再变换位置，直至信号机关闭，列车或机车车辆越过该道岔为止。

如一条径路可以走下行列车也可以走上行列车，则需要分别由上、下行两架信号机进行防护。在开放上行信号机之前，下行信号机必须处于关闭状态。一旦上行信号机开放，就要防止下行信号机再开放，直至上行列车驶入进路、上行信号机关闭，机车车辆本身将这条进路占用，才能解除对下行信号机的控制。

为了保证行车安全，在进路、道岔和信号机之间存在互相制约的关系，称为"联锁"。

1. 道岔、进路间的联锁关系

道岔有定位和反位两个工作位置，进路则有锁闭和解锁两个状态。道岔位置正确，进路才能锁闭；进路解锁后，道岔才能改变其工作位置。这就是存在于道岔和进路之间的基本联锁关系。这种关系用图表方式表达如图 3-4 所示。

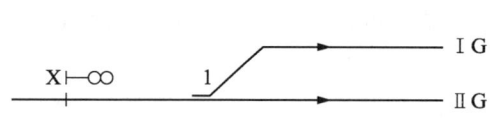

进路号	进路名称	道岔
1	Ⅰ道下行接车进路	(1)
2	Ⅱ道下行接车进路	1

图 3-4 道岔与进路间的联锁

在图 3-4 中，进路 1 是Ⅰ道下行接车进路，进路 2 为Ⅱ道下行接车进路。进路 1 要求道岔 1 在反位，进路 2 要求道岔 1 在定位。从表中看出带括号的代表道岔在反位，不带括号的表示道岔在定位。表中的意思是，进路 1 与道岔 1 之间有反位联锁关系，即道岔 1 不在反位，进路 1 就不能锁闭；反过来进路 1 锁闭后，把道岔 1 锁在反位位置，不准许道岔 1 再变位。进路 2 与道岔 1 存在定位锁闭关系，即道岔 1 不在定位，进路 2 就不能锁闭；反之，当进路 2 锁闭以后，把道岔 1 锁在定位位置上，不准许道岔再变位。上述的定位锁闭关系称为定位锁闭，反位锁闭关系称为反位锁闭。

有时，进路范围以外的道岔也与该进路有联锁关系，这样的道岔称为防护道岔。如图 3-5 所示，在下行 1 道接车进路的延续进路中有安全线，为防止 1 道下行接车进路上的列车停不住与上行Ⅱ股道接车进路上的列车发生侧撞事故而设置的道岔（下坡道 6‰ 以上）。因此，道岔 4/6 虽不在 1 道下行接车进路上，但如果允许在道岔 4/6 反位的情况下，建立上行 3 道的接车进路的话，当列车进站、行驶在Ⅱ股道时可能与下行 1 道的列车相撞。因此，道岔 4/6 虽属上行 3 道接车进路以外的道岔，也要求道岔 4/6 与上行 3 道的接车进路发生联锁关系，即道岔 4/6 不在定位，禁止进路 3 锁闭（即禁止防护进路 3 的信号机开放），一旦进路 3 锁闭，禁止道岔 4/6 变位，即把道岔 4/6 锁在定位位置上。很显然，把道岔 4/6 锁在定位后，进路 1 与进路 3 被隔离开来。如图 3-5 所示，4/6 表示道岔与进路 3 为定位锁闭关系，若是反位锁闭，则用(4/6)表示。

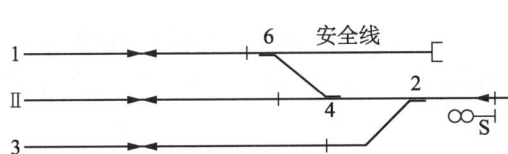

进路号	进路名称	道岔
1	1 道上行接车进路	2,(4/6)
2	Ⅱ道上行接车进路	2,4/6
3	3 道上行接车进路	2,4/6

图 3-5　防护道岔

2. 道岔与信号机之间的联锁关系

道岔与进路之间的联锁也可以用道岔与信号机之间的联锁来描述。如图 3-6 所示，信号机 X 防护着两条进路：一条是Ⅰ道下行接车进路，要求 1 号道岔在反位；另一条是Ⅱ道下行接车进路，要求 1 号道岔在定位。因此，信号机 X 与道岔 1 之间的联锁关系，既有定位锁闭关系，又有反位锁闭关系，称为定反位锁闭，应记作"1,(1)"。

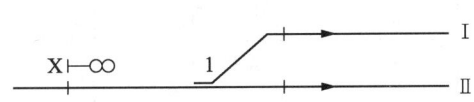

信号机	信号机名称	道岔
X	下行进站信号机	1,(1)

图 3-6　道岔与信号机之间的联锁

道岔除定位和反位以外，还有一种非工作状态，即既不在定位又不在反位的状态，如道岔不密贴或被挤等。道岔在不正常状态下，是不允许信号机开放的。

3. 进路与进路间的联锁关系

进路与进路之间存在两种不同性质的联锁关系：抵触进路和敌对进路。

（1）抵触进路。抵触进路如图 3-7 所示。下行接车进路有三条：进路 1、进路 2 和进路 3。这三条进路要求道岔定反位置不同，且在同一时间只能建立起一条进路。任何一条进路锁闭以后，在其未解锁之前，不能再建立其他两条进路。这样相互间抵触的进路称为抵触进路。抵触进路之间不需要采取锁闭措施。

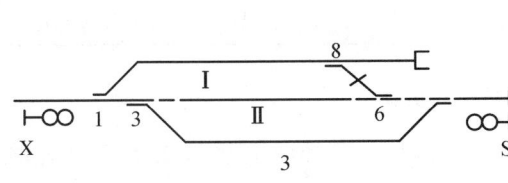

进路号	进路名称	敌对进路	抵触进路
1	Ⅰ道下行接车进路	6	2,3
2	Ⅱ道下行接车进路	4,5,6	1,3
3	3 道下行接车进路	4,5,6	1,2
4	3 道上行接车进路	2,3	5,6
5	Ⅱ道上行接车进路	2,3	4,6
6	Ⅰ道上行接车进路	1,2,3	4,5

图 3-7　进路与进路间的联锁

为防止值班员同时发出两个有抵触的进路命令,在值班室内的设备上要求在抵触进路之间应采取一定的锁闭措施,实施抵触进路之间的联锁。这时,在联锁表内(图 3-7),必须把抵触进路也列出来。

(2) 敌对进路。用道岔位置不能间接控制的两条进路,这两条进路又存在抵触或敌对关系,称为敌对进路。如图 3-7 所示,进路 5 和进路 2 是敌对进路,进路 5 和进路 3 也是敌对进路。

进路 5 与进路 2 是同一股道不同方向的接车进路,不能用道岔位置间接控制,允许同时接车将造成撞车事故,它们之间存在的敌对关系很明显。有时,把进路 5 和进路 2 这两条敌对进路称为迎面敌对进路。

进路 5 和进路 3 虽不属于同一股道的接车进路。但从 1 股道的上行端设有安全线这一点来看,下行列车进站后,因为下坡道的坡度大,有可能到达股道后停不住车。若下行进 3 股道的列车停不住车,势必会与进入Ⅱ道的上行列车相撞。所以,考虑到以上安全因素,进路 5 和进路 3 也是敌对进路。

此外,在同一咽喉区也有敌对进路,如图 3-8 所示。

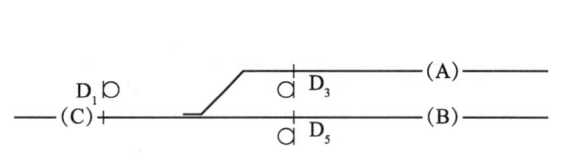

进路号	进路名称	敌对进路
1	由 D_1 至 A	3
2	由 D_1 至 B	4
3	由 D_3 至 C	1
4	由 D_5 至 C	2

图 3-8　同一咽喉区的敌对进路

4. 进路与信号机间的联锁关系

进路与进路之间的联锁关系,可用进路与信号机之间的联锁关系来描述,如图 3-9 所示。当进路较多时,这样描述比较清晰。

如图 3-9 所示,进路 1 是从 D_{21} 信号机至无岔区段 W 的调车进路,D_{23} 信号机所防护的进路与上述进路为敌对进路,所以 D_{23} 为进路 1 的敌对信号,在联锁表进路 1 的敌对信号栏内记作"D_{23}"。

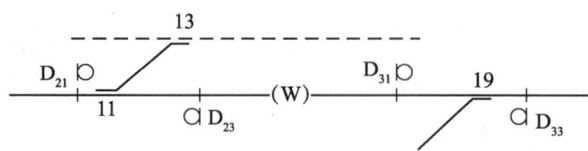

进路号	进路名称	敌对信号
1	D_{21} 至 W	D_{23} · $19D_{33}$
2	D_{33} 至 W	D_{31} · $11/13D_{23}$

图 3-9　进路与信号机间的联锁

D_{23} 信号机防护着两条进路:一条经由道岔 19 反位,另一条经由道岔 19 定位至无岔区段 W。由于无岔区段一般较短,故禁止同时由两个方向向该无岔区段内调车。即 D_{21} 至 W 的调车进路与 D_{33} 至 W 的调车进路是敌对进路。但这两条敌对进路只是当道岔 19 在定位时才构成,反之构不成。这种有条件的敌对进路在进路 1 的敌对信号栏中记作"$19D_{33}$",如

图 3-9 所示。如果记作"(19)D$_{33}$",说明是反位条件。

(四) 进路控制过程

无论是列车进路还是调车进路,其控制过程基本是一样的。一条进路的控制过程可以分解为进路建立(办理)和进路解锁两个阶段。进路建立阶段是指从车站值班人员开始办理进路到防护该进路的信号开放这一阶段;进路解锁阶段是指从列车和车列驶入进路到越过进路中全部道岔区段这一阶段,或者是指操作人员解除已建立的进路的阶段。

1. 进路建立与锁闭

进路建立阶段可以分解成进路选择、道岔控制、进路锁闭和信号控制四个阶段。

(1) 进路选择。检查操作人员的操作手续是否符合操作规范,如果符合操作规范,则可以从众多的进路中选取一条符合操作意图的进路;检查所选进路是否处于空闲状态,其敌对进路是否事先已建立,若进路空闲且敌对进路事先没有建立,则所选进路可以使用;对于选出的进路所涉及的信号、道岔和轨道电路(通称监控对象)分别设置征用标志,以防止其他进路使用(初步实现进路联锁);将选出的进路中涉及的监控对象及对监控对象的状态要求等以某种格式(例如生成进路表)记录下来,供以后联锁使用。

(2) 道岔控制。检查进路中各个道岔的实际位置与进路中所需的位置是否相符。如果不符,而且道岔未处于锁闭状态,则生成道岔控制命令,将道岔转换到所需位置。

(3) 进路锁闭。当与进路有关的道岔位置符合进路需求、进路在空闲状态(即与进路有关的轨道电路在空闲状态)以及敌对进路没有建立等条件均满足时,实现进路锁闭。在这种情况下,进路中各个轨道电路区段就处于进路锁闭状态;对轨道区段内的道岔实现了进路锁闭,使其不能再被操纵;凡经由处于进路锁闭状态区段的其他进路也不能建立了,即实现了敌对进路锁闭。当轨道区段解除进路锁闭后,相应的道岔和敌对进路也解除进路锁闭。

(4) 信号控制。在进路锁闭后可立即使防护进路的信号机开放,以指示列车或车列驶入进路。但考虑到在信号开放期间,可能有非法车辆闯入进路,道岔的位置也可能因违章作业而改变,因此除了检查进路锁闭外,还需不间断地检查进路空闲和道岔位置正确与否,一旦发生异常现象,信号应立即关闭。一旦列车驶入进路,信号应立即关闭,而对于调车信号机来说,考虑到调车机车推送前进,规定车列整体进入信号机内方以后,信号才关闭。

2. 进路解锁

进路解锁就是解除已经建立的进路、道岔和敌对进路的进路锁闭。根据不同的情况,进路解锁有多种方式,例如,当列车和车列未驶入进路之前而需解锁时,则需要值班人员参与解锁;当列车或车列通过了进路后,进路应自动解锁等。

根据进路解锁的条件和时机的不同,有 5 种进路解锁方式:取消进路、人工延时解锁、正常解锁、调车中途折返解锁和故障解锁等。

(1) 取消进路。进路建立后,由于某种原因而需解除时,只要进路确实在预先锁闭状态且进路空闲,则在操作人员的规范操作下可立即解锁。

(2) 人工延时解锁(人工解锁)。进路在接近锁闭的状态下,若由于某种原因而需解锁时,在操作人员的规范操作下,首先关闭信号机,从信号机关闭时算起,延迟一定时间且进路处在空闲状态下才能解锁。延时的目的在于当司机看到禁止信号后能够在延时期间将车停下来,停车后再使进路解锁才是安全的。延迟时间应大于或等于制动时间。

在人工延时解锁时,由于司机突然看到禁止信号而可能采取紧急制动措施,这可能造成行车事故,因此不应轻易办理人工解锁。为了引起操作人员的重视和防止因为误操作而引起严重后果,对于人工解锁需要采取一定的限制或记录措施。

（3）正常解锁。正常解锁是指当列车或车列通过进路中的道岔区段后,进路自动解锁。进路正常解锁分为两种方式：一次解锁和分段解锁。一次解锁是指当列车或车列越过进路中的全部道岔区段后,各个道岔和敌对进路同时一次解锁；分段解锁是按进路中的轨道电路区段逐段解锁,即列车和车列每通过一段轨道电路区段,该区段就自动解锁,也就是该区段内的道岔以及与该区段有关的敌对进路就被解锁。分段解锁能提高线路的利用率,因此,在我国被广泛采用。

（4）调车中途折返解锁。这是调车进路的一种解锁方式。在进行转线调车作业时,整个作业过程按运行方向可分为牵出和折返两个过程。为牵出作业而办理的进路称为牵出进路；为折返作业而办理的进路称为折返进路。牵出进路可能是一条基本进路也可能是一条复合进路。在转线作业过程中,车列总是在牵出中途折返。因此,牵出进路中的一条或几条基本进路虽然被车辆占用过,但只要车列没有沿牵出方向通过该进路,就不能按正常解锁方式使牵出进路中的所有区段解锁,而需要采取特殊的方式使牵出进路的各个未解锁区段自动解锁。这种特殊的解锁方式称为调车中途折返解锁。

（5）故障解锁。以上四种进路解锁方式均需借助轨道电路的有序动作情况来判断列车或车列所处的位置,不致使区段错误解锁而危及行车安全。如果由于某种故障或其他原因导致轨道电路出现异常动作状态,那么就不能用上述解锁方式了。在这种情况下,需采取特殊的故障解锁方式解锁。

在采取故障解锁时,仍然需要尽可能地借助轨道电路和其他设备的变化状态来判断故障解锁是否会危及行车安全。实际上,判断条件往往并不充分,而需操作人员参与判断,所以在进行故障解锁时,要对故障解锁的操作加以限制,避免发生行车事故。

（五）车站信号开放的技术条件

车站信号开放需满足以下技术条件：

（1）进站、进路和出站信号机开放时,应检查接车股道或离去区段的空闲情况。如单线区间尚需检查区间无对向列车。

（2）进路中道岔位置正确且将其锁在进路所要求的位置。

（3）进路中的所有道岔区段（包括股道和无岔区段）空闲。

（4）把敌对信号机（包括迎面敌对信号）锁在关闭位置。

（5）进站和进路信号机还需检查引导信号未开放（即未办理引导作业）。

（6）未办理取消进路和人工解锁进路。

（7）进站、进路、出站以及调车信号机都应有防止自动重复开放的功能。

（8）进站、进路和正线出站信号机开放时,应检查红灯灯丝是否完整,开放后应检查允许状态的灯丝是否完整,一旦断丝则应自动改点红灯。

（9）信号机由允许显示改为禁止显示应自动进行,列车信号机应在列车驶入进路中第一道岔区段轨道电路或无岔区段轨道电路后自动关闭。

四、城市轨道交通车站主要设备

城市轨道交通车站的日常生产活动主要是办理行车作业与客运作业。为此,根据车站的运营功能和客流量的不同,车站上应设置不同种类和容量的技术设备。车站的技术设备主要有:

(1) 线路。车站线路包括正线、配线、折返线和存车线,是列车在站内进行到发、停留或折返作业的线路。车站线路的长度可按远期列车长度加 30 m 设计。车站线路的坡度一般不大于 3‰,有一些坡度有利于排水;坡度不能过大是为了保证列车能够克服起动阻力正常起动,同时也防止列车在制动失效的情况下,发生列车溜逸事故,因此地下车站线路通常采用凸形纵断面设计,列车在进站前上坡缓行、出站后下坡加速。这种设计对行车安全、节约电能、减少乘客出入站升降高度都是有利的。另外,由于车站线路采用高标位,车站距地面的埋深浅,这对于降低造价和缩短工期也是有利的。考虑到轨道交通线路的行车特点,同时为了降低工程投资,车站配线非特别需要一般不设置。在线路的终点站以及部分中间站上设置折返线及存车线,折返线的布置应尽可能地保证线路最大通过能力的实现。

(2) 信号与通信设备。为保证行车作业安全和提高行车作业效率,在车站设置信联闭和通信设备。信号是对行车和其他相关作业人员发出的指示,联锁设备是保证车站范围内行车安全的设备,闭塞设备是保证区间内行车安全的设备。即使在采用先进的列车自动控制系统的情况下,仍需在有岔站设置道岔防护信号机以及具有自动排列进路和进路逐段解锁功能的微机联锁设备,在有折返线车站设置调车信号机等。行车值班员可在控制台上对车站信联闭设备进行控制或监视。车站的通信设备包括调度电话、站间闭塞电话、行车自动电话、列车无线电话和广播设备等。

(3) 站台。站台主要供乘客候车、上下车使用。站台有多种类型,包括岛式站台、侧式站台、混合式站台和纵列式站台,如图 3-10 所示。站台长度根据远期列车长度确定,考虑到列车停车时位置的不准确和车站值班员、司机对确认信号的需要,站台长度一般还需预留 2 m 左右。站台宽度由站台类型、楼扶梯位置、高峰客流量和行车间隔时间等因素决定,岛式站台的宽度一般为 10～15 m,侧式站台的宽度一般为 4～6 m。

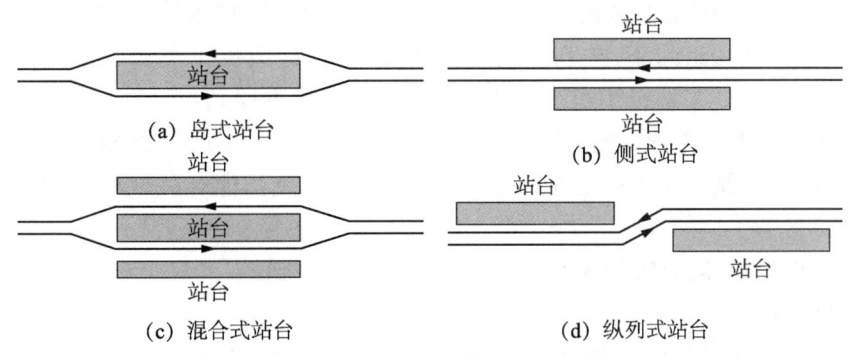

图 3-10 不同车站站台类型示意

(4) 站厅、通道及升降设备。站厅是乘客进出车站的咽喉,其规模大小应与集散客流量匹配,其位置选择应便利乘客进出站。站厅层一般设有安检、售检票、服务中心、车站管理及小型商业等设施。通道将站台、站厅和出入口连接起来,一般有斜坡式和阶梯式,需设置楼梯和自动扶梯。站厅、通道和升降设备的服务能力应根据远期高峰客流的需要,按照适当留有余地的原则进行配备。

(5) 自动售检票系统(Automatic Fare Collection,AFC)。该系统能够实现轨道交通售票、检票、计费、收费、统计、清分、管理等全过程的自动处理,通常包括自动控制、计算机网络通信、现金自动识别、微电子计算、机电一体化、嵌入式系统和大型数据库管理等高新技术运用。从技术类型上分,自动售检票系统主要有磁卡自动售检票系统、接触式IC卡自动售检票系统和非接触式IC卡自动售检票系统等种类。

(6) 作业或设备用房。车站作业或设备用房主要分为行车作业用房、客运作业用房、车站管理用房和各种设备用房等。行车、客运作业用房包括行车值班室、售票处、服务中心、休息室等,管理用房包括站长室、仓库等,设备用房包括牵引、变电、配电、环控和防灾报警等设备所使用的房间。

上述各项车站设施设备的容量应根据车站远期高峰小时规划客流量进行合理确定,主要是指车站站台、通道、楼梯、自动扶梯、售检票、安检等设施设备的能力,它们决定了车站的规模,也是车站日常运输组织顺利进行的物质基础。

通常,高峰小时内存在一个约20 min的上下车客流量特别集中的超高峰期,在超高峰期内,同时在站的乘客人数要大于高峰小时内平均在站的乘客人数。为了避免在超高峰期内出现大客流,从而影响乘客不能顺畅地出入车站,甚至影响列车的正点运行,在确定车站设备容量时应考虑车站客流的不均衡性,从留有余地的角度出发,可将高峰小时规划客流量乘以一个超高峰系数作为确定车站设备的计算客流量,超高峰系数一般为1.2~1.4。

第三节 车站工作的组织与管理

一、车站行车组织工作应遵循的基本原则

车站日常行车组织工作应确保运输生产安全,合理运用技术设备,及时迅速地调移车辆,按列车编组计划编组列车,按列车运行图接发列车,加速机车车辆周转,较好地完成客货运输任务。为此,在车站行车组织工作中应遵循如下基本原则:

(1) 坚持安全生产方针,严格执行《铁路技术管理规程》(以下简称《技规》)、列车编组计划、列车运行图、《车站行车工作细则》(以下简称《站细》)及其他有关规章制度,在确保安全的基础上提高效率。

(2) 贯彻集中领导、分级管理和统一指挥的原则。做到统一思想、统一计划、统一行动。既要职责分明,又要协调一致。

(3) 加强技术管理和计划管理工作,建立健全各项规章制度,改进技术作业过程,提高作业计划质量;保持车站良好的生产秩序,实现安全、正点、高效、畅通。

(4) 加强联劳协作,组织均衡生产,保证车站作业的协调和节奏性,合理使用劳力和设备,增强车站运输生产的效能。

（5）积极采用先进技术装备，及时推广先进工作经验，充分挖掘生产潜力，合理降低运输成本，全面完成车站运输生产的数量和质量指标。

二、车站的组织管理系统

车站实行站长负责制。车站组织机构和定员根据车站的等级和工作量确定。铁路特等站、一等站的组织管理系统一般如图3-11所示。

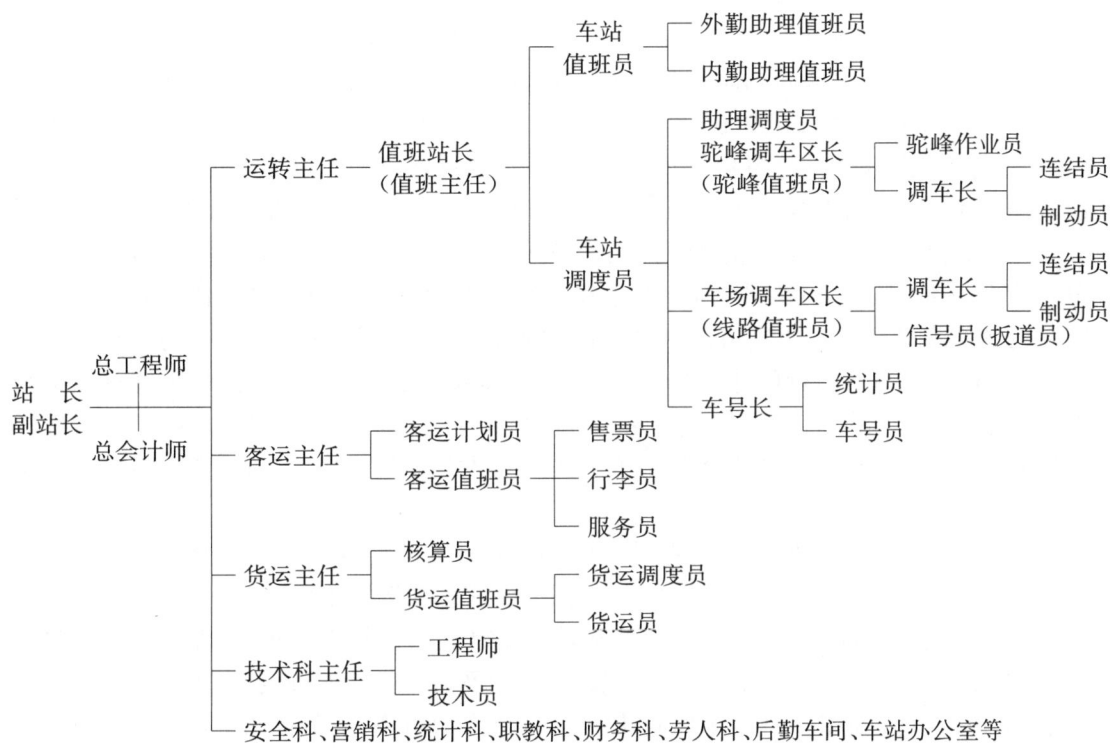

图 3-11　车站组织管理系统

由图3-11可见，特等站、一等站的运输生产由三个部门负责：运转部门由运转主任领导，货运部门由货运主任领导，客运部门由客运主任领导。总工程师负责全站的技术工作，总会计师负责全站的财会工作。

车站日常运输生产实行单一指挥制。值班主任是车站一个班工作的组织者和领导者，在铁路局集团有限公司（以下简称"铁路局"）调度所值班主任的指挥下，负责组织全班职工完成规定的生产任务。车站调度员是车站调车工作的领导者，他在值班主任的领导下，负责组织和指挥车站的调车活动，以实现本班的生产计划。车站的接发列车工作，由车站值班员统一指挥。车站的货运工作由货运值班员指挥，客运工作由客运值班员指挥，并组织相关人员完成。

建立健全各种工作的岗位责任制是保证车站良好生产秩序的主要措施。每个作业人员都应有明确的分工，每项工作、每个生产环节、每件工具和设备都应有专人负责，并在日常生产中各尽其责且又相互配合，共同保证运输生产安全顺利进行。车站各岗位的职责如下：

（1）值班站长（值班主任）。遵守国家运输政策、法令、铁路规章制度及本站安全运输管理规定，负责本班运输生产的领导和组织工作，协调运转和车辆、机务、货运等部门的协同配合，努力完成班计划的各项任务指标和领导重点指示，并为下一班工作打好基础；严格执行运输政策，遵守调度纪律，正确及时处理本班中发生的问题，并及时向主管站长汇报；根据车站调度员、货调提供的资料，准确掌握现在车，于每日3:00(15:00)推算6:00(18:00)现在车之后向铁路局调度所报告并提出编制本站班计划的建议；负责抄收铁路局调度所下达的班计划并提出编制本站班计划的建议；掌握车流变化和本班生产情况，与铁路局调度所联系，商定停运、加开和缓开列车计划；加强与周边各单位的联劳协调工作，处理好机车交路、车辆技检等方面的问题，确保列车正点出发；负责本班点名考勤，传达班计划，提出完成本班任务的措施要求及注意事项，检查各岗点人员执行规章和作业标准化的情况，制止和处理违章违纪行为；将上级布置的有关重点和交班注意事项（重点代号、军运、设备、施工等情况）向接班值班站长交接；参加班工作总结分析会，负责汇报本班的工作情况，总结好人好事，分析存在的问题，向站领导提出改进和奖惩意见；完成上级布置的其他任务。

（2）车站值班员。在值班站长的领导下，掌握到发场股道运用，负责确保行车安全和不间断地接发列车；认真执行班计划和阶段计划，掌握列车运行和机车交路情况并提供给车站调度员；根据调车作业计划要求，正确及时排列调车进路，与调车组做好联防互控，确保调车作业安全；参加班工作总结分析会，报告本班接发列车的工作情况；完成上级布置的其他任务。

（3）车站调度员。在值班站长的领导下，负责班计划的具体实施，充分运用车站的技术设备，合理使用调车机车，完成全站的调车任务，保证各项运输指标顺利完成；及时编制下达阶段计划，提高计划质量，按编组计划、运输方案和运行图解编列车，确保不间断地接发列车；按要求绘制车站技术作业大表，掌握调车作业及装卸作业的进度，发现问题及时进行调整和处理；认真编制和下达调车作业计划，完成列车编组任务；负责调车计划的变更并亲自向调车区长传达；做好联劳协作，加强与有关部门的联系，提高工作质量和作业效率，确保安全生产；参加班工作总结分析会，汇报班计划指标的完成情况和安全情况；完成上级布置的其他任务。

（4）车号长。在车站调度员的领导下，负责车站的车辆出入、货车停留时间统计工作和十八点上报工作，及时提供统计资料；正确分类统计列车编组内容，当发现统计资料与实际情况不符时，须查明原因，做好记录，并及时调整报表资料，确保统计资料的准确性；根据上级指示及车辆实际状况办理运用车转变手续，准确掌握车站现车情况；指导并协助内勤车号员完成货票核对、超偏载数据提取、编制列车编组顺序表和站车交接等工作；按规定时间签收铁路票据平台相关电子货票；负责十八点微机的日常养护和车号室的定置管理工作；完成上级布置的其他任务。

（5）助理调度员。在车站调度员的领导下，负责阶段计划的实施；合理运用调车机车和车站设备，正确及时编制和下达调车作业计划，完成列车解编任务。随时掌握调车作业进度和调机作业动态，做好调车作业联劳协作，提高调车作业效率，及时解决临时发生的问题，并向车站调度员汇报。

（6）调车区长。在车站调度员的领导下，负责领导管辖区域内的调车工作；合理运用调机和车站设备，认真编制和下达调车作业计划；准确掌握调车作业进度，发现问题及时进行汇报和处理；正确及时向车站调度员报告作业进度、作业情况并提供有关资料。

（7）货运调度员。根据日班计划，组织指挥本班货运人员完成运输生产任务；及时了解本站装卸线路的货位、人力、机械和货源情况；及时将日班承认车计划、装卸车计划、货位使用及装卸车进度等情况提供给车站调度员；在规定时间内将调机取送计划及注意事项传达至相关作业点；参加班工作总结分析会，汇报日班计划的完成情况和货运安全生产情况。

三、《车站行车工作细则》

《车站行车工作细则》是我国铁路车站贯彻执行全路《技规》和铁路局（公司）《行车组织规则》（以下简称《行规》），加强车站技术管理、保证安全地进行行车组织工作的重要技术文件；是车站编制、执行日常作业计划，组织接发列车、调车和各项技术作业以及有关技术设备使用的基本法规；也是组织查定各项技术作业过程、时间标准，计算通过能力和改编能力，进行日常运输生产分析、总结，以及铁路局下达年、月度技术指标任务的主要依据。为了更好地组织各项技术作业，合理地使用劳动力，有效地运用技术设备，建立正常的生产秩序，使各个部门参加作业的人员协调动作，在保证安全生产的基础上，质量良好地完成客货运输任务，参与车站作业的车务、机务、车辆、工务、电务、供电、水电等部门的所有人员必须严格执行《站细》的有关规定。

《站细》的主要内容有：①车站概况和技术设备；②日常作业计划及生产管理制度；③接发列车工作；④调车工作；⑤客货运工作；⑥军事运输工作；⑦车站行车量及车场分工；⑧列车与车辆技术作业过程及其时间标准；⑨车站通过能力和改编能力。

《站细》应根据《技规》、列车编组计划、列车运行图、《铁路运输调度工作规则》（以下简称《调规》）、与车站作业有关的各项标准和铁路局《行规》，以及工务、电务、供电检修作业时间标准，同时，遵守上级有关规章和指令并结合车站的具体情况进行编制。

《站细》由车站组织编制，机务、车辆、工务、电务、供电等有关单位要会同做好该项工作并及时提供有关资料。车站技术改造完成后，有关接收单位要及时向车站提供完整的技术资料。

《站细》编制完成后，应逐级上报。特等站、一等站由铁路局审批；属车务段管辖的则由车务段审核，铁路局批准。当车站技术设备、作业组织方法、列车编组计划、列车运行图等有较大变动时，应及时修订《站细》并按规定程序报批。

城市轨道交通系统车站的组织与管理、车站《站细》的编制原理、程序及主要内容与铁路车站的《站细》基本类似。

第四章

车站基本生产活动及其技术作业

第一节 中间站生产活动及其技术作业

一、中间站工作概述

中间站是铁路线上为数最多的车站,铁路线上运行的大量列车要在中间站通过、交会或避让;同时,中间站还承担着所在地区的旅客乘降和货物发送、到达任务。因此,中间站办理的作业主要是接发列车作业和摘挂列车摘挂车辆的技术作业,少数中间站也办理始发直达列车和终到列车的技术作业。

为保证中间站能完成各种技术作业,中间站一般具有如下技术设备:

(1) 供接发列车、进行调车和装卸货物用的配线(到发线、牵出线、装卸线等)。

(2) 供服务旅客用的旅客站房及站台等。

(3) 供货物作业用的货场及仓库等。

(4) 信号、联锁、闭塞设备及通信设备。

中间站实行车站、班组两级管理,业务量大的车站也可实行车站、车间、班组三级管理。其行政归属于车务段,车务段负责选配中间站站长(副站长),根据年度计划下达中间站的任务,制定经济责任制,组织指导各站的运输生产和安全技术工作,以及职工业务培训等管理工作。为完成各项客货运及运转工作,中间站必须严格按照《技规》《行规》《站细》《接发列车作业标准》《铁路动车作业标准》《铁路车站行车作业人身安全标准》和《铁路车站旅客运输作业标准》等作业标准进行行车管理、客运管理、货运装卸管理和军运管理等,开展相应的生产管理、技术管理和安全管理,并根据需要编制相应的调车作业计划,以指导中间站的运输生产活动。

中间站的服务质量直接影响铁路客流、货源及运输效益,其行车组织工作的质量直接关系到全路列车运行的安全和正点。因此,正确地组织中间站的工作,对加速机车车辆周转、扩大铁路客流与货源的市场占有份额、完成运输任务、提高运输效益均具有重要意义。

在上述中间站的各种技术作业中,接发列车作业在本章第三节中将会专门阐述,始发列车和终到列车的技术作业可参照技术站的作业方法办理。因此,本节仅阐述摘挂列车摘挂车辆的技术作业方法。

摘挂列车是为区段内中间站服务的列车,它将到达的车辆(到卸重车和配装空车)送至中间站摘下,又将在中间站已进行完货物作业且发往方向与摘挂列车运行方向相同的车辆挂走。因此,摘挂列车在中间站要进行车辆摘挂的技术作业。

中间站的设备各有不同,人员配备及分工也不尽相同。各站应根据本站的具体情况,编制摘挂列车技术作业过程,作为对摘挂列车进行技术作业的依据。

对于未设调车人员的中间站,由车站助理值班员担当调车作业时,摘挂列车技术作业过程一般如表4-1所列。对于有列检作业的中间站,还须增加一项列检作业。

表 4-1 摘挂列车技术作业过程

顺序	作业项目	执行者	时间/min 列车到达前	列车到达后 0	5	10	15	20	25	30
1	编制摘挂列车调车作业计划	车站值班员								
2	准备待挂车车辆及单据	站务员(或货运员)								
3	有关人员出动迎接列车	助理值班员								
4	传达调车作业计划	助理值班员、司机								
5	交接车辆及货运单据	车站值班员(或货运员)、司机								
6	调车作业	司机、助理值班员								
7	试风及发车	司机、助理值班员								
	作业总时分									

为缩短摘挂列车在中间站的停留时间,应于列车到达前做好调车作业计划与各项准备工作;列车到达后,应加强作业人员之间的配合,以最短的时间完成各项技术作业。

1. 列车到达前的准备工作

(1)车站值班员应及时向列车调度员了解摘挂列车在本站的甩挂计划和作业时间要求,向摘挂列车司机了解摘车数及其在列车中的编挂位置,并商定作业计划。

(2)车站站务员(或货运员)事先检查好待挂车辆,准备好货运单据。

(3)车站值班员根据上述资料和待挂车情况,编妥调车作业计划,并向助理值班员等有关人员传达清楚。

(4)助理值班员提前出动至接车线,用手信号指示列车停在便于进行调车的适当位置。

2. 列车到达后的作业

列车到达停妥,车站助理值班员向司机传达调车作业计划后,立即开始作业。司机与车站交接车辆及货运单据,修改列车编组顺序表;检查所挂车辆的装载状态和编挂位置是否符合规定,车站值班员向前方作业站进行摘车确报,司机准备发车及发车。

二、中间站摘挂列车调车作业计划的编制

1. 编制依据

(1)列车调度员下达的摘挂车计划,如摘车数、挂车数、预计列车到站时间及作业要求。

(2)摘挂列车司机提供的摘车确报,摘车数、车种、吨位、品名和收货人,以及所摘车辆在列车中的位置。

(3) 车站线路占用及现在车分布情况,待挂车数(重车分去向、空车分车种)及其停留位置。

(4) 装卸劳力、机具、装卸作业进度和货位使用情况。

2. 编制方法

车站值班员在编制摘挂列车调车作业计划时,一般使用附有示意图的调车作业通知单(图4-1)作为布置和传达计划的依据。为使机车乘务员熟悉车站停留车分布、送车和挂车地点,图中应标明线路容车数和停留车位置。摘挂列车调车作业计划的内容包括摘挂列车的车次、调车作业的起止时分、作业股道、作业方法、摘挂车数和编制人姓名等。编制摘挂列车调车作业计划要力求做到钩数少、行程短、带车数少、作业方便。

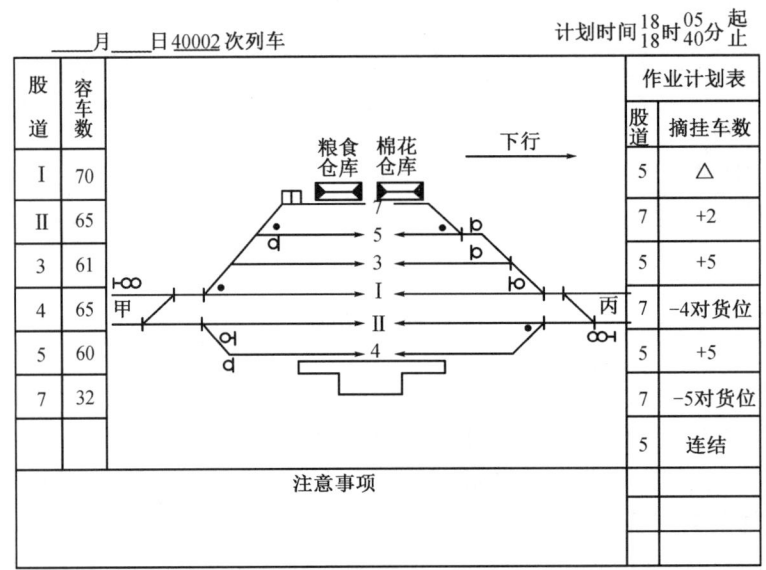

图 4-1 附有示意图的调车作业通知单样例

三、组织不摘车装卸作业的方法

利用列车在中间站的停留时间,组织快装快卸,使车辆在站进行装卸作业后,随原列车挂走,这种作业方法称为不摘车装卸作业,它是压缩车辆在中间站停留时间的有效措施。若在到发线上进行不摘车装卸,还能减少调车作业,节省调车时间和费用。

中间站进行不摘车装卸作业时,应加强与列车调度员、司机的联系,及时准确地了解列车的运行情况及不摘车装卸的车数、车种、吨位、品名、编挂位置,提前准备好足够的装卸劳力、机具,在指定地点等候,待列车进站停车对准货位后,立即开始装卸作业。

必须指出,组织不摘车装卸作业,对于有装卸作业的车辆来说,大大缩短了在站作业后等待挂运的时间,但往往会延长列车中不进行装卸作业车辆的在站停留时间。因此,列车调度员应权衡利弊,并全面考虑本区段的甩挂计划、列车运行和机车交路以及乘务员的连续工作时间。

第二节　技术站生产活动及其技术作业

技术站对各种货物列车和货车要分别办理不同的技术作业,规定列车、车辆在技术站办理的各项作业、程序、时间标准与质量要求,如同工厂生产产品一样,要按照一定的程序进行,这就是所谓的车站技术作业过程。

一、技术站办理的货物列车和货车

技术站办理的技术作业取决于货物列车和货车车流的种类。经过 C 技术站的列车和车流种类如图 4-2 所示。

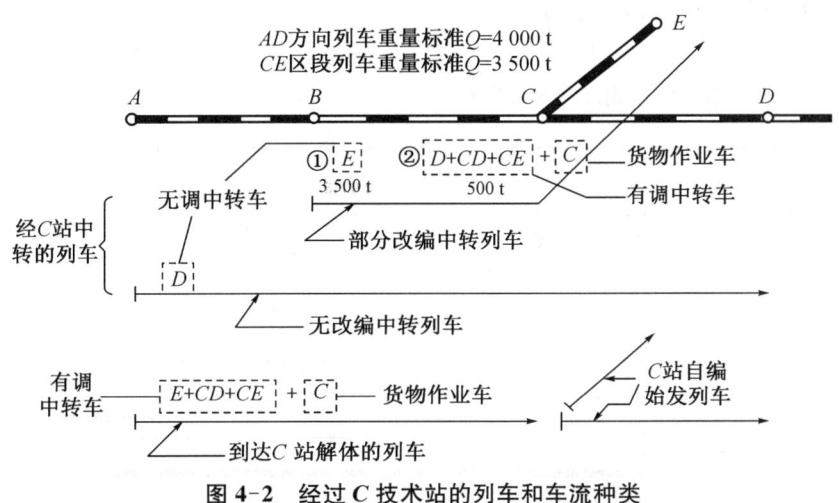

图 4-2　经过 C 技术站的列车和车流种类

1. 技术站办理的货物列车种类

由图 4-2 可见,在 C 技术站办理的货物列车有：

(1) 无改编中转列车。在该技术站不进行改编作业,只在到发场进行到发技术作业后继续运行的列车。

(2) 部分改编中转列车。在该技术站需要变更列车重量、变更运行方向或换挂车组的列车。

(3) 到达解体列车。在该技术站进行到达解体作业的列车。

(4) 自编始发列车。由该技术站编成的始发列车。

2. 技术站办理的货车种类

货车与货物列车的概念不同,在 C 技术站办理的货车有：

(1) 无调中转车。随无改编中转列车或部分改编中转列车到达,在该站进行到发技术作业后,又随原列车继续运行的货车。

(2) 有调中转车。随到达解体列车或部分改编中转列车到达,在该技术站经过一系列改编作业后,再随自编始发列车或另一列部分改编中转列车继续运行的货车。

(3) 本站货物作业车。随到达解体列车或部分改编中转列车到达,需在车站进行货物作业(卸车或装车)的货车。本站货物作业车可简称为本站作业车、货物作业车,有时可进一步简称为本站车、作业车。

在技术站办理的货车中,无调中转车和有调中转车又统称为中转车,有调中转车和货物作业车又统称为改编车或有调车。

在车站办理的货物列车和货车总数中,上述各种货物列车和货车所占的比重,决定着车站的作业性质。编组站主要办理改编列车和有调中转车作业,区段站主要办理无改编中转列车和无调中转车作业。而铁路网上绝大多数车站都办理货运业务,都要办理一定数量的本站作业车作业。

二、货车技术作业过程

1. 有调中转车的技术作业过程

有调中转车的作业过程一般包括到达作业、解体作业、集结过程、编组作业和出发作业,简称"到、解、集、编、发",如图 4-3 所示。

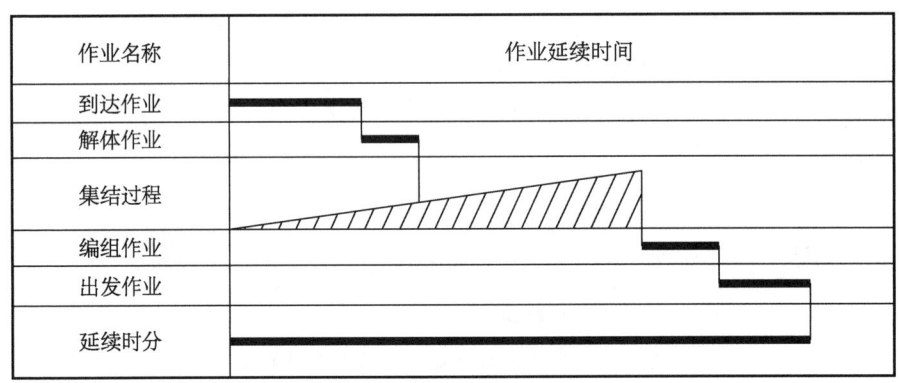

图 4-3 有调中转车的作业过程

(1) 到达作业是指在到达场或到发场对到达解体列车所进行的技术作业。

(2) 解体作业是指在驼峰或牵出线上将到达解体列车或车组按车辆的到达地点(有调中转车按货物列车编组计划,到达卸车的重车按货物作业地点,不良车按检修地点)分解到调车场指定线路内所进行的调车作业。

(3) 集结过程是指被分解到调车线上的货车,按列车到站或去向集结成列的过程。

(4) 编组作业是指在牵出线上将集结完的货车按列车编组计划和《技规》的要求,选编成车列或车组所进行的调车作业。

(5) 出发作业是指在出发场或到发场对自编始发列车所进行的技术作业。

由于车站的各个车场配置不同,故有调中转车的技术作业及其在站内的走行径路也不相同。在到发场与调车场横列配置的车站上,有调中转车有大量的折返走行(图 4-4),在到发场与调车场纵列配置的车站上,除反驼峰方向的车流和折角车流以外,有调中转车在站内可以顺向走行,从而保证有调中转车各项作业的流水性和最短的走行径路(图 4-5 和图 4-6)。

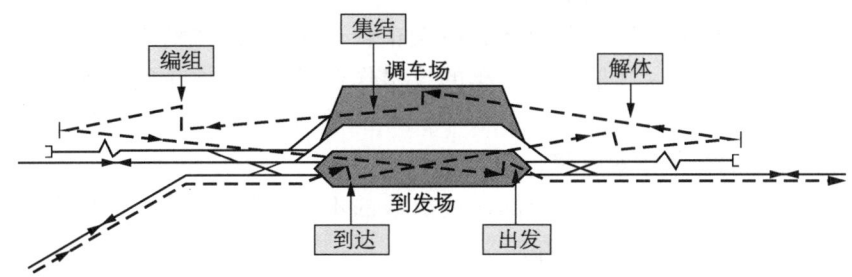

图 4-4 横列式车站有调中转车走行径路

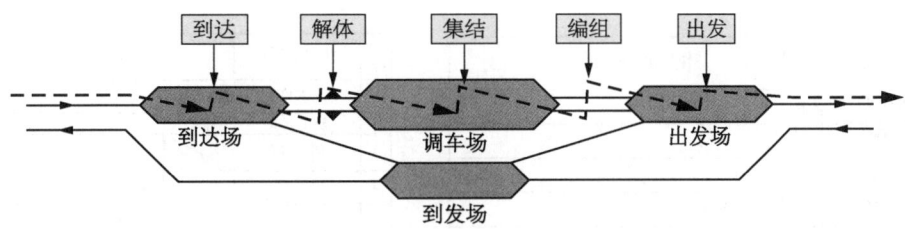

图 4-5 单向纵列式车站有调中转车走行径路

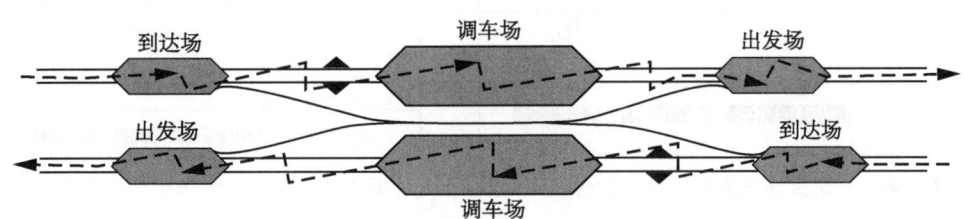

图 4-6 双向纵列式车站有调中转车走行径路

双向纵列式车站折角车流在站内的走行径路如图 4-7 所示。在有两个调车系统的双向驼峰编组站上,其折角车流要在站内形成场间交换车,解体以后需要转场重复改编。这些需要转场的有调中转车,除了需要完成上述作业外,还要额外增加转场前集结、转场和转场后解体三项作业(在计算有调中转车的停留时间时,这三项作业时间均可计入集结时间)。

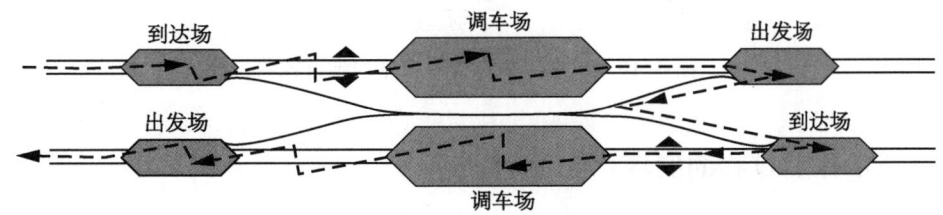

图 4-7 双向纵列式车站折角车流走行径路

2. 无调中转车的技术作业过程

无调中转车随无改编中转列车或部分改编中转列车到达,并随原列车出发。因此,无调中转车的技术作业过程也就是中转列车的技术作业过程,通常在到发场、出发场或直通场办理。

3. 货物作业车的技术作业过程

货物作业车按其在车站完成的装卸作业次数的不同,可分为一次货物作业车(只卸不装或只装不卸)和双重货物作业车(卸后又装)。

货物作业车随到达解体列车或部分改编中转列车到达车站后,除了要办理与有调中转车相同的技术作业外,还要完成待送及送车、装卸、取车等作业。货物作业车的技术作业过程如图 4-8 和图 4-9 所示。双重货物作业车在站内的走行径路如图 4-10 所示。

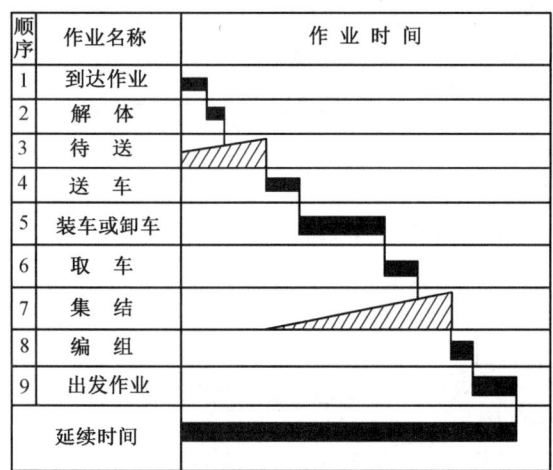

图 4-8　一次货物作业车技术作业过程

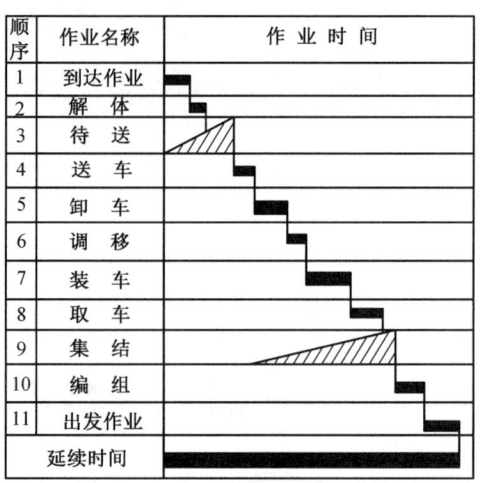

图 4-9　双重货物作业车技术作业过程

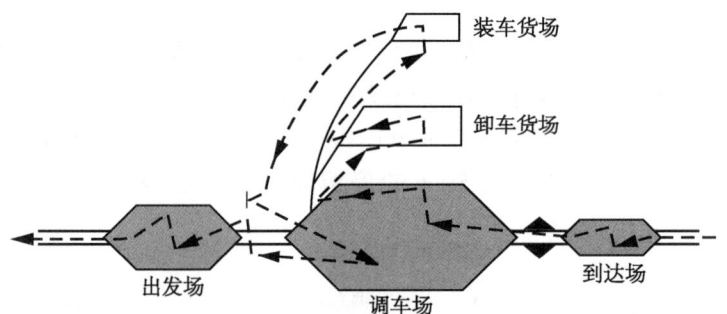

图 4-10　双重货物作业车在站内走行径路

三、技术作业过程的要求

车站在完成货物列车和货车的技术作业过程中,必须确保接发列车和调车作业安全,最大限度地使各项作业保持流水性、不间断性和节奏性,缩短货车在站停留时间。

因此，车站应根据本站技术设备的特点，按照《技规》《行规》，以及列车编组计划和列车运行图的规定，合理运用各种技术设备，总结和推广先进的工作方法，组织预先作业、平行作业和紧密作业，并在《站细》中加以规定。

第三节　车站接发列车作业

为了保证列车运行安全，列车接入车站和由车站出发都必须按照一定的程序办理接发列车的必要作业。在接发列车时按顺序办理以下作业：

（1）办理区间闭塞。在正常情况下，列车运行采用区间（或闭塞分区）间隔行车的方法，即同一时间和同一区间（或闭塞分区）内的一条正线上，只准许有一列列车运行，以防止同向列车追尾或对向列车正面冲突。为实现铁路行车上这一要求的技术设备，称为闭塞设备。因此，在列车进入区间前，两站间办理闭塞手续是车站接发列车工作的首要作业程序。

（2）准备接车或发车进路。列车到达、出发或通过所需占用的一段站内线路称为列车进路。为保证列车运行安全，列车到达或出发前，车站值班员应正确发布准备列车进路的命令，及时停止影响列车进路的调车工作。

（3）开放和关闭进站信号或出站信号。只有在闭塞手续办理完毕，列车进路确已准备妥当之后，才能开放进站或出站信号，在列车进入或开出车站后，应及时关闭信号。

（4）交接行车凭证。在采用自动闭塞、自动站间闭塞或半自动闭塞的区段，列车占用区间的许可是出站信号机的信号显示，因而在接发列车时，不必交接行车凭证。但在其他闭塞区段，列车必须取得规定的行车凭证，才能向区间发车。

（5）迎送列车及指示发车。列车进出车站时，接发列车的工作人员应在规定地点接送列车，注视列车运行情况和货物装载状态，当发现有危及人身、货物或行车安全的情况时，应采取有效措施妥善处理。

车站发车人员只有在确认列车取得占用区间许可，发车进路准备妥当，影响进路的调车工作已经停止，列车技术作业已经办理完毕以后，方可按规定时刻显示发车指示信号，准许列车由车站出发。

列车到达或出发之后，车站值班员应及时将到、发时刻通知邻站和向列车调度员报告，并登记"行车日志"。

在非调度集中区段的车站，各项接发列车工作都要在车站值班员的统一指挥下进行。接发列车时，车站值班员应亲自办理闭塞，布置进路（包括听取进路准备妥当的报告）、开闭信号、交接凭证、接送列车、发车。由于设备或业务量的关系，除布置进路以外的其他各项工作，车站值班员可指派助理值班员、信号员来办理。

在采用调度集中设备的区段，列车调度员可在调度所的控制台上监视管辖区段内列车的运行，操纵车站的道岔和信号机。因此，这些车站的接发列车工作可由列车调度员直接指挥和办理。在设置有行车指挥自动化设备条件下，区段内列车运行和车站上列车接发可通过电气集中设备、调度集中设备和电子计算机进路程序控制系统等硬件和软件设施，在列车调度员的监视下，实行自动控制和指挥。

当发生自然灾害、行车事故、设备故障或线路施工等特殊情况时,车站值班员和接发列车有关人员应按《技规》《行规》和《站细》的有关规定办理接发列车作业。

第四节　车站列车折返作业

一、动车组列车折返

动车组列车折返一般有本线折返和转线折返两种方式。

1. 本线折返

本线折返是指折返列车进站后,在同一条到发线上办理所有作业,直至从原位发车,主要通过站前渡线或者立体折返线完成折返。本线折返的方式按照其接、发车的方向可以分为顺接反发和反接顺发两种。

(1) 顺接反发,即列车接入正向到发线,旅客乘降作业后直接从该到发线经过车站前端正线间渡线或者反发联络线立交折返方式反向出发。为减少反切进站时造成的干扰,立即折返列车在进站时应该尽量采用顺向到达的方式。

(2) 反接顺发,即列车从反接联络线立交折返或者正线间渡线接入反向到发线,进行旅客乘降作业后直接从该到发线顺向出发。

本线折返方式的原理是将到发线作为尽头线使用。

(1) 优点:折返列车空走少,作业时间较短,作业过程衔接紧密,旅客可以同上同下,能充分压缩折返时间;工程简易,对车站布置一般没有特殊要求也可完成折返要求,可减少工程费用。

(2) 缺点:折返列车占用同一到发线的时间较长;列车折返时需占用进(出)站方向咽喉,比较容易产生发-到交叉干扰,对行车安全有一定威胁;旅客在同一站台上下车,客流量大时易引起终到客流和始发客流的冲突,这会给客流组织提出一定的要求。

2. 转线折返

转线折返也称站后折返,是指折返列车的到达作业和发车作业不在同一条到发线上完成,即列车在办理到达作业、保洁作业、客运业务及其他相关作业后,按照要求转入指定的到发线上发车,折返主要通过站后尽端折返线、正线间渡线以及站后环线实现。

(1) 优点:安全性能较好,列车占用到发线的时间较短,能够提高到发线的通过能力;能够有序组织客流上下车,列车在站后折返时的进出站速度较高;列车进行折返作业时可避免或减少发-到交叉干扰,折返站的综合能力较大。

(2) 缺点:列车的折返时间较长;折返站设置折返线时工程量较大,投资较高,且对建设环境的要求也较高。

本线折返适用于作业时分短的城际列车或短交路列车,而转线折返适用于跨线列车及折返量大的始发站。在实际运营中,往往需要将这两种方式综合运用,以达到最佳的运营效果。

二、城市轨道交通列车折返

城市轨道交通列车折返作业的特点是作业频率高、安全要求严。根据折返设备的布置，列车折返作业主要有站后折返和站前折返两种。

图 4-11 所示为站后折返时的折返设备布置，其中，图 4-11(a)是站后折返线折返设备布置，图 4-11(b) 是站后环形线折返设备布置。采用站后折返方式，能避免采用站前折返时存在的缺点，出发列车与到达列车不存在敌对进路交叉，行车比较安全且上下客作业可以分开，折返能力较大。另外，列车进出站速度高，有利于提高旅行速度。因此，站后折返方式被广泛采用。但其主要缺点是列车折返时间较长。

环形线折返设备能使列车按类似追踪的过程完成折返作业，司机不需要更换司机室，因此可以做到非常大的折返能力。但它也存在一些缺点，如空驶距离较长、列车在小半径曲线上运行造成单侧钢轨磨耗、折返线不能停放检修列车及若用明挖法施工修建增大了开挖范围等。

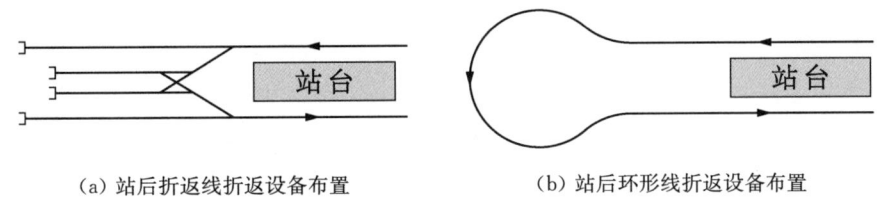

(a) 站后折返线折返设备布置　　　　(b) 站后环形线折返设备布置

图 4-11　站后折返时的折返设备布置

图 4-12(a)所示是列车站前折返时的双渡线折返设备布置，图(b)是列车站前折返时的单渡线折返设备布置。站前折返方式的优点是列车无空车走行，折返时间较短；乘客上下车同时进行，能缩短停站时间；此外，站线和折返线相结合，能节省投资费用。站前折返方式的缺点是出发列车与到达列车存在敌对进路交叉，影响折返效率；列车进出站通过道岔，致使列车速度受限和乘客有不适感；乘客上下车同时进行，在客流量大的情况下，站台秩序会受到影响。

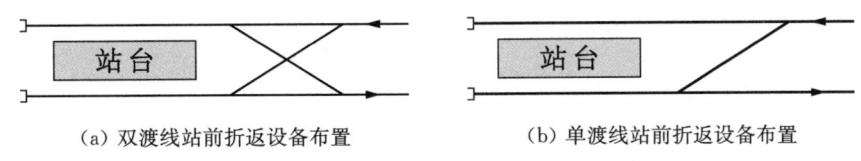

(a) 双渡线站前折返设备布置　　　　(b) 单渡线站前折返设备布置

图 4-12　站前折返时的折返设备布置

列车折返作业利用折返站的站内正线、折返线和渡线等线路进行。在车站有数条折返线或渡线，即有不同的折返进路情况下，应在《行规》中规定优先采用的列车折返模式，明确列车折返优先经由的折返线或渡线。

在利用站后尽端折返线进行列车折返作业时，列车在终点站的折返作业过程如图 4-13 所示。当利用站前双渡线进行列车折返作业时，列车在终点站的折返走行进路可以有侧向到达、直向出发和直向到达、侧向出发两种情形。但从列车进站应减速、出站需加速的角度考虑，侧向到达、直向出发是采用站前双渡线折返时较为合理的列车进出站运行组织办法。

此时，列车在终点站的折返作业过程如图 4-14 所示。

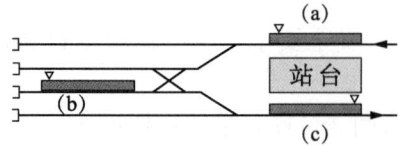

图 4-13　站后折返时的列车折返作业过程

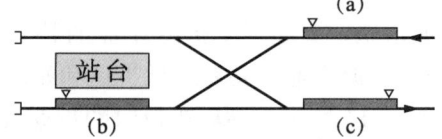

图 4-14　站前折返时的列车折返作业过程

根据控制方式和设备类型的不同，在调度集中控制时，行车调度员是列车折返作业的领导者和指挥者，由中央列车自动监控（Automatic Train Supervision，ATS）系统自动排列或行车调度员人工排列折返进路；在车站控制时，行车调度员是列车折返作业的领导者，行车值班员是列车折返作业的指挥者，由行车值班员人工排列折返进路。正常情况下，列车折返作业应采用《行规》中规定的优先模式。

第五章 车站调车工作组织

第一节 概 述

在轨道交通运输生产过程中,除列车在正线上的运行以外,凡因车列解体或编组、车辆摘挂或取送、列车折返或转线等作业需要,车列、车辆或列车在站内线路上进行有目的的调动都属于调车。调车作业的动力是内燃机车或动车等。

调车工作是轨道交通运输生产过程中的重要组成部分,也是车站行车组织的一项重要而又复杂的内容。对于铁路技术站而言,调车作业更是其日常的主要生产活动。车站调车工作组织的质量在很大程度上决定了轨道交通系统能否实现按图行车、线路通过能力能否被充分利用、车辆运用效率能否有效发挥,以及运输计划能否顺利完成。由于调车作业需要占用大量的人力和设备、消耗大量的燃料和材料,因此,提高调车作业效率对降低运输成本起着十分重要的作用。

调车工作按其目的不同,可分为如下六种。

(1) 解体调车:将车列或车组按车辆去向、目的地或车种,分解到指定的线路上。

(2) 编组调车:根据《技规》和列车编组计划的要求,将车辆选编成车列或车组。

(3) 摘挂调车:对列车摘减车组(减轴)、加挂车组(补轴)、换挂车组或摘挂车辆。

(4) 取送调车:为货物装卸或车辆检修,向相应作业点(装卸线、检修线)送车或取车。

(5) 折返调车:使列车在车站改变运行方向。

(6) 其他调车:如车列或车组转场、重车检斤、整理车场存车及在站线上放行机车等。

由于车站作业性质的不同,因而车站完成各种调车工作的比重也不相同。例如,编组站主要是解体和编组调车,中间站一般只进行摘挂和取送调车,而地铁终点站有高频率的折返调车。

车站的调车工作,应按技术作业过程及调车作业计划进行,对调车工作的基本要求是:

(1) 确保调车作业安全。

(2) 及时解编车列和取送车辆,保证列车按列车运行图的规定时刻发车,不影响接车。

(3) 充分利用调机和调车设备,采用先进的工作方法,用最少的时间完成调车任务。

为了实现上述基本要求,调车工作必须遵守《技规》《行规》和《站细》等行车规章对调车作业的规定,建立健全各项必要的工作制度。

调车作业需要多工种联合进行,为了能够安全、协调、及时地完成调车任务,必须实行统一领导、单一指挥。车站的调车工作,由车站调度员(未设调度员时由车站值班员)统一领导。各车场或调车区的调车工作,则根据车站调度员布置的任务,由该车场或调车区的调车区长领导。调车作业由调车组的调车长单一指挥,当中间站利用本务机车进行调车作业时,可由车站值班员或助理值班员担任指挥工作。

调车工作应按技术作业过程和调车作业计划进行。车站调度员根据车站班计划及车站接发列车和调车作业的实际进度制订阶段计划,分阶段布置调车工作任务。按照阶段计划的要求,调车区长或助理站调编制调车作业计划,并以调车作业通知单的形式下达给调车组及其他与调车作业有关的人员。调车区长根据调车作业计划的要求指挥调车作业,完成调车任务。

第二节 调车作业时间标准确定

一、调车钩和调车程

任何一种调车作业都是由若干个调车钩或调车程组成的。

调车钩是衡量调车工作量的一种基本单位,机车连挂或摘解一组车辆通常记为一个调车钩。调车作业计划就是以调车钩为单位,按作业顺序排列的。

调车程是指机车或机车连挂车辆不改变运行方向的一次移动。调车程按调车速度控制的不同分为以下六种类型:

(1) 加速-制动型,即机车加速到一定速度后立即制动,如图 5-1(a) 所示。

(2) 加速-惰行型,即机车加速到一定速度后以惰力运行,如图 5-1(b) 所示。

(3) 加速-惰行-制动型,即机车加速到一定速度并以惰力运行一段距离后制动,如图 5-1(c) 所示。

(4) 加速-定速-制动型,即机车加速到一定速度并以定速运行一段距离后制动,如图 5-1(d) 所示。

(5) 加速-定速-惰行型,即机车加速到一定速度并以定速运行一段距离后,再以惰力运行,如图 5-1(e) 所示。

(6) 加速-定速-惰行-制动型,即机车加速到一定速度并以定速运行一段距离后,先惰行后制动,如图 5-1(f) 所示。

根据调车作业的种类和调车距离的长短,可采用不同类型的调车程。短距离调车通常采用前三种类型的调车程;长距离调车通常采用后三种类型的调车程。加速-定速-制动型常用于推送法调车,而加速-制动型和加速-惰行型常用于溜放法调车。

各种调车作业均由若干种作业性质不同的调车程组成,例如在牵出线上解体车列,则由若干空调车程、牵出调车程、分解调车程(按分解方法的不同又可分为推送调车程和溜放调车程)、回拉调车程等组成。各种作业性质的调车程所需时间主要取决于如下因素:调机类型、调车程长度、调动车数或重量、调车允许速度、调车设备条件、气候条件和调车人员的技术水平等。

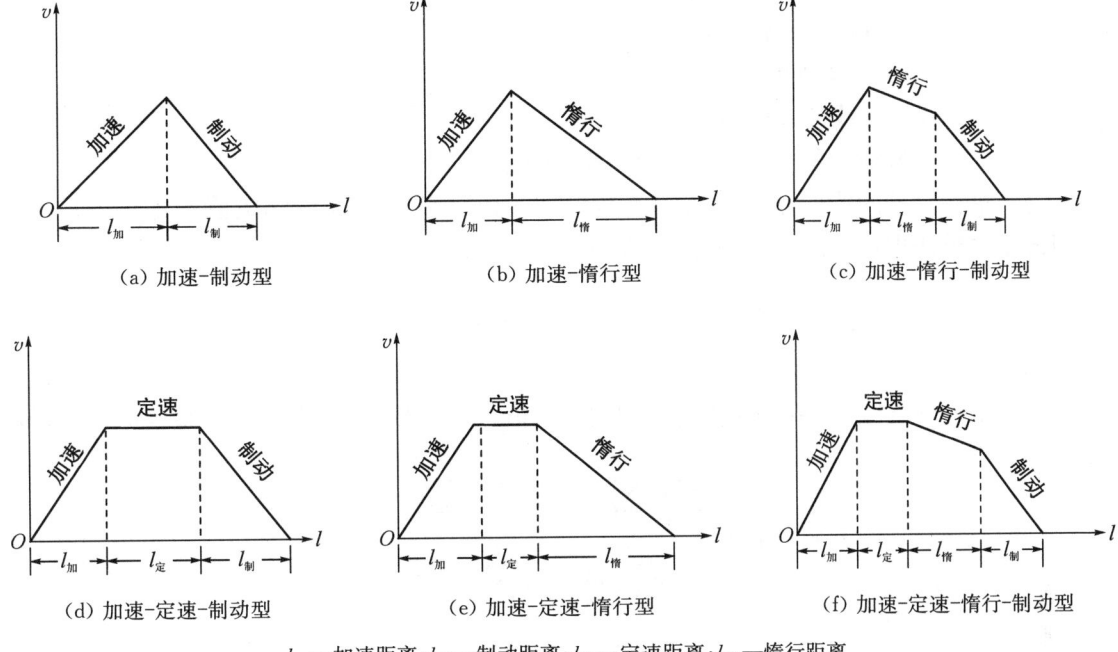

$l_{加}$—加速距离;$l_{制}$—制动距离;$l_{定}$—定速距离;$l_{惰}$—惰行距离

图 5-1 调车程类型

二、调车作业时间标准

查定调车作业时间标准可以为确定车站技术作业过程、计算车站改编能力和车站折返能力,以及日常调车作业组织提供必要的依据。

调车作业时间标准分为单项作业时间标准和综合作业时间标准。单项作业时间标准是指完成某一种调车钩所需的时分,以"钩分"为计算单位;综合作业时间标准是指完成某一项调车作业所需的时分,如解体或编组作业以"列"为计算单位,取送作业以"次"为计算单位。

按照调机工时性质的不同,调车作业时间还可分为以下三类。

(1) 生产时间:完成解体、编组、摘挂、取送等各项调车作业的纯生产时间。

(2) 辅助生产时间:调机整备、调车组交接班、吃饭休息等各项必要的调车准备工作所消耗的时间。

(3) 非生产时间:由于等信号、等列检、等装卸等各种原因使调机停轮等待的时间。

调车作业时间标准应按分析计算和写实查标相结合的方法确定。

1. 计算方法

在机车类型、调车区域固定的条件下,每一种调车程的时间基本上与调动重量或调动车数呈线性关系,即

$$t_i = a + bm_i + \varepsilon_i \tag{5-1}$$

或

$$t_i = a + b'Q_i + \varepsilon_i \tag{5-2}$$

式中 t_i——第 i 调车程时间的实际测定值；

m_i——第 i 调车程的调动车数；

Q_i——第 i 调车程的调动重量；

a、b、b'——线性方程参数；

ε_i——实际测定值与线性方程计算值的误差。

为了求得最佳的线性方程，使得调车程时间的计算值 $\hat{t}_i$ 与实际测定值 t_i 的误差最小，可用最小二乘法求算 a、b 参数的估计值，使式(5-3)达到最小。

$$D = \sum_{i=1}^{k} \varepsilon_i^2 = \sum_{i=1}^{k} (t_i - \hat{t}_i)^2 = \sum_{i=1}^{k} (t_i - a - bm_i)^2 \tag{5-3}$$

其中，t_i 和 $m_i (i=1, 2, \cdots, k)$ 都是已知的测定值，a、b 为待定参数。根据极值原理，可得

$$a = \frac{\sum_{i=1}^{k} t_i \sum_{i=1}^{k} m_i^2 - \sum_{i=1}^{k} m_i \sum_{i=1}^{k} m_i t_i}{k \sum_{i=1}^{k} m_i^2 - (\sum m_i)^2} \tag{5-4}$$

$$b = \frac{k \sum_{i=1}^{k} m_i t_i - \sum_{i=1}^{k} m_i \sum_{i=1}^{k} t_i}{k \sum_{i=1}^{k} m_i^2 - (\sum m_i)^2} \tag{5-5}$$

有了各种调车程的参数 a、b，就可根据其调动车数或调动重量估算每一调车程所消耗的时间，从而可估算出某项调车作业的总时间 $T_{调} = \sum \hat{t}$。

但是，根据每一调车程的时间来计算调车作业总时间比较费时费事，特别是计算牵出线解体调车作业时间更为复杂。因此，也可根据影响牵出线解体调车作业时间的主要因素，建立每一车列解体时间的经验公式，以便于实际应用。

根据理论分析，在牵出线上每一车列解体时间 $T_{解}$ 可用式(5-6)表示

$$T_{解} = Am + Bg + C\sqrt{mg} \tag{5-6}$$

式中 g——分解钩数；

m——车列中的车数(或重量)；

A、B、C——计算参数，可定期地根据每一调车区的测定资料，利用多元线性回归方法计算确定。

车列的编组时间可根据以下两种情况分别确定。

1) 解体未能照顾编组

由于调车线数的限制，解体车列时不能按照车组的到站或编组计划的去向，将不同到站的车组分解到不同的线路上去，这时编组车列应经过以下两个过程：

(1) 将集结的车辆牵出分解，利用调车线一端的空闲线路暂时存放各到站车组。

(2) 在各条线上收集车组，使其符合《技规》和编组计划的要求，然后转往指定线路。

于是,编组车列的调车总时间为

$$T_{编} = T_{解} + T_{收集} \tag{5-7}$$

分解车列的时间 $T_{解}$ 可按式(5-6)确定,收集车组的时间 $T_{收集}$(包括转线时间)也可按类似于式(5-6)的公式确定,即

$$T_{收集} = a'x + b'm + c'\sqrt{xm} \tag{5-8}$$

式中　x——车组占用的线路数(即收集连挂次数);

　　　m——所要收集的车数;

　　　a'、b'、c'——参数,应按调车区、调车机车等分别计算确定。

2) 解体照顾编组

在编组时只需连挂车组并将车列转往发车线,或者是需要将几条线路上的车组收集后再将车列转往发车线。前者的编组时间等于连挂车辆时间和转线时间之和,后者的编组时间可用式(5-8)计算。

2. 写实方法

写实方法分为工作日写实法和单项作业写实法两种。在查定驼峰和牵出线调车作业时间标准时,一般采用工作日写实法;在查定货场、专用线取送调车作业时间标准时,可以采用单项作业写实法。

工作日写实法是对一定期间(一般不少于3昼夜)内每台调车机车的全面动态和全部工时进行连续的写实,然后分别按不同的调车作业项目及其组成的单项过程与钩种进行汇总分析,剔除明显不合理的过长或过短作业时间及作业中断时间,确定各种调车作业的时间标准及其单项过程时间与各种"钩分"的标准。

采用工作日写实法时,应根据调车作业计划规定的调车种类、作业顺序和调车钩数,记录每一个调车程的起止时间。在写实过程中,应注意保持时间和调车过程的连续性,写实记录不能中断。对于调机停轮时间超过 1 min 的辅助生产时间和等待时间,均应记明项目或原因,以便于后续分析。

单项作业写实法则是根据需要,对某一种或某几种调车作业单独进行一定数量的写实,然后分析确定其作业时间标准。

第三节　牵出线调车作业

常用的牵出线调车作业方法有推送法和溜放法两种。

一、推送调车法

使用机车将车辆由某一股道调移到另一股道,在调动过程中不摘车的调车方法,称为推送调车法。

用推送调车法解体车列时所用的调车程包括空调车程与牵出调车程(组成一个挂车

钩)、推送调车程与折返调车程(组成一个摘车钩),其作业程序如图 5-2 所示。由于它每分解一组车辆(摘解一钩)需用两个调车程,而且主要使用加速-定速-制动型调车程,因此消耗的调车时间较长,效率较低,但比较安全。

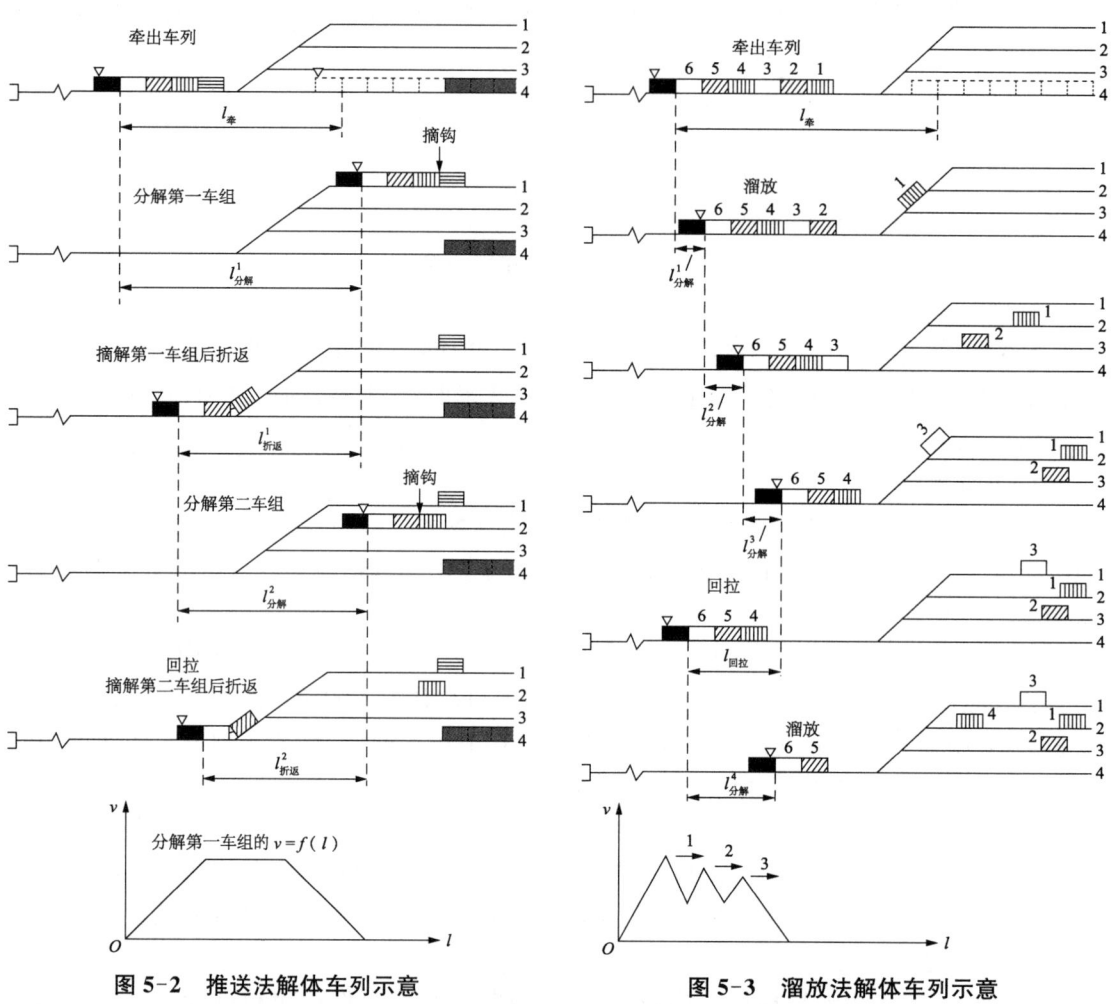

图 5-2　推送法解体车列示意　　　　图 5-3　溜放法解体车列示意

推送法调车主要用于不允许溜放调车的情形,如向货场、专用线取送车,调移客车和禁止溜放的货车,车组连挂及车列转线等,以上作业一般都要采用推送调车法。

二、溜放调车法

使用机车推送车列达到一定速度后摘钩制动,使摘解的车组凭借获得的动能溜放到指定地点的调车方法,称为溜放调车法,其作业程序如图 5-3 所示。采用溜放调车法时,溜放出的车组由制动员使用手闸或铁鞋进行制动。

溜放调车法与推送调车法相比,除了调车距离较短外,分解一个车组所需的调车程数也较少,因此可显著提高调车效率。但在采用溜放调车法时,为了确保溜放调车的安全,必须正确掌握车组的溜放速度以及保证车组间的必要间隔。

1. 正确掌握车组溜放速度

正确掌握车组的溜放速度，是保证溜放调车安全、提高溜放调车效率的重要前提。溜放速度过低，车组不能溜至预定地点；溜放速度过高，则增大了对于溜出车组的制动难度，也增加了溜行车组与线路上停留车冲突的危险性，产生安全隐患。车组溜放速度应根据车组获得的动能与其溜行阻力功相等的条件来确定，即

$$\frac{9.8 \times 1000 Q v_{溜}^2}{2g'} = 9.8 Q \omega l_{溜} \qquad [5\text{-}9(a)]$$

于是有

$$v_{溜} = \sqrt{\frac{\omega l_{溜} \, g'}{500}} \qquad [5\text{-}9(b)]$$

式中 g'——考虑车辆转动影响的重力加速度，取 9.25 m/s^2；

Q——车组重量，t；

$v_{溜}$——车组溜放初速度，m/s；

$l_{溜}$——车组需要溜行的距离，m；

ω——车组溜行中的平均单位阻力，N/kN。

由式 $[5\text{-}9(b)]$ 可见，车组的溜放速度主要与溜行距离和溜行中受到的各种阻力有关。因此，调车作业人员应该熟悉各种车辆的走行性能、线路的平面和纵断面的特征，正确掌握线路内停留车的位置，并具有准确测距、测速的技能。

2. 保证车组间的必要间隔

溜放调车除了要掌握好速度外，还必须保证车组间的必要间隔。根据允许转换道岔的条件，前后两组车溜经分路道岔时至少应保证的间隔距离如图5-4所示，即

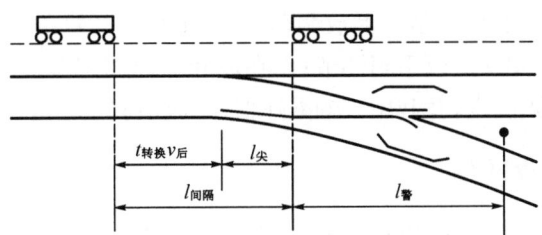

图5-4 溜放车组间的必要间隔示意

$$l_{间隔} = l_{尖} + t_{转换} \, v_{后} \quad (\text{m}) \qquad (5\text{-}10)$$

式中 $l_{尖}$——道岔尖轨的长度，m；

$t_{转换}$——转换道岔的时间，s；

$v_{后}$——后行车组的速度，m/s。

一般情况下，$l_{尖} \approx 5 \text{ m}$，$t_{转换} \approx 2 \text{ s}$，若 $v_{后} = 5 \text{ m/s}$，则有 $l_{间隔} = 5 + 2 \times 5 = 15(\text{m})$。

当后行车组的速度高于前行车组时，$l_{间隔}$不但要保证转换道岔时间的需要，还要防止后行车组在分路道岔的警冲标外方与前行车组发生冲突。若道岔尖轨后跟至警冲标的距离为 $l_{警}$，则车组间的最小间隔应满足

$$(l_{警} + l_{间隔}) \frac{1}{v_{后}} = l_{警} \frac{1}{v_{前}} \qquad [5\text{-}11(a)]$$

即
$$l_{间隔} = l_{警}\left(\frac{v_{后}}{v_{前}} - 1\right) \quad (\text{m}) \qquad [5\text{-}11(b)]$$

如果 $l_{警} = 45\text{ m}$，$v_{前} = 3.5\text{ m/s}$，$v_{后} = 5\text{ m/s}$，则有：$l_{间隔} = 45 \times \left(\frac{5}{3.5} - 1\right) \approx 19(\text{m})$。

第四节 驼峰调车作业

一、驼峰调车的特点

与牵出线调车相比，驼峰调车具有以下特点：

（1）调车动力。在牵出线上溜放调车主要靠机车的推力；而在驼峰上溜放调车主要靠车辆本身所受的重力，辅以机车的推力。

（2）提钩地点。在牵出线上溜放调车，机车推动车列逐钩移向调车场，提钩地点不固定；而在驼峰上溜放调车，提钩地点基本上限制在推送坡至峰顶的一段距离内。

（3）溜放速度控制。在牵出线上溜放调车，调车长控制速度的幅度较大，车辆走行性能对其溜行速度的影响不是很显著；而在驼峰上溜放调车，调车长只能在接近峰顶的较小范围内调节推送速度，控制溜放速度的幅度很小，车辆溜行主要靠本身所受的重力。因此，车辆走行性能对其溜行速度的影响比较显著。

（4）车组间隔调节。在牵出线上溜放调车，前后车组的间隔主要由调车长掌握的推送速度和提钩时机决定，并靠制动员以手闸调节；而在驼峰上溜放调车，前后车组的间隔主要由车组在峰上脱钩的时间间隔决定，并利用车辆减速器、减速顶或铁鞋对车组间隔进行调节。

二、驼峰解体作业过程

根据编组站到达场与调车场相互位置的不同，驼峰解体作业的过程也不相同。

在纵列式编组站，驼峰解体作业过程为：机车去到达场入口端连挂车列（即①挂车），将车列推上峰顶（即②推峰），经由峰顶分解车列（即③溜放），如图 5-5 所示。

在横列式编组站，驼峰解体作业过程为：机车去到发场连挂车列，将车列由牵出线牵出，将车列推上峰顶，经由峰顶分解车列。

在上述两种驼峰解体作业过程中，

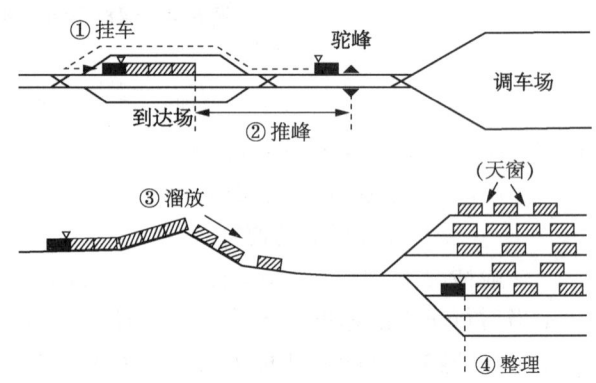

图 5-5 驼峰解体车列作业过程

驼峰机车在分解几个车列后,可能还需要下峰整理线路上的存车(即④整理),以及处理禁溜车和交换车等作业。

三、驼峰解体作业方案

根据驼峰设备条件和机车台数的不同,驼峰调车作业组织可以采取不同的作业方案。

(1)单推单溜:只配备一台驼峰机车时的驼峰作业方案,其作业过程如图5-6所示。采用单推单溜作业方案时,驼峰机车的利用率很高,但驼峰的利用率却很低,驼峰的改编能力较小。因此,单推单溜驼峰作业方案适用于改编工作量不大的编组站。

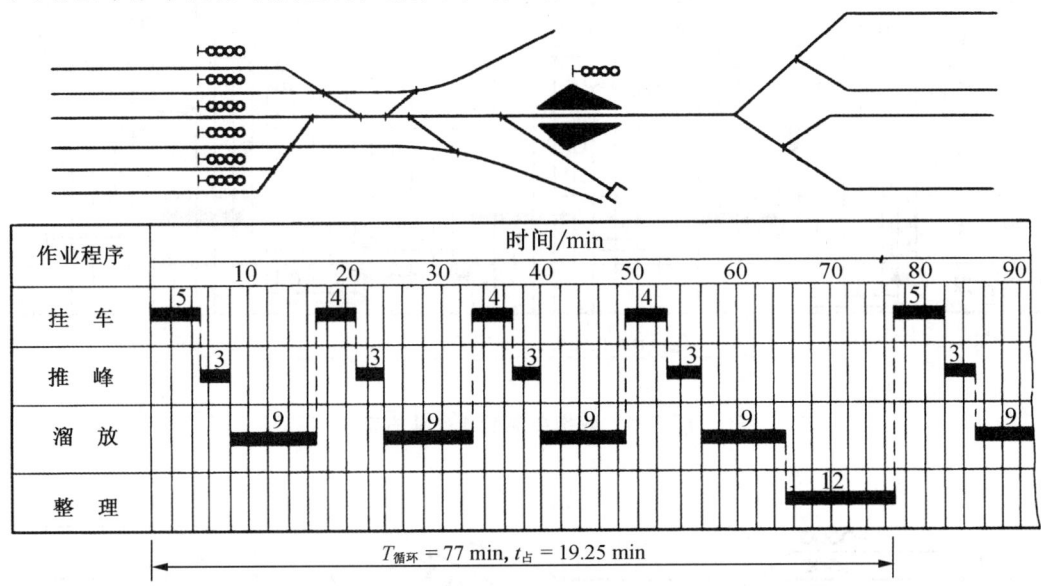

图5-6 单推单溜驼峰作业方案

(2)双推单溜:具有两条推送线且配备了两台或两台以上机车时的驼峰作业方案,其作业过程如图5-7所示。采用双推单溜作业方案时,在同一时间内虽然只有一台机车在峰顶分解车列,但另一台调机却可与其平行地完成其他作业程序。这样分解每一车列占用驼峰的时间大为缩短,驼峰的改编能力可以得到较大提高。因此,双推单溜驼峰作业方案适用于改编工作量较大的编组站。

(3)双推双溜:具有两条推送线和两条溜放线且配备了两台或两台以上调机时的驼峰作业方案,其作业过程如图5-8所示。采用双推双溜作业方案时,将调车场连同到达场按纵向划分为两个作业区,每区自成一个独立的调车系统,各自配备1~2台调机工作。两个作业区的调机可以平行推送车列上峰分解,从而大大缩短分解每一车列占用驼峰的平均时间,显著提高驼峰的改编能力。但是,当车站衔接方向较多、各方向均有车流交换时,两个作业区之间不可避免地会产生大量的交换车,从而额外消耗一部分驼峰能力。研究表明,当车站重复改编车数(包括交换车和额外增加的重复分解车数)超过20%时,采用双推双溜一般是不利的。为了减少交换车的重复改编作业量,当调车线较多时,可在两个作业区内分别为每一个主要的编组去向各固定一条调车线。但这会造成车流分散集结,或增加编组机车的作业干扰,降低车站的编组能力。

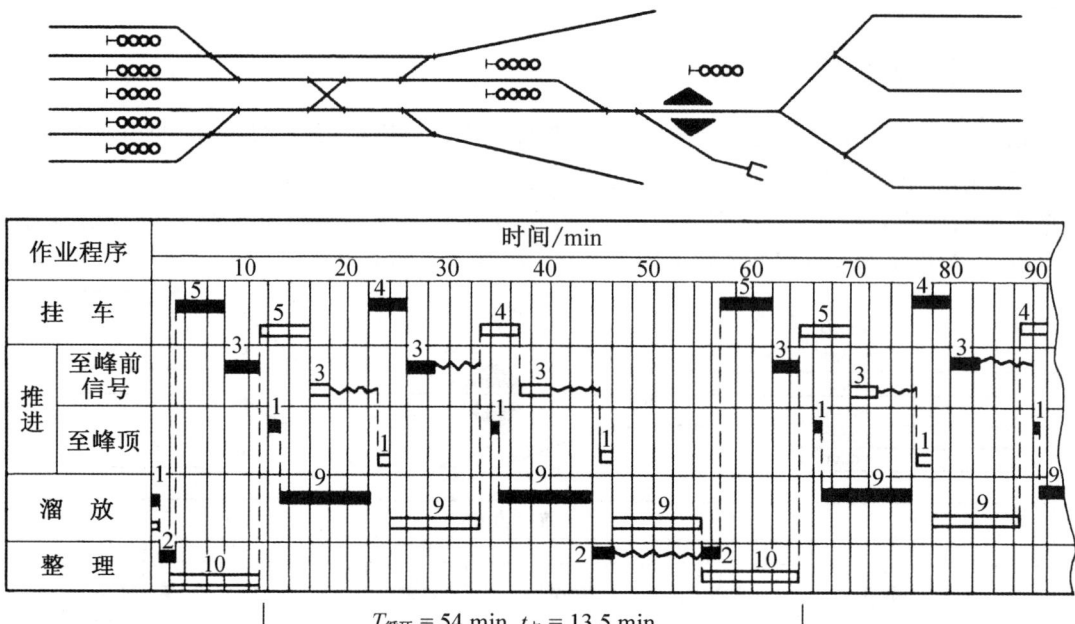

图 5-7 双推单溜驼峰作业方案

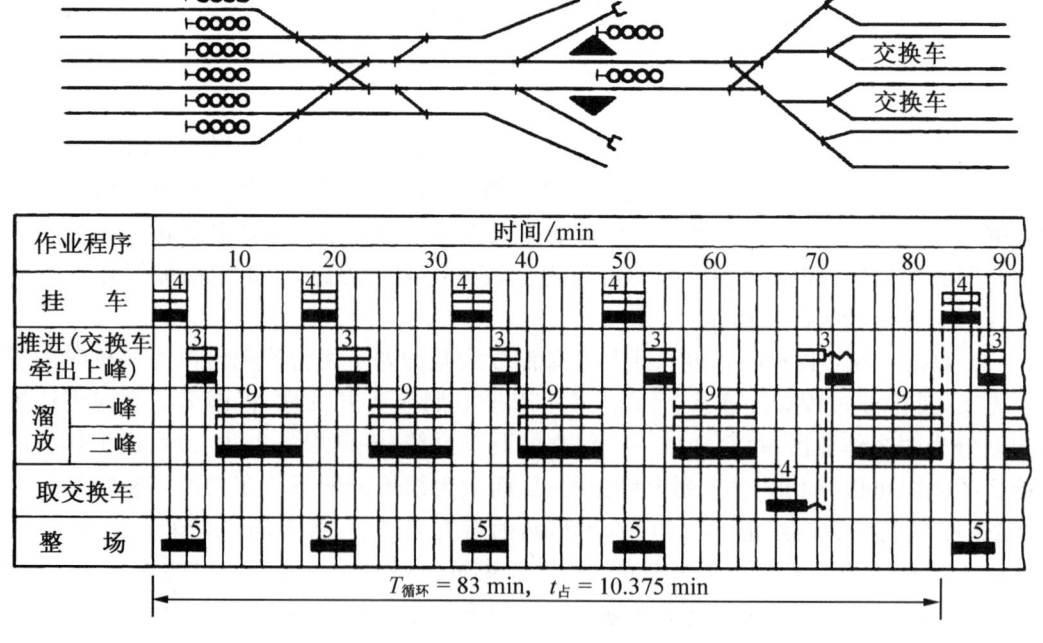

图 5-8 双推双溜驼峰作业方案

在驼峰设备条件许可的情况下，可以实行双推双溜和双推单溜相结合的作业方案。在挂有邻区车流的车列分解过程中，可以暂时停止邻区驼峰机车的溜放作业，或利用邻区驼峰机车分解车列的间隙，经过峰下交叉渡线直接向邻区分解车辆，只要事先加强计划联系，周密安排两区驼峰机车间的作业配合，是完全可以做到的。如果到达场进口处有较好的疏解设备，还可以按照到达列车中车流的情况，机动地调整到达场的接车区域，以减少交换车的重复改编作业量。

四、驼峰解体作业方案评价指标

驼峰作业方案应根据设备条件和车流特点，通过分析比较来确定，其评价指标如下。

1. 分解一个车列平均占用驼峰的时间 $t_占$ 和 $t_峰$

1）一个作业循环

在一个作业循环中，各种驼峰作业方案的 $t_占$ 按式(5-12)计算

$$t_占 = \frac{T_循}{n_循} \quad (\text{min}) \tag{5-12}$$

式中　$T_循$——按照驼峰作业方案所确定的作业循环时间，min；

$n_循$——在一个作业循环中所分解的车列数。

或

$$t'_占 = t_{挂车} + t_{推峰} + t_{分解} + \frac{t_{整理} + 1}{n_循} \quad (\text{min}) \tag{5-13}$$

$$t''_占 = t_{分解} + t_{峰间} + \frac{t_{整理}}{n_循} \quad (\text{min}) \tag{5-14}$$

式中　$t'_占$、$t''_占$——单推单溜和双推单溜时分解一个车列平均占用驼峰的时间，min；

$t_{挂车}$——连挂车列时间，min；

$t_{推峰}$——推峰作业时间，min；

$t_{分解}$——分解车列时间，min；

$t_{整理}$——下峰整理时间，min；

$t_{峰间}$——驼峰间隔时间，min。

2）一昼夜

由于驼峰设备的日常维修，驼峰机车整备和调车组交接班等固定作业，以及协助牵出线编组等，在一昼夜中驼峰存在中断解体作业的情形，因此需要进一步计算一昼夜平均分解一个车列占用驼峰的时间。

（1）使用一台机车时。

$$t_峰 = t_占 \left(1 + \frac{T_{中断}}{1\,440 - T_{中断}}\right) \quad (\text{min}) \tag{5-15}$$

式中，$T_{中断}$ 为驼峰中断解体作业的时间，min。

（2）使用两台机车时。当驼峰上有两台机车工作时，机车的整备通常是轮流进行的。因此，在机车整备时间 T_1 内，驼峰处于单推单溜作业状态，分解一个车列占用驼峰的时间

$t'_{占}$ 与两台机车进行解体作业的时间 T_2 ($T_2 = 1440 - T_{中断} - T_1$) 内分解一个车列占用驼峰的时间 $t''_{占}$ 是不同的。此时,应根据以上两种情形计算平均的 $t_{占}$ 值,即

$$t_{占} = \frac{1440 - T_{中断}}{\dfrac{T_1}{t'_{占}} + \dfrac{T_2}{t''_{占}}} \quad (\text{min}) \tag{5-16}$$

然后,再按式(5-15)计算一昼夜分解一个车列平均占用驼峰的时间 $t_{峰}$。

2. 驼峰解体能力 $n_{峰}$

驼峰解体能力可按式(5-17)和式(5-18)计算:

$$n_{峰} = \frac{1440}{t_{峰}} \quad (\text{列}) \tag{5-17}$$

或

$$N_{峰} = \frac{1440}{t_{峰}} m \quad (\text{辆}) \tag{5-18}$$

式中,m 为列车平均编组辆数。

3. 驼峰负荷 ρ

驼峰负荷是指每日到达解体列车数 $n_{解}$ 与驼峰可能解体列车数 $n_{峰}$ 之比,即

$$\rho = \frac{n_{解}}{n_{峰}} = \frac{n_{解} \, t_{峰}}{1440} \tag{5-19}$$

4. 驼峰解体一车的费用 $c_{峰}$

驼峰解体一车的费用可按式(5-20)计算:

$$c_{峰} = \frac{\sum A}{N_{解}} \tag{5-20}$$

式中 $\sum A$ ——一昼夜驼峰设备和调车机车的维修、折旧以及调车组和乘务组的工资支出;

$N_{解}$ ——一昼夜经由驼峰解体的车数,辆。

第五节 调车作业计划

调车作业计划是规定车列如何解体、编组,以及车辆如何取送、甩挂等调车作业的具体行动计划,调车作业应根据调车作业计划进行。

调车作业计划由调车领导者(调车区长或助理车站调度员)根据阶段计划要求、到达确报和存车情况编制,并以调车作业通知单(表5-1)的形式下达给调车组及其他调车有关的作业人员。

安全、高效是调车作业的基本要求,在编制调车作业计划时,除了应确保调车作业安全

外,还应统筹兼顾,通过有效的调车作业组织,最大限度地做到解体照顾编组,以及节省调车钩数、缩短调车行程、减轻调动重量和压缩调车时间。

表 5-1 调车作业通知单

月 日 第 号	解体	次 第 调车机
	编组	

计划起讫时分:	自	至					
实际起讫时分:	自	至					
顺序	场别	股道	挂车数	摘车数	作业方法	记事	残存
1							
2							

一、解体调车作业计划

解体调车作业计划一般按列车编组内容和调车线固定使用规定进行编制。但为了解体照顾编组,或是为了临时解决调车线路不足的问题,在编制解体调车作业计划时,还须考虑活用线路的办法,以便减少重复作业,提高调车效率。

【例 5-1】 设 D 站衔接方向如图 5-9 所示。D 站线路固定使用办法规定为:1~5 道为到发线,6~15 道为调车线,其中 6 道集结 A 站车流,7 道集结 B 站及 $A—B$ 间车流,8 道集结 C 站及 $B—C$ 间车流,9 道集结 $C—D$ 间车流,14 道集结本站作业车,其他股道使用办法略。若 35002 次到达解体列车停于 3 道,其编组内容如表 5-2 所列,调机自尾部挂车,则该车列的解体调车作业计划如表 5-3 所列。

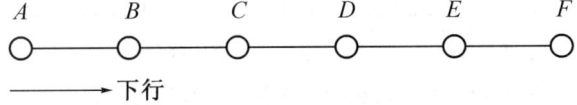

图 5-9 D 站衔接方向

在纵列式车站,车列一般都是整列解体。但在横列式车站,由于可在两端牵出线上共同解体车列,在牵出线长度不足或者为了减轻调动重量的情况下,通常采取分部解体的方法。此时,编制解体调车作业计划需要正确选择"开口"位置。选择"开口"位置的方法一般为:

(1) 在车列的大车组前开口,以便第一钩就能把大车组摘走,减轻调车重量(图 5-10)。
(2) 在可利用调机次位集结少量车组处开口,减少调车钩数(图 5-11)。
(3) 按"坐编"要求开口,以便于车组换挂,提高作业效率。
(4) 在接近车列中部位置开口,使两台调机解体作业量大致均衡。

表 5-2 35002 次列车编组内容

车组位置	车组到站
1～8	A
9～12	C
13～15	A—B
16	D
17～18	B—C
19～24	B
25～28	D
29	A
30～31	B
32～35	C—D
36～37	C
38～40	B—C

表 5-3 35002 次解体调车作业计划

股道	摘或挂	车数
3	+	40
6	—	8
8	—	4
7	—	3
14	—	1
8	—	2
7	—	6
14	—	4
6	—	1
7	—	2
9	—	4
8	—	5

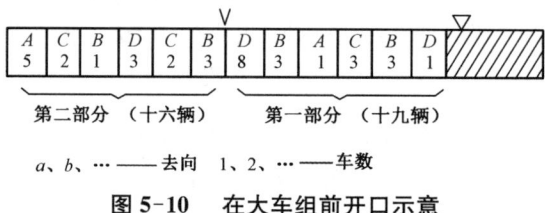

图 5-10 在大车组前开口示意

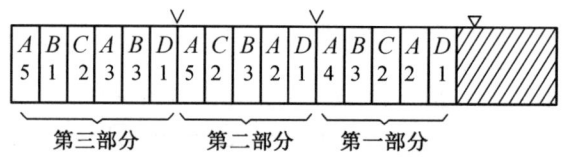

图 5-11 利用调机次位集结少量车组的开口示意

二、编组调车作业计划

经由驼峰分解的车辆通常是按去向在调车场固定线路上集结,因此列车编组调车作业的程序一般是车列连挂(将调车线上的车辆或车组连接成车列)和车列转线(将车列从调车场转到出发场)。

【例 5-2】 D 站衔接方向如图 5-9 所示,调车机车解完 35002 次列车后要编组 31002 次 C 去向列车,编组计划规定编往 C 去向的区段列车的编组内容为:C 站及 B—C 间车流为一组,挂于本务机车次位,B 站及 A—B 间车流为另一组,列车编组辆数为 50 辆,线路固定使用情况同上,7 道已集结 B 站及 A—B 间车流 20 辆,8 道已集结 C 站及 B—C 间车流

32辆,若车辆编挂位置符合《技规》和列车编组计划的要求,则31002次列车的编组调车作业计划如表5-4所示。

表5-4 31002次编组调车作业计划

序	股道	摘或挂	车数	车流
1	7	+	20	B 及 $A—B$
2	8	+	30	C 及 $B—C$
3	4	−	50	

　　如果调车线上集结车辆的编挂位置不符合《技规》或列车编组计划关于列车编组的要求,此时就需要对集结车辆进行重复分解的调车作业,以调整车辆的编挂位置。例如,对于摘挂列车,由于到达同一区段各中间站的车组混在一条线上集结,但又要求按站顺或到站成组编组,因而在编组摘挂列车时就需要对待编车列进行重复分解的调车作业。

　　编组摘挂列车是一项复杂的工作,为了提高作业效率,减少调车钩数,特别是减少推送钩数,在调车理论研究方面提出了"大量采用对口、尽量少占用线路的调车法""车组编号、合并使用线路调车法""表格调车法""看图调车法"和"统筹对口调车法"等多种调车方法,使摘挂列车编组调车作业计划的编制日臻完善。

　　编组摘挂列车的实质是通过重复分解调车作业将集结线路上顺序随机的待编车列改编成符合《技规》或列车编组计划要求的顺序连接的车列。为了叙述方便,现用阿拉伯数字代替车组到站,约定调机在右端作业,并规定车列编成后最左端车组为1号车组。

【例5-3】 M 站调车线上待编车列的排列顺序为

$$e\ d\ g\ a\ f\ b\ g\ f\ c\ e\ a$$

M 站与相邻技术站 N 站间的中间站设置如图5-12所示。

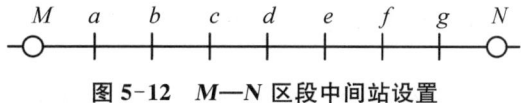

图5-12 $M—N$ 区段中间站设置

根据按站顺编组摘挂列车的编组要求,列车编成后各中间站车组的排列顺序及编号为

$$\begin{array}{ccccccc} g & f & e & d & c & b & a \\ 1 & 2 & 3 & 4 & 5 & 6 & 7 \end{array}$$

因此,待编车列中各车组的编号为

$$\begin{array}{ccccccccccc} e & d & g & a & f & b & g & f & c & e & a \\ 3 & 4 & 1 & 7 & 2 & 6 & 1 & 2 & 5 & 3 & 7 \end{array}$$

　　摘挂列车调车作业计划编制可在调车表上进行,调车表的形式如表5-5所列。调车表实际上就是调车场的示意图,横格称为"列",表示每条线路;竖格称为"行",表示车组在待编车列中的相互位置;"行"与"列"的交点,表示每个车组分解到对应线路。通过在调车表上进行"车组下落""合并下落列"等步骤,就可编成符合编组要求的摘挂列车。

表 5-5　调车表

列＼股道＼待编车列		3	4	1	7	2	6	1	2	5	3	7
一	10			$\dot{1}$				1	$\dot{2}$			
二	11					2					3	
三	12	3	4							5		
四	13						6					$\dot{7}$
五	14				7							

1. 车组下落

在编组摘挂列车时,为了调整顺序,需要把待编车列中的反顺序车组分解到不同线路上,这样的调车过程反映在调车表上,即所谓车组下落。车组下落的方法是:首组开始、由左向右、先同后顺、逐列下落,表 5-5 显示了车组下落的过程。即从调车表上部填记的待编车列左端开始找出第一个"1"号车组,将其下落到第一列,然后向右找出全部 1 号车组依次下落到第一列,若无 1 号车组,则继续向右找出 2 号车组,并下落到第一列,如果 1 号车组的左方有 2 号车组,则在 1 号车组右方全部 2 号车组下落完毕后,第一列下落工作即告结束;然后重新由左向右找与第一列右侧同号的车组,若无同号车组则找大一号的车组,下落到第二列,并按第一列下落的规则下落完第二列,以此类推,直至待编车列中的全部车组下落完毕。

如果车组下落后,每个下落列均成连接正顺序且下落列数是最少的,则表明车组下落正确。此时,应找出可调车组,所谓可调车组是指车组下落位置可在相邻两列中调整,并且仍然符合连接正顺序。如上例中,$\dot{2}$ 号车组既可下落在第一列,也可下落在第二列;若 $\dot{2}$ 号车组下落在第二列,则 $\dot{1}$ 号车组也可下落在第一列或第二列。这种可在相邻两列中调整位置的车组即为可调车组。显然,$\dot{1}$ 号、$\dot{2}$ 号、$\dot{7}$ 号车组均是可调车组。

2. 合并使用线路

车组下落后,如果每一列单独使用一条线路,则只需从最大列号开始依次连挂各列便可编成符合编组顺序要求的车列,但需要有与下落列数相等的调车线数和消耗与下落列数相等的推送钩数。研究发现,如果将下落列中的部分列组成一个或几个暂合列合并使用线路,可以减少重复改编调车作业所需的调车线数和推送钩数。

【例 5-4】 表 5-5 共下落五列,若不合并使用线路,则需用 5 条线路,因此整个编组过程须用 13 个调车钩,19 个调车程,其中推送钩 6 钩,溜放钩 7 钩(未计入向到发线转线的调车钩),其调车作业计划见表 5-6。若在车组下落的基础上将第二、四、五列暂时合并为一列(见表 5-7),则可少用 2 条线路,减少 2 个推送钩。虽然,暂合列挂车需多用 1 个推送钩,但仍可节省 1 个推送钩。至于

表 5-6　调车作业计划

12＋9
10－1
14－1
11－1
13－1
10－2
12－1
11－1
14＋1
13＋1
12＋3
11＋2
10＋3
DF5－11

溜放钩,由于重复分解暂合列可能会有所增加(本例未增加),但因每个推送钩所需的时间为溜放钩的3～5倍,所以如果合并方式选择得当(例如,各下落列车组合并后不交错或很少交错,合并时能利用待编车列的邻组或利用机后集结车组等),则合并使用线路将是有利的。本例中,合并使用线路后的调车作业计划见表5-8,该计划共用12个调车钩,17个调车程,其中推送钩5钩,溜放钩7钩,比未合并使用线路时减少了1个推送钩。

表 5-7 调车表(合并使用线路)

列＼股道＼待编车列		3	4	1	7	2	6	1	2	5	3	7
一	10			1				1	2			
二四五	11				7	2	6				3	7
三	12	3	4							5		
(四)	13						⑥					⑦
(五)	14				⑦							

注:( )表示该列已被合并,○表示车组已合并他列。

3. 暂合列的多方案性与选优

1) 下落列数与推送钩数的关系

按车组顺序编组摘挂列车的过程,实际上也就是"对口"的过程。所谓一次"对口",就是两个相邻序号的列连接的过程。当下落列数为 p 时,需完成 $(p-1)$ 次对口。每次对口与两个列有关,其中大号的列为对口列,小号的列为被对口列,所以当有 p 个下落列时,就有 $(p-1)$ 个对口列和被对口列。最小号的下落列不能成为对口列,最大号的下落列不能成为被对口列,其余的下落列,既是对口列,又是被对口列。

在未组成暂合列时,每个推送钩只能完成一次对口;但在组成暂合列时,每次重复分解暂合列(消耗一个推送钩)至少能完成两次对口。每次重复分解暂合列能完成的对口次数取决于暂合列中包含的下落列数。为了缩短编组摘挂列车的调车时间,应使推送钩数为最少,而这就要求在每次重复分解暂合列时使尽可能多的"列"连挂起来,即完成尽可能多的对口次数。

由于暂合列中的各列必须分别向未包含在暂合列中的各列对口,为使暂合列中的每一列都有被对口列,暂合列中包含的下落列数最多只能是实际下落列数的一半。换言之,每次在分解暂合列时所能完成的对口次数 q 最多只能等于实际下落列数的一半。

因此,当下落列数为 p_K 时,第一次分解暂合列能完成的对口次数 q_1 最多等于

$$q_1 = \frac{p_K}{2} \tag{5-21}$$

表 5-8 合并使用线路后的调车作业计划

12+9
10−1
11−3
10−2
12−1
11+2
10−1
12−1
10−1
11+1
12+4
10+5
DF5−11

第一次重复分解暂合列后,经过 $\frac{p_K}{2}$ 次对口,p_K 列变成了 $\frac{p_K}{2}$ 列。所以,第二次重复分解暂合列能完成的对口次数 q_2 最多等于

$$q_2 = \frac{1}{2} \times \frac{p_K}{2} = \frac{p_K}{2^2} \tag{5-22}$$

同理,第三次重复分解暂合列时,能完成的对口次数 q_3 最多等于

$$q_3 = \frac{p_K}{2^3} \tag{5-23}$$

以此类推,因而就有第 $(K-1)$ 次重复分解暂合列时,能完成的对口次数 q_{K-1} 最多等于

$$q_{K-1} = \frac{p_K}{2^{K-1}} \tag{5-24}$$

由于第 K 次推送钩是一列向另一列对口,因此第 $(K-1)$ 次推送钩是最后一次重复分解暂合列。所以

$$q_{K-1} = \frac{p_K}{2^{K-1}} = 2 \tag{5-25}$$

即
$$2^K = p_K$$

则
$$K = \log_2 p_K$$

由此可知,当下落列数 $p_K=8$ 时,推送钩数 $K=\log_2 8=3$,其对口次序如图 5-13 所示。根据对口次序,可绘出暂合列组成方式,如图 5-14 所示。由图 5-14 可见,当 $p_K=8$ 时,可组成两个暂合列:二四六八暂合列和三七暂合列。

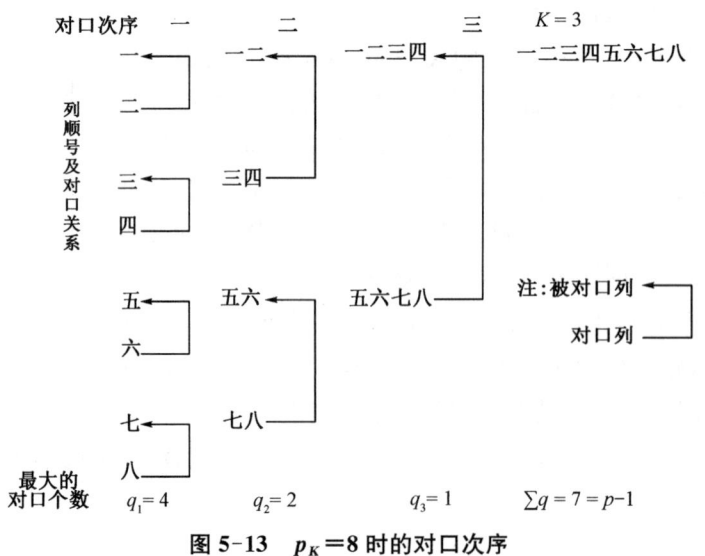

图 5-13 $p_K=8$ 时的对口次序

从图 5-14 还可以看出，下落列数为 p_K 的完全调车流线图共用线路 $(K+1)$ 条，从而需用的推送钩数为 $(K+2)$（包括第一次连挂待编车列的推送钩和最后转线前连挂下落列的推送钩）。由于 $p_K=2^K=2\times 2^{K-1}=2p_{K-1}$，所以流线图的结构是按 2 的幂次成倍扩展而成的系统。同时，系统每扩大一级，使用线路将增加一条。$p_K=2^K$ 的流线图是唯一的，其排列方法是：首先将全部下落的偶数列组成暂合列，然后再将剩余列中偶数位置的列组成暂合列，以

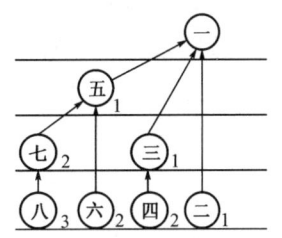

图 5-14　$p_K=8$ 时的调车流线

此类推，直至最后将剩余的"一"列单独列为一列。图 5-14 中的流线还明确地指出了各下落列在编组时的对口移动过程，而各列号的下标则表明该下落列必须调动的次数。

2) 暂合列的多方案性

在实际工作中，经常存在 $2^{K-1}<p<2^K$ 的情形，此时仍需经过 K 次对口过程才能实现调转 p 个反顺序，即 $(p-1)$ 次对口任务[因为 $(K-1)$ 次对口过程只能调转 2^{K-1} 个反顺序，而 $p>2^{K-1}$，所以需要经过 K 次对口过程]。但由于 $2^K>p$，因而流线图中将有 (2^K-p) 个位置空闲。在 2^K 个位置中选择 (2^K-p) 个位置的方案有很多，这样就产生了暂合列的多方案性。这些暂合列方案可分为使用线路数 $L=K+1$ 和 $L<K+1$ 两类。

一类是仍然使用 $(K+1)$ 条线路。这时，系统的结构无重大变化，只需在暂合列中调动次数较多的位置上留为空白，或有意识地使大车组尽可能占用调动次数少的位置，而后按顺序重新编号（"0"不编号），即可得到一些较优的方案供进一步优选。例如，当 $p=7$ 时，因 $2^2<7<2^3$，故仍需使用 4 条线路，流线图有 $2^3-7=1$ 个空位。若在两个暂合列的 6 个位置中任意选择一个位置留为空白，则下落 7 列、使用 4 条线路时的暂合列方案有 6 个，如图 5-15 所示。

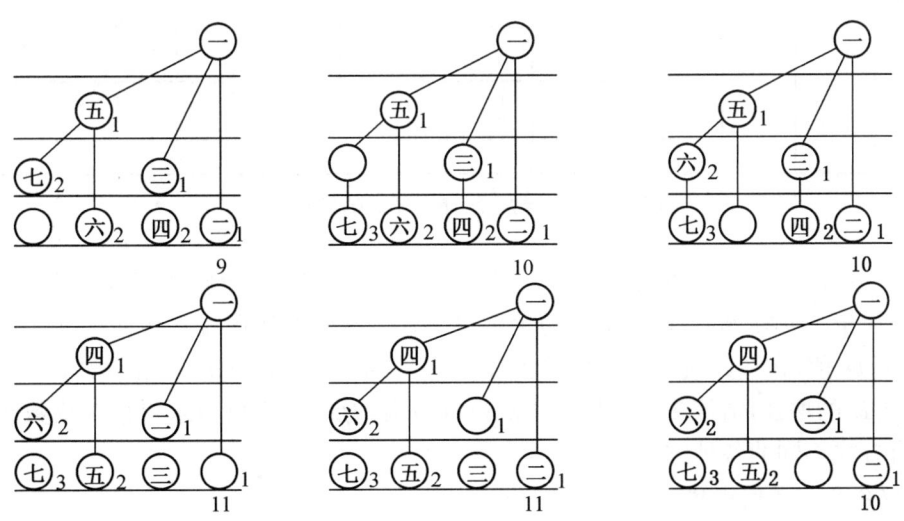

图 5-15　$p=7$, $K=3$, $L=K+1$ 时的调车流线

另一类是减少使用线路数 $(L<K+1)$。如果对口过程仍要保持 K 次，则应使各级子系统中的"下落列"在各次对口过程中顺次完成对口任务，并且第 $(K-1)$ 次对口过程能在

两条不同的线路上分别形成已经符合连接正顺序的列。在不同的 K 值下,使用两条或三条线路调转最多反顺序列数的流线图如图 5-16 和图 5-17 所示。

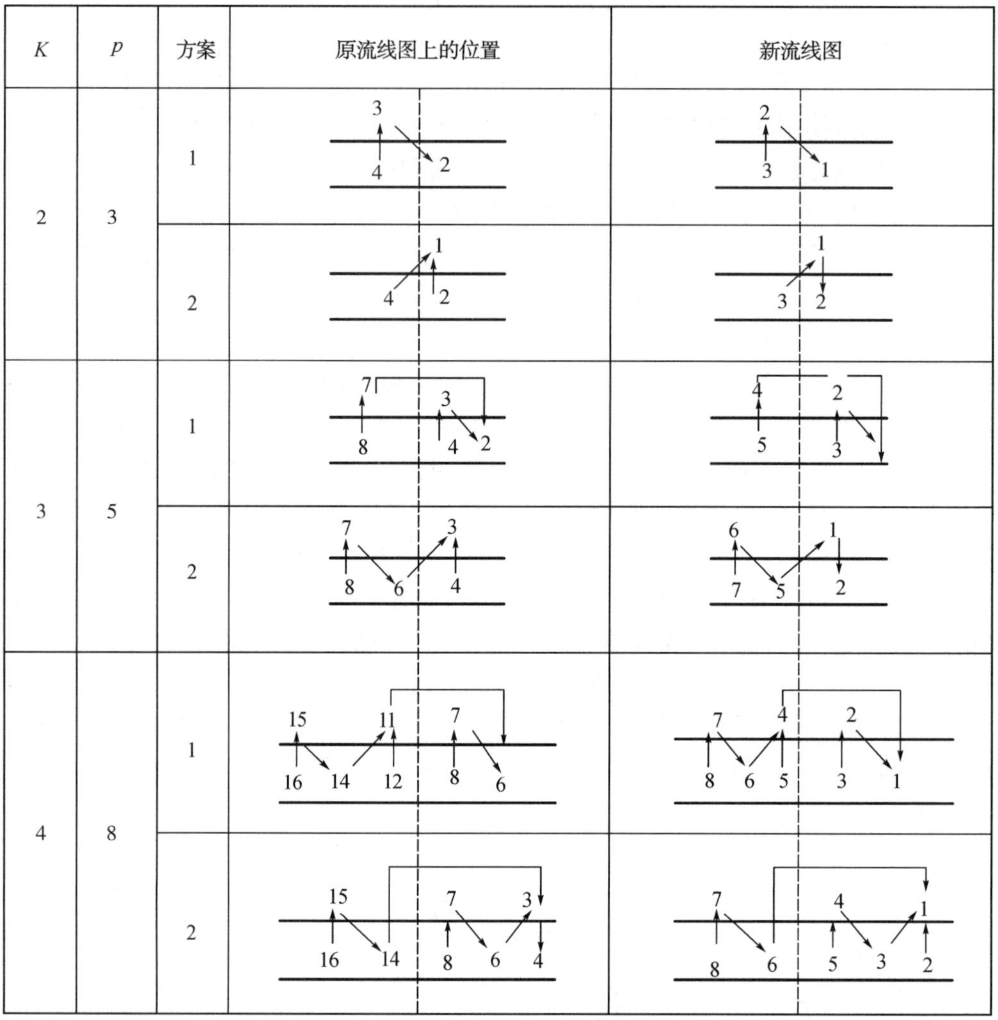

K	p	方案	原流线图上的位置	新流线图
2	3	1		
		2		
3	5	1		
		2		
4	8	1		
		2		

图 5-16 $L=2$,$2 \leqslant K \leqslant 4$ 时的调车流线

图 5-16 和图 5-17 中指出了各种 L、K 条件下可能调转的反顺序列数 p 的临界值。如下落列数大于某一临界值,可以采取两种解决方法:不变更使用线路数而增加一次对口过程,即增大 K 值(在线路数受限时),或者对口过程数不变而增加使用线路数,即增大 L 值。随着 K 或 L 的增加,流线图中可供选择的位置也会增加,从而可以求得推送钩数相同而下落列暂合方式不同的各种方案。

3) 暂合列方案的选优

对于推送钩数相同的暂合列方案,究竟选用哪一个方案为好,需视暂合列中车组的排列情况而定。一般情况下,分解待编车列时能形成原线路坐底,暂合列中可以尽可能地形成邻组、减少交错,分解暂合列时能机后带车,以及使可调车组处于有利于形成邻组或减少交错的位置,都能有效减少编组摘挂列车时的溜放钩数和调动车数。

K	P	方案	原流线图上的位置	新流线图
3	7	1	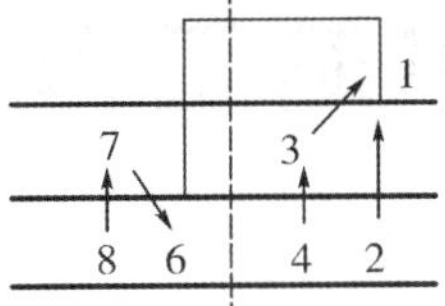	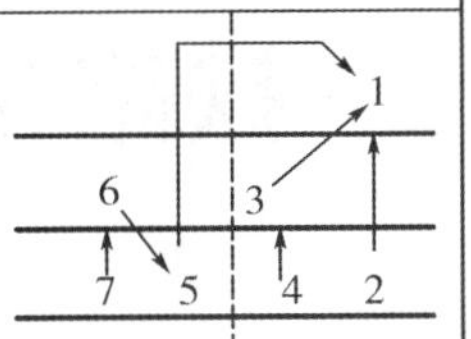
3	7	2	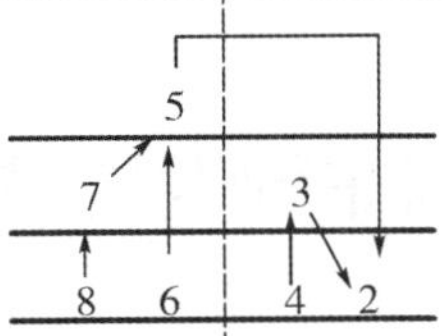	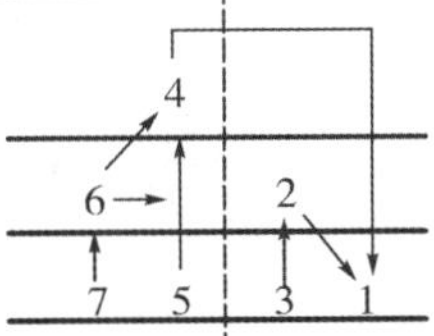
4	13	1	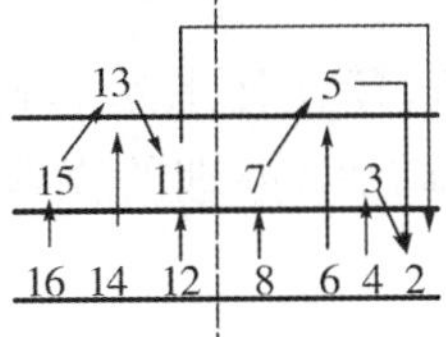	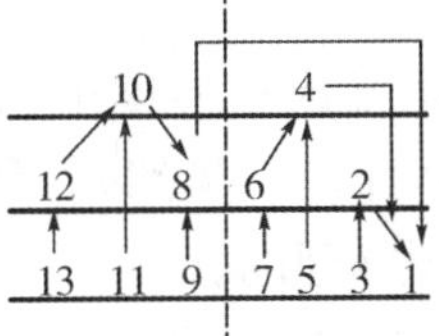
4	13	2	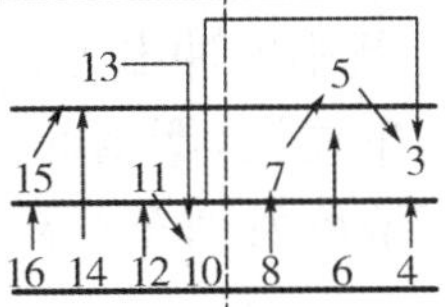	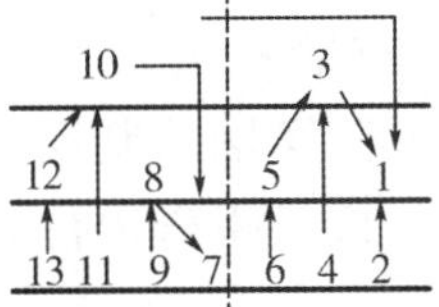

图 5-17　$L=3$，$3 \leqslant K \leqslant 4$ 时的调车流线

此外，一般情况下，暂合列中所包含的下落列越多，利用邻组、尾组的机会也就越多。若暂合列中各下落列的车组彼此很少交错，则宜选用线路较少的方案；反之，宜选用线路较多的方案。

第六章

铁路技术站工作组织

第一节 列车到发技术作业

一、各类列车均要办理的到发技术作业

列车到达技术站或车列编组完成后,须在技术站的到达场、出发场或到发场上对列车办理一系列的技术作业。虽然,各种列车所需办理的作业内容和要求不完全相同,但下列技术作业都是必须办理的。

1. 车辆的技术检查和修理

由于货物列车重量大、速度高,列车运行中的冲击力也很大,故经常会引起车辆的走行和连接部分发生损坏,车辆的制动部分发生失灵,严重的甚至会造成列车脱轨等事故。鉴于此,列车在经过一段长距离运行后或自编始发列车在出发前,需要进行车辆的技术检查和修理。

车辆的技术检查和修理作业由列检所的检车员负责。列车进站时,检车人员应提前到规定线路接车,检查列车的走行状况。列车停妥试风后,摘去机车并在车列两端插上安全防护信号,然后分段同时检查车辆走行部、车钩及制动装置。对于可以在规定时间内进行不摘车修理的故障车辆,在到发线上进行修理。对于必须摘车修理的车辆,应插上扣修票,注明故障内容及送修地点,并填发扣修车通知单,通知有关人员及时甩车。

2. 车辆的货运检查及整理

货车在经过一段长距离运行后,货物装载状况可能发生变化,需要进行装载整理。

车辆的货运检查及整理作业由货运检查员负责。在列车到达前,货运检查员应在列车尾部停车地点接车,在列车进站走行中观察货物装载状况。列车停妥后,货运检查员从车列两侧检查无盖货车上的货物装载和篷布情况,棚车的铅封、车门、车窗、车体等有无异常状况,罐车有无渗漏,超限货物的状况是否符合挂运电报和记录内容等,若发现问题应立即消除,如不能继续运行,应报告有关人员甩车处理。

3. 车号员核对现车

车号员将列车编组顺序表中的内容与车列中的机车、车辆实际状况进行逐项对照、修改,补充列车编组顺序表中的记载,使之与实际状况相符的工作,称为核对现车。

4. 车列及票据交接

为避免车辆错挂,列车编组顺序表(列车的基本单据,主要记载列车中车辆的编组顺

序、到站及装载情况,并以此作为交接车辆的依据)内的记载,必须与车列及货运票据相符。因此,到达司机和车站、车站和出发司机间必须办理票据交接,并按票据核对现车。

5. 列尾装置技术作业

列尾装置是列车的主要标志。《技规》规定:半自动闭塞区段货物列车尾部须挂列尾装置,其他区段货物列车尾部宜挂列尾装置。

列车到达前,列尾作业员根据列车运行计划,提前与车站值班员联系,确定到达时刻和接车线路。列车到达后,列尾作业员关闭折角塞门,摘开主机风管,取下尾部主机送列尾装置检修室检测、修理和进行电池充电。

出发列车的列尾装置主机由车站列尾作业员负责安装。对于列尾主机与制动软管的连接,有列检作业的列车由列检人员负责,无列检作业的列车则由车务人员(列检作业员)负责。

6. 摘挂机车或机车乘务组换班

由于机车是按机车交路分段牵引列车,所以列车到达技术站后,一般要更换机车。如果采用循环运转制,在基本段不更换机车时,则机车乘务组需换班。

二、不同种类列车办理的到发技术作业

除了以上各类列车均要办理的到发技术作业外,不同种类的货物列车还需办理其他一些必要的技术作业。因此,车站应在查定各项作业时间标准的基础上,根据各种货物列车的不同要求,分别编制各种列车的技术作业过程,以协调各部门、各工种人员的工作,缩短列车技术作业的总时间。

1. 到达解体列车技术作业过程

到达解体列车技术作业过程如图 6-1 所示。为了压缩非生产等待时间,在列车到达之前,应提前做好准备工作,如车号员收取列车编组顺序表确报,调车区长编制解体调车作业

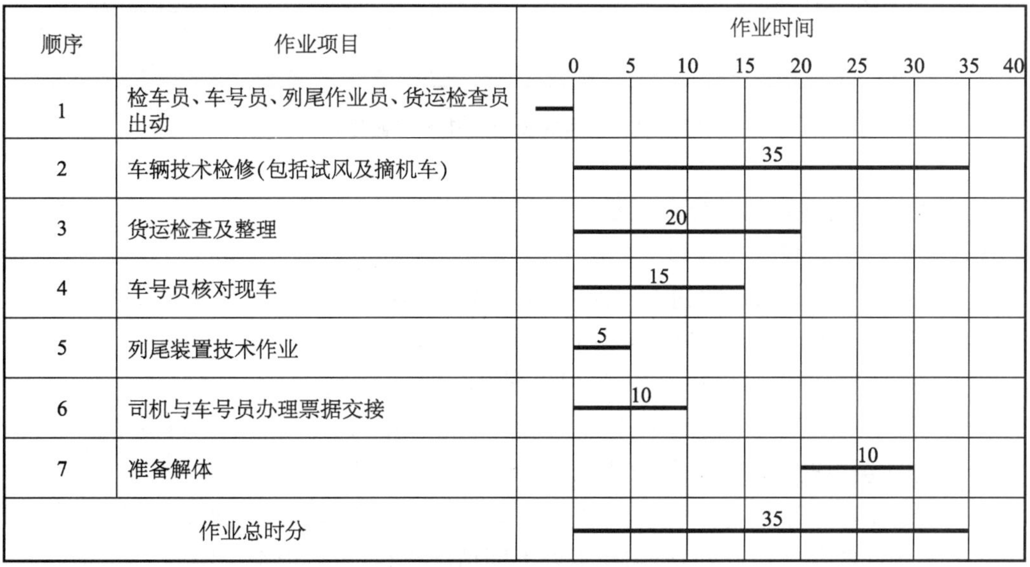

顺序	作业项目	作业时间 0 5 10 15 20 25 30 35 40
1	检车员、车号员、列尾作业员、货运检查员出动	
2	车辆技术检修(包括试风及摘机车)	35
3	货运检查及整理	20
4	车号员核对现车	15
5	列尾装置技术作业	5
6	司机与车号员办理票据交接	10
7	准备解体	10
	作业总时分	35

图 6-1 到达解体列车技术作业过程

计划,车站值班员指定接车线路并通知有关人员做好接车准备工作。

列车到达后,除了应完成车辆的技术检查和修理、货运检查和整理、摘下机车和核对现车等作业外,调车组必须按调车作业通知单进行车列解体准备工作(排风、摘管),并应在试风之后与车辆技术检查作业平行进行。一般情况下,车辆的技术检查和修理是到达作业中占用时间最长的作业,也是关键环节。

2. 自编始发列车技术作业过程

自编始发列车技术作业过程如图 6-2 所示。为了减少列车在出发场的停留时间,在进行列车出发技术作业之前,应做好一系列准备工作,如车站值班员应提前与机务段联系,督促机车按时出段,车号员预先填制列车编组顺序表等。出发技术作业是车辆在站作业的最后一道工序,对于保证列车运行安全有着重要意义,应认真仔细地办理这项作业。

顺序	作业项目	作业时间 0 5 10 15 20 25 30 35 40 45
1	检车员、车号员、列尾作业员、货运检查员出动	
2	车辆技术检查和修理	25
3	货运检查及整理	18
4	车号员核对现车	16
5	列尾装置技术作业	5
6	司机接收票据和列车	20
7	挂机车及试风	7
8	准备发车及发车	13
	作业总时分	33

图 6-2 自编始发列车技术作业过程

3. 无改编中转列车技术作业过程

无改编中转列车技术作业过程如图 6-3 所示。实际上,无改编中转作业是将到达技术作业与出发技术作业结合起来进行,但因不改变列车编组内容,故又具有如下特点:

(1) 免除了准备解体、编制列车编组顺序表等有关作业。
(2) 车列票据可由到达司机与出发司机直接在现场办理交接。
(3) 当机车采用循环运转制时,在基本段不更换机车,只在站线上进行机车整备作业。

4. 部分改编中转列车技术作业过程

部分改编中转列车技术作业过程如图 6-4 所示。部分改编中转列车除需办理与无改编中转列车相同的各项作业外,还须按下列不同情况进行一定的调车作业。

(1) 当变更列车运行方向时,需进行变更列车尾部作业。

顺序	作业项目	作业时间 0 5 10 15 20 25 30 35 40 45
1	检车员、车号员、列尾作业员、货运检查员出动	—
2	到达试风、摘机车、车辆技术检查和修理	35
3	货运检查及整理	20
4	交接票据并接收列车	20
5	车号员核对现车	15
6	列尾装置技术作业	5
7	挂机车及试风	5
8	准备发车及发车	6
	作业总时分	41

图 6-3 无改编中转列车技术作业过程

(2) 当变更列车重量时,需进行减轴或补轴的调车作业。
(3) 当换挂车组时,需进行摘车和挂车的调车作业。

为了加速列车技术作业,车站应根据列车到达确报,准备好需要加挂的车组,并调移至靠近列车到达线的线路上,以便在车辆技术检查后立即进行调车作业。

顺序	作业项目	作业时间 0 5 10 15 20 25 30 35 40 45 50 55
1	检车员、车号员、列尾作业员、货运检查员出动	—
2	车辆技术检查及修理(包括摘机车及试风)	35
3	货运检查及整理	25
4	部分改编调车作业	10
5	司机接收票据和列车	25
6	车号员核对现车	15
7	列尾装置技术作业	5 5
8	挂机车及试风	10
9	准备发车及发车	6
	作业总时分	51

图 6-4 部分改编中转列车技术作业过程

车站在编制列车技术作业的过程中,凡是可以提前办理的作业或辅助工作都要预先办理,凡是可以平行进行的作业都应平行进行,并应采用先进的技术设备、作业方法和合理的劳动组织,缩短列车技术作业的总时间。一般情况下,车辆技术检修时间是列车技术作业总时间的控制环节,为了压缩车辆停留时间、提高检修作业水平,应采用红外线测轴等先进的技术设备,不断优化检车人员的劳动组织。

列车技术作业时间标准的查定写实工作,可以按工种分别进行。首先,查定出每一种列车技术作业所有参加工种的单项作业时间标准。然后,按列车种类归纳汇总,经过分析研究,剔除不合理的部分,确定各种列车各工种作业的既先进又合理的时间标准。在此基础上,按照正常工作条件和最大可能平行作业的原则,分别编制各种列车合理可行的技术作业过程,并按其延续时间确定各种列车的技术作业时间标准。

第二节　车站技术设备的运用

一、技术设备及其特征分析

铁路技术站每天办理大量的列车和车辆技术作业。根据车站性质和作业要求的不同,车站上设置和配备了各种技术设备,它们是车站办理各项技术作业、进行运输生产所必需的物质基础,其数量和质量直接影响车站的工作效率。正确规定技术设备的管理制度,合理制定技术设备的运用方案,从而在保证安全的基础上最大限度地挖掘现有技术设备的潜力,始终是技术站工作组织中一项十分重要的内容。

编组站规模庞大,技术设备繁多,一般而言,编组站的技术设备有以下几种:

(1) 为列车到发和到发技术作业设置的到、发车场。

(2) 为车列解、编和车辆集结设置的驼峰、牵出线和调车场。

(3) 为机车整备和车辆检修设置的机务段、车辆段和站修所。

(4) 为货物装卸、倒装、零担中转、冷藏加冰设置的货场、装卸线、中转站台和加冰所。

(5) 为沟通衔接区间设置的站内正线和进出站线路,以及联系站内各部分的联络线。

(6) 为保证行车安全和提高作业效率配置的信号、联锁、闭塞及通信、照明设备。

(7) 为解编车列和调移车辆配备的调车机车。

编组站技术设备特征分析的重点如下:

(1) 设备的数量。到、发场及调车场和各车场线路的数量;驼峰及其推送线和溜放线的数量;牵出线的数量,以及配属调车机车的台数。分析这些设备的数量与编组站的衔接方向及所担当的任务相互适应的情况。

(2) 设备的位置。到、发车场与调车场、机务段及正线的相互位置,以及驼峰和牵出线的位置。分析这些设备的相互位置,对编组站技术作业的流水性和不间断性的影响。

(3) 设备的相互联系。到、发车场及调车场与衔接各区间的进出站线路之间,各车场相互间,到、发车场与机务段之间,以及调车场与车辆检修及货物作业地点之间,有无便捷的联络通路或平面交叉、折角走行的情况。分析这些设备之间联系条件的有利性和不利性,以及相互调整使用的可能性。

(4) 设备的技术条件。到发线、调车线、驼峰推送线与溜放线、牵出线的长度和断面；各车场的咽喉布置和平行进路；信联闭及通信设备的种类和设置特点，以及调车机车的类型和牵引能力。分析这些设备的技术条件与编组站的作业要求能否适应。

(5) 设备的生产能力。到、发车场的咽喉道岔和线路的通过能力；驼峰和牵出线的改编能力；调车场的线路容量，以及调车机车的利用率。分析这些设备现有能力的限制因素及其与运输生产任务相互适应的情况。

二、到发车流及其特征分析

编组站的主要作业对象是车流。车流的流量与流向、不同性质车流的比重，以及车流的组织质量都对编组站的技术作业和设备运用有重大影响。

如果编组站到、发车流的数量、流向或性质发生了较大变化，而原来的技术作业组织和设备运用方案并未做相应的变更，势必会给编组站的运输生产带来不良影响。

车流分析的目的是对编组站到、发车流的动态状况实行经常的监督和系统的分析，掌握其变化规律，研究制订编组站技术作业和设备运用的全局性战略部署，或者针对某些作业环节、某项设备运用做出局部性的调整措施，以适应一定时期的车流特征，保证编组站运输生产的顺利进行。由此可见，车流分析是研究和制订编组站技术设备运用方案不可缺少的重要依据。

编组站到、发车流的数量分析以车流汇总表所列的统计车流资料或计划车流资料为依据。现以表 6-1 所示 H 编组站车流汇总表为例，说明车流分析的内容和方法。

车流汇总表的上半部分是车站接入的重、空车流。左边各栏列出的是由各衔接方向接入，按列车编组计划规定的去向别的有调和无调中转重车数；右边各栏列出的是由各衔接方向接入，到达本站的卸车数和车种别有调和无调空车数。车流汇总表的左下方列出的是车站的装车数和发出的车种别有调和无调空车数，这部分重、空车数，也应按编组去向分别填记。此外，车流汇总表右上方的接入无调空车数和左下方的发出无调空车数应相等。

利用车流汇总表，可以研究车流的特征和变化规律，掌握车站的工作性质及任务，为制订车站技术设备运用方案提供依据。下面是利用车流汇总表分析车流的一般内容和方法。

(1) 车站办理车数 $N_\text{办}$。

$$N_\text{办} = N^\text{接}_\text{重空} + N^\text{发}_\text{重空} = 2768.2 + 2768.1 = 5536.3 (辆) \tag{6-1}$$

式中　$N^\text{接}_\text{重空}$——接入重空车总数，辆；

　　　$N^\text{发}_\text{重空}$——发出重空车总数，辆。

(2) 中转重车数 $N^\text{中}_\text{重}$。

$$N^\text{中}_\text{重} = N^\text{有调}_\text{重} + N^\text{无调}_\text{重} = 2155.2 + 318.3 = 2473.5 (辆) \tag{6-2}$$

式中　$N^\text{有调}_\text{重}$——有调中转重车数，辆；

　　　$N^\text{无调}_\text{重}$——无调中转重车数，辆。

表6-1　H编组站车流汇总

去向或到达 来自发出		去向														计	卸车	本站到达							合计	总计
		A方向							B方向			C方向						空车								
		摘挂	A	a_1	A_1	A_2	A_3	小计	摘挂	B	小计	摘挂	h	C	小计			P	C	N	G	X	其他	计		
A方向	有调车	13.6	126.1	23.8	58.4	142.7	47.1	411.7				126.8	16.5	364.3	495.2	1 025.2	61.6	0.7	12.1	5.6				18.4	80.0	1 105.5
	无调车	3.8	62.7	8.8	23.8	45.0	2.4	146.5						48.6	56.3	83.7											83.7
	小计	17.4	188.8	32.6	82.8	187.7	49.5	558.2				133.7	16.5	412.9	551.5	1 109.2	61.6	0.7	12.1	5.6				18.4	80.0	1 189.2
B方向	有调车	17.2	134.5	30.6	171.0	138.7	47.1†	499.7				19.4	10.6	55.5	85.5	497.2	44.8	68.2	8.6	14.0				90.8	135.6	623.8
	无调车	4.9	13.1	2.3	4.5	10.9	2.4†	35.7				0.6	1.6	36.7	38.5	185.0										185.0
	小计	22.1	147.6	32.9	175.5	49.6	49.6	535.4				20.0	11.8	92.2	124.0	682.2	44.8	68.2	8.6	14.0				90.8	135.6	817.8
C方向	有调车	2.1	5.3	0.7	3.1	7.9	4.1	23.2	28.7	76.7	105.4					605.1	28.0	5.3	9.7	17.7				32.7	60.7	665.8
	无调车								1.1	12.8	13.9					49.6										49.6
	小计	2.1	5.3	0.7	3.1	7.9	4.1	23.2	29.8	89.5	119.3					654.7	28.0	5.3	9.7	17.7				32.7	60.7	715.4
地区方向	有调车								2.1	2.1	4.2					27.4	1.5	0.1	13.8	3.0				16.9	18.4	45.8
	无调车																										
	小计								2.1	2.1	4.2					27.4	1.5	0.1	13.8	3.0				16.9	18.4	45.8
计	有调车	32.9	265.9	32.2	92.1	321.6	189.9	934.6	157.6	482.3	639.9	133.8	27.1	419.8	580.7	2 155.2	135.9	74.3	344.2	40.3				158.8	294.7	24 499
	无调车	8.7	75.8	8.8	26.1	49.5	13.3	182.2	8.0	33.3	41.3	1.2	8.3	85.3	94.8	318.3										318.3
	小计	41.6	341.7	41.0	118.2	371.1	203.2	116.8	165.6	515.6	681.2	142.1	28.3	505.1	675.5	2 473.5	135.9	74.3	44.2	40.3				158.8	294.7	2 768.2

(续表)

H编组站衔接方向示意图

图例：◎ 编组站　○ 区段站　· 货运站　── 单线　══ 双线

去向或到达＼来自发出		去向														计
		A方向							B方向			C方向				
		摘挂	A	a_1	A_1	A_2	A_3	小计	摘挂	B	小计	摘挂	h	C	小计	
本站装出重车		2.4	10.7	0.4	5.7	7.9	3.2	30.3	13.6	10.2	23.8	11.9	5.3	8.2	25.4	79.5
合计		44.0	352.4	41.4	123.9	379.0	206.4	1147.1	179.2	525.8	705.0	154.0	33.6	513.3	700.9	2553.0
本站发出空车	P 有调	56.6						56.6	1.4		1.4	3.3			3.3	61.3
	P 无调															
	C 有调	1.9						1.9	99.4		99.4	2.5			2.5	103.8
	C 无调															
	N 有调	27.8						27.8	1.5		1.5	20.7			20.7	50.0
	N 无调															
	A 有调															
	A 无调															
	G 有调															
	G 无调															
	其他 有调	86.3						86.3	102.3		102.3	26.5			26.5	215.1
	其他 无调															
	计 有调	130.3	352.4	41.4	123.9	379.0	206.4	1233.4	281.5	525.8	807.3	180.5	33.6	513.3	727.4	2768.1
	计 无调															
总计																

(3) 中转空车数 $N_{中}^{空}$。接入空车数 $N_{接}^{空}$ 为 158.8 辆,发出空车数(也称"排空车数")$N_{发}^{空}$ 为 215.1 辆。中转空车数近似地取接入和发出空车数的较小值,即 $N_{中}^{空} \approx \min\{N_{接}^{空}, N_{发}^{空}\} = 158.8$ 辆。

(4) 装车数 $U_{装}$ 为 79.5 辆,卸车数 $U_{卸}$ 为 135.9 辆。

(5) 无调中转车数 $N_{中}^{无调}$。

$$N_{中}^{无调} = N_{重}^{无调} + N_{空}^{无调} = 318.3 + 0 = 318.3 (辆) \tag{6-3}$$

式中,$N_{空}^{无调}$ 为无调中转空车数,辆。

无调中转车数占接入重空车总车数的比重 $\sigma_{接总}^{无调}$ 为

$$\sigma_{接总}^{无调} = \frac{N_{中}^{无调}}{N_{重空}^{接}} = \frac{318.3}{2\,768.2} = 11.5\% \tag{6-4}$$

(6) 改编车数 $N_{改}$。

$$\begin{aligned} N_{改} &= (N_{重}^{有调} + N_{空}^{有调}) + (U_{卸} + \Delta N_{空}) = (2\,155.2 + 158.8) + (135.9 + 0) \\ &= 2\,449.9 (辆) \end{aligned} \tag{6-5}$$

式中,$\Delta N_{空}$ 为本站装车用的补充空车数,$\Delta N_{空} \approx \max\{N_{接}^{空} - N_{发}^{空}, 0\}$。

改编车数占接入重空车总车数的比重 $\sigma_{接总}^{改}$ 为

$$\sigma_{接总}^{改} = \frac{N_{改}}{N_{重空}^{接}} = \frac{2\,449.9}{2\,768.2} = 88.5\% \tag{6-6}$$

此外,为满足具体研究和制订车站技术设备运用方案的需要,还须进一步分析车站到、发车流的比重及构成等情况,诸如:

(1) 分析各方向接入的车流分别占车站接入车流总数的比重。

(2) 分析各方向发出的车流分别占车站发出车流总数的比重。

(3) 分析各方向接入的去向别重车数和车种别空车数分别占该方向接入车流总数的比重。

(4) 分析各方向接入的去向别重车数和车种别空车数中无调中转和有调中转分别所占的比重。

(5) 分析各方向接入车流的去向及所占比重。

(6) 分析各方向发出车流的来源及所占比重。

(7) 分析主要装车去向和卸车来源,以及各车种别空车的主要排空方向。

除了根据以往不同时期车流汇总表的统计数据,结合实际情况,进行系统分析比较外,还应对未来计划车流加以分析,从而使制定出的技术设备运用方案更符合客观情况的发展。

但是,利用车流汇总表的车流数据,只能对编组站到、发车流的构成进行数量分析。为了研究制订技术设备运用方案,还需进一步注意对车流组织质量的分析。这主要是指主体车流的组织水平,包括直达、成组比重;方案车流兑现率;每旬及每天按阶段车流到发的均衡性,以及车流调整的机动性等。这些活的因素,对于编组站的技术作业和设备运用都有直接关系,必须进行具体周密的调查研究,并且应建立健全经常性的车流统计分析制度,掌握其变化规律。

三、调车系统间的作业分工及协调

编组站根据运输生产的需要,一般设有数个车场,共同担负各个衔接方向的列车到发和车辆改编任务。按照各个车场的设备条件,结合车流规律,正确规定每个车场的基本任务,力求实现车站作业的流水性,保证各车场工作的节奏性,以提高车站的运输能力,加速机车车辆周转,是制订编组站技术设备运用方案必须首先解决的全局性问题。

研究编组站车场分工问题的主要依据,是对车站布置图、各车场现有技术设备及其使用办法、到发车流及其构成情况所做的分析,以及列车编组计划和列车运行图对车站工作规定的任务和要求。

如果编组站只有两个衔接方向,对有调中转车而言,上、下行方向之间很少有折角车流。因此,一般不产生场间交换车问题,车场分工也就比较简单。即使有两套调车系统,只要按上、下行方向固定分工使用就能达到车场分工的目的。但是,多数编组站往往有两个以上的衔接方向,各方向相互间有大量的车辆交流,特别是在有大量的折角车流时,车场分工问题就比较复杂,必须进行深入细致的调查研究,在设备能力和技术条件许可的情况下,使场间交换车流减少到最低程度,从而充分发挥车站的运输能力,加速车辆改编作业。

此外,纵列式车站和横列式车站的情况也有所不同。

单向纵列式车站,如设有辅助车场,辅助车场一般只担任无改编中转列车和部分改编中转列车作业及本站货物作业车调车作业。主要的解编调车工作集中在一个驼峰调车场办理。

双向纵列式车站,两个调车系统通常考虑车流特点,按列车的到发方向固定分工。在一定的车站布置图形和进出站线路设计条件下,车场调整使用的灵活性很小。想要减少场间交换车的重复改编作业,只有通过列车编组计划规定相邻编组站按调车系统编车的方法来解决。

至于单向或双向横列式车站,由于在车场布置和设计上,互换使用的可能性较大,车场分工也就具有较大的灵活性,可以根据车流性质的变化来调整车场的使用。因此,选择合理的车场分工方案往往才是突出的问题。

根据实践经验的总结,编组站调车系统间的作业分工及协调的主要原则是:

(1) 列车、机车及车辆在站内的走行径路最短,并符合流水作业的要求。

(2) 接发列车、机车出入段及调车作业的交叉干扰最少,有利于提高作业安全和效率。

(3) 交换车辆的重复改编作业量最小,能够充分利用车站的改编能力。

(4) 同一编组去向的车流尽量集中在一个调车场集结,以压缩车辆集结时间和简化车列编组工作。

(5) 各车场的设备能力和技术条件与所承担的任务相适应,并留有适当余地,保证分工方案切实可行。

以上各原则对某一个车场分工方案而言,并不一定都能符合,必须从当地当时的具体情况出发，综合运用、权衡利弊得失，既要保证方案的现实可行性，又应力求方案的科学合理性。

四、调机分工

调车机车是编组站的主要生产动力。为解编车列和取送车辆，编组站通常配备有相当数量的调车机车。如何合理有效地使用调车机车，充分发挥每台调车机车的能力，使其更好地为运输生产服务，是制订编组站技术设备运用方案过程中需要解决的一项重要内容。

编组站规模庞大、线群繁多，按照运输生产需要，应该划分成若干个调车区。每一调车区有固定的调车机车和调车组。规定每一调车区及调车机车担负的作业种类和工作任务，以及相互之间联系配合的制度和办法，有利于建立正常的作业秩序，保证作业安全，提高作业效率。

编组站上，除了必须根据取送车辆和列车甩挂的作业需要，按照取送地点和到发车场划分调车区域、固定调车机车外，还应根据解体和编组作业的需要，对调车场两端的驼峰、牵出线以及调车场内的线路进行区域划分，规定调车机车的分工作业。

在驼峰调车场内，通常是一端设置驼峰，另一端铺设牵出线。驼峰分解车列的效率虽高，但驼峰机车下峰进行车辆连挂作业却不太迅速方便。而牵出线平面调车、分解车列的效率虽然较低，但连挂车辆却比较迅速方便。因此，一般总是把分解钩数多、连挂钩数少的解体工作分配给驼峰一端，而将分解钩数少、连挂钩数多的编组工作分配给牵出线一端。在明确规定驼峰以解体为主、牵出线以编组为主的基础上，通过灵活运用、相互协作，可以提高解编作业的效率。

在非驼峰调车场，两端牵出线的分工一般可采取以下三种方式。

1. 一端解体，一端编组

这种分工方式两端调车机车有明确的分工，一端专门负责解体或以解体为主；另一端专门负责编组或以编组为主。它的主要优点是易于建立良好的作业秩序，作业计划和组织工作比较简单。在具体规定两端牵出线的工作时，一般应把符合重车流到达方向和技术条件较好的一端分配解体工作，另一端则分配编组工作，以充分利用每条牵出线的有利条件，满足运输生产需要。

2. 一端为主，一端为辅

这种分工方式将解体和编组调车工作基本上都分配给一端担任，称为主体调车机车；另一端则主要负责取送及其他调车工作，只在解编作业紧张阶段部分地协助主体调车机车进行解编工作。在解编作业量不大或一端牵出线条件较差的情况下可采用这种方式。

3. 两端作业，解编并举

这是横列式非驼峰调车场内常用的一种行之有效的分工方式。它规定两端调车机车共同担负解编作业，由调车工作领导者根据各个阶段的解编任务，到、发列车的编组内容和两端调车机车的作业进度，在制订阶段作业计划时，灵活掌握运用，正确分配各端调车机车的工作任务。按照不同情况，同一列车可以安排两端调车机车合作解编，也可指定由任何一端调车机车单独作业。这种分工方式，可以保证调车作业的计划组织有较大的灵活性和主动性，能够与多数横列式编组站的设备条件和车流特征相适应，并具有以下显著优点：

（1）可以充分利用调车机车的动力，减少调车机车在调车场与到发场之间的单机走行。

（2）可以减少调车行程和重量，提高解编调车的效率，缩短调车工作时间。

（3）可以迅速腾空到发线，增加车站的通过能力。

（4）可以缩短车列的解编过程，为车流紧密接续创造条件，有助于压缩货车的停留时间，增加车站作业的机动性。

（5）可以充分利用车列"坐编"，化有调中转为无调中转，减轻车站的有调工作量。

根据调车场两端调车机车作业的需要，调车场内的线路应横向划分调车区，规定使用范围和管理制度。当任何一端有必要或有可能越区调车时，都要事先取得对方同意，以保证作业安全，提高作业效率。

当调车场的任何一端具有一条以上的牵出线或驼峰溜放线，配属一台以上的调车机车，共同担负调车场一端的解编工作时，为使各台调车机车平行作业、互不干扰，调车场内的线路需要纵向划区，使每台调车机车分别占用一条牵出线或驼峰溜放线，在一个调车区内担负一定的工作任务。

在分配解编任务时，要考虑每台调车机车担负作业量的均衡性和节奏性，充分发挥每条牵出线、驼峰溜放线及每台调车机车的效能，并保持车站作业的协调。同时，在可能的条件下，在划区分工的基础上，还应机动灵活地采取"平行作业和交叉作业相结合"的方式，尽量减少同一调车场内不同调车区之间交换车辆的重复作业。

调车场同端调车机车的作业分工也有两种不同的方式。

1. 固定作业区域

将每台调车机车固定在一条牵出线或驼峰溜放线上，专门担负一定方向的列车解体或编组工作。这种方式有利于建立良好的作业秩序，作业计划组织比较简单。但当各方向解编任务不够均衡或车流波动较大时，难免会产生忙闲不均、作业不够协调、调车机车能力未被充分利用等缺陷。

2. 不固定作业区域

不固定每台调车机车占用的牵出线或驼峰溜放线，相应地也就不固定担负一定方向的解编任务。由调车场一端的调车工作领导者根据作业计划的要求，考虑各台调车机车的作业进度，灵活掌握、机动分配每台调车机车的作业区域和担当的任务。这种方式只要运用得当，便能克服前一种方式的缺陷，从而更好地发挥调车机车的能力。但是，它也给调车作业增添了复杂性，要求调车工作领导者具备较高的计划组织水平，以及调车组人员具有比较全面熟练的生产技能。

调车场纵向划区，一般是按照每条牵出线或驼峰溜放线直接连通的线束群来纵向划分调车场各端的调车区域。在调车场一端的每个调车区域内，同时只准许一台调车机车工作，以保证作业安全和最大限度平行作业。在有必要交叉作业时，必须按越区办理。

在正确规定编组站调车区域划分和调车机车分工固定使用的基础上，还必须从整体出发，注意加强相互协作。在必要或有利时，也可以不受固定分工的限制，由调车工作领导者灵活掌握，有计划地调整调车区的使用，组织调车机车的相互代替和相互补充、平行作业和交叉作业，以充分发挥每台调车机车的能力。

五、调车场线路专门化

由于编组不同到达站列车和向不同作业地点送车的需要,调车场线路必须固定其用途,以便在不同的线路上分别集结不同种类和不同去向的车辆,使解编作业有序进行。

规定调车场线路固定使用的方法通常分两步进行:第一步是按照各种用途分配使用线路数;第二步是在既定的线路分配方案基础上,为每一条线路明确其具体用途。

首先,应确定停放货物作业车、交换车、检修车和装载危险品货物车辆所需的最少线路数$r_{地}$,在调车场线路数$r_{总}$中减去$r_{地}$后才是可以用来集结车列的线路$r_{集}$。对用来集结车列的线路而言,可按下列程序进行线路分配方案的选择。

(1) 当$r_{集} \geqslant K_{组}$时(注:$r_{集}$为可供集结车列使用的线路数;$K_{组}$为列车编组计划规定的该站应编组的车组到站数,即"车组号"数),每一车组号可固定使用一条线路,并将多余的线路作为机动,以供活用线路时调整之用。

(2) 当$K_{列} < r_{集} < K_{组}$时(注:$K_{列}$为列车编组计划规定的该站应编组的列车去向数),对全部单组列车,除每一去向至少分配一条线路以外,还应划分出一些线路作为各去向车列的活用线,然后对剩余的线路拟定若干个可供分组列车(包括选编车组的单组列车)使用的线路分配方案。

(3) 计算每个方案的改编车数、调车机车小时消耗和车小时消耗等指标,选出较优方案。

改编车数指标在一定程度上能反映调车机车小时和车小时消耗的多少,如果能找到改编车数最少的线路分配方案,则这个方案按编组时间消耗来衡量也是有利的。分组列车编组过程中的改编车数取决于一个列车去向所具有的线路数和车组数。设m为列车编成辆数,m_0为基本组中的车数,p为一个去向分组列车所占用的线路数,a为列车中的分组数,$m_{改}$为编组车列时的改编车数,$k_{改}$为改编系数,即编组过程中每车平均改编次数,$k_{改} = \dfrac{m_{改}}{m}$,则最优方案应满足:

$$\sum_{i=1}^{K} N_{分组(i)} k_{改(i)} \to \min \tag{6-7}$$

式中 $N_{分组(i)}$——i去向分组列车的日均车流量;

$k_{改(i)}$——i去向分组列车的改编系数;

K——分组列车的去向数。

$k_{改}$或$m_{改}$应分别按p与a的关系来计算。

当$p=1$,即每一去向分组列车占用一条线路时,则有

$$\left. \begin{aligned} m_{改} &= m + (m - m_0) \\ k_{改} &= \frac{m_{改}}{m} = 2 - \frac{m_0}{m} \end{aligned} \right\} \tag{6-8}$$

当$p=a$,即一个车组去向占用一条线路时,则有

$$\left.\begin{array}{l}m_{改}=m-m_0\\k_{改}=1-\dfrac{m_0}{m}\end{array}\right\} \tag{6-9}$$

当 $1<p<a$,即一个去向分组列车占用线路数多于1但少于车组数时,如果只利用一股道作为共用线,而 $(p-1)$ 条线路分别集结 $(p-1)$ 个车组。此时,改编车数和改编系数分别为

$$\left.\begin{array}{l}m_{改}=\dfrac{m-m_0}{a-1}(a-p+1)+\dfrac{m-m_0}{a-1}(a-2)\\k_{改}=\left(1-\dfrac{m_0}{m}\right)\left(\dfrac{2a-p-1}{a-1}\right)\end{array}\right\} \tag{6-10}$$

以两个去向分组列车占用三条线路为例,即 $p=1.5$,这种情况下,两条线路分别集结每一去向的一个基本组,第三条线路集结两个去向的其余车组。实际运输组织中,分组列车通常由基本车组、换挂车组两个车组组成,即 $a=2$,且编组在峰尾牵出线进行。此时,改编车数和改编系数分别为

$$\left.\begin{array}{l}m_{改}=1.5\times(m-m_0)\\k_{改}=1.5\times\left(1-\dfrac{m_0}{m}\right)\end{array}\right\} \tag{6-11}$$

在线路分配方案确定之后,调车场每一股道的使用方案应按下列原则确定:

(1) 适应车流强度的需要。对列车编成辆数多的去向应拨给较长的线路,并尽可能地在中间线束中选用,以减少整理次数和转线时间。

(2) 均衡牵出线的作业负担。当驼峰编组站有几条牵出线时,把车流量大的去向分散固定在连接不同牵出线的调车线上,以均衡牵出线负担,减少待编时间。

(3) 减少调车作业干扰。在横列式驼峰编组站,车流量大的去向宜固定在靠近出发场的调车线上,交换车宜固定在靠近相邻调车区的调车线上,同一去向分组列车的各个车组宜固定在同一线束的相邻调车线上,到达本站的货物作业车宜固定在靠近货物作业地点的调车线上等,以缩短转线调车行程,减少调车作业交叉。

(4) 照顾车辆溜行性能。对空车和难行车比重较大的去向,尽可能地固定在经过曲线和道岔较少的易行线上,以加速分解作业,保证调车安全。

(5) 便利车辆检修和其他作业。对站修车应拨给线间距较宽、靠近车辆段或站修所的线路,对装载危险品货物及超限货物的车辆应拨给有利于保证安全的线路。

在具体情况下,每个车站在制订线路固定使用方案时不可能符合上述所有原则,因此应制订多个线路固定使用方案,以便综合比选。

根据我国铁路多年的实践经验,调车场备有几股机动线,并按照"定而不死,活而不乱"的原则,采取"固定与活用相结合"的方法使用调车线,对提高调车效率是极为有效的。因此,调车线固定使用方案只是组织调车工作的基本方案。在日常工作中,调车工作领导者可以有计划地根据车辆集结情况活用其他线路,以保证调车场的正常作业秩序。

第三节　货车集结过程

在技术站上，为编组某一到达站（又称去向）的出发车列，由于在重量或长度上有一定的要求，陆续进入调车场的货车有一个先到等待后到以凑集满轴或满长的过程，这一过程称为货车集结过程。货车在集结过程中消耗的时间称为货车集结时间。

从组成某一到达站出发车列的第一组货车进入调车场时起，至组成该车列的最后一组货车进入调车场时止，称为车列的集结过程。货车在该过程中的延续时间称为车列集结时间。在这个过程中，组成该车列所有货车消耗的车小时，即为车列的货车集结车小时。

上述货车集结过程是从货车进入调车场时开始计算的，故称为按调车场的货车集结过程。此外，为编制车站作业计划推算车流及查定车站技术作业标准，货车集结过程也可从有调中转车到达车站、货物作业车装卸完了的时间开始计算，称为按车流的货车集结过程。后者反映了车站上车流的客观集结情况，与前者的区别在于不受车站作业调整和作业进度的影响。这两种货车集结过程的计算条件，如图 6-5 所示。

货车集结是技术站货车技术作业过程中一项既不可缺又属于停留等待的特殊组成部分，且占有很大比重。根据我国部分主要编组站的统计，一般占改编作业总时间的 40%～50%。因此，研究分析货车集结过程及其影响因素，从而采取有效措施来缩短货车集结时间具有十分重要的意义。

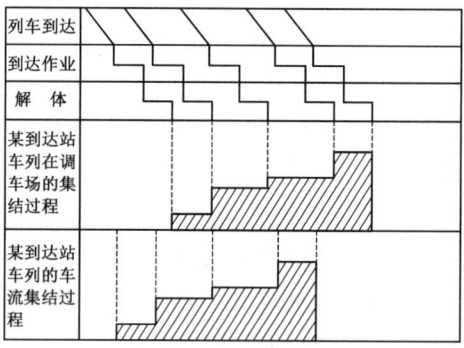

图 6-5　按调车场和按车流的货车集结过程

一、货车集结时间分析计算

1. 编组一个到达站出发车列的货车集结时间

图 6-6 是某一车组大小相等并且均衡到达的车列集结过程，车列集结时间 $t_{列}$ 等于各车组到达间隔时间（t_1、t_2、t_3）之和，车列的编成辆数 m 等于各车组的车数（m_1、m_2、m_3、m_4）之和。结束车列集结的最后车组 m_4 没有集结时间。因此，集结该车列消耗的货车集结车小时为

$$T_{集}^{列}=m_1(t_1+t_2+t_3)+m_2(t_2+t_3)+m_3 t_3+m_4 \times 0 (车·h) \tag{6-12}$$

因为 $m_1=m_2=m_3=m_4$，$t_1=t_2=t_3$，所以 $T_{集}^{列}=\frac{1}{2}t_{列}m$。显然，在图6-6中，带阴影的多边形面积就是车列的货车集结车小时，在车组大小相等且均衡到达时，这个多边形的面积也可以用以 $t_{列}$ 为底、m 为高的三角形的面积代替。

以上只是一个车列的集结过程，至于编组一个去向出发车列的一昼夜所有货车集结过程，在货车集结不发生中断的情况下，如图6-7所示。据此，编组一个去向出发车列的一昼夜所消耗的货车集结车小时为

$$T_{集}=\frac{\sum t_{列}\times m}{2}=\frac{24\times m}{2}=12m \quad （车·h） \tag{6-13}$$

该去向每辆货车的平均集结时间为

$$t_{集}=\frac{12m}{N} \quad （h） \tag{6-14}$$

式中，N 为该去向全天集结的货车数，辆。

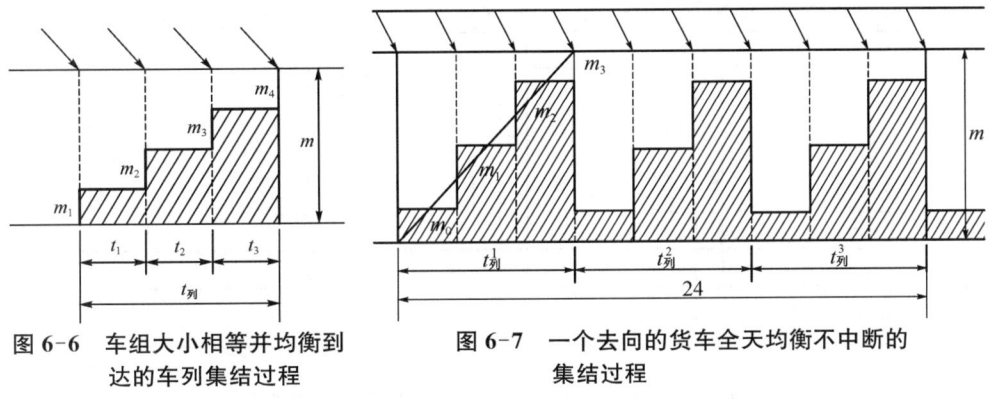

图6-6　车组大小相等并均衡到达的车列集结过程

图6-7　一个去向的货车全天均衡不中断的集结过程

2. 车组大小、到达间隔与集结中断对货车集结时间的影响分析

实际上，日常到达车站或进入调车场的车组大小是不相等的，车组到达的间隔时间也不相同，而且车列集结过程之间往往会出现中断的情况，也就是车列集结满轴或满长后，没有残存该去向的货车，如图6-8所示。

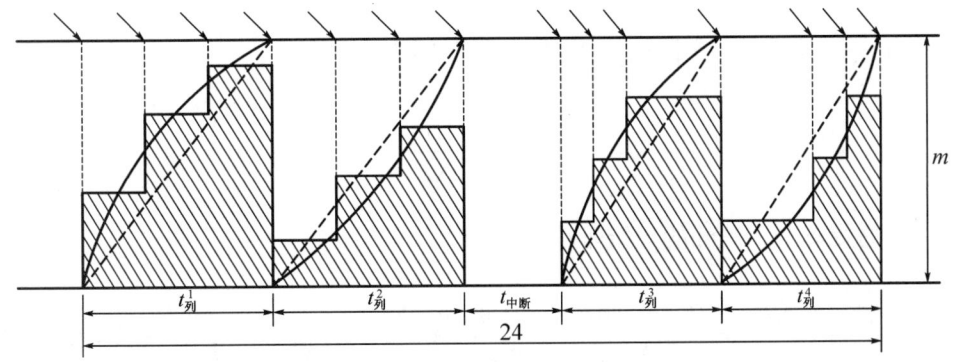

图6-8　一个去向的货车全天不均衡有中断的集结过程

在图6-8中，第一列车列和第二列车列的车组到达间隔时间相等，但车组的大小不同。第一列车列由于大车组先到，其 $T_{集}^{列} > \frac{1}{2}mt_{列}^{1}$；第二列车列由于小车组先到，则 $T_{集}^{列} < \frac{1}{2}mt_{列}^{2}$。第三列车列和第四列车列的车组大小相同，但到达间隔时间不等。第三列车列集结初期车组到达间隔较小，其 $T_{集}^{列} > \frac{1}{2}mt_{列}^{3}$；第四列车列集结后期车组到达间隔小，则 $T_{集}^{列} < \frac{1}{2}mt_{列}^{4}$。由此可见，这4个车列虽然 m 都相同，$t_{列}$ 也相等，但是它们各自的 $T_{集}^{列}$ 却不一样。而且，全天的集结过程有中断，所以 $\sum t_{列} < 24\,\text{h}$。在一般情况下，$T_{集}$ 并不等于 $12m$，而是经常小于 $12m$。

如图6-9所示的货车集结过程：车组大小相等且均衡到达，但每集结一个车列就出现一次集结中断。在这种情况下，每个车列是由均衡到达的 e 个车组集结组成，而且车列的编成辆数 m 刚好是每组到达车数的整倍数。因此，每集结一个车列就会出现一次集结中断现象。

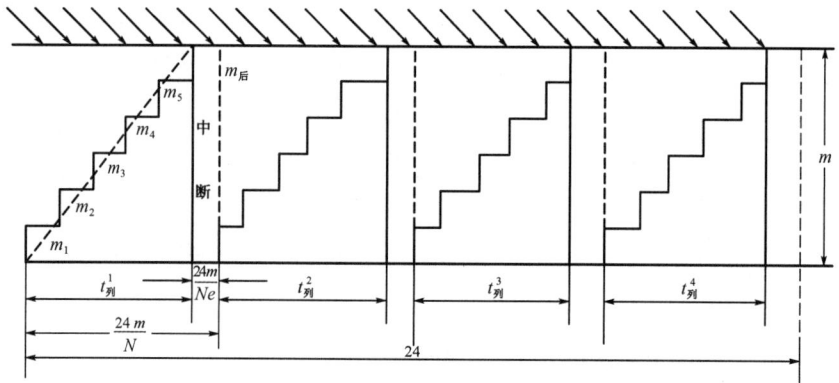

图6-9 集结一个车列出现一次中断的集结过程

如果该去向全天集结的货车数为 N，则全天集结的车列数为 $\frac{N}{m}$。每集结一个车列包括中断时间在内的平均连续时间为 $\frac{24m}{N}$，而其中每次集结中断的时间等于车组的平均到达间隔时间 $\frac{24m}{Ne}$，因此，一个车列的实际集结时间为

$$t_{列} = \frac{24m}{N} - \frac{24m}{Ne} \quad (\text{h}) \tag{6-15}$$

该去向的货车全天消耗的集结车小时为

$$T_{集} = \frac{\sum t_{列} \times m}{2} = \frac{1}{2}m\left(\frac{24m}{N} - \frac{24m}{Ne}\right) \times \frac{N}{m} = 12\left(1 - \frac{1}{e}\right)m \quad (\text{车·h}) \tag{6-16}$$

考虑到往往不是每集结一个车列都会发生一次集结中断，如果是集结了 γ 个车列后才发生一次集结中断，那么，全天集结中断的次数只有前面的 $\dfrac{1}{\gamma}$。因此，平均摊到一个车列上的集结中断时间就不再等于 $\dfrac{24m}{Ne}$，而应是 $\dfrac{24m}{Ne\gamma}$。这时，货车集结过程如图 6-10 所示，因而

$$T_{集}=\dfrac{1}{2}m\left(\dfrac{24m}{N}-\dfrac{24m}{Ne\gamma}\right)\times\dfrac{N}{m}=12\left(1-\dfrac{1}{e\gamma}\right)m \quad (车·h) \tag{6-17}$$

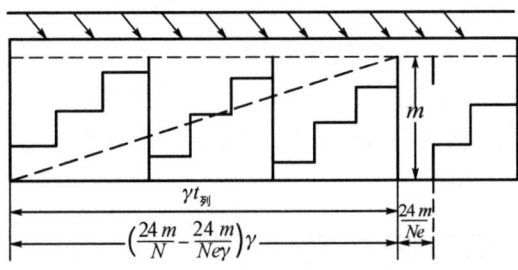

图 6-10　集结 γ 个车列形成一次中断的集结过程

3. 货车集结时间结论

1) 一个到达站全天消耗集结车小时

编组一个到达站车列全天消耗的货车集结车小时 $T_{集}$ 通常小于 $12m$，可用式(6-18)计算

$$T_{集}=Cm \quad (车·h) \tag{6-18}$$

式中，C 为货车集结参数，主要与车组大小和车组到达间隔，特别是结束车列集结的最后车组到达情况，以及货车集结中断的次数与时间等影响因素有关。

因此，编组一个到达站出发车列全天消耗的货车集结车小时 $T_{集}$，取决于货车集结参数 C 和车列编组辆数 m，而与该去向全天的车流量 N 无关。

2) 每辆货车的平均集结时间

编组一个到达站车列每辆货车的平均集结时间 $t_{集}$，与该去向全天车流量 N 有反比关系，可用式(6-19)计算

$$t_{集}=\dfrac{Cm}{N} \quad (h) \tag{6-19}$$

3) 全站货车集结时间

技术站编组不同到达站、不同种类的列车应分别集结。整个车站的货车集结车小时 $T_{集}^{站}$ 与列车编组计划规定该站编组车列的到达站数 K 有关，可用式(6-20)计算

$$T_{集}^{站}=\sum_{i=1}^{K}C_im_i\approx KCm \quad (车·h) \tag{6-20}$$

二、压缩货车集结时间的措施

掌握了上述因素对货车集结时间的影响规律,就可以运用这种规律能动地去加速货车的集结过程,压缩货车的集结时间。在技术站日常运输生产过程中,压缩货车集结时间的主要措施有以下几个:

(1) 组织货车按去向按阶段配合到达。通过调度所在合理制订日历装车计划的基础上,组织枢纽和邻接区段内的车站按去向按阶段装卸车,并使其配合输送到技术站,以加速车列集结和车流接续,保证按运行图编发列车。

(2) 组织本站自装重车或自卸空车并及时取回,扩大最后车组,提前结束车列集结过程。根据货车到达情况,有预见地挂线装卸,配合车列的集结,如图6-11所示。图中的阴影部分就是采用这种办法可以节省的货车集结车小时。

(3) 组织超重列车,将同去向的货车挂完,造成集结中断。采用这一措施须征得列车司机同意,并得到列车调度员的许可。图6-12中的阴影部分表示开行超重列车 ($m=40$ 为满重) 可以节省的货车集结车小时。

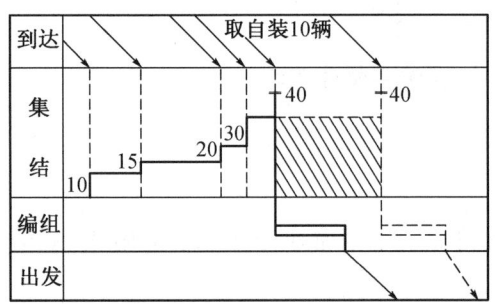

图 6-11 利用本站货物作业车结束车列集结

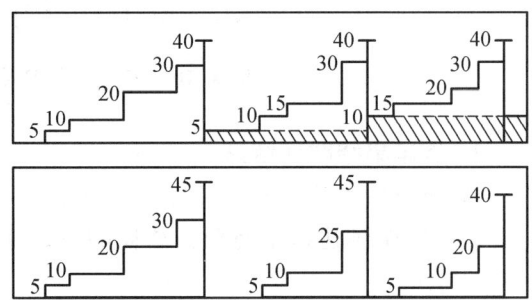

图 6-12 开行超重列车中断货车集结

第四节 货物作业车的技术作业

一、货物作业车停留时间与取送车作业

货车在装卸作业站的停留时间约占货车周转时间的1/3。因此,改善货物作业车的技术作业组织对压缩其停留时间具有重要的意义。

在货物作业车的技术作业过程中,取送车作业是最重要的环节。只有及时送车,才能及时完成货物装卸作业;只有及时取车,货车才能及时编入列车正点出发。车辆取送工作组织对于货运工作效率也有很大影响。如果车辆取送不均衡、不及时,就会造成仓库货位有时空有时堵、人员劳逸不均以及货运设备能力无法充分利用。

取送车作业根据车站货物作业地点的分布和装卸作业量的大小等情况,可以配备专用的取送车调车机车,或由解编调车机车兼任。当有两台以上调车机车担任取送作业时,应划分每台机车的服务区域。相应地,在调车场内应为到达每一作业区的车辆划出专门的固定线路。为减少重复分解作业,应在解体的同时尽可能地为送车挑选好车组;在取车和收集车组的同时,尽可能地使车列中车组的连挂顺序符合列车编组的要求。同样地,装卸车货位的安排也要为方便取送和简化编组作业创造条件。此外,还可采取顺道捎车、取送结合等方法来减少调车机车在车站和装卸地点间的往返走行。

在货物作业车的停留时间中,待送、待装、待卸、待调移、待取、待转场、待解、待编、待发等非生产时间占了很大比重。为缩短这些非生产停留时间,必须加强铁路与厂、矿、港、林及其他交通部门的协作,组织好路内各部门的联合劳动,改进货物作业车的作业组织,避免技术作业各环节之间出现脱节现象。为此,应结合车站及专用线各货物作业地点的设备与作业条件,货物作业的特点及车流到发规律,本着车辆取送、货物装卸、列车到发紧密配合的原则(图 6-13),确定向各货物作业地点的合理取送次数、取送顺序及取送时机,作为制订货物作业车日常作业计划与组织的依据。

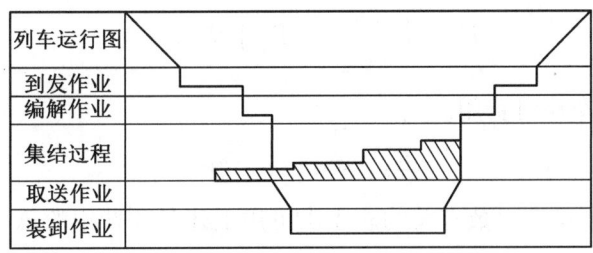

图 6-13　货车取送与装卸及编发紧密配合

二、合理取送车次数的确定

当一昼夜内货物作业车以非直达方式陆续到达时,确定向各货物作业地点取送车辆的合理次数,将是货物作业车技术作业改善过程中应予主要解决的问题之一。从技术经济合理性的角度来考虑,合理取送车次数 $x_{取送}$ 应保证货物作业车的停留时间以及与取送车调车作业有关的运营支出有最小值。

本站货物作业车的停留时间可用式(6-21)表示

$$\left. \begin{array}{l} t_{本站} = t_{技} + t_{取送} + T_{货} + t_{待送} + t_{待取} \quad (h) \\ t_{待送} = \dfrac{C_{本站}}{x_{取送}} \quad (h) \\ t_{待取} = \dfrac{24}{x_{取送}} - T_{货} \quad (h) \end{array} \right\} \quad (6\text{-}21)$$

式中　$t_{技}$——货物作业车完成到达作业、待解、解体、集结、待编、编组、待发及出发作业的停留时间,其值为 4~6 h;

　　　$t_{取送}$——包括在调车场挑选应送车组,向货物作业地点送车,在货物作业地点调移车辆和对货位,取回已装好或卸空的车辆,以及在调车场分解取回的车组等调车作业所需的时间,h;

　　　$T_{货}$——完成货物装卸作业所需时间(包括准备及结束作业时间),h;

$t_{待送}$——待送停留时间,h;

$C_{本站}$——本站货物作业车集结待送参数,可取 10～12 h;

$t_{待取}$——待取停留时间,h。

想要缩短货物作业车的停留时间,可通过强化 $t_{技}$、$t_{取送}$ 及 $T_{货}$ 的各项技术作业和增加取送车次数来实现。然而,增加取送车次数又将使调车机的车小时消耗有所增加。设每一车辆小时的成本为 $e_{车时}$,每一调车机车小时的成本为 $e_{机时}$,一昼夜到达该地点的本站货物作业车数为 $N_{本站}$,与取送车次数 $x_{取送}$ 有关的运营支出有如下几项。

(1) 集结待送车小时费用。

$$E_1 = \frac{C_{本站}}{x_{取送}} N_{本站} \, e_{车时} \quad (6-22)$$

(2) 待取车小时费用。

$$E_2 = \left(\frac{24}{x_{取送}} - T_{货}\right) N_{本站} \, e_{车时} \quad (6-23)$$

(3) 取送调车机车小时费用。

$$E_3 = x_{取送} \, t_{取送} \, e_{机时} \quad (6-24)$$

于是,一昼夜与取送车次数有关的总支出可用上述各项费用的总和来表示,即

$$E_{总} = \frac{C_{本站}}{x_{取送}} N_{本站} \, e_{车时} + \left(\frac{24}{x_{取送}} - T_{货}\right) N_{本站} \, e_{车时} + x_{取送} \, t_{取送} \, e_{机时} \quad (6-25)$$

合理取送车次数即为式(6-25)的求最小值问题,经求导可得一昼夜向该地点的最合理取送车次数为

$$x_{取送} = \sqrt{\frac{(24 + C_{本站}) N_{本站} \, e_{车时}}{t_{取送} \, e_{机时}}} \quad (次) \quad (6-26)$$

当需要服务的货物作业地点数有 L 个,而可供车辆取送使用的调车机车小时数只有 $T_{机时}$ 时,向各作业地点的最合理取送次数 $x_{取送}^P$ 可用拉格朗日乘数法求得。求解约束条件为 $\sum_{P=1}^{L} x_{取送}^P \, t_{取送}^P \leqslant T_{机时}$ 时的最小函数值,即

$$\min E_{总} = \sum_{P=1}^{L} e_{车时} \, N_{本站}^P \left(\frac{C_{本站} + 24}{x_{取送}^P} - T_{货}^P\right) + \sum_{P=1}^{L} e_{机时} \, t_{取送}^P \, x_{取送}^P \quad (6-27)$$

写成拉格朗日函数表达式,即

$$\varphi(x_{取送}^1, x_{取送}^2, \cdots, x_{取送}^L, x_{L+1}, \lambda) = e_{车时} \sum_{P=1}^{L} N_{本站}^P \left(\frac{C_{本站} + 24}{x_{取送}^P} - T_{货}^P\right) +$$

$$e_{机时} \sum_{P=1}^{L} x_{取送}^P \, t_{取送}^P +$$

$$\lambda \left(\sum_{P=1}^{L} x_{取送}^P \, t_{取送}^P - T_{机时} + x_{L+1}^2\right) \quad (6-28)$$

微分后可列出 $(L+1)$ 个如下形式的方程组

$$\left.\begin{aligned} \frac{\partial \varphi}{\partial x_{\text{取送}}^P} &= (e_{\text{机时}} + \lambda) t_{\text{取送}}^P - \frac{e_{\text{车时}} N_{\text{本站}}^P (C_{\text{本站}} + 24)}{(x_{\text{取送}}^P)^2} \\ \frac{\partial \varphi}{\partial x_{L+1}} &= 2\lambda x_{L+1} = 0 \end{aligned}\right\} \quad (6\text{-}29)$$

并可得出向各货物作业地点的最合理取送车次数为

$$x_{\text{取送}}^P = \sqrt{\frac{(C_{\text{本站}} + 24) N_{\text{本站}}^P e_{\text{车时}}}{(e_{\text{机时}} + \lambda) t_{\text{取送}}^P}} = \sqrt{\frac{(C_{\text{本站}} + 24) e_{\text{车时}}}{e_{\text{机时}} + \lambda}} \sqrt{\frac{N_{\text{本站}}^P}{t_{\text{取送}}^P}} \quad (6\text{-}30)$$

从而，

$$T_{\text{机时}} = \sum_{P=1}^{L} x_{\text{取送}}^P \, t_{\text{取送}}^P = \sqrt{\frac{(C_{\text{本站}} + 24) e_{\text{车时}}}{e_{\text{机时}} + \lambda}} \sum_{P=1}^{L} \sqrt{N_{\text{本站}}^P \, t_{\text{取送}}^P} \quad (6\text{-}31)$$

于是有

$$\sqrt{\frac{(C_{\text{本站}} + 24) e_{\text{车时}}}{e_{\text{机时}} + \lambda}} = \frac{T_{\text{机时}}}{\sum_{P=1}^{L} \sqrt{N_{\text{本站}}^P \, t_{\text{取送}}^P}} \quad (6\text{-}32)$$

代入求 $x_{\text{取送}}^P$ 的式(6-30)可消去 λ，最后得

$$x_{\text{取送}}^P = \frac{T_{\text{机时}} \sqrt{N_{\text{本站}}^P / t_{\text{取送}}^P}}{\sum_{P=1}^{L} \sqrt{N_{\text{本站}}^P \, t_{\text{取送}}^P}} \quad (\text{次}) \quad (6\text{-}33)$$

按照以上技术经济合理性条件求出的最合理取送车次数，尚需参照按装卸线长度所求得的最少取送车次数和其他作业条件进行必要的修正。当受装卸线有效长度限制时，取送车次数应满足：

$$x_{\text{取送}}^P \geqslant \frac{N_{\text{本站}} \, l_{\text{车}}}{L_{\text{线}}} \quad (\text{次}) \quad (6\text{-}34)$$

从而，一批作业时间应满足：

$$T_{\text{货}} \leqslant \frac{24}{x_{\text{取送}}} = \frac{24 L_{\text{线}}}{N_{\text{本站}} \, l_{\text{车}}} \quad (\text{h}) \quad (6\text{-}35)$$

式中　$l_{\text{车}}$——货车的平均长度，m；

$L_{\text{线}}$——装卸线的有效长度，m。

一般地，当调机作业负荷未达到饱和时，适当增加取送车次数总是有利的。待取送车次数确定后，应在此基础上进一步研究最合适的取送车时刻和与之相适应的装卸作业组织办法，以便在日常工作中贯彻执行。

三、合理取送车顺序的确定

1. 确定合理取送车顺序的基本原则

（1）对于规定了取送车次数的货物作业地点应按固定时刻表取送。

（2）鲜活、易腐、急运物资应优先取送。

（3）对班计划中指定了挂运车次的重点车组，应根据列车到发时刻，考虑到解、编、发、取送、装卸等作业环节所需时间，妥善安排、及时取送。

（4）当几个货物作业地点由同一台调车机车服务时，应根据车流性质确定合理的取送车顺序。

2. 非直达车流的合理取送车顺序

非直达车流的作业特点是车流成批或零星到达，装卸地点分散，货物作业完了后，除了个别大组车有时指定车次挂运外，大多随最近车次挂出，即带有很大的随机性。为数众多的货场、专用线的大型货运站、工业站和技术站，都有大量非直达车流的作业。在车流随机到发的前提下，减少车辆的待取待送时间是压缩其停留总时间的主要措施。在货物作业量较大的车站，通常有若干个作业区，每一个作业区由固定的调车机车承担车辆取送工作。在由同一调车机车服务的作业区内，当同一时间有几个装卸地点的车辆等待取送时，由于机车每次只能去一个地点进行服务，就会产生车辆排队等待服务的现象。

【例 6-1】 一批到达的车辆中，有去甲地点的待卸车 $m_甲=10$ 辆、去乙地点的待卸车 $m_乙=6$ 辆，取送作业所需时间分别为 $t^甲_{取送}=40\text{ min}$、$t^乙_{取送}=30\text{ min}$。此时，只有两个取送车顺序方案可供比选：

（1）先送甲地点的 10 辆车，则去乙地点的 6 辆车将产生 $m_乙 t^甲_{取送}=6\times 40=240$（车·min）待送车分消耗。

（2）先送乙地点的 6 辆车，则去甲地点的 10 辆车将产生 $m_甲 t^乙_{取送}=10\times 30=300$（车·min）待送车分消耗。

因为 $m_乙 t^甲_{取送}<m_甲 t^乙_{取送}$，即 $\dfrac{t^甲_{取送}}{m_甲}<\dfrac{t^乙_{取送}}{m_乙}$，所以，先送甲地点的 10 辆车较为有利，即优先取送每车平均消耗机车时分最小地点的车辆最为合理。

当小运转列车是按固定时刻表运行，而车辆可随任意车次挂走时，则车辆的取送顺序应根据列车技术作业时间、各地点取送车及货物作业所需时间、作业车数以及可能挂运的车次等因素，按保证本站货物作业车总停留时间最少的原则进行具体安排。

3. 直达列车多点装卸时的合理取送车顺序

当直达列车整列到达，在几个货物作业地点进行装卸作业后整列出发，各地点的货物作业时间和车辆取送时间互不相同，且 $t^p_货>t^p_{取送}$，并由一台机车服务时，不同的取送车顺序将有不同的直达列车作业停留时间 $T^{直达}_{作业}$。最合理的取送车顺序应保证 $T^{直达}_{作业}$ 具有最小值。

如车辆取送过程中为各地点提供的货物作业时间都能满足需要，显然，直达列车的作业停留时间就有最小值，即

$$T_{\text{作业}}^{\text{直达}} = 2\sum_{P=1}^{n} t_{\text{取送}}^{P} \quad (\min) \tag{6-36}$$

式中，n 为货物作业地点数，$P = 1, 2, \cdots, n$。

否则，将产生调车机车等待货物作业完了的取送中断时间 $t_{\text{中断}}$。此时，直达列车作业停留时间将增至

$$T_{\text{作业}}^{\text{直达}} = 2\sum_{P=1}^{n} t_{\text{取送}}^{P} + t_{\text{中断}} \tag{6-37}$$

式中，$t_{\text{中断}}$ 为该取送顺序下各货物作业地点所产生的中断时间中的最大值，即 $t_{\text{中断}} = \max t_{\text{中断}}^{P}$，$P = 1, 2, \cdots, n$。

显然，保证 $t_{\text{中断}}$ 最小的取送车顺序，即为最合理的取送车顺序。因此，问题可归结为要在所有可能的取送车顺序方案中寻找 $t_{\text{中断}}$ 为最小值的方案。

根据排列组合原理可知，当货物作业地点数为 n 时，数学上可能的取送车顺序方案共有 $(n!)^2$ 个。例如，当 $n = 4$ 时，方案数为 $(4!)^2 = 576$；当 $n = 5$，方案数将多达 14 400 个。显然，采用枚举法进行计算是不适宜的，必须根据组合最优化原理研究简便的计算方法。

如前所述，各货物地点的装卸作业是与送车及取车过程平行进行的。送车工作结束后，应按保证调车机车作业中断时间最小的原则确定取车顺序。因此，在各地点货物作业时间标准既定的条件下，取车顺序将完全取决于送车顺序，而送车顺序又主要取决于各地点所需提供的货物作业时间的长短。那么，首先送货物作业时间标准最长地点的车辆，在任何情况下都将是最有利的，因为它能保证最大限度平行作业。于是，只需计算 $(n-1)!$ 个送车顺序方案，就相当于计算比较了 $(n!)^2$ 个方案。同时，还可以根据取送车资料设计一个取送车方案计算表，从而使整个计算工作得到进一步简化。

方案计算表由左右两部分构成。左半部分为送车部分，共分三行：第一行为计算方案的送车顺序，自左而右按送车顺序填写所送地点的编号；第二行填记按送车过程结束即取车计算的能为各地点提供的货物作业时间 $\sum_{s=i}^{n} t_{\text{取送}}^{s}$（$i$ 是对应于各地点的送车顺序号）；第三行填记还需为各地点提供的货物作业时间 $\Delta p = t_{\text{货}}^{P} - \sum_{s=i}^{n} t_{\text{取送}}^{s}$。右半部分为取车部分，也分三行：第一行为计算方案的取车顺序，按送车部分第三行中 Δp 值由小到大的顺序依次填写各货物作业地点的编号，它体现着各地点货物作业先结束先取车的原则；第二行填记取车过程中能为各地点继续提供的货物作业时间 $\sum_{s=1}^{j-1} t_{\text{取送}}^{s}$（$j$ 是对应于各地点的取车顺序号）；第三行填记在取车过程中继续提供货物作业时间后的不足时间 $\Delta p' = \Delta p - \sum_{s=1}^{j-1} t_{\text{取送}}^{s}$，这一行中的最大数字即为该方案的调车机车作业中断时间 $t_{\text{中断}} = \max \Delta p'$。于是，该方案的直达列车作业停留时间为

$$T_{\text{作业}}^{\text{直达}} = 2\sum_{P=1}^{n} t_{\text{取送}}^{P} + \max \Delta p' \tag{6-38}$$

显然，在各取送车顺序方案中，中断时间最小的方案（$t_{\text{中断}} = \min\{\max \Delta p'\}$）即为最合

理的取送顺序方案。

【**例 6-2**】 已知某直达列车多点装卸取送车顺序计算资料如表 6-2 所列,其中各货物作业点的编号是按货物作业时间从小到大的顺序排定的。在 4 号 D 点优先送车的前提下,只需计算 $(n-1)!=3!=6$ 个方案。所填写的 6 个方案的计算见表 6-3。

表 6-2 直达列车多点装卸取送车顺序计算资料

作业地点	编号	车 数	取送时间	货物作业时间
C	1	6	20	60
B	2	9	30	90
A	3	15	40	120
D	4	20	10	130

表 6-3 直达列车多点装卸取送车顺序方案计算表

方案编号	送车顺序				取车顺序			
①	4	3	2	1	4	3	2	1
	100	90	50	20	0	10	50	80
	30	30	40	40	30	20	—	—
②	4	3	1	2	1	4	3	2
	100	90	50	30	0	20	30	70
	30	30	10	60	10	10	—	—
③	4	2	3	1	2	4	1	3
	100	90	60	20	0	30	40	60
	30	0	60	40	0	0	0	0
④	4	2	1	3	2	1	4	3
	100	90	60	40	0	30	50	60
	30	0	0	80	0	—	—	20
⑤	4	1	3	2	1	4	3	2
	100	90	70	30	0	20	30	70
	30	—	50	60	—	10	20	—
⑥	4	1	2	3	1	2	4	3
	100	90	70	40	0	20	50	60
	30	—	20	80	—	0	—	20

由表 6-3 可见,方案③的调车作业中断时间 $t_{中断}=0$,因而它是最合理方案。该方案的特征为 4—2—3—1、2—4—1—3。直达列车作业停留时间 $T^{直达}_{作业}=2\sum_{P=1}^{n}t^{P}_{取送}=200$ min。

由于填完第③方案后,已得到 $t_{中断}$ 最小的最优方案,整个计算工作即可结束。应当指出,除了方案③外,可能还存在其他等值方案。上面所列方案乃是各该等值方案组中具有代表性的方案,其他等值方案可运用如下规则构造出来。

(1) 当原方案的送车顺序和取车顺序完全相同或有部分同序时,由于同序部分的各地点在取送车过程中所形成的容许货物作业时间完全相同,如果同时调换其送车和取车顺序,对直达列车作业停留时间并不产生任何影响,因而通过这种同时调换同序车组取送顺序的方法可得到一系列等值方案。例如,4—3—2—1 和 4—3—2—1 方案中,取车与送车完全同序,取送车过程为每一地点所提供的货物作业容许时间都是 $t^{货}_{容许} = t_{取送1} + t_{取送2} + t_{取送3} + t_{取送4}$,因而所有取送同序的方案(共有 4! =24 个)都是等值方案。同理,4—3—2—1 和 1—4—3—2 方案中,4—3—2 属部分同序,取送车过程为地点 4、3 和 2 提供的货物作业容许时间都是 $t^{货}_{容许} = 2t_{取送1} + t_{取送2} + t_{取送3} + t_{取送4}$,因此,共有 3! =6 个等值方案。又如,4—2—1—3 和 2—1—4—3 方案中的 2—1 为同序部分,取送车过程为地点 2 和 1 提供的货物作业容许时间都是 $t^{货}_{容许} = t_{取送1} + t_{取送2} + t_{取送3}$,因此,将有 2! =2 个等值方案,即 4—2—1—3、2—1—4—3 和 4—1—2—3、1—2—4—3 两个方案。

(2) 如果某地点的车辆在原方案中是最后送和最后取时,将其调换为最先送和最先取,即可得到一个与原方案等值的方案。例如,4—1—3—2 和 1—4—3—2 方案中,地点 2 的车辆是最后送、最后取,可调换为 2—4—1—3 和 2—1—4—3 的顺序,进而还可调换为 3—2—4—1 和 3—2—1—4 的顺序。这三个方案中取送车过程为同一地点所提供的货物作业容许时间完全相同,因而它们是等值方案。

(3) 如将原方案特征旋转 180°,即以其取车顺序的反顺序作为送车顺序,以其送车顺序的反顺序作为取车顺序,即可得到一个与原方案等值的方案。这是因为两方案中各车组间的相对位置并未改变。例如,将 4—2—3—1 和 2—4—1—3 方案旋转 180°,得到 3—1—4—2 和 1—3—2—4 方案,两方案中同号车组间所间隔的各车组的数目和编号完全相同,因而两方案等值。

当所求得的最佳取送车顺序方案因某种原因(例如进路交叉干扰)而不能实现时,即可按上述原理与方法构造出一些与之等值的取送车顺序方案以供选择。

如遇某地点的 $t^{P}_{货} \leqslant t^{P}_{取送}$ 时,对这一地点应采用机车等待货物作业完了再返回的取送车方法,并最好是安排在最后送,以便为其他地点提供更多的货物作业容许时间。

第五节 铁路车站与企业专用线的统一技术作业过程

货运量较大的工矿企业一般都要修建与铁路接轨的专用铁道或专用线,并设立专门的运输系统,而大型钢铁厂、冶炼厂、矿山、港口等企业还会拥有自己的车站、机车车辆及其他技术装备。显然,没有铁路运输的有力支援,企业的生产活动很难正常进行,而有效地组织企业运输工作也为铁路运输工作提供了便利条件。这就是说,铁路与企业间的关系应该是既要明确分工,又要密切协作。

首先,应建立健全日常联合办公制度,有关部门之间要互通信息,共同编制和组织实现

运输日常计划,共同研究和解决当前运输工作中已存在和将产生的各种问题。例如:

(1) 铁路与港口外贸部门,主要应研究如何做好车船衔接、扩大车船直接换装的比重和加强货物落地入库的作业组织,要互相创造有利于车船作业的条件,以缩短车船和货物在港停留时间,应共同采取有效应急措施及时疏运港口积压的货物以防堵塞等。

(2) 铁路与煤炭部门,主要应研究如何落实煤炭运输计划,把生产、分配计划与运输计划密切结合起来,以扩大直达运输比重和减少煤炭落地与积压等问题。

(3) 铁路与冶金部门,主要应研究并及时采取有效措施消除钢厂、冶炼厂的卸车积压,以及如何调整装到钢厂、冶炼厂货物的发送计划以保证物资均衡到达等问题。

其次,应认真编制与贯彻执行铁路车站与企业专用线的统一技术作业过程。统一技术作业过程是铁路联轨站与企业专用线作业组织的一种合理的制度,它把车列和车辆在联轨站和企业专用线的到发、取送、装卸等技术作业联成一个统一的整体,以保证铁路与工业企业的工作能有统一的节奏,并保证铁路和企业专用线的运输技术设备能够得到最有效的利用。

统一技术作业过程的内容,除了联轨站作业组织方法外,主要包括以下几方面:

(1) 车辆的交接作业办法,如交接地点、交接组织方法和要求,车辆技术状态交接的范围、内容和负责人员,交接时间标准,以及交接车辆的取送方法等。

(2) 专用线的调车工作组织方法,如专用线内作业区域的划分和调车机车分工,调车工作的领导与指挥,作业计划的编制与执行,调车机车整备地点及各项调车作业时间标准等。

(3) 铁路车辆在专用线内进行装卸作业的组织方法,如直达、成组装车组织方法,车辆取送方法(分整列、成组、分批及双重作业等),装车前的技术检查及整修,装卸重量的确定,装卸机械、劳力的配备,车辆清扫工作的分工,夜间作业的比重,各种货物的装卸作业时间标准,货运票据的填制及运费核算手续,以及冬季冻结货物的防冻与解冻措施等。

(4) 编制和执行统一日班工作计划的方法,如计划资料的收集、整理,互相交换资料的时间和内容,日班工作计划的内容及编制方法,作业指挥系统及路企互助办法,预确报的内容及传达方法,阶段工作进度的互相通报,以及工作分析制度等。

(5) 规定各项工作指标,如直达和成组装车的比重,车船直接换装的比重,铁路车辆在企业专用线内的停留时间标准和运用车保有量等。

(6) 保证货物、机车、车辆的完整和确保行车安全、人身安全的措施等。

为保证联轨站与专用线协调有节奏地工作,应编制车站与专用线统一作业计划图,在图上标明企业自原材料运入至成品运出所需完成的列车到发、车辆取送、货物装卸等技术作业在时间上的合理安排,并与铁路干线列车运行图及企业的产品生产流程紧密联系起来。作业计划图的形式与内容随企业性质及货物装卸作业特点的不同而不同。图6-14为车船直取统一技术作业过程示例。

正确编制统一技术作业过程在理论上应遵守下列条件:

(1) 供直达列车装车用车列或车组的平均到达间隔时间 $I_{到}^{直}$,应等于在仓库内集结该车列或车组装车所需货物数量的时间 $T_{集}^{货}$,即

$$I_{到}^{直} = T_{集}^{货} \tag{6-39}$$

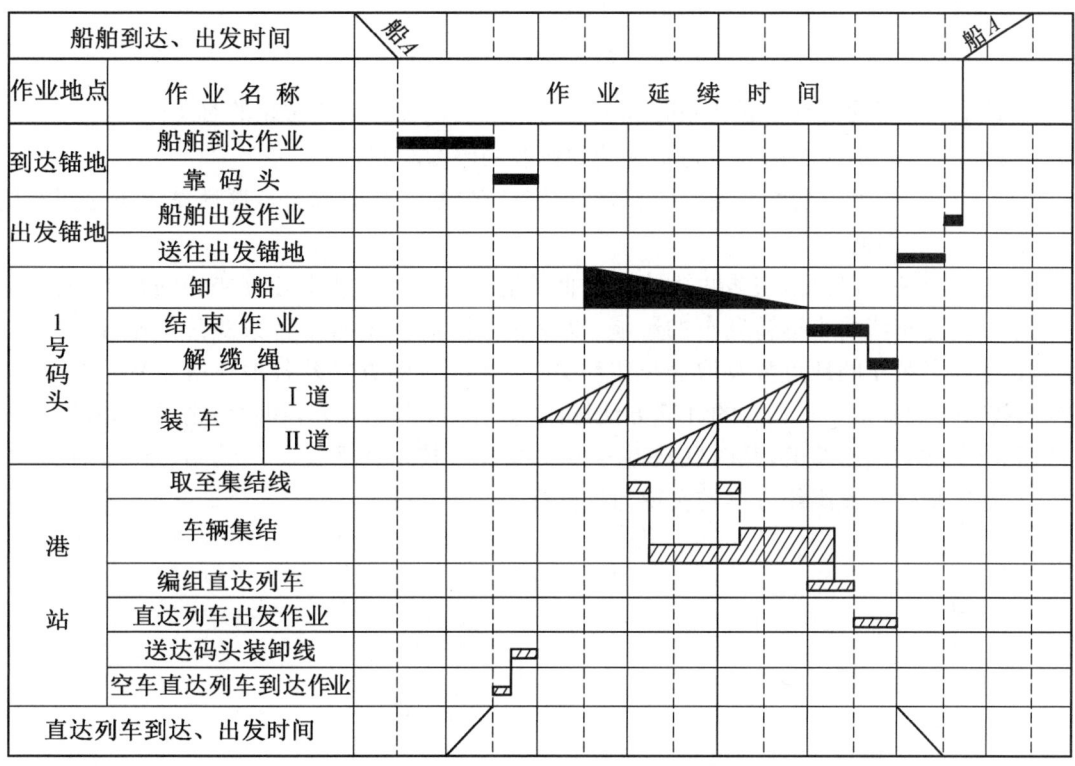

图 6-14 车船直取统一技术作业过程示例

若车列或车组的容量为 $Q_{净}^{直}$，平均每小时送到仓库的产品数量为 $P_{产}$，则应有

$$I_{到}^{直} = T_{集}^{货} = \frac{Q_{净}^{直}}{P_{产}} \tag{6-40}$$

如果不遵守这一条件，或是车已到、货未齐，将产生大量的车辆非生产停留时间；或是仓已满、车未到，则将影响企业的正常生产秩序。这就要求，一方面要采取适当扩大仓储设备容量的方法来适应生产和运输的波动；另一方面，也要大力组织均衡运输以减少日常波动。

（2）产品不间断地送到装车地点时，若直达列车或车组的装车延续时间为 $T_{装}^{直}$，则它应不大于其所需产品数量的集结时间 $T_{集}^{货}$，即

$$T_{装}^{直} \leqslant T_{集}^{货} \tag{6-41}$$

若不满足这一条件，说明装卸设备的能力与企业的生产能力已不相适应，企业每天生产出来的产品不能全部运出，等到所有仓储设备堆满了积压的产品时，企业的正常生产秩序最终将被破坏。

（3）直达车列或车组在联轨站到达和出发之间的间隔时间 $I_{到发}$，应不小于该车列或车组在联轨站和专用线上所进行的作业时间之总和 $T_{作业}$，即

$$\left.\begin{array}{l} I_{到发} \geqslant T_{作业} \\ T_{作业} = t_{入前} + t_{作业}^{货} + t_{出后} \end{array}\right\} \quad (6\text{-}42)$$

式中　$t_{入前}$——车辆自到达联轨站时起至送入交接线或装卸地点时止的时间；

　　　$t_{作业}^{货}$——车辆在专用线进行货物装卸作业的停留时间；

　　　$t_{出后}$——车辆自货物作业完了（送到规定交接地点）之时起至从联轨站出发之时止的时间。

以上三个条件仅仅是铁路联轨站与企业专用线在车辆作业上相互协调的基本条件，诸如输送非直达车流的小运转列车的影响，以及在不同的调车机车台数及其作业分工方式、参加直达列车装车的地点数及取送车组织方法、空车送到方式及各地点所装货物的品类、数量、装车时间标准下，$T_{作业}$ 的计算方法等问题尚未考虑。此外，在很多情况下，直达列车是由几个车站共同组织的，此时联轨站与专用线统一技术作业过程的编制，还应以保证整个装车地区最佳车流组织方案的实现为总目标。

第七章

车站作业计划、调度指挥及统计分析

第一节 车站作业计划

一、车站作业计划的意义及内容

为了使车站各车间、各工种协调且有节奏地进行日常运输生产，充分发挥技术设备的效能，在作业量较大的车站需要制订车站作业计划，并通过调度机构组织指挥车站的日常生产活动。

车站作业计划包括班计划、阶段计划和调车作业计划。班计划是车站最基本的计划，它体现了路局调度所对车站规定的任务和要求，由站长或主管运输的(副)站长按照路局调度所的要求编制。阶段计划是一个班各阶段工作的具体安排，是完成班计划的保证，由车站调度员根据该阶段工作开始前的具体情况编制。调车作业计划是车列解体、编组和车辆取送作业的具体行动计划，由调车区长编制。车站作业计划内容见表7-1。

表7-1 车站作业计划内容

计划种类	编制人员	含义	作用	主要依据
班计划	(副)站长	全站接发解编任务	最基本、全面性	路局调度所要求
阶段计划	车站调度员	各阶段具体安排	完成班计划的保证	阶段前具体情况
调车作业计划	调车区长	解编、取送计划	具体行动计划	阶段计划

二、班计划

1. 班计划内容

车站班计划一般包括以下内容(表7-2)：

(1) 列车到达计划。各方向到达列车的车次、到达时刻和编组内容。

(2) 列车出发计划。各方向出发列车的车次、出发时刻、编组内容和车流来源等。

(3) 装车、卸车和排空计划。本班应完成的装车数、卸车数、按方向和分车种的排空车数，以及取送调车的轮廓安排等。

(4) 班工作指标。中转车平均停留时间(简称"中时")、一次货物作业平均停留时间(简称"停时")和货物列车出发正点率等。

(5) 重点任务和上级指示。

表 7-2　O 站计划表

年　月　日　18:00—6:00
　　　　　　6:00—18:00

到达列车			出发列车				项目	中转车			作业车		
车次	时刻	编组内容	时刻	车次	编组内容	车流来源	时间	到达	出发	结存	到达	出发	结存
										273			60
10005	18:25	B/8 D/2 b/4 O−b/7 E/7 F/8 O/4	18:35	10002	A/40	站存 /40	18:00—19:00 6:00—7:00	74	76	271	5	4	61
10007	20:16	B/13 D/11 E/5 F/5 f/2 O/2	21:00	10004	A/40	站存 /30 23008/10	19:00—20:00 7:00—8:00	38	40	269			61
31003	21:48	B/6 D/7 O−b/2 F/15 f/3 O−f/2 O/2	22:30	31002	a/40	站存 /25 23008/8 作业车 /2 21008/5	20:00—21:00 8:00—9:00	68	79	258	2	1	62
41051	23:04	B/9 D/11 b/4 O−b/5 f/3 N/2	0:20	40002	a/15 O−a/20	站存 4 21008/17 41062/7 22006/1 作业车 /6	21:00—22:00 9:00—10:00	75	37	296	2	3	61
10001	0:07	B/6 D/7b/T O−b/2 E/9 F/4 O−f/3	1:15	10006	A/30 P/4 G/6	41062/12 22006/8 23010/14 作业车 /6	22:00—23:00 10:00—11:00	35	75	256	4	5	60
10003	1:55	B/6 D/10 E/2 F/12 C/5 O/4	3:32	41052	a/26 O−a/11 P/3	41062/3 22006/10 23010/11 21002/8 40016/8	23:00—0:00 11:00—12:00	74	40	290			60
40001	3:04	D/9 b/5 E/5 f/2 O−f/8 O/6	5:31	10008	A/40	23010/1 21002/11 23012/14 40016/8 22002/6	0:00—1:00 12:00—13:00	38	66	262	11	9	51
30005	5:16	D/9 b/7 E/7 F/4 f/5 O−f/6	18:16	21001	D/40	站存 /40	1:00—2:00 13:00—14:00	99	74	287	14	6	56
21008	19:32	a/15 O−a/7 E/8 F/4 f/4	20:08	22001	B/40	站存 /40	2:00—3:00 14:00—15:00		65	222			42
22006	21:18	A/8 a/10 O−a/1 E/2 F/14 O−f/5	22:05	21003	D/36 N/4	站存 16 10005/2 23008/8 作业车 /3 10007/11	3:00—4:00 15:00—16:00	65	40	247	8		50
21002	23:42	A/11 a/8 O−a/3 E/8 F/6 O−f/4	23:56	41081	b/17 O−b/19 C/4	站存 /19 10005/11 23008/7 41062/1 31003/2	4:00—5:00 16:00—17:00	73	40	280	6		56

(续表)

到达列车			出发列车			项目		中转车			作业车		
车次	时刻	编组内容	车次	时刻	编组内容	车流来源	时间	到达	出发	结存	到达	出发	结存
										273			60
40016	1:28	A/8 O—a/5 F/10 P/3 O/5	22003	1:44	B/40	10005/8 23008/5 10007/13 41062/5 31003/6 23010/3	5:00—6:00	75	69	286	4	6	54
22002	3:40	A/16 a/7 O—a/2 F/10 O—f/1 O/2	21005	2:58	D/37 N/3	31003/7 作业车/8 23010/5 41051/13 10001/7	17:00—18:00	714	701	3 224	42	48	674
21004	4:56	A/7 a/7 O—a/7 F/12 f/2 O/5	40015	5:09	b/13 O—b/17 C/5	41062/4 41051/9 10001/7 23012/4 作业车/6 10003/5	指标		记事				
23008	18:40	A/10 a/8 B/5 D/4 b/7 N/4 O/1	23001	19:20	F/40	站存/40	项目 计划 实际	1. 22002次接续。10008次和10007次接续 21003次时间不足，加强组织工作。2. 23005次车流不足，用车站货物作业车补轴，及时取车					
41062	20:50	A/8 a/8 O—a/2 B/5 a/5 P/4	23003	21:45	E/31 F/9	站存/18 10005/15 作业车/2 21008/5	装车 28						
23010	22:39	A/15 a/8 O—a/3 B/4 D/5 O/4	23005	0:26	F/40	21008/3 10007/5 22006/14 31003/15 作业车/3	卸车 40						
23012	1:02	A/14 a/8 B/5 D/4 b/3 O—b/6 O/2	41061	2:25	f/17 O—f/22	站存/7 21008/4 10007/2 22006/5 31003/5 41051/3 21002/4 10001/3 作业车/6	停时 9.9						
23002	4:08	A/10 a/9 B/9 D/2 b/2 O—b/6 O/1	23007	4:32	E/30 F/10	21008/4 10007/5 22006/2 21002/14 10001/9 40016/4 10003/2	中时 4.6						
40052	5:50	A/3 a/9 O—a/4 D/12 b/2 O—b/7 O/4					正点 100%						

2. 班计划编制的准备阶段

班计划的编制分"收集资料、了解情况"和"计划编制"两个阶段进行，在编制班计划前，需收集如下资料：

(1) 预计 18:00(或 6:00)现在车。车站调度员在 15:00(或 3:00)时，根据当时车站的现在车数，并考虑 15:00—18:00(或 3:00—6:00)列车到发和解编、车辆装卸和取送等情况，推算出车站 18:00(或 6:00)的现在车数，并按重车去向、空车车种和停留地点分别统计。预计 18:00(或 6:00)结存中转车总数和本站货物作业车总数。

(2) 货运要车计划。货运调度员收集各发货单位次日请求装车计划和其中由路局批准的承认装车计划等资料。

(3) 机车供应情况。车站值班员收集各次出发列车的机车来源资料。

(4) 到达列车确报。由车号员了解到达列车编组顺序表确报。

(5) 其他资料。计划编制人员还应掌握有关本班的实际作业情况，例如车站现在车数量、车流特点、调机运用、列车编解作业进度、货物作业车装卸、货源与货场货位情况等，以期编制出既具有指导意义又切合实际的计划。

3. 班计划的编制阶段

在班计划编制阶段，首先上级调度机构应在 17:00 或(5:00)前后向车站下达列车到发、装车数、卸车数及各方向排空(车种车数)等任务，作为车站编制班计划的依据。具体编制方法如下。

1) 列车到达计划

列车到达计划由调度所作为任务下达，车站无须另外编制。将到达本站的列车车次、时刻、编组内容(去向别重车数、车种别空车数、到达本站重车数)，直接填记在班计划表有关栏内。

2) 列车出发计划

出发计划中出发列车的车次和时刻由调度所作为任务下达，车站主要确定每一出发列车的具体编组内容和车流来源。编制列车出发计划的过程，在很大程度上就是推算车流的过程。

出发列车编组内容按列车编组计划确定，当列车可编入多于一个到站(去向)的车流时，应根据具体的车流条件选定，优先编挂机会较少去向的车流，综合考虑前后出发列车编挂的车流内容。出发列车的车流来源有：已在调车场集结的车辆，在货场、专用线和站修线待取的车辆，在到达场待解的车辆，在计划期间内陆续到达的车辆和陆续装卸完毕的车辆。

各种车辆都要经过一定的技术作业才能编成列车由车站出发。因此，各种车辆从其参加集结(按车流集结)时起，至由车站发出时止，需要一个间隔时间，这一间隔时间称为车辆接续时间。在编制列车出发计划时，一般应按车辆接续时间选择出发列车的车流来源，使出发列车车流来源满足车辆接续时间的要求。在具备组织快速作业的条件下，也可将接续时间不足的车辆作为出发列车的车流来源，但必须有相应的措施加以保障。

3) 卸车、装车和排空车计划

车站在编制班计划时，必须确保完成路局调度所下达的卸车、装车和排空车任务。

(1) 卸车计划：根据待卸车和本班内到达作业车的车数及时间资料，并考虑调车机车取送能力、卸车机具和劳力，以及卸车场地等情况确定，对到达的大宗货物车辆应做重点安排。

(2) 排空车计划：一般按照调度所下达的命令确定，并按指定排空车次、车种、车数进行安排。

(3) 装车计划：根据完成排空车计划后所余空车情况，按照"保证重点、照顾一般"的原则，并结合车辆集结过程的需要，确定各装车地点的装车货物品类、到站、车种、车数、配空来源、装完时间和挂运车次。

在制订卸车计划和装车计划的同时，对货物作业车和检修车的取送调车计划应作出轮廓安排。

4) 货车停留时间指标计划

货车停留时间指标包含中转车平均停留时间和货物作业车一次货物作业平均停留时间。其中，中转车平均停留时间又可分为无调中转车停留时间（简称"无调中时"）和有调中转车停留时间（简称"有调中时"）。

在制定《站细》时，无调中时标准应根据运行图确定，有调中时标准应分别按到、解、集、编、发各项作业过程的查定标准以及各种等待时间的计算或查定标准确定，并按式（7-1）确定中时 $t_{中}$

$$t_{中} = \frac{N_{无} t_{无} + N_{有} t_{有}}{N_{无} + N_{有}} \tag{7-1}$$

式中 $t_{无}$、$t_{有}$——无调中转车和有调中转车的停留时间标准，即无调中时和有调中时；

$N_{无}$、$N_{有}$——无调中转车数和有调中转车数。

停时标准系根据一次货物作业车停留时间（除了包括有调中时外，还包括取送车时间，装车或卸车时间，以及待取、待送时间）和双重货物作业车停留时间（除了包括一次货物作业车停留时间外，还包括货车调移时间和装车作业时间等），按式（7-2）计算停时 $t_{货}$

$$t_{货} = \frac{N_{一次} t_{一次} + N_{双} t_{双}}{N_{一次} + 2N_{双}} \tag{7-2}$$

式中 $t_{一次}$、$t_{双}$——一次和双重货物作业车的停留时间；

$N_{一次}$、$N_{双}$——一次和双重货物作业车数。

在编制班计划时，通常根据列车到发计划及装卸车计划确定该班应完成的中时指标和停时指标，计算公式为

$$t_{中} = \frac{2 \times \sum Nt_{中}}{N_{到}^{中} + N_{发}^{中}} \tag{7-3}$$

$$t_{货} = \frac{\sum Nt_{货}}{U_{装} + U_{卸}} \tag{7-4}$$

式中 $\sum Nt_{中}$——本班中转车总停留车小时,近似取各小时结存车之和;

$N^{中}_{到}$、$N^{中}_{发}$——本班到达和出发的中转车总数;

$\sum Nt_{货}$——本班货物作业车总停留车小时,近似取各小时结存车之和;

$U_{装}$、$U_{卸}$——本班计划装车数和卸车数。

5) 重点任务和上级指示

编制班计划时,应将上级有关命令、指示和必须完成的重点事项,完成班计划的关键问题和重点要求,安全生产和作业组织上应注意的事项(如施工封锁、气候变化、设备维修、挂运阔大货物、更换调车机车等)填记于记事栏,以引起当班职工的重视。

【例 7-1】

1. 计划编制资料

(1) 衔接方向。O 站衔接方向及相邻技术站见表 7-3,O 站衔接方向示意如图 7-1 所示。

表 7-3 O 站衔接方向及相邻技术站

方向	相邻区段站	编组站	备注
a	a	A'、A	$a-A$ 间还有编组站
b	b	B、D	在 b 站分岔
f	f、F	E	顺序 $f-F-E$

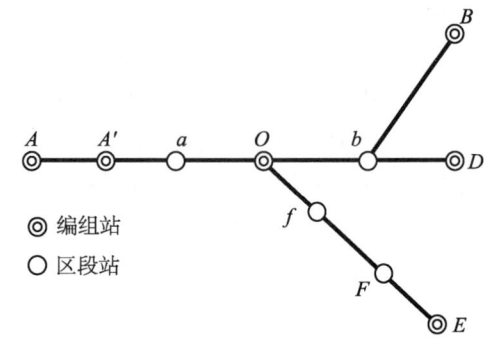

图 7-1 O 站衔接方向示意

(2) 编组计划。O 站部分出发列车的编组计划如表 7-4 所列。

表 7-4 O 站部分出发列车的编组计划

终到站	列车种类	车次	编组内容
A	技术直达列车	10002~10018	①A 及其以远;②空车
a	区段列车	31002~31006	a 及其以远
B	直通列车	12001~12007	B 及其以远
D	直通列车	21001~21007	①D 及其以远;②空车
E	直通列车	23001~23013	①E 及其以远(基本组≥30 辆);②F 及其以远
F	直通列车	23001~23019	F 及其以远
a	摘挂列车	40002、41052	①$O-a$ 间站顺;②a 及其以远
b	摘挂列车	40015、41081	①$O-b$ 间站顺;②b 及其以远
f	摘挂列车	41061	①$O-f$ 间站顺;②f 及其以远

注:列车编组辆数均为 40 辆。

(3) 现车。预计 18:00 站内现车分布及取送车计划如表 7-5 所列。

表 7-5　预计 18:00 站内现车分布及取送车计划

地点		A	a	$O-a$	B	D	b	$O-b$	E	F	f	$O-f$	O	C	N	G
到发	10002	38/2												空车		
	21001					38/2										
调车场存		30	25	4	39/1	16	5	10	17/1	40	5	2	0/12	4		
货场取车	19:00		2			3			2							
	22:00			6						3					1	6
	0:30					7					6					
	3:00					6										

注：1. 分子——中转车，分母——本站作业车。
　　2. 货场、专用线：待卸车 16 辆，其中车种为 $N/1,G/6,P/9$，待取车 $a/2,D/3,E/2,P/19$。计 42 辆。
　　3. 预计 18:00 存车中，中转车有 273 辆，本站作业车有 60 辆。

(4) 日装车计划。由路局调度所确定。设 O 站日装车计划为 $O-a/6, O-f/6, O-b/6$，$F/10, D/17, E/5$，计 50 辆，全部需要棚车装载，本班可根据空车情况确定其装车数。

(5) 排空任务。设棚车、罐车向 A 排空，平车向 D 排空，$O-a$ 区段需要空棚车 3 辆，由 41052 次列车挂走，$O-b$ 区段需要空敞车 9 辆，由 41081 次和 40015 次列车挂走。

(6) 取送时间：本班计划 4 次货场取车，分别为 19:00, 22:00, 0:30 和 3:00，参见表 7-5。

2. 编制列车出发计划

10002 次、21001 次上班已编好；22001 次和 23001 次均可利用上班结存现车作为车流来源。

10004 次编组 A 去向车流，18:00 时存车为 70 辆，编组 10002 次后还余 30 辆；23008 次到达 A 去向 10 辆，但其到点（到达时刻）距 10004 次发点（出发时刻）超过 2 h（O 站接续时间标准）。因此，10004 次的车流来源为站存 30 辆、23008 次到达 10 辆。

21003 次编组 D 去向车流，18:00 时存车 56 辆，编组 21001 次后还余 16 辆。按 21003 次出发时刻，10005 次和 23008 次满足接续时间要求，共有到达 D 去向 6 辆、空平车 4 辆。此外，站内有作业车 3 辆，但仍不足，这时必须利用 10007 次到达 D 去向的 11 辆才能保证 21003 次满轴，但接续时间差 11 min。这一情况可将 10007 次到达的车流作为 21003 次的车流来源，列为重点注意事项。

f 方向 23003 次编组后还余 F 去向车流 8 辆，加上 22006 次和 31003 次到达 29 辆，编组 23005 次仍缺 3 辆。查明本班装车计划中有 F 去向车流，因此，23005 次应加 3 辆作业车。

编组计划规定 O 站编组到达 E 站的直通列车至少编挂 E 去向车流 30 辆。因此，在编制到达 E 站直通列车出发计划时，必须兼顾前后出发列车的车流需要。例如，为了保证 23007 次有 E 去向车流 30 辆，23003 次只能编组 E 去向车流 31 辆。

3. 指标推算

(1) 填写结存车。将上班结存的中转车 273 辆、作业车 60 辆填入结存栏。

(2) 填写各小时栏内到发车数，并推算结存车数。以 18:00—19:00 为例，其间到达 10005 次和 23008 次 2 列，共到达中转车 74 辆、作业车 5 辆；出发 10002 次和 21001 次 2 列，共发出中转车 76 辆、作业车 4 辆;则 19:00 结存中转车 271 辆、作业车 61 辆,填入 18:00—19:00 时段栏内。依次类推,填写各小时栏内到发车数,并推算结存车数。

(3) 到发车数及停留车小时分类加总。计算出本班中转车共到达 714 辆,共发出 701 辆,总停留 3224 车·h;本班作业车共到达 42 辆,共发出 48 辆,总停留 674 车·h;本班计划装车 28 车,卸车 40 车。

(4) 中时指标和停时指标计算。由式(7-3)、式(7-4)求得本班计划中时为 4.6 h,计划停时为 9.9 h。

三、阶段计划

阶段计划是班计划分阶段的具体安排,由车站调度员编制,一般情况下,每班编制 3~4 个阶段计划,亦即每个阶段计划为 3~4 h 的工作安排。

(一) 阶段计划的内容和编制依据

1. 阶段计划的内容

(1) 到达列车的车次、到达时刻、占用股道、编组内容和解体起讫时间。

(2) 出发列车的车次、出发时刻、占用股道、编组内容及车流来源、编组起讫时间。

(3) 各货物作业地点装卸车的取送时间、取送辆数及挂运车次。

(4) 检修车、加冰车等的取送时间和车数。

(5) 其他有关事项。

由此可见,阶段计划是班计划的进一步具体化。编制阶段计划时,应根据本站作业的特点,结合本阶段的工作重点进行全面细致的安排。按照列车编组计划的要求,把车流及时编成各种列车。按列车运行图发车是编组站工作的中心,编制阶段计划时应围绕这一中心安排调车机车和到发线的运用。

2. 编制阶段计划所依据的资料

(1) 本阶段到达列车车次、时分及编组内容(确报)。

(2) 本阶段应编组出发列车车次、时分及机车来源。

(3) 本阶段内货场和专用线能装卸完毕车辆(重车分去向、空车分车种)情况。

(4) 调车场内现车情况,待解车列的现车情况。

(5) 调车机车在本阶段内是否需进行整备作业以及上一阶段作业结束时的情况。

(6) 本阶段开始时到发线占用情况。

(7) 上级布置的重点事项。

在上述资料中,列车到发车次及时分可能因路局调度所的列车运行调整等因素,而与班计划中的安排不完全相同。

(二) 车站技术作业图表

车站技术作业图表是车站调度员用以编制阶段计划和进行调度指挥的工具。由于它还能将一个班的车站实际作业情况记录下来,因而它又是进行车站工作分析的原始资料。鉴于此,车站调度员应正确及时地填记车站技术作业图表。

车站技术作业图表(图 7-2)应能反映车站运用主要设备和作业的情况。由于各个车站设备条件不同,因此技术作业图表的形式也有所区别,但其组成部分不外乎如下几项:

(1) 列车到发栏，填画到达和出发列车的车次及到发时刻。

(2) 编组内容栏，填记到达列车的编组内容。

(3) 到发场栏，填画列车占用到发线的顺序和起止时间。

(4) 驼峰、牵出线栏，填画列车解体和列车编组的起止时间或其他调车作业占用驼峰和牵出线的时间。

(5) 调车场栏，填画各个编组去向重车和各车种空车集结车数，以及到达本站货物作业车的待送车数。

(6) 货场、专用线栏，填画待装待卸及装卸后待取车数。

(7) 调车机车栏，填画各台调车机车在一班中各项生产和非生产停留时间。

（三）阶段计划的编制

阶段计划的编制内容虽然有很多项，但主要是确定以下三个互相联系的问题，即出发列车的车流来源、调车机车运用以及到发线运用。

1. 确定出发列车的车流来源

出发列车的车流来源必须按照调车场车流集结过程，而不能按车流集结过程确定。不能简单地按车辆接续时间来选择出发列车所需的车流，而是只能把列车开始编组以前已解入调车场的车辆，作为出发列车的车流来源。其出发列车的车流来源，只能从在其开始编组前能解体的待解车列和能取回的待取车辆中选择。

编组站衔接的方向多、出发列车的数量大，在选择每一列出发列车的车流来源的同时，应兼顾其他出发列车的集结过程，以确保本阶段和本班所有出发列车都有车流来源保证。

对于有条件组织坐编作业的车站，当到达列车中有适宜组织坐编的车流时，应当先将其选为出发列车的车流来源，不足部分用调车场集结的车流作为补充，以减少调动的车辆数。

2. 调车机车运用计划

调车机车运用计划用于合理安排每台调车机车在本阶段必须完成的调车工作以及这些调车工作的时间，它是车站阶段计划中的关键内容。只有合理运用调车机车，正确组织编解取送，才能加速调车场的车辆集结过程，实现列车出发计划，并为完成装卸车任务和缩短货车停留时间创造条件。

调车机车运用计划就每台调车机车分别编制，但应尽可能地使各台调车机车的作业在内容和时间方面相互配合。

(1) 驼峰机车。驼峰机车的主要任务是解体车列，但在空闲时，也可安排其他作业，特别是协助牵出线进行车列编组。安排驼峰机车解体车列时，特别要注意与车列编组相配合，按照编组车列所需要的车流顺序解体车列。换言之，驼峰机车解体车列的顺序要适应牵出线机车编组车列的需要。

(2) 牵出线机车。牵出线机车的主要任务是及时完成列车编组工作，以确保按照列车运行图规定的时刻发出列车。当某个到达站的车列已完成集结过程，且出发场又有空闲线路时，应及时安排机车进行编组作业，以便及时腾空调车线，保证驼峰不间断工作。摘挂列车编组所需时间较长，为了避免影响其他列车的编组，可以在调车机车空闲时安排预编摘挂列车。

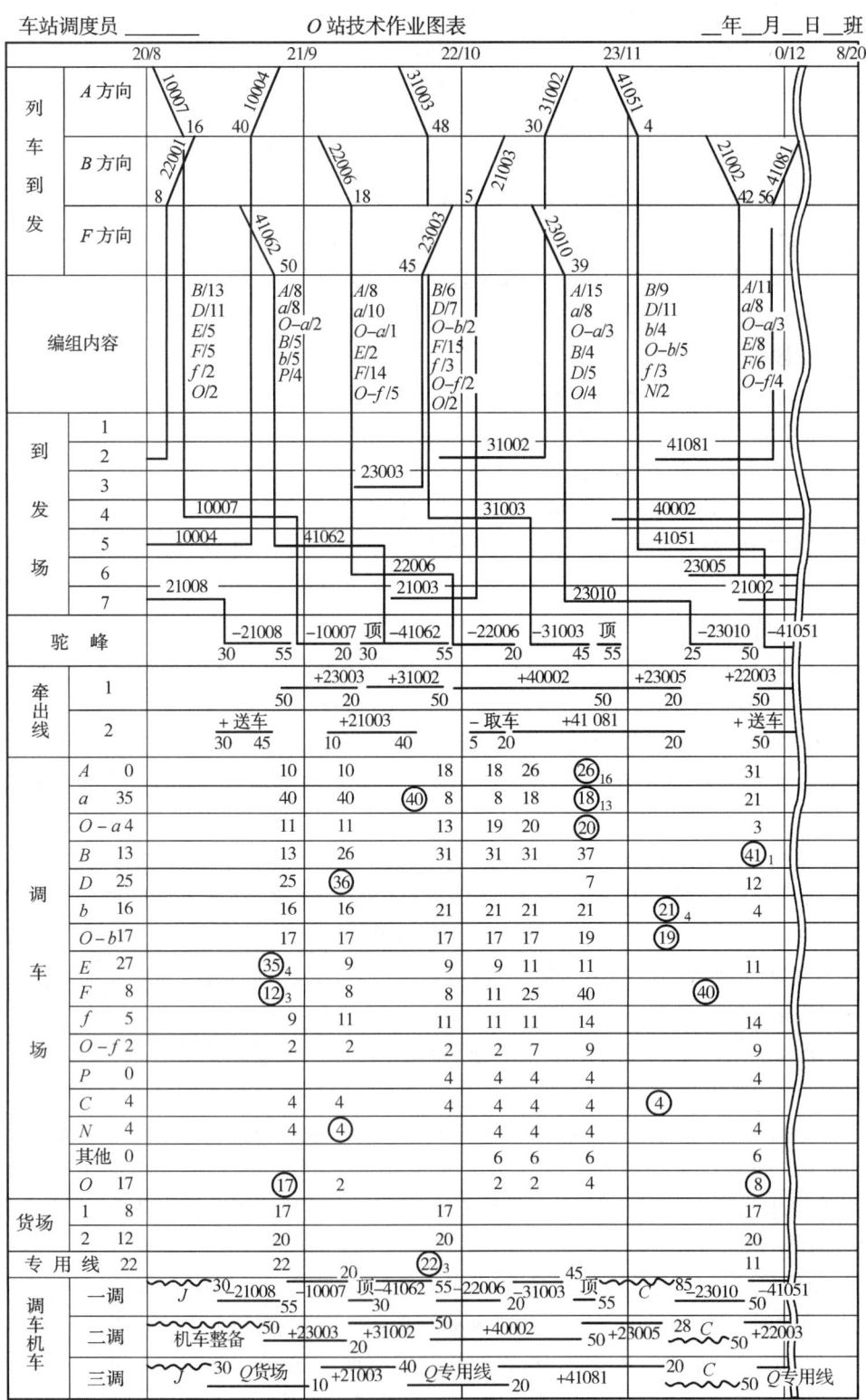

图 7-2 O 站技术作业图表(局部)

（3）取送调车机车。取送调车机车运用计划主要是安排本阶段内取送车辆的地点和起讫时间。首先,应根据机车能力(可能的取送时间)、待送和待取车流及其用途,确定本阶段内取送的地点及次数。如果取送时间有限,而需取送的地点和车辆又较多时,应选择急需取回集结的车辆,以及送入大组车辆和卸后等用的车辆,并据此确定取车和送车的顺序及地点。一般情况下,取车时间应当在允许的时间范围内选择稍后一点的时间,以便取回更多的车辆;送车时间应选在使车辆待送时间少的时间,并保证不超过装卸后编入列车所容许的时间。

3. 到发线运用计划

到发线运用计划是规定本阶段内所有到发列车占用到发场线路的计划。编制到发线运用计划时,主要考虑下列因素:

（1）紧凑使用到发线。安排到发列车占用到发线时,应充分利用每一条线路的能力,尽量减少空费时间,但是也应适当留有余地。为了充分挖掘到发线的潜力,增加到发线的通过能力和调整使用的机动性,必要时可以安排长度较短且出发时刻相近的两列列车合用一条出发线,以及利用客车到发线或正线接发货物列车,但应以不影响客车到发和列车通过为原则。

（2）减少交叉干扰。编制到发线运用计划时,应当根据到发场咽喉布置情况,分析列车到发时间以及有关的编组或解体作业时间,合理制订各次列车占用到发线计划,以减少列车到发与调车作业进路的交叉干扰。作业交叉干扰的发生需同时具备两个条件:占用进路在空间上同时发生、进路交叉的占用时间相同。

第二节　车站作业调度指挥

车站调度人员主要通过编制阶段计划进行调度指挥。但是,由于客观情况的变化,例如车流到站及数量、列车到达时刻、机车供应情况都有可能发生变化,而不能按照原来拟订的计划实现时,车站调度人员应及时采取必要的调度调整措施。

一、需要调整的常见情形

1. 某出发列车运休时

由于机车或车流原因(如不能满轴),某出发列车运行线临时运休,造成车流积压时,可以采取如下措施:

（1）组织列车超轴。这是加速车流排出最经济有效的方法,但要充分考虑机车牵引力、列车运行和交会方式、解体站设备和作业条件等因素。

（2）组织单机挂车。这时应注意所挂车流是否符合编组计划的有关规定。

（3）利用直通或区段列车附挂到中间站的车流。这是利用机车潜力和列车交会停站时间加速车流输送的一项经济有效的方法,但必须按调度所的要求加挂和编组车辆。

2. 列车可能晚点发出时

由于种种原因,某些出发列车的车流不足,影响到列车正点满轴发出时,可采取如下措施:

(1) 组织本站装卸或检修完毕的车辆补轴,以完成车列集结过程。编组由空车组成的列车,这一方法特别有效。

(2) 组织附近车站的车流补轴。如果枢纽内其他车站有出发列车编组需要的车流,可利用小运转列车取来补轴。如果出发列车运行前方附近站有可供补轴的车流,则可组织列车早开,在该站加挂,保证正点满轴运行。

(3) 组织快速作业。如果出发列车车源不足的原因是其所需车流的接续时间不足,则在一定条件下,可组织快速作业,以保证列车正点满轴。例如,对已完成集结的车辆实行预编和预检,对后到车辆实行突击编组和检查等。在具备条件时,还可采用两端调车机车作业,或在到发线上直接转线编组列车等方法。如编组小运转列车,可以组织"提钩走"的方法,亦即到达列车中一部分车辆,提钩开小运转列车,使接续时间减少到最低程度。

3. 空车来源不足时

空车来源不足将影响本班排空任务和装车计划的完成。这时应组织本站作业车及时送车和及时卸车,并在可能的条件下,扩大双重作业车的比重,减少车辆调动次数和走行距离,以保证排车计划和装车计划同时实现。

二、其他调度工作

为了提高调度指挥水平和编制作业计划的质量,车站还应做好如下几方面工作:

(1) 正确掌握现在车。现在车资料是编制作业计划的一项重要资料。车站调度员应随时掌握车站的现在车数及其停留地点,其中重车应分去向,空车应分车种。调车区长应掌握本调车区范围内各股道的现在车资料。

(2) 加强预确报工作。及时收集到达列车预确报,可使车站调度人员及早掌握车流到达情况,以便更好地进行车站作业的计划和指挥。为此,直通列车和区段列车的确报应及时送达车站调度人员。摘挂列车由于在区段内甩挂车辆,编组内容发生变化。列车到达站的车号员应使用电话向后方区段内指定的列车确报站了解摘挂列车由该站发出时的编组内容,向调度所了解以后的车辆甩挂情况,并将收集到的确报资料及时送交车站调度人员。枢纽内各站也应按时交换资料。列车到达车站后,经过核对如发现列车确报与现车不符,车号员应及时通知车站调度员进行更正。

(3) 加强联系报告制度。调车区长应将其掌管的调车机车作业进度及时向车站调度员汇报。货运员应将所负责区域车辆装卸作业进度及有关事项及时向货运调度员汇报,由货运调度员转告车站调度员。车站值班员应随时了解列车预计到达时刻及机车交路的变化情况等,并通知车站调度员。

(4) 加强班与班之间的工作衔接。前一班车站调度员应为后一班的工作打下良好基础,创造有利条件。例如,应按计划完成规定的解体、编组、取送、装卸等作业,按照规定进行调车机车的整备作业等。

第三节　车站工作统计与分析

为了及时准确地反映车站工作的完成情况，提供确定任务、编制计划和改进工作的依据，对车站各项数量指标和质量指标的完成实绩应进行系统的统计和分析。没有准确的统计资料，就不能正确地了解工作计划的完成情况和执行中存在的问题。因而，也就无法提出解决问题的正确方法。

车站对工作计划的完成情况进行系统的总结和分析，其目的就是肯定车站各方面工作的成绩，同时也找出车站工作中的薄弱环节，总结在执行日班计划、技术作业过程、列车运行图和列车编组计划中的经验及问题，检查行车安全情况，据以制订改进车站工作的有效措施。根据分析，还可以确定各工种和人员的工作质量，表扬先进，推广先进经验，以便进一步挖掘潜力，提高车站工作水平。

车站工作统计主要有四项：装卸车统计、现在车统计、货车停留时间统计和货物列车出发正点率统计。其中，装卸车统计和现在车统计为数量指标，货车停留时间统计和货物列车出发正点率统计为质量指标。

一、装卸车统计

装卸车统计反映的是铁路运输实际完成货运量、货车运用及货物装卸作业的情况，是考核货物运输计划完成情况和改进货物运输工作的依据，同时装卸车数也是确定车站货运机构设置和货运设备配置的主要依据。装卸车统计包括装车统计和卸车统计两方面，又各分为整车货物和零担货物两类分别统计。

1. 装车统计

凡由铁路车站承运并填制货票以运用车运送货物的装车，均按装车数统计。统计装车数应以实际装车作业或货车交接完了并填妥货票时的数目为准。

2. 卸车统计

凡填制货票以运用车运送到达铁路车站的卸车，均按卸车数统计。统计卸车数应以实际卸车作业或货车交接完了时的数目为准。

车站每天将装卸车完成情况上报路局，路局汇总后再报国铁集团，国铁集团根据各铁路局间相互交换的到达局的装车统计，可推算出未来车流的变化情况，并在必要时采取运输调整措施。

二、现在车统计

现在车统计主要反映车站每日18:00时货车的现有车数，以及货车的运用和分布情况。现在车按运用上的区别，分为运用车及非运用车两大类。

运用车是指参加铁路营业运输的铁路货车、外国货车和企业自备及企业租用车的重车（按轴公里计费的重车除外），分为重车和空车两类。

1. 重车

(1) 实际装有货物并具有货票的货车(包括已计算装车的游车及空沿途零担车)。

(2) 卸车作业未完的货车。

(3) 倒装作业未卸完的货车。

(4) 利用"特殊货车及运送用具回送清单"手续装载整车回送铁路货车用具(篷布、集装箱及军用备品等)的货车。

2. 空车

(1) 实际空闲的货车。

(2) 装车作业未完的货车。

(3) 倒装作业未装完的货车。

非运用车是指不参加营业运输的铁路货车和企业自备及企业租用车的空车(包括按轴公里计费的重车)。非运用车应按备用车、检修车、代客货车、路用车、洗罐车、改装及试验车、企业自备及企业租用的空车和淘汰车等分别统计。

车站每日应按统一规定时间(18:00),根据现在车的实际状况,分别填写现在车报表和18:00现在重车去向报表,并上报路局调度所。

现在车统计不仅可以考核车站运用车保有量是否超过规定标准,而且可供路局推算货车保有量和去向别的移交重车数、编制和检查运输工作日常计划、组织卸车和调整车流之用。

三、货车停留时间统计

货车停留时间统计用以反映运用车在车站进行货物作业和中转作业停留时间完成的情况,提供检查、分析、改善车站技术作业组织的依据,以加速货车周转。

货车停留时间是指货车由到达车站或加入运用时起,至由车站发出或从运用车转入非运用车时止在车站的全部停留时间。货车停留时间按作业性质分为货物作业停留时间和中转停留时间。

货物作业停留时间为在站线、区间、岔线、专用线内进行装卸或倒装的货车从到达车站时起至由车站发出时止的全部在站停留时间。货物作业停留时间按如下作业过程时间统计。

(1) 入线前停留时间:是从货车到达车站时起,至送到装卸地点时止的停留时间。

(2) 站线(包括段管线及区间)作业停留时间:是从货车送到装卸地点时起,至装卸作业完了时止的停留时间。

(3) 专用线作业停留时间:是从货车送到专用线装卸地点时起,至装卸作业完了时止的停留时间。规定以企业自备机车取送车辆时,为铁路将货车送到交接地点时起,至企业将货车送到交接地点时止的时间。

(4) 出线后停留时间:是从装卸作业完了时起,至由车站发出时止的停留时间。

中转停留时间是指货车在车站进行改编及其他中转作业所停留的时间。中转停留时间按中转作业性质分为两种:无调中转车停留时间和有调中转车停留时间。

车站统计一次货物作业平均停留时间和中转车平均停留时间。中转车平均停留时间为无调中转车平均停留时间和有调中转车平均停留时间的加权平均值。各项平均停留时间的计算公式如下。

（1）一次货物作业平均停留时间 $t_{货}$。

$$t_{货}=\frac{\sum Nt_{货}}{U_{装}+U_{卸}} \quad (\text{h}/\text{次}) \tag{7-5}$$

式中　$\sum Nt_{货}$——当日本站货物作业车的总停留车小时；

$U_{装}$、$U_{卸}$——当日本站货物作业车完成的装车和卸车总次数。

（2）有调中转车平均停留时间 $t_{有}$。

$$t_{有}=\frac{\sum Nt_{有}}{\sum N_{有}} \quad (\text{h}/\text{车}) \tag{7-6}$$

式中　$\sum Nt_{有}$——当日有调中转车的总停留车小时；

$\sum N_{有}$——当日有调中转车总数。

（3）无调中转车平均停留时间 $t_{无}$。

$$t_{无}=\frac{\sum Nt_{无}}{\sum N_{无}} \quad (\text{h}/\text{车}) \tag{7-7}$$

式中　$\sum Nt_{无}$——当日无调中转车的总停留车小时；

$\sum N_{无}$——当日无调中转车总数。

（4）中转车平均停留时间 $t_{中}$。

$$t_{中}=\frac{\sum Nt_{有}+\sum Nt_{无}}{\sum N_{有}+\sum N_{无}} \quad (\text{h}/\text{车}) \tag{7-8}$$

目前，统计各种货车停留时间的方法有两种：号码制和非号码制。

1. 号码制统计方法

利用号码制方法统计货车停留时间时，按每一辆货车填写"号码制货车停留时间登记簿"，并计算其在车站的停留时间。对各种作业性质的货车分别填写号码制货车停留时间登记簿，就可统计出各种作业货车在站停留的车数或作业次数及停留车小时。

号码制货车停留时间登记簿如表 7-6 所列。由该表可知，当货车发出后才能统计其在站的停留时间。因此，号码制统计方法规定：各种性质货车当日发出车辆的总停留车小时作为各种性质货车当日的总停留车小时；各种性质货车当日发出车辆的作业次数及中转车数作为各种性质车辆当日的作业次数及中转车数，然后根据式(7-5)—式(7-8)分别计算各项平均停留时间。

表 7-6 号码制货车停留时间登记簿

货车		到达		调入站线		站线作业完了		调入专用线		专用线作业完了		发出		作业种类	中转车停留时间	作业车停留时间	其中货物作业过程（时分）			非运用车			记事
																	入线前停留时间	作业时间		出线后停留时间	转入月日时分	转出月日时分	停留时间	
车种	车号	车次	月日	时分	月日	时分	月日	时分	月日	时分	月日	时分	车次	月日	时分				专用线	站线				
1	2	3	4	5	6	7	8	9	10	11	12	13	14	15	16	17	18	19	20	21	22	23	24	25	26	27

2. 非号码制统计方法

非号码制统计方法与号码制统计方法的区别在于它不按每一辆车统计停留时间，而是按一日（一班或一小时）内同一性质所有停站车辆统计总停留车小时。当按非号码制方法统计车辆停留时间时，假定一日（一班或一小时）开始时结存的车辆和本日（本班或本小时）到达或转入的车辆全都停留至本日（本班或本小时）结束，并按此统计车辆的总停留车小时，然后再将本日（本班或本小时）发出或转出车辆从发出或转出之时起至本日（本班或本小时）结束之时止未停留的总车小时扣除，即可得各种性质停站车辆在本日（本班或本小时）的总停留车小时。通用的计算公式为

$$\sum Nt = N_{结存} t + \sum N_{到} t_{到} - \sum N_{发} t_{发} \tag{7-9}$$

式中 $\sum Nt$ ——各种性质停站车辆一天（一班或一小时）的总停留车小时；

t ——一天（一班或一小时）的时间，h；

$N_{结存}$ ——前一天（一班或一小时）结存的同一性质车数；

$N_{到}$ ——一天（一班或一小时）内各次列车到达车站或转入的同一性质车数；

$t_{到}$ ——各次列车由到达车站或转入之时起，至本日（班或小时）结束时止的换算小时；

$N_{发}$ ——一天（一班或一小时）内各次列车由车站出发或转出的车数；

$t_{发}$ ——各次列车由车站出发或转出之时起，至本日（班或小时）结束时止的换算小时。

列车到发或转入转出时间的分钟数应换算为十进制的小时数。按非号码制统计货车

停留时间,通常采用如表 7-7 所列的逆算十进制小时换算表。

表 7-7　逆算十进制小时换算表

实际时分	1～3	4～9	10～15	16～21	22～27	28～33	34～39	40～45	46～51	52～57	58～60
换算小时	1.0	0.9	0.8	0.7	0.6	0.5	0.4	0.3	0.2	0.1	0

因此,按非号码制方法统计时,以各种性质货车当日实际停留的总车小时作为其当日的总停留车小时。当日完成的装车数和卸车数之和为当日的货物作业次数。当日到达和出发中转车数之和的一半作为当日的中转车数,即

$$N_{中} = \frac{N_{到}^{中} + N_{发}^{中}}{2} \tag{7-10}$$

式中　$N_{到}^{中}$——当日到达的全部中转车数;
　　　$N_{发}^{中}$——当日发出的全部中转车数。

【例 7-2】　表 7-8 是利用"非号码制货车停留时间登记簿"统计货车停留时间的实例。该表分别对货物作业车、有调中转车和无调中转车统计一班的货车停留车小时和车数。有了该表的统计资料,假定本班完成装车 8 辆,卸车 22 辆,于是就可计算各项平均停留时间。

$$t_{货} = \frac{300 + 73.7 - 75.5}{8 + 22} = \frac{298.2}{30} = 9.9(\text{h/次})$$

$$t_{有} = \frac{2 \times (1\,020 + 1\,484.7 - 1\,165.0)}{208 + 202} = \frac{2\,679.4}{410} = 6.5(\text{h/车})$$

$$t_{无} = \frac{2 \times (219 - 168)}{60 + 60} = \frac{102}{120} = 0.9(\text{h/车})$$

$$t_{中} = \frac{2\,679.4 + 102}{410 + 120} = \frac{2\,781.4}{530} = 5.3(\text{h/车})$$

号码制统计方法的优点是能够比较精确地算出每辆货车的停留时间,但方法烦琐,并且不能反映车站当日工作的实际成绩。因此,号码制统计方法只在出入车数较少的车站采用,或者用来统计本站货物作业车的入线前、站线、专用线和出线后的停留时间。非号码制统计方法较为简便,又有一定的计算精度,并能反映车站当日工作的实际成绩,因此为出入车数较大的车站所普遍采用。

四、货物列车出发正点率统计

车站货物列车出发正点率($\gamma_{发}$)根据列车《行车日志》统计,并可按式(7-11)计算

$$\gamma_{发} = \frac{n_{发}^{正点}}{n_{发}} \times 100\% \tag{7-11}$$

式中　$n_{发}^{正点}$——正点出发的货物列车数;
　　　$n_{发}$——出发的货物列车总数。

表 7-8 非号码制货车停留时间登记簿

月 日	车次	时刻	换算小时	合计		到 达								非运用车		车次	时刻	换算小时	合计		出 发							非运用车		记事
						货物作业		其 中				无调中转									货物作业		其 中				无调中转			
				车数	车小时	车数	车小时	有调中转				车数	转入车小时	车数	转入车小时				车数	车小时	车数	转出车小时	有调中转				车数	转出车小时	车数	转出车小时
						转入		车数	转入	车小时											转出		车数	转出	车小时					
1		2	3	4	5	6	7	8	9	10	11	12	13	14	15	16	17	18	19	20	21	22	23	24	25	26	27	28	29	30	31	32	33	34	35
	上班结存			120	1440	25	300	85	1020					10		120																		
	10003	18:05	11.9	30	357	2	23.8	28	333.2								31012	21:55	8.1	28	226.8	3	24.3	25	202.5							
	31011	21:40	8.3	30	249	1	8.3	29	240.7								41002	0:10	5.8	18	104.4			18	104.4							
	41001	0:00	6.0	25	150	2	12	21	126						2	12	10006	2:12	3.8	30	114	2	7.6	28	106.4							
	10005	1:43	4.3	30	129							30	129				31014	4:50	1.2	26	31.2	1	1.2	25	30							
	31013	4:30	1.5	29	43.5	2	3	27	40.5								12006	3:52	2.1	30	63					30	63					
	12004	18:50	11.2	28	313.6	1	11.2	27	302.4								12003	18:20	11.7	30	351	2	23.4	28	327.6							
	32012	20:40	9.3	30	279			30	279								32011	21:10	8.8	30	264	1	8.8	29	255.2							
	41012	22:35	7.4	23	170.2	2	14.8	21	155.4								41011	0:52	5.1	25	127.5	2	10.2	23	117.3							
	12006	3:02	3.0	30	90							30	90				10005	2:33	3.5	30	105					30	105					
	32014	5:40	0.3	27	8.1	2	0.6	25	7.5								32013	5:55	0.1	28	2.8			26	2.6			19	60	2		0.2	
		20:30	9.5		19								219	2	2	19		20:30	9.5														
	本班合计			282	1808.4	12	73.7	208	1484.7	60		2	31			275	1408.7	11	75.5	202	1165.0	60	1165.0				2	0.2	
	本班结存			127		26		91				10																			

确定货物列车是否出发正点,分以下四种情况。

(1) 按图发车:对于按固定运行线运行的列车,以运行图规定的时分为依据。

(2) 按班计划发车:对于临时定点列车,以日间列车工作计划(包括后半日调整计划)规定的时分为依据。

(3) 早点不超过 15 min:由技术站编组始发的列车,正点或早点不超过 15 min 出发,按出发正点统计。

(4) 中转列车不增晚:对于按运行图规定原车次(包括因变更运行方向而改变车次)、原运行线中转的列车正点、早点或晚点不超过运行图规定的停站时间出发,按出发正点统计。

货物列车出发正点率是考核车站工作质量和列车按运行图运行情况的重要指标。列车不能正点出发,不仅会增加调度工作的困难,甚至可能打乱整个区段的列车运行秩序。

造成列车不能正点出发的原因有很多,但车站工作组织水平往往是决定出发正点率的一个主要因素。因此,不断提高车站工作组织水平,加强与有关方面的相互配合,对提高货物列车出发正点率具有重要意义。

除货物列车出发正点率以外,货物列车的满轴(满重或满长)也是考核车站完成列车工作质量的一项重要指标。车站对于欠轴(欠重或欠长)出发的列车,须统计列数及欠重吨数或欠长车数(以换算长度折合)。

五、车站工作分析

1. 日常分析

车站工作日常分析主要是指班分析和日分析。班分析在交班会上进行,由站长(副站长)或车间主任主持,分析全班工作的完成情况;日分析由车站工程技术人员负责,对全天工作进行分析,一般都是针对一定问题,如卸车、排空、调车作业等,有重点地进行深入分析。车站工作日常分析的主要内容有以下几个方面:

(1) 安全情况分析。安全生产是完成运输生产任务的重要保证,因此每班都应对大小事故和违章作业进行认真分析。对于行车事故、货运事故以及人身伤亡事故,不仅要分析发生的原因,而且要研究制订防止办法或措施。

(2) 列车工作完成情况分析。分析列车到发数量未按计划兑现的原因,是由于主观原因还是客观原因所造成的;列车出发晚点是由于车流不足或没有机车,还是由于编组不及时所造成的;违反列车编组计划的列数、欠轴列数等,要逐列分析,查明主要原因。

(3) 调车工作完成情况分析。分析每台调车机车所完成的工作量和非生产时间所占比重,发现安全好、效率高的调车组时应总结其先进的工作方法。

(4) 装卸车情况分析。主要是对装卸车数、品种、去向、成组、直达等计划要求的兑现情况进行分析,同时应对日班和夜班的卸车工作是否均衡,积压车辆的原因(装卸人力、机具的组织问题或取送车不及时)等进行分析。

(5) 中停时指标完成情况分析。对"中时"应着重分析待解时间延长的原因(由于列车密集到达、调车计划下达不及时,还是调车组的工作缺点造成的)。对"中时"的其他组成因素,有时也要进行逐项分析。对"停时"应着重分析待取、待送、待调移、待装卸等非生产时间产生及增加的原因。

(6) 运用车保有量分析。主要分析 6:00 和 18:00 运用车保有量增长的原因。如果运用车保有量过大，说明车站工作情况不好，严重时可能造成车站堵塞。运用车保有量增大，或由于车流量增大，或由于组织工作不当而使货车在站停留时间延长，对此要做具体分析。运用车保有量过小，有时会影响列车出发计划的完成，也应分析其原因，并采取积极措施扩大车流来源，保证列车工作计划的顺利完成。

2. 定期分析

定期分析是指月间和旬间分析，由车站工程技术人员负责，除以上日常分析的内容以外，对车站工作日常计划和调度指挥的质量、车站各部门的工作情况、车站职工的劳动积极性，以及劳动纪律等也应进行检查。定期分析的结果应写出书面的总结报告。

3. 专题分析

专题分析是不定期的分析，根据解决某一重大问题的需要而确定分析内容和完成期限，一般由临时组织的专门工作组负责。

车站分析工作中，车流分析是一项重要的内容，其目的在于对车站到发车流的动态实行经常的监督，掌握车流变化的规律，以便及时调整车站技术设备的运用方案，制订相应的作业组织方法，保证运输生产的顺利进行。车流分析的主要资料是车流汇总表，每旬编制一次。车流分析的重点内容为：车站办理车数、车站有调车数、有调比等。

车站分析工作要及时，否则将失去分析的作用。分析之前一定要把情况了解透彻，采用的数据也应真实可靠，这样才能得到确切的、中肯的分析结论。在分析情况时，要善于发现积极因素和先进经验，尽量避免思想上的主观性和片面性。

第八章

车站作业系统的协调及技术设备合理数量的确定

第一节 车站各子系统工作的协调条件

从车辆在技术站的技术作业过程可以看出,技术站特别是编组站,实际上是一个复杂的、由相互联系的多个子系统串联组成的服务系统,这些子系统分别是:到达作业系统、解体系统、编组系统、出发作业系统和发车系统。各子系统都具有排队系统的三个基本组成部分:输入流、服务机构和所遵循的排队规则。编组站排队系统的图解如图 8-1 所示。

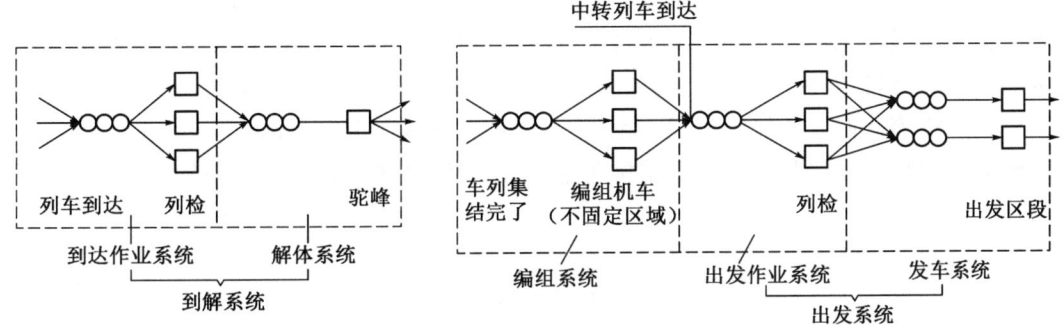

图 8-1 编组站排队系统图解

编组站的到达作业系统,其输入流为各方向接入到达场解体的列车,服务机构为办理到达作业的各种作业人员和设备。由于到达作业时间主要取决于列检组办理车列技术检查的时间,因此到达作业系统的服务机构可以用列检组来表示(出发作业系统亦同)。根据列检组的数量,到达作业系统可能是单通道(单服务员)系统,也可能是多通道(多服务员)系统。

解体系统的输入流为技术检查完毕的车列,其也是到达作业系统的输出流,相应的服务机构为驼峰。根据驼峰作业是顺序溜放还是平行溜放,解体系统可能是排成一队的单通道系统或是排成两队的单通道系统。

编组系统的输入流为在调车场集结成列的车列,其服务机构为担任编组的调车机车。按照调车机车分工的方法,编组系统可能是几个平行分布的单通道系统(调车机车固定区域作业时),或是不能完全自由出入的多通道系统(调车机车不固定区域作业时)。

编组完了转入出发场的车列(编组系统的输出流)以及到达的中转列车(直通场与出发场设在一处时)组成了出发作业系统的输入流,列检组是这个系统的服务机构。按照列检组的数量，出发作业系统可能是单通道系统，也可能是多通道系统。

根据连接出发场的区段数(或方向数)，发车系统可能是排成一队或是排成几队的单通道系统，它们的输入流分别是各自区段(方向)技术检查完了的车列。从发车系统所处的位置来看，它是车站车流改编过程的最后一环，起着联系车站和区段的作用。因而，它的工作状况不但取决于站内作业过程的节奏性，同时也取决于车站所连接区段的工作条件。

车站工作的质量，以及车站的通过能力和改编能力，在很大程度上与车站各项技术作业之间的协调，以及车站工作与区间列车运行之间的配合有着密切的关系。

有调中转车在技术站要完成到达、解体、集结、编组、出发等一系列作业过程。在完成各项作业的过程中，固然要采取合理的工作组织和先进的工作方法，以缩短各项作业的时间，但是如果这些作业不能紧密地衔接，而产生作业间的非生产时间，则不仅在单项作业中因采用了先进方法而获得的效益将全部化为乌有，还会耗费车站的通过能力和改编能力，甚至引起车站堵塞。

编组站所属各子系统(到解系统、编组系统、出发系统)的一昼夜能力与其承担的任务相适应，并留有一定的后备，是保证车站工作协调的基本条件。但是，由于列车和车流到发不均衡，在列车和车流密集到发期间，车站各项设备的能力与其承担的任务，在短时间内可能是不协调的，这就会产生排队等待作业的现象。为了减少或避免这种现象的发生，一种办法是车站各子系统的能力都按最繁忙时期的任务来确定，显然，这种办法须使各项设备的能力大大加强，而在多数时期，设备将闲置不能发挥作用；另一种办法是确定设备合理的后备能力，并在繁忙时期采取可行的技术组织措施(如小列合并解体、调整整备时间等)，以减少车列排队等待作业的停留时间。无疑，后一种办法是较为合理的。

到解系统是二级串联系统。根据排队论原理，到解系统的基本协调条件为

$$n_{到解} < n_{能检} \tag{8-1}$$

$$n_{到解} < n_{能解} \tag{8-2}$$

或

$$\frac{n_{到解}}{24c}t_{检} < 1 \tag{8-3}$$

$$\frac{n_{到解}}{24}t_{峰} < 1 \tag{8-4}$$

式中 $n_{到解}$——昼夜到达解体的列车数，列；

$n_{能解}$——昼夜驼峰解体能力，列；

$n_{能检}$——昼夜列检作业能力，列；

$t_{检}$——每列车技术检查的平均时间，h；

c——列检组数，组；

$t_{峰}$——解体一列车平均占用驼峰的时间，包括整理车场、机车整备、驼峰技术设备的检修、乘务员和调车组换班，以及驼峰办理固定作业等所摊到的时间，h。

由于列车到达的不均衡性，以及技术作业时间的波动，在满足基本协调条件情况下，列车在系统中仍然可能发生排队等待技术作业的现象。为了缩短车列的等待作业时间，减少

车列在系统中的停留费用,必须相应地增加列检组人数或组数,提高驼峰能力,从而需相应地增加投资费用和工资支出。列检组能力和驼峰能力除了各自影响车列的等待技术检查时间和等待解体时间外,它们也会共同影响到达场线路需要数。因此,到解系统最有利的协调条件应是综合考虑不同列检能力和驼峰能力下,车列在到解系统停留费用、列检组工资支出、驼峰机车及固定设备投资的换算费用和到达场线路投资的换算支出,并且从中选出换算费用最少的方案。

编组系统的基本协调条件应是一昼夜编组系统能力必须大于由车站集结的自编列车数,即

$$n_{集} < n_{能编} \tag{8-5}$$

或

$$\frac{n_{集}}{24s} t_{编} < 1 \tag{8-6}$$

式中 $n_{集}$——昼夜由车站集结的自编列车数,列;
$n_{能编}$——昼夜车站编组能力,列;
$t_{编}$——编组一列车平均占用机车的时间,包括机车整备、乘务员和调车组换班及牵出线办理固定作业所摊到的时间,h;
s——编组机车数,台。

同到解系统一样,为了减少待编停留时间,增加车站作业的机动性,编组能力必须留有一定的后备。后备能力的大小,可以根据不同机车台数下车列在编组系统停留费用、机车投资与维修换算费用、调车场线路投资换算费用等的总和最小原则来确定。

出发系统与到解系统一样,也是二级串联系统,它的输入流是自编列车和中转列车(即由此出发的列车)。该系统工作的基本协调条件为

$$n_{发} < n_{能发}^{发} \tag{8-7}$$

$$n_{发} < n_{能发} \tag{8-8}$$

或

$$\frac{n_{发}}{24c} t_{检发} < 1 \tag{8-9}$$

$$\frac{n_{发}}{24c} I_{发} < 1 \tag{8-10}$$

式中 $n_{发}$——一昼夜该系统出发的列车数,列;
$n_{能发}^{发}$——一昼夜该系统的列检能力,列;
$t_{检发}$——每列出发技术检查时间,h;
$n_{能发}$——该系统每日能向各区段发出的列车数,列;
$I_{发}$——出发列车的平均间隔,h;
c——该系统列检组数,组。

不满足这个协调条件,就会破坏出发场工作的稳定,出发场线路将被待发列车占满,从而引起编组系统乃至到解系统的工作停顿。因此,除了各区段通过能力及列检能力应有一

定的后备外，适当增加出发场线路数，对保证整个车站工作的稳定具有重要作用。确定出发系统合理的能力后备的方法与到解系统相同。

车站的出发系统、编组系统和到解系统在工作上是相互联系、相互作用的，例如出发系统和编组系统的能力，直接影响出发场线路需要量和车列在出发系统的停留时间，峰尾编组机车与驼峰机车的不同分工，又会影响车列在调车场的待编时间、调车场线路需要量、车列在到达场的停留时间、到达场线路需要量。因此，为了保证整个车站各系统工作的协调，必须研究车站所有系统各个参数之间的关系，并以整体最优原则来确定各系统的能力、设备数量和作业组织方法。

第二节 系统能力一定条件下到发车场线路数的确定

到、发车场线路数应保证无阻碍接车和不延误车列从调车场转线的需要。到、发车场都是二级串联系统。因此，如果能确定出串联系统状态概率分布（即系统中列车数的概率分布）p_n，则可根据给定的可靠性指标 h 的要求，按式(8-11)确定线路需要数 m，即

$$\sum_{n=0}^{m} p_n \geqslant h \tag{8-11}$$

但是，目前对一般的串联系统，在理论上尚无确定 p_n 的好方法。

到、发车场线路需要数可以根据一定的可靠性要求来确定，并考虑同时停在车场中的车列总数，这些车列数包括：

(1) 在到达作业系统中的车列数（待检和技检中）。
(2) 等待驼峰解体的车列数。
(3) 接车作业占用的线路数及向驼峰推进车列占用的线路数。

设 $n_{检系}$ 表示在到达作业系统的车列数（随机变量），$n_{待解}$ 表示等待解体的车列数（随机变量），考虑到这两个变量是在各服务机构一定能力下的独立变量，因此，在到达作业系统和等待解体的平均车列数（数学期望值）为

$$E(n_{检系} + n_{待解}) = E(n_{检系}) + E(n_{待解}) \tag{8-12}$$

其均方差为

$$D[n_{检系} + n_{待解}] = \sqrt{D[n_{检系}] + D[n_{待解}]} \tag{8-13}$$

每列接车占用线路时间（从准备进路起至列车到达车站止）$t_{到占}$ 及向驼峰推进车列占用线路时间 $t_{推占}$ 所换算的需要线路为 $\dfrac{t_{到占} + t_{推占}}{24}$。如取 $t_{到占} + t_{推占} \approx 0.24\,\text{h}$，则接车及向驼峰推进车列需占用的线路总数为 $0.01 n_{到解}$（$n_{到解}$ 为每日到解列车数）。因此，到达场线路需要数量（未考虑机车走行线）应为

$$m_{到} = 0.01 n_{到解} + E(n_{检系}) + E(n_{待解}) + f\sqrt{D[n_{检系}] + D[n_{待解}]} \tag{8-14}$$

众所周知,随机变量与均值的偏离度可能到达 3 个或 3 个以上均方差。但是根据对不均衡的服务系统(到达为泊松流,服务时间为二阶爱尔兰分布)在 $\rho=0.5\sim0.8$ 时的计算表明,当 $f=1.5$ 时,可靠性可达 94%～97%;当 $f>1.5$ 时,虽然可靠性可以增加一些,但需要的线路数却增加较多,因此对于一般的服务系统,f 取 1.5 是可以满足可靠性 95% 以上要求的。

式(8-14)中,处于到达作业系统中的平均车列数 $E(n_{检系})$ 可由式(8-15)确定

$$E(n_{检系}) = \lambda(\bar{t}_{待检} + \bar{t}_{检}) \tag{8-15}$$

处于解体系统中平均待解车列数为

$$E(n_{待检}) = \lambda\bar{t}_{待解} \tag{8-16}$$

到达作业系统中车列数方差可近似取为

$$D[n_{检系}] \approx [E(n_{检系})]^2 \tag{8-17}$$

待解车列数方差可近似取为

$$D[n_{待解}] \approx [E(n_{待解}) + 0.5]^2 \tag{8-18}$$

由此可见,到达场线路数不仅与排队系统的性质、输入流强度、列检组的合理组织和服务时间等有关,而且与驼峰改编能力(决定待解列车数)也有密切关系。因此,合理的到达场线路数应与驼峰的合理负荷或合理的改编能力综合起来考虑。

出发场线路数可用类似方法确定。但是,当出发场邻接两个及两个以上方向时,等待出发的列车总数(随机变量)为

$$E(n_{待发}) = \sum_{i=1}^{d} E(n_{待发i}) \tag{8-19}$$

$$D[n_{待发}] = \sum_{i=1}^{d} D[n_{待发i}] \tag{8-20}$$

式中,d 为与出发场邻接的区段数。

在计算发车系统的待发列车数时,输入变异系数应按每一方向列车技术检查完了间隔时间确定,服务时间及其变异系数应按每一方向(区段)最大运行图的出发间隔时间确定。当不同种类列车各自按固定运行线运行时,相应的参数应按不同种类列车分别计算。

第三节　不改变其他系统工作条件下驼峰需要能力的确定

驼峰的改编能力既要保证完成规定的改编工作量,又要保证在完成给定的工作量中得到最大的经济效果。如果驼峰的改编能力只能满足车辆改编作业的需要,则驼峰设备将得到充分运用,但车列会产生较多的等待解体时间,恶化了车辆的运用。当驼峰的改编能力很大时,虽然几乎可以消除车列待解时间,但驼峰设备无法得到充分运用,设备投资不能发

挥应有的作用。这两种极端的决策都是不合理的。最优决策是在二者之间找到与车辆改编作业有关的费用和能使设备投资的换算费用总和达到最小的决策。

在不改变其他系统工作的条件下,提高驼峰能力,即缩短解体每车列平均占用驼峰的时间,可以缩短车列在解体系统的停留时间,即

$$\Delta t = (\bar{t}'_{待解} - \bar{t}''_{待解}) + (\bar{t}'_{峰} - \bar{t}''_{峰}) \tag{8-21}$$

$$t_{待解} = \frac{\rho(\nu_{检出}^2 + \nu_{峰}^2)}{2(1-\rho)}\bar{t}_{峰} = \frac{\lambda \bar{t}_{峰}^2(\nu_{检出}^2 + \nu_{峰}^2)}{2(1-\lambda\bar{t}_{峰})} \tag{8-22}$$

式中　Δt ——车列在解体系统缩短的停留时间,min;

$\bar{t}'_{待解}$、$\bar{t}''_{待解}$ ——加强驼峰能力前后的待解时间,min;

$\bar{t}'_{峰}$、$\bar{t}''_{峰}$ ——加强驼峰能力前后,每列解体平均占用驼峰时间,min。

【例 8-1】　设每日到达解体的列车数 $n_{到解} = 80$ 列,$\bar{t}_{峰}$ 由 14 min 缩短到 13 min,列检和驼峰解体输出变异系数分别为:$\nu_{检出} = 0.8$,$\nu_{峰} = 0.3$,则车列在解体系统停留时间将缩短

$$\Delta t = \frac{\frac{80}{1\,440} \times 14^2 \times (0.8^2 + 0.3^2)}{2 \times \left(1 - \frac{80}{1\,440} \times 14\right)} - \frac{\frac{80}{1\,440} \times 13^2 \times (0.8^2 + 0.3^2)}{2 \times \left(1 - \frac{80}{1\,440} \times 13\right)} + (14 - 13)$$

$$= 5.6 + 1 = 6.6 (\min)$$

由此可见,每列解体占用驼峰时间即使只缩短 1 min,车列在解体系统停留时间却能缩短 6.6 min,效果很显著。

提高驼峰能力(即缩短每列解体占用驼峰时间 $t_{峰}$)的主要措施是增加驼峰机车、修建第二推进线和溜放线、安装驼峰自动集中设备、装设机车无线控制设备和实现驼峰工作自动化。凡此种种都会增加驼峰的投资,其年度换算费用 $E_{年}$ 为

$$E_{年} = 365 M_{峰}^{机} e_{峰}^{机} + \frac{A_{峰}}{t_{还}} + E_{修峰} \tag{8-23}$$

式中　$M_{峰}^{机}$ ——不同方案的驼峰机车数;

$e_{峰}^{机}$ ——一台驼峰机车每日换算费用;

$A_{峰}$ ——不同方案的驼峰设备建设费;

$t_{还}$ ——标准还本期;

$E_{修峰}$ ——驼峰设备年度折旧、维修费。

因此,驼峰需要能力,即要求的 $\bar{t}_{峰}$ 值(或不含中断解体的 $t_{占}$ 值)应能达到

$$\min E = 365 n_{到解} m(\bar{t}_{待解} + \bar{t}_{峰}) e_{车时} + 365 M_{峰}^{机} e_{峰}^{机} + \frac{A_{峰}}{t_{还}} + E_{修峰} \tag{8-24}$$

式中,$e_{车时}$ 为车小时费用。

上式确定的驼峰需要能力,只有在其他系统工作不变的情况下是正确的。考虑到系统之间的相互联系,车站各子系统的需要能力还应进行综合分析计算。

第四节　牵出线编组机车台数及调车场线路数的确定

车列集结完毕组成了编组系统的输入流,编组的机车则是服务机构,因此调车机台数至少应为

$$M_{最少} = \lambda \bar{t}_{编} \tag{8-25}$$

式中　λ——调车场每小时平均集结完了的列车数,列/h;

　　　$\bar{t}_{编}$——每列编组占用机车的时间,h。

但是,由于车流到达的不均衡,以及列车编组时间的波动,在确定牵出线数和调车机车台数时,还应考虑车列集结和编组的不均衡性这个客观因素。

一般情况下,车列集结完了间隔服从负指数分布,按照随机服务系统理论,当编组机车固定区域作业且其负荷小于 1 时,车列等待编组时间应为

$$\bar{t}_{待编} = \frac{\dfrac{n_{集}\bar{t}_{编}}{24M}(1+\nu_{编}^2)}{2\left(1-\dfrac{n_{集}\bar{t}_{编}}{24M}\right)}\bar{t}_{编} = \frac{n_{集}\bar{t}_{编}^2(1+\nu_{编}^2)}{48M - 2n_{集}\bar{t}_{编}} \quad (h) \tag{8-26}$$

式中　M——调车机车数量,台;

　　　$n_{集}$——全站每日集结自编始发列车数,列/天。

由式(8-26)可知,随着调车机车台数的增加,车列等待编组的停留时间将会减少。因此,必须在增加机车和减少车列待编时间之间求其合理方案,使机车有关的换算费用达到最小的机车台数,即为经济上最佳的方案。

设 $e_{机}$ 为每日一台机车维持费(包括调车组和乘务组费用、机车投资换算费、机车折旧维修费和燃料费等),则每年调车机车维持费为

$$E_{机} = 365 M e_{机} \tag{8-27}$$

一年车辆待编费用为

$$E_{待编} = 365 n_{集} \bar{t}_{待编} \, me_{车时} = 365 \, me_{车时} \frac{n_{集}^2 \bar{t}_{编}^2 (1+\nu_{编}^2)}{48M - 2n_{集}\bar{t}_{编}} \tag{8-28}$$

全年调车机车维修费用及车辆停留费总和为

$$E = 365 M e_{机} + 365 me_{车时} \frac{n_{集}^2 \bar{t}_{编}^2 (1+\nu_{编}^2)}{48M - 2n_{集}\bar{t}_{编}} \tag{8-29}$$

因此,式(8-29)的最小值即为最有利的机车台数,即

$$M_0 = \frac{n_{集}\bar{t}_{编}}{24} + \frac{n_{集}\bar{t}_{编}}{24} \frac{\sqrt{12 me_{车时}(1+\nu_{编}^2)}}{e_{机}} \tag{8-30}$$

当编组机车不固定区域作业时,虽然编组系统成为多服务员的随机服务系统,但是由于一台机车在连接某一牵出线的线束上工作时,另一台机车不能自由进入同一调车进路的线束,从而还必须考虑可能出现交叉干扰的额外停留时间。因此

$$\bar{t}_{待编} = \frac{0.5\rho^M(1+\nu_{编}^2)\bar{t}_{编}}{(M-1)!(M-\rho)^2 \sum_{K=0}^{M-1} \frac{\rho^K}{K!} + \rho^M(M-\rho)} + \Delta t_{编} \tag{8-31}$$

式中 ρ——牵出线编组调车机的负荷,$\rho = \lambda \bar{t}_{编} = \frac{n_{集}}{24}\bar{t}_{编}$;

$\Delta t_{编}$——可能出现交叉干扰的平均等待时间。

$\Delta t_{编}$值可按如下方法确定:由于"4~5支流合在一起就足以形成最简单流",因此在场内编组时间 $t'_{编}$ 内,连接于某一调车进路的线束,集结完毕的车列数超过一列的概率为

$$p_{K>1} = \sum_{K=2}^{\infty} p_K(t'_{编}) = 1 - e^{-\lambda' t'_{编}} - \lambda' t'_{编} e^{-\lambda' t'_{编}} \tag{8-32}$$

式中,λ' 为在连接每一调车进路的线束内,每小时平均集结完了的车列数,列/h。

每台机车空闲的概率为

$$1 - \rho = 1 - \frac{\lambda \bar{t}_{编}}{M} \tag{8-33}$$

式中,λ 为整个调车场每小时平均集结完了的车列数,列/h。

当 $M=2$ 时,发生交叉干扰的可能性为

$$p_{K>1} = 2\sum_{K=2}^{\infty} p_K(t'_{编})(1-\rho) = 2(1 - e^{-\lambda' t'_{编}} - \lambda' t'_{编} e^{-\lambda' t'_{编}})(1-\rho) \tag{8-34}$$

如每次交叉延误时间平均为 $t_{敌}$,则待编时间额外增加

$$\Delta t_{待编} = 2(1 - e^{-\lambda' t'_{编}} - \lambda' t'_{编} e^{-\lambda' t'_{编}})(1-\rho)t_{敌} \tag{8-35}$$

当 $M=3$ 时,其中一台机车空闲,其余两台机车工作的区域内,至少有一区域在场内编组时间内集结完毕的车列数多于一列的概率为 $p_{K>1} + p_{K>1} - p_{K>1} \times p_{K>1}$,故交叉干扰的可能性为 $C_3^1(1-\rho)(2p_{K>1} - p_{K>1}^2)$。

若有两台机车空闲,其余一台机车工作的区域内,在 $t'_{编}$ 时间内,集结完了多于一列的概率为 $p_{K>1}$,则出现交叉干扰的可能性为 $C_3^2(1-\rho)^2 p_{K>1}$,出现交叉干扰的可能性总和为

$$P = 3(1-\rho)(2p_{K>1} - p_{K>1}^2) + 3(1-\rho)^2 p_{K>1}$$
$$= 3(1-\rho)(1 - e^{-\lambda' t'_{编}} - \lambda' t'_{编} e^{-\lambda' t'_{编}})(2 + e^{-\lambda' t'_{编}} + \lambda' t'_{编} e^{-\lambda' t'_{编}} - \rho) \tag{8-36}$$

额外增加的待编时间为

$$\Delta t_{待编} = 3(1-\rho)(1 - e^{-\lambda' t'_{编}} - \lambda' t'_{编} e^{-\lambda' t'_{编}})(2 + e^{-\lambda' t'_{编}} + \lambda' t'_{编} e^{-\lambda' t'_{编}} - \rho)t_{敌} \tag{8-37}$$

最有利的机车台数方案应是不同机车台数方案中全年换算费用最小的方案,即

$$\min E = 365Me_{机} + 365n_{集}\ mt_{待编}\ e_{车时} \tag{8-38}$$

调车场线路需要量取决于列车编组计划、车站装卸作业地点数和货运工作量、必要的车辆检修线,以及其他因素。对于单组列车和摘挂列车,每一列车去向应有一股道;对于分组列车,最好每一车组也应有一股道。其他如停放不良车以便检修、停放交换车、停放待送各装卸作业地点的货车等,都需要拨给一定的线路。按照车站的具体情况,还可能另有一些作业需要(如停放装载超限或危险品货物的车辆等)的线路。

车列集结完了后,车辆在调车线上仍需停留一段时间(等待编组和编组过程占用线路的时间)。因此,调车场除了要保证上述技术作业需要外,还需一定的附加容量。这些容量要能保证若干车列完成集结之后,在等待编组和进行编组的过程中,驼峰能不间断地进行解体作业,且不至于"混线"。

附加容量可以通过延长线路长度或增加线路数来达到。在日常工作中,这些附加线路可以由车站调度指挥人员机动地供那些已完成集结并正在等待编组或编组过程中的去向来使用。

因此,调车场线路需要数为

$$m_{调} = m_{技} + m_{附} \tag{8-39}$$

式中 $m_{技}$——技术作业需要的基本线路数,取决于列车编组计划及车站工作的需要;

$m_{附}$——附加线路数。

对于每一调车区(当调车机车固定区域作业时)或整个调车场(当调车机车不固定区域作业时),附加线路数可按等待编组列车数和处于编组过程的列车数来确定。

在编组系统中的平均列车数为

$$E(n_{编系}) = \lambda(\bar{t}'_{待编} + \bar{t}'_{编}) \tag{8-40}$$

式中,$\bar{t}'_{编}$ 为在场内完成编组和转线腾空线路的平均时间。

在编组系统中车列数的方差为

$$D[n_{编系}] \approx [E(n_{编系})]^2 \tag{8-41}$$

因而,整个调车场或每一调车区附加线路数应为

$$m_{附} = E(n_{编系}) + 1.5\sqrt{D[n_{编系}]} = 2.5E(n_{编系}) \tag{8-42}$$

第五节 编组站各项设备的综合计算

编组站是复杂的运输系统,各子系统的需要能力及其工作状态都是相互联系的。例如,列检组数或与定员有关的列车技术检查时间和列车解体平均占用驼峰时间决定了列车在到达场的停留时间和到达场线路需要量;列车解体平均占用驼峰时间和平均列车编组时间又与驼峰、牵出线之间的工作分配有关,从而影响列车待编时间、编组机车台数和调车场线路需要量;出发场列检组数和出发区段的通过能力与出发场线路需要数有关,从而也对

车列能否无延误转线有很大影响,等等。任何子系统的技术设备和工作组织的改变都会引起其他系统工作条件的变化,因此,在确定编组站各项技术设备的需要量或需要能力时,应对车站各子系统的设备和工作组织加以综合研究,以期获得各项设备和工作组织的最优匹配。

车站各子系统设备和工作组织的最优匹配方案,可以根据与列检、驼峰和编组机车能力、有关的车辆停留费用、到发车场和调车场线路的投资以及加强列检、驼峰和编组机车能力的费用等换算支出最小的原则来确定。

车辆在到达场停留的费用为

$$E_{到停} = 365 n_{到解} m(t_{待检} + t_{检} + t_{待解} + t_{峰}) e_{车时} \tag{8-43}$$

其中,$t_{检}$值取决于列检组中分组数 x;$t_{待检}$除了取决于列车到达分布规律和列检作业时间分布规律外(非控制变量),主要还取决于列检组数 c 和 $t_{检}$ 的大小;$t_{峰}$ 值不仅与驼峰设备和驼峰调车机车数有关,而且还与驼峰、牵出线间工作分配有密切关系;至于 $t_{待解}$ 则同时受驼峰能力与列检能力的影响。因此,在行车量 $n_{到解}$ 和车辆每小时停留费用 $e_{车时}$ 一定的条件下,车辆在到达场停留费用是 x、c、$t_{检}$ 的函数,即 $E_{到停} = F_1(x, c, t_{检})$。

与列检能力有关的费用为

$$E_{检} = 12 \times 4 x c e_{月} \tag{8-44}$$

式中,$e_{月}$ 为每一分组(两人)列检人员一月工资支出,元/(月·组)。

由此可见,与列检能力有关的费用也是 x、c 的函数,即 $E_{检} = F_2(x, c)$。

与不同驼峰能力有关的费用,包括驼峰机车维持费和驼峰固定设备投资费。应当指出,一定的驼峰能力就有一定的 $t_{峰}$ 值。因此,与不同驼峰能力方案有关的费用是变量 $t_{峰}$ 的函数,即 $E_{峰} = F_3(t_{峰})$。

与到达场线路有关的年度换算费用为

$$E_{到线} = m_{到}\left(\frac{A_{线}}{t_{还}} + E_{修线}\right) \tag{8-45}$$

式中　$m_{到}$——到达场需要线路数,条;
　　　$A_{线}$——到达场每条线路的投资费,元;
　　　$E_{修线}$——到达场每条线路的年度维修费,元。

由于到达场线路数量与驼峰和列检能力相关,因此,它是 x、c、$t_{峰}$ 的函数,即 $E_{到线} = F_4(x, c, t_{峰})$。

车辆在编组系统停留的费用为

$$E_{编停} = 365 n_{集} m(t_{待编} + t''_{编}) e_{车时} \tag{8-46}$$

式中,$t''_{编}$ 为不包含调车机车从出发场返回的编组时间,h。

由于待编时间与编组机车的能力(取决于机车台数 M 和驼峰、牵出线一定分工条件下的平均编组时间 $t_{编}$)有关,因此它是 M 和 $t_{编}$ 的函数,即 $E_{编停} = F_5(M, t_{编})$。

不同编组能力下调车机车年度维持费(包括投资)为

$$E_{编机} = 365Me_{机} = F_6(M) \tag{8-47}$$

不同编组能力下调车场附加线路的换算费用为

(1) 当 $m_{附}$ 分区计算时：

$$E_{调线} = m_{附} M\left(\frac{A_{调}}{t_{还}} + E_{修调}\right) \tag{8-48}$$

(2) 当 $m_{附}$ 按整个调车场计算时：

$$E_{调线} = m_{附}\left(\frac{A_{调}}{t_{还}} + E_{修调}\right) \tag{8-49}$$

式中　$A_{调}$——每条调车线的建设费，元；

　　　$E_{修调}$——每条调车线的年度维修费，元。

无论调车机车是分区作业还是不分区作业，$t_{待编}$ 都是 M 和 $t_{编}$ 的函数，因此 $E_{调线}$ 也是 M 和 $t_{编}$ 的函数，即 $E_{调线} = F_7(M, t_{编})$。

在出发区段能力一定的条件下，出发场列检能力的大小不仅对车列在出发作业系统停留时间有重大影响，而且也对车列待发时间的大小起了一定的作用。因此，在不同方案下车辆在出发场的停留费用为

$$E_{发停} = 365n_{发} m(t_{待检} + t_{检} + t_{待发})e_{车时} = F_8(x, c) \tag{8-50}$$

出发场列检组的工资支出为

$$E_{检发} = 48xce_{月} = F_9(x, c) \tag{8-51}$$

出发场线路的建设费和维修费为

$$E_{发线} = m_{发}\left(\frac{A_{发}}{t_{还}}\right) + E_{修发} = F_{10}(x, c) \tag{8-52}$$

式中　$m_{发}$——在出发区段能力一定的条件下，不同列检能力所需的出发场线路数，条；

　　　$A_{发}$——出发场每条线路的建设费，元；

　　　$E_{修发}$——出发场每条线路的年度维修费，元。

于是，每一方案年度换算总费用为

$$\begin{aligned} E_{年} &= E_{到停} + E_{检} + E_{峰} + E_{到线} + E_{编停} + E_{编机} + E_{调线} + E_{发停} + E_{检发} + E_{发线} \\ &= F(x, c, t_{峰}, M, t_{编}) \end{aligned} \tag{8-53}$$

对所有控制变量计算每一方案的年度换算费用，可以找到 $E_{年}$ 最小的方案。计算结果不仅可求得整个控制变量 $F(x, c, t_{峰}, M, t_{编})$ 的最优组合值，而且还可求得与其相关的到发场线路需要数、调车场需要附加的各线路数，以及改编车辆在车站各个子系统的停留时间(除集结时间以外)。

第九章

编组站综合作业自动化

第一节 车站信息及票据传输过程

车站信息主要是指来自列车编组顺序表中有关列车和货车的信息。这些信息包括：列车编组站、解体站、发车时间、车次和车号、吨位、车种、自重、换长、到站、货物品名、货车编挂顺序等。车站票据主要是指货运单据，如运单、货票。

到达列车编组顺序确报是组织车站日常作业的重要信息。为了保证车站能有充分的时间提前安排各个环节的作业计划，列车始发站应在列车出发后及时将列车编组顺序表的内容向指定的车站发出确报。

列车编组顺序表和货票应随列车到达终点站。为了避免车、票分离，以及保证货票排列顺序与列车编组顺序完全一致，车站对信息的处理和票据作业应按一定的流程进行。信息和票据作业流程如图9-1所示。

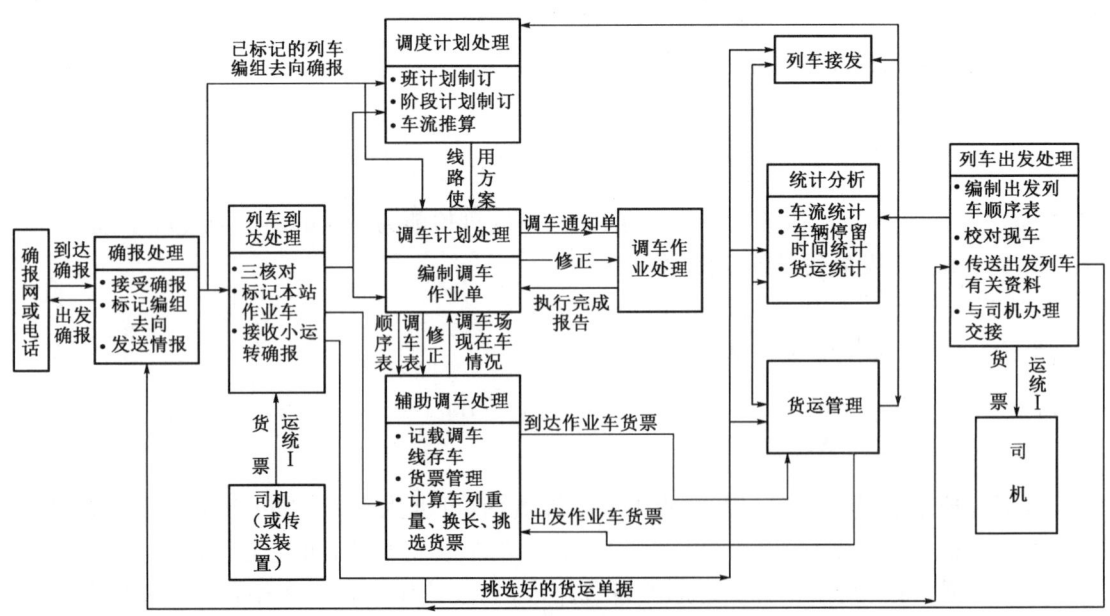

图 9-1 信息和票据作业流程

当列车到解站收到列车编组顺序表的确报后，信息传送机构工作人员应按照列车编组计划标记每一去向车辆数，并将其送交调度室、车号室和到达场接车车号员，以便车站调度员据此在技术作业表上安排阶段计划,调车区长或助理调度员据此编制解体调车作业计划,车号员据此核对现车。

列车到达后,接车车号员核对现车,并将核对结果通知车号室,到达司机可在进站咽喉处将货运单据及列车编组顺序表投入票据箱,由接车车号员用传送装置送往车号室,车号室车号员按列车编组顺序表核对货运单据(对本站作业车应加盖本站图章)。如发现错误,应通知调车区长或助理调度员修正调车作业计划,并将货运单据交调度室现在车助理站调(或现在车车号员)将核对过的列车编组顺序表送交统计室。

调车区长或助理调度员根据列车编组顺序表编制的调车作业通知单,除传送至驼峰作业楼及峰顶供调车之用以外,还应交给现在车助理站调(或现在车车号员),以便按调车作业计划顺序记载每条调车线上存放车辆的车号和在货运单据分类架上顺序安放票据。空车因无货票,应按其在车列中的位置,以空白纸记载车种车号,并存放在相应的货运单据之间,使记载的每条线路上存放的车辆和货运单据分类架上存放的票据,与实际线路上存放车辆的顺序完全一致。到达本站的重车,其货票应按调车作业计划挑出,移交货运室;由货运室转来的出发重车的货票,应按调车作业计划分类存放于相应货票之间。

按照每一调车线上车辆集结的情况,现在车助理站调(或现在车车号员)应及时计算已集结满轴的车列重量,通知车站调度员,并根据车站调度员编制的编组调车作业计划挑选好货运单据,销去该线相应车辆的记载,然后将货运单据交给车号室出发车号员,以便据此编制出发列车编组顺序表。出发列车编组顺序表与货运单据用传送装置送往出发场,由车号员与机车乘务员办理交接。出发列车编组顺序表还应送交统计室和信息传送机构,以便进行统计和发出确报。

在信息和票据的传输过程中,车号工作是车站技术作业的重要环节。技术站的车号室负责该项工作,它在保证车站信息与票据的准确无误和及时传递,使车站保持正常的运输生产秩序方面起着重要作用。为此,车号室除了与车站调度室等设在同一栋楼内,并在到达场和出发场分别配备接车和发车车号员外,改善车号室的工作条件也是铁路运输工作不可忽视的重要任务之一。

第二节 编组站作业自动化

近年来,我国编组站综合自动化技术取得了长足进展,先后启动了编组站综合集成自动化系统(Computer Integrated Process System,CIPS)和编组站综合自动化(Synthetic Automation of Marshalling yard,SAM)系统建设。

CIPS 系统和 SAM 系统第一次将综合自动化作为一个整体系统进行统一规划、设计和研究,通过系统整合或集成,进一步提高了编组站的信息化和自动化程度。这两个系统虽然设计理念和结构不尽相同,但实现功能大同小异。下面以 CIPS 系统为例,介绍编组站综合自动化技术。

一、CIPS 系统整体目标

CIPS 系统是编组站内整体的企业管理信息系统和自动化控制系统。CIPS 系统对与编组站管理相关的所有业务进行全面、整体的信息化管理,其中包括:接、发列车管理;到达、解体、编组、出发等一系列技术作业管理;接收调度所的班计划和阶段计划;接收邻站的到达列车确报(运统一、列车编组顺序表),向路局和邻站发送出发列车确报;与邻站的接发列车线路闭塞信息交互等。

CIPS 系统打破了编组站长期以来条块分割、管控脱节、各系统间信息封闭的格局,在铁路局各信息系统的指挥下,通过车站内部横向综合集成隶属不同信息系统的数据,实现站内列车、调车计划的自动生成与自动执行,达到站内计划与控制执行的闭环互动。该系统作为直接控制运输生产作业和保障作业安全的重要设备,其手段是通过整合现有已经成熟的各种过程控制分系统,建立共享信息平台,从调度计划管理着手,实现编组站决策、优化、管理、调度、控制一体化,达到高度综合自动化的目的,系统的总体目标体现在以下几个方面:

(1)调度计划自动执行。编组站 CIPS 系统的首要目标是将调度计划中与站内进路有关的部分直接下达给控制系统自动执行,亦即以 CIPS 管理系统所编制的接发车计划、调车计划、本务机站内折返计划、调车机工作计划等为依据,产生并向联锁、驼峰、停车器自动化分系统实时下达调度指令,操控进路自动办理,使编组站所有的列车进路、调车进路、机车走行进路和溜放进路自动执行,实现作业过程控制的全面自动化。

(2)调度决策指挥自动化。采用优化决策方法,提供站内调车机、线路与走行进路等资源的合理分配与优化使用方案,实现站内车站班计划、阶段计划、车流推算、调车计划、本务机折返和调车机调动等计划的自动编制;同时,随着执行过程的自动反馈,闭环地动态优化调整各计划以适应当前情形,从而真正实现调度决策指挥的自动化。

(3)大幅度减员增效。通过调度计划的计算机辅助决策指挥,实现计划的统一编制、动态调整以及扁平化管理,计划直接发布至控制环节执行,取消正常情况下人为参与控制等手段,可有效地大幅度减少车站的作业人员、调度人员和管理人员的数量。

(4)集中控制。自动化程度的大幅度提高与作业人员的大幅度减少,以及站内当前所有工况通过 CIPS 直观地展示出来,使得在调度大厅能够集中监控与操纵全站到、解、集、编、发的作业,取得单一指挥、统一办理、流水执行、高效运转的效果。

(5)提高编组站整体效率,缩短车辆在编组站的作业周期。通过编组站整体闭环,优化调度,合理安排各工序间的衔接;加大自动化力度;取消人工计划布控、作业人员横向沟通协调及实况汇报等通信联络时间;扩展调机司机和外业人员的信息视野;利用车号、燃轴等检测信息预告服务于技术作业等手段,提高编组站的整体作业效率,有效减少车辆在编组站的中转时间与停留时间,并降低站内平均结存车保有量。

(6)信息资源的充分利用。编组站 CIPS 系统的核心是数据整合和信息集成。车号识别、轴温探测、脱轨器表示、电务监测、环境监控、电源监测及图像监视等信息被集成与共享,可提高作业的预见性,使站内各个作业流程更加顺畅贯通。

编组站 CIPS 系统是我国编组站综合自动化发展史上一次质的飞跃和里程碑,为我国编组站下一轮现代化建设创造了新的典范和模式,使我国的编组站整体技术达到世界领先水平。

二、编组站 CIPS 系统构成

编组站 CIPS 系统的逻辑构成和物理构成如图 9-2 所示。

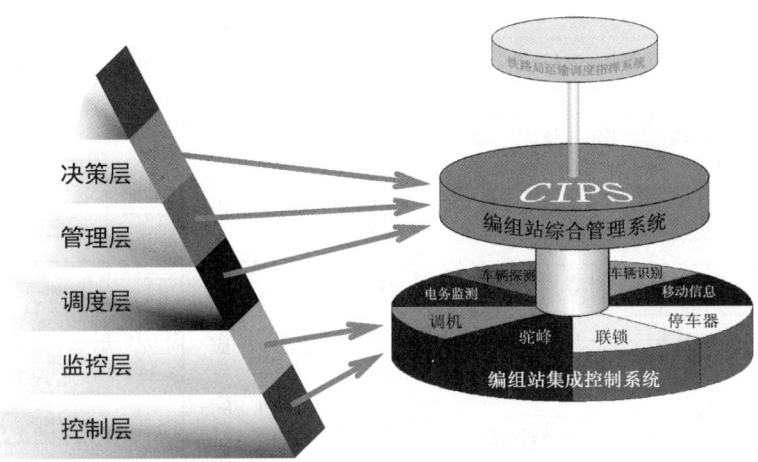

图 9-2　编组站 CIPS 系统的逻辑构成和物理构成

1. 逻辑构成

编组站 CIPS 系统的逻辑构成可分为五层,即控制层、监控层、调度层、管理层和决策层,并且呈金字塔形状堆叠在一起。这是一种设计模型与设计理念,可以很好地诠释编组站生产的内在关系与实现指南。

2. 物理构成

编组站 CIPS 系统的物理构成可分为综合管理系统和集成控制系统两个层面,二者之间通过统一的高速数据网络平台集合为一个完整的一体化系统。

在 CIPS 系统中,综合管理系统将过去相互孤立的控制系统整合在一起,使分散在到、解、集、编、发各个环节上的自动化单元分别通过与同一个综合管理系统信息互动,实现统管、统调、协调,提升自动化程度,可减少或取消控制系统的人工操作环节;集成控制系统则可以贯彻执行来自管理系统的调度信息,为管理系统实现决策指挥的自动化,在无人参与的情况下保持信息流与实际车流同步变化,提供基础信息。

集成控制系统对应了逻辑结构中的控制层和监控层;综合管理系统对应了逻辑结构中的调度层、管理层和决策层。集成控制系统将过去编组站各种自动化单元进行了集合与创新,体现了利用成熟技术进行集成创新的技术方针。在 CIPS 环境下,不同的控制子系统之间可以通过综合管理系统的共享平台互通有无,在为数据平台作出信息贡献的同时,也享受了平台上丰富的集成信息。

3. CIPS 环境下的综合管理系统

编组站 CIPS 系统的技术实现核心是编组站信息化的重构。CIPS 综合管理系统由信息存储设备、数据库服务器、应用服务器、有线千兆局域网系统、无线局域网系统、防火墙、背投表示墙、图形工作站数据库、系统软件、应用软件和接口所组成,如图 9-3 所示。

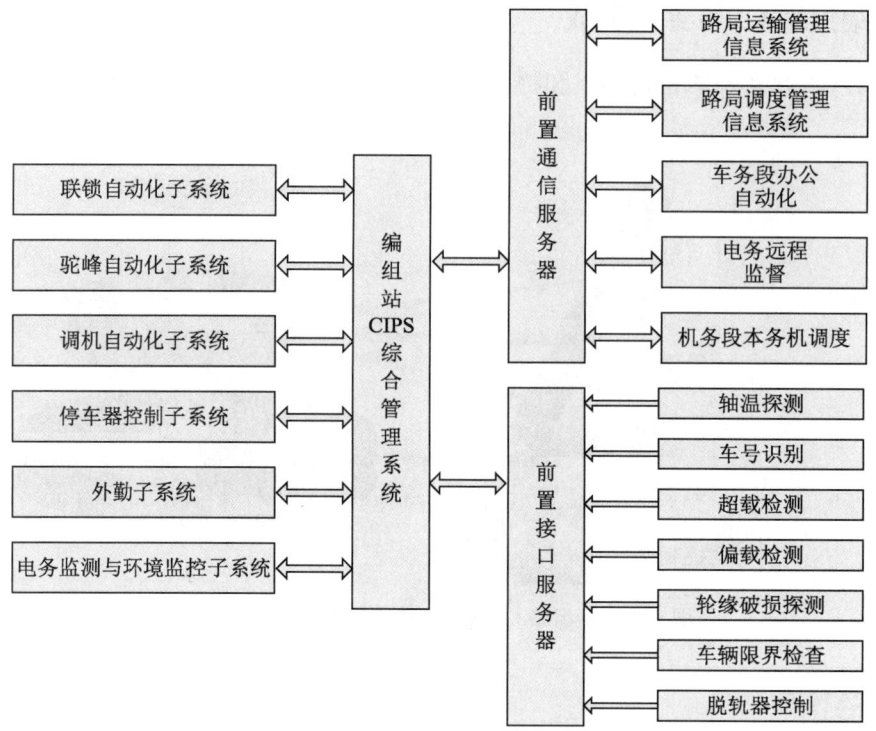

图 9-3 编组站 CIPS 综合管理系统的组成

三、CIPS 环境下的集成控制子系统

CIPS 集成控制系统包括联锁自动化子系统、驼峰自动化子系统、调机自动化子系统、停车器控制子系统、外勤子系统及电务监测与环境监控子系统。所有控制子系统均要求工作在 CIPS 环境下，能够按照 CIPS 管理系统的统一要求受控，提供与共享公共平台上的数据，并提供执行结果反馈。CIPS 系统作为编组站的信息中心，对其他各个独立建设的探测系统和单元信息系统中有共享价值的数据，经数据通信接口交换信息；CIPS 系统还分别与铁路局的铁路运输管理信息系统（Transportation Management Information System，TMIS）（预确报、班计划）和铁路列车调度指挥系统（Train Dispatching Command System，TDCS）接口，其接口方案基本保留原有铁路局信息系统与车站系统间的交换内容与方式，从而减少对铁路局系统的影响。

对于直接参与控制的子系统，其管理模式分为自动、半自动、站控和维护四种，其中自动和站控为常用模式。

1. 联锁自动化子系统

联锁自动化子系统被设计为采用带有程序化进路控制（Programmed Route Control，PRC）功能的区域计算机联锁系统，即原有计算机联锁系统的结构与功能不改变，通过增加硬件/软件相对独立的程序进路控制模块，与 CIPS 管理系统紧密接合，达到进路控制自动化。

在编组站 CIPS 环境下，基于各车场的本地操纵被取消，联锁机集中到站调楼控制中心,联锁控制由调度大厅集中完成。

在自控模式下,进路控制根据计划自动执行,PRC根据列车运行和调车工作计划,通过对进路的有关条件进行检查以确定进路的办理时机,依据下达的指令相关的源场/线/端、目的场/线/端参数确定相关的进路起点和终点,并转化为进路控制命令,并传送给联锁逻辑控制单元直接进行有关进路的办理。

计算机联锁系统的PRC功能对不断更新的指令集进行分析处理并直接指挥联锁系统自动办理进路,进路办理的过程不需要值班员参与,因此联锁控制的主体已经由车站值班员变为调度计划的管理者,大量原来需要人工办理的作业内容均已自动化处理,整体操作量大幅下降,值班员主要的工作转为监督系统的运行。

联锁自动化的站控模式兼容独立连锁系统的全部操控功能。

2. 驼峰自动化子系统

在编组站CIPS环境下,驼峰自动化子系统的构成与独立应用的驼峰自动化系统在硬件上并无差别,但软件进行了升级,即软件增加了自动处理模块,负责接收、分析和处理来自CIPS管理系统的指令,使驼峰按照指令要求作出正确的响应。监控工作站的设置采用调度大厅为主、驼峰楼为辅的方式,在控制中心设驼峰值班员(可由到达场车站值班员兼任)工作站,在驼峰楼设调车长工作站。

与独立使用的驼峰自动化不同,在自控模式下,解体计划的执行顺序、执行时机、溜放暂停甚至套溜、推峰、场联、峰下调车、股道封锁/解锁等操纵均受指令控制自动办理,驼峰值班员甚至没有变更计划的权力。

与现场紧密相关的单操手动以及驼峰溜放信号手动变速,考虑到瞭望方便,以现场调车长操作为主。

在最不利情况下,驼峰自动化可转入站控模式,即独立驼峰自动化系统的原有操纵模式由驼峰楼调车长工作站全权负责。

3. 调机自动化子系统

编组站调机自动化子系统是针对CIPS系统而构建的一个具有全新内涵的子系统。

该系统仅在功能上要求兼容过去的驼峰推峰机车遥控系统,而在结构与实现上已完全不同于传统独立机车遥控系统。这是因为调机自动化子系统在控制对象、控制范围、系统功能等方面均有了很大的提升。调机自动化的控制对象扩展到了包括头部、尾部机车在内的全站调机;控制范围扩展到了站内所有进路。

调机自动化由地面服务器、无线局域网通道、车载主机、车载显示器、车载GPS定位装置、车载测速传感器、车载动力与制动接口构成。此外,车载主机还与平面调车灯显系统具有通信接口,接收调车组的联挂限速信令信息。与传统机车遥控系统不同的是,没有地面应答器装置或股道报号装置,也没有与联锁系统或驼峰系统的电气接口采集。

调机自动化子系统提供以下功能:

(1)全站调车超速自动防护,包括速度防护和距离防护。

(2)推峰速度遥控。

(3)接收调车信令对应限速,构成联挂限速控制。

(4)车载信息服务:站场表示,用进路表示取代单一机车信号;计划指令信息;机车定位、限速和防护距离信息；车况信息。

（5）车载调车作业通知单打印。

（6）为 CIPS 管理系统提供机车定位信息，便于共享。

与其他过程控制子系统不同，调机自动化系统仅有自控模式，因为包括推峰遥控在内的功能已经无法脱离 CIPS 管理而独立运行。

4. 停车器控制子系统

停车器控制子系统结构与独立控制系统差别不大，主要的变化是：

（1）不再设独立的人机界面，由联锁系统界面代理显示停车器状态与单操控制。

（2）取消了与联锁系统的电气接口，所需信息来自 CIPS 管理系统的共享平台。

（3）取消了与驼峰系统的专用数据通信接口，所需信息来自 CIPS 管理系统的共享平台。

在 CIPS 环境下，是否越区作业由调度计划直接掌握，并通过指令系统明确无误地通知停车器控制系统，因此与独立系统特殊情况需手动介入的状况相比，实现了真正的自动化，无须人为介入。

在 CIPS 环境下，由 CIPS 管理系统下达指令明示停车器是否因越区而要求制动或缓解，由停车器控制系统根据站场表示中相关的轨道电路与信号机条件把握执行时机。

尾部越区与头部封锁之间有协作联动关系，均由上层管理信息系统负责协调。

停车器控制系统只有自控模式，在失去 CIPS 管理系统的信息供给而独立运行时，仅保留了全手动单操控制方式。

5. 电务监测与环境监控子系统

电务监测子系统与环境监控子系统的系统结构在 CIPS 环境下变化不大，即以站机为中心通过电气接口采集开关量与模拟量；以通信方式或电气接口方式获取智能电源屏的电源数据；通过通信方式与环控模块接口获取各种环境监测状态与数据，调度中心设监测服务器用于收集与记录来自各个监测站机及各个过程控制子系统的监测数据，监测服务器与 CIPS 管理系统交换信号设备与环境状态的报警数据。CIPS 管理系统的客户端可以访问监测服务器的记录数据。

第十章

铁路枢纽行车工作组织

第一节 概 述

一、铁路枢纽及其在路网中的作用

在几种运输方式相互衔接的地区,为共同办理客货运输业务而设置的各种运输设施(车站、干支线路、港口、场库等)的总体,称为运输枢纽。运输枢纽是庞大且复杂的系统,是国家交通运输网的重要组成部分。在有大量客货流发生、消失及中转作业的大城市、大工业区、河海港口等地区都有可能形成运输枢纽。在大型运输枢纽中,通常又以铁路枢纽为其主要组成部分。

铁路枢纽是路网上具有客流、货流、车流相互交流的三个以上铁路方向的交会处,是铁路与港口、工矿企业专用铁道的衔接点,由若干专用车站(编组站、客运站、货运站)和连接这些车站的联络线、迂回线、进出站线路及其他分界点等技术设备所构成的综合体。铁路枢纽的主要作用是使纵横交错的铁路线相互沟通,形成四通八达的铁路网,并在枢纽内集中配置众多线路、车站、机务段、车辆段、动车段(所)、供电段、跨线疏解设施及通信信号设备;其中心任务是合理使用各种技术设备,顺利完成大量客流、货流、车流的集散与中转作业,高效办理各种列车的到发和通过、车辆的改编和取送、客车车底和动车组的整备,以及对旅客的优质服务与对货物的承运、交付、换装等作业。

枢纽在铁路运输工作中居于十分重要的地位,它所完成的作业量在整个铁路运输工作中占有很大的比重。因此,正确组织铁路枢纽工作,对保证铁路的畅通和整个运输工作的均衡性、节奏性,以及加速货车周转、降低运输成本,都具有十分重要的作用。

二、铁路枢纽的分类

铁路枢纽工作组织的原则与方法,在很大程度上取决于枢纽在路网上的位置、所完成的工作量与性质,以及枢纽内各种技术设备的相互配置等因素。铁路枢纽可按多种特征做如下分类。

1. 按工作性质分

(1) 通过枢纽。一般位于几条铁路干线的交会地区,以办理通过车流的有调与无调中转作业为主,枢纽内地方车流解编和货物装卸等管内工作量的比重不大。

(2) 地方枢纽。通常位于铁路端点、大城市、工业中心或河海港口所在地区,以办理枢纽内到发的大量车流的解编和疏运、货物的装卸与中转作业为主。

(3) 通过兼地方枢纽。一般位于政治、经济、交通中心的大城市所在地区,是多条铁路干线的交会点,经常办理大量过境客货列车流的中转作业,并有大量枢纽管内客货流到发作业。路网上大多数铁路枢纽属于这种类型。

2. 按规模或作业量的大小分

(1) 大型枢纽:一般为具有一个特等编组站(或两个及以上一等编组站)和几个货运站,并且具有一个一等以上客运站所组成的枢纽。

(2) 中型枢纽:一般为具有一个一等编组站和数个二等以上货运站、客货运站所组成的枢纽。

(3) 小型枢纽即未达到中等规模的枢纽。

3. 按枢纽总图图形分

按总布置图或各方向线路的引入方式、主要车站和联络线的相互位置、相互联系,铁路枢纽可以分为以下几种类型:

(1) 一站枢纽。各铁路方向均直接引入一个客货运共用的联合车站,其特点是设备集中、管理方便,运营效率高,但客货运作业互有干扰,能力较小。

(2) 三角形枢纽。其特点是较大客货运量交流的三个铁路方向引入,在各引入线上布置有不同的专业车站,并在其间铺设联络线以便于各方向间中转列车的运行,其通过能力与具有联络线的一站枢纽基本相同。

(3) 十字形枢纽。该类枢纽建于具有大量通过车流而相互间交流量很少的两条铁路干线的交叉点,一般采用立体疏解,并在主要车流方向进口处设置必要的客货运联合车站和联络线,以便无改编中转列车能顺直地通过枢纽,从而缩短运程、减少交叉干扰及节省投资。

(4) 顺列式或伸长式枢纽。这种枢纽是由于受复杂地形条件(如傍山沿河等狭长地带)的限制而修建的,其特点是各铁路方向由两端引入并将主要的专业车站顺序布置在中轴线上。其优点是进站线路疏解简易,有利于与城市规划相配合;缺点是所有客、货列车都需在中轴线上运行,从而中轴线往往成为限制枢纽通过能力的咽喉地段。

(5) 并列式枢纽。其特点是各铁路方向的客货列车按不同的运行径路分别引入相互平行布置的客运站和编组站。由于在枢纽内实现了客货分流,因而避免了客货列车运行的交叉干扰,提高了通过能力,但其进站线路结构比较复杂,需要修建较多的跨线桥。

(6) 环形枢纽。该类枢纽往往是运输量大且作业复杂的大型枢纽,当引入铁路方向很多、需配置较多的专业车站时,为便于各方向客货运输交流、避免引入线过于集中在某一汇合点和为地区客货运服务提供方便,通常应随运量的发展逐步修建一些联络线、迂回线和直径线,将各铁路方向、专业车站连接起来,从而形成枢纽的环形布局。环形枢纽大大提高了通过能力和运输组织的机动灵活性。

(7) 终端枢纽。一般位于大港埠、大矿区所在地、铁路干线的终端,根据作业需要修建一系列专业车站及相应的联络线和其他铁路设备,并将编组站设在出、入口处,以有效地控制车流。终端枢纽依据所服务的对象又可分为港湾铁路枢纽和工业铁路枢纽。

(8) 混合式枢纽。当引入铁路方向较多、工业企业布局分散、客货运量大、地方和中转运输任务繁重,需设置多处客运站、货运站和编组站而又受到某些条件的限制时,根据具体情况综合采用上述一些类型组合而成的枢纽。

我国中、小型铁路枢纽的引入铁路方向一般为3～4个,多采用一站枢纽或顺列式枢纽类型;大型枢纽的引入铁路方向一般为5～8个,多采用混合式类型。其他国家的特大型枢纽,引入方向多达十几个,并有穿越或深入市区的直径线和尽头线,多采用环形或半环形枢纽类型,如巴黎、柏林、莫斯科、伦敦、东京、芝加哥的铁路枢纽等。

三、铁路枢纽的工作特点及枢纽综合技术作业过程

铁路枢纽具有衔接方向多、作业车流集中且波动性大、装卸地点分散且作业性质复杂、行车量大且列车运行径路灵活、小运转列车运距短而作业干扰大等工作特点。同时,枢纽内各基层站段点多面广,在完成运输任务时彼此密切关联,必须协同运作。为保证枢纽内各站段工作的协调配合,合理利用各项技术设备,安全高效地完成运输工作,加速机车车辆周转,确保枢纽畅通,不仅要求枢纽内各站段正确编制与执行相应的行车工作细则,而且还应把枢纽作为一个整体、正确制订枢纽综合技术作业过程,从而实现枢纽内各站段之间及其与邻接区段在运输工作上的相互协调与配合。

枢纽综合技术作业过程的重点在于解决枢纽内各站间的作业分工、枢纽内的车流组织及列车运行组织等问题,可以从以下几方面进行方案制订:

(1) 枢纽特征。包括枢纽配线图、各站及衔接铁路线性质、技术装备、通过能力及改编能力;列车机车及小运转机车类型、列车重量及长度;枢纽工作性质与工作量;枢纽内各站列车编组计划等。

(2) 枢纽内技术设备的利用。展示枢纽内列流图、车流图和机车交路图,枢纽内各联络线、咽喉、迂回线的负荷,枢纽内机车整备设备和列检所的配置及有关技术作业过程图。

(3) 各站间相互协作的组织。规定各技术站的作业分工办法及各站相互间及车站与邻接区段间在工作上协调配合的措施。

(4) 枢纽内货运工作组织。规定枢纽内货运站作业分工,始发和阶梯直达列车及按日历、按到站集中装车的组织办法,枢纽内到达重车的输送及空车配送办法,零担发送及中转作业的组织,集装箱办理站的指定及车站与专用线的协作组织等。

(5) 枢纽工作的日常计划与指挥。主要内容为列车及车辆到达预确报组织,日班计划及阶段计划的编制办法,枢纽工作调度指挥系统及作业分工,各工种调度使用的图表等。

(6) 枢纽列车运行图及机车周转图。其中规定各线路列车运行速度、区间运行时分、车站间隔时间和列车追踪间隔时间、列车和机车的技术作业停站时间等,以及编制枢纽工作日计划图和据以查定的相关工作指标。

第二节 铁路枢纽车站作业的合理分工

当枢纽内有几个编组站、货运站和客运站时,应通过专业分工,使之分别办理一定的作业。同时,有关的区间正线、联络线、迂回线、环行线等也应按列车种类或运行方向固定使用。枢纽内车站工作的合理分配以及各项设备的固定使用,应提高客货运输服务质量,减

少车辆重复改编与作业延误,均衡主要技术设备的负荷,减少调车及小运转机车的运用台数,合理配备定员、改进劳动组织,节省运营支出和提高枢纽工作的可靠性与机动性。

枢纽内各专业站间的作业分工在很大程度上取决于该枢纽的地方特点,机务、车辆及站场设备的配置,客流、货流、车流的流量与流向,城市规划方面的要求,各站各线的通过能力、作业能力及其利用程度等因素。因此,应根据上述各种因素,对通过枢纽的无改编中转列车、枢纽内各站间车流改编工作及客货运作业的合理分工,拟定若干可行方案,通过全面的技术经济比较,从中选择合理的作业分工方案。

一、枢纽内技术站作业合理分工

(一) 枢纽内车流改编作业的分工

枢纽内各站间的车流改编作业分工,一般可有以下几种方式。

1. 集中作业方案

车流的改编作业集中在枢纽内技术装备好、能力大的一个主要编组站上办理,可以充分发挥先进的设备优势,加速车流的改编作业进程,扩大同一到站车流强度而缩短车辆集结停留时间,以及减少站间车流交换和单机走行,从而降低运营支出、提高劳动生产率。因此,通常应尽可能地采取解编作业集中的方案。

2. 分散作业方案

由于有多余的列车走行公里和折角车流,可能导致枢纽因某些技术设备或通道负荷过重而丧失机动性,若存在以下情况应考虑采用分散作业方案:

(1) 有几个技术站而每站仅适合于某一方向车流进行改编作业。

(2) 主要编组站作业能力不足,站线数较少,无力承担编组计划规定的全部编组去向的编组任务。

(3) 主要编组站对某衔接方向无便捷的发车通路,或者某些方向不是直接引入枢纽主要编组站时。

3. 一主多辅方案

当枢纽既承担大量路网性中转车流又担当大量地方性车流的改编任务时,为减轻主要编组站的作业负担,可采取将路网性中转车流的改编作业集中在新建的主要编组站办理,而将摘挂列车、小运转列车的解编作业分散在其他辅助技术站办理。

一主多辅分工方案既可以提高枢纽工作的机动性,为增开技术直达列车编组去向创造条件,又可充分发挥现有站场调车设备的作用,有利于地方车流和空车流的输送。为了减少车流迂回、折角运行和重复改编,可要求后方编组站和各周边站按枢纽内各站的改编作业分工,分别编开列车和挂运列车,以保证枢纽的畅通。

4. 分别把口方案

对于改编作业量很大的枢纽,当集中作业方案及一主多辅方案不能满足运输需要时,一般可考虑采用由装备大致相同的主要编组站分别把口的方案。

不失一般性,以简化的顺列式枢纽为例,图 10-1 中 A、C 方向线路直接引入位于枢纽一端的主要编组站Ⅰ;B、D 方向线路汇合于设在枢纽另一端的编组站Ⅱ;具有大量地方车流到发的客货运站 3、货运站 4 设于Ⅰ-Ⅱ间的中轴线上,则车流改编作业分工方案原则上有以下四种形式。

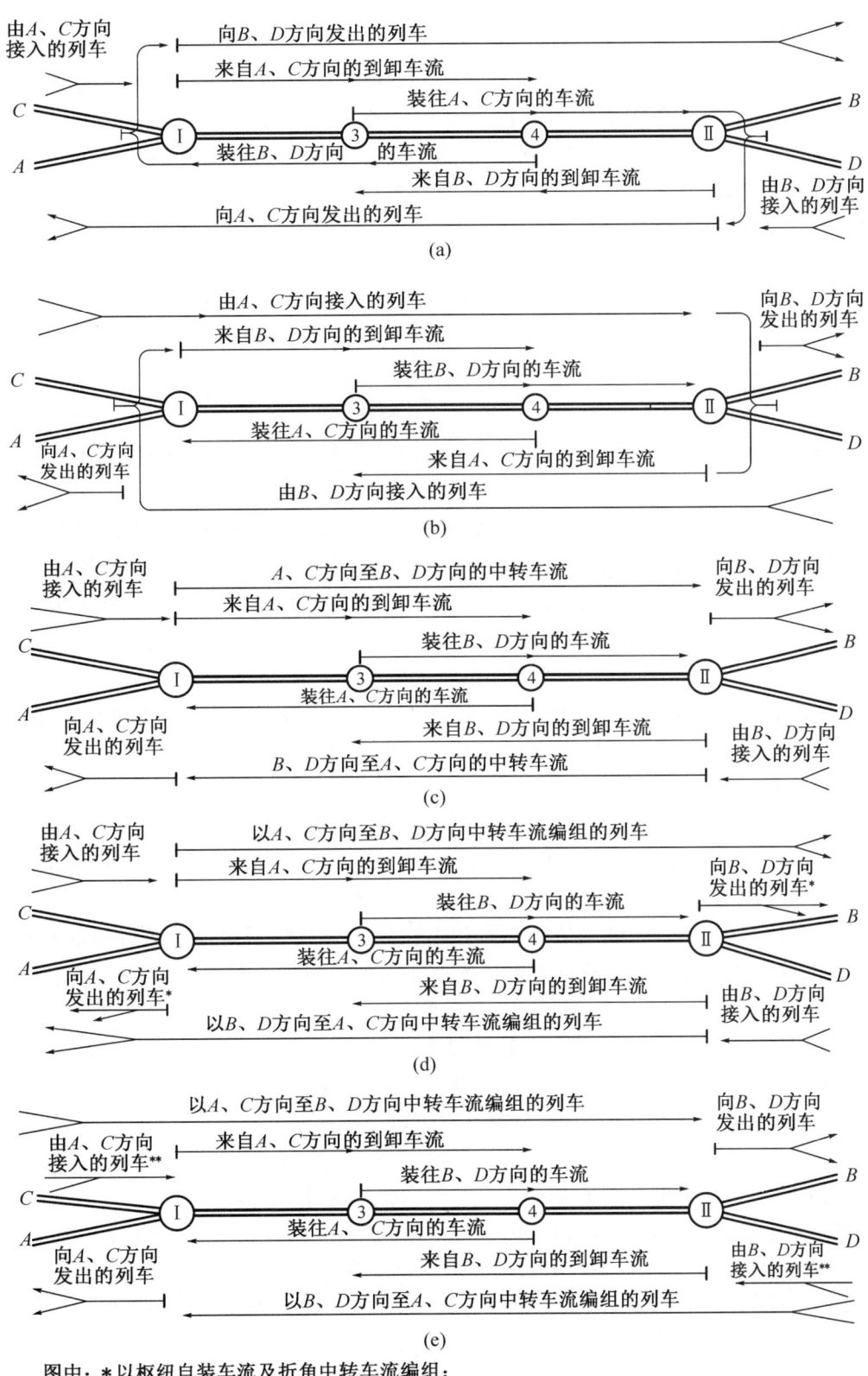

图中：* 以枢纽自装车流及折角中转车流编组；
　　　** 以枢纽到卸车流及折角中转车流编组。

图 10-1　由主要编组站分别把口的改编车流作业分工方案示意

(1) 编组站按运行方向把进口,分别承担所衔接线路进入枢纽方向所有改编车流的解体作业,并集中编组该运行方向的大小运转列车,如图 10-1(a)所示。该方案的缺点是 A、C 间及 B、D 间的折角车流和枢纽内货运站的自装交出车流将产生折返行程和交换车重复改编作业,如枢纽对各衔接方向都是机车折返交路时,还将产生大量单机走行公里,并加重枢纽中轴线通过能力的负担。因此,只有在顺向改编中转车流和枢纽到卸车流占绝对优势、折角和自装交出车流量不大,且枢纽内设有机务本段并采用循环运转制时,才可能是有利的车流改编作业分工方案。

(2) 编组站按运行方向把出口,分别承担各衔接方向发出车流的改编作业,如图 10-1(b)所示。这一方案的缺点是 A、C 间及 B、D 间的折角车流和枢纽到卸地方车流将产生折返行程和重复改编作业,如枢纽对各衔接方向均为折返交路时,亦将产生大量的单机走行公里,并加重中轴线通过能力的负担。因此,只有在顺向改编中转车流和枢纽自装交出车流占绝对优势,折角车流量不大、枢纽内设有机务本段并采用循环运转制时,才可能是有利的车流改编作业分工方案。

(3) 编组站按衔接线路分工,分别担任所衔接线路上下行方向全部车流的改编作业,如图 10-1(c)所示。该方案的缺点是通过枢纽的顺向改编中转车流在入口站解体之后,都必须编入小运转列车送到出口站经再次改编然后出发,即增加了一次重复改编作业。因此,这种编组站分工方案只有在枢纽管内到发车流及 A、C 间与 B、D 间折角车流占绝对优势,且各衔接线路的机车牵引类型不同、列车重量标准不统一时,才有采用价值。

(4) 各编组站间综合分工,即根据枢纽结构特点、各衔接方向及枢纽内地方车流的性质和集散规律、机车交路配置等因素,综合采用上述各种分工方式。

编组站间综合分工方案可有多种方式。

对于把进口方案中可同时规定以 A、C 间及 B、D 间折角车流和枢纽自装交出车流单独编组列车发出,即对同一编组去向的车流采取分散集结分别编发的办法,以解决这部分车流的折角迂回运行和重复改编问题,如图 10-1(d)所示。

对于把出口的方案,为减免折角车流和枢纽到卸车流的折角迂回运行和重复改编作业,可同时规定后方技术站及枢纽周边站按枢纽内编组站分工要求,将这部分车流单独编组到达枢纽入口站解体的列车,如图 10-1(e)所示。

多主多辅与综合分工方案的优点是贯彻了集中与分散相结合的作业分工原则,使车流折角迂回运行和重复改编工作量减少到最低限度,机车运用合理、改编作业负担均衡,保证了枢纽工作有较大的机动性,因而得到具有两个以上主要编组站铁路枢纽的广泛采用。

应该指出,枢纽内技术站作业分工的最佳方案并非一成不变的,当枢纽布局、技术装备、车流构成发生重大变化时,应重新审定枢纽内各站的分工方案。

当为完成给定的运输任务,枢纽内各技术站间车流改编作业分工有多个可选方案时,可按式(10-1)通过计算各方案一昼夜与车辆运行及改编作业有关的总运营支出 $E_{改}^{日}$,并进行技术经济比较,从中选出最有利方案作为编制枢纽综合技术作业过程的基础。

$$E_{改}^{日} = [(\sum n_{改} t_{改} + \sum n_{重复} t_{重复}) + \sum K_{编} Cm] e_{车时} + \sum Mt_{机时} e_{机时} +$$
$$\sum NLe_{列里} + \sum MS_{机} e_{机里} \quad (元) \tag{10-1}$$

式中 $n_{改} t_{改}$——车流在枢纽内第一次改编的技术作业（不包括集结过程）停留车小时总消耗，车·h；

$n_{重复} t_{重复}$——因站间交换和场间交换的重复改编作业而产生的车辆在各技术站的额外停留车小时总消耗，车·h；

$\sum K_{编} Cm$——枢纽内各技术站编发各种大、小运转列车编组去向产生的集结车小时消耗及各后方站对枢纽实行分站分流和分场分流所增加的集结车小时消耗，车·h；

$\sum M t_{机时}$——列车机车和小运转机车在枢纽内各站的停留机车小时总数，车·h；

$\sum NL、\sum MS_{机}$——枢纽内相应的列车走行公里和单机走行公里总数，km；

$e_{车时}、e_{机时}、e_{列里}、e_{机里}$——每一车辆小时、机车小时、列车走行公里、单机走行公里相应的换算运营支出，元/(车·h)。

如果该方案的实现需要扩建站场或增加技术设备，则因基建投资和设备日常维护而日均增加的换算运营支出亦应考虑在内。

(二) 中转列车技术作业的分工

在枢纽内选择无改编、部分改编中转列车技术作业地点时应考虑如下要求：

(1) 车辆在枢纽内的停留时间最少，尽可能仅办理一次技术作业。

(2) 列车在枢纽内的走行公里最少，尽可能消除折角运输和重复走行。

(3) 各技术站的通过能力负荷适当，力求减轻主要编组站的负担。

(4) 合理利用枢纽内现有机务段和机车整备设备，机务设备与中转列车作业车场间要有便捷的机车出入段径路。

(5) 中转列车技术作业的分工应与改编车流的解编作业分工相配合，力求减少枢纽内的单机走行和增减轴作业困难。

枢纽内中转列车技术作业的分工也可以有多种方式：

(1) 规定某些无改编中转列车经由联络线、迂回线或外包正线绕过枢纽主要编组站，在枢纽前方站或迂回线上设有直通场的车站办理技术作业，以减轻主要编组站的作业负担。

(2) 变更重量及成组甩挂等部分改编中转列车，最好接入担任各该方向车流改编任务的编组站进行作业，以保证连挂车组能及时准备和摘下车组能及时编入相应的接续列车，减少车辆在枢纽内的停留时间。

(3) 当主要编组站设有机务段时，对牵引中转列车的机车最好是采用循环或半循环运转制，并在枢纽担任同方向自编列车编发任务的车站进行机车乘务组换班和中转列车技术作业，以求少放单机并为列车运行调整提供有利条件。

(4) 当枢纽对某些方向采用折返交路时，由于改编列车和中转列车的机车一般是套跑的，为减少单机走行，应组织中转列车尽可能地在机车折返段所在站进行作业。

综合采用上述组织方式可构成多种可行方案，通过比较各种方案下放行一列直通中转列车的平均换算运营支出 $E_{直通}$［见式(10-2)］，可选定枢纽内直通中转列车技术作业分工的优化方案。

$$E_{直通} = mt_{直通}e_{车时} + \sum Mte_{机时} + NLe_{列里} + MSe_{机里} + \frac{e_{列检}}{N_{直通}} \quad (元) \quad (10\text{-}2)$$

式中　m——中转列车平均编成车数，辆；

$t_{直通}$——该方案一列直通中转列车在枢纽内各站的技术作业停留总时间，车·h；

$\sum Mt$——放行一列直通中转列车平均摊到的机车在枢纽的停留时间，车·h；

NL——一列直通列车平均摊到的在枢纽内的走行公里数，列车·km；

MS——放行一列直通列车平均摊到的单机公里数，车·km；

$e_{列检}$——办理直通中转列车技检作业一昼夜所摊到的列检所维持费，元；

$N_{直通}$——列检所一昼夜平均办理的直通中转列车数，列。

此外，当采用机车循环运转制而机车乘务组换班地点远离基本段所在站时，还应考虑接送机车乘务员所摊到的费用。

二、枢纽内货运站作业合理分工

枢纽内货运站和货场的配置与作业分工，应在保证为货主提供快速、方便、优质运输服务的前提下，力求做到：充分发挥装卸机械设备能力；减少地方车流在枢纽内的走行距离和重复改编次数，以加速货物送达和车辆周转；有利于扩大同一方向或到站的货流，为组织直达运输创造条件；减少调车机车和小运转机车使用台数和对地方车流作业的运营支出。

提高货运工作效率的重要条件是合理制订枢纽内货运站作业分工方案，常见的分工有如下几种方式。

（1）按吸引地区分工。优点是能为货主办理货运业务时提供便利的条件，市内汽车运输减少到最低程度。缺点是将增大铁路车辆在枢纽内的走行距离与重复改编次数；又因同去向、同种类货物分散在枢纽内各货运站、货场装卸，不利于实现装卸作业机械化和组织直达运输。

（2）按衔接铁路线分工。优点是可减少铁路车辆在枢纽内的走行里程和重复改编作业次数，便于组织直达运输。缺点是会给货主带来不便，并增大市内运输里程及道路的负担。

（3）按办理货物种类分工。货物可分为散堆装货物、件装零担货物、集装箱及笨重货物、危险品货物等。按办理货物种类分工的优点是为铁路有效地利用装卸机械及货运设备创造条件；便于组织直达运输和减少枢纽内主要编组站的改编作业量；减少对城市污染和环境保护。缺点是货物及车辆在枢纽内有额外走行与重复改编作业，在一定程度上也给货主带来不便。

一般在大枢纽内，货运站和货场采用按货物种类与按衔接铁路线相结合的分工方式较为有利。当有多个可行的分工方案时，可根据式(10-3)计算各方案的换算运营支出 $E_{货运}$，并从中选取最经济合理的方案，作为制订枢纽综合技术作业过程的基础。

$$E_{货运} = \min \Big\{ e_{列里} \sum_K N_K L_K + e_{车时} \Big[\sum_i (n_i - n_{直通i}) t_{改i} + \sum_j n_{Mj} t_{Mj} \Big] +$$

$$\sum_i (n_i - n_{直通i}) e_{改i} + \sum_j n_{Mj} e_{改j} + \sum_j Q_j e_{均j} +$$

$$\sum_j \frac{K_j}{365 t_{还本}} + \sum_x L_x Q_x e_A \Big\} \quad (元) \quad (10\text{-}3)$$

式中 $\sum\limits_{K} N_K L_K$ ——与货运站分工有关的列车走行公里总数,列车·km;

$n_i - n_{直通i}$ ——在编组站 i 改编的管内作业车流量,车;

$n_{Mj} t_{Mj}$ ——管内作业车辆在货运站 j 停留的车辆小时数,车·h;

$e_{改i}$、$e_{改j}$ ——在编组站 i、货运站 j 改编一辆车相应的作业成本,元;

$\sum\limits_{j} Q_j e_{均j}$ ——用于装卸作业的总费用,元;

Q_j ——货运站 j 一昼夜到卸货物吨数,t;

$e_{均j}$ ——货运站 j 每吨货物的平均作业成本,元;

$\sum\limits_{j} \dfrac{K_j}{365 t_{还本}}$ ——用于加强货运设备的换算基建投资,元;

K_j ——扩建车站 j 的基建投资,元;

$t_{还本}$ ——标准还本期,年;

$\sum\limits_{x} L_x Q_x e_A$ ——从货运站至货主仓库的汽车运输费用,元;

L_x ——短途运输距离,km;

Q_x ——货运吨数,t;

e_A ——汽车运输货物每吨公里的换算成本,元。

三、枢纽内客运站作业合理分工

铁路枢纽内客运站的分工亦应视作业性质、作业量以及设备情况而定。当中小型枢纽只设一个客运站时,各衔接方向共同使用相同的车站,列车的始发、终到作业,以及旅客的中转换乘都比较方便。大型铁路枢纽衔接方向多,大城市范围广、客流量大且分散,若客运作业集中于一站办理时,车站客流组织复杂,部分旅客市内行程过远,故往往设置多个客运站。当枢纽内设有两个及以上客运站时,其作业分工方法主要有如下几种:

(1) 按衔接铁路方向分工,即指定一个客运站办理某个或某几个方向旅客列车的始发、终到作业,另一个客运站办理另外方向的旅客列车始发、终到业务。

(2) 按办理列车种类分工,即指定一些车站主要办理高速列车的始发、终到作业,而其他车站主要办理普速旅客列车、市域(郊)列车的始发、终到作业。

(3) 按办理列车业务分工,即指定列车始发、终到作业在设有客技站(客车整备所)、动车段(所)的车站办理,其他客运站主要办理通过列车作业。

(4) 按办理长短途列车分工,即指定一些客运站主要办理长途直通列车,其他客运站主要办理短途管内列车,包括城际列车、市域(郊)列车等。

当然,根据城市范围、枢纽结构、客流性质和客流量等具体情况,可综合运用上述几种分工方法,尽量为旅客提供方便,使列车能以最短径路通过或进出枢纽。

四、枢纽内各站间分工方案的综合比选

铁路枢纽组成复杂、影响因素众多、牵涉面广,各站间的专业分工相互关联,为了更好地适应城市客货运需求,提高运输服务质量和铁路运营效率,应对各站间作业分工方案进行综合比选。

鉴于客运站分工及货运工作分工必须适应城市布局的客观要求，有相对的独立性，总体分工方案的拟定首先应从客运站、货运站（货场）的合理分工开始。根据客运站分工可以查明旅客列车进出及通过枢纽的运行径路和各干线、联络线上的旅客列车对数；根据货运工作分工方案可以查明在枢纽管内进行装卸作业的重、空车流的发到地点，并据此初步确定枢纽管内的车流组织及小运转列车的运行组织。

以列车编组计划和运行图实行期间的计划车流为依据，编制枢纽车流汇总表，确定枢纽的总体工作量。然后，可拟定枢纽内编组站间关于无改编中转列车和改编车流作业分工的若干方案，安排各技术站承担的具体接发解编列车任务，分别对每一方案绘制枢纽内各运行径路的列流图，查定各线的列车对数和各技术站、各车场的接发列车数、各调车设备承担的改编作业量，进而可检查各线、各站、各场承担的任务是否与其设备能力相适应，并据此提出可能的解决办法或加强措施。

通过计算各分工方案的列车走行公里、单机走行公里、停留车辆小时、改编作业车辆小时、机车小时、折角车流量、重复改编作业量、调车及小运转机车使用台数、相关部门（车务、机务、车辆等）所需配备的定员数等指标和方案换算为运营支出总额，以及对有关运营工作机动性、可靠性的定性分析，可最后综合评选出枢纽内各站间作业分工的最佳方案。

枢纽内各站间作业分工方案是编制全路列车编组计划和运行图的基础，而周密的车流组织和列车运行组织又是实现各站间合理分工方案的保证。因此，减少枢纽内车流折角运行重复中转、保证枢纽畅通，在很大程度上有赖于相关技术站和货运站的协作与配合。

第三节　铁路枢纽车流组织及列车运行组织

一、枢纽内的车流组织

枢纽内车流组织的主要任务是通过规定枢纽内各技术站中转车流范围、车流在枢纽内运行径路、枢纽到发车流合理组织办法和小运转列车编组计划等措施，以充分发挥枢纽内各项技术设备的潜力，减少枢纽各站车辆改编作业并最大限度地减少车辆重复改编和折角运行，提高运输效率、加速货物送达、缩短机车车辆在枢纽内的停留时间，确保枢纽畅通及良好的运输秩序。

1. 枢纽内车流径路的确定

路网上的车流应按最短径路或《全国铁路特定径路》指定的径路运行，特定径路所依据的《全路环状车流径路图》中，一般都把枢纽简化成个别的支点。而铁路枢纽乃是由若干条铁路干线、支线、迂回线、联络线、环线，以及众多车站组成的网络，在制定枢纽内车流运行径路时，应充分利用枢纽联络线、环线及其所构成的众多通路，发挥其在沟通干线、疏解咽喉、分流行车量、均衡主要站负担、增进枢纽运输组织工作机动性等方面的作用，进一步根据具体条件，因地制宜地规定枢纽内车流输送的具体办法，使之有利于确保枢纽畅通和建立稳定的工作秩序。

同时，根据枢纽内各编组站和辅助站的作业分工，制定相关车站中转车流的范围，指定担当分流任务的周边站段及其发往各线车流的特定径路,作为枢纽内车流组织的主要依据。

枢纽内的车流特定径路是对枢纽内或邻接区段一定范围内各站发往某线或某地区一定范围内车站的车流应经由的中转站、联络线或环线所做的具体规定,其目的在于:

(1) 为解决主要编组站和干线通过能力不足,以及消除折角作业、重复走行等问题,指定凡是能走联络线、环线不进入编组站作业的无改编货物列车,尽量组织经由迂回线、联络线、环线放行。

(2) 为减轻主要编组站改编作业负担,分地区设置一些辅助站,使之分担一定的解编作业任务,作为某些指定车流去向的中转站而产生车流迂回输送。

(3) 为加速区段小运转列车运行径路内到发的远程零星车流的输送,准许某些车流反向运行回挂到指定站中转。

(4) 为减少环形枢纽内双向编组站的场间交换车数量,对进入该站上、下行系统的列车规定不同的车流运行径路。

枢纽内车流径路的指定随车流性质、数量、结构及各站、各线的作业负荷等因素而异。为此,应制订枢纽到发车流的具体组织办法作为编制枢纽工作日班计划的依据。

2. 枢纽内的车流组织办法

枢纽内车流组织具体办法体现在全路和路局列车编组计划及枢纽内各站间作业分工方案中。枢纽内的车流可大致分为:通过枢纽的中转重空车流(包括有调和无调)、到达枢纽卸车的重车流、枢纽内自装交出及自装自卸车流,以及枢纽内卸后交出和接入装车的空车流。根据车流的不同性质应采用不同的组织方法。

(1) 枢纽中转重空车流的组织。无调中转车流应尽可能编入无改编中转列车,利用迂回线、联络线、环线放行。为此,应相应地调整机车交路和列检布局。有调中转车流应按编组站分工方案直接接入指定站作业,并根据设备及车流条件,必要时采取分散集结和分别到达列车的办法,以减少枢纽地区站间及场间交换车流的作业量,增大编组站的实际改编作业能力。

(2) 枢纽接入自卸车流组织。为减少主要编组站的改编作业量,对到达枢纽内大型企业的煤炭、矿石、粮谷等大宗货物,应尽可能组织直达列车,到达枢纽后不进编组站,而经由联络线、迂回线、环线,直接送往工业站或货运站有关专用线卸车;对到达枢纽内各货运站卸车的零星车辆,一般与中转车流混编后到指定编组站进行解体,再由小运转列车分别送往各卸车地点。但对在枢纽内运行途中站(一般配备调机)的大组车辆,则可单独选编成组挂于列车尾部,实行途中站甩车作业,避免产生编组站的车流折角作业和车辆的额外走行。

(3) 枢纽自装车流组织。枢纽内分布着装车数量大而流向较为集中的工矿企业、基地仓库、大型货运站,具有组织装车地直达运输的条件。为缓解编组站改编作业负荷,可通过编制日历装车计划方法,最大限度地组织枢纽地区的自装车流。对大宗稳定输出车流,可采用循环集结方法,全部组织为始发或阶梯直达列车,有条件时可使之不进编组站而经由迂回线、联络线、环线直接交出;对枢纽内大宗货物的自装自卸车流(如沙石、民用煤等),则可采用专用车底整列运输的小运转列车,经环线、联络线由装车站直接送往卸车站;对未编入始发或阶梯直达列车的零星车流,则应按枢纽内各技术站的中转车流范围及列车编组去向组织成组装车,并按各站间及主要编组站的场间改编作业分工办法,实行分站(分场)分流,以小运转列车输送到指定站中转。对符合编组站列车编组计划规定的大组车流,也可采用编车站留轴、途中加挂的方法运送,以便将枢纽内的站间及场间交换车作业和车辆的额外走行里程减少到最低限度。

（4）枢纽内空车流组织。到达枢纽进行装车的始发、阶梯直达列车的整列空车,一般应经联络线、环线直接送到装车站而不在编组站进行作业;接入枢纽装车的其他空车则须在编组站改编,依所需车种、车数选编成组,由小运转列车转送至装车站或装车地点。

卸大于装的大型枢纽内所产生的空车流,应根据空车调整任务及排空方向进行输送。对于同一车种所装的整列到达的始发、阶梯直达列车,原则上应组织卸后整列回空,并指定大量空敞车到卸的主要卸车站及分区设置的空敞车集中站,负责按固定排空车次编组空敞直达列车;对于其他类型空车,应利用小运转列车向装车站输送或向分区设置的固定基地集中,组织卸后利用或组织按指定排空方向排车,以消除枢纽内空车对流和散流现象,提高空车运用效率。

二、枢纽内的列车运行组织

枢纽内运行的货物列车有:无改编中转列车、到达解体列车、自编始发列车和小运转列车等。枢纽内各站间运行的小运转列车通常以固定配属于各分区的小运转机车牵引,而到达货运站卸车的始发直达列车及送往货运站装车的整列空车,既可由小运转机车转送,也可由到达列车机车直送。

列车在枢纽内应按运行图运行。枢纽运行图的主要任务除迅速放行无改编中转列车以外,应在枢纽小运转列车服从干线大运转列车的原则下,组织小运转列车运行与到达枢纽改编和枢纽自编始发列车的作业过程相协调配合。编制枢纽列车运行图除遵循干线列车运行图的各项编制原则以外,还必须考虑枢纽结构、作业站分布、车流性质和小运转机车运用效率等因素,规定每台小运转机车的运行区域及固定交路。因此,它比干线运行图的编制要复杂得多。

由于枢纽地区的装卸作业量很大、小运转车流输送工作十分复杂,如果安排不当将对整个枢纽的正常工作产生严重影响,因而对小运转列车运行线就不宜采用"插空铺线"的方法,而应结合枢纽工作特点统筹铺画。枢纽内列车工作的特点主要表现为以下几点:

（1）车流绝大部分由各邻接区段和邻局接入,波动性大。

（2）远途车流运行时间长,可以较早获得列车确报信息,但各线列车往往不能均衡到达;短途车流运行时间短,确报不及时,车流动态较难确切掌握。

（3）小运转列车与大运转列车间要求紧密衔接,这远比区段站上的列车接续复杂。

（4）大型枢纽内分布着业务量大小不等的众多货运站和工矿企业专用线。装卸量大的站一般配备驻站调机,而业务量小的车站和专用线的车辆取送工作,则由邻站调机担任,或由运行于该区域的小运转机车及调度机车担任,如此便构成了十分复杂的枢纽内车流集疏运系统。

（5）小运转列车工作方案须由小运转机车运用方案来保证。

1. 小运转列车重量及开行对数的确定

在编制枢纽小运转列车运行图之前,首先要确定各线小运转列车的牵引重量和开行对数。小运转列车的重量标准或最大编成辆数应根据机车类型和牵引力、联络线和支线的平纵断面、站线有效长度、货车平均总重等因素，通过牵引计算确定。但是，小运转列车运程短、运行速度低，集结满轴车列所多消耗的车小时支出可能会超过充分利用机车牵引力所节省的支出，组织编开满轴列车未必总是有利的。因此，有必要通过技术经济比较来确定小运转列车的最有利编成辆数。

一个小运转列车编组去向一昼夜的相对运营支出为

$$E_\text{小} = Cm_\text{小} e_\text{车时} + \frac{N_\text{小}}{m_\text{小}} [e_\text{机} + (e_\text{机乘} + e_\text{机时}) T] \quad （元） \tag{10-4}$$

$$e_\text{机} = (1+\alpha) e_\text{燃} B_\text{燃} \quad （元） \tag{10-5}$$

式中 $e_\text{车时}$——一个集结车小时的运营支出，元；

C——集结系数，h；

$m_\text{小}$——小运转列车编成辆数，车；

$N_\text{小}$——该编组去向一昼夜的车流量，车；

$e_\text{机乘}$——小运转机车乘务组工作一小时的支出，元；

$e_\text{机时}$——一个机车小时的折旧费，元；

T——机车牵引一列小运转列车每一单程平均耗费的时间，包括列车在途时间、机车在列车终到站的折返时间和平均摊到的机车整备时间，h；

$e_\text{机}$——每一单程所摊到的机车运行支出；

$e_\text{燃}$——1 t 标准燃料或 1 kW·h 电能的费用，元；

$B_\text{燃}$——每一单程所消耗的燃料吨数或耗电量，t 或 kW·h，通过牵引计算确定；

α——修理费、照明费、油脂费、整备费等与能耗费的比值。

将式(10-4)微分后可求出函数 $E_\text{小}$ 的最小值，即可得出小运转列车最有利编成车数，即

$$m_\text{小}^\text{优} = \sqrt{\frac{N_\text{小} [e_\text{机} + (e_\text{机乘} + e_\text{机时}) T]}{e_\text{车时} C}} = \sqrt{\frac{N_\text{小} e_\text{列}}{e_\text{车时} C}} \quad （元） \tag{10-6}$$

式中，$e_\text{列}$ 为该小运转列车的单程运行成本费，元。

于是，可进一步求得该去向一昼夜应开行的小运转列车数，即

$$n_\text{小} = \frac{N_\text{小}}{m_\text{小}^\text{优}} \quad （列/d） \tag{10-7}$$

当所求列车数不是整数或上下行方向列数不等时，应结合所需使用的机车台数、运行区间和编组站通过能力等因素，对小运转列车最佳编成车数及开行列数进行必要调整，并通过编制枢纽运行图和小运转机车周转图加以落实。

2. 枢纽运行图及小运转机车周转图的编制

枢纽运行图应统一安排所辖区域内干线、联络线、环线上各种客货列车及小运转列车的接发和运行，保证大、小运转列车运行线在时间上相互协调，在车流输送上有良好的接续，列车运行与机车周转有良好的配合，为各车站和各货物点作业的均衡、有节奏创造条

件。为此,在运行图中铺画自邻接区段到达及向邻接区段发出的列车运行线时,不应简单地将各区段到发的列车运行线汇总,而是应通过对枢纽内到发的重空车流加以分析,找出其客观规律并组织大小运转列车相互间的合理衔接,做到"以大套小、以小保大",即小运转列车的运行和挂线安排,一般应服从大运转列车的到发和车流疏运与集结需要,保证大运转列车挂到编组站的枢纽管内车流能及时以小运转列车输送到各货物作业地点,而编组大运转列车所需的重空车流能由小运转列车根据集结规律按时送达编车站,以求压缩车辆在编组站和货运站的停留时间。

但当枢纽工作及小运转列车安排难以满足与各干线区段大运转列车紧密衔接配合的要求时,也可考虑对各线大运转列车的挂线方案进行适当调整,以求各种大小运转列车到发时刻之间有较好的衔接与配合。

根据小运转车流波动幅度大的特点,也可考虑编制分号小运转列车运行图,即在运行图中选定一部分有稳定车流保证的运行线为核心车次,再根据增开的列车对数,适当加入一部分备用运行线。如果区间通过能力比较紧张,也可编制"一点多线"运行图,如图 10-2 所示。同一条运行线,编车站可用以开行去往同一径路上任何一货运站的小运转列车,从而增强了运行图执行的灵活性。

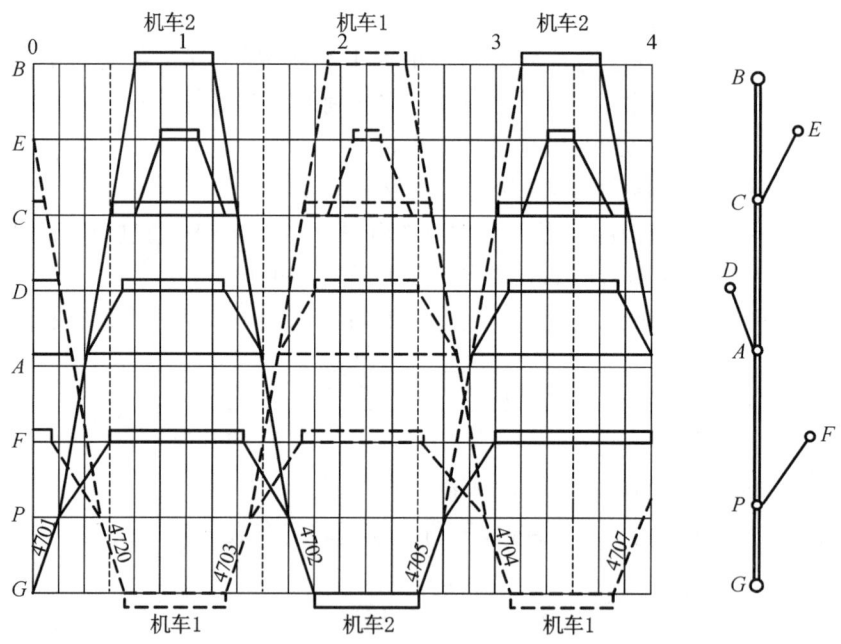

图 10-2 "一点多线"的小运转列车运行图及机车周转图

除了车流与运行线的结合外,还须有动力保证,所编运行图才能确保实现。枢纽内小运转机车的运用,一般应实行机车固定运行区域、固定机车及列车乘务组、固定机车整备地点及时间,以及固定交接班地点及时间,即所谓"四固定"制度。在此条件下,如将每台小运转机车固定牵引一定区域内的某些车次,则小运转列车运行图同时也就是小运转机车周转图。一台小运转机车的周转图如图 10-3 所示,图中 A 站为编组站,同时也是该小运转机车的配属段所在站,B 站、C 站、D 站为货运站,其中 B 站为机车整备和乘务组交接班地点。

小运转机车一般配属于设在车流集中地点技术站上的机务段,但整备和交接班作业应尽可能地分散安排在各技术站和货运站上进行,并避免机车集中回段。这样既便于实行在技术站立折或直通作业的循环运转制,减少其在技术站的非生产停留时间,又可减少对技术站到发线及咽喉区的占用,缓和枢纽内主要编组站的作业紧张程度,使枢纽内现有技术设备得到有效利用。

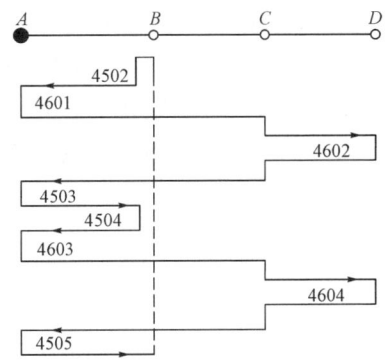

图 10-3　一台小运转机车周转图

3. 严格按图行车的作业组织

枢纽工作的成效在很大程度上取决于小运转列车的正常运行秩序和小运转机车的有效运用。为此,一方面必须对小运转列车实行"严格按图行车"的原则,必须严格按运行图规定的时刻编发;另一方面虽规定有最大牵引重量和长度及最有利编成车数标准,但对小运转列车并无"不得欠轴运行"的限制,如遇编车站车流不足或已到发车时刻而车列尚未编妥,应允许按图定运行线放单机,以免打乱机车交路影响其他站的正常工作。这样,为了适应严格按图行车的要求,各站(包括各货物作业点)就必须精确组织其工作,配合小运转列车运行图的车列解编、车辆取送作业计划,以保证及时准备好每趟小运转列车应编挂的车辆并选编成组,进一步促进小运转机车运用的改善和加速枢纽管内车流的输送。

如编制了质量良好的枢纽小运转列车运行图,若不注意运行图执行情况的监督与日常分析工作,不能及时采取措施进行必要的运行调整,枢纽的正常工作也很难得到保证。实践证明,严格按图行车的兑现,必须抓好小运转机车运用这一关键环节,且特别注意"归位、上线、正点、拉车"四项指标。

(1) 归位。归位是实现严格按图行车的基础,是指所有小运转机车都必须按规定的时间到规定的地点换班。在日常工作中,为了适应车流和作业的变化,允许一个班计划内对各线小运转机车的运用做局部调整,但交班时必须归位,以确保各小运转列车编发站在接班后都有机车保证正点开车,避免交接班阶段出现运输工作长时间中断的失控现象,以保证整个枢纽工作的连续性、均衡性和稳定性,并为机车和列车乘务人员营造良好的工作环境。

(2) 上线。上线是实现严格按图行车的前提,是指机车在换班后所牵引第一趟列车必须保证正点开车。这就要求各编车站必须抓好交班基础工作。如接班后一开始就能严格按图行车,该班的工作也就有了良好的开端,为全班的正常工作秩序打下了基础;如接班后第一趟车不能正点,很可能会打乱机车交路,造成循环晚点,使全班工作都受到不良影响。

(3) 正点。正点是实现严格按图行车的关键,只有列车正点或早点到开,才能保证良好的运输秩序。如果到点开不了车应坚持放单机,以期不因影响下一趟列车的正点到开,而打乱整个地区的工作。

(4) 拉车。严格按图行车的目的,除了实现均衡运输和建立良好的运输工作秩序外,还要做到少用机车和多拉车,以收到降低运输成本的效果。为此,应规定每台小运转机车一班所应拉运的小运转列车数和车辆数定额。当预见到各台小运转机车工作区域的运量显著变化时,应适时调整小运转机车交路,力求在不增加或减少小运转机车运用台数条件下,也能取得较好的运营效果。

对上述各项指标,可规定适当的奖励办法并落实到人。为加强对小运转列车运行与作业的监督,及时掌握其动态和便于乘务员与有关部门的联系,应装备无线列调设备。为了使枢纽工作得到不断的改进,还应建立专项统计分析制度来考核枢纽工作的完成情况。

复习与思考题

1. 车站的分类和等级如何进行划分?
2. 技术站办理的货物列车和货车种类有哪些?货车的主要技术作业过程是什么?
3. 车站调车设备有哪些?编组站有哪些主要岗位?其主要职责分别是什么?
4. 各类信号机的设置应考虑的主要因素有哪些?
5. 接发列车时需办理哪些作业?
6. 动车组列车折返方式有哪两种?城市轨道交通列车折返作业过程是什么?
7. 调车工作的定义、作用、方法、目的是什么?
8. 调车作业的时间标准如何确定?影响调车作业的主要因素有哪些?
9. 常用的牵出线调车作业的方法有哪些?主要特点是什么?
10. 常用的驼峰调车作业的方案有哪些?主要特点是什么?
11. 驼峰调车作业方案的主要指标如何计算?
12. 各种调车作业计划的编制方法是什么?
13. 利用车流汇总表可以分析车流哪些内容?技术设备应用的主要方法有哪些?
14. 货车集结过程(时间)的基本概念、计算方法和影响因素是什么?如何压缩车站货车集结时间?
15. 货物作业车的技术作业过程是什么?合理的取送车次数和顺序如何确定?
16. 车站作业计划的主要内容、编制方法是什么?
17. 车站调度指挥的主要内容、统计分析的主要指标和方法有哪些?
18. 如何运用随机服务系统的理论分析技术站(编组站)系统?各子系统的基本协调条件是什么?合理的协调条件的确定应考虑什么因素?
19. 技术站(编组站)系统各类车场线路数量计算的基本原理是什么?
20. 技术站(编组站)系统驼峰能力、编组调机数量如何确定?考虑因素有哪些?
21. 技术站(编组站)系统设备数量的综合计算考虑因素有哪些?这些因素各有什么特点?
22. CIPS系统整体目标是什么?其系统是如何构成的?
23. 铁路枢纽工作有何主要特点?简述枢纽内各专业车站间作业分工的影响因素及基本要求。
24. 枢纽内的车流改编作业分工一般有哪几种方式?各自有何优点?
25. 简述枢纽内中转列车技术作业分工的主要要求、一般方法和方案比较原理。
26. 简述枢纽内货运工作分工的基本要求、各种分工方式的优缺点。
27. 简述枢纽内车流组织的主要任务和基本要求。

28. 简述小运转列车编组计划的特点。
29. 枢纽内列车运行工作的特点主要表现在哪些方面？
30. 小运转列车的重量和开行对数如何确定？
31. 简述枢纽运行图的编制特点与要求。

第二篇

轨道交通系统行车工作计划

第十一章

概 述

轨道交通行车计划可分为客运行车工作计划和货运行车工作计划两大部分,二者有一些相同之处,如对列车始发、终到站的确定,经由区段(运行径路)的选择,列车种类、等级、对数的确定等,但由于运输对象的不同,客运和货运在具体的行车工作计划方面有很大的差异。货物运输中将货流转变为车流、车流组织为列流的过程相对较为复杂。本篇主要介绍铁路货运中的列车编组计划、技术计划以及城市轨道交通中的车辆运用和乘务计划。

第一节 列车编组计划概述

一、列车编组计划的概念

车流是在一定时期内某方向某线路上的车辆数,是指车辆在时空轴上的分布量,可以用流量(车辆数)、流向及流程[发到站(OD)]等特征描述。装车站把装出的重车向卸车地点输送就构成了重车流;卸车站把卸后的空车送往装车地点又形成了空车流。铁路以"列车"为基本单元组织运输生产,路网中不同线路、不同方向运行的列车形成了列车流,简称列流。在多条线路组成的路网上,车流流量大小不同、流向有同有异、流程长短不一,经过的各技术站设备条件和作业能力也不尽相同,如何将这些重空车流合理组织为列流,是车流组织需要解决的核心问题。

车流组织规定了车流由发生地向目的地运送的办法,是行车组织的一项重要内容。货物列车编组计划是车流组织的具体体现,是行车组织工作较长时期的基础性计划,是联系运输计划和列车运行图的重要环节,也是编制列车运行图的基础。

货物列车编组计划根据路网上车流的大小及性质,依据各技术站的设备条件及能力,具体规定了路网上所有重空车流编入列车向目的地运送的最佳办法,解决了货物列车"在哪些车站编组、到达哪些车站(装卸站或解体站)、编组哪些种类列车以及怎样编组列车"等一系列问题,起到了在路网上合理分配列车解编任务、统一各技术站技术作业过程的作用。其目标是获得较好的技术经济效果,以保证各站所产生的车流都能迅速而又经济地输送到目的地。

二、列车编组计划要解决的问题

在一定的路网运输能力(线路和技术站的负荷水平)和车流结构条件下,列车编组计划需要解决的问题可以归纳为两大类:货物列车开行方案和货物列车编组方式。

1. 货物列车开行方案

货物列车开行方案包含了开行范围、开行种类和开行数量三个方面。其中,开行范围是指列车的编发站、到解站以及运行径路,这是货车组成列车的基本问题;开行种类与列车开行范围相对应,确定开行范围的同时即可确定开行种类;开行数量包含了每一列车去向的车流吸引范围(各种列车应编入的车流内容)、各去向列车的开行数量。显然,确定列车开行范围是货物列车开行方案的关键。

列车编发站、到解站的确定可以有以下两种简单的但也是极端的方法。

(1) 仅开行区段或摘挂列车。不论车流大小、去向远近,一律编入区段、摘挂列车。该方法除了编发站作业方便外,将造成远距离车流多次重复改编,既延误货物送达、延缓车辆周转,又增加技术站的改编作业负担,引起不必要的设备投资,增加调车作业的人力、物力消耗。

(2) 仅开行"点到点"的直达列车。不管各去向车流的大小,一律在产生站(装、卸站)分别集结,编开到达卸车站(装车站)的直达列车。车流在途中技术站不必进行改编作业,可以节省改编作业时间,但车辆要在装车站等待凑够成列(满轴),这会导致在站停留时间大大延长,同样不能达到快速运送货物、加速车辆周转的目的。

显然,仅仅采用上述两种组织方法既不合理又不经济。正确的方法是根据各站车流大小和性质,结合各站设备条件,采取不同的车流组织形式:在装车量较大的车站或联合邻近的几个装车站组织始发直达列车,将未纳入始发直达列车的其余车流送到就近的技术站集中,然后按车流去向的远近分别编入适当的列车,逐步转送到卸车站。

2. 货物列车编组方式

列车编组方式有不分组和分组两种,前者是指所有车辆混编,后者是指将车辆选编成组。分组的目的有二:一是开行分组列车时,为分组列车创造途中换挂条件;二是开行单组列车时,通过选分车组使到解站或卸车站的解编作业更为便利。因此,货物列车编组计划规定了列车编挂办法。

三、列车编组计划的编制原则

(1) 合理组织装车地直达运输,装车地直达列车可无改编通过前方技术站,以减少技术站的改编工作量,加速货物输送和车辆周转。

(2) 最大限度地减少车辆改编作业次数,尽量将调车工作集中到技术设备先进、编解能力大、作业效率高的主要编组站进行,以减少人力物力消耗,节约开支,降低运输成本。

(3) 合理确定各技术站编组列车的办法,以确保各站工作的协调配合,维持良好的作业秩序。正确分配技术站解编任务,充分发挥设备潜力,使运能与运量相适应。

(4) 合理组织区段管内和枢纽地区的车流,减少枢纽地区站间交换车流,减少相邻编组站间车流的重复改编。

(5) 在具有环状径路的方向上,应根据运输里程、运行时间、区段通过能力、技术站通过和改编能力、运输费用等因素,规定和选择合理的车流径路,并充分利用平行线和支线放行车流,以减轻主要方向的运能负担。

四、列车编组计划的作用

1. 车流组织为列流的基础性技术文件

列车编组计划是铁路行车组织工作较长期的基础性技术文件,起着调节车流的作用。它把路网上错综复杂的车流,按到站的远近和运输性质分别组织到不同去向和种类的列车中,保证货物能以最快的速度送达目的地,同时,机车车辆能得到合理的运用。因此,列车编组计划在铁路运输工作组织中占有十分重要的地位。

列车编组计划是运输计划和列车运行图之间的重要联系环节。它根据运输计划确定计划车流,并进一步将车流组织为列车流。它所规定的列车数量、列车分类、发站和到站,以及定期运行的列车等,是编制列车运行图的基础。

2. 路网车站间合理分工及作业的依据

列车编组计划在路网各站间合理分配列车编解任务,综合使用各站设备能力,使各站设备能力协调配合,合理分配各站间的任务,保证各站所承担的编解任务与其设备能力相适应,并对重点地区留有一定后备,起着统一各站技术作业过程的作用,是整个路网车站分工的战略部署。

列车编组计划具体规定了各货运站、技术站编组列车的种类、到站和车辆编挂办法,这在很大程度上也就确定了各站的办理车数、改编作业车数、运用调车机车台数、使用编组线数,以及技术作业过程和技术设备的运用办法等,对车站工作起着决定性作用。

3. 站场设计及设备更新改造的依据

在日常运输工作中,通过变更列车编组计划,可以调整枢纽和方向的负担,疏导车流运行,从而确保运输畅通。在制定铁路枢纽发展规划、进行站场扩建和新建设计时,有必要根据远期的最优列车编组计划所规定的改编任务,来确定枢纽的规模以及站场设备的数量和布局。

4. 铁路与国民经济其他部门联系的重要环节

铁路运输企业通过组织装车地直达运输,与厂矿等各类企业在物资输送的组织方法与设备使用等方面紧密协作配合。列车编组计划体现了产、供、运、销各部门的共同利益,是铁路与国民经济其他部门紧密联系的重要环节。

综上所述,列车编组计划既是车流组织计划,又是站场设备运用计划;既是路网各车站分工的战略部署,又是调节铁路方向和站场工作负担、缓和运输紧张状况的有效手段;既是行车组织的基本技术文件,又是铁路与其他部门联劳协作的具体体现。因此,正确编制和执行列车编组计划是充分发挥铁路运输能力、提高运输效率、尽可能地满足运输市场需求的重要途径。

第二节 货物列车的分类与编组办法

货物列车编组计划主要包括装车地直达列车编组计划和技术站列车编组计划两大部分。在这两部分计划中,对所有编组列车的车站规定了编组列车的种类、到达站和编组内容。

一、货物列车的分类

货物列车的种类可按编组地点和运行距离、运输性质和用途、编组方式及车组数等进行划分。

1. 按编组地点和运行距离划分

（1）始发直达列车。由一个车站所装的货车组成，通过一个及以上编组站不进行改编作业的列车。

（2）阶梯直达列车。由同一个或相邻两个调度区段中几个车站所装的货车组成，通过一个及以上编组站不进行改编作业的列车。

（3）基地直达列车。由装车基地所属的一个或若干个车站所装的货车组成，通过一个及以上编组站不进行改编的列车。

（4）技术直达列车。在技术站编组，通过一个及以上编组站不进行改编作业的列车。

（5）直通列车。在技术站编组，通过一个及以上区段站不进行改编作业的列车。

（6）整列短途列车。在装车站编组，运行距离较短且不通过编组站到达某一卸车站的列车。

（7）区段列车。在技术站编组，不通过技术站且在区段内不进行摘挂车辆作业的列车。

（8）摘挂列车。在技术站编组，在区段内各中间站进行车辆摘挂作业，服务于区段管内车流输送的列车。

（9）区段小运转列车。在技术站与邻接区段内的几个中间站之间开行，用于输送这几个中间站到发车流的列车。

（10）枢纽小运转列车。在枢纽内各站间开行，服务于枢纽内车流输送的列车。

从卸车地直接组织的空车列车，也可比照上述分类方法将空车列车分为直达、直通或区段列车。以上货物列车种类如图 11-1 所示。

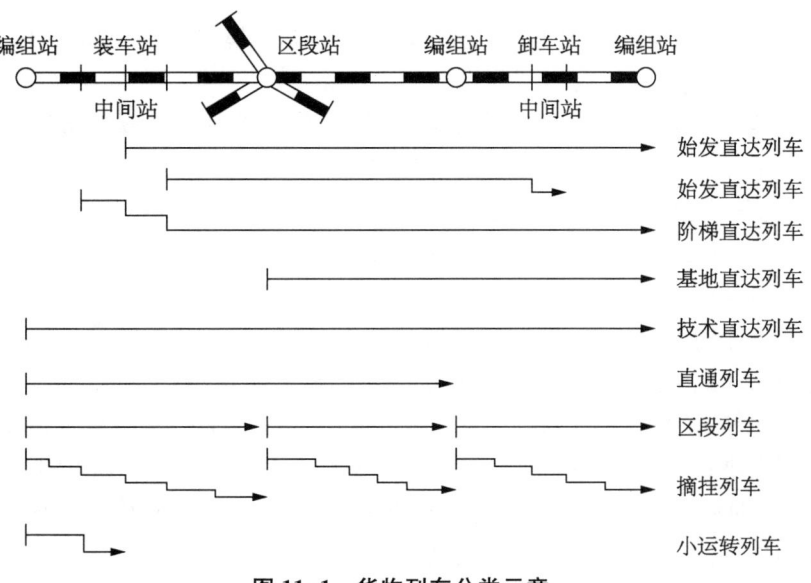

图 11-1 货物列车分类示意

2. 按运输性质和用途划分

1）快运货物列车

快运货物列车通常是挂有保温车，定期开行，以较高的速度运送鲜活、易腐货物及日用消费品的列车。其中，为适应市场经济发展，向社会提供优质服务，以"定点、定线、定车次、定时、定价"为特征的快运货物列车又称为"五定班列"，可分为集装箱五定班列和普通五定班列两类。

2）定期运行的货物列车

定期运行的货物列车是指有稳定车流保证，每日或每周固定车次定期开行的列车。

3）具有特定用途或特殊意义的货物列车

这类列车通常包括行包专列、石油直达、煤炭直达、空车直达、保温列车、超限列车、重载列车、组合列车、自备车列车、军用列车、路用列车等。其中，路内使用列车包括单机（分客运单机、货运单机和小运转单机）、补机、试运转列车、救援列车等。

4）国际集装箱运输班列

中欧班列（China Railway Express）就是该类列车的典型代表。中欧班列是由国铁集团组织，按照固定车次、线路、班期和全程运行时刻开行，运行于中国与欧洲以及"一带一路"沿线国家间的集装箱铁路国际联运列车，是深化我国与沿线国家经贸合作的重要载体和推进"一带一路"建设的重要抓手。中欧班列运输通道包括西、中、东三条通道。

（1）西通道。一是由新疆阿拉山口（霍尔果斯）口岸出境，经哈萨克斯坦与俄罗斯西伯利亚铁路相连，途经白俄罗斯、波兰、德国等国；二是由新疆霍尔果斯（阿拉山口）口岸出境，经哈萨克斯坦、土库曼斯坦、伊朗、土耳其等国，或经哈萨克斯坦跨里海，进入阿塞拜疆、格鲁吉亚、保加利亚等国；三是由吐尔尕特（伊尔克什坦），与规划中的中吉乌铁路等连接，通向吉尔吉斯斯坦、乌兹别克斯坦、土耳其等国，通达欧洲各国。

（2）中通道。由内蒙古二连浩特口岸出境，途经蒙古国与俄罗斯西伯利亚铁路相连，通达欧洲各国。

（3）东通道。由内蒙古满洲里（黑龙江绥芬河）口岸出境，接入俄罗斯西伯利亚铁路，通达欧洲各国。

中欧班列具有速度等级高、强调精准运输、保证口岸站及出境联运等特殊需求。为实现中欧班列有序交接，提高中欧班列运输组织效率，压缩国境站作业时间，提升中欧班列综合竞争力，中欧班列运输联合工作组经过多次协商，制定了《中欧班列周运输预报办法》，中欧班列运输联合工作组下设秘书处、运输组织和营销专家工作组、信息协作专家工作组，建立了中欧班列国际铁路合作机制。日常状态下，各方铁路指定相应部门人员负责协调开展中欧班列运输周计划预报工作；当发生运输障碍事件时，事发国铁路相关部门将及时通知所有参与运输的其他主体有关该障碍事件的详细情况和预计消除时间，并及时将班列情况和预计到达时间等通知发货人、收货人，从而形成中欧班列全程运输组织协作模式。具体运输组织中则主要采用"图定临时结合""图定干支结合"及集并运输等运输组织方式。

① "图定临时结合"运输组织方式。"图定临时结合"是指中欧班列运输组织方案由图定开行方案和临时开行方案两部分合并构成。

图定开行方案是指针对一段时期内开行稳定、达到一定开行频次而纳入运行图的开行方案,主要包含车次、装车组织站、始发(技术)站、到达(技术)站、卸车组织站、编组内容、运行径路、开行周期、列车速度等内容,运输部门根据开行方案铺画中欧班列运行图。中欧班列图定开行方案的运行图一般按不低于 1 000 km/d 的旅行速度进行铺画,使用车辆、编组要求、牵引质量应符合 120 km/h 货物列车运行图的相关技术条件。

临时开行方案是指针对未纳入中欧班列图定开行方案以及图定开行方案无法满足开行需求的临时制订的开行方案。一般适用于处于市场培育期的新增中欧班列运输需求,以及受运输能力、牵引质量、轴重等因素限制无法按照图定开行方案开行的中欧班列运输需求。中欧班列临时开行方案按照技术直达列车方式开行,使用 80 km/h 的普通货车编组,按调度命令指定的日期、车次、运行径路等要求开行。

② "图定干支结合"运输组织方式。"图定干支结合"是指中欧班列运输组织图定开行方案分为干线方案和支线方案,其中干线方案是始发(技术)站与口岸站间的开行方案,支线方案为始发(技术)站与干线上接续技术站间的开行方案。中欧班列在始发(技术)站和到达(技术)站间分别按干线、支线上的车次和时刻运行,接续技术站为干支线车次的转换点。

在干支线结合方式下,中欧班列支线复用干线的运行线,干线及其支线只在运行图中占用一条运行线,从而提高班列运行线效率。由于不同地点开行的中欧班列在径路上均存在长距离的共线运行区段,因此中欧班列开行频率较低的运行线可以共用图定运行线。共用运行线的"干线"与各地中欧班列非共用段的"支线",构成中欧班列境内运输的干支线结合模式。

③ 集并运输组织方式。集并运输组织方式依托相关集结中心,以相同或相近的目的地城市线路为基础,吸引周边城市的班列集装箱进行城市间的集并调运,从而形成共享线路的城市群,具体的集并模式包括多点集并、单点集并、班列灵活集并、口岸站加挂等。

单点集并是由同一个中欧班列装车站进行货源组织,连续发出多列到站、境外货运代理相同的班列的模式。

多点集并是在城市群或区域内由多式联运分公司协同进行货源组织与装车组织的模式。单点集并和多点集并均需要根据集并计划做好货源组织、装车组织和行车组织等工作,以确保中欧班列到达口岸站时间相近,不因集并作业影响中欧班列的时效性。

班列灵活集并方式是口岸站根据交出能力、作业条件等限制因素,在口岸站对部分中欧班列解编重组,按大编组列车交出的模式。

口岸站加挂则是依托中欧班列在宽轨段的剩余能力,加挂在口岸站等待出境的一般国际铁路货物联运列车,形成大编组列车交出的模式。

3. 按列车编组方式划分

(1) 单组列车。由同一到达站(到解站或卸车站)的车辆组成,列车内的车辆可以混编,也可以按某些特定要求选编成组,或指定车组编挂位置,为到达站创造作业条件。一般而言,列车编组内容在列车终到前中途不改编。

(2) 分组列车。由两个及以上到达站的车辆组成,且按车流去向选编成组(基本车组+换挂车组),以便于途中车组换挂的列车。

(3) 按组顺或站顺编组的列车。列车内的车辆要求选编成组,且按组顺或站顺编挂的列车。一般为摘挂列车和小运转列车,大多要在运行途中车站进行摘挂车组作业。

(4)按列车内车辆状态划分。货物列车按列车内车辆的状态可分为重车列车、空车列车、空重混编(不分组)和空重合编(分组)列车。

应该指出,上述货物列车的分类都是针对列车的某一特征而言的。实际上,每一列车都具有几个方面的特点,例如,它可能既是技术直达列车,又是单组、空重混编、定期运行的列车等。

二、货物列车的编组办法

货物列车的编组内容通常采用列车到达站(列车去向,下同)来描述。一个列车到达站,对于重车来说大多是对到达某一范围内车流的一种界定,对于空车而言是指定其编组的车种。

【例 11-1】 以图 11-2 所示的铁路方向为例,货物列车编组计划对每一到达站的编组办法都有明确的说明,如表 11-1 所列。

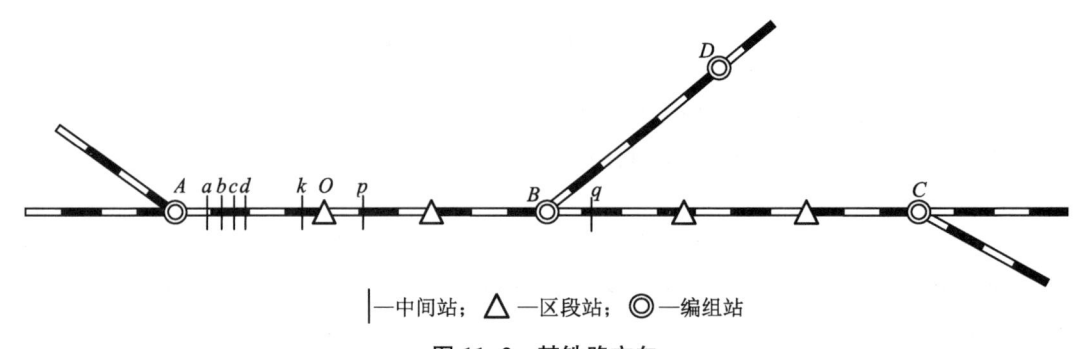

图 11-2 某铁路方向

表 11-1 货物列车编组计划

发站	到站	编组内容	列车种类	定期车次	附注
b、c	C	C 站及其以远	阶梯直达	85013,85015	
p	q	q 站卸	始发直达	85031	
q	p	空敞车	空车直达	86002	
A	C	C 站及其以远	技术直达		
A	D	D 站及其以远	技术直达		
A	B	① B 站及其以北;② B 站以东	直通		组顺不限
B	C	C 站及其以远	直通		
A	O	O 站及其以远	区段		
A	O	① $a-k$ 间站顺;② O 站及其以远	摘挂	41051,40053	按站顺编组
A	C	快运车组 14 辆(包办办公车)	快运	82701	
A	b	① a 站选编成组;② b 站空车	小运转		组顺不限

第三节　货物列车编组计划的编制程序与原则

一、编制程序

货物列车编组计划的编制工作通常分为三个阶段：准备资料、编制计划和实行前准备。

列车编组计划的编制质量在很大程度上取决于编制资料的准备工作，只有充分掌握了可靠的编制资料，才能编出既适应市场经济需要，又体现铁路整体效益的编组计划。货物列车编组计划编制所需资料主要包括以下两部分：

（1）列车编组计划编制要素：计划重空车流、车流运行径路、货车集结参数、货车无改编通过技术站的节省时间等。

（2）现行列车编组计划执行情况的总结分析：始发直达、技术直达、定期运行列车等完成情况的分析；主要编组站的任务和指标完成情况的分析；各部门及有关专家、工程技术人员对改进列车编组计划的意见等。

编制货物列车编组计划的具体工作程序如下：

（1）确定编组计划实行期间的计划运量，并在此基础上制订日均计划重空车流。

（2）检查各铁路方向的运量负担，选择车流径路或制订分流办法。

（3）审定各线的列车重量标准和换算长度，研究可能发生的增减轴作业问题，制订某些方向统一重量标准的办法。

（4）审查各主要站的装卸、改编能力及各项技术标准，研究提高能力、增加任务的可能性。

（5）编制快运货物列车编组计划，包括货运"五定班列"编组计划、集装箱快运直达列车编组计划及其他快运货物列车编组计划等。

（6）编制始发直达列车编组计划，包括一站始发、阶梯直达以及基地直达等列车的编组计划。

（7）编制空车直达列车编组计划。

（8）编制技术站间列车编组计划。

（9）检查装车地直达与技术直达两类列车编组计划是否配合，修改不配合的装车地直达列车的到达站，对不能统一重量标准的区段规定补轴、减轴办法，规定摘挂列车、小运转列车的开行办法。

（10）整理列车编组计划文本，总结编制工作，拟定保证措施等。

（11）为编制列车运行图提供列车分类、对数、车流接续以及固定时刻、固定车次要求等资料。

二、编制的基本原则

编制货物列车编组计划是一项十分复杂而又细致的工作。在整个铁路网上，编组列车地点数量多、车流数量大，各支车流之间相互联系、互相渗透，只有将全路车流组织作为一个整体来考虑才可能找到最优方案。但由于车流组织的方案数巨大,且每一方案需要考虑的因素又很多,要想通过计算选出最优方案非常困难。为此可采用分块编制的做法,一方面对装车地和技术站列车编组计划分别编制,另一方面又将路网划分为若干个方向,按各方向分别编制货物列车编组计划。

从我国铁路技术设备条件和车流结构的现实情况出发,编制货物列车编组计划应该遵循以下基本原则。

1. 编制装车地直达列车编组计划

(1) 装车地大宗稳定的车流,采取循环集结,全部组织装车地直达列车。

(2) 选定直达基地或组织多站合开,将零散车流汇集起来组织直达列车。

(3) 凡流向稳定、能保证经常开行的装车地直达列车,应固定车次、定期开行,尽可能地在运量较大的车站、枢纽或地区间开行快运货物列车或五定班列,以适应市场经济发展的需要。

(4) 从产、运、销整体效益出发,结合装卸车条件,本着"能高勿低、先远后近"的原则,尽可能多地组织各种直达列车。

(5) 对于有一定技术设备和中转车流接续的装车站,采取自装车流和中转车流配合组织"始发-技术直达列车"的方法,越过能力紧张的编组站。

2. 编制空车列车编组计划

(1) 空车应按最短径路排送,尽可能地直接从卸车地组织空车直达列车。

(2) 本着"以空保重、重空结合"的原则,尽量多地组织定期空车直达列车。

(3) 有大量卸车的专用线、车站、区段或地区均应就地组织空车专列。

(4) 需大量排往外局装车的空敞车,采取由卸车站和集中空车站将其全部组织成专列的办法,按交空分界站选定若干固定运行线均衡地排送。

3. 编制技术站单组列车编组计划

(1) 坚持全局观点,局部服从整体,小运转保证大运转,装车地缓和编组站。

(2) 充分发挥技术站设备效能,组织好协调配合,保证车站正常工作。

(3) 根据车流集散规律,组织有调中转车流集中在主要编组站作业,对能力不足的编组站指定相邻技术站进行辅助作业。

(4) 对枢纽内的若干车站,通过技术经济比较,选择好分散集结和分别到达列车的方案。

(5) 对去往有驼峰设备技术站解体的列车应减少分组。

(6) 为适应技术站编组线数不足、较难全部按规定组号固定线路的情况,除因特殊需要或必须组织空车专列者以外,其他空车全部与重车混编。

4. 编制分组列车编组计划

(1) 考虑车组换挂站的车流稳定性,防止列车欠轴或被提前解体。

(2) 考虑车组换挂站的技术设备条件,避免在不便进行成组换挂作业的车站换挂车组。

(3) 挂到中间站的车组,只能是到达该站或到达有小运转机车取送的邻近站卸的车组。

第四节　车流径路及其确定原则

车流径路是编制货物列车编组计划的主要依据之一,也是车流推算与车流调整、路局完成运输产品的清算和统计分析,以及对发货人核收货物运费等的依据。因此,车流径路方案的选择和车流径路管理一直是铁路运营管理的重要工作。

一、车流径路的基本概念

车流从始发站向终到站运行所经过的路线称为车流运行径路,简称车流径路。现行车流径路通常分为车流最短径路、车流特定径路和车流迂回径路三种。

1. 车流最短径路

路网上两个车站之间拥有最短里程,或最短运输时间或最少运输成本的径路称为车流最短径路。大多数情况下以里程最短为衡量标准,最短径路往往也是经济合理的径路。

2. 车流特定径路

受到某些因素影响,一些车流需要经大于其最短径路的指定径路输送,这样的径路称为车流特定径路。其主要影响因素有:

(1) 运能不足。如果路网上的车流都按最短径路运行,会因车流分布不均匀,或因最短径路技术装备较差,导致某些线路或区段所承担的运量超过其运能的容许范围。因此,在实际工作中,常常需要将繁忙线路或区段的部分通过车流调整给指定径路输送。

(2) 特殊作业或需要。因某些特殊作业的要求,如超限货物运输等,或因最短径路可能产生大量需重复作业的折角车流等,需要指定另一些特定径路。

(3) 设备利用。有时为了利用临管线或地方铁路输送部分车流,或者为充分利用某些平行线路上的单机以节省运用机车台数,也可规定某些车流的特定径路。

3. 车流迂回径路

车流迂回径路是指在日常运输工作中,由于某些线路运营条件发生临时性变化而临时指定的一些车流径路。例如,由于水害、塌方、施工封锁、发生行车事故等,导致中断行车或通过能力下降,且在较短时间内不能恢复正常行车时,对于按最短径路或特定径路输送的在途车流或紧急待运物资,可颁布调度命令,采用绕道运输的方法转送到目的地。

最短径路为基本径路,特定径路为补充径路,二者构成车流输送的正常径路;迂回径路是指在日常调度指挥工作中进行车流调整时临时指定的经由线路,属非正常径路。按规定的正常径路输送车流有助于路网上运用车的合理分布及线路上车流的动态均衡,是建立稳定的运输秩序的必要条件。当必须采用迂回径路时,要根据迂回径路的运输能力,规定一日迂回输送的车数、重车方向、空车车种及有关技术站列车编组计划的调整办法,尽量减少对正常运输秩序的干扰。

二、影响车流径路选择的主要因素

(1) 车流经由线路的运输距离,可根据《货物运价里程表》所公布的里程确定。

(2) 车流经由线路运输所需的时间 T，可按式(11-1)计算：

$$T = \sum \frac{L_{区段}}{V_{旅}} + \sum t_{无} + \sum t_{有} \quad (h) \tag{11-1}$$

式中　$L_{区段}$——区段线路长度，km；

　　　$V_{旅}$——列车在区段上平均旅行速度，km/h；

　　　$t_{无}$——沿途中技术站无调中转时间，h；

　　　$t_{有}$——沿途中技术站有调中转时间，h。

(3) 各区段的通过能力、各技术站的改编作业能力以及能力的利用程度，可通过查定与计算来确定。

(4) 车流经由线路所需的总费用，其中与行车量直接有关的费用可按式(11-2)计算：

$$E = N(\sum e_{运行} + \sum e_{中转}) + \sum M e_{单机} \quad (元) \tag{11-2}$$

式中　N——计算车流量，车数；

　　　$\sum e_{运行}$——每车分摊到的途经区段运行费用，元/车；

　　　$\sum e_{中转}$——每车分摊到的技术站无调和有调中转总费用，元/车；

　　　$\sum M e_{单机}$——单机运行总费用，其中 M 为途经区段相应于车流 N 需要增加的单机台数，$e_{单机}$ 为各区段每台单机的运行费。

三、车流径路管理的基本内容

车流径路管理的基本内容主要包括两个方面：一是确定全路的车流径路方案（文件），即确定各支车流的正常径路；二是在日常运输工作中认真执行车流径路文件，保证路网上车流的平稳有序流动。

对于某个铁路方向或区段，如果由于通过能力或改编能力不足，全部通过车流不可能都经由最短径路输送，就需要考虑利用平行径路进行分流，否则将产生以下不利影响。

(1) 若能力利用率已经较高，则车流量增加后将引起车辆在站时间的延长。主要表现在以下两方面：一是由于行车量的增加，列车在区段内会让次数增多，途中停站时间延长；二是由于改编作业车数量的增加，车辆在技术站停留时间延长。

(2) 若能力利用率接近饱和，会使方向上的运输组织工作丧失机动性，可能产生更大的损失。

在上述情况下，改变一部分车流的运行径路，将它们调整到能力相对富余的方向或区段，不仅可以发挥铁路技术设备的潜力，而且还能提高整个路网的车流速度。因此，在车流数量与结构不变的前提下，应以整个路网车流输送的总车小时和总费用最小为目标，来确定各支车流的输送径路，优化车流径路管理。

车流径路方案一旦确定，并以文件形式下达后，各相关技术部门在制订与车流径路有关的技术文件时，非经授权部门批准不得违反文件的各项规定；各级调度部门在进行车流调整时，不得擅自变更车流的输送径路。

车流径路每隔一段时期或当有新铁路线建成时，一般在原有方案的基础上经修订、补充形成新的径路方案。以往通常由人工制订全路的车流径路方案，近年来，我国铁路在车流径路管理现代化方面做了很多工作，其中主要包括：运用计算机确定路网车流径路方案的算法研究，路网车流径路管理信息系统的开发，车流迂回径路的合理确定，车流径路计算软件在车流推算、运输计划编制及精密统计等运营管理工作中的应用，等等。

第十二章

装车地直达列车编组计划的编制

第一节 装车地直达运输概述

货物运输直达化是衡量运输组织水平的重要标志之一。装车地直达列车是铁路提高运输服务质量、扩大运输市场份额的有效车流组织方式之一。在装车地如何组织直达列车、组织哪些种类的直达列车,与市场需求、车流构成、设备条件等有关,也与其他车流组织方式相互协调配合有关,应在编制列车编组计划时统一考虑。

一、定义与分类

由装车地(一个或几个装车站)利用自装车流直接编组直达列车的车流组织方式,称为装车地直达运输。利用自装车流组织的直达列车称为装车地直达列车。根据装车地点、到解车站、车辆编挂办法等条件,装车地直达列车可以有多种细分形式。表 12-1 罗列了几类主要的装车地直达列车形式。

表 12-1 装车地直达列车形式

列车种类	装车地点	到解(卸车)车站	备注
始发直达列车	同一装车站	一个或几个	一个或几个发货人
阶梯直达列车	多个装车站	一个或几个	包括衔接支线
基地直达列车	基地站	装车区技术站或干支线联轨站	
分组直达列车	按同一卸车站的不同卸车地点、同一卸车区段或枢纽内的不同卸车站		组号选分成组并按规定顺序编挂

此外,按直达列车的运行条件,装车地直达列车还具有:变更重量的直达列车或固定重量的直达列车、每日定期开行的直达列车或不定期开行的直达列车、固定车底的循环直达或不固定车底的非循环直达等形式。由同一站装车、不通过编组站、到达同一站卸车、固定车底循环运用或不固定车底的整列短途列车,也是装车地直达运输的一种形式,需要单独统计。

装车地直达运输中还有一种日行 600~800 km 的快运货物列车,其组织形式主要有:

(1) 鲜活易腐快运货物列车:是指专门运送鲜活易腐货物的快运货物列车,其中编挂保温车为主时又称为保温列车。

(2) 集装箱快运直达列车:是指专门运送集装箱的快运货物列车,一般要求指定挂运车次,优先安排运行线间的接续。

(3)快运货物"五定班列":一般要求运行线全程贯通,车次全程不变,发到时间固定,实行以车或箱为单位报价。

装车地直达运输是大宗货物运输的一种合理形式,其中装车地重载运输也是基本形式之一。实际运输生产中,常用的装车地直达列车的组织方式主要有三种,见表12-2。

表 12-2 装车地直达列车的主要组织方式

序号	组织方式	空车来源	组织过程	采用部门
1	原列折返	整列到达	空车→送各装车点→各作业点取回→原列编发	中小矿区
2	自装车流集结编发	整列到达	空车→送各装车点→各作业点取回→不同去向分别集结→不同列车分别编发	大矿区
3	利用卸后空车	本站卸空	重车→送作业点→卸空后装车→取回→集结→编发	货运站

二、组织装车地直达运输的优点

1. 减轻沿途技术站的改编作业负荷

由于装车地直达列车无改编通过前方技术站,使有调中转车转化为无调中转车,因而减轻了沿途技术站改编作业负担,缓和了其改编能力的紧张程度,改善了车站作业条件,降低了运输成本,避免或推迟技术站设备改造等。

2. 加速车辆周转和货物送达

由于直达列车在运行途中获得车小时节省,因而加速了物资运送和机车车辆周转,但必须符合以下前提条件:

$$\sum Nt_{节} > T_{集}^{装} \tag{12-1}$$

式中 $Nt_{节}$——运输途中无改编通过技术站的车小时节省,车·h;

$T_{集}^{装}$——装车地直达列车集结车小时消耗,车·h。

3. 稳定列车运行秩序

由于直达车流相对稳定,基本上可以组织每日开行,许多直达列车可以在运行图上固定列车运行线(图上定线),从而为稳定列车运行秩序创造了有利条件。

在日常运输工作中,把直达运输组织与运输方案编制结合起来,加强旬间直达列车日历装车计划的编制与执行,广泛实行按阶段分去向集中出车等作业组织方法,即使在不增加设备的条件下也可以增加直达运输比重,延长直达列车运行距离和缩减货车在站停留时间。因此,大力组织装车地直达运输是挖潜提效的重要途径之一。

4. 配合厂矿企业生产

组织装车地直达运输可以促进物资产、供、运、销各部门间的密切协作,按照现代物流的理念使产供销相结合,使货流组织与车流组织更好地结合起来,最大限度地减少中间作业环节,实现"货流→车流→列流"运输组织工作的现代化与科学化。

5. 拓展货物运输市场

快运货物直达列车的开行,保障了部分地区的鲜活供应,社会和经济效益显著。"五定班列"的开行,吸引了大量高附加值的货物,增加了运输收入,改善了服务形象。在建设集装箱基地与港站的基础上,增开集装箱直达列车,将成为货物直达运输的发展方向。

三、装车地直达列车组织条件

装车地直达列车并不都是经济可行的,在企业仓储设备容量不足、每日生产量或消费量不大、装卸设备条件较差、整列或成批装卸时间过长等情况下,组织直达列车可能会造成物资大量积压、货车停留时间延长,甚至给企业和装卸站带来极大困难。同时,如不考虑与技术站列车编组计划相配合,直达列车就有可能被提前解体而达不到预期的效果。在确定装车地直达列车编组计划时,必须考虑如下组织条件:

(1)车流条件。充足、稳定且去向集中的直达车流是组织开行装车地直达列车的基础,因此,发货单位或发车站要有一定的直达运量。车流量可由一条专用线或一个车站产生,也可由枢纽内或区段内几个车站联合产生(组织阶梯直达列车)。

(2)装卸能力。发收货单位或装卸车站场库的容量、装卸能力(人力、机具设备等)、装卸线和货位的长度等,能保证整列出车、整列或成批到卸的要求。

(3)编组能力。装车站、卸车站有调车设备及足够的解编能力。

(4)空车供应有保证。不但要求车种适合、数量充足,而且要求配送及时,稳定可靠。

(5)符合前方技术站编组计划的要求。装车地直达列车的到达站如不是卸车站或卸车区段而是解体站时,其所吸收的车流和分组选编办法必须符合前方各技术站的分工要求。这些列车如不按前方各技术站的列车编组计划编组,就会使有关技术站的工作因车流条件变化而受到影响。

【例 12-1】 以 $A \rightarrow G$ 方向技术站列车编组计划为例(图 12-1),A 站编发三类列车:一是到达 G 站的技术直达列车;二是到达 D 站的直通列车,编组内容分为:D 及其以远和 F 及其以远;三是到达 B 站的区段列车。据此,$a \rightarrow D$ 站解体的始发直达列车,不得编入 G 及其以远车流,也不得把 F 及其以远和 D 及其以远车流混编在一起。否则,将延缓 $a \rightarrow G$ 直达车流的运行(增加改编作业次数),又将增加 D、E 等站的改编作业量,甚至会使这些车站的作业发生困难。因此,这种列车到达 A 站后将被提前解体,以便将车流分别编入 G 站和 D 站的列车。

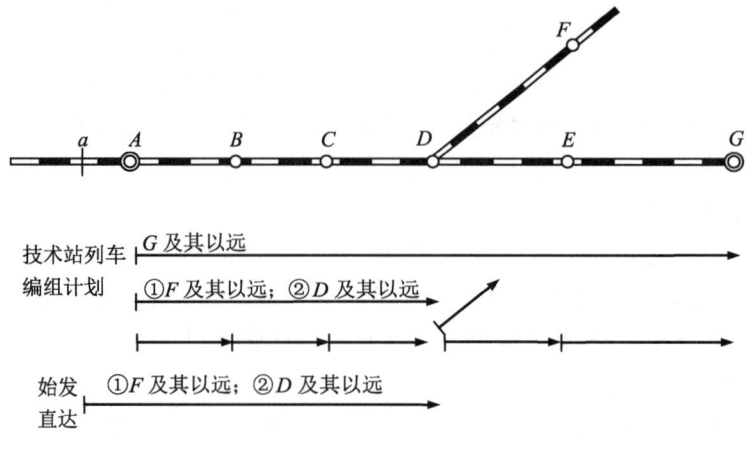

图 12-1 始发直达列车与技术站列车编组计划的配合

(6)变重站设备和车流条件。对于组织在运行途中需要变更重量标准的直达列车,在变重站应有方便摘挂车组技术作业的设备条件,以及为欠轴列车补轴的合适车流。

装车地直达列车的开行除了需要符合以上组织条件外,还应加强直达运输全过程、各环节(装车、运行、中转、卸车、返空等)的协调配合,统一规划装车地(煤矿、钢厂、电站、港口、储运基地等)相关设备(运输、装卸及仓储)的技术改造,逐步实现整列装卸、直出直入的要求;加强枢纽地区联络线、编组站直通车场的建设,以及机车车辆检修基地的配置和专用车场的配套;结合装车点设备条件差、不能整列出车的实际情况,在装车点分散地区的出口处或变更列车重量的干支线衔接点,建设具有一定到发和改编能力的车站作为直达基地,把自装车流和中转车流汇集起来,编开按品种、分去向的基地直达列车。

四、衡量直达运输效果的标准

组织直达运输的可能性与合理性,不仅取决于是否具备上述各种条件,而且也需要考虑在以下方面的效果。

(1)保证重要物资的优先、快速、及时疏运。把最大限度地加快疏运速度作为第一目标,主要适用于紧急军运、抢险救灾物资运输,以及疏港工作等短期性的特殊需要。

(2)最大限度地减轻有关技术站的改编作业负荷。着眼于解决某些技术站改编作业能力不足的实际困难,而不计较因组织直达运输而增加的费用。此时,要求尽量多地编装车地直达列车,并尽可能无改编通过沿途更多的技术站,以缓和其紧张的作业能力。这种"以装缓编"的办法对于解决某些运能不足线路的困难是现实且有效的。

(3)优先考虑车小时节省。着眼于加速车辆周转,当直达运输有多种组织方案时,优先选用车小时节省最多的方案。这种办法在日常计划中得到了普遍采用。

(4)综合考虑企业经济效益。为了扩大企业在运输市场中的份额而开行某些直达列车,在短期内可能不会带来经济效益,但有利于企业营销策略的实施,将给企业带来长远的经济效益,故应积极组织此类直达列车。

在不同的车流组织方式下,装车站、运行途中及卸车站的车小时和调车工作小时消耗有所不同,因此,直达运输经济效益的确定还应与装车地直达列车组织方案的选择结合起来研究。

第二节 装车地直达列车编组方案

一、直达列车编组方案的定义及构成

装车地可由一个或数个装车站组成,对于有多个装车站的装车地来说,各站的车流数量和技术设备等可能不尽相同,有的具有单独组织直达列车的条件,有的只有与其他站联合才能组织直达列车。从某一个装车站来看可能单独组织直达列车有利,而从整个装车地来看联合组织可能还有以下好处:

(1)扩大了直达列车吸收的车流量,增加了开行的直达列车数。

(2) 延长了某些直达列车的运行距离,增加了沿途无调中转总车数。

(3) 缩短了装车地直达车流的停留时间。

同样地,对于直达列车是按一个到卸点组织还是按多个到卸点组织,也有类似的效益问题。因此,应当通过比较,选择对整个装车地有利的直达列车组织方案。

装车地直达列车应按车流的不同运行方向分别组织。装车地发往同一方向所有直达车流的组合形式,称为装车地某方向的一个直达列车编组方案。在一个直达列车编组方案中可能开行多种形式的直达列车,即发站或到站或编组内容不同的直达列车,其中每一种形式的直达列车称为一个直达列车方案。显然,某方向的一个直达列车编组方案包含一个或多个直达列车方案。

如果从发站、到站,甚至装车点、卸车点的组合来构成直达列车方案,直达列车方案的不同组合就构成了某方向可供选择的一系列直达列车编组方案,因此,方案数量十分庞大。实际编制时,可考虑组织直达列车的基本条件,特别是装车点的装车能力和卸车点的卸车能力的限制,从而减少直达列车方案数。在此基础上,再确定有特殊要求的直达列车方案,如装卸地点基本固定的重载直达列车,发到地点基本固定的集装箱专用直达列车和鲜活快运直达列车,以及满足市场需求的"五定班列"等。最后,就剩下的直达列车方案进行相应的组合,通过技术经济比较,最终确定该方向最有利的直达列车编组方案。

二、直达列车到达站图的确定

为保证装车地直达列车编组办法与前方各技术站(到解站之前)的列车编组计划相符,可根据方向上的列车编组计划编制直达列车到达站图,按直达车流的运行方向分别编制,具体编制步骤和方法如下。

1. 选定初始直达列车到达站

(1) 最远直达列车到达站。一般地,日均直达车流在半列以上的车站均可选为最远直达列车到达站。

(2) 初始直达列车到达站。最远直达列车到达站及以近所有技术站以及能整列卸车的货运站。

2. 编制初始直达列车到达站图

(1) 装车区作为直达列车到达站图的始点。

(2) 由装车区向第一技术站延伸,再由技术站向前方技术站延伸,以此类推,一直延伸至所有初始直达列车到达站。

(3) 任何技术站向前方延伸时,只向该站列车编组计划规定的列车到达站延伸。当该站开行多个到达站时,应同时向这些到达站延伸,即在该站分叉形成树枝状。

(4) 当到达站图已经生成时,则不必再向该站延伸,使到达站图不是闭环的,即装车区至每个到达站都只有一条通路。

(5) 不是技术站的货运站,不向前方延伸。

如果第一技术站是分叉站,那么由第一技术站分出的树枝称为"树",并进行编号,到达不同号数的直达车流合并以后,只能编开非直达列车。

3. 撤销不符合条件的到达站

(1) 将没有直达车流到达的非分叉站标记为非直达列车到达站(如标记为"△")。

(2) 撤销不满足装车条件的终端到达站。将直达车流不满足开行条件的终端到达站从图上取消,并将其直达车流向相邻后方站合并。

如图 12-2 所示,由 A 装车区编开到达 E 站解体的直达列车只允许编组到达 E、F 及 h、l、p 站的车流;同理,编开到达 C 站解体的直达列车则可编组 G、E 站及其以远和 C、D 站及其以远的车流。直达列车到达站图就是按照这一原则制订的,它有助于正确地拟定装车地直达列车的各种开行方案。

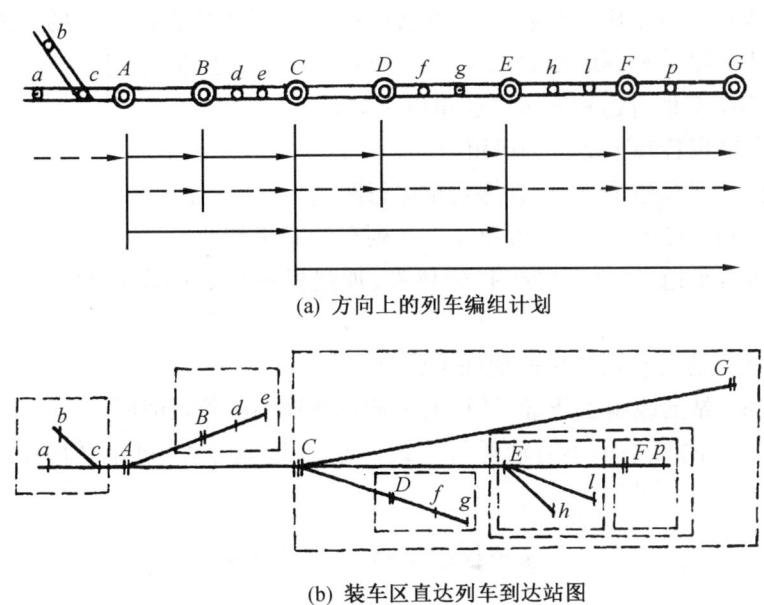

图 12-2 装车地直达列车到达站图

三、循环直达和基地直达列车组织

循环直达列车是指以固定车底在装卸站间循环往返运行的直达列车,其主要优点是能够保证向大宗货物装车地稳定地供应空车,为固定列车运行线创造有利条件。当采用专用车辆时,还能加速车辆周转、提高货车静载重和保证货物的完整。但这种组织方式可能会增加空车走行公里,为此应考虑以下组织条件:

(1) 直达列车往返都有货可装,或其回程是回空方向,或不增加额外的空车走行公里,或空率虽有所增加,但运距不长,其损失可以从加速车辆周转方面得到弥补。

(2) 如大宗货物本身要求以指定车种或专用车运送,不论运距远近,只要流量充足,均可使用固定车底。此时,空率虽有所增加,但其在保证货物运输安全完整、减少整备作业和提高载重力利用率等方面有较大的效益。

(3) 装车和卸车地的设备条件能保证整列或半列一批作业,不增加车辆在站停留时间。

基地直达列车也是装车地直达运输的一种有效形式。在下列情况时,组织基地直达列车比组织始发直达列车或阶梯直达列车能收到更好的效果。

(1) 地区内各主要装车点过于分散且因设备条件限制不能整列出车时。

(2) 因支线牵引定数低于干线,直达列车在干支线衔接站又无适当车流补轴时。

(3) 组织基地直达列车可以增加直达列车数量、延长直达列车运行距离时。

(4) 有助于解决某些主要编组站作业困难时。

基地站通常设在大量装车的工业编组站、铁路与企业专用线联轨站或干支线衔接站（技术站或货运站）。地区各装车点和企业专用线所装车组，先以摘挂或小运转列车送到基地站，经过解体并按去向或按货物品类集结，而后编组（或联结）成为发往各到达站的基地直达列车及其他列车。

基地车流组织可以采用按货物品类集结或按车辆到达站集结车流的办法组成直达列车。应通过技术经济分析，如比较组织基地直达与始发直达的相对得失，论证建立直达基地的合理性。组织基地直达列车可以获得以下效果：

(1) 缩短车辆在各装车地点的停留时间。

(2) 增加直达列车数量、延长直达列车运行距离。

(3) 当基地站设在变重站时，可免除直达列车的变重作业。

(4) 减少各装车地点增修线路、扩建场库、加强机械化装卸设备的投资及其日常维修费用。

因组织基地直达列车而产生的消耗主要有：

(1) 增加基地站的改编工作量，延长了车辆在基地站的停留时间。

车辆在基地站的集结车小时消耗可按式（12-2）近似计算，每车平均集结停留时间可见式（12-3）：

$$Nt_{集} = K_{直} c_{直} m_{直} \quad （车 \cdot h） \tag{12-2}$$

$$t_{集} = Nt_{集} / \sum N_{直} \quad （h） \tag{12-3}$$

式中　$K_{直}$——参加集结的货物品类或标号数，按车流去向集结时为直达去向数；

$c_{直}$——集结参数，按货物品类集结时可取 6，按车流去向集结时可取 8；

$\sum N_{直}$——参加集结的车流总数；

$m_{直}$——基地直达列车编组辆数。

(2) 增加基地工作人员。

(3) 增加用于基地站扩建或改建的投资及设备维修费。

为了更全面地评价建立直达基地的合理性，必要时还应考虑加速货物送达和节省机车车辆投资的效益。

上述各项节省与消耗可根据具体情况一一进行计算，并换算为货币支出总额加以比较，如节省大于消耗，就可以认为建立直达基地在技术经济上是合理的。

四、直达运输方案的拟定和优选

首先，通过分析计算确定一个轮廓方案。然后，在此基础上，再根据以往实践经验进行必要的调整。其工作方法是：

(1) 从查定直达车流入手，详细调查各装车点、装车站、装车区的货品类别分到站（卸车地点）、卸车区段、卸车区的直达车流，并分别确定具体计划车流（一般为月车流及日均车流）。

（2）研究各装车站、装车地点、卸车站、卸车地点的设备及作业条件，直达列车装（卸）、取送作业组织及车辆停留时间标准，干支线列车牵引定数，直达列车基本组重量，补轴办法，补轴站工作条件等，据此拟定组织直达列车的可行方案，规定各种直达列车的组织办法，计算直达运输有关指标，并与年计划相比较。

（3）在各种约束条件下，以各装车站（区）为对象，计算各装车站（区）总的最合理配车及直达列车组织方案。

（4）由专家根据以往经验、车流波动规律，对组织直达运输各种影响因素进行分析，评选出最佳方案并拟定具有针对性的保障措施，以提高计划的兑现率及编制质量。

第三节　装车地直达列车编组计划的编制与执行

装车地直达运输计划依其编制目的和实行期限可分为远期计划、近期计划和月度计划。其中，近期计划即装车地直达列车编组计划，它与技术站列车编组计划一起编制，着重解决现有技术设备条件下列车编组工作的最合理分配问题，并对各装车站规定组织直达列车的基本要求。月度计划属于执行性计划，它以列车编组计划的有关规定和批准的运输生产计划车流为依据，通过合理组织货源货流编制出高于列车编组计划基本要求的直达列车计划，并在旬间运输方案中做好日历装车安排。

一、装车地直达列车编组计划的编制步骤

1. 编制方法

装车地直达列车编组计划通常采取国铁集团与铁路局相结合的编制方法，其分工如下：

（1）由国铁集团根据以往实绩和运输市场的发展，制订各局应完成的直达运输任务，结合装车计划一并下达。

（2）各铁路局根据国铁集团下达的任务，编制计划车流，从品类别、发到站别车流资料中查定直达车流，填写装车地直达列车计划车流表，并结合装卸站的设备条件、装卸能力，参考以往实绩，与有关厂矿企业单位共同研究协商，拟订装车地直达列车编组计划。

2. 编制步骤

制订装车地直达列车编组计划时，要在保证达到主要目标的前提下，优先采用经济效益好、容易实现的组织方式，并根据货流构成及装卸站作业条件等因素，本着"先远后近、能高勿低"的原则，采取如下编制步骤：

（1）先组织直接面向市场和有特定条件要求的直达列车，如"五定班列"、集装箱直达列车、鲜活快运货物列车、重载单元列车、循环直达列车等，再组织一般的装车地直达列车。

（2）先组织一个发站一个发货单位装的直达列车，再组织同一发站几个发货单位装的直达列车，最后组织几个车站联合编开的直达列车。

（3）先组织到达同一车站或同一专用线卸的直达列车，再组织到达同一区段或枢纽内几个站卸的直达列车，最后组织到达技术站解体的直达列车。

(4) 在一定条件下,采用建立直达基地或联合出车区的方法,把零散车流汇集起来组织多点编开的直达列车。

3. 完善方案

在召开列车编组计划会议期间,各局根据调整的计划车流、到站接卸能力的变化等情况,应对于所拟直达列车编组计划草案进行必要的调整,并在以下方面加以完善。

(1) 如需变重时,要研究直达列车的补轴、减轴及其编组办法。

(2) 对于流向稳定且能保证每日(至少是隔日)开行的直达列车应规定固定车次,以便更好地组织车流与运行线的结合,使列车在技术站有良好的接续。

(3) 对于到达技术站解体的直达列车,必须保证其编组内容和分组办法与沿途技术站的列车编组计划相配合。为此,在确定技术站列车编组计划的同时,应修正装车地直达列车编组计划使之保持一致。

4. 汇总分析

最后,要填写直达列车站别计划表和直达列车计划汇总分析表,说明所编直达列车种类、发到车站、列数和车数,并计算有关指标。

5. 指标计算

为考核装车地直达运输的组织水平和效益,应计算如下指标。

(1) 编入装车地直达列车的车流量占总装车数的百分比 $\gamma_{直}^{总}$。

$$\gamma_{直}^{总} = \frac{\sum N_{直}}{U_{装}^{总}} \tag{12-4}$$

式中 $\sum N_{直}$——编入装车地直达列车的车流量;

$U_{装}^{总}$——总装车数。

(2) 编入装车地直达列车的车流量占直达车流的百分比 $\gamma_{直}^{直}$。

$$\gamma_{直}^{直} = \frac{\sum N_{直}}{U_{装}^{直}} \tag{12-5}$$

式中,$U_{装}^{直}$ 为总装车数中的直达车流量。

(3) 直达列车平均运程 $l_{直}^{均}$。

$$l_{直}^{均} = \frac{\sum n_{直} l_{直}}{\sum n_{直}} \tag{12-6}$$

式中 $\sum n_{直} l_{直}$——装车地直达列车总走行公里;

$\sum n_{直}$——装车地直达列车开行列数。

(4) 直达列车平均无改编通过技术站数 $K_{技}$。

$$K_{技} = \frac{\sum K_{技} n_{直}}{\sum n_{直}} \tag{12-7}$$

式中，$\sum K_技 n_直$ 为直达列车无改编通过编组计划规定进行改编作业的技术站总次数。

二、装车地直达列车编组计划执行的主要措施

为保证装车地直达列车编组计划的实现，并努力扩大直达运输的比重，根据国内外铁路的运营经验，主要可采取如下技术组织措施：

(1) 通过各种订货会议了解大宗物资的产销规律和动向，为组织直达运输提供可靠的货源、货流保证；提倡在装卸区建立产、供、运、销联合办事机构，因地制宜地采用各种办法把大宗、稳定的货流最大程度地集中起来，为组织直达运输创造条件。

(2) 在编制与审批运输生产计划时优先安排直达列车的货源、货流，制订直达列车装车计划，并在月、旬运输方案中安排日历装车计划，排定直达运输货物的发送顺序。

(3) 严格监督检查装车地直达列车的编组，不使违反编组计划的车流编入直达列车，以免被提前解体。配备专职人员负责直达列车的计划、组织及统计分析工作，及时解决直达运输和运输方案中出现的问题。

(4) 统一规划煤矿、冶金企业、港口和储运基地的装卸、仓储设备以及工业编组站与铁路联轨站的修建与扩建，以适应提高列车重量和发展直达运输的需要。

第十三章

技术站列车编组计划的编制

第一节 编制技术站单组列车编组计划的主要因素

凡是没有利用装车地直达列车输送到目的地的车流,都将汇集到相应的技术站,集结和编组各类列车,直接或逐步送到目的地。

技术站开行一个直达列车到达站要消耗集结车小时($T_集$),同时,将在沿途技术站获得无改编通过的车小时节省($N_直 \sum t_节$)。因此,$T_集$、$N_直$和$t_节$是编制单组列车编组计划的主要因素。

一、技术站间计划车流 $N_直$

编制技术站列车编组计划所依据的车流是技术站间车流。技术站间车流一部分是本身产生或消失的,大部分则是在技术站汇集或分散的。为此,需根据发到站别的计划车流进行归并和整理。

技术站间车流表一般按方向编制,以图13-1所示的铁路方向为例,B—D方向的车流组成如图所示,该方向各技术站间车流如表13-1所列。

表 13-1 A—E 方向技术站间车流

发站	到站					
	A	B	C	D	E	计
A		150	300	100	150	700
B	90		200	80	120	490
C	150	50		70	200	470
D	200	110	80		90	480
E	300	85	250	115		750
计	740	395	830	365	560	2 890

查定技术站间车流,编制技术站间车流表时,须注意以下几点:

(1)从发到站别的计划车流中,减去已被定期组织的装车地直达列车吸收的车流(包括补轴的车流)。

(2)如果定期组织的装车地直达列车是到达某技术站解体(或减轴)的,而解体(或减轴)的车流中,还包括有到达前方技术站及其以远的车流时,则这部分车流应加入该直达列车解体(或减轴)站的车流中,并作为该站产生的车流。

(3) 每个技术站发出的车流,除去该站本身产生的车流外,还包括该站后方区段所有车站和衔接支线产生的车流。每个技术站到达的车流,除去到达该站本身的车流外,还包括到达该站前方区段所有车站和衔接支线的车流。例如,由技术站 B 发往技术站 D 的车流(80 辆),其组成情况如图 13-1 所示。

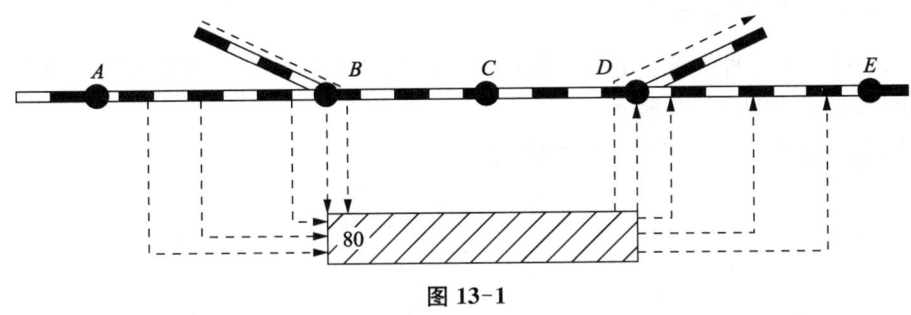

图 13-1

为醒目起见,一般地,采用分别上、下行方向绘制车流梯形图。$A—E$ 下行方向的车流梯形图如图 13-2(a)和(b)(合并式)所示。

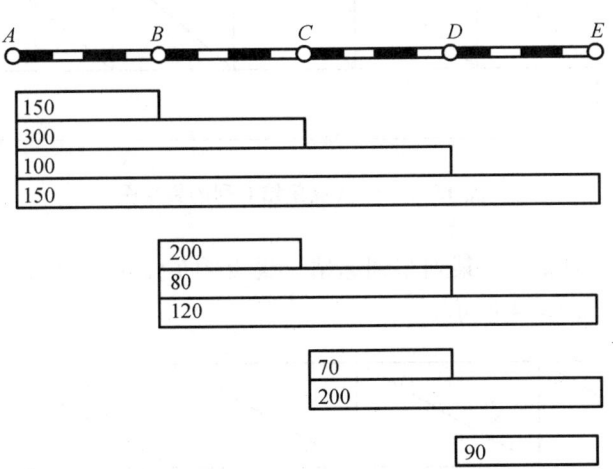

(a) 按发站下行方向车流梯形图

(b) 合并式下行方向车流梯形图

图 13-2 $A—E$ 下行方向的车流梯形图

二、货车集结时间 $T_集$

技术站编组的列车,除去一部分车流可能是本站装出的货物作业车外,大部分车流则是随列车陆续到达车站改编的有调中转车。这些车流必须通过集结并满轴后,才能编成列车。这样便产生了货车集结时间。

在本书第一篇中介绍了关于开行某一到达站一昼夜所消耗的货车集结时间的计算原理和方法,货车集结时间具有如下主要特点:

(1) 某到达站一昼夜消耗的货车集结车小时为 $T_{集}=Cm$。一个列车到达站一昼夜消耗的货车集结时间 $T_{集}$ 与该到达站参加集结的车流量大小无关,只与集结参数 C 和列车编成辆数 m 有关。兹举例说明之。

【例 13-1】 第一种情况:某列车到达站一昼夜的车流量 $N=300$,列车编成辆数 $m=50$,车列集结过程如图 13-3 所示。

此时,该到达站一昼夜集结的车列数为

$$n=\frac{N}{m}=\frac{300}{50}=6(列)$$

则

$$T_{集}=\frac{1}{2}\times\frac{24}{n}\times m\times n=\frac{1}{2}\times 4\times 50\times 6=600(车·h)$$

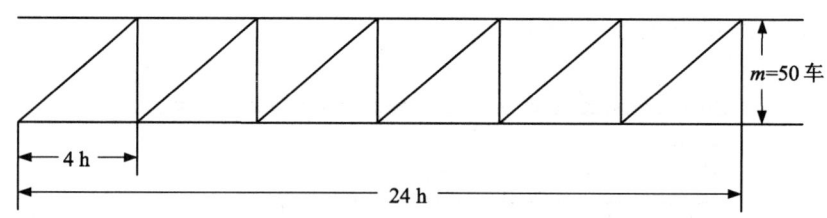

图 13-3 一昼夜集结 6 列的集结图

【例 13-2】 第二种情况:某列车到达站一昼夜的车流量 $N=200$,列车编成辆数 $m=50$,车列集结过程如图 13-4 所示。

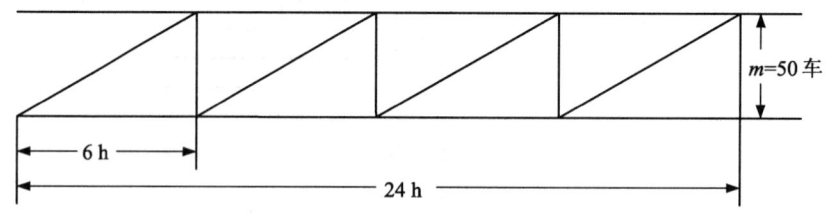

图 13-4 一昼夜集结 4 列的集结图

此时,该到达站一昼夜集结的车列数为

$$n=\frac{N}{m}=\frac{200}{50}=4(列)$$

则

$$T_{集}=\frac{1}{2}\times\frac{24}{4}\times 50\times 4=\frac{1}{2}\times 6\times 50\times 4=600(车·h)$$

由此可见,按两种不同车流量计算得出的 $T_{集}$ 数值相同,说明开行一个列车到达站,一昼夜消耗的货车集结车小时与参加集结的车流量大小无关。

集结参数 C 主要取于车流的到达情况和车站工作组织水平,即与车流到达的配合程度、集结过程中断情况等有关。对于技术站而言,车流一般是随机到达的,参加集结的车流数量不同,集结中断和车流配合程度的变化很小,即 C 值的变化很小,因此一定时期内,集结参数 C 也可以看作一个固定的数值。我国铁路采用取近似值和实际查定两种方法来确定 C 的取值,其值一般小于 12。集结参数的近似值,通常区段站为 8~10,编组站为 10~11,这个数值可以保证计算列车编组计划所要求的精确度。

（2）技术站开行不同的列车到达站,不同去向的车流要分别集结。每增加开行一个列车到达站,要多消耗一个 $T_{集} = Cm$ 的集结车小时。

【例 13-3】 如图 13-5 所示,当 A 站只开行 B 一个到达站时,A 站将到 B 和到 D 的车流合并集结,只消耗一个 Cm 的集结车小时；当 A 站开行 B 和 D 两个到达站时,A 站将到 B 和到 D 的车流分别集结,将消耗两个 Cm 的集结车小时。说明多开行一个列车到达站,将增加一个 Cm 的集结车小时消耗。

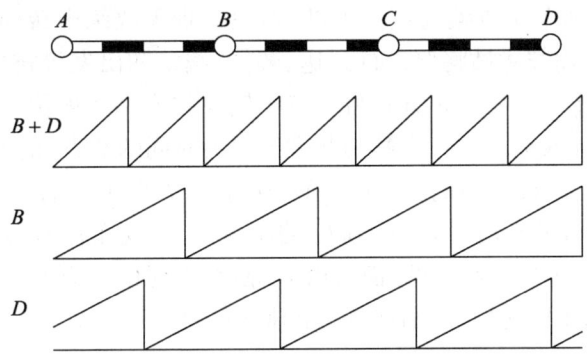

图 13-5　不同到达站数的集结图

货物列车的编成辆数 m 主要取决于列车运行图所规定的列车重量和长度标准,且与各吨位车种的比例、货物的构成等密切相关。在编制列车编组计划时,除了对固定车底循环运用的专列(如石油、粮食专列)及快运列车等需要做专门规定外,其他列车应按到站及种类分别查定其平均编成辆数。

重车列车的平均编成辆数 $m_{重}$ 为

$$m_{重} = \frac{Q_{总}}{q_{总}} \quad (辆) \tag{13-1}$$

式中　$Q_{总}$——规定的列车重量标准,t；

　　　$q_{总}$——货车平均总重,t,$q_{总}$ 可通过统计实际开行的全部重车列车重量和编挂车数做相应计算确定。

空车列车的平均编成辆数 $m_{空}$ 为

$$m_{空} = \frac{L_{列}}{l_{空}} \quad (辆) \tag{13-2}$$

式中 $L_{列}$——规定的列车换算长度标准；

$l_{空}$——货车平均换算长度，$l_{空}$可通过统计实际开行的全部空车列车换算长度和编挂车数做相应计算确定。

重空合编列车的平均编成辆数 $m_{合}$ 为

$$m_{合} = m_{重组} + m_{空组} \quad （辆） \tag{13-3}$$

式中 $m_{重组}$——重空混编列车中的重车车数；

$m_{空组}$——重空混编列车中的空车车数。

重空混编列车的最有利编成辆数应是使列车的重量和长度同时达到标准。在多数情况下，重空混编列车是因组织空车直达列车后剩余的零星空车与重车合编而成的。此时，重空列车的编成辆数应按上下行列车总数基本平衡的原则，根据该去向计划重空车流数量及有关车站作业条件等研究确定。

三、货车无改编通过技术站的节省时间 $t_{节}$

当货车编入直达列车无改编通过技术站时，只办理无改编中转列车技术作业；如果不编入直达列车，则在沿途技术站将要进行到达、解体、编组和出发等技术作业。货车以前一种方式无改编通过技术站较后一种方式将节省车辆在技术站的停留时间，同时还将节省调车作业费用。把货车无改编通过技术站的节省统一为时间的节省，记为 $t_{节}$。

以具有 A、B、C 三个技术站的 $A—C$ 方向为例，该方向上共有三支车流：N_1（A 到 C 的车流），N_2（A 到 B 的车流）和 N_3（B 到 C 的车流）。三支车流有两种编组列车的方案：① N_1 和 N_2 由 A 站合并开行到 B 站，而后由 B 站将 N_1 和 N_3 合并开行至 C 站；② A 站将 N_1 和 N_2 单独开行列车到达站，B 站将 N_3 单独开行列车到达站。两种编组列车的方案如图 13-6 所示。

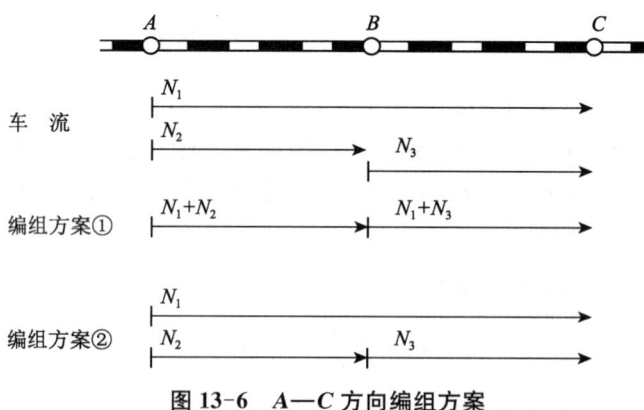

图 13-6 $A—C$ 方向编组方案

设 B 站的无调中转车停留时间为 $t_{无}$，有调中转车停留时间为 $t_{有}$，则 A 站将 N_1 单独开行直达列车到达站无改编通过 B 站时，这支车流本身得到的节省为 $N_1(t_{有}-t_{无})$ 车·h。

但是，N_1 车流编组直达列车后，将使 B 站参与集结的车流发生变化，B 站的每车平均集结时间将延长。这一因素也必须考虑进去。

如果 $A—C$ 间不开行直达列车到达站，A 站的 N_1 车流将在 B 站改编。B 站开行 C 列车到达站时的车流量将变为 (N_1+N_3)，每车的平均集结时间 $t_集$ 为

$$t_集 = \frac{Cm}{N_1+N_3} \tag{13-4}$$

由于 A 站将 N_1 单独开行直达列车到达站后，B 站开行 C 列车到达站时，N_3 车流每车的平均集结时间增加为

$$t'_集 - t_集 = \frac{Cm}{N_3} - \frac{Cm}{N_1+N_3} = \frac{N_1 Cm}{N_3(N_1+N_3)} = \frac{N_1}{N_3} t_集 \tag{13-5}$$

由此造成的损失为

$$N_3 \frac{N_1}{N_3} t_集 = N_1 t_集 \quad (车 \cdot h) \tag{13-6}$$

这样，当以 N_1 车流单独开行直达列车到达站时，无改编通过 B 站的实际节省为

$$N_1(t_有 - t_无) - N_1 t_集 = N_1(t_有 - t_无 - t_集) \quad (车 \cdot h) \tag{13-7}$$

因此，每车无改编通过技术站的节省时间为

$$t_节 = t_有 - t_无 - t_集 \quad (h) \tag{13-8}$$

由于车辆有调中转、无调中转和集结停留的成本是互不相同的，因此，还应考虑改编作业量减少所获得的效果，可将改编作业减少的成本换算为节省的停留小时，即所谓车辆改编作业当量 $r_车$：

$$r_车 = \frac{e_{有调} - e_{无调}}{e_{车时}} \tag{13-9}$$

式中　$e_{有调}$——该站办理一辆有调中转车的作业成本；
　　　$e_{无调}$——该站办理一辆无调中转车的作业成本；
　　　$e_{车时}$——每一停留车小时成本。

为简便计，改编作业当量也可利用式(13-10)计算

$$r_车 = \frac{e_{机时}}{N_调 \, e_{车时}} \tag{13-10}$$

式中　$e_{机时}$——调机工作 1 h 的成本；
　　　$N_调$——调机工作 1 h 所能改编的车数（一解一编按 1 辆计）。

这样，车辆无改编通过技术站的节省时间为

$$t_节 = t_有 - t_无 - t_集 + r_车 \quad (h) \tag{13-11}$$

应指出，车辆无改编通过技术站节省时间的组成因素是相当复杂的，而每一个因素又经常会发生变化，特别是有些因素还受车站改编作业负荷程度的影响。因此，利用式(13-11)计算的 $t_节$ 只是一个平均近似值，必要时须进行调整。关于 $t_节$ 的精确计算方法有待进一步研究。

第二节 编制技术站单组列车编组计划的基本原理

在编制列车编组计划时,将由多个技术站组成的某一铁路线路称为一个方向,某个方向上任意两技术站间的车流称为一支车流,而通过一个以上技术站的车流称为远程车流。

任何一支远程车流,如果开行直达列车到达站,那么将在列车编成站增加一个列车到达站的集结时间 Cm,而在沿途各技术站获得无改编通过的车小时节省 ($N_\text{远} \sum t_\text{节}$),当节省大于损失,即

$$N_\text{远} \sum t_\text{节} \geqslant Cm \tag{13-12}$$

式中 $N_\text{远}$——该到达站一昼夜的车流量;

$\sum t_\text{节}$——该车流无改编通过沿途技术站总节省时间,h;

Cm——该车流开行直达列车时一昼夜消耗的集结车小时。

这时,该支远程车流才有可能开行直达列车。

但是,仅按式(13-12)确定整个方向上应当开行的直达列车到达站,即确定列车编组计划方案(以下简称编组方案),并不一定是有利的。原因在于,各个开行的直达列车到达站,许多有着一段共同运行的径路。将某些有共同运行径路的直达列车合并起来,即撤销一些直达列车到达站(这时可减少集结车小时消耗),往往可能更加有利。而各个直达列车到达站,其运行径路可能是相互交错的,合并的方式有很多。某两支远程车流的合并,又会对其余远程车流产生影响,因此,车流之间存在复杂的动态联系,方向上的列车编组计划必须对所有技术站的所有车流统一编制。

编制方向上列车编组计划的要点是开行哪些直达列车到达站,每个列车到达站包含哪些车流元素(每支车流为一个元素)。所以,从某种意义上来说,编制方向上列车编组计划的实质,就是在沿途技术站能力约束条件下,寻求总车小时消耗最少(或总车小时节省最大)的所有车流元素的组合优化问题。

第三节 直线方向单组列车的编组方案数

为方便起见,将某方向上所有车流元素的一种组合方式称为该方向上的一个编组方案,任一技术站上所有车流元素的一种组合方式,称为该技术站的一个编组方案,一个方向上的编组方案,必须只包含每个技术站的一个编组方案。由于方向上列车编组计划实质上是该方向所有车流元素的最有利组合,因此随着方向上技术站数量的增加,其编组方案的数量也将增加。

兹以有4个技术站组成的下行方向为例,说明该方向和技术站编组方案的含义和数目,为表述方便,车站编号从左向右按照降序编号。

各技术站的车流元素如图13-7上部所示,编组方案如图13-7下部所示。

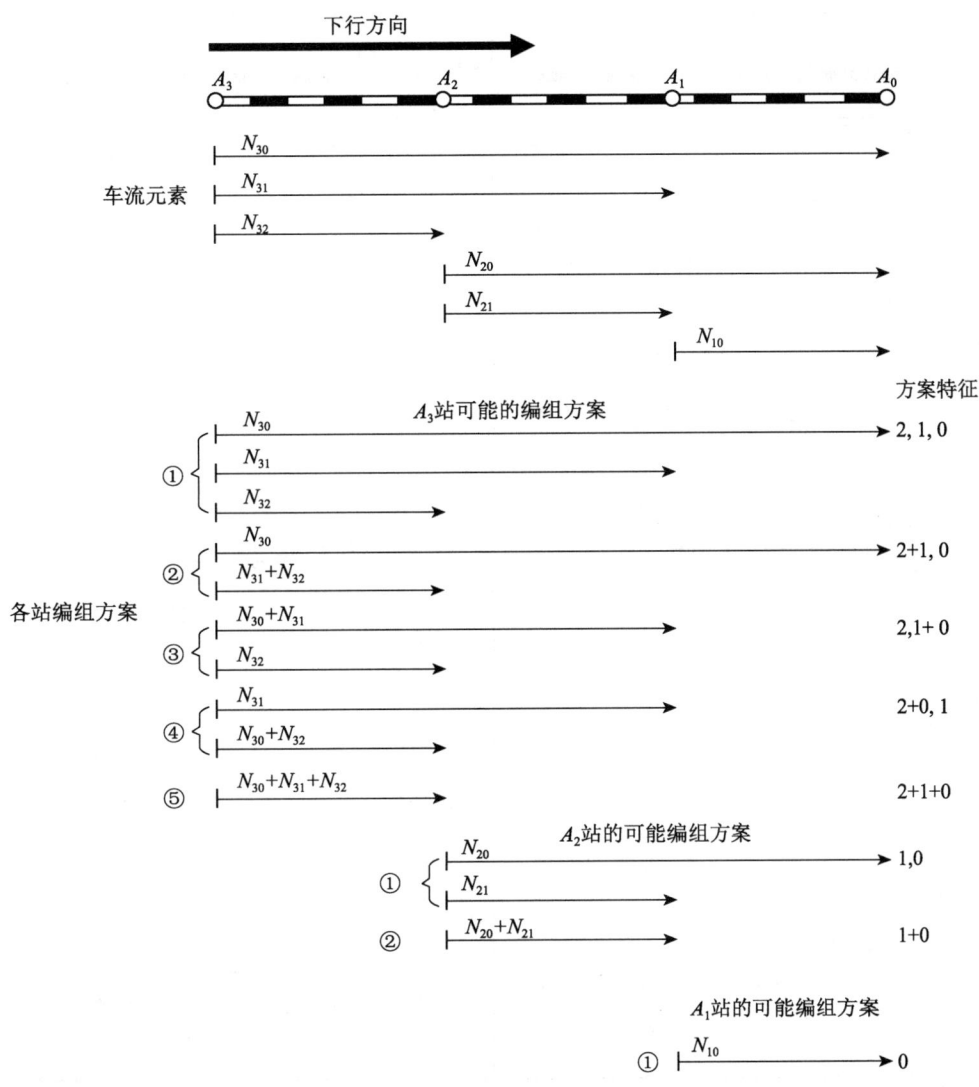

图 13-7　有 4 个技术站方向的各站编组方案

在图 13-7 中，A_3、A_2、A_1、A_0 为技术站的编号，N_{ij} 表示车流元素，i 表示发站的编号，j 表示到站的编号，显然有 $i > j$。如 N_{31} 表示由 A_3 站至 A_1 站的车流元素。

A_3 站有三支车流：N_{30}、N_{31} 和 N_{32}，可开行 3 种到达站的列车，有 5 种车流组合方式，形成 5 个编组方案。A_2 站有 2 支车流：N_{20} 和 N_{21}，可开行 2 种到达站的列车，有 2 种车流组合方式，形成 2 个编组方案。A_1 站有 1 支车流：N_{10}，可开行 1 种到达站的列车，只有 1 种车流组合方式，形成 1 个编组方案。

方向上的编组方案系各技术站的编组方案组合形成。以该 4 个技术站组成的方向为例，则共可组合出 10 个编组方案(图 13-8)。可用下述方法来表示各个编组方案的特征：

编组方案中每个阿拉伯数字代表到站 j 的编号。单独一个数字，表示单独开行列车到达站；若干数字用"＋"连接，表示若干支车流合并开行一个列车到达站，显然这时列车的终到站为最大数字表示的车站。

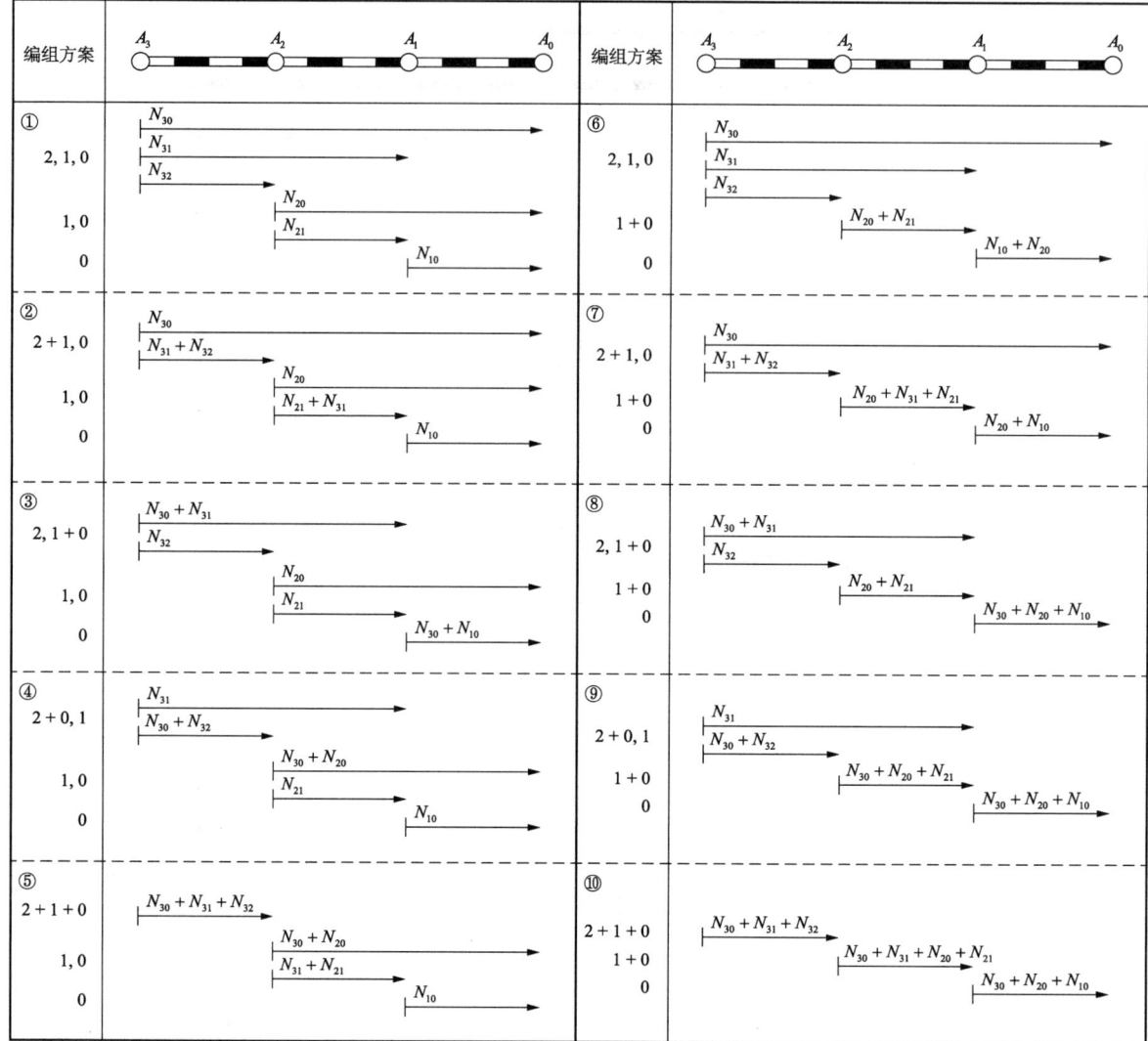

图 13-8 有 4 个技术站的方向上单组列车编组方案

例如，A_3 站的编组方案为 $2+1,0$，表示 A_3 站将 N_{30} 单独开行到 A_0 站的列车到达站，将 N_{31} 和 N_{32} 合并开行到 A_2 站的列车到达站。

由图 13-8 可见，在该方向的 10 个编组方案中，方案③和方案④，方案⑧和方案⑨的列车到达站总数及每个列车到达站的开行方式都相同，而车流元素的组合方式却不同。以方案③和方案④为例，A_3 站到达 A_0 站的车流元素，在方案③中和到达 A_1 站的车流元素合并，即 $2,1+0$；在方案④中和到达 A_2 站的车流元素合并，即 $2+0,1$。A_0 站和 A_1 站是相邻车站，A_0 站和 A_2 站是不相邻车站。方案⑧和方案⑨也有类似的情形。所以，称方案④和方案⑨为不相邻车流合并方案，其余的编组方案(包括方案③和方案⑧)被称为相邻车流合并方案。由此可知，列车到达站方案(指开行的列车到达站总数及每个列车到达站的开行方式)的数量较列车编组方案数为少。因为，不相邻车流合并方案并不增加列车到达站方案数。

现研究当某方向有 $(n+1)$ 个技术站时,该方向上和各技术站的编组方案数。有 $(n+1)$ 个技术站的直线方向及各站的车流支数如图 13-9 所示。

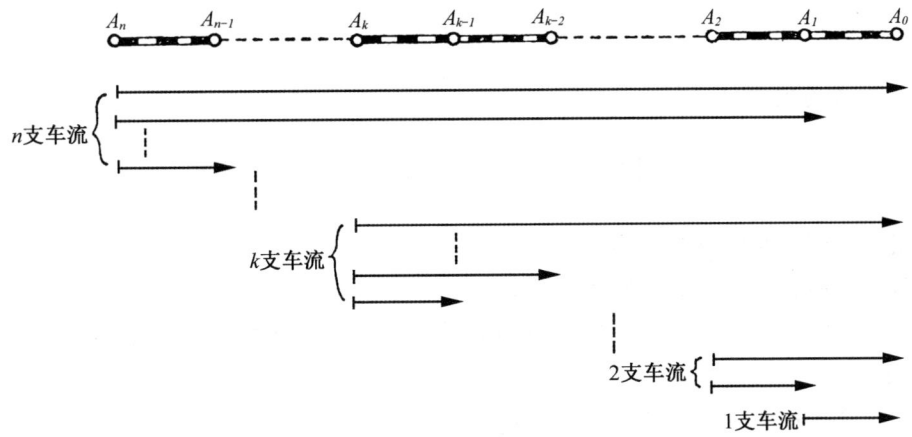

图 13-9　方向上有$(n+1)$个技术站的车流支数

1. 全部编组方案数

1) 各技术站的编组方案数

前面已说明,各技术站的一个编组方案是该站发出的所有车流元素的一种组合方式。现有 $f(k)$ 表示方向上 A_k 站($k=n,n-1,\cdots,2,1$) 的编组方案数。于是

$$f(1)=1$$

为了推论的方便,定义

$$f(0)=1$$

当 k 为任意值时,从 A_k 站发出的 k 支车流中,必有一支车流是到前方技术站 A_{k-1} 的。因此,必须将其列为一个单独的列车到达站。如在其余的 $(k-1)$ 支车流中任取 i ($i=k-1,\cdots,1,0$) 支车流与它合并,则可有 C_{k-1}^i 种合并方式。其余车流的组合方式数为

$$f[(k-1)-i]$$

因而,A_k 站全部编组方案数便等于

$$f(k)=\sum_{i=0}^{k-1}C_{k-1}^i f[(k-1)-i] \quad (k\geqslant 2) \tag{13-13}$$

例如 $f(2)=\sum_{i=0}^{1}C_1^i f(1-i)=C_1^0 f(1)+C_1^1 f(0)=2$

$f(3)=\sum_{i=0}^{2}C_2^i f(2-i)=C_2^0 f(2)+C_2^1 f(1)+C_2^2 f(0)=5$

$f(4)=\sum_{i=0}^{3}C_3^i f(3-i)=C_3^0 f(3)+C_3^1 f(3)+C_3^2 f(1)+C_3^3 f(0)=15$

⋮

2) 方向上全部编组方案数

以 $q(n)$ 表示方向上全部编组方案数,于是

$$q(n) = \prod_{k=2}^{n} f(k) \tag{13-14}$$

式中,$\prod$ 为连乘积记号。

$$q(n) = \prod_{k=2}^{n} \sum_{i=0}^{k-1} C_{k-1}^{i} f[(k-1)-i] \quad (k \geqslant 2) \tag{13-15}$$

2. 相邻车流合并的编组方案数

1) 各技术站相邻车流合并的编组方案数

以 $f'(k)$ 表示 k 站相邻车流合并的编组方案数。A_1 站只有一支车流,故只有一个编组方案,于是

$$f'(1) = 1 = 2^{1-1}$$

A_2 站较 A_1 站多一支车流,且开往 A_1 站的车流与开往 A_0 站车流系相邻车流,这两支车流可以有合并或不合并两个编组方案,于是

$$f'(2) = 2 = 2^{2-1}$$

现设 $f'(i) = 2^{i-1}$ 成立,研究第 $(i+1)$ 站的情况。

因 $(i+1)$ 站较 i 站多一支车流(到 i 站的车流),该支车流只与其余全部车流中的一支车流[到$(i-1)$站]相邻。到 i 站的车流与到 $(i-1)$ 站的车流可以有合并与不合并两种组合方式。其余 i 支车流的组合数恰好相当于 i 站的编组方案数,于是

$$f'(i+1) = 2 \times f'(k) = 2 \times 2^{i-1} = 2^i = 2^{(i+1)-1}$$

因而,式(13-16)成立

$$f'(k) = 2^{k-1} \quad (k \geqslant 2) \tag{13-16}$$

2) 方向上相邻车流合并的编组方案数

以 $q'(n)$ 表示方向上相邻车流合并的编组方案数,于是

$$q'(n) = \prod_{k=1}^{n} 2^{k-1} = 2^{\frac{n(n-1)}{2}} \tag{13-17}$$

3. 直达列车到达站方案数

由上述分析可知,方向上所有不相邻车流合并编组方案,都是在对应的相邻车流合并编组方案的直达列车到达站形式的基础上,变更车流组合方式得到的。所以,直达列车到达站方案数等于相邻车流合并编组方案数。

方向上技术站数不超过 9 个的全部编组方案数和相邻车流合并的方案数如表 13-2 所列。

由表 13-2 可见,当方向上技术站数达到 7 个时,全部编组方案数便达到 100 万个以上,要从这么多的方案中选择最优方案,不是一件容易的事。

表 13-2　直线方向技术站单组列车编组方案数

技术站数目 $n+1$	全部编组方案		相邻车流合并的方案	
	第一站编组方案数 $f(n)$	方向上全部编组方案数 $q(n)$	第一站编组方案数 $f'(n)$	方向上全部编组方案数 $q'(n)$
2	1	1	1	1
3	2	2	2	2
4	5	10	4	8
5	15	150	8	64
6	52	7 800	16	1 024
7	203	1 583 400	32	32 768
8	877	1 388 641 800≈1.39×10^9	64	2 097 152
9	4 140	5 748 977 062 000≈5.75×10^{12}	128	268 435 456

我国幅员辽阔,铁路线长,有些方向上的技术站数远远超过 9 个。为了减少计算的编组方案数,通常采取分阶段计算法。

分阶段计算法,它的要点是把计算工作分为两步进行。第一步,计算方向上主要编组站(亦称支点站)的单组列车编组计划;第二步,分别计算各相邻主要编组站之间的单组列车编组计划。如图 13-10 所示,A—D 方向虽有 11 个技术站,但在采取分阶段计算时,每次同时参与计算的技术站数不超过 5 个,如此便简化了计算工作。

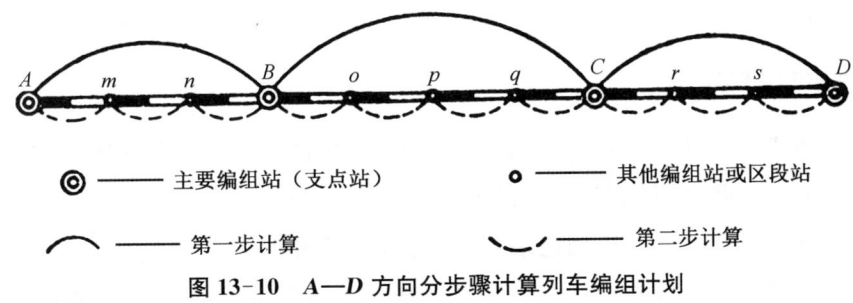

图 13-10　A—D 方向分步骤计算列车编组计划

一般情况下,选作支点站的技术站应满足以下条件:
(1) 车流大量产生或消失的地点。
(2) 有较强大的技术设备和改编能力的地点。
(3) 变更列车重量或变更换算长度标准的地点。
(4) 地理上的自然分界点,如国际联运交接站及港口站,其本身又往往是方向的起讫点。
(5) 几条铁路交叉的枢纽编组站。

这种计算方法的关键在于支点站选定的合理性。第一阶段不参与计算(即删去)的编组站,应当是该类编组站开行任何无改编通过最近前方主要编组站的直达列车到达站都是不利的。

第四节　编制单组列车编组计划的计算方法

为了保证迅速且准确地选出最优(车小时消耗最少或节省车小时最多)和较优的编组方案,必须研究编制单组列车编组计划的计算方法。编制单组列车编组计划的计算方法主要有如下两类:一类是传统的以手工方式完成的计算方法,另一类是以运筹学和计算机方法为代表的近代数学方法。上述方法的计算原理基本一致,因此,本节重点介绍目前常用的绝对计算法和表格计算法的计算原理及方法。

绝对计算法实质上是穷举法。该方法通过计算方向上所有编组方案的车小时消耗和在各站的改编车数,从中选择车小时消耗少并且适合各站改编能力的编组方案,即经济合理的编组方案。绝对计算法的优点是当对所有编组方案计算车小时总消耗后,选择方案比较方便,不仅能选出最优的编组方案,还能选出所有次优编组方案。绝对计算法的缺点是当方向上技术站较多时,计算工作十分困难。目前,在利用手工计算时,绝对计算法一般只能计算不超过 5 个技术站的方向的单组列车编组计划。

表格计算法不计算所有编组方案的有关消耗,而是通过一系列的分析比较,选出经济合理的编组方案。根据开行直达列车到达站时将在编组站产生集结车小时消耗,而在沿途技术站能获得无改编通过车小时节省这一特点,利用开行直达列车到达站的绝对条件、必要条件和充分条件,充分考虑各支直达车流的相互组合关系,按照一定的步骤和方法,不断寻找节省更多的编组方案,直至求出最终的编组方案。该方法是目前我国铁路广泛采用的计算方法,在有 7 个及以下的铁路方向,运用表格计算法计算单组列车编组计划,具有计算简便、结果正确的优点。

一、绝对计算法

绝对计算法是计算方向上每一编组方案的车小时消耗,然后从中选优的方法。方向上每一编组方案的车小时消耗,包括以下两大部分:

(1) 各技术站开行直达列车到达站所产生的集结车小时总消耗($\sum T_{集}$)。

(2) 未被包含在直达列车到达站的远程车流在沿途技术站的改编作业车小时总消耗($\sum N_{改编} t_{节}$)。

每一编组方案的车小时总消耗为

$$Nt_{总} = \sum T_{集} + \sum N_{改编} t_{节} \qquad (13\text{-}18)$$

不同的列车编组方案,将有不同的车小时总消耗,最优编组方案是车小时总消耗最小的编组方案。

在全部列车编组方案中,有一部分编组方案额外增加了编组方案中的改编车小时总消耗,称为显然不利方案。为了简化计算工作,可以不计算显然不利的编组方案。

显然不利方案存在于不相邻车流合并的编组方案中。其显然不利性主要表现为以下两种情况。

(1) 额外增加一次改编作业。

以有 4 个技术站方向的方案⑧和方案⑨为例,方案⑧的特征是:2,1+0;1+0;0;方案⑨的特征是:2+0,1;1+0;0。方案⑧和方案⑨的特征如图 13-11 所示。

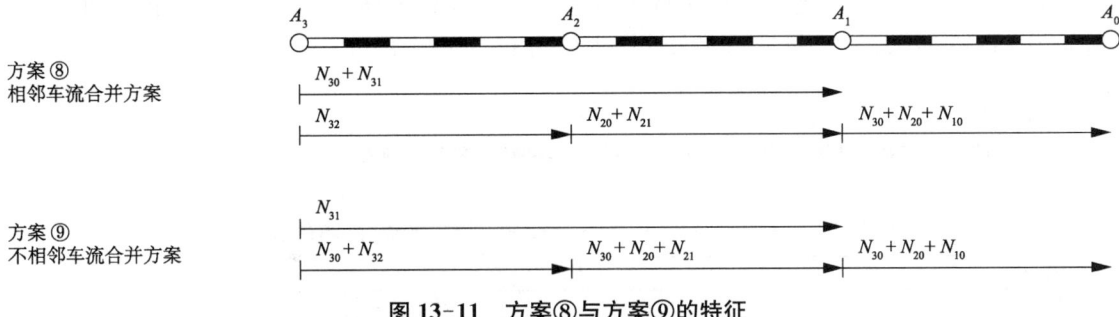

图 13-11　方案⑧与方案⑨的特征

由图 13-11 可见,N_{30} 在方案⑧中只在 A_1 站改编一次,而在方案⑨中除在 A_1 站改编一次外,还在 A_2 站改编一次。相比较而言,方案⑨较方案⑧额外增加了 N_{30} 在 A_2 站的一次改编作业。因此,方案⑨是显然不利方案。

(2) 选择了较大的 $t_节$ 值而使 $\sum N_{改编} t_节$ 增加。

以有 5 个技术站方向的一个编组方案为例,方案特征是 3+0,2+1;1+0,2;1,0;0;方案特征如图 13-12 所示。

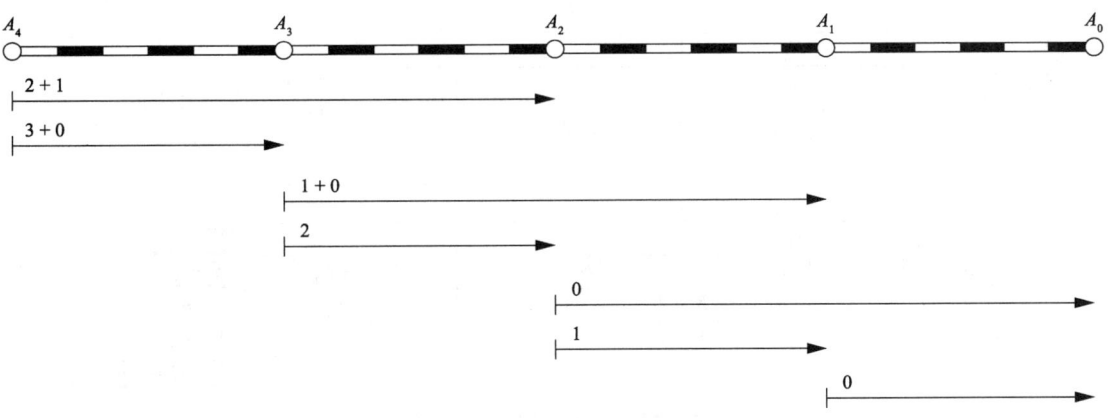

图 13-12　显然不利方案

在该编组方案中,对 N_{41} 来说,在 A_2 站改编,而不在 A_3 站改编,显然必须有 $t_3 \geqslant t_2$ 的情况;对 N_{40} 来说,在 A_3 站和 A_1 站各改编一次,而不在 A_2 站只改编一次,显然必须有 $t_2 \geqslant t_3 + t_1$ 的情况。上述这两个要求是互相矛盾的,不能都得到满足,因而或者是 N_{40},或者是 N_{41} 的车流组合方式不合理,成为显然不利编组方案。

当方向上有 4 个技术站时,在 10 个编组方案中有 1 个显然不利方案,即需要计算 9 个编组方案;当方向上有 5 个技术站时,在 150 个编组方案中有 49 个显然不利方案,即需要计算 101 个编组方案。

绝对计算法在计算每一个编组方案的消耗时,只计算每个编组方案因特征不同而变化的车小时,而不计算全部消耗的车小时。例如,任何技术站开行相邻技术站列车到达站的集结车小时,任何一支车流在其始发站和终到站的改编车小时,对每一个编组方案都是相同的,均不予计算。

为了方便计算起见,绝对计算法首先设计了一种计算表格。4 个技术站方向的计算表格如图 13-13 所示。4 个技术站方向计算表分为上、下两个部分。

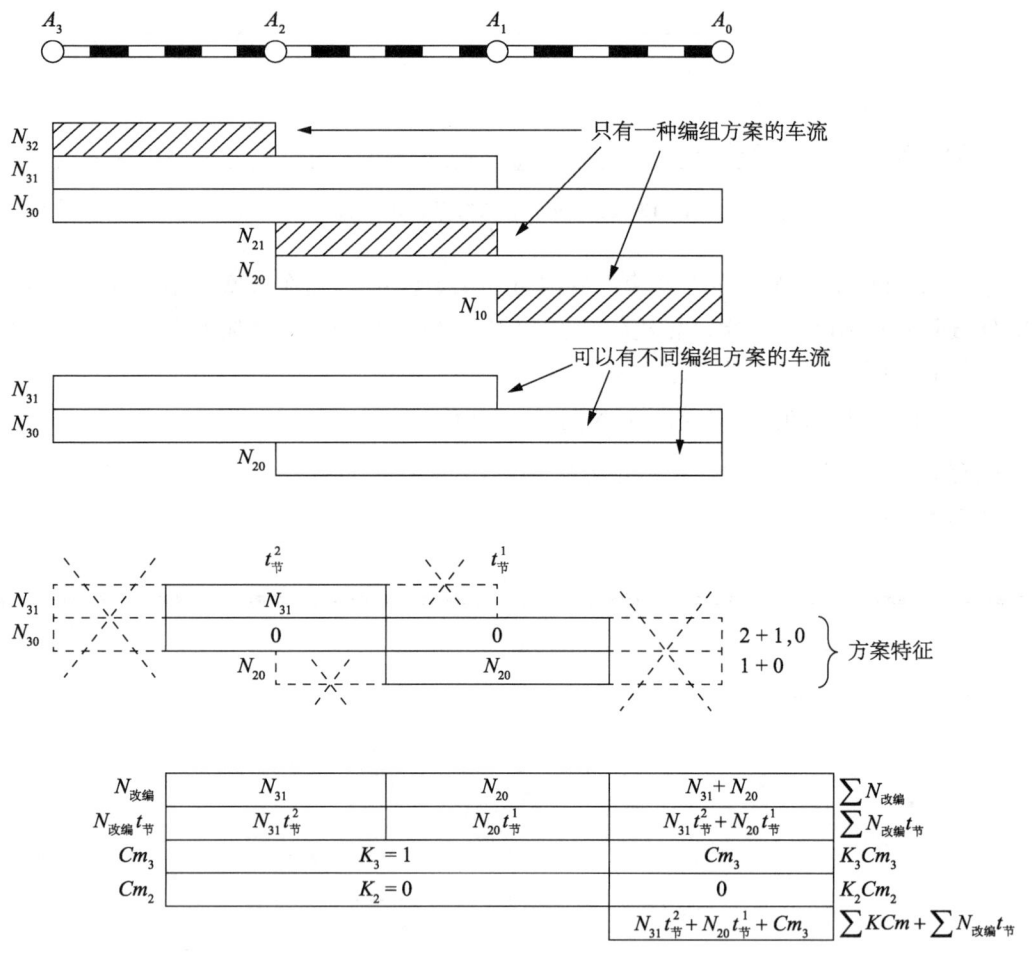

图 13-13　4 个技术站方向计算表

表格的上半部分,依据每一编组方案的方案特征填写各支直达车流在沿途技术站的改编车数。4 个技术站的方向有 3 支直达车流,沿途经过 2 个技术站,所以,计算表按照车流梯形图的形式绘成三行两列。每行代表 1 支直达车流,每列代表 1 个技术站。方案特征写在计算表的右侧。根据每一编组方案的特征可知各支直达车流在沿途技术站是否改编,并在相应的格内填写数字;当某支直达车流在某技术站进行改编时,在格内填写该支直达车流的数量;不在某站改编时,则填"0"。

现对图 13-13 上半部分的填写方法举例说明。方案特征为 $2+1,0;1+0$。由于 A_3 站

将 N_{30} 单独开行直达列车到达站,所以 N_{30} 在 A_2 和 A_1 站都无改编通过,因而在 N_{30} 行与 A_2、A_1 两列的交叉格内均填"0",A_3 站将 N_{31} 和 N_{32} 合并开行列车到达站,N_{31} 要在 A_2 站改编,所以在 N_{31} 行与 A_2 列的交叉格内填写 N_{31} 的数字;A_2 站将 N_{21} 和 N_{20} 合并开行列车到达站,即 N_{20} 将在 A_1 站改编,在 N_{20} 行与 A_1 列交叉格内填写 N_{20} 的数字。

表格的下半部分,主要用来进行车小时消耗的计算。第一行统计各技术站的改编车总数 $N_{改编}$,它等于表格上半部分各列的数字之和,方向的改编车总数填在该行的最右方格内。第二行计算各技术站消耗的改编车小时 $N_{改编} t_节$,它等于改编车数 $N_{改编}$ 与该站的 $t_节$ 的乘积。方向上改编车小时总和 $N_{改编} t_节$ 填在该行的最右方格内。第三行和第四行分别填写第一站 A_3 和第二站 A_2 开行的直达列车到达站数和集结车小时消耗。各站开行的直达列车到达站数 K 按方案特征确定,并填入各行的左方格内,各站开行直达列车到达站的集结车小时总和填在各行的右方格内。最后,将方向的改编车小时总和 $N_{改编} t_节$ 与各站的集结车小时总和相加,即得到该编组方案的总车小时消耗 $(\sum T_集 + \sum N_{改编} t_节)$,并填入最下一行的方格内。至此,一个编组方案的计算工作便宣告结束。

现对图 13-13 下半部分的填法举例说明。A_2 站的改编车总数为 N_{31},A_1 站的改编车总数为 N_{20},各站改编车总数为 $N_{31} + N_{20}$。A_2 站消耗的改编车小时为 $N_{31} t_节^2$,A_1 站消耗的改编车小时为 $N_{20} t_节^1$,总计为 $N_{31} t_节^2 + N_{20} t_节^1$。$A_3$ 站的方案特征为"2+1,0",开行一个直达列车到达站,产生一个 Cm_3 的集结车小时;A_2 站的方案特征为"1+0",不开行直达列车到达站,即不消耗集结车小时。该编组方案的全部车小时消耗为 $N_{31} t_节^2 + N_{20} t_节^1 + Cm_3$。

对每一编组方案填写计算表,求出该方案的改编车数和车小时总消耗,便可从中选出经济合理的编组方案。

填写计算表格时,重点是掌握编组方案特征,根据每一方案特征,填写各支直达车流在沿途技术站的改编车数和各站开行的直达列车到达站数。现以 4 个技术站的方向为例,说明绝对计算法计算技术直达列车编组计划的方法。

【例 13-4】 该方向各站的车流及有关技术作业时间标准如图 13-14 所示。根据有关资料对全部编组方案填写计算表,如图 13-15 所示。

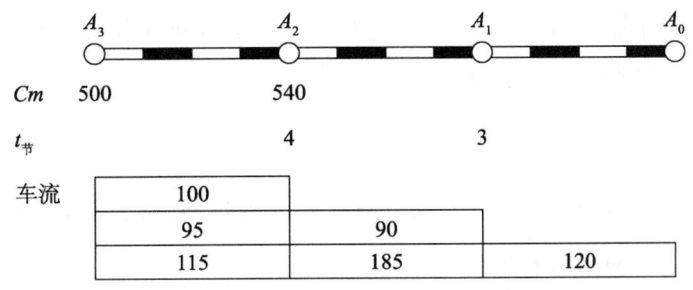

图 13-14 各站车流及技术作业时间标准

由图 13-15 可以清楚地看出每一编组方案在各技术站产生的改编车数和车小时总消耗,这就不难根据各技术站的设备和能力等情况,选择经济合理的编组方案。

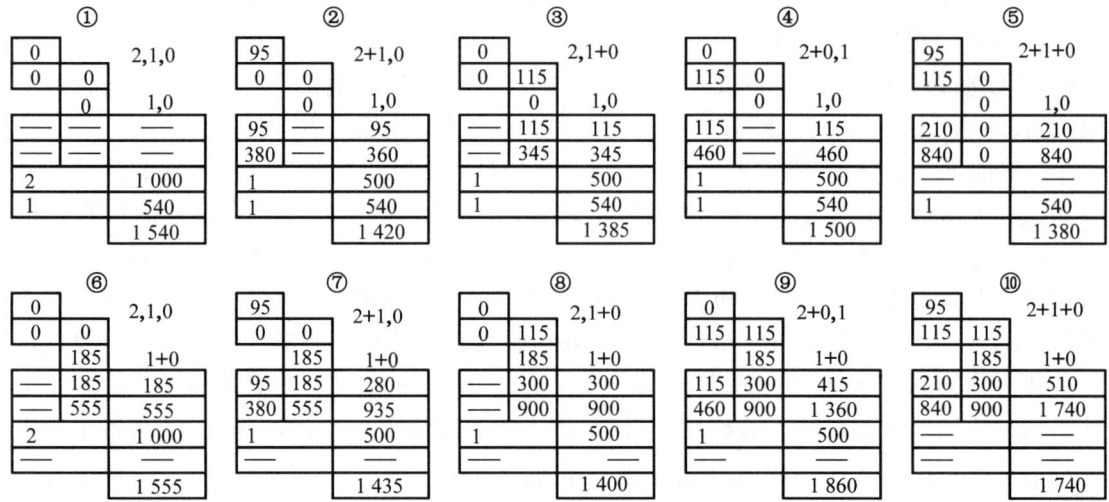

图 13-15　4 个技术站方向编组计划计算示例

在选定编组方案后,可绘制方向的列车到达站图。该图绘出该编组方案全部开行的列车到达站及其包含的车数。列车到达站以箭头表示列车终到的地点。列车到达站直线上方填写包含的车数。图 13-16 为最优编组方案的列车到达站图。

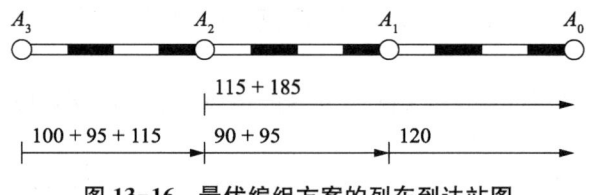

图 13-16　最优编组方案的列车到达站图

二、表格计算法

表格计算法是按照远程车流开行直达列车到达站的条件,在特制的表格上,通过一定的步骤和算法,选出方向上最优的列车编组方案的方法。

如上所述,远程车流开行一个直达列车到达站时,要在列车始发站消耗集结车小时,但却能在沿途技术站获得无改编通过的车小时节省。方向上每一编组方案的总节省为

$$Nt_{节}^{总} = \sum N_{直} t_{节} - \sum T_{集} \tag{13-19}$$

式中　$\sum N_{直} t_{节}$ ——该编组方案所有编入直达列车到达站的远程车流在沿途技术站无改编通过的车小时总节省;

$\sum T_{集}$ ——该编组方案所有直达列车到达站的集结车小时总消耗。

$Nt_{节}^{总}$ 最大的编组方案即是最优的编组方案。表格计算法就是通过一定的条件和步骤寻求 $Nt_{节}^{总}$ 最大的最优编组方案的方法。

远程车流开行直达列车到达站的三个条件为:必要条件、充分条件和绝对条件。

（一）必要条件

任何一支远程车流单独或多支远程车流合并开行直达列车到达站，其必要条件为在沿途技术站无改编通过获得的车小时节省必须大于等于该直达列车到达站在始发站的集结车小时消耗，即

或
$$N_直 \sum t_节 \geqslant Cm \qquad [13\text{-}20(a)]$$

或
$$\sum N_直 \sum t_节 \geqslant Cm \qquad [13\text{-}20(b)]$$

式中　$N_直$、$\sum N_直$——单支和多支直达车流量；

　　　$\sum t_节$——直达车流无改编通过沿途技术站的总节省时间，h。

例如，在图 13-17 中，车流 N_{30} 单独开行直达列车到达站的必要条件是 $N_{30}(t_节^2 + t_节^1) \geqslant Cm_3$；车流 N_{30} 和 N_{20} 合并开行直达列车到达站的必要条件是 $(N_{30} + N_{20})t_节^1 \geqslant Cm_2$。

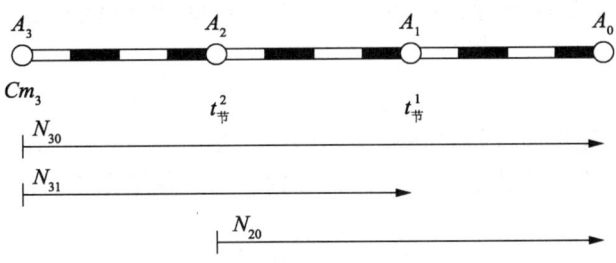

图 13-17　方向上远程车流

必要条件是检查远程车流能否开行直达列车到达站的基本条件。不满足必要条件的车流，单独开行直达列车到达站是不利的。

（二）充分条件

单支或多支合并的远程车流，对较短直达列车到达站的充分条件是其在超行区段获得的无改编通过沿途技术站的车小时节省大于或等于在始发站集结的车小时消耗，即

$$N_直 \sum t_节^远 \geqslant Cm \qquad [13\text{-}21(a)]$$

或
$$\sum N_直 \sum t_节^远 \geqslant Cm \qquad [13\text{-}21(b)]$$

式中，$\sum t_节^远$ 为远程车流在超行区段无改编通过沿途技术站的车小时总节省，h。

例如，在图 13-18 中，当开行 $A_4 \to A_1$ 直达列车到达站时，N_{40} 对它的充分条件是 $N_{40} t_节^1 \geqslant Cm_4$；当开行 $A_3 \to A_1$ 直达列车到达站时，N_{40} 对它的充分条件是 $N_{40}(t_节^3 + t_节^1) \geqslant Cm_4$；当开行 $A_2 \to A_0$ 直达列车到达站，N_{40} 和 N_{30} 合并时，对它的充分条件是 $(N_{40} + N_{30}) t_节^2 \geqslant Cm_3$。

由此可见，充分条件是用来对远程直达车流检查是否适宜单独开行直达列车到达站的条件。任何一支远程车流，如果在它的运行径路上有较短直达列车到达站（始发站和终到

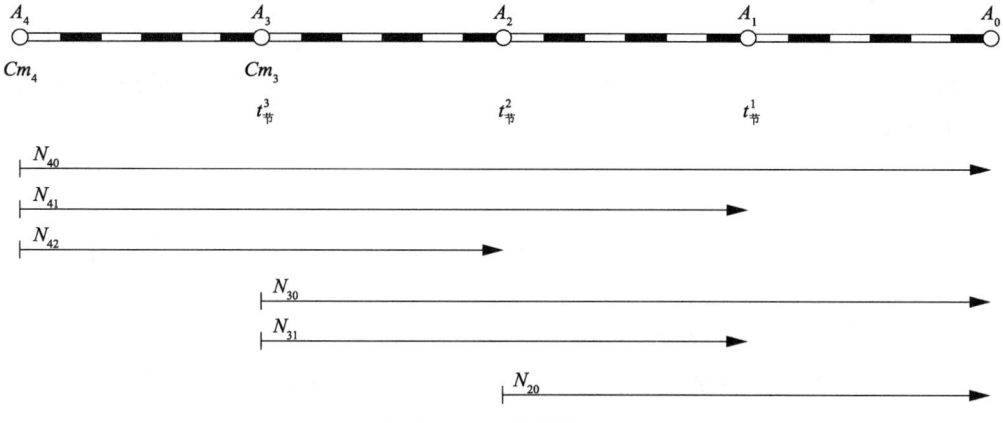

图 13-18 方向远程车流

站均不超过该远程直达车流的始发站和终到站),那么只有当所有较短直达列车到达站都满足充分条件时,才能单独开行直达列车到达站。否则,就应该考虑与较短直达列车到达站合并。

(三) 绝对条件

任何单支远程车流单独开行直达列车到达站的绝对条件,是其在沿途任一技术站的无改编通过车小时节省都大于或等于该直达列车到达站的集结车小时消耗,即

$$N_{直} \sum t_{节}^{最小} \geqslant Cm \tag{13-22}$$

式中,$t_{节}^{最小}$ 为单支远程车流无改编通过沿途技术站中的最小节省时间,h。

显然,满足了绝对条件的远程车流应当单独开行直达列车到达站,而不与任何其他较短的直达车流合并。

如果某一单支远程车流在某些技术站无改编通过的节省大于或等于该直达列车到达站的集结车小时消耗,表示该车流部分地满足了绝对条件。该车流便不应在这些技术站上进行改编。

上述三个条件中,绝对条件是确定的,必要条件是基本的,充分条件则是相对的,原因在于合并车流的支数、较短直达列车到达站的情况等是可变的。下面举两例加以说明。

【例 13-5】 某方向上车流及有关计算资料如图 13-19 所示。

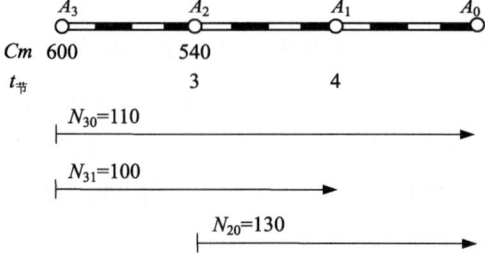

图 13-19 某方向上车流及计算资料(例 13-5)

由图 13-19 可见，方向上三支远程车流中，N_{30} 满足了必要条件：

$$110 \times (3+4) = 770 > 600$$

N_{31} 和 N_{20} 均不满足必要条件。

是否应当开行 $A_3 \to A_0$ 的直达列车呢？实际上，N_{30} 和 N_{20} 合并开行 $A_2 \to A_0$ 的直达列车到达站有更多的车小时节省。

$$(110 + 130) \times 4 = 960 > 540$$

这说明，单支远程车流是否满足必要条件，对于开行直达列车到达站方案并不起决定性作用。

本例的条件下，应将 N_{30} 和 N_{20} 合并开行 $A_2 \to A_0$ 的直达列车到达站。

【例 13-6】 某方向上车流及计算资料如图 13-20 所示。

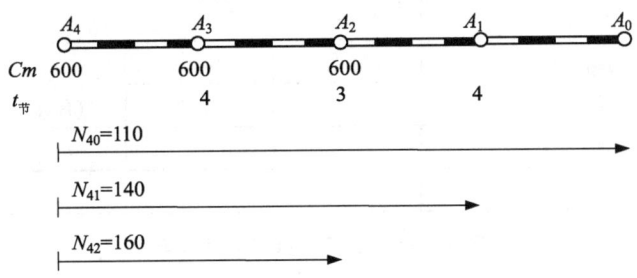

图 13-20 某方向上车流及计算资料(例 13-6)

方向上 A_4 站有三支远程车流：N_{40}、N_{41} 和 N_{42}。N_{40}、N_{41} 满足必要条件，而 N_{42} 满足绝对条件，因此，N_{42} 必须单独开行，即必须开行 $A_4 \to A_2$ 的直达列车到达站。N_{40}、N_{41} 则需用充分条件检查适宜开行哪些直达列车到达站。

N_{41} 对 $A_4 \to A_2$ 的较短直达列车到达站不满足充分条件：

$$140 \times 3 = 520 < 600$$

因此，N_{41} 远程车流应与 N_{42} 直达车流合并。

由于 $A_4 \to A_1$ 直达列车不存在，故应检查 N_{40} 对 $A_4 \to A_2$ 直达列车到达站是否满足充分条件，检查结果满足了充分条件：

$$100 \times (3+4) = 700 > 600$$

这时是否应当开行 $A_4 \to A_0$ 的直达列车到达站呢？

由于还存在 N_{40} 和 N_{41} 合并开行直达列车到达站的方案，因此需检查 N_{40} 和 N_{41} 合并开行直达列车是否满足充分条件：

$$(100 + 140) \times 3 = 720 > 600$$

结果也满足了充分条件。并且开行 $A_4 \to A_1$ 直达列车到达站较开行 $A_4 \to A_0$ 直达列车到达站的节省多。

在本例的条件下，应开行 $A_4 \to A_2$ 的直达列车到达站以及将 N_{40} 和 N_{41} 合并开行 $A_4 \to$

A_1 的直达列车到达站。

当然,方向上的最优编组方案可能不一定包含 A_4 站的这个编组方案。但这里要说明的是,不能简单地按一种情况去比较充分条件并得出结论。

表格计算法采用了与绝对计算法相似的特殊表格作为计算表。有 5 个技术站方向的计算表格如图 13-21 所示。

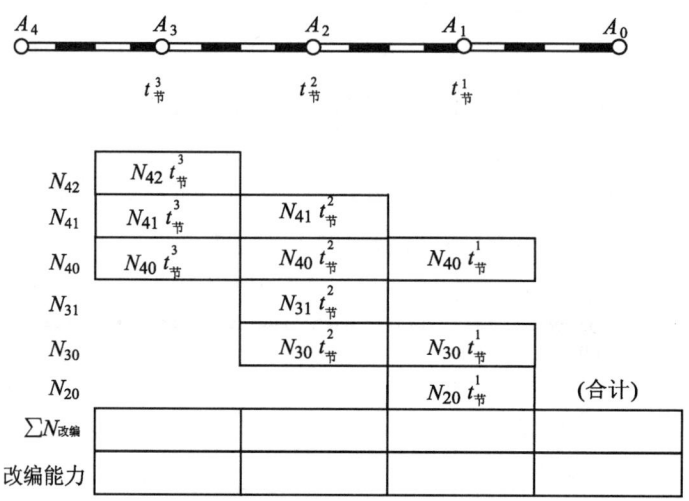

图 13-21 表格计算法的计算表

计算表的上半部分主要用来计算。行和列的含义与绝对计算法表格相同,但格内的填写内容不同,需要填写各支直达车流在沿途有关技术站的改编车小时消耗 $N_{ij}t_节^q (i>q>j)$。

计算表的下半部分主要用来检查不同编组方案条件下,技术站的改编能力是否满足要求,只有两行,第一行填写该编组方案在各技术站的改编车数,第二行填写各技术站改编该方向远程车流的能力。当有一列第一行的数字大于第二行的数字时,表明该编组方案是不能实现的。

表格计算法的计算步骤及方法如下:

(1) 按照各支远程车流的数量 $N_直$ 及沿途各技术站的 $t_节$,求出全部 $N_直 t_节$ 的数值,填入计算表的相应格内。

(2) 按照绝对条件和必要条件找出方向上所有能够开行的直达列车到达站,并将这一编组方案作为初始方案。

① 从第一站的第一支车流开始,依次对各支直达车流检查是否满足绝对条件和必要条件。凡满足必要条件的直达车流,在其沿途所有车站格内画"○",表示该格内的改编车小时不存在,即说明该支车流单独开行直达列车到达站,如果某一格内的数字满足绝对条件,则在该格内画上"△",表示该支车流不应在该站改编。

② 对不满足必要条件的其余单支车流,按多支车流合并方式检查是否满足必要条件。如满足必要条件,则由多支车流合并开行直达列车到达站,在多支车流无改编通过的相应格内画上"○"。

③ 对其他的各支车流，按照运行径路向已经开行的直达列车到达站归并。如能并入某直达列车到达站时，则在无改编通过的相应格内画上"○"。

在绝大多数情况下，初始方案的直达列车到达站数较最优编组方案的直达列车到达站数多。

(3) 采用各种方法寻找车小时节省更多的编组方案。

① 压缩到站或压缩发站或同时压缩到站和发站。它是将不满足充分条件的远程车流开行的直达列车到达站取消，将车流并入较短的直达列车到达站，如图 13-22—图 13-24 所示。

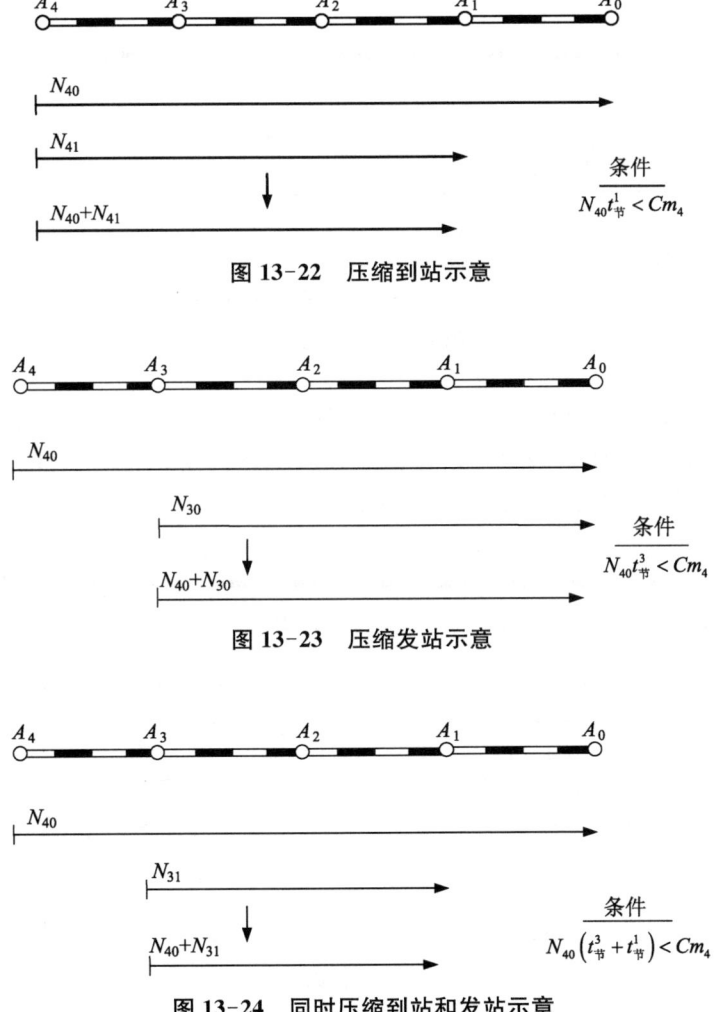

图 13-22　压缩到站示意

图 13-23　压缩发站示意

图 13-24　同时压缩到站和发站示意

② 分流。它是将由多支直达车流合并开行的直达列车到达站取消，其中较远的直达车流单独开行直达列车到达站，其余车流并入较短的直达列车到达站，如图 13-25 所示。

③ 调流。它是将某支较远直达车流从原并入的直达列车到达站中分离出来，重新并到另外的较近直达列车到达站中，如图 13-26 所示。

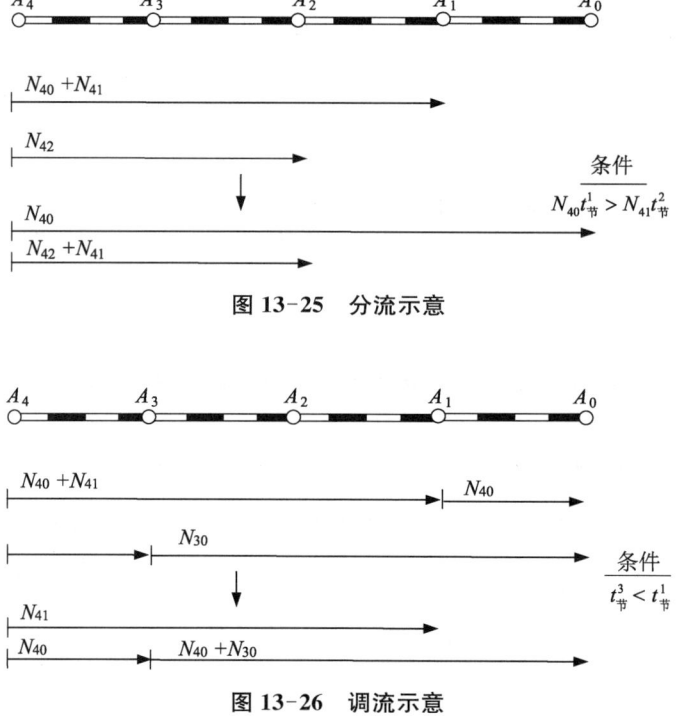

图 13-25 分流示意

图 13-26 调流示意

④ 切割。它是将某一远程直达列车到达站撤销,变成两个相互衔接的较短直达列车到达站,如图 13-27 所示。图中假定已存在两个较短直达列车开行的条件,实际计算中还应考虑由于切割后所能吸引的其他较短车流的车小时节省。

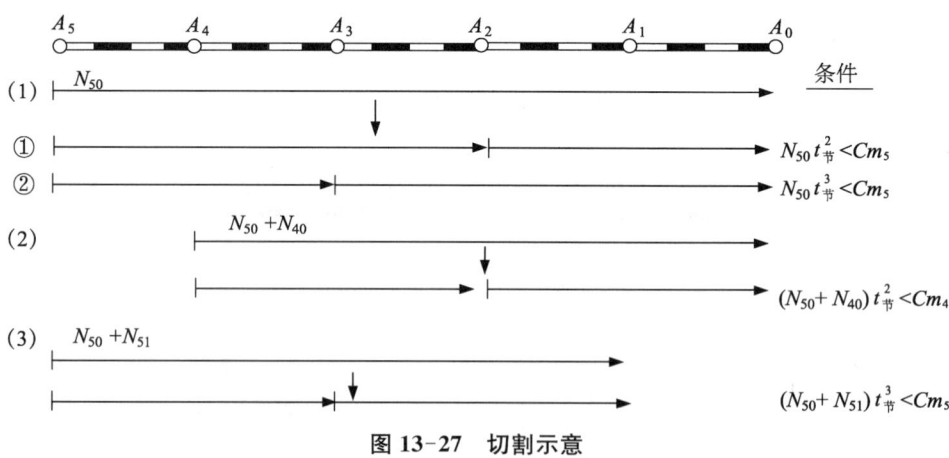

图 13-27 切割示意

⑤ 移站。它是将直达列车到达站的发站和到站同时向左或向右移动,如图 13-28 所示。

表格计算法以初始方案为基础,综合运用以上各种方法不断更新编组方案,使得每一个编组方案逐步接近最优编组方案,直至找不到更加节省车小时的编组方案时,最后的编组方案就是最优方案。应该说明的是,表格计算法在寻找最优方案的过程中,最优方案的确定往往要靠计算者的经验来判断。

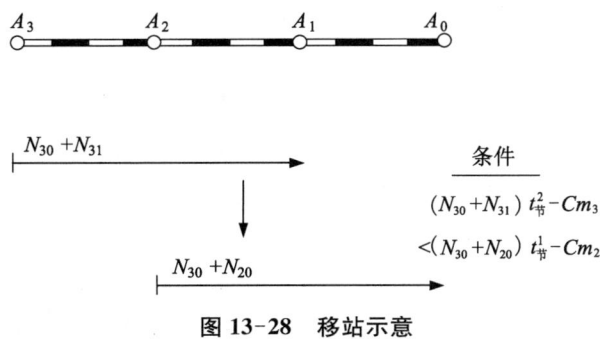

图 13-28 移站示意

(4)最后,对最优编组方案填写计算表的下半部分。如果有的技术站改编能力不足,则应改选车小时节省次优的编组方案,并再比较各技术站的能力是否适应。如此循环,直至选出车站能力既适应、车小时节省又较多的经济合理的方案。

次优编组方案可能是最后过渡方案或其他过渡方案,也可能是在最优编组方案的基础上,将某支不满足必要条件或充分条件的车流单独开行直达列车到达站的编组方案。

【例 13-7】 有 5 个技术站方向的车流及计算资料如图 13-29 所示,计算步骤如下。

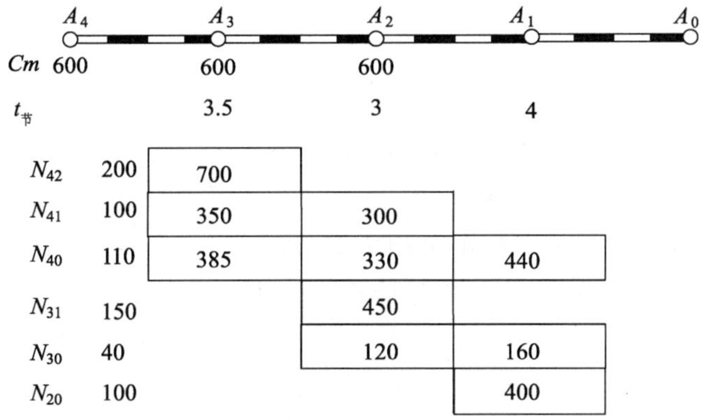

图 13-29 方向计算资料(例 13-7)

(1)根据各支直达车流数量 N_{ij} 和各技术站的 $t_节$,可填写计算表的各个格子。

(2)根据绝对条件和必要条件寻找所有可能开行的直达列车到达站。N_{42} 满足了绝对条件,在 $N_{42}t_节^3$ 格内画上"△";N_{41} 和 N_{40} 分别满足了必要条件,在该两支直达车流所在行的所有格内画上"○";其余车流均不满足必要条件,多支车流合并也不满足必要条件,也没有车流可向已开行的直达列车到达站归并,故不填任何记号。因此,初始方案开行 $A_4 \to A_0$,$A_4 \to A_1$ 和 $A_4 \to A_2$ 三个直达列车到达站,如图 13-30 所示。

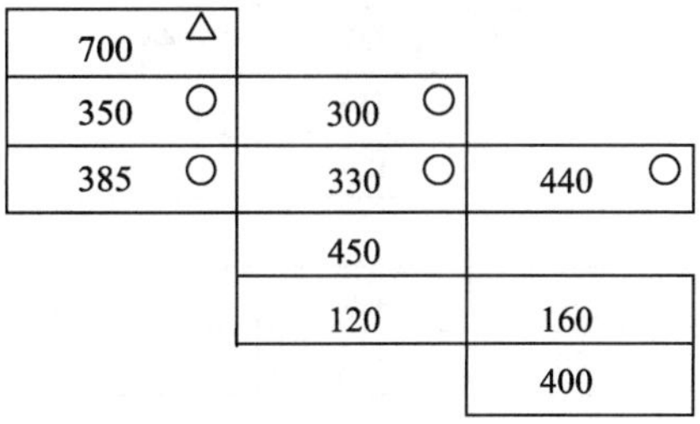

(3)压缩到站。N_{40} 对 $A_4 \to A_1$ 直达列车到达站不满足充分条件:

$$N_{40}t_节^1 = 110 \times 4 = 440 < 600$$

图 13-30 初始方案(例 13-7)

应压缩到站。将 $N_{40}t_节^1$ 格内"○"取消,减少一个列车到达站,节省 600－440＝160(车·h),如图 13-31 所示。

(4)分流。取消 $A_4 \rightarrow A_1$ 直达列车到达站,将 N_{40} 单独开行直达列车到达站,将 N_{41} 并入 $A_4 \rightarrow A_2$ 直达列车到达站,节省 440－300＝140(车·h),说明分流有利。将 $N_{40}t_节^1$ 格内画"○",将 $N_{41}t_节^2$ 格内的"○"取消,如图 13-32 所示。

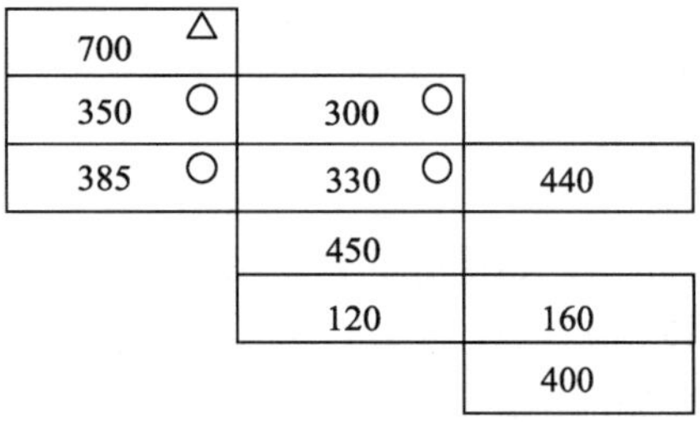

图 13-31 过渡方案一(例 13-7) 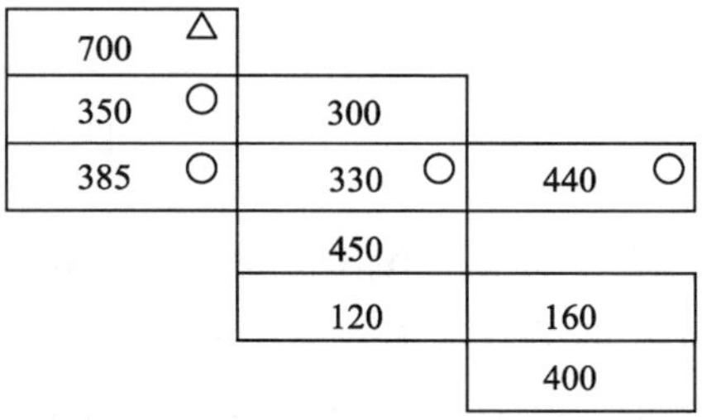　　图 13-32 过渡方案二(例 13-7)

(5)切割。将 $A_4 \rightarrow A_0$ 直达列车到达站取消,使 N_{40} 在 A_2 站改编一次,这时取消了 $A_4 \rightarrow A_0$,改开了 $A_2 \rightarrow A_0$;直达列车到达站数不变。由于 A_4 和 A_2 站的 Cm 值相同,故集结车小时不变,改编车小时的节省为

$$N_{30}t_节^1 + N_{20}t_节^1 - N_{40}t_节^2 = 160 + 400 - 330 = 230(车·h)$$

说明切割有利。将 $N_{40}t_节^2$ 格内的"○"取消,在 $N_{30}t_节^1$ 和 $N_{20}t_节^1$ 的格内画上"○",如图 13-33 所示。

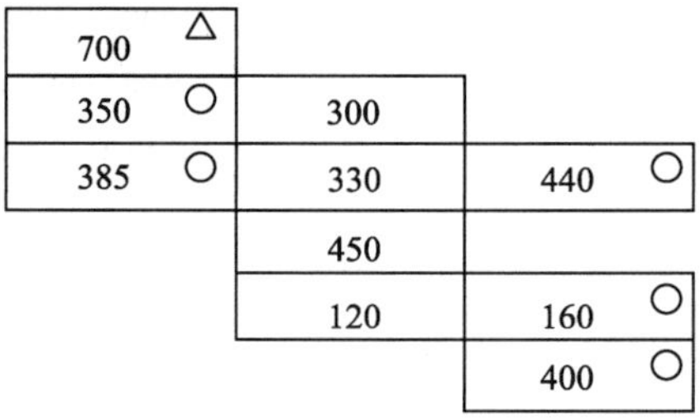

至此,再找不出节省更多车小时的编组方案,该方案即为最优方案。这时,对最优方案填写计算表的下半部分,如图 13-34 所示。

由图 13-34 可见,最优编组方案中,A_2 站的改编车数超过了该站的改编能力,因此该最优编组方案不能实现。

图 13-33 最优方案(例 13-7)

次优编组方案如图 13-35 所示,它较最优编组方案损失 150 车·h,但各技术站的改编能力都能满足要求,该编组方案便成为当选编组方案。

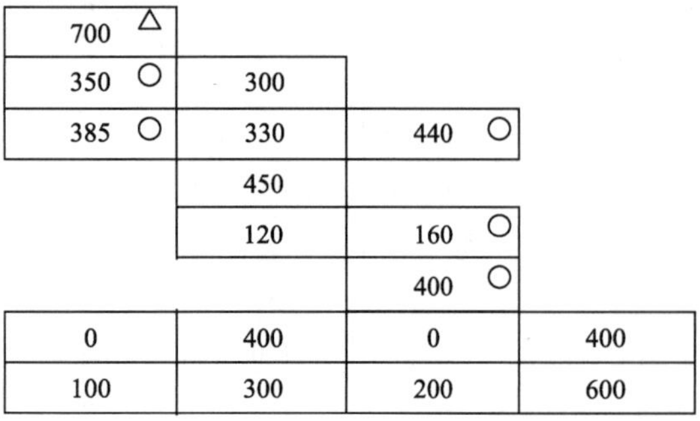

图 13-34 最优方案的各站改编车数(例 13-7) 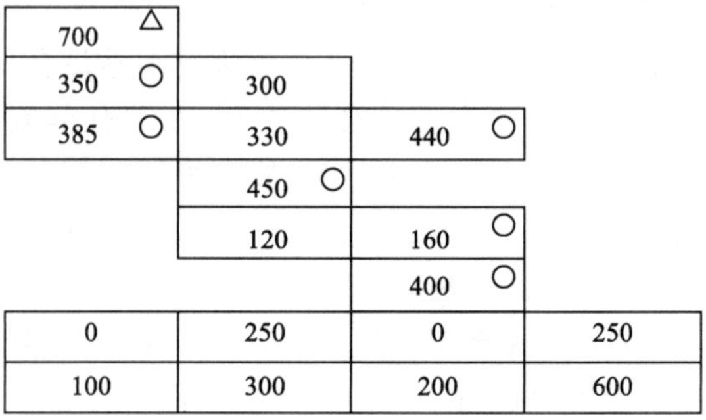　　图 13-35 次优方案改编车数(例 13-7)

对当选的编组方案绘制列车到达站图,如图 13-36 所示。

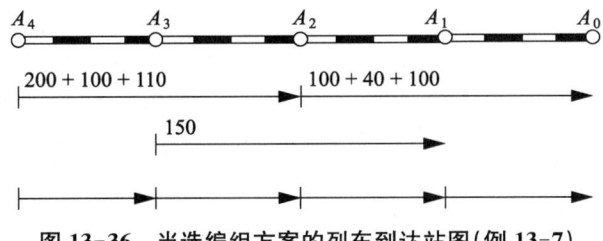

图 13-36 当选编组方案的列车到达站图(例 13-7)

【例 13-8】 利用表格计算法计算带有分歧方向的编组方案。方向及有关计算资料如图 13-37 所示。

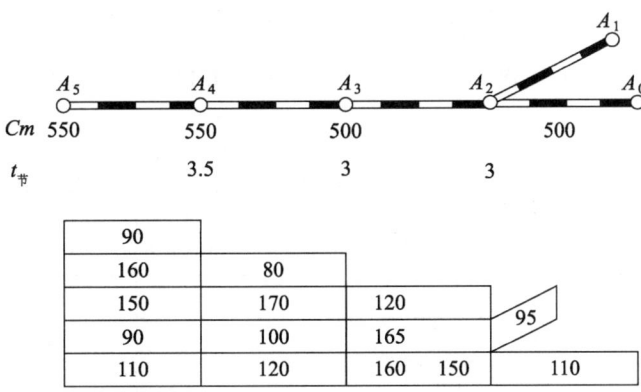

图 13-37 有分歧方向计算资料(例 13-8)

本例中有一分歧方向。在绘制计算表时,对发往分歧方向的远程车流在分歧站格内加个方框,对由分歧方向发出的直达车流在分歧站格内加上双框。这样区别以后,表明去往分歧方向和直线方向的车流,或者由分歧方向发出和直线方向发出的车流不可能合并开行直达列车到达站无改编通过分歧站。

计算步骤与方法:

(1) 填写计算表的上半部分,并按绝对条件和必要条件检查单支车流和多支合并车流。对满足条件者在相应格内画上"△"或"○",表示开行该直达列车到达站。初始方案中共开行 6 个直达列车到达站,即 $A_5 \to A_3$, $A_5 \to A_2$, $A_5 \to A_1$, $A_5 \to A_0$, $A_4 \to A_1$, $A_4 \to A_0$,如图 13-38 所示。

(2) 压缩到站。N_{50} 和 N_{51} 分别对 $A_5 \to A_2$ 不满足充分条件,压缩 $A_5 \to A_0$ 和 $A_5 \to A_1$ 两个直达列车到达站,使 N_{50} 和 N_{51} 并入 $A_5 \to A_2$ 直达列车到达站,节省 $2 \times 550 - 270 - 330 = 500$(车·h),如图 13-39 所示。

N_{40} 和 N_{41} 分别对 $A_4 \to A_2$ 不满足充分条件,压缩 $A_4 \to A_0$ 和 $A_4 \to A_1$ 两个直达列车到达站,改开 $A_4 \to A_2$ 直达列车到达站,使 N_{40} 和 N_{41} 并入 $A_4 \to A_2$ 直达列车到达站,节省 $510 + 550 - 300 - 360 = 400$(车·h),如图 13-40 所示。

(3) 切割。全部直达车流在 A_3 站改编一次,即取消 $A_5 \to A_2$、$A_4 \to A_2$ 直达列车到达站,改为开行 $A_3 \to A_1$ 和 $A_3 \to A_0$ 两个直达列车到达站。这时的车小时节省为 $495 + 480 + 2 \times 550 - 450 - 510 - 2 \times 500 = 115$(车·h),如图 13-41 所示。

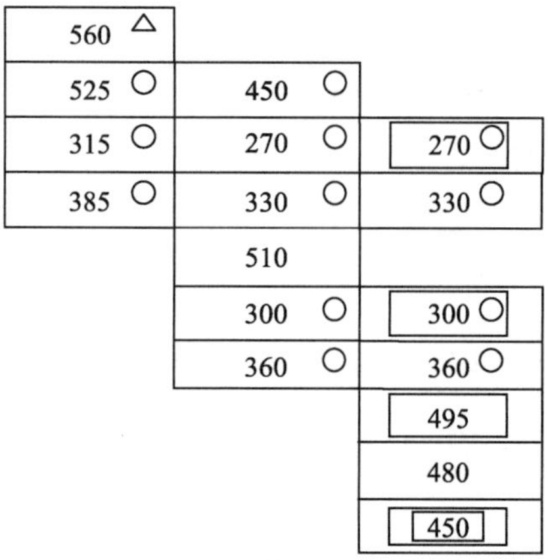

图 13-38 初始方案(例 13-8)

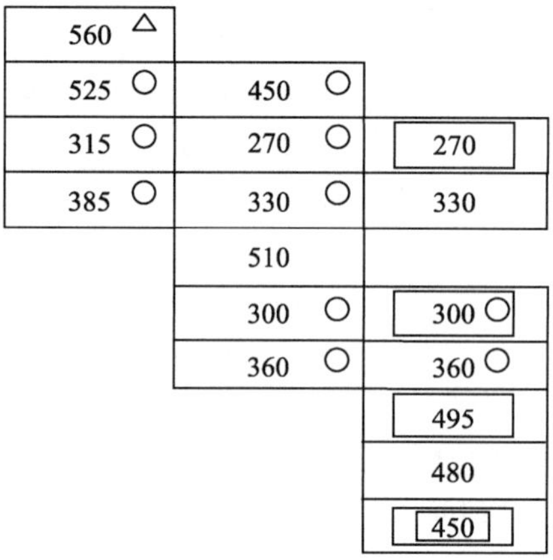

图 13-39 过渡方案一(例 13-8)

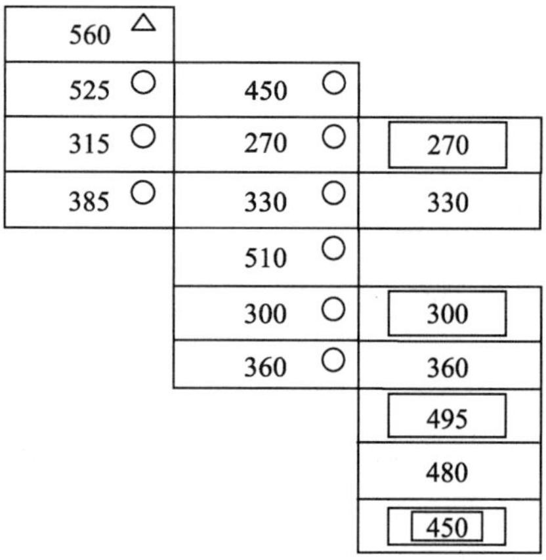

图 13-40 过渡方案二(例 13-8)

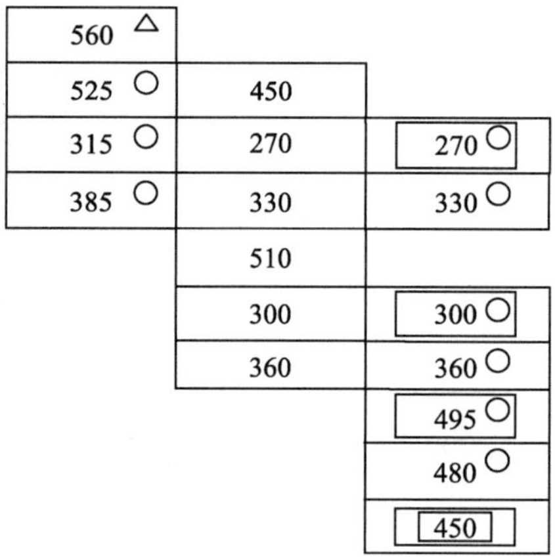

图 13-41 最优方案(例 13-8)

至此,再也找不出车小时节省更多的编组方案,最后一个编组方案即为最优编组方案。由于最优编组方案的改编车数超过了 A_3 站改编能力,改选较最优编组方案增加 40 车·h 而改编能力能够适应的次优编组方案,如图 13-42 所示。

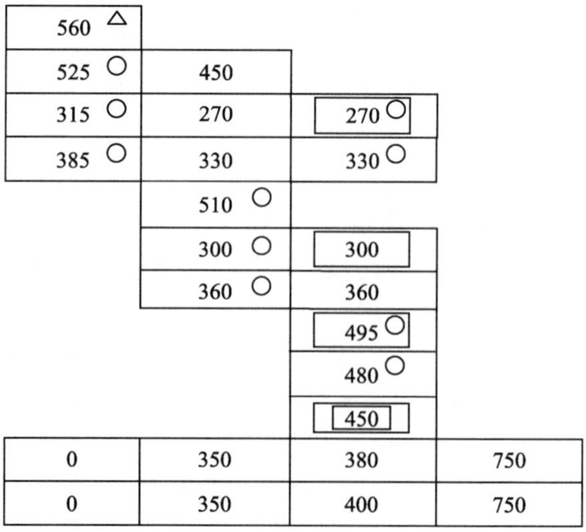

当选编组方案的列车到达站图如图 13-43 所示。

当方向上技术站数量不超过 7 个时,利用表格计算法计算单组列车编组计划,计算简便,结果正确。当方向上有 8 个或 9 个技术站时,选出的最优编组方案可能是一个接近最优编组方案的较优编组方案。

图 13-42 次优方案(例 13-8)

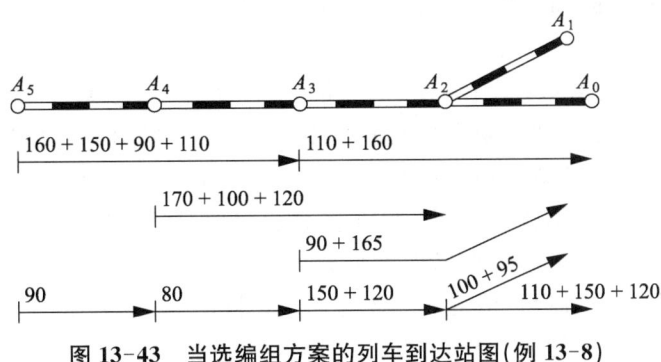

图 13-43　当选编组方案的列车到达站图(例 13-8)

三、近代数学方法

20 世纪 50 年代开始,国内外铁路运输科研工作者对确定货物列车编组计划最优方案进行了系列研究,并取得了相应的进展。研究重点主要聚焦于运用运筹学、组合优化等理论和方法建立相关的数学模型,通过设计合理的求解算法,利用计算机进行列车编组计划的编制。然而,现有的计算方法仍不能全面反映各种因素的影响和要求,所提供的最佳方案也还只能作为决策的参考。因此,如何优化列车编组计划方案,还需广大科技工作者不断努力。随着运筹学、优化理论和方法以及计算机技术的不断发展,它们必将在实践中逐步得到应用并日臻完善。

第五节　分组列车编组计划的编制

在编制技术站单组列车编组计划以后,应研究分组列车编组方案,编制分组列车编组计划。

分组列车中至少包含两个车组,其中到达列车到达站的车组称为基本车组,到达沿途技术站的车组称为换挂车组。对分组列车进行车组换挂作业的技术站称为车组换挂站。

分组列车由技术站编组出发,在沿途技术站经过一次或若干次车组换挂作业以后,分组列车逐渐变成单组列车,最后到达列车到达站解体,如图 13-44 所示。

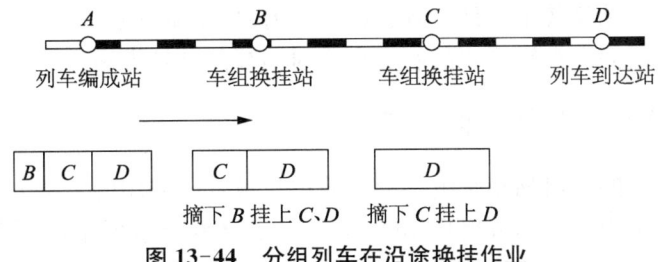

图 13-44　分组列车在沿途换挂作业

分组列车这种车流组织形式,有以下两方面的效果:

（1）减少货车集结时间。合并几个单组列车到达站为一个分组列车到达站时,显然可以减少货车集结时间。

（2）减轻沿途技术站的调车作业负担。编组分组列车后,原来某些单组列车到达站变成车组换挂站,由改编整个列车变为改编车组,因而减少了调车作业负担。

但是,用分组列车代替单组列车并不是在任何情况下都是经济有利或切实可行的。例如,编组分组列车,在列车编成站的调车作业将有所增加;在车组换挂站列车的中转停留时间将因摘挂车组作业而较无改编中转时有所延长;如果车组换挂不及时,或无适当车流换挂,还会发生分组列车欠轴运行或提前解体等情况。同时,编组分组列车,要求列车的编组站有较多的调车线和较大的改编作业能力,要求车组换挂站有稳定的加挂车流、方便车组换挂的车场和线路,以及准确的预确报制度和良好的作业组织等。所以,应当根据具体的车流特点和车站的技术设备条件选用适当的分组列车组织形式。

由于调车线不足及其他方面的原因,3个及以上技术直达列车到达站合并成为分组列车到达站的很少见。因此,我国铁路在单组列车编组计划编制完成后,对某些有可能组织分组列车的情况,研究以分组列车到达站代替单组列车到达站是否有利,通常有以下两种情况：

（1）合并两个单组列车到达站为一个分组列车到达站,如图13-45所示。当两个单组列车到达站中的较短到达站车流不大时,可考虑采用此方案。

（2）衔接两个单组列车到达站为一个分组列车到达站,如图13-46所示。当两个较短的单组列车到达站中的远程车流较大时,可考虑采用此方案。

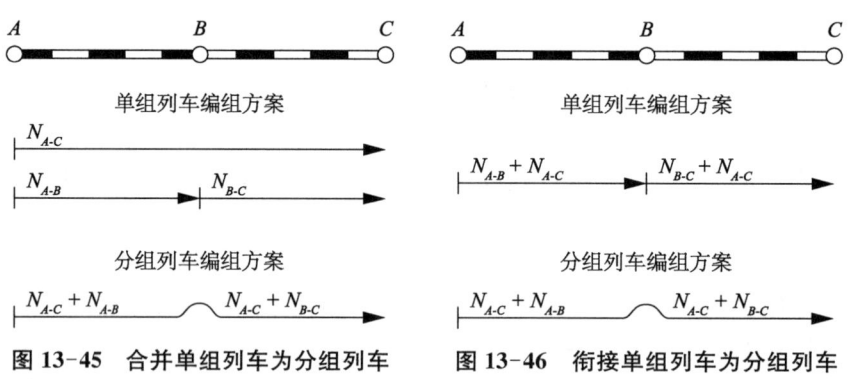

图13-45 合并单组列车为分组列车　　图13-46 衔接单组列车为分组列车

以分组列车到达站代替单组列车到达站是否有利,应通过技术经济比较决定。以下将叙述经常采用的分组列车组织形式的有关车小时消耗的计算方法。

一、不固定车组重量的分组列车

不固定车组重量的分组列车是组织形式简单且被普遍采用的一种分组列车。

当组织不固定车组重量的分组列车时,为了保证该种分组列车在所有区段都始终满轴运行,需要每个车组换挂站有必需数量的车流,即在分组列车到达以前,准备好换挂车组。

我们将分组列车中基本组的车流数量记为$N_{基}$,换挂组的车流数量分别记为$N_{摘}$、$N_{挂}$。在统一牵引定数的情况下,任何换挂站补轴的车流应当不小于在该站摘下的车流。同时,

考虑到车流的日常波动,应保证最小的加挂车流量不小于在该站摘下的最大车流量,即

$$N_{挂}^{最小} \geqslant N_{摘}^{最大} \tag{13-23}$$

式中　$N_{挂}^{最小}$——考虑车流日常波动时,换挂站可供补轴加挂的最小车流量;
　　　$N_{摘}^{最大}$——考虑车流日常波动时,分组列车可能在该换挂站摘下的最大车流量。

因此,这种分组列车适宜在车流量递增的方向上采用。

如果车组换挂站可供补轴的车流量多于为分组列车补轴所需的车流量,则应将多余的部分车流量编开单组列车,如图 13-47 所示。

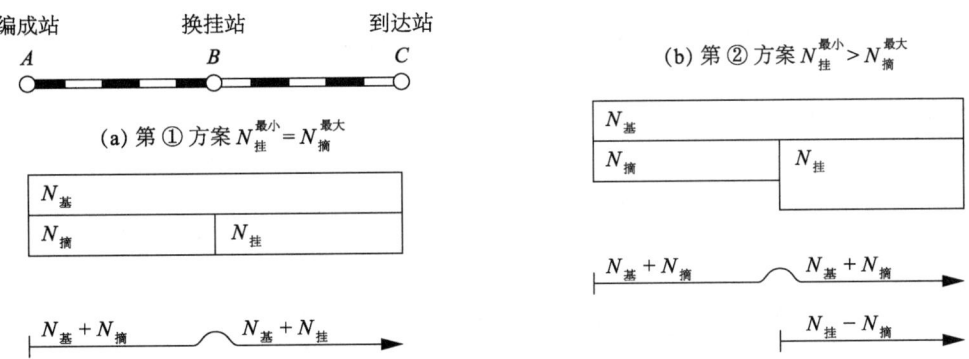

图 13-47　不固定车组重量的分组列车编组方案

不固定车组重量分组列车的有关车小时消耗计算方法如下。

(一) 在列车编成站

(1) 集结车小时:由于分组列车内各车组不固定重量,只要编组线上同时集结的各车组重量的总和达到列车重量标准,即为完成车列的集结过程。因此,一个到达站的分组列车一昼夜的集结车小时消耗 $T_{集}$ 为 $T_{集} = Cm$。

(2) 编组作业车小时:由于分组列车编组作业较单组列车复杂,因而将增加列车编组时间 $\Delta t_{编}$。分组列车一昼夜增加的编组作业车小时 $\Delta T_{集}$ 为

$$\Delta T_{集} = (N_{基} + N_{摘})\Delta t_{编} \tag{13-24}$$

(二) 在车组换挂站

1. $N_{挂} = N_{摘}$

(1) 集结车小时:在车组换挂站只为每一分组列车集结补轴车组($m_{补}$),故其每昼夜的集结车小时消耗 $T_{集}^{补}$ 为

$$T_{集}^{补} = Cm_{补} \tag{13-25}$$

因

$$\frac{m_{补}}{m} = \frac{N_{摘}}{N_{基} + N_{摘}} \tag{13-26}$$

所以

$$T_{集}^{补} = Cm_{补} = Cm \frac{N_{摘}}{N_{基} + N_{摘}} \tag{13-27}$$

(2) 等待车小时：补轴车组集结完之后，可能因等待分组列车到达而有额外的停留，此项等待时间最小为 0，最大为分组列车的平均到达间隔 $I=\dfrac{24}{n_{\text{分组}}}$（h）（其中 $n_{\text{分组}}$ 为一昼夜开行的分组列车数），因此平均的等待时间 $t_{\text{等}}$ 为

$$t_{\text{等}}=\dfrac{0+I}{2}=\dfrac{12}{n_{\text{分组}}} \quad (\text{h}) \tag{13-28}$$

一昼夜补轴车组等待分组列车到达的停留车小时消耗 $T_{\text{等}}^{\text{补}}$ 为

$$T_{\text{等}}^{\text{补}}=\dfrac{12}{n_{\text{分组}}}m_{\text{补}}\,n_{\text{分组}}=12m_{\text{补}}=12m\dfrac{N_{\text{摘}}}{N_{\text{基}}+N_{\text{摘}}} \tag{13-29}$$

如 C_1 为 12，则

$$T_{\text{等}}^{\text{补}}=C_1 m\dfrac{N_{\text{摘}}}{N_{\text{基}}+N_{\text{摘}}} \tag{13-30}$$

以上两项之和为

$$T_{\text{集}}^{\text{补}}+T_{\text{等}}^{\text{补}}=(C+C_1)m\dfrac{N_{\text{摘}}}{N_{\text{基}}+N_{\text{摘}}} \tag{13-31}$$

(3) 调车作业车小时：一昼夜因摘解和编挂补轴车流的调车作业车小时消耗 $T_{\text{调}}^{\text{补}}$ 为

$$T_{\text{调}}^{\text{补}}=N_{\text{摘}}\,t_{\text{解}}^{\text{组}}+N_{\text{挂}}\,t_{\text{编}}^{\text{组}}=N_{\text{摘}}(t_{\text{解}}^{\text{组}}+t_{\text{编}}^{\text{组}}) \tag{13-32}$$

式中　$t_{\text{解}}^{\text{组}}$——车组摘解作业总时间，h；

$t_{\text{编}}^{\text{组}}$——车组编挂作业总时间，h。

(4) 直通车流额外停留车小时：由于分组列车在车组换挂站需进行部分改编中转作业，较无改编中转作业停留时间有所延长，因而直通车流在车组换挂站有额外的停留，其一昼夜的车小时消耗 $\Delta T_{\text{通}}$ 为

$$\Delta T_{\text{通}}=N_{\text{通}}\,\Delta t_{\text{通}} \tag{13-33}$$

式中　$N_{\text{通}}$——分组列车内的直通车流量（即不换挂的车流）；

$\Delta t_{\text{通}}$——分组列车较无改编中转列车延长的停站时间，h。

2. $N_{\text{挂}}>N_{\text{摘}}$

(1) 集结车小时：以车流 $N_{\text{挂}}$ 编组单组列车和补轴车组的集结过程如图 13-48 所示。

由图 13-48 可见，集结一个补轴车组的车小时消耗 $t_{\text{集}}^{\text{补}}$ 为

$$t_{\text{集}}^{\text{补}}=\dfrac{1}{2}\times\dfrac{24m_{\text{补}}}{N_{\text{挂}}}m_{\text{补}}=\dfrac{12m_{\text{补}}^2}{N_{\text{挂}}}=\dfrac{Cm_{\text{补}}^2}{N_{\text{挂}}} \tag{13-34}$$

集结一个车列的车小时消耗 $t_{\text{集}}^{\text{列}}$ 为

$$t_{\text{集}}^{\text{列}}=\dfrac{1}{2}\times\dfrac{24m}{N_{\text{挂}}}m=\dfrac{12m^2}{N_{\text{挂}}}=\dfrac{Cm^2}{N_{\text{挂}}} \tag{13-35}$$

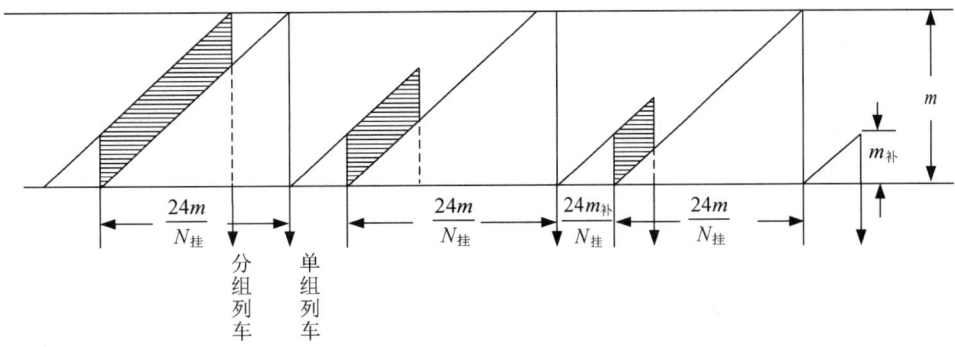

图 13-48　车列与车组集结图

一昼夜共集结 $\dfrac{N_{摘}}{m_{补}}$ 个补轴车组和 $\dfrac{N_{挂}-N_{摘}}{m}$ 个车列，因此，补轴车流总的集结车小时消耗 $T_{集}^{补}$ 为

$$T_{集}^{补}=\dfrac{Cm_{补}^{2}}{N_{挂}}\times\dfrac{N_{摘}}{m_{补}}+\dfrac{Cm^{2}}{N_{挂}}\times\dfrac{N_{挂}-N_{摘}}{m}=Cm-C\dfrac{N_{摘}}{N_{挂}}(m-m_{补}) \qquad (13-36)$$

（2）等待车小时：由于车组集结终了时刻与分组列车到达时刻表不一致，将使补轴车组产生等待的车小时（如图 13-48 中阴影部分所示）。

车组最小的等待时间为 0，最大的等待时间为不超过车列的集结时间 $\dfrac{24m}{N_{挂}}$，因此，一昼夜的全部等待车小时消耗 $T_{等}^{补}$ 为

$$T_{等}^{补}=\dfrac{12m}{N_{挂}}m_{补}\dfrac{N_{摘}}{m_{补}}=12m\dfrac{N_{摘}}{N_{挂}}=C_{1}m\dfrac{N_{摘}}{N_{挂}} \qquad (13-37)$$

以上两项消耗之和为

$$T_{集}^{补}+T_{等}^{补}=Cm-C\dfrac{N_{摘}}{N_{挂}}(m-m_{补})+C_{1}m\dfrac{N_{摘}}{N_{挂}} \qquad (13-38)$$

如取第二项 $C=C_{1}$，则

$$T_{集}^{补}+T_{等}^{补}=Cm+C_{1}m_{补}\dfrac{N_{摘}}{N_{挂}}=Cm+C_{1}m\dfrac{N_{摘}^{2}}{N_{挂}(N_{基}+N_{摘})} \qquad (13-39)$$

（3）调车作业车小时：

$$T_{调}^{补}=N_{摘}(t_{解}^{组}+t_{编}^{组})+(N_{挂}-N_{摘})t_{编} \qquad (13-40)$$

式中，$t_{编}$ 为单组列车的编组时间，h。

（4）直通车流额外停留车小时计算见式(13-33)。

二、固定车组重量的分组列车

固定车组重量的目的在于不使分组列车的基本车组 $m_{基}$ 在车组换挂站因等待集结补轴

车组 $m_{补}$ 而产生延误,并可避免换挂站因无车流补轴而使分组列车提前解体的现象发生。

当各车组重量固定时,由于不同去向的车组在列车编成站的集结终了时刻可能不一致,因此,集结结束较早的车组,将产生等待其他车组集结的延误,并且分组列车内的车组数越多,这种延误引起的额外停留车小时就越大。所以,固定车组重量的分组列车内的车组数一般不超过两组。

固定车组重量的办法适用于车流密度递减($N_{挂} < N_{摘}$)的方向上。将 $N_{摘}$ 中的一部分车流($N_{挂}$)编组分组列车的补轴车组,其余部分车流(等于 $N_{摘} - N_{挂}$)则编组单组列车,如图13-49所示。

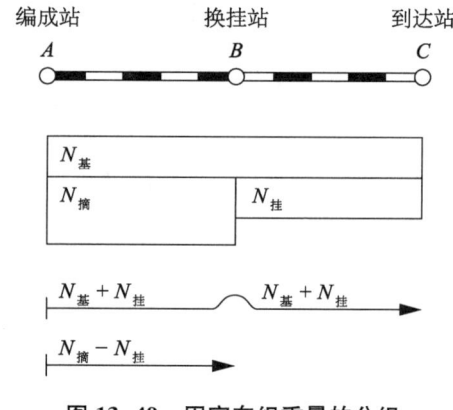

图 13-49 固定车组重量的分组列车编组方案

这时,一昼夜编组的分组列车数 $n_{分组}$ 可按式(13-41)求出:

$$n_{分组} = \frac{N_{基} + N_{挂}}{m} \tag{13-41}$$

基本车组与补轴车组的重量应有固定的比例,这样便于换挂站的工作。固定车组重量时按式(13-42)规定车组的重量:

$$\left. \begin{array}{l} m_{基} = \dfrac{N_{基}}{N_{基} + N_{挂}} m \\ m_{补} = \dfrac{N_{挂}}{N_{基} + N_{挂}} m \end{array} \right\} \tag{13-42}$$

组织固定车组重量的分组列车时,在编成站和车组换挂站的有关车小时计算如下。

(一)在列车编成站

1. 车辆集结和等待车小时

首先,应确定固定车组重量的分组列车和单组列车的发车条件:

(1)当两个去向的车组都集结到规定的重量标准时,应开分组列车。

(2)当补轴车流已集结够一个车列的编成辆数 m,而这时基本组的车流尚未集结够 $m_{基}$,则编组和开行由补轴车流组成的单组列车。根据这一条件,车辆集结过程如图13-50所示。

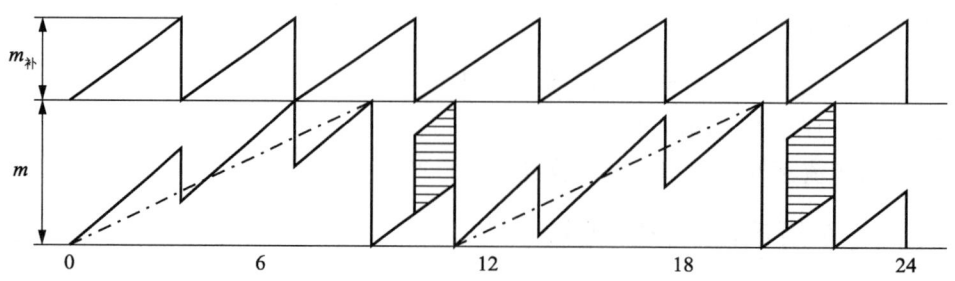

图 13-50 固定车组重量时车辆集结图

由图 13-50 可见,一昼夜内车列和车组集结及互相等待的车小时为

$$T_{集} + T_{等} = Cm + Cm_{基} = Cm\left(1 + \frac{N_{基}}{N_{基} + N_{挂}}\right) \tag{13-43}$$

2. 编组作业车小时 $T_{集}$

$$T_{集} = (N_{基} + N_{挂})\Delta t_{编} \tag{13-44}$$

(二) 在车组换挂站

1. 集结和等待车小时

$$T_{集}^{补} + T_{等}^{补} = (C + C_1)m\frac{N_{挂}}{N_{基} + N_{挂}} \tag{13-45}$$

2. 调车作业车小时 $T_{调}^{补}$

$$T_{调}^{补} = N_{挂}(t_{解}^{组} + t_{编}^{组}) + (N_{摘} - N_{挂})t_{解} \tag{13-46}$$

3. 直通车流额外停留车小时 $\Delta T_{通}$

$\Delta T_{通}$ 的计算见式(13-33)。

第六节 非直达列车编组计划的编制

在编制了装车地直达列车和技术直达列车编组计划以后,应编制其他各种货物列车的编组计划。其他各种货物列车均系非直达列车。这些列车包括直通列车、区段列车、摘挂列车、重点摘挂列车和小运转列车等。在这些列车中,后三种列车主要为中间站服务,一般又称为区段管内列车,前两种列车则可称为非区段管内列车。

上述各种列车,都是在相邻编组站间的范围内运行的,所以这些列车也可称为相邻编组站间列车。

相邻编组站间的非区段管内列车和区段管内列车是两种不同性质的列车。所以,它们的列车编组计划是分别编制的。但是,由于非区段管内车流有可能利用区段管内列车运送,这样就使得非区段管内列车编组计划与区段管内列车编组计划在车流上有着动态联系。如果将相邻编组站间看作一个系统,那么分别编制两种不同性质的列车编组计划,不一定能获得整个系统的有利编组方案。因此,相邻编组站间各种列车的编组计划应当作为一个整体进行综合编制。

一、相邻编组站间车流的确定

为了编制相邻编组站间的列车编组计划,应当先确定相邻编组站间各种不同性质车流的数量,编制车流表,绘制车流图。

在编制相邻编组站间车流表时,要扣除被装车地直达列车吸收的车流量。此外,在个别情况下,由相邻编组站间某技术站发往相邻编组站以外某技术站(或者方向相反)的车流

量适宜开行技术直达列车,那么该支车流也应从车流表中扣除。

有 3 个运行区段的相邻编组站间车流表的格式如表 13-3 所列,相邻编组站间车流图如图 13-51 所示。

表 13-3　相邻编组站间车流表

往 由	A	$A-a$	a	$a-b$	b	$b-B$	B	计
A								
$A-a$								
a								
$a-b$								
b								
$b-B$								
B								
计								

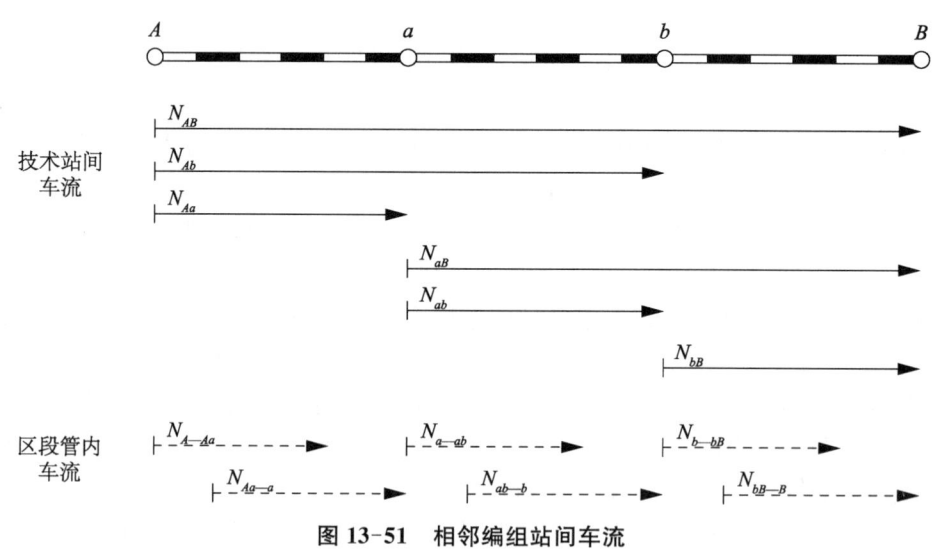

图 13-51　相邻编组站间车流

二、相邻编组站间列车编组方案

为了综合编制相邻编组站间列车编组计划,应当首先形成若干个相邻编组站间列车编组方案,然后通过比较选出最优编组方案。

相邻编组站间包含直通、区段和区段管内三种车流,所有车流的一种组织形式便形成一个相邻编组站间列车编组方案,所有车流的不同组织形式主要是指直通、区段和区段管内车流的不同组合形式。因此,相邻编组站间列车编组方案是一个综合的方案,每个方案都包括直通列车、区段列车和区段管内列车的编组方案。

相邻编组站间所有车流的组合形式具有以下特点：

(1) 直通车流只与区段车流合并，并且只在与区段车流合并后，才与区段管内车流合并。换言之，不存在区段车流单开、直通车流与区段管内车流合并的组织形式。

(2) 区段车流(包括并入的直通车流)与区段管内车流合并时，既可以将全部车流并入，也可以将部分车流并入，即在开行区段列车到达站时将一部分区段车流并入区段管内列车。

因此，形成相邻编组站间列车编组方案的一般步骤如下。

1. 直通列车(单组列车和分组列车)编组方案

可以采用技术站直达列车编组方案类似的计算原理和方法进行编制。以相邻编组站间有 4 个技术站为例，有 9 个单组列车编组方案和 22 个分组列车编组方案，共计 31 个直通列车编组方案。

为了简化计算工作，在不影响精确性和实际运用的条件下，可以根据每个相邻编组站间的具体情况删除显然不利和不能实现的编组方案。

在相邻编组站间的技术站中，两端是编组站，中间是区段站。显然，区段站改编设备较差，改编能力较小，车辆无改编通过的节省标准 $t_节$ 较大。因此，当某支直通车流满足绝对条件时，将该支直通车流在满足绝对条件的区段站改编的编组方案是显然不利方案，可以删除。

当直通车流量不足一列时，开行该直通列车到达站的编组方案可以删除。

任何只经过一个技术站的直通车流，如果不满足必要条件，而与之对应的区段列车到达站必定开行时，该直通车流单独开行列车到达站的编组方案是不利方案，可以删除。

分组列车编组作业较为复杂，编组分组列车的技术站需要有较多的调车线。一般情况下，由编组站担当分组列车的编组作业较为合适。因此，如果区段站不具备编组分组列车的作业条件，则由区段站编组始发的分组列车编组方案属于不能实现的方案，可以删除。

三组列车的编组作业及车组换挂作业均较为复杂，在不具备条件时，不采用三组列车的编组方案。

为了进行车组换挂，应有较为稳定的车流保证，如不具备条件，也不适宜采用分组列车编组方案。

2. 区段列车编组方案

区段列车编组方案是指区段车流是否开行区段列车到达站以及并入区段管内列车的车流数量的方案。主要考虑因素是区段车流量(包括并入的直通车流量)、区段通过能力利用程度和区段管内列车行车量(未并入区段车流前)等。

区段车流并入区段管内列车必将引起车辆运行延缓、增加车小时等问题。因此，只有同时能在某些方面获得节省时，将区段车流并入区段管内列车的编组方案才是可比较方案，否则不必考虑。

在下列情况时，区段车流并入区段管内列车，将在某些方面获得节省。

(1) 当全部区段车流并入区段管内列车时，能获得减少区段列车到达站的集结车小时的节省。

(2) 区段车流为区段管内列车补轴(补至满轴)，不增加区段管内列车行车量，却能减少区段列车行车量,因而能获得减少区段内总行车量的节省。

（3）区段车流并入区段管内列车,增加了区段管内列车行车量,如恰在有利的数量范围内,则能获得缩短中间站车辆停留时间的节省。

因此,只有在上述三种情况下,才能形成将区段车流并入区段管内列车的区段列车编组方案。

并入区段管内列车的区段车流数量不同,便形成了不同的区段列车编组方案。区段车流并入区段管内列车的最小数量为0,即区段车流不并入区段管内列车。但是,一般情况下,区段管内列车往往不满轴,可以用区段车流补轴。当采用补轴方式时,区段车流并入区段管内列车的最小数量为

$$N_{区}^{补} = n_{区管} m - N_{区管} \tag{13-47}$$

式中,$n_{区管}$为区段管内列车行车量,按区段管内车流量确定。

$$n_{区管} = \left[\frac{N_{区管}}{m}\right] \tag{13-48}$$

我国铁路经常采用以区段车流为区段管内列车补轴的方式。区段车流可以并入区段管内列车的最大数量,按以下因素综合确定。

（1）全部区段车流量,即$N_{区并}^{区} = N_{区}$,因而增加的区段管内列车数为

$$\Delta n_{区管}^{区} = \left[\frac{N_{区} - N_{区}^{补}}{m}\right] \tag{13-49}$$

（2）区段通过能力利用程度允许增加的区段管内列车数$\Delta n_{区管}^{能}$,这时,区段车流并入区段管内列车的最大数量为$N_{区并}^{能} = \Delta n_{区管}^{能} m + N_{区}^{补}$。

（3）区段管内列车增加的有利的最大列车数$\Delta n_{区管}^{管}$可按式(13-50)确定

$$\Delta n_{区管}^{管} = n_{区管}^{有利} - n_{区管}^{基} \tag{13-50}$$

式中 $n_{区管}^{有利}$——根据本区段运行图铺满程度和中间站车辆停留时间确定的最大有利区段管内列车数;

$n_{区管}^{基}$——未并入区段车流时的区段管内列车行车量。

相应地,并入区段管内列车的最大区段车流量为$N_{区并}^{管} = \Delta n_{区管}^{管} m + N_{区}^{补}$。

显然,增加的区段管内列车行车量为

$$\Delta n_{区管}^{最大} = \min\{\Delta n_{区管}^{区}, \Delta n_{区管}^{能}, \Delta n_{区管}^{管}\} \tag{13-51}$$

这样,每个区段便可按照增加的区段管内列车行车量$\Delta n_{区管}$的数量不同（0,1,…,$\Delta n_{区管}^{最大}$）而形成不同的区段列车编组方案。

由于形成的区段列车编组方案与一定的直通列车编组方案相联系,因此,这时要检查是否存在直通车流不满足必要条件而又同时开行直通列车到达站与相对应的区段列车到达站的情况。如果有这种情况,首先应当取消开行区段列车到达站的编组方案。当不可能取消区段列车到达站时,应取消该直通列车到达站的编组方案。

每个区段的区段列车编组方案相互配合,便形成相邻编组站间的区段列车编组方案。

3. 区段管内列车编组方案

区段管内列车编组方案是指在一定区段管内列车行车量的条件下,开行的区段管内列车形式及包含的车流内容,按照每个区段单独形成。

非区段管内列车编组方案分上下行方向单独形成。每个方向的非区段管内列车编组方案都确定了并入区段管内列车的车流量,即确定了每一区段的区段管内列车行车量。

我国铁路的区段管内列车,一般都是成对运行的。因此,可按照这一原则对上行和下行方向非区段管内列车编组方案进行组合。凡能使相邻编组站间每个区段的区段管内列车都成对运行的上行和下行非区段管内列车编组方案可结为一对,并在此基础上形成该种行车量条件下的区段管内列车编组方案。

如果区段管内列车不成对运行是有利的,那么,所有上行与下行方向非区段管内列车编组方案都应进行组合。

区段管内列车的基本形式是摘挂列车。因此,任何区段管内列车编组方案都必须包括摘挂列车这种组织形式。根据我国铁路的实践可知,在开行摘挂列车的基础上,增加的区段管内列车形式主要是重点摘挂列车和小运转列车两种。

重点(指定站名)摘挂列车是我国铁路较多采用的又一种区段管内车流组织形式。它的特点是只为区段内一部分(到发车流量较大的)中间站服务。所以,重点摘挂列车较摘挂列车的旅速为高,且对区段通过能力的影响较小。当区段内有一些中间站有较大的到发车流量时,重点摘挂列车可以作为一个补充比较的区段管内列车编组方案。

小运转列车是一种重要的区段管内车流组织形式。当区段内个别中间站的到发车流量较大,开行小运转列车后能减少摘挂列车数量,使该区段的区段管内列车总行车量不增加时,可以形成在开行摘挂列车的同时开行小运转列车的区段管内列车编组方案,以便同仅仅开行摘挂列车的区段管内列车方案进行比较。

因此,区段管内列车编组方案的主要形式有以下几种:①摘挂列车;②摘挂列车和小运转列车;③摘挂列车和重点摘挂列车;④摘挂列车、小运转列车和重点摘挂列车。

每个区段根据其区段管内车流的特点形成一个或若干个区段管内列车编组方案。

例如,某区段的区段管内列车行车量为1对,显然只能有一个区段管内列车编组方案,采用形式①;如果区段管内列车行车量为2对,区段内个别中间站日均到发车流量为0.7列,其余中间站到发车流量较为均衡,此时可形成两个区段管内列车编组方案:形式①和形式②;如果区段管内列车行车量为3对,区段内有1/2左右的中间站到发车流量较大,且个别中间站的到发车流量接近1列,这时可形成四个区段管内列车编组方案,形式①、形式②、形式③和形式④。

各个区段的区段管内列车编组方案基本上是彼此无关的,因而不必进行组合。

每个相邻编组站间列车编组方案均包含有不同性质的列车,它们所消耗的内容不尽相同。为了比较,可采用换算车小时作为计算指标。每个相邻编组站间列车编组方案的消耗包括直通单组列车编组方案的消耗、分组列车编组方案的消耗、区段列车编组方案的消耗和区段管内列车编组方案的消耗。总换算车小时最少的方案是最优相邻编组站间列车编组方案,选出的最优相邻编组站间列车编组方案即为相邻编组站间列车编组计划。

第十四章

铁路运输生产技术计划

第一节 概 述

铁路运输生产技术计划(简称技术计划)是为了完成铁路运输生产货运计划而制订的机车车辆运用计划。

机车车辆的活动是形成运输生产活动动态性质的重要因素,它使每一铁路局、站段在不同的时刻有着不同的运输状态。为了对动态的运输生产过程进行控制,必须制定完善的运营指标体系,机车车辆运用指标是运营指标系统中的重要组成部分,它除了要制订长远计划外,国铁集团、铁路局还必须制订运输生产技术计划,作为日常运输生产管理的依据。

为保证货运计划的实现,必须在现有的机车车辆类型和数量条件下,编制机车车辆的合理运用计划,主要通过制订合理的指标计划(包括机车车辆的合理分配)来指导机车车辆的应用。机车车辆的运用指标与运输工作量有些指标相关联,因此,就运输生产活动而言,机车车辆的运用指标是运输生产活动的主要数量指标和质量指标。在确定运输工作量及机车车辆合理运用的有关指标时,必然涉及区段通过能力的限制条件,因而正确确定车流径路、合理利用通过能力也是其任务之一。从这个意义上讲,运输生产技术指标计划也是技术设备的运用计划,是运输生产活动的综合性计划。

机车车辆是铁路运输的移动设备(牵引动力和载运工具),它是决定铁路输送能力的重要因素。移动设备的输送能力和固定设备的通过能力共同实现了铁路最终的运输能力。在一定的固定设备条件下,铁路所能实现的运输能力将取决于移动设备的类型、数量及其分布。因此,机车车辆的应用需要解决以下两方面的问题:一是为完成一定的运输任务,应拥有多少机车车辆;二是一定类型和数量的机车车辆能完成多少运输任务。

货车合理运用是运输生产指标计划所要研究的主要问题。我国铁路货车,除了少数是企业自备车(有专门的用途和一定的运输径路)外,大部分是全路通用的(除了不连通的铁路及轨距不同者外,全路近百万辆货车可以在各铁路局间运送货物),因而运用车即铁路通用货车的合理分布及空车调整是一个十分重要且复杂的问题。铁路局的运用车保有量有一定的限度,超过一定数量将会产生某些困难或浪费,并且会影响其他铁路局完成运输任务;而不足其需要量时又不能完成本局规定的运输任务,因而铁路局必须经常保有一定种类和数量的运用车。对于随时间变化而不断变化的运用车的分布状态,为了保持其相对平衡,必须从以下几方面进行控制:按层次分级(国铁集团、铁路局)控制运用车数;按状态

(重、空)和去向(交出的重车和到卸的重车)控制运用车数;按主要车种(C、P、N、G、B 等)①控制运用车数。运用车的合理分布是组织均衡运输,合理利用铁路运输能力,全面完成和超额完成运输任务的重要保证。

在我国社会主义市场经济体制下,货主对铁路运输的时间要求大大提高。铁路部门需要不断根据货运市场需求的变化,制订合理的货物运输方案。因此,随到随批已成为货运计划中必不可少的计划。为了获得一套准确有效的运输生产技术指标,除了可以缩短技术计划的编制周期外,还应使技术指标具有较好的预见性,能充分反映随到随批部分运量。因此可选择下述方法来确定最终的技术指标。

方法一:建立一套科学的货流、车流预测方法,要求能比较准确地预测出计划期内随到随批部分的货流、车流情况,而且能反映出不同货物品名,不同发、到站,不同车种的情况;再加上货运计划中的集中计划部分的货流、车流,从而组成计划期内完整的货流、车流;然后应用技术计划指标计算原理确定有关指标。这种货流、车流预测方法预测的对象数目繁多,需要提供的历史数据和考虑的因素也很复杂,因此需要具有较高的自动化水平,才能有效地实现。

方法二:先以货运计划中集中部分的货流、车流为基础,确定出技术计划有关指标,然后根据对计划期内随到随批部分货流、车流情况的预计,来修正有关的技术计划指标。这种方法比较有利于人工实现。

现以 M 铁路局为例阐述技术计划的编制方法。设 M 铁路局所管辖线路如图 14-1 所示,分别在 A 站(N 局管辖)及 E 站(M 局管辖)与 N 局和 O 局分界。

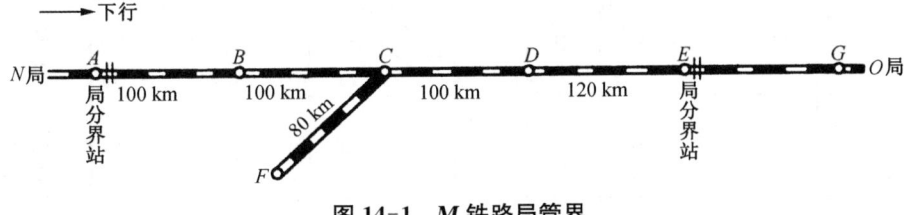

图 14-1　M 铁路局管界

第二节　车辆运用数量指标计划

一、使用车数

使用车数用装车数与增加使用车数之和表示,即

$$u_{使} = u_{装} + \Delta u_{使} \quad (车) \tag{14-1}$$

式中　$u_{使}$——使用车数;

　　　$u_{装}$——装车数;

　　　$\Delta u_{使}$——增加使用车数。

---

① 车种:C—敞车;P—棚车;N—平车;G—罐车;B—保温车。

表14-1 M局去向别、车种别使用车计划表

住自 \ 往	A-B	B	B-C	C	C-F	F	C-D	D	D-E	E	局计	N局	O局	外局计	总计
A-B	4C / 10C	8	4	4	4	12	4	10	2	4	66 / 42 (上16)	10	4	14	80 / 46 (20/14)
B	2	—	2	4	2	6	12	16	6	6	56 / 24 (上26/8)	20	8	28	84 / 32 (46/14)
B-C	8 (2C/6C)	8	—	6	4	8	16	8	12	4	82 / 40 (上36/6)	10	8	18	100 / 50 (46/6)
C	10	12	4	—	4	4	2	14	4	4	58 / 6 (上22)	6	6	12	70 / 10 (40/10)
C-F	4	2	4	6	—	8	12 (4P/2C)	10 (4G)	6	8	66 / 16 (4G, 上30/6)	4	4	8	74 / 16 (4G, 22/38)
F	12	8	4	6	8	—	8 (8N)	20	4	8	84 / 16 (上46/8)	10	10	20	104 (54/16)
C-D	4	12	10	8	8	2	—	20 (4G)	4	8	108 / 28 (上68)	4	8	12	120 / 28 (88)
D	12	10	8	16	4	12	12 (4C)	—	10	8	92 / 72 (上40/40)	8	6	14	106 / 84 (84/52)
D-E	4	4	10	8	8	10	8	16	—	8	76 / 26 (上40/10)	4	4	8	84 / 26 (10/12)
E	8	4	6	6	6	8	12	12	10	—	74 / 16 (上42/10)	4	2	6	80 / 16 (46/12)
局计	90 / 48 (上28/14)	68 / 28 (上34/4)	68 / 30 (上34/4)	66 / 18 (上46/2)	48 / 12 (上30/6)	82 / 50 (上36/4)	94 / 24 (上34/4)	126 / 72 (4G, 上44/6)	66 / 18 (上36/12)	54 (40/10)	762 / 286 (4G, 上348/124)	80 / 44 (上42/16)	60 / 28 (上20/12)	140 / 38 (上64/38)	902 / 324 (4G, 上412/362)

注：
① 表中每格左上角为棚车，右上角为敞车，右下角为罐车或保温车，中间数字为总数，即：

$$\begin{array}{|c|c|} \hline P & C \\ \hline \multicolumn{2}{|c|}{总数} \\ \hline N & G\ B \\ \hline \end{array}$$

② 车流在同一区段内到发时，对角线上方为下行车数，下方为上行车数，即 上行 ／ 下行。

增加使用车数是指不按装车数统计的使用车数,它包括:中转零担货物超过规定重量的装车,运用重车途中倒装而增加的装车,装运铁路货车用具的整车装车,新线、地方铁路分界站向新线、地方铁路的装车,以及由新线、地方铁路接入重车到达新线、地方铁路分界站的卸车,计算增加使用车和增加卸空车各一辆。

装车数为使用车数中的主要部分,增加使用车数仅占百分之几,因而使用车数指标又是反映装车数量多少的运输工作数量指标。

使用车数按去向和车种别确定。其中,装车数根据批准的要车计划产生的装车货源数据生成,增加使用车系参照车站实际统计资料确定。使用车按其去向可分为自装自卸和自装交出两部分,即

$$u_{使} = u_{自装自卸} + u_{自装交出} \quad (车) \tag{14-2}$$

式中 $u_{自装自卸}$ ——自装自卸车数;

$u_{自装交出}$ ——自装交出车数。

根据货运计划批准的要车计划表,按发站、到站和车种汇总,然后计算出日均车数,编制如表14-1所式的车种别和去向别使用车计划。铁路局的使用车计划上报国铁集团。

国铁集团将各局的使用车计划汇总后即产生了全路的重车流计划。各局间将自装交出资料进行交换,按到站和经由分界站通知有关的卸车局和通过局,以确定重车车流表的接入卸车和通过车流。表14-2和表14-3所示是 N 局和 O 局交给 M 局的车流资料。

表14-2 N 局交 M 局重车计划表

经由	到站 车种	A—B	B	B—C	C	C—F	F	C—D	D	D—E	E	局计	O局	总计
A 分界站	P	4	8		4		6	2			6	30	10	40
	C			2		4			8	6		20	30	50
	N			2				6				8	20	28
	G													
	B				2							2	10	12
	计	4	8	4	6	4	6	8	8	6	6	60	70	130

表14-3 O 局交 M 局重车计划表

经由	到站 车种	A—B	B	B—C	C	C—F	F	C—D	D	D—E	E	局计	O局	总计
E 分界站	P	4	10		12		4	2		2		34	20	54
	C			4	2				10			16	40	56
	N			4				8			2	14	16	30
	G					4						4	4	8
	B								2			2		2
	计	4	10	8	14	4	4	10	12	2	2	70	80	150

二、卸空车数

卸空车数用卸车数与增加卸空车数之和表示,即

$$u_{卸空} = u_{卸} + \Delta u_{卸空} \quad （车） \tag{14-3}$$

式中 $u_{卸空}$——卸空车数；

$u_{卸}$——卸车数；

$\Delta u_{卸空}$——增加卸空车数(不按卸车数统计的卸空车数,与增加使用车数相类似)。

同样地,卸空车数指标既是反映货车运用的数量指标,又是反映卸车任务完成情况的运输工作数量指标。

保证卸车任务的完成不仅可以加速货物送达,还可以避免重车积压,加速货车周转。重车卸后才可产生空车,因而卸车任务的完成又是完成排空任务和装车任务的重要条件。

卸空车按其来源可分为自装自卸和接入自卸两部分,即

$$u_{卸空} = u_{自装自卸} + u_{接入自卸} \quad （车） \tag{14-4}$$

式中 $u_{自装自卸}$——自装自卸车数；

$u_{接入自卸}$——接入自卸车数。

卸空车计划应按车种别和到站别编制,其中自装自卸部分可根据去向别使用车计划确定,接入自卸部分则由外局提供的重车车流资料确定。

三、货车工作量

所有货车运用车每昼夜完成的工作量能以"t·km"或"车"为计算单位,在运输生产技术指标计划中,以货车周转时间分析货车运用效率时,其工作量以"车"为计算单位。

铁路货车运用工作的基本内容,就是将货车送往货物发送车站装车,然后将重车编入列车按规定径路运行,送至货物到达站卸车,卸后空车再送往车站装车,不断循环。每完成一次作业循环,铁路就算完成了一个工作量,该辆货车就算完成了一次周转。这样,货车工作量实质上就是在一定时期内,全路、铁路局运用货车完成的货车周转次数,在数值上,可以用每昼夜新产生的重车数 u 来代表。

就全路而言,工作量是指全路的使用车数,即

$$u = u_{使} \quad （车） \tag{14-5}$$

而铁路局的工作量则应等于使用车数与接入重车数之和,即

$$u = u_{使} + u_{接重} = u_{自装自卸} + u_{自装交出} + u_{接入自卸} + u_{接运通过} = u_{卸空} + u_{交重} \quad （车） \tag{14-6}$$

式中 $u_{接重}$——各分界站接入重车总数；

$u_{交重}$——各分界站交出重车总数。

由式(14-6)推算可见,工作量也可以用 $u_{卸空} + u_{交重}$ 计算。对于运输生产技术计划,两种计算方法结果相同,而在日间运输生产活动中,两种计算方法所得结果往往是不一致的,一般采用 $u = u_{使} + u_{接重}$ 计算工作量。

显然,全路的工作量不等于全路各铁路局工作量之和。

四、重车车流表

重车车流表是表现众多发到地点间车流交流量的较好形式,它的表格如棋盘表,所以也称为车流棋盘表,如表14-4所列。表格列出所管辖的车站、区段和分界站名,表示车站之间的车流交流量。铁路局重车车流表根据使用车计划和外局交换的到达及通过重车车流资料编制。表14-4即是根据表14-1至表14-3编制的 M 局重车车流表,其中左上部为自装自卸车流,右上部为自装交出车流,左下部为接入自卸车流,右下部为接运通过车流。重车车流表也可按车种别编制。

表 14-4　M 铁路局重车车流表

自\往	A—B	B	B—C	C	C—F	F	C—D	D	D—E	E	局计	分界站 A	分界站 E	交出计	总计
A—B	10\4	8	4	4	4	12	4	10	2	4	66	10	4	14	80
B	2		2	4	2	6	12	16	6	6	56	20	8	28	84
B—C	8	8	6\2	6	4	4	16	8	12	4	82	10	8	18	100
C	10	12	4		4	4	2	14	4	4	58	6	6	12	70
C—F	4	2	4	6	4\2	8	12	10	6	8	66	4	4	8	74
F	12	8	10	6	8		8	20	4	8	84	10	10	20	104
C—D	16	12	12	8	2	10	8\4	20	12	4	108	4	8	12	120
D	12	10	8	16	4	12	12		8	6	92	8	6	14	106
D—E	4	4	10	8	8	10	8	16		8	76	4	4	8	84
E	8	4	6	8	6	12	8	12	10		74	4	2	6	80
局计	90	68	68	66	48	82	94	126	66	54	762	80	60	140	902
分界站 A	4	8	4	6	4	6	8	8	6	6	60		70	70	130
分界站 E	4	10	8	14	4	4	10	12	2	2	70	80		80	150
接入计	8	18	12	20	8	10	18	20	8	8	130	80	70	150	280
总计	98	86	80	86	56	92	112	146	74	62	892	160	130	290	1 182

注:车流在同一区段到发时,为分别上下行起见,上行重车流填写在该对角线的左下方,下行重车流填写在对角线的右上方。

任何与外局相连通的铁路局的重车流均包括四个部分:自装自卸车流、自装交出车流、接入自卸车流和接运通过车流,并可组成如下9个主要指标:

$$u_{自装自卸} + u_{自装交出} = u_{使}$$
$$+ \qquad + \qquad \|$$
$$u_{接入自卸} + u_{接运通过} = u_{接重}$$
$$\| \qquad \| \qquad \|$$
$$u_{卸空} + u_{交重} = u$$

M 局有关指标可从表14-4中查得,如:

$$u_{使} = u_{自装自卸} + u_{自装交出} = 762 + 140 = 902(车);$$
$$u_{接重} = u_{接入自卸} + u_{接运通过} = 130 + 150 = 280(车);$$
$$u = u_{使} + u_{接重} = 902 + 280 = 1\,182(车)$$

重车车流表是编制技术计划的基础资料,技术计划中的其他数量指标均可从该表中查算得出。

五、空车调整及分界站交接空车数

每个车站、铁路局每日按车种别的装车数和卸车数一般是不相等的。为了保证不间断地按日均衡完成装车任务,必须按车种别将卸车数大于装车数的地区所产生的多余空车运送到装车数大于卸车数的地区,这种空车调配工作称为空车调整。向其他单位(铁路局、车站)移交空车的数量可由式(14-7)确定:

$$u_{交空} = u_{接空} + u_{卸空} - u_{使} \quad (车) \tag{14-7}$$

由于我国铁路货车是全路通用,没有固定的配属站,且空车走行公里为非生产走行,不产生运输产品,因而空车调整存在合理化即优化问题。一般应以空车走行公里最少为主要优化目标。为此,必须遵循一定的调整原则,通过采用空车调整图和科学的优化方法来制订空车调整方案。空车调整的主要原则有:

(1) 除了特殊要求外,必须消灭同种空车在同一径路上的对流。
(2) 空车由卸车地至装车地,一般应经由最短径路。
(3) 在环状线路上,应根据空车走行公里最少原则来制订空车调整方案。
(4) 在保证货物和行车安全条件下,可采取车种代用,以减少空车走行公里。

此外,在进行空车调整时,还应考虑其他因素的限制,如:

(1) 为保证重点物资、大宗货物(如煤炭)的装车需要,往往采取硬性调整措施,如指定某些站必须向某站输送一定车种和数量的空车。
(2) 当车流的最短径路为通过能力紧张的区段时,车流可经由特定径路输送。

空车调整计划可利用空车调整图编制。国铁集团根据各铁路局的使用车计划和卸空车计划计算各局车种别装卸差,并通过编制全路空车调整图来确定各局间分界站车种别空车交接车数,如图14-2所示。铁路局根据使用车计划、卸空车计划和国铁集团下达的局间分界站空车调整任务编制铁路局空车调整图。M局空车调整图如图14-3所示。

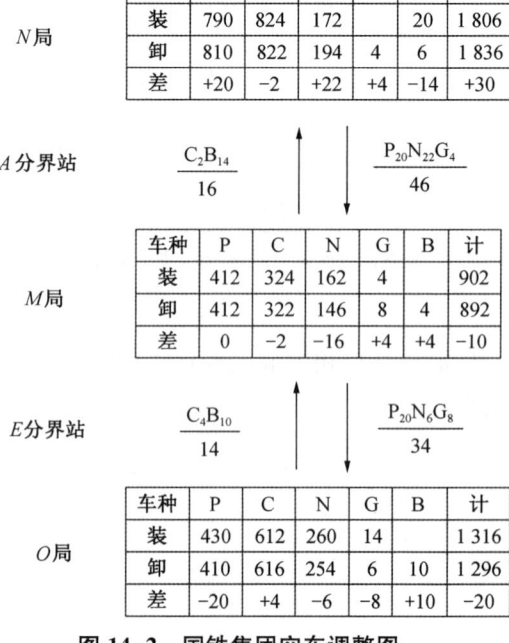

图14-2 国铁集团空车调整图

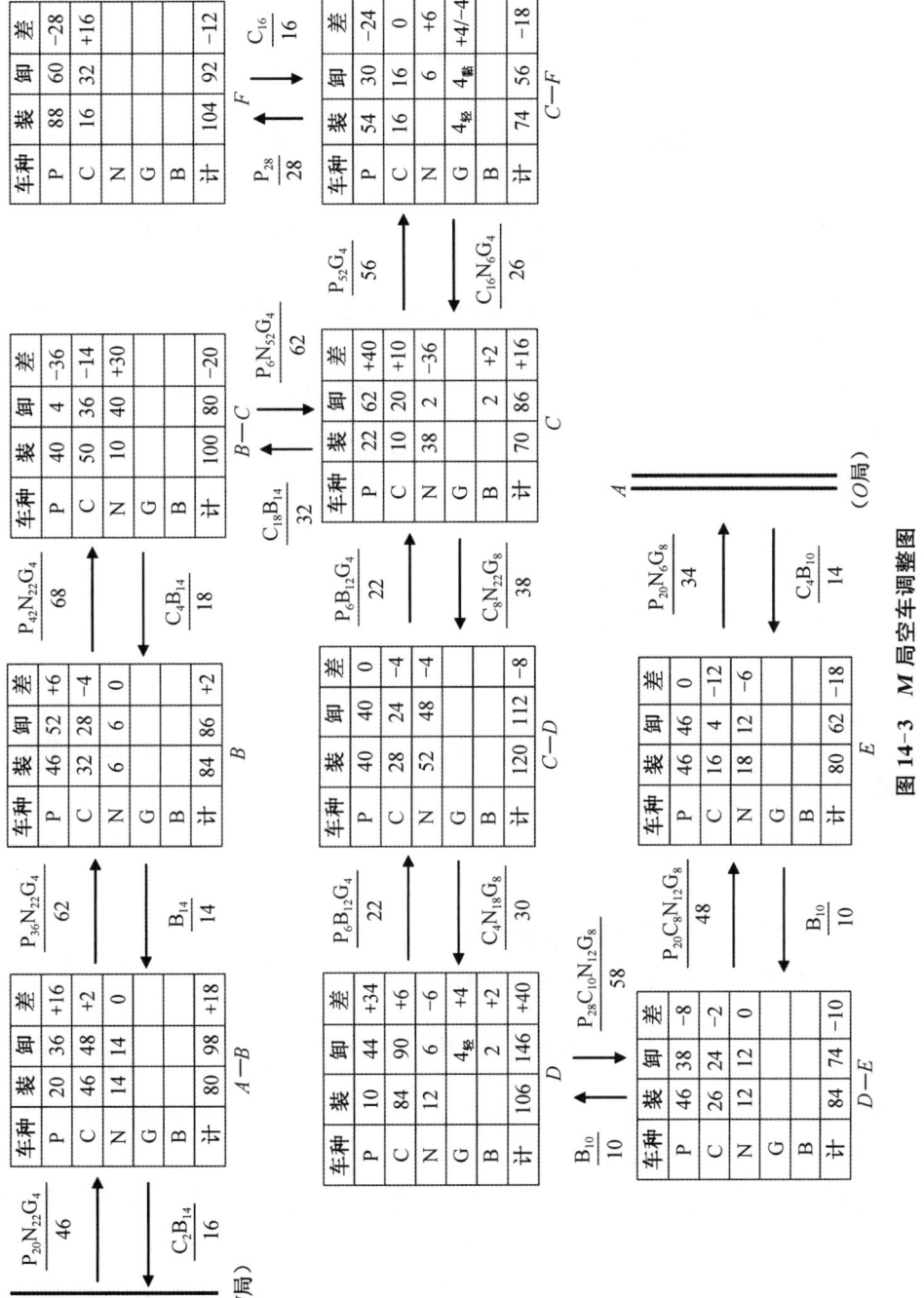

图 14-3 M 局空车调整图

六、分界站交接货车数和货物列车列数

分界站交接货车数不仅是反映铁路局运输任务量的指标之一,而且在日常运输生产过程中,由于分界站交接车数往往不相等,因此,它又是导致运用车保有量变化的原因之一。为了保证均衡地完成运输生产任务,合理分配各方向的通过车流量,有效地利用铁路通过能力,必须确定分界站交接货车数和列车数。

分界站交接货车数根据重车车流表和空车调整图的车流资料确定,并分别列出交出、接入重车数和车种别空车数、重空车合计车数。

货物列车数包括分界站别列车数和区段列车数,是编制机车运用计划及确定机车供应台次、运用机车台数、机车乘务组数、机车平均牵引总重和机车日产量等指标的依据。

区段别的列车数根据区段重空车流量、机车牵引定数和列车计长,并参照实际的列车平均编成辆数确定。

根据重空车流量,可按式(14-8)计算直通(区段)列车和摘挂列车数

$$n = \frac{u_重}{m_重} + \frac{u_空}{m_空} \quad (列) \tag{14-8}$$

式中 n ——货物列车数;

n ——上行(或下行)重车流量;

n ——上行(或下行)空车流量;

$m_重$ ——重列车编成辆数;

$m_空$ ——空列车编成辆数。

当空车流量较小,该区段空车不单独开行空车列车时,则应按空重混编条件计算列车数,即按式(14-9)计算:

$$n = \frac{u_重 + u_空}{m_混} \quad (车) \tag{14-9}$$

式中,$m_混$ 为空重混编列车的平均编成辆数。

表 14-5 为 M 铁路局的分界站货车交接计划,表 14-6 为 M 铁路局区段列车计划。

表 14-5 M 铁路局分界站货车交接计划表

出入车	交出									接入								
	列数	合计	重车	空车						列数	合计	重车	空车					
分界站				计	P	C	N	G	B				计	P	C	N	G	B
M 局	12	340	290	50	20	2	6	8	14	12	340	280	60	20	4	22	4	10
A	6	176	160	16		2			14	6	176	130	46	20		22	4	
E	6	164	130	34	20		6	8		6	164	150	14		4			10

表 14-6 M 铁路局区段列车计划表

行车区段	上行 车流 通过 重	上行 车流 通过 空	上行 摘挂 重	上行 摘挂 空	上行 列车编成	上行 列数 通过	上行 列数 摘挂	上行 列数 合计	下行 车流 通过 重	下行 车流 通过 空	下行 摘挂 重	下行 摘挂 空	下行 列车编成	下行 列数 通过	下行 列数 摘挂	下行 列数 合计
A—B	150	14	−90 +20	+2	50	4	2	6	126	46	−8 +60	+16	50	4	2	6
B—C	252	18	−68 +32	−14	50	6	2	8	218	32	−12 +68	−36 +30	50	5	2	7
C—F	96	16	−12 +64	+10	40	3	2	5	84	28	−44 +10	−28	40	3	2	5
C—D	290	22	−46 +72	0	50	6	2	8	276	30	−66 +48	−8	50	6	2	8
D—E	214	10	−12 +72	0	50	5	2	7	176	48	−62 +12	−10	50	5	2	7

注：摘挂车流取摘车数或挂车数中的较大数作为标准。

第三节 车辆运用质量指标计划

货车运用效率可以从载重力和时间两个方面进行分析，从载重力利用方面考核货车运用效率的指标有货车平均静载重、货车平均动载重和货车载重力利用率等；从时间上考核货车运用效率的指标有货车周转时间和货车日车公里等。此外，还有货车日产量这一项综合反映货车运用效率的指标。

一、货车载重量及载重力利用率

充分利用车辆的装载能力，可以用较少的运用车完成更多的运输任务。可用货车静载重、动载重和载重力利用率等指标来表示车辆载重力的利用程度。

（1）货车静载重 $P_{静}$ 是指货车从装车站出发时的平均载荷，即

$$P_{静} = \frac{\sum P_{装}}{u_{装}} \quad (\text{t/车}) \tag{14-10}$$

式中 $\sum P_{装}$ ——装运货物的吨数；

$u_{装}$ ——装车数。

（2）重车动载重 $P_{重动}$ 是指重车在整个运行途中的平均载荷，即

$$P_{重动} = \frac{\sum PL}{\sum NS_{重}} \quad (\text{t/车}) \tag{14-11}$$

式中 $\sum PL$——货车载重吨公里,t·km;

$\sum NS_{重}$——重车走行公里,车·km。

(3) 运用车动载重 $P_{运动}$ 是指每一运用货车(包括重车和空车)车公里所完成的货物吨公里数,即

$$P_{运动}=\frac{\sum PL}{\sum NS}=\frac{\sum PL}{\sum NS_{重}+\sum NS_{空}} \qquad (14\text{-}12)$$

式中,$\sum NS_{空}$ 为空车走行公里,车·km。

(4) 货车载重力利用率 $\lambda_{载}$ 反映的是货车装载能力的利用程度,即

$$\lambda_{载}=\frac{P_{静}}{P_{标}}\times 100\% \qquad (14\text{-}13)$$

式中,$P_{标}$ 为货车标记载重,t。

(5) 货车容积利用率 ψ 反映的是货车有效容积的利用程度,即

$$\psi=\frac{V_{装}}{V_{有效}}\times 100\% \qquad (14\text{-}14)$$

式中 $V_{装}$——货物装载所占用的容积,m³。

$V_{有效}$——货车有效容积,m³。

二、货车周转时间

货车周转时间是指货车从第一次装车完了时起,至下一次装车完了时止所平均消耗的时间,货车周转时间以"天(d)"为单位计算。一辆货车每完成一次周转,意味着在其周转过程中完成了一个工作量,所以货车周转时间也可定义为货车每完成一个工作量平均消耗的时间。对全路而言,货车的每一次周转都包含了上述作业循环的全过程;对铁路局而言,货车周转时间则带有假定性质,因此以货车每完成一个工作量在铁路局管内所平均消耗的时间来表述更为恰当。

货车周转时间一般采用车辆相关法和时间相关法这两种方法计算。

1. 车辆相关法

假设全路每天装车 30 万辆,货车周转时间为 3 d,为了保证每天完成 30 万辆的装车任务,则共需运用车数为 30×3＝90(万辆)。由此可见,运用车数 N、工作量 u 和货车周转时间 θ 三者之间的关系可以用式(14-15)表示:

$$N=u\theta \quad (车·d) \qquad (14\text{-}15)$$

按式(14-15)推导,货车周转时间为

$$\theta=\frac{N}{u} \quad (d) \qquad (14\text{-}16)$$

式(14-16)即为货车周转时间的车辆相关法计算公式。

对于全路：

$$\theta = \frac{N}{u_{使}} \quad (d) \tag{14-17}$$

对于铁路局：

$$\theta = \frac{N}{u_{使} + u_{接重}} \quad (d) \tag{14-18}$$

利用车辆相关法计算货车周转时间极为简便。国铁集团、铁路局在统计实际完成的货车周转时间时，都采用这种计算方法。在日常统计中为简便起见，对式中的运用车数 N 采用一日终了(18:00)时的运用车数。虽然，18:00 的运用车数不能代表全日所消耗的车辆数，这样计算的结果显得不够精确，但是对于较长期来说，可以计算 N 统计量的均值，因此，从这个角度来看，计算结果比较精确。由于这种计算方法无法按货车周转过程的各项因素进行计算，不便于分析原因和拟定改进措施。此外，在编制运输生产计划时，需要先确定货车周转时间指标，然后再确定所需的运用车数，因而在编制运输生产计划和定期分析工作中，需要采用时间相关法来计算货车周转时间。

2. 时间相关法

如图 14-4 所示，货车完成一次周转所消耗的时间可以分为以下三个部分：在各区段的旅行时间 $T_{旅}(h)$、在各技术站进行中转作业的停留时间 $T_{技}(h)$ 和在货物装卸站的停留时间 $T_{货}(h)$。

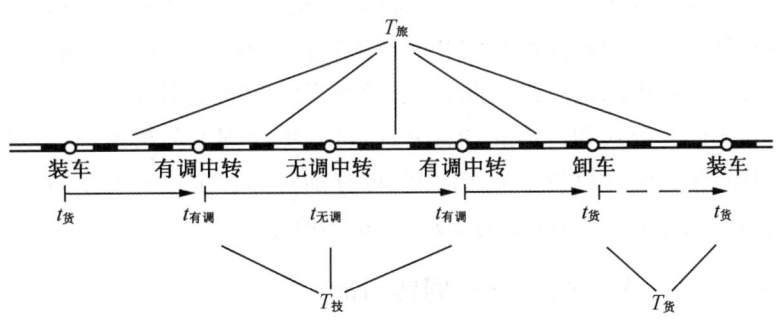

图 14-4 货车周转过程

因此，货车周转时间可用式(14-19)表示：

$$\theta = \frac{1}{24}(T_{旅} + T_{技} + T_{货}) = \frac{1}{24}\left(\frac{l}{v_{旅}} + \frac{l}{L_{技}}t_{中} + K_{管}\, t_{货}\right) \quad (d) \tag{14-19}$$

式中 l ——货车全周转距离（简称全周距），为货车平均一次周转所走行的距离，

$$l = \frac{\sum NS}{u} = \frac{\sum NS_{重} + \sum NS_{空}}{u} = l_{重} + l_{空} = l_{重}(1+\alpha), \text{km};$$

$\sum NS$ ——货车总走行公里；

$l_{重}$——货车重周距,km;

$l_{空}$——货车空周距,km;

α——空车走行率,是空车走行公里与重车走行公里之比;

$L_{技}$——货车平均中转距离(简称中距),表示货车平均走行多少公里中转一次,

$$L_{技}=\frac{\sum NS}{\sum N_{技}},\text{km};$$

$\sum N_{技}$——各技术站发出的中转车总数,或称总中转次数;

$K_{管}$——管内装卸率,表示货车每完成一个工作量,平均完成的货物作业次数;

$v_{旅}$——货车平均旅行速度,km/h;

$t_{中}$——货车在技术站的平均中转时间,h;

$t_{货}$——货车一次货物作业平均停留时间,h。

管内装卸率用总货物作业次数除以工作量表示,即:

$$K_{管}=\frac{u_{使}+u_{卸空}}{u} \tag{14-20}$$

由式(14-20)可见,对全路而言 $u=u_{使}=u_{卸空}$,所以 $K_{管}=2$;对铁路局而言,$K_{管}$ 的值在 $0\sim2$ 之间变动。由于接运通过车流在管内没有装卸作业,接入卸车车流在管内只有卸车作业,自装交出车流在管内只有装车作业,因而铁路局的 $K_{管}$ 一般小于2,通过车流量比重越大,则 $K_{管}$ 越小。

用时间相关法计算货车周转时间,也可将其作业分为四个组成部分,即把第二项的中转作业停留时间分为有调中转停留时间和无调中转停留时间,还可以再将第一项的旅行时间分为区间运行时间和中间站停站时间,于是货车周转时间就形成四项或五项因素。货车周转时间的四项式计算公式和五项式计算公式,可以更详细地分析各项作业时间的比重及完成情况。用时间相关法计算货车周转时间,可分别对其各个作业环节进行计算、分析,以便考核各组成部分的完成情况,找出薄弱环节,提出改进措施。

三、管内工作车、移交车和空车周转时间

铁路局的运用车需按管内工作车、空车和移交重车三部分控制和考核。因此,需相应地计算管内工作车周转时间、空车周转时间和移交车周转时间。

1. 管内工作车周转时间

管内工作车周转时间是指在管内卸车的重车,自管内装车完了或从其他铁路局接入重车时起,至卸车完了时止所消耗的时间,可按式(14-21)计算:

$$\theta_{管内}=\frac{1}{24}\left[\frac{l_{管内}}{v_{旅}}+\frac{l_{管内}}{L_{技}}t_{中}+K'_{管}t_{货}(1-\gamma)\right] \quad (d) \tag{14-21}$$

式中 $l_{管内}$——管内工作车周距,$l_{管内}=\dfrac{\sum NS_{自装自卸}+\sum NS_{接入自卸}}{u_{卸空}}$,km;

$\sum NS_{自装自卸}$ ——管内自装自卸车重车公里；

$\sum NS_{接入自卸}$ ——从外局接入自卸车重车公里；

$u_{卸空}$ ——管内工作车工作量；

$K'_{管}$ ——管内工作车的管内装卸率，$K'_{管}=\dfrac{u_{自装自卸}+u_{卸空}}{u_{卸空}}$；

γ ——空态系数，表示货车在一次货物作业停留时间内空状态时间所占比重。

空状态是指装车时，自空车到达车站时起至装车完了时止；卸车时，自重车卸完时起至空车从车站发出时止；双重作业时，自卸车完了时起至装车完了时止。

由于发往管内各中间站的管内工作车大多由摘挂列车或小运转列车输送，在编组站解体、集结、编组的时间较长，所以管内工作车的旅行速度较低，中转时间较长。若与货车周转时间中的同样指标相差较大时，应单独计算管内旅行时间和中转停留时间。

管内工作车周转时间也可用车辆相关法计算，即

$$\theta_{管内}=\dfrac{N_{管内}}{u_{卸空}} \quad (d) \tag{14-22}$$

式中，$N_{管内}$ 为管内工作车车数。

2. 空车周转时间

空车周转时间是指自重车卸空或空车由邻局接入时起，到装车完了或将空车交给邻局时止所消耗的时间，它可按式(14-23)计算：

$$\theta_{空}=\dfrac{1}{24}\left(\dfrac{l'_{空}}{v_{旅}}+\dfrac{l'_{空}}{L_{技}}t_{中}+K''_{管}t_{货}\gamma\right) \quad (d) \tag{14-23}$$

式中 $l'_{空}$ ——空车周距（与空周距有别），$l'_{空}=\dfrac{\sum NS_{空}}{u_{空}}=\dfrac{\sum NS_{空}}{u_{使}+u_{交空}}$

$K''_{管}$ ——空车管内装卸率，$K''_{管}=\dfrac{u_{使}+u_{卸空}}{u_{空}}$

由此可见，空车周转时间是依据空车工作量计算的周转时间，而非货车周转时间中的空车部分。

空车的 $v_{旅}$ 和 $t_{中}$ 随各铁路局的具体情况不同而有所不同。在装车局，若到达直达空车列车较多，则 $v_{旅}$ 较高，$t_{中}$ 较小；在卸车局，若卸车地点分散，卸后空车多随摘挂列车或小运转列车送到技术站集结，则 $v_{旅}$ 可能较低，$t_{中}$ 较大。

空车周转时间也可用车辆相关法计算，其计算公式为

$$\theta_{空}=\dfrac{N_{空}}{u_{空}} \quad (d) \tag{14-24}$$

式中，$N_{空}$ 为空车保有量。

3. 移交车周转时间

移交车周转时间是指交给其他铁路局的重车自装车完了或从他局接入重车时起,至移交给他局时止所消耗的时间,它可按式(14-25)计算：

$$\theta_{\text{移交}} = \frac{1}{24}\left[\frac{l_{\text{移交}}}{v_{\text{旅}}} + \frac{l_{\text{移交}}}{L_{\text{技}}}t_{\text{中}} + K'''_{\text{管}}t_{\text{中}}(1-\gamma)\right] \quad (\text{d}) \tag{14-25}$$

式中 $l_{\text{移交}}$——移交车周距,$l_{\text{移交}} = \dfrac{\sum NS_{\text{自装交出}} + \sum NS_{\text{接运通过}}}{u_{\text{移交}}}$,km;

$\sum NS_{\text{自装交出}}$、$\sum NS_{\text{接运通过}}$——自装交出和接运通过的移交车走行公里;

$u_{\text{移交}}$——移交车工作量;

$K'''_{\text{管}}$——移交车管内装卸率,$K'''_{\text{管}} = \dfrac{u_{\text{自装交出}}}{u_{\text{移交}}} = \dfrac{u_{\text{自装交出}}}{u_{\text{交重}}}$。

移交车的 $t_{\text{中}}$ 可能较小、$v_{\text{旅}}$ 较高。

移交车周转时间也可用车辆相关法计算,其计算公式为

$$\theta_{\text{移交}} = \frac{N_{\text{移交}}}{u_{\text{移交}}} \quad (\text{d}) \tag{14-26}$$

式中,$N_{\text{移交}}$ 为移交车数量。

对于以上三种周转时间计算公式中的 $v_{\text{旅}}$、$L_{\text{技}}$、$t_{\text{中}}$ 和 $t_{\text{货}}$,由于目前没有进行专门的分别统计,则难以按各种周转时间选取适当的数值。因而,一般采用计算货车周转时间的相同指标数值。

4. 各种货车周转时间之间的内在联系

(1) 全路与铁路局货车周转时间之间的内在联系。若用 $N_i(i=1,2,\cdots,n)$、$\theta_i(i=1,2,\cdots,n)$ 和 $u_i(i=1,2,\cdots,n)$ 分别表示铁路局运用车数、货车周转时间和工作量,则全路货车周转时间与铁路局货车周转时间之间的内在联系,根据车辆相关法计算公式可推导如下：

$$\theta_{\text{全路}} = \frac{N_{\text{全路}}}{u_{\text{全路}}} = \frac{\sum N_i}{u_{\text{全路}}} = \frac{\sum u_i \theta_i}{u_{\text{全路}}} \tag{14-27}$$

若令 $\rho u_i = \dfrac{u_i}{u_{\text{全路}}}$ 为局别工作量比数,则式(14-27)也可以写为

$$\theta_{\text{全路}} = \sum \rho u_i \cdot \theta_i \tag{14-28}$$

由此可见,全路货车周转时间指标不仅与局别货车周转时间指标直接相关,而且还与局别工作量比数相关。

(2) 铁路局货车周转时间与三种工作车周转时间之间的内在联系,根据车辆相关法计算公式可推导如下：

$$\theta = \frac{N}{u} = \frac{1}{u}(u_{管内}\ \theta_{管内} + u_{移交}\ \theta_{移交} + u_{空}\ \theta_{空}) = \frac{u_{管内}}{u}\theta_{管内} + \frac{u_{移交}}{u}\theta_{移交} + \frac{u_{空}}{u}\theta_{空} \quad (14-29)$$

若令 $\rho u_{管内} = \dfrac{u_{管内}}{u}$，$\rho u_{移交} = \dfrac{u_{移交}}{u}$，$\rho u_{空} = \dfrac{u_{空}}{u}$ 分别为管内工作车工作量比数、移交车工作量比数和空车工作量比数，则式(14-29)也可以写为

$$\theta = \rho u_{管内}\ \theta_{管内} + \rho u_{移交}\ \theta_{移交} + \rho u_{空}\ \theta_{空} \quad (d) \qquad (14-30)$$

由此可见，铁路局货车周转时间不仅与管内工作车周转时间、移交车周转时间和空车周转时间直接相关，而且还与三种工作车的工作量比数相关。

四、货车周转时间各项因素的确定

从采用时间相关法计算货车周转时间的公式中，可以看到有一系列因素影响货车周转时间的大小，其中 $l(l_{管内}、l_{移交}、l'_{空})$，α，$t_{中}$，$t_{货}$，$K_{管}(K'_{管}、K''_{管}、K'''_{管})$ 等因素与 $\theta(\theta_{管内}、\theta_{移交}、\theta_{空})$ 成正比，$v_{旅}$ 及 $L_{技}$ 等因素与 θ 成反比。周转距离、中转距离和管内装卸率等因素主要取决于货流、车流及其结构，属于客观因素，而中时、停时和旅速为工作质量指标，属于主观因素。

1. 车辆走行公里及货车周转距离

（1）重车走行公里，即运用货车在重车状态下所走行的公里数。在数值上，它等于重车数与相应的走行公里数乘积之和。重车走行公里的计算可采用以下方法：

① 按实际里程计算。根据重车车流表，从每支车流的装车站或接入站到卸车站或交出站，按实际里程计算其车辆公里，然后按自装自卸、接入卸车、自装交出和接运通过几部分分别汇总。对交出重车还应分别按各分界站汇总。各部分车辆公里求和即为重车走行公里。

② 按区段距离折半计算。为了简化计算，将在区段内产生和消失的车流，即到达区段内卸的、区段内装出的及区段内自装自卸的车流，按该区段距离的一半计算；对通过全区段的车流，仍按全区段实际里程计算。其汇总方法与前同。

（2）空车走行公里，即运用货车在空状态下所走行的公里数。在数值上，它等于空车数与相应的走行公里数乘积之和。根据空车调整图查定空车流，把到发于区段内中间站的空车流按区段里程的一半计算，通过区段的空车流按全区段里程计算，将各区段求和即得铁路局的空车公里数。

（3）运用车走行公里，即运用车在重状态和空状态下所走行的公里数。在数值上，它等于重车走行公里与空车走行公里之和。

（4）空车走行率，即运用车走行公里中，空车走行公里与重车走行公里的比值。

（5）管内工作车走行公里，即管内工作车在铁路局管内所走行的公里数，它等于自装自卸重车走行公里与接入自卸重车走行公里之和。

（6）移交车走行公里，即移交车在铁路局管内所走行的公里数，它等于自装交出重车走行公里与接运通过重车走行公里之和。表 14-7 所列为采用"区段距离折半计算"方法计算所得的 M 铁路局各种车辆走行公里。

表 14-7 M 铁路局重、空车走行公里计算表

区段	区段公里	车辆行程	重车走行公里							空车走行公里		总计
			管内工作车		移交车				合计	车流	车公里	
					A 分界站		B 分界站		计				
			车流	车公里	车流	车公里	车流	车公里					
A—B	100	半段	150	7 500	10	500	4	200	700	8 200	18	900	9 100
		全段	56	5 600	150	15 000	70	7 000	22 000	27 600	60	6 000	33 600
B—C	100	半段	154	7 700	10	500	8	400	900	8 600	80	4 000	12 600
		全段	268	26 800	120	12 000	82	8 200	20 200	47 000	50	5 000	52 000
C—F	80	半段	116	4 640	4	160	4	160	320	4 960	38	1 520	6 480
		全段	160	12 800	10	800	10	800	1 600	14 400	44	3 520	17 920
C—D	100	半段	208	10 400	4	200	8	400	600	11 000	8	400	11 400
		全段	360	36 000	96	9 600	110	11 000	20 600	56 600	52	5 200	61 800
D—E	120	半段	150	9 000	4	240	4	240	480	9 480	10	600	10 080
		全段	182	21 840	84	10 080	124	14 880	24 960	46 800	58	6 960	53 760
路局计			142 280		—	49 080	—	43 280	92 360	234 640	—	34 100	268 740

据此可求得 M 铁路局各种货车周转距离及空车走行率如下:

$$l_{重} = \frac{\sum NS_{重}}{u} = \frac{234\ 640}{902 + 280} = 198.5 \text{(km)}$$

$$\alpha = \frac{\sum NS_{空}}{\sum NS_{重}} = \frac{34\ 100}{234\ 640} = 0.145$$

$$l = l_{重}(1 + \alpha) = 198.5 \times (1 + 0.145) = 227.3 \text{(km)}$$

$$l_{管内} = \frac{\sum NS_{管内}}{u_{卸空}} = \frac{142\ 280}{892} = 159.5 \text{(km)}$$

$$l_{移交} = \frac{\sum NS_{移交}}{u_{移交}} = \frac{92\ 360}{290} = 318.5 \text{(km)}$$

$$l'_{空} = \frac{\sum NS_{空}}{u_{空}} = \frac{34\ 100}{902 + 50} = 35.8 \text{(km)}$$

2. 技术站出发的中转车数和货车平均中转距离

各技术站出发的中转车数 $\sum N_{技}$ 包括无调中转车数和有调中转车数。中转重车可由重车车流表查出,中转空车则可根据空车调整图,按式(14-31)计算确定:

$$N_{技}^{空} = N_{到空} - N_{补空} \quad (车) \tag{14-31}$$

式中　$N_{到空}$——各方向到达技术站空车数；
　　　$N_{补空}$——该站需补充的空车数。

【例 14-1】 由空车调整图(图 14-3)可得技术站 B 下行到达空车 62 辆，上行到达空车 18 辆，B 站需补充空车(敞车)4 辆。因而，B 站中转空车数为

$$N^{空}_{技B} = (62+18) - 4 = 76(车)$$

M 铁路局各技术站中转重、空车数见表 14-8。

表 14-8　M 局中转车数表

技术站	重车	空车	计
B	374	76	450
C	708	74	782
D	460	34	494
E	276	44	320
计	1 818	228	2 046

货车平均中转距离根据货车走行公里(表 14-7)和中转车数可求得，即 M 局货车平均中转距离为

$$L_{技} = \frac{268\,740}{2\,046} = 131.4(\text{km})$$

3. 各种管率及空态系数

管内装卸率可根据重车车流表的车流资料及工作量指标确定，即
(1) 管内装卸率：

$$K_{管} = \frac{u_{使} + u_{卸空}}{u} = \frac{902 + 892}{902 + 280} \approx 1.52$$

(2) 管内工作车装卸率：

$$K'_{管} = \frac{u_{自装自卸} + u_{卸空}}{u_{卸空}} = \frac{762 + 892}{892} \approx 1.85$$

(3) 空车管内装卸率：

$$K''_{管} = \frac{u_{使} + u_{卸空}}{u_{使} + u_{交空}} = \frac{902 + 892}{902 + 50} \approx 1.88$$

(4) 移交车管内装卸率：

$$K'''_{管} = \frac{u_{自装交出}}{u_{移交}} = \frac{140}{290} \approx 0.48$$

(5) 空态系数 γ 值应根据实际情况进行查定，目前各铁路局一般都采用经验数据 0.3～0.5。

五、货车日车走行公里和货车日产量

货车日车走行公里 $S_车$ 是指每一运用车每日平均走行公里数。货车日车走行公里可根据货车周转时间和全周距计算,计算公式为

$$S_车 = \frac{l}{\theta} \quad (\text{km/d}) \tag{14-32}$$

也可根据货车总走行公里和运用车数计算,计算公式为

$$S_车 = \frac{\sum NS}{N} \quad (\text{km/d}) \tag{14-33}$$

货车日车走行公里是表示货车运用效率的另一个重要指标。在空车走行率一定的情况下,货车日车走行公里越多,表示货车运用成绩越好,为完成同样运输任务所需要的货车量也越少。

货车周转时间和货车日车走行公里均与客观因素中的全周距指标有关。当全周距变动较大时,周转时间和日车走行公里两项指标的反应是不一致的。两项指标与全周距的关系分析如下:

$$\theta = al + b \tag{14-34}$$

$$S_车 = \frac{l}{al + b} \tag{14-35}$$

式中　a ——$v_旅$、$L_技$ 和 $t_货$ 各项指标的综合系数;

　　　b ——$t_货$。

由此可见,$\theta = f(l)$ 为线性关系,$S_车 = f_1(l)$ 呈双曲线关系。当 l 较大时,$S_车$ 的值较为稳定,当 l 较小时,θ 受其影响较小。在运输组织工作中常常同时用这两项指标来反映货车运用质量。但由于货车周转时间 θ 与运用车数 N 之间有较为简明的关系,因而常以货车周转时间作为反映货车运用质量的主要指标。

货车日产量 $w_车$ 是指平均每一运用货车在一昼夜内生产的货物吨公里数,它可按式(14-36)计算:

$$w_车 = P_{运动} S_车 \quad (\text{t} \cdot \text{km/d}) \tag{14-36}$$

第四节　运用车保有量计划

为了完成规定的运输任务,国铁集团须规定各铁路局应保有一定量的运用车数,称之为运用车保有量。运用车保有量的标准数 N 根据工作量 u 和货车周转时间 θ 确定,即

$$N = u\theta \quad (\text{车或车辆日}) \tag{14-37}$$

式(14-37)是计算运用车保有量的基本公式。全路运用车分为重车和空车。铁路局的运用车分为管内工作车、移交重车和空车三部分。三种运用车保有量可分别按下列公式确定。

(1) 管内工作车保有量 $N_{管内}$：

$$N_{管内} = u_{卸空}\, \theta_{管内} \quad (车) \tag{14-38}$$

(2) 移交重车或称移交车保有量 $N_{移交}$：

$$N_{移交} = u_{移交}\, \theta_{移交} \quad (车) \tag{14-39}$$

(3) 空车保有量 $N_{空}$：

$$N_{空} = u_{空}\, \theta_{空} \quad (车) \tag{14-40}$$

(4) 铁路局运用车保有量等于上述三部分运用车数之和，即

$$N = N_{管内} + N_{移交} + N_{空} \quad (车) \tag{14-41}$$

对移交重车可以对全局总的移交重车保有量进行计算，也可再分别按各分界站计算其移交车保有量，即

$$N^{i}_{移交} = u^{i}_{移交}\, \theta^{i}_{移交} \quad (车) \tag{14-42}$$

此外，铁路局尚需按车种别规定运用车保有量，以便按车种进行控制，计算原理同上。

设 M 铁路局的各种货车周转时间如表 14-9 所列，各种工作量汇总于表 14-10，则 M 铁路局的各种运用车保有量计划见表 14-11。

表 14-9　货车周转时间汇总　　　　　　　　　　　　　　　　　单位：d

θ	$\theta_{管内}$	$\theta_{移交}$	$\theta_{空}$
1.62	1.30	0.99	0.49

表 14-10　工作量汇总　　　　　　　　　　　　　　　　　　　　单位：车

u	$u_{管内}$	$u_{移交}$	$u_{空}$
1 182	892	290	952

表 14-11　运用车保有量计划　　　　　　　　　　　　　　　　　单位：车

N	$N_{管内}$	$N_{移交}$	$N_{空}$
1 916	1 160	288	468

第五节　机车运用计划

一、机车管理的分类

机车是铁路运输的基本动力，线路上的列车运行、车站内外的调车作业都要由机车来完成，因此，机车运用计划是铁路运输组织工作的一个重要组成部分。在运输生产计划中，

应根据各局的运输工作量,分配机车运用台数,规定机车运用数量指标和质量指标,以便考核和分析机车运用成绩,不断提高机车运用效率。

机车的运用方式与货车不同,货车是在全路范围内通用,机车则配属于各铁路局所管辖的机务段,并在固定的区段内牵引列车,或在固定的站段担当调车作业或其他工作。

铁路局的配属机车是根据国铁集团的配属命令,由指定的机务段负责管理和使用。配属给各局(段)的机车,应涂有该局(段)的标志,并登录该局(段)的资产台账内。按照管理和使用的不同,对机车进行分类,如图14-5所示。

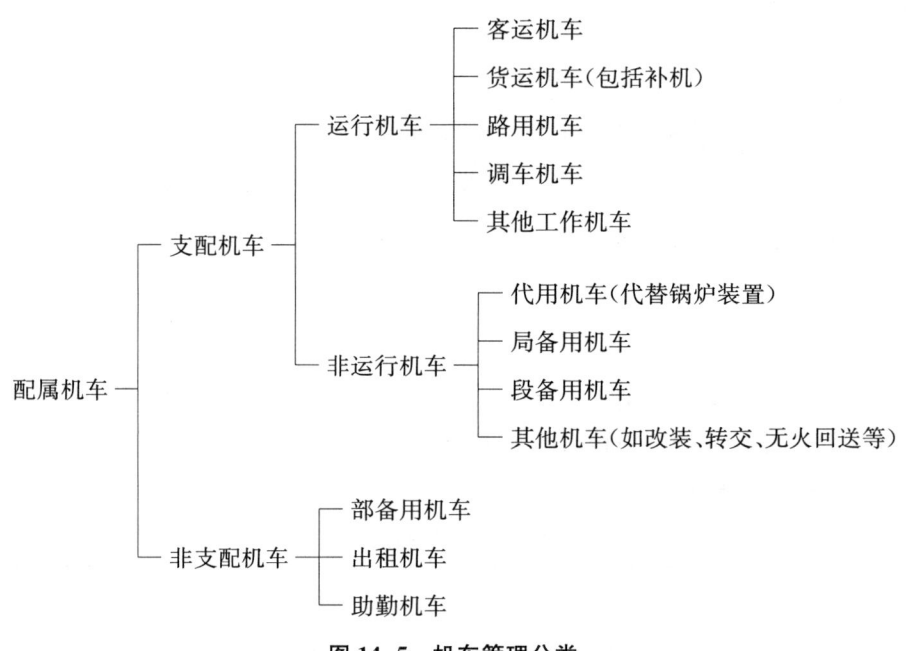

图 14-5 机车管理分类

各铁路局对配属机车中的支配机车有权支配,而对非支配机车则无权支配。

二、机车运用数量指标

反映机车运用效率的数量指标有三个:机车走行公里、机车牵引总重吨公里和机车供应台次。

1. 机车走行公里

机车走行公里 $\sum MS$ 是指机车运行的公里数。每一台机车运行一公里即为一机车公里。由于机车所担当的工作种别不同,机车走行公里又可分为本务机车走行公里和辅助机车走行公里;按机车运行中是否产生实际走行公里又可分为沿线走行公里和换算走行公里。各种机车走行公里的分类及其关系如图14-6所示。

(1) 机车总走行公里为

$$\sum MS = \sum nL_\text{本} + \sum MS_\text{单} + \sum MS_\text{双} + \sum MS_\text{补} + \sum MS_\text{换} \tag{14-43}$$

(2) 本务机车走行公里为

$$\sum nL_{本} = n_1L_1 + n_2L_2 + \cdots + n_nL_n \tag{14-44}$$

(3) 沿线走行公里为

$$\sum MS_{沿} = \sum nL_{本} + \sum MS_{单} + \sum MS_{双} + \sum MS_{补} \tag{14-45}$$

换算走行公里是指机车处于某种状态并不产生走行公里,或所产生的走行公里无法计算(如调车机车进行调车工作),只能按机车小时换算为机车走行公里。

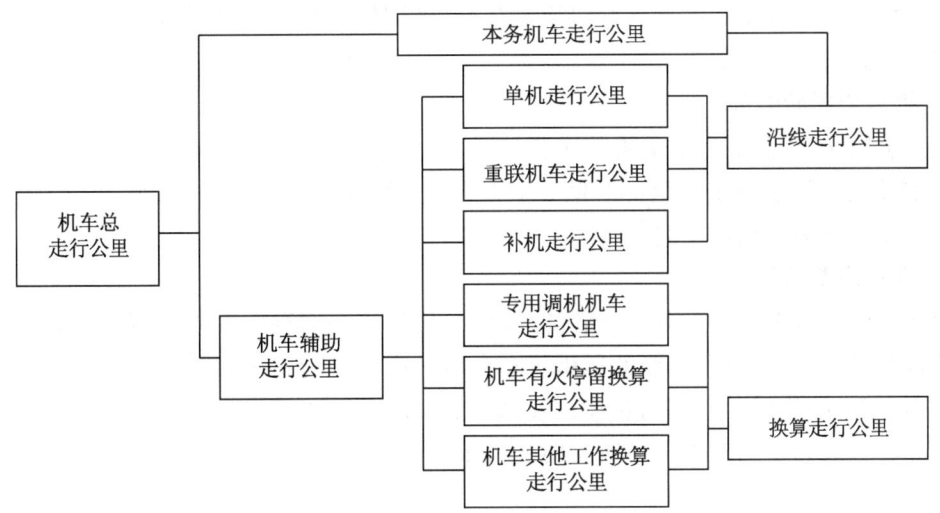

图 14-6　机车走行公里分类

机车走行公里是铁路局和机务段用以确定机车需要台数和机车检修计划的依据,也是分析机车运用情况和考核机车乘务组工作的必要资料。但是,用机车走行公里指标来衡量机车工作量具有一定的局限性,因为它只包含了机车走行距离的因素,而未反映机车牵引重量的因素。显然,一台牵引列车的机车和一台单机,虽然产生同样数量的机车走行公里,但它们所产生的效果却是不同的。因此,在计算机车走行公里的同时,还要计算机车牵引总重吨公里,简称总重吨公里。

2. 总重吨公里

总重吨公里 $\sum QS_{总}$ 表示机车牵引货物列车所完成的工作量,其值等于机车牵引总重(即列车总重,在统计日常完成的工作量时,还包括单机附加重量)和它的走行公里的乘积之和,即

$$\sum QS_{总} = Q_1S_1 + Q_2S_2 + Q_3S_3 + \cdots + Q_nS_n \quad (t \cdot km) \tag{14-46}$$

3. 机车供应台次

机车供应台次 $u_{供应}$ 表示一昼夜内全部机车在担当的牵引区段内的总周转次数。机车在牵引区段每往返一次,作为供应一台次;实行循环运转制的机车,每经过机务段所在站一次,即为供应一台次;在一昼夜内如只有往程或返程时,作为 0.5 台次;实行肩回运转制的机车,每周转一次即完成牵引一对列车的任务,亦即供应一台次。故每一区段的机车供应台

次可按式(14-47)计算

$$u_{供应} = n + n_{双} \quad (台次) \tag{14-47}$$

式中　n——列车对数；

　　　$n_{双}$——双机牵引的列车对数。

三、机车运用质量指标

反映机车运用效率的质量指标包括机车全周转时间、机车需要系数、机车日车公里、列车平均总重和机车日产量等。

1. 机车全周转时间

机车全周转时间 $\theta_{机}$ 是指从机车作业完了返回基本段经过闸楼时起，至下一次作业完了返回基本段经过闸楼时止的全部时间。它是从时间上反映机车运用效率的一个指标。计算方法将在本书第四篇内叙述。

2. 机车需要系数

机车需要系数 $K_{需}$ 是指在一个牵引区段内，每担当一对列车的牵引任务平均需要的机车台数，即平均一对列车所需要的运用机车台数。由于一台机车每周转一次即完成一对列车的牵引任务，故将以"小时"为单位的全周转时间化为以"天"为单位的全周转时间，即为平均每完成一对列车的牵引任务所需要的机车台数：

$$K_{需} = \frac{\theta_{机}}{24} \quad (台/对) \tag{14-48}$$

各区段的机车需要台数可按式(14-49)计算

$$M_{货} = \frac{(n + n_{双})\theta_{机}}{24} = u_{供应} K_{需} \quad (台) \tag{14-49}$$

3. 机车日车公里

机车日车公里 $S_{机}$ 是指全路、铁路局或机务段平均每台货运机车一天走行的公里数，其值可按式(14-50)或式(14-51)计算

$$S_{机} = \frac{\sum MS_{沿} - \sum MS_{补}}{M_{货}} \tag{14-50}$$

$$S_{机} = 2L \times \frac{24}{\theta_{机}} = \frac{2L}{K_{需}} \tag{14-51}$$

机车日车公里反映了每台货运机车平均每天完成的工作量。提高机车日车公里，可以减少机车需要台数，即可用较少的机车完成规定的运输任务。

4. 列车平均总重

列车平均总重 $Q_{总}$ 是指全路、铁路局或机务段平均每台本务机车牵引列车的总重量（包括货物重量和车辆自重），即

$$Q_{总} = \frac{\sum QS_{总}}{\sum nL_{本}} \quad (\text{t/列}) \tag{14-52}$$

列车平均总重反映了机车牵引力的利用程度,它直接影响牵引列车次数、机车需要台数、机车乘务组需要数以及其他有关支出的大小,是衡量机车运用效率的一个重要指标。

5. 机车日产量

机车日产量 $W_{机}$ 是指平均每台货运机车每日生产的总重吨公里数,即

$$W_{机} = \frac{\sum QS_{总}}{M_{货}} = \frac{Q_{总}S_{机}}{1+\beta_{辅}} \quad (\text{t} \cdot \text{km}) \tag{14-53}$$

式中,$\beta_{辅}$ 为单机和重联机车走行率,$\beta_{辅} = \dfrac{\sum MS_{双} + \sum MS_{单}}{\sum nL_{本}}$。

由式(14-53)可以看出,$W_{机}$ 综合反映了列车平均总重、机车日车公里和单机走行三个方面的关系,是考核机车运用质量的一个综合指标。只要降低单机走行率,提高机车日车公里和列车平均总重,就能提高机车日产量。

第十五章

城市轨道交通车辆运用及乘务计划

列车行车计划是城市轨道交通系统日常运输组织的重要内容,计划编制的基础是客流、技术设备及其能力等。列车行车计划主要包含列车开行方案、全日行车计划、列车运行图和车辆运用计划等,并在此基础上编制乘务计划。本章主要介绍全日行车计划、车辆运用计划及乘务计划的编制方法。

第一节 全日行车计划

全日行车计划是营业时间内分时段开行的列车对数计划,它规定了城市轨道交通线路的日常运输任务,是编制列车运行图、计算运输工作量和确定车辆运用的基础。全日行车计划与列车开行方案密切相关,一般是同步编制。列车开行方案包括列车编组方案、列车交路方案和列车停站方案三部分。列车编组方案规定了列车是固定编组还是非固定编组,以及列车的编组辆数;列车交路方案规定了列车的运行区段及开行数量;列车停站方案规定了列车是站站停车还是非站站停车,以及停站时间。列车开行方案的比选应遵循客流分布特征与运营经济合理兼顾的原则,以实现既能维持较高的乘客服务水平,又能提高车辆运用效率的目标。

全日行车计划编制的基础是客流计划。客流是指在单位时间内,城市轨道交通线路上乘客的流动人数,既表明了乘客在空间上的位移及其数量,又强调了这种位移带有方向性和具有起讫位置。客流可以是预测客流,也可以是实际客流。在新线建成投入运营的情况下,客流计划根据客流预测资料进行编制;在既有运营线路的情况下,客流计划根据客流统计资料和客流调查资料进行编制。

客流计划以站间发、到客流量数据作为原始资料,通过计算得到各站方向别上下车人数和全日分时最大断面客流量等客流数据。在客流计划编制过程中,高峰小时的断面客流量可以通过高峰小时站间发、到客流数据来计算,也可以通过全日站间发、到客流量数据来估算。当用全日站间发、到客流量数据时,在求出全日断面客流量数据后,高峰小时的断面客流量按占全日断面客流量的一定比例来估算,比例系数的取值可通过客流调查来确定。

一、全日行车计划编制资料

1. 营业时间

城市轨道交通系统营业时间的安排主要考虑了两个因素:一是方便乘客,满足城市生活的需要,即考虑城市居民出行活动的特点;二是满足轨道交通系统各项设备检修养护的需要。根据资料,世界上大多数城市的轨道交通系统每日营业时长在 18~20 h 之间,个别城市的轨道交通系统是 24 h 运营,如美国的纽约和芝加哥。适当延长运营时间,是城市轨道交通系统提高服务水平的一种体现。

2. 全日分时最大断面客流量

全日分时最大断面客流量通常是在高峰小时断面客流量的基础上,根据全日客流分布模拟图来计算确定。

3. 列车定员数

列车定员数是列车编组辆数和车辆定员数的乘积。

列车编组辆数的确定以高峰小时最大断面客流量作为基本依据。在客流量一定的情况下,为达到一定的运能,除可采用增加列车编组辆数措施以外,也可采用缩短行车间隔时间的措施。但当行车密度已经较大时,为满足增长的客流需求,增加列车编组辆数往往成为选用措施。此时,城市轨道交通系统保有的运用车辆数是增加列车编组辆数的限制因素之一,其他限制因素包括车站站台长度和车辆段停车线长度等。

车辆定员数的多少取决于车辆的尺寸、车厢内座位布置方式和车门设置数。在车辆限界范围内,车辆长宽尺寸越大载客越多,车厢内座位纵向布置较横向布置载客要多,车厢内车门区较座位区载客要多。

4. 线路断面满载率

线路断面满载率是指在单位时间内特定断面上的车辆载客能力利用率。在实际工作中,线路断面满载率通常是指早高峰小时、单向最大客流断面的车辆载客能力利用率,计算公式如下

$$\beta^{车} = \frac{P_{\max}}{C_{\max}} \times 100\% \tag{15-1}$$

式中 $\beta^{车}$ ——线路断面满载率;

$P_{\max}$ ——单向最大断面客流量,人;

$C_{\max}$ ——高峰小时线路输送能力,人。

线路断面满载率既反映了高峰小时开行列车在最大客流断面的满载程度,也反映了乘客乘车的舒适度。为了提高车辆运用效率、降低运输成本和提高经济效益,在编制全日行车计划时,可适当提高列车在高峰小时的满载率。

二、全日行车计划编制程序

1. 计算营业时间内各小时应开行列车数

计算公式如下:

$$n_i^{开行} = \frac{P_{i,\max}^{断面}}{C_{定员} \beta_i^{车}} \quad (列或对) \tag{15-2}$$

式中 $n_i^{开行}$ ——时段 i 的开行列车数,列或对;

$C_{定员}$ ——列车定员,人/列;

$P_{i,\max}^{断面}$ —— 时段 i 的最大断面客流量,人;

$\beta_i^{车}$ —— 时段 i 的计算满载率。

2. 计算行车间隔时间

计算公式如下:

$$t_i^{开行} = \frac{3\,600}{n_i^{开行}} \quad (\text{s}) \tag{15-3}$$

式中,$t_i^{开行}$ 为时段 i 的开行间隔时间,s。

3. 最终确定全日行车计划

在已经计算得到各小时应开行列车数和行车间隔时间的基础上,应检查是否存在某段时间内行车间隔时间过长的情况。行车间隔时间过长,会增加乘客的候车时间,降低乘客的出行速度,不利于吸引客流。为方便乘客、提高服务水平,部分城市的轨道交通系统在非高峰运营时间内的最小行车间隔可能会有明确的要求。另外,对全日行车计划中的高峰小时行车间隔时间应检验是否符合列车在折返站的出发间隔时间。

【例 15-1】 某线路全日行车计划编制。已知某线路全天共分五个时间段,各时段最大小时断面客流量和计算满载率如表 15-1 所列;列车定员为 310,编组为 6 辆;各时段允许的最大服务间隔为 10 min。

表 15-1 某线路各时段最大小时断面客流量和计算满载率

时间段	时段	最大小时断面客流量/(人·h^{-1})	计算满载率
1	5:00—7:00	7 200	0.9
2	7:00—9:30	24 000	1.1
3	9:30—16:30	14 400	0.9
4	16:30—19:30	21 600	1.1
5	19:30—22:00	9 600	0.9

以第二时间段为例:

(1) 先计算该时段开行的列车数量。

$$n_2^{开行} = \frac{P_{2,\max}^{断面}}{C_{定员}\beta_2^{车}} = \frac{24\,000}{310 \times 6 \times 1.1} \approx 11.73\,(\text{列/h})$$

(2) 计算该时段开行间隔。

$$t_2^{开行} = \frac{3\,600}{n_2^{开行}} = \frac{3\,600}{11.73} \approx 307\,(\text{s})$$

同理,可以计算其他时段的开行对数和开行间隔。

(3) 最终确定实际开行间隔。在计算开行间隔的基础上,需要结合乘客服务水平要求(一般最大服务间隔不大于 10 min)、车底需要数量及乘客出行习惯等因素,最终确定列车运行图编制时实际采用的最终开行间隔。

第二节 车辆运用计划

一、车辆运用分类

为完成乘客运送任务,轨道交通必须设置车辆基地,并配属一定数量的车辆。车辆按运用上的不同,分为运用车、检修车和备用车三类。

1. 运用车

运用车是为完成日常运输任务而配备的技术状态良好的车辆,运用车的需要数与车底的运用周期和开行间隔有关。

2. 检修车

检修车是指处于定期检修状态的车辆。车辆的定期检修是一项有计划的预防性维修制度。车辆经过一段时间的运用后,各部件会产生磨耗、变形或损坏,为保证车辆技术状态良好和延长车辆使用寿命,需要定期对车辆进行检修。

车辆检修宜采用日常维修和定期检修相结合的检修制度。车辆日常维修和定期检修的修程和周期应根据车辆技术条件、车辆的质量和既有车辆基地的检修经验制订。车辆检修修程和检修周期应符合表15-2的规定。

表 15-2 车辆检修修程和检修周期

类别	检修修程	日常维修和定期检修周期指标		检修时间/d
		走行里程/(万 km)	时间间隔	
定期检修	大修	120	10年	35
	架修	60	5年	20
	定修	15	1.25年	7
日常维修	三月检	3	3月	2
	双周检	0.5	0.5月	0.5
	列检	—	每天或两天	—

注:① 表中检修时间按部件互换修确定。
② 设计中检修周期应采用年走行里程指标。
③ 可行性研究报告阶段可采用时间间隔指标。

3. 备用车

备用车是指为完成临时紧急运输任务或为替换退出运营的故障列车而储备的技术状态良好的车辆。备用车原则上停放在线路两端终点站或车辆基地内。

城市轨道交通新线车辆配属数量应根据运能与运量的匹配要求,以及检修车辆和备用车辆的数量要求,按初期需要进行配置。当城市的轨道交通网络已达到一定规模时,新线设计可与相交运营线路的运营组织方案适度匹配或按近期需要配车。一般情况下,检修和备用车数量在设计中通常按运用车数的15%~25%考虑,初期采用25%以体现增加配车;

近期取 10% 以控制投资;远期取 20% 为发展留出余地。

二、车辆运用数量计算

运用车数量计算的前提是计算车底运用周期 $T^{周}$。车底运用周期是指列车在指定交路的始发站出发,经终到站折返,运行至始发站后,再次从始发站出发所花费的总时间。该时间由列车运行时分、停站时分及列车在始发、终到站的折返时间四部分组成,如图 15-1 所示,$T^{周}$ 的计算公式为

$$T^{周} = t_{ba}^{运行} + t_{a}^{折返} + t_{ab}^{运行} + t_{b}^{折返} \quad (\text{s}) \tag{15-4}$$

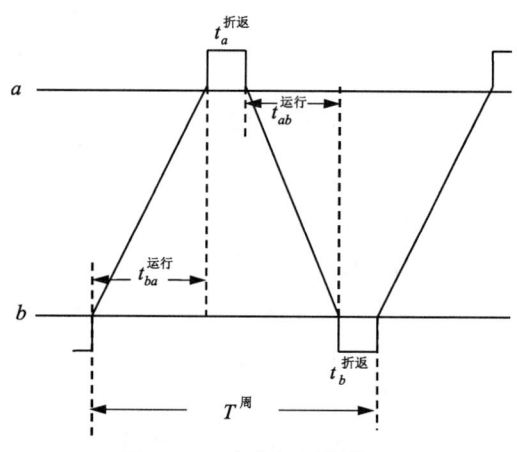

图 15-1 车底运用周期

式中 $t_{ba}^{运行}$ —— b 至 a(上行)旅行时间,s;

$t_{ab}^{运行}$ —— a 至 b(下行)旅行时间,s;

$t_{a}^{折返}$ —— 列车在 a 站的折返停留时间,s;

$t_{b}^{折返}$ —— 列车在 b 站的折返停留时间,s。

一般而言,对于给定的开行方案,$t_{ba}^{运行}$ 与 $t_{ab}^{运行}$ 基本是固定的,因此 $T^{周}$ 主要受 $t_{a}^{折返}$ 与 $t_{b}^{折返}$ 的影响,如果 $t_{a}^{折返}$ 与 $t_{b}^{折返}$ 都取最小折返时间,则 $T^{周}$ 达到最小值。

车底运用数量的计算公式为

$$N_i^{车底} = \left\lceil \frac{T_i^{周}}{t_i^{开行}} \right\rceil \quad (\text{列}) \tag{15-5}$$

其中,$\lceil \ \rceil$ 为向上取整符号,i 表示一天中第 i 个时间段。

因此,一天中需要投入运营的最少车底数量 $N_{\min}^{车底}$ 为

$$N_{\min}^{车底} = \max(N_i^{车底}) \quad (\text{列}) \tag{15-6}$$

在已经铺画好的运行图上,车底运用数量的计算也可以通过图解法来得到,在运行图的某一时刻,作一条与横坐标垂直的直线,然后数出直线与运行线(包括车底的折返线)的交点数量,这个数值就是该时刻的运用车数,如图 15-2 所示时刻的运用车数量为 7 列。

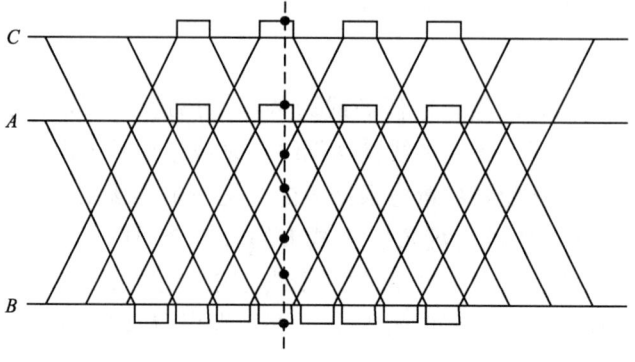

图 15-2 运用车数量计算的图解法

【例 15-2】 运用车数量计算。已知某线路的上、下行运行时间均为 30 min,列车在两端的折返时间为 5 min,试求表 15-1 中各时间段需要运用的车底数量。

以第二时间段(7:00—9:30)为例:

(1) 计算车底运用周期。

$$T_2^{周} = 30 + 30 + 5 + 5 = 70(\text{min}) = 4\,200(\text{s})$$

(2) 计算车底需要数量。

$$N_2^{车底} = \left\lceil \frac{T_2^{周}}{t_2^{开行}} \right\rceil = \left\lceil \frac{4\,200}{307} \right\rceil = 14(列)$$

(3) 计算实际开行间隔。

$$t_2^{开行} = \frac{T_2^{周}}{N_2^{车底}} = \frac{4\,200}{14} = 300(\text{s}) = 5(\text{min})$$

(4) 最终确定各时段车底数及实际平均开行间隔,见表 15-3。

表 15-3 某线路全日行车计划

时间段	时间	最大小时断面客流量/(人·h^{-1})	计算满载率	计算开行数量/(列·h^{-1})	计算间隔/s	车底数/列	最终开行间隔
1	5:00—7:00	7 200	0.9	4.30	600	7	10 min
2	7:00—9:30	24 000	1.1	11.73	307	14	5 min
3	9:30—16:30	14 400	0.9	8.60	419	11	6 min 22 s
4	16:30—19:30	21 600	1.1	10.56	341	13	5 min 23 s
5	19:30—22:00	9 600	0.9	5.73	600	7	10 min

三、车辆运用计划

车辆运用包括列车的出入段、正线运行和检修等作业。车底运用应按计划进行,在列车运行图和车辆检修计划的基础上进行编制。

1. 铺画车底周转图

根据列车运行图和车辆出段顺序,车底运用计划以车底周转图的形式规定了全日对应各出段顺序的车底在线路上往返运行的交路,包括车底在两端折返站的到达时间和出发时间、车底的出入段时间和顺序、车底出入的基地名称等,如图 15-3 所示。

2. 确定对应各出段顺序的车底

在新列车运行图下达后,车辆段应根据列车运行图的要求,及时排定车底的出段顺序、时间和担当车次以及回段顺序、时间和返回方向。出段时间根据计划列车运行图规定的时刻确定,出段时间应分别明确乘务员出勤时间、车底出库时间(表 15-4)。回库时间和返回方向同样也根据计划列车运行图确定。在具体规定车底的运用时,应注意使各车底的走行公里数能在一定时期内大致均衡。

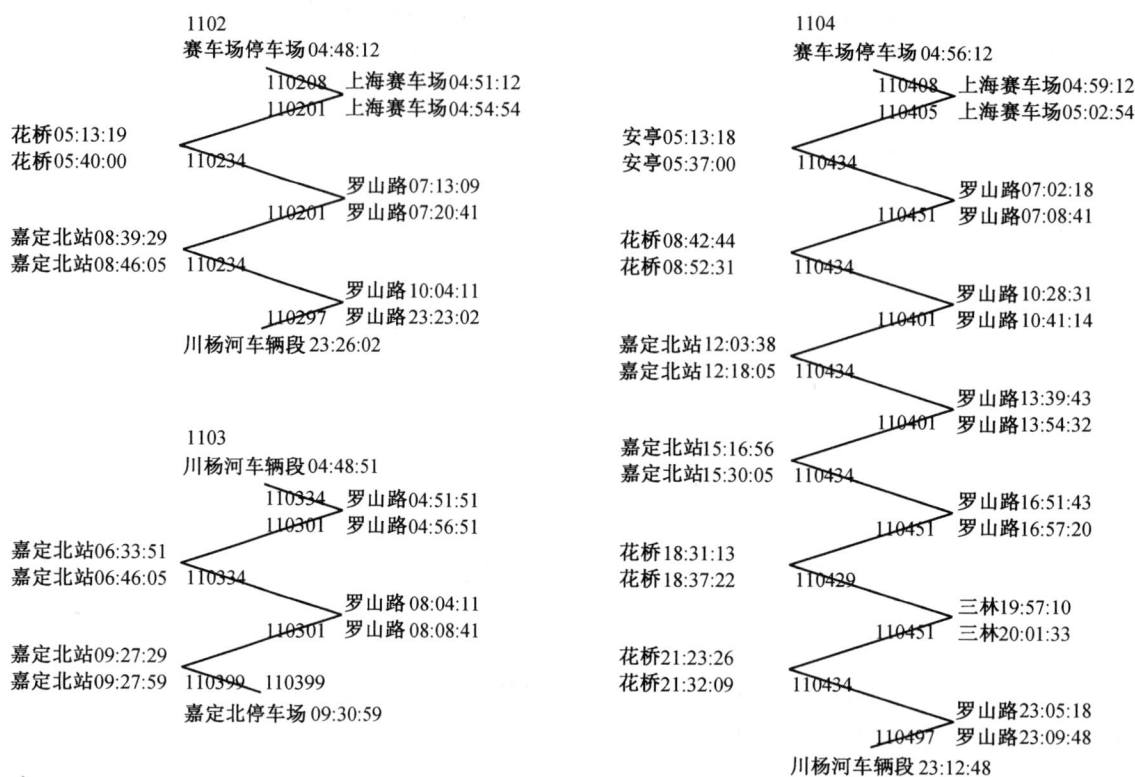

图 15-3 某线路的车底周转图

表 15-4 确定对应各出段顺序的运用车

车底号	任务号	列车编号	接车车次	发车时间	担任司机
101	01	1011	01001	5:17:00	张三
102	02	1012	02001	5:19:23	李四
103	03	1003	03001	5:29:53	王五
104	04	1034	04001	5:33:25	江六

第三节 乘务计划及值乘管理

乘务计划是乘务人员的运用计划,即把列车运行图中的运行任务分配给乘务人员值乘的工作计划,具体内容是指定某位司机在某天值乘具体车次的任务,以及某段时间内(如一个月)的当班计划。因此,乘务计划从编制内容上可以分为乘务排班计划和乘务轮班计划。乘务排班计划是将列车运行图中的运行任务分解后组合成乘务工作班;乘务轮班计划则是安排某司机在某天执行哪个(些)乘务工作班。合理选择乘务方式、优化配备乘务人员对于提高乘务管理水平和企业经济效益具有显著意义。

随着我国各大城市轨道交通网络化运营程度的不断深入,不同日期客流特征的差异性加大、线路行车密度的增加、交路形式的多样化、运营时间的延长、网络资源的共享需求等都给乘务管理带来了挑战,因此乘务管理也需要不断适应线路结构、客流特征、列车方案、管理制度等因素的变化。

一、乘务值乘制度

乘务值乘制度是列车乘务员(司机、副司机)值乘的一种工作制度,城市轨道交通乘务制度有两种:包乘制和轮乘制。

1. 包乘制

包乘制是指列车的值乘乘务员固定,由若干名乘务员包乘包管。其特点为:

(1) 乘务员能够比较全面地掌握值乘列车(车辆)的性能,熟悉列车(车辆)情况。这有利于列车维护保养,便于处理列车运行时的故障,有利于管理、监督。

(2) 列车(车辆)使用相对不均匀、不平衡。

(3) 需配备的乘务员人数较多,乘务员劳动生产率相对较低。

2. 轮乘制

轮乘制是指列车的值乘乘务员不固定,由若干名乘务员轮流值乘。其特点为:

(1) 可节省乘务员数量,能够有效降低运营成本。

(2) 乘务员运用灵活,有利于合理安排乘务员作息时间,均衡工作时间和工作量,提高工作和管理效率。

(3) 对乘务员的技术素质要求较高,对列车(车辆)性能的适应性要求较强。

(4) 列车保养、维护的工作量相对较大。

目前,我国大多数城市轨道交通线路采用轮乘制。

二、乘务轮班制度

乘务轮班制度是指乘务员每日值乘班种的规则。目前,常见的轮班制度有以下四种。

1. 四班二运转

"四班二运转"采用的轮转规则为:白班、夜班、休息、休息。其中,各班基本作业时间如表 15-5 所列。表中"夜班"工作时间跨越两天,实际上"四班二运转"中第一个休息日并非完全休息,而需要在当日凌晨 4:00—11:30 之间完成一定的驾车任务。因此,"四班二运转"的轮转规则又可分解为:白班、夜班、早班、休息。其中,夜早班需要连乘完成,乘务员夜间留宿在车辆基地。

表 15-5 "四班二运转"基本作业时间

班种	出勤时间	退勤时间	工作时间
白班	8:00—11:00	14:00—19:30	约 10 h
夜班	14:00—19:30	次日 8:00—11:00	约 14 h(夜间休息时间不计)

2. 四班三运转和五班三运转

"四班三运转"采用的轮转规则为:白班、早班、夜班、休息。其中,各班基本作业时间如表 15-6 所列。"四班三运转"制度中乘务员夜班结束后不留宿在车辆基地。"五班三运转"采用的轮转规则为:白班、早班、夜班、休息、休息,相对于"四班三运转"多了一个休息日,各班基本作业时间没有差异。

表 15-6 "四班三运转"和"五班三运转"基本作业时间

班种	出勤时间	退勤时间	工作时间
早班	运营开始—11:00	8:00—11:00	约 5 h
白班	8:00—11:00	14:00—19:30	约 10 h
夜班	14:00—19:30	20:30—运营结束	约 9 h

3. 三班二运转

"三班二运转"采用的轮转规则为:工作、工作、休息。乘务任务分为白班、夜班(夜早连乘)。因此,若采用"三班二运转",则必须将"夜班"和"早班"分开轮转,即一部分人员专门轮转"夜班",一部分人员专门轮转"白班"。其中,夜班轮转规则为:夜班、休息(或夜班、早班、休息);白班轮转规则为:白班、白班、休息。其各班基本作业时间与"四班二运转"一致。

各轮班制度的轮转规则对比如图 15-4 所示。

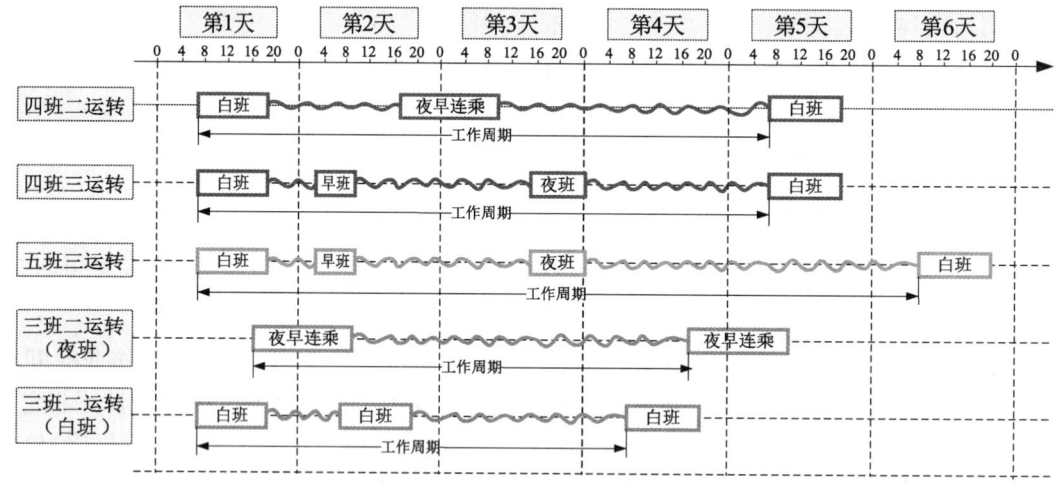

图 15-4 各轮班制度的轮转规则对比

根据各个轮班制度的轮转规则和工作时间分布,可以得出各轮班制度的特点,见表 15-7。

表 15-7 各轮班制度的特点

轮班制度	工作时间	休息时间	班组数量
四班二运转	单次工作时间长,夜班后留宿车辆基地	集中	四
四班三运转	工作时间分散,夜班后不留宿车辆基地	分散	四

(续表)

轮班制度		工作时间	休息时间	班组数量
五班三运转		工作时间分散,夜班后不留宿车辆基地,轮转周期长	分散,总体休息时间长	五
三班二运转	夜班	单次工作时间长,轮转周期短,夜班后留宿车辆基地	集中	三
	白班	工作时间合理,轮转周期短	分散	

不同轮班模式下,需要的司机数量为一天中所有班次所需司机数量的总和。实际工作中,针对不同的运行图和车底周转计划,各轨道交通运营企业所采用的轮班模式不一定是上述的标准模式。运营企业可以根据实际情况采用个性化的轮班模式,如增加小单班(或称尖峰班、替饭班)、增加日勤班等。这种情况称为混合轮班模式。混合轮班模式针对实际需求,可以降低运营成本,但乘务计划的编制难度会有所增加。

三、乘务计划编制

城市轨道交通乘务计划是城市轨道交通运营管理的核心计划之一,编制的依据是计划列车运行图、乘务员数量、值乘及轮班制度等。

1. 乘务计划编制的前期工作

编制乘务计划之前需要做很多前期工作,如确定正线配备人数、备用人数、制订乘务轮班制度等。

1) 确定正线配备乘务员数量

正线乘务员是指参与正线列车驾驶的乘务员。在轨道交通线路运营前期,可根据线路的列车配备数量来确定该线路配备的乘务员数量,一般采用人车比进行配备,见式(15-7)。

$$n_{乘务} = N_{车底} \, r_{人车比} \quad (人) \tag{15-7}$$

式中 $n_{乘务}$——线路配备的乘务员人数,人;

$N_{车底}$——线路上配备的列车数量,列;

$r_{人车比}$——人车比(人/列),一般取值为 4.5~6.0。

2) 确定备用乘务员数量

除配备正线乘务员以外,一般还需配备一定的备用乘务员。备用乘务员数量的确定需要一定的科学依据,数量配备过多,会导致人员空闲,成本提高;反之,会导致现场人员使用紧张和部分乘务员工作强度过大,影响正常工作。备用乘务员数量需要考虑乘务员病事假、婚产假、学习培训等因素。

2. 基本乘务驻点的确定

乘务驻点是指乘务员可以下车停留的地点,通常为车站或车辆基地的运转值班室。乘务驻点主要有以下三种:

(1) 出退勤地点。出退勤地点是指允许乘务员出勤和退勤的地点,乘务员不得在出退勤点以外的车站出勤或退勤。

(2) 轮换休息地点。轮换休息地点是指乘务员可以下车休息轮换的地点,乘务员在轮换点下车休息时,会安排其他乘务员接替当前乘务员驾驶的列车,休息一段时间后,再接替其他乘务员,继续执行列车驾驶任务。

(3) 用餐地点。用餐地点是指允许乘务员下车用餐的地点,用餐地点需设立相应的用餐空间。

乘务驻点的确定主要考虑下列因素:

(1) 设施设备条件。一般设立为用餐的地点必须设置一定的用餐空间;设立为轮转休息的地点,须设立乘务员休息的场所;出退勤地点须设立乘务员储物间、更衣室等,便于乘务员进行出退勤准备工作。

(2) 值乘管理要求。一般乘务员出勤需要进行统一的班前点名、状态检查和注意事项提醒等工作,因此出退勤地点与班组长办公室通常设立在同一地点,便于班组长进行管理。

车辆基地是列车出入库的场所,因此车辆基地通常设立为出退勤或夜间休息的地点。另外,通常会将多个属性的乘务驻点设立在同一位置,以节省建设成本。如将用餐地点和出退勤地点设在一起,或将用餐地点和轮换休息地点设在一起,以便于乘务管理。

3. 选择乘务轮班制度

基于轮班制度的优缺点,各线路应根据线路条件、司机数量、计划运行图特征等选择合理的轮班制度。

4. 乘务员工作要求

在编制乘务计划之前,需要根据劳动法、安全行车等要求,合理确定乘务员的基本工作要求指标,主要有:乘务员每日工作时间、乘务员单次驾车时间、乘务员每日驾驶里程等。

四、乘务计划编制的基础资料

1. 线路条件

线路条件决定了线路的停车场位置、出退勤地点、司机用餐地点、轮换休息地点等参数。随着线路结构的多样化、线路长度的不断增加、运营方案的复杂化,也有可能需要增加折返点、轮换及用餐地点等。

2. 列车运行图

计划列车运行图是乘务计划编制的基础,乘务计划编制的主要目的是在有限的资源条件下,合理安排司机以完成运行图规定的列车运行任务。由于客流特征的差异性,日常运营组织中会在不同日期实施不同类型的运行图(如工作日图、双休日图、节假日图、特定日图等),完整的乘务计划应该能够满足完成一个调图周期内所有运行图的任务需求。不同的运行图在最小行车间隔、出入库方式和时间、开行方案以及最大上线车底数量等方面的差异会对司机的轮乘计划产生较大影响。如图 15-5 所示为某城市工作日图的上线列车数和司机配置人数的分配图,如果采用固定班制,则早晚高峰、平峰与高峰所需乘务员数量的差异就非常大。

3. 作业时间标准

各类作业时间标准是乘务计划编制过程中最为重要的约束条件,包括日工作时间、日作业时间、周与月工作时间、连续驾车时间、单次驾车间休息时间、用餐时间等。这些因素都会在计划编制时被作为约束参数。

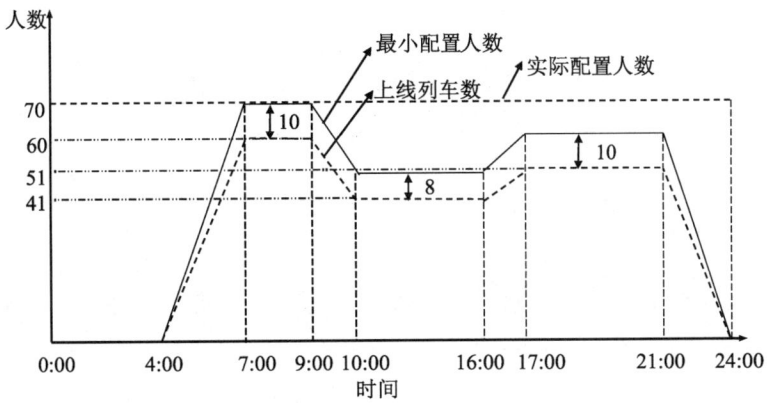

图 15-5　某城市工作日图的上线列车数和司机配置人数

五、乘务计划编制的基本流程

1. 任务段划分

根据列车运行图,基于设立的乘务驻点,将其拆分为乘务任务段。乘务任务段(简称任务段)被定义为:两个相邻乘务驻点之间的列车运行区段。任务段是一个乘务员驾驶列车的最小单元,任务段不可以再进行拆分。

以图 15-6 计划列车运行图为例,设车站 A、E 为出退勤地点兼轮换休息地点,车站 C 为用餐地点加轮换休息地点,可将运行图拆分为若干乘务任务段,如图 15-7 所示,该图将每列列车拆分为两个乘务任务段。

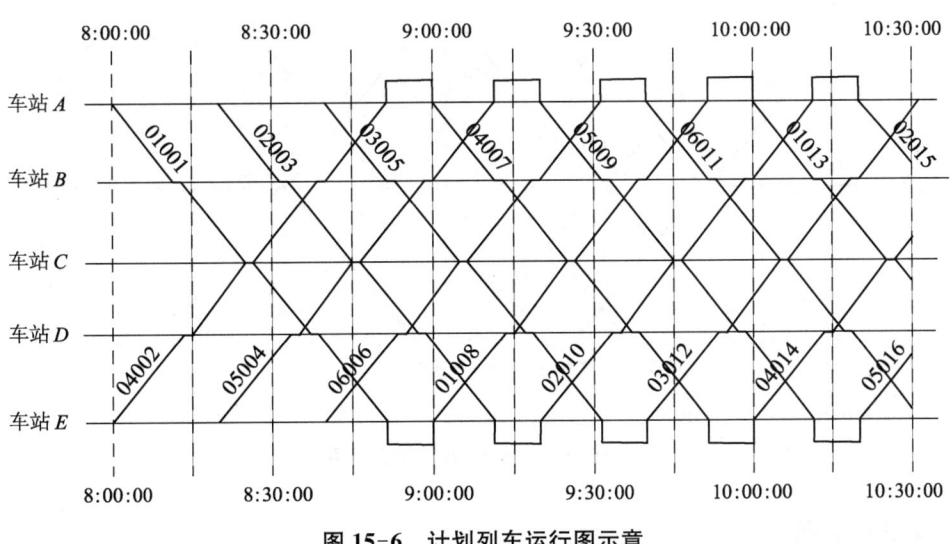

图 15-6　计划列车运行图示意

2. 任务段组合

将任务段进行组合,形成可行的乘务任务。乘务任务定义为:由若干任务段组合而成,

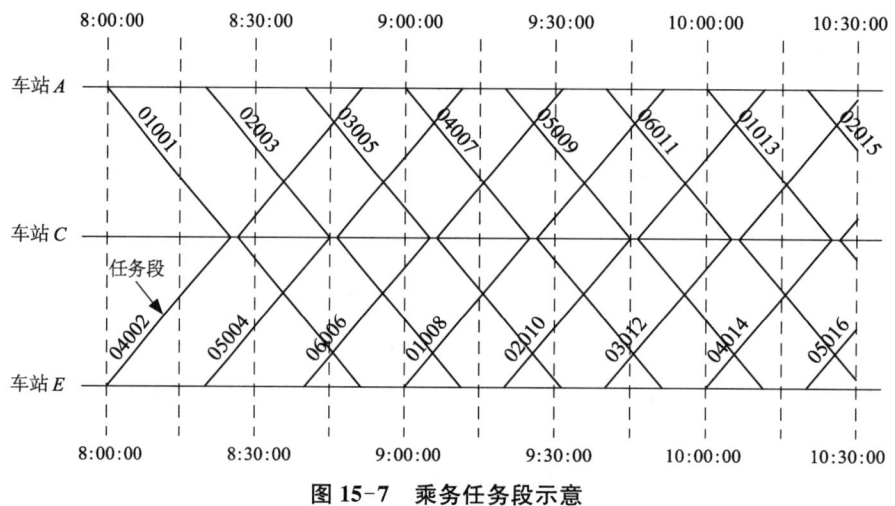

图 15-7 乘务任务段示意

可供乘务员一天值乘的任务段序列。一个合理的乘务任务需满足若干条件,如连续驾驶时间、轮转休息时间、用餐时间等均不能超过规定的作业时间标准。组合形成乘务任务的过程称为乘务任务配对,如图 15-8 所示。图中实线部分为驾车行驶阶段,虚线部分为乘务员停留阶段,所有粗线即为组合形成的乘务任务,以乘务任务 1 为例,该乘务任务由车站 A 出勤,驾驶 01001 次列车到达车站 E 后轮换休息,折返后驾驶 02010 次列车到达车站 C 后下车用餐,用餐后继续执行 04014 次列车的驾车任务。

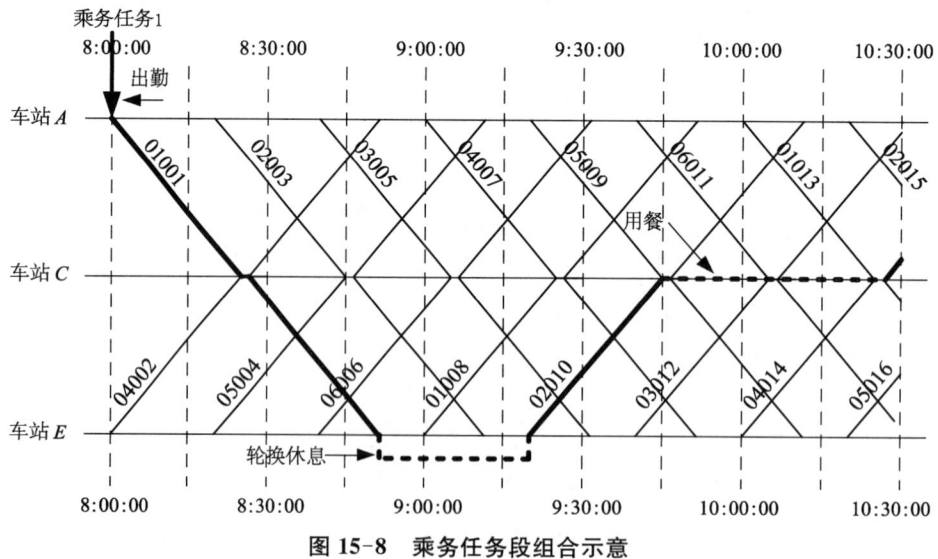

图 15-8 乘务任务段组合示意

3. 乘务任务配对

将运行图拆分的所有任务段进行配对,形成若干乘务任务,当所有任务段均被安排完成后,所形成的乘务任务集合即为乘务任务配对方案。一个合理的乘务任务配对方案必须保证以下条件:

(1) 所有任务段包含在乘务任务中。合理的配对方案必须保证乘务任务包含了所有运行图中的任务段，不得出现遗漏。

(2) 所有任务必须为合理乘务任务。合理乘务任务必须满足所有约束，如连续驾驶时间约束、休息时间约束、用餐时间约束、出退勤地点约束、工作量约束等。乘务任务方案中若所有的乘务任务均为合理的乘务任务，则该方案为合理方案，否则为不合理方案。

4. 编制夜早连乘方案

夜早连乘方案的编制主要针对"四班二转"和"三班二转（夜班）"两种乘务轮班制度，其主要工作是将"夜班"任务与"早班"任务进行搭配（图 15-9）。夜早连乘任务需满足乘务员夜间休息时间均衡、夜早连乘工作量满足约束等要求，常用的规则是早回库早出库。

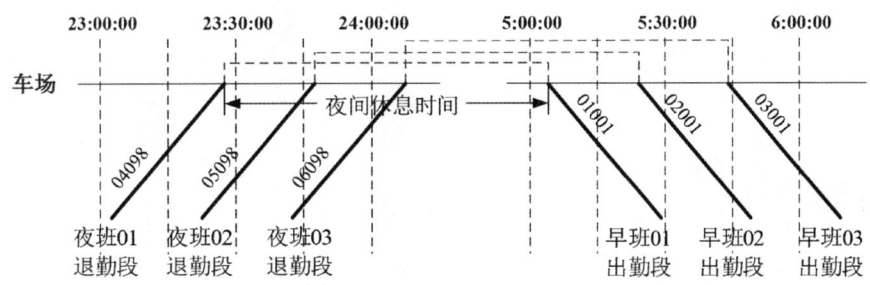

图 15-9　夜早连乘搭配示意

编制夜早连乘方案需要根据乘务任务配对方案使用计划而定，要与计划列车运行图版本对应。例如，若第一日使用乘务任务配对方案 A，第二日使用乘务任务配对方案 B，那么就需要对方案 A 中的夜班任务集合与方案 B 中的早班任务集合进行夜早连乘搭配，编制夜早连乘方案。

5. 编制乘务任务轮班方案

乘务任务轮班方案是在乘务任务配对的基础上，基于特定的轮转制度安排乘务员一个阶段的工作计划。乘务任务轮转需要安排的内容有：

(1) 完成阶段内每日乘务任务。乘务任务轮转需要将每日乘务任务安排给乘务员，保证完成每日乘务任务配对方案中所有的乘务任务。

(2) 安排乘务员正常的休息日。城市轨道交通乘务员并非统一在正常休息日休息，而是采用轮换方式安排。乘务任务轮转需要合理安排乘务员在阶段内正常的休息日。

(3) 安排乘务员特定的活动单元。城市轨道交通乘务员除了完成每日需要完成的驾车任务外，还需进行一定的特定活动，如阶段性培训、特殊请假、年假等。因此，在乘务任务轮转过程中，还需安排乘务员完成这些特定的活动单元。

如图 15-10 所示为某线路 7 天的乘务任务轮转工作安排，其中每日需安排的乘务任务和特殊活动在图中已给出，正线配备乘务员 n 人，乘务任务轮转工作即安排 n 个乘务员的阶段工作计划。图 15-10 中已安排乘务员 1、乘务员 i 和乘务员 j 的乘务任务轮转计划，对应的阶段任务计划表如表 15-8 所列。

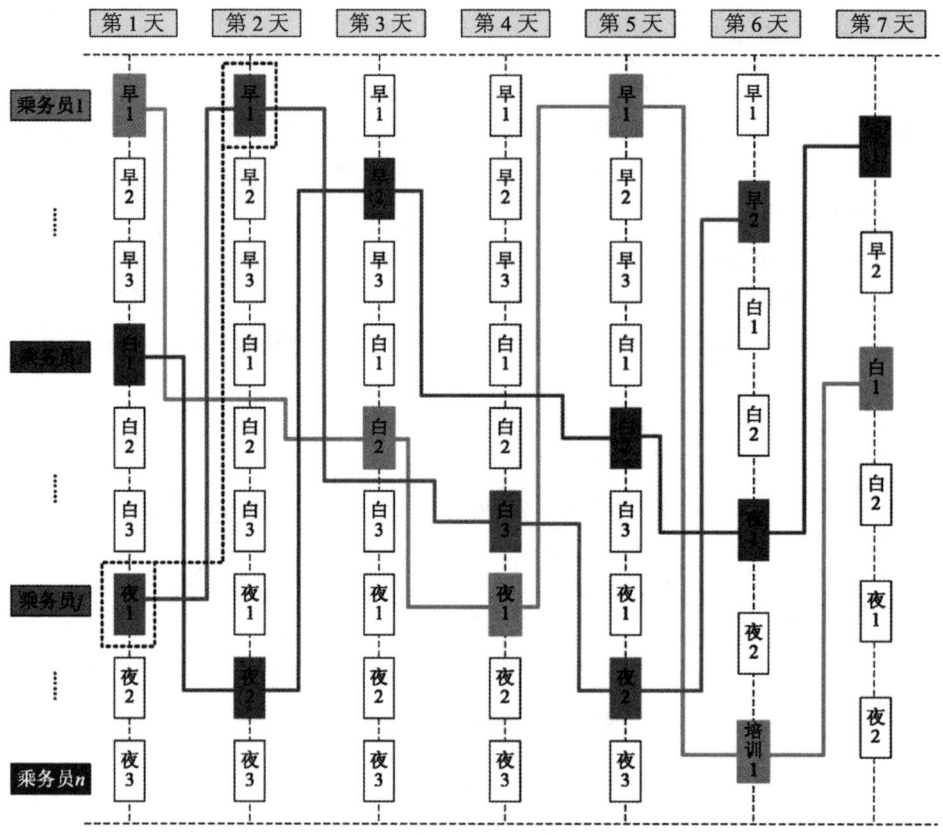

图 15-10 乘务任务轮转示意

表 15-8 部分乘务员阶段(周)任务计划表

乘务员	当班计划
乘务员 1	早 1、休息、白 2、夜 1、早 1、培训 1、白 1
乘务员 i	白 1、夜 2、早 2、休息、白 2、夜 1、早 1
乘务员 j	夜 1、早 1、休息、白 3、夜 2、早 2、休息

乘务任务轮转工作即为每个乘务员对应一个阶段的工作安排,如乘务员 1 为"早 1、休息、白 2、夜 1、早 1、培训 1、白 1",将此称为乘务任务序列。所有乘务员的乘务任务序列集合即为乘务任务轮转方案。一个合理的乘务任务轮转方案必须包含所有的乘务任务,不得出现遗漏。

6. 乘务计划结果文件编制

乘务轮转工作编制完成后,乘务计划的编制工作基本完成,后期需将编制结果整理成规定的文件,并打印发布给对应的乘务员。常用的文件包括:乘务任务详情表、轮班表。

1) 乘务任务详情表

乘务任务详情表须标明各版本运行图中所安排的任务详细信息,具体包括任务的编号、任务基本指标(工作时间,驾驶里程)、任务详情(详细驾驶任务)、出退勤时间等,如

表 15-9 所列。

表 15-9 乘务任务详情表

任务	出勤时间	接车时间	接车地点	接车车次	下车地点	下车车次	下车时间	退勤时间
编号：白班01	7:14	7:34	车站A	2P070	车站B	1S107	8:09	16:42
		8:18	车站B	1S115	车站C	2P182	9:41	
		9:53	车站C	2P190	车站A	1S213	10:28	
工时：8.75 h		10:40	车站A	1S219	车站B	1S219	11:14	
		用餐						
		12:35	车站B	2P276	车站C	1Q293	13:09	
里程：198.6 km		13:21	车站C	1Q299	车站A	1Q299	13:54	
		14:18	车站A	1Q311	车站B	2P398	15:11	
		15:23	车站B	2P406	车站A	2P406	16:17	

2）轮班表

轮班表是指每个乘务员每天的具体安排，见表 15-10，包括：每日班种、对应的任务号、对应的配对方案编号等。其中，CP×××为每日对应的乘务任务配对方案名称。

表 15-10 基本轮班表

日期和任务号	09/01	09/02	09/03	09/04	09/05	09/06	……
	CP001	CP001	CP001	CP001	CP001	CP002	……
张三	白班01	夜班05	早班02	休息	白班04	夜班08	

六、乘务值乘管理

乘务值乘管理包括乘务员出退勤管理、实际值乘过程的管理、值乘过程中乘务计划的调整、乘务员值乘绩效的统计与分析等。

1. 出勤管理

出勤管理是指对乘务员出勤计划、出勤考勤、班前检查等进行管理。

出勤计划是指班组长根据乘务计划，制订当日的乘务出勤计划（表 15-11）。若无特殊事由，出勤计划与乘务计划保持不变；若有特殊事由申请，班组长则需根据实际情况进行出勤计划调整，以保证乘务计划的正常执行。

出勤考勤是指班组长对需要出勤的乘务员进行考勤，以保证所有乘务员能够正常出勤。

班前检查是指对乘务员进行上班前的检查，包括出勤状态考核、班前培训、当日值乘注意事项提醒等。

表 15-11　乘务出勤计划

出勤顺序	工号	姓名	出勤时间	出勤地点	接车时间	接车车次
1	02001	张三	8:00:00	车站 R	8:31:22	01001
2	02002	李四	8:00:00	车站 R	8:34:22	02001
3	02003	王五	8:15:00	车站 R	8:37:22	03001
4	02004	丁六	8:15:00	车站 R	8:20:22	04001

2. 乘务值乘过程管理

乘务值乘过程管理是指对乘务员实时值乘情况进行管理,主要包括乘务员报单(表 15-12)数据管理、乘务员值乘调整等。

表 15-12　乘务员报单

车号：201						
工号	姓名	车次	发站	发点	到站	到点
02001	张三	20101	车站 R	8:21:05	车站 G	8:51:05
02002	李四	20102	车站 G	8:53:05	车站 S	9:48:22
02003	王五	20101	车站 S	9:50:01	车站 G	10:46:20
02004	丁六	20102	车站 G	10:48:12	车站 X	11:51:01

报单数据实时记录了乘务员驾车的数据,便于对乘务员的驾车情况进行查询以及对乘务员绩效进行统计。

乘务员值乘调整是指当乘务员值乘过程中出现特殊情况,如临时性行车调整、乘务员身体不适等,需要班组长进行值乘调整。

3. 退勤管理

退勤管理是指对乘务员的退勤情况进行管理。目前,乘务员退勤管理采用的方式为乘务员与班组长面对面确认或电话确认。

4. 乘务绩效统计与分析

1) 乘务员驾驶里程指标

乘务员驾驶里程指标可分为:日均驾驶公里数、月驾驶公里数、年驾驶公里总数。

(1) 日均驾驶公里数是指一定阶段(1 周、1 个月或 1 年)内驾驶总公里的平均值(休息天不计入)。

(2) 月驾驶公里数是指某个月内乘务员累计的驾驶总公里。

(3) 年驾驶公里总数是指某一年内乘务员累计的驾驶总公里。

2) 乘务员驾驶时间指标

乘务员驾驶时间指标可分为:日均驾驶时间、月驾驶时间、年驾驶时间。

(1) 日均驾驶时间是指一定阶段(1 周、1 个月或 1 年)内驾驶时间的平均值(休息天不计入)。

(2) 月驾驶时间是指某个月内乘务员累计驾驶总时间。

(3)年驾驶时间是指某一年内乘务员累计驾驶总时间。

3)乘务员奖惩指标

月公里补贴是指每个司机每个月得到的与月驾驶里程相关的补贴。

扣除公里数是指由于乘务员在驾驶过程中发生运营事故而扣除的驾驶公里数,这个扣除值由事故等级决定。运营事故等级和数量是指统计阶段内发生的运营事故的等级和数量。

4)乘务绩效报表

为方便对乘务员进行绩效考核和后续计划的编制,将一定时间段内的乘务绩效进行统计汇总并制作成乘务绩效报表。目前,乘务部门常用的报表主要包括乘务员日驾驶里程统计、阶段驾驶里程统计等,见表 15-13 和表 15-14。

表 15-13 乘务员日驾驶里程统计

司机编号	所属班组	司机姓名	任务号						日驾驶里程/km
			1	2	3	4	5	6	
00906	一组	张三	6.12	36.20	36.20	16.06			94.58
00303	一组	李四	11.62	27.67	27.67	27.67	27.67	2.00	124.30
00430	一组	王五	0.68	21.55					22.23
00795	一组	张六	0.68	6.12	36.20	20.14			63.14

表 15-14 乘务员阶段驾驶里程统计

司机编号	所属班组	司机姓名	日驾驶里程/km						总驾驶里程/km
			8/1	8/2	8/3	8/4	8/5	8/6	
00906	一组	张三	0	101.83	0	103.06	0	168.02	372.91
00303	一组	李四	0	174.63	0	103.06	0	58.28	335.97
00430	一组	王五	0	200.16	147.89	0		200.15	548.20
00795	一组	张六	0	217.20	0	87.00	0	44.47	348.67

复习思考题

1. 货物列车编组计划的主要任务、作用是什么？车流径路确定的主要原则是什么？
2. 货物列车的分类如何进行？货物列车的种类有哪些？
3. 装车地直达列车的种类、主要特点、组织条件和评价指标有哪些？
4. 装车地直达列车编组方案的基本概念、编制方法和步骤是什么？
5. 编制技术站单组列车编组计划的主要因素有哪些？如何确定？
6. 编制技术站单组列车编组计划的基本原理是什么？主要难度是什么？列车编组方案特征如何表示？
7. 绝对计算法编制技术站单组列车编组计划的基本原理、编制方法是什么？
8. 表格计算法编制技术站单组列车编组计划的基本原理、编制方法是什么？
9. 分组列车的基本组织形式、组织条件和主要特点是什么？
10. 编制分组列车编组计划时车小时消耗计算的基本方法是什么？
11. 编制非直达列车编组计划时总体思路是什么？应注意的主要问题有哪些？
12. 铁路运输生产技术计划的内容、作用有哪些？
13. 车辆运用的数量指标和质量指标有哪些？如何确定？
14. 货车工作量和货车周转时间的定义、特点以及计算方法是什么？货车周转时间的不同计算方法的主要区别是什么？
15. 城市轨道交通列车全日行车计划的主要内容是什么？编制的主要方法是什么？
16. 城市轨道交通车辆运用计划的主要内容是什么？编制的主要方法是什么？
17. 城市轨道交通列车乘务计划的主要内容、考虑因素及主要步骤有哪些？乘务员工作绩效指标主要有哪些？

第三篇

轨道交通系统列车运行组织

第十六章

概 述

在组织旅客和货物运输的生产过程中，列车运行是一个很复杂的环节，它不仅要利用多种轨道交通技术设备，还要求各个部门、各工种、各项作业之间互相协调配合，才能保证行车安全和提高运输效率。

列车运行图是用以表示列车在轨道交通线路的区间运行及在车站到发或通过时刻的技术文件，规定了各次列车占用区间的程序，列车在每个车站的到达和出发（或通过）时刻，列车在区间的运行时间，列车在车站的停站时间以及机车或车底交路、列车重量和长度等，是轨道交通系统组织列车运行的基础。

一方面，列车运行图是轨道交通运输企业实现列车安全、正点运行和经济有效地组织运输工作的列车运行生产计划，它规定了轨道交通线路、站场、机车、车辆（或动车组）等设备的运用，以及与行车有关的各部门工作，并通过列车运行图把整个轨道交通网络的运输生产活动连成一个统一的整体，严格按照一定的程序有条不紊地进行工作，保证列车按运行图运行，它是轨道交通系统运输生产的一个综合性计划。另一方面，它又是轨道交通运输企业向社会提供运输供应能力的一种有效形式。从这个意义上讲，供社会使用的旅客列车时刻表及货运列车运行计划，实际上就是轨道交通运输服务能力目录。因此，列车运行图又是轨道交通部门组织运输生产和产品供应销售的综合计划，是轨道交通运输生产联结厂矿企业生产和社会生活的纽带。

为了实现运输生产过程，轨道交通必须具备一定的运输能力。轨道交通运输能力既取决于固定设备的设置数量和相互配置结构，又取决于移动设备的时空配置，还取决于固定设备和移动设备的相互适配。运输能力包括通过能力和输送能力两种概念。

轨道交通系统的通过能力与列车正点运行及列车运行的流水性密切相关。列车运行生产即列车运行图的实现有赖于轨道交通线路通过能力的保障，特别是当列车运行过程发生波动，亦即发生偏离于计划的情况时，只有在有充分通过能力保障的前提下，才能确保运输生产按计划准时进行，列车才有可能重新恢复正点运行。

第一节 列车运行图的图形表示方法

列车运行图是运用坐标原理对列车运行时间、空间关系的图解表示，因此实际上它是对列车运行时空过程的图解。在列车运行图上，对列车运行时空过程的图解可以有两种不同的形式：其一是横坐标表示时间，纵坐标表示距离（从上至下为下行运行方向），这时，列车运行图上的水平线表示分界点中心线,水平线间的间距表示分界点间的距离,垂直线表示时间,如图 16-1(a)所示;其二是横坐标表示距离,纵坐标表示时间,这时,列车运行图上的水平线表示时间,垂直线表示分界点中心线,垂直线间的间距表示分界点间的距离,如图 16-1(b)所示。目前,我国轨道交通系统列车运行图采用第一种图形表示形式,即图 16-1(a)。

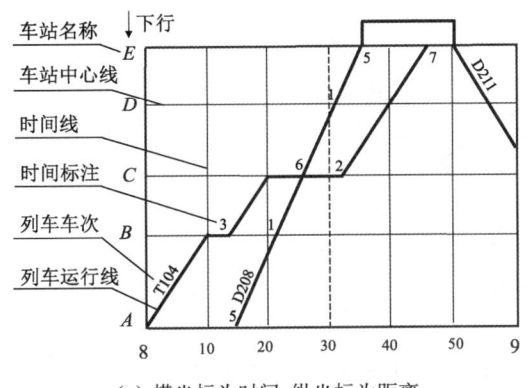 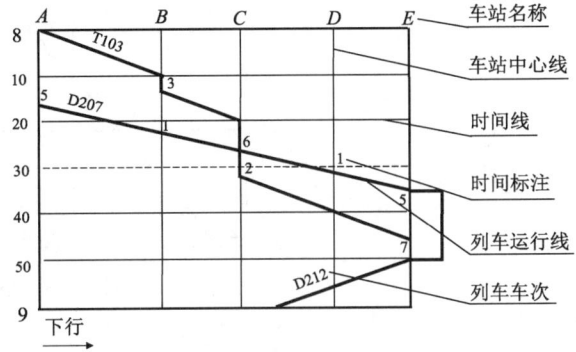

(a) 横坐标为时间、纵坐标为距离　　　　　　(b) 横坐标为距离、纵坐标为时间

图 16-1　列车运行图的表示方法

一、列车运行图的格式

为适应使用上的不同需要,轨道交通列车运行图按时间划分方法的不同主要有一分格、十分格和小时格等。

(1) 一分格运行图。它的横坐标以 1 min 为单位用细竖线加以划分,5 min、10 min 和小时用较粗的竖线或不同线型表示。一分格运行图常用于城市轨道交通系统中。

(2) 十分格运行图(图 16-2)。它的横坐标以 10 min 为单位用细竖线加以划分,半小时用虚线表示,小时用较粗的竖线表示。十分格图主要用于铁路系统的新运行图编制。列车调度员在日常调度工作中编制调度调整计划或绘制实绩运行图时也会使用。

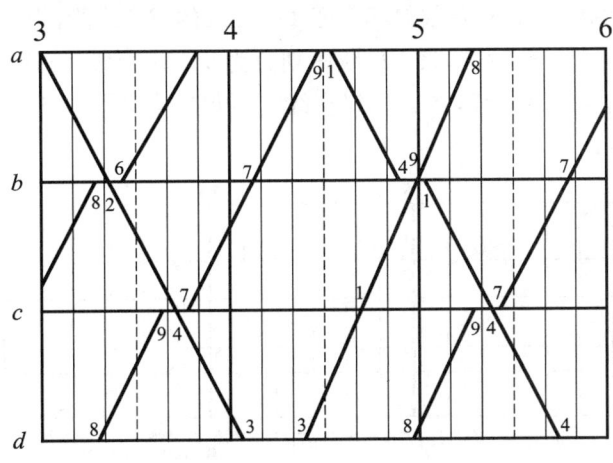

图 16-2　十分格运行图

（3）小时格运行图(图 16-3)。它的横坐标以 1 h 为单位用细竖线加以划分。小时格运行图主要在编制铁路旅客列车方案图和机车(车底)周转图时使用。

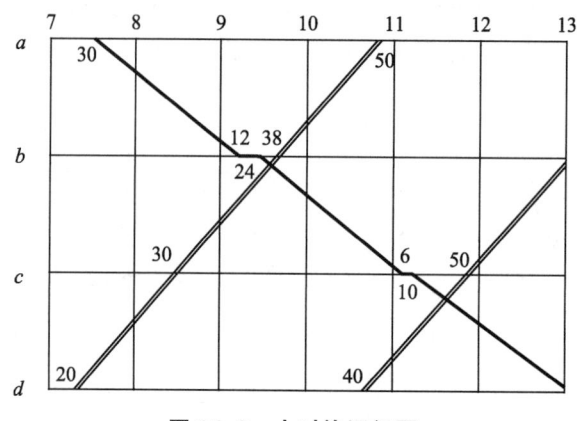

图 16-3　小时格运行图

在运行图上，当以横线表示车站中心线的位置时，可以有下列两种确定方法：

（1）按区间实际里程的比率确定，即按整个区段内各车站间实际里程的比例来确定横线位置。当采用这种方法时，运行图上的站间距离完全反映实际情况，能明显地表示出站间距离的大小。但由于各区间线路平纵断面互不相同，列车运行速度也有所不同，如此列车在整个区段的运行线往往是一条斜折线，既不整齐，也不易发现列车区间运行时分上的差错，所以一般不采用这种方法。

（2）按区间运行时分的比率确定，即按整个区段内各车站间列车运行时分的比例来确定横线位置。当采用这种方法时，可以使列车在整个区段的运行线基本上是一条斜直线，既整齐美观，也易于发现列车区间运行时分上的差错，所以一般采用这种方法。确定时一般按列车运行图上某一类列车某一方向的区间运行时分为标准，如图 16-4 所示，以 A—B 区段下行方向货物列车运行时分为标准，共计 170 min，采用这一方法确定横线位置时，首先确定技术站 A、B 的位置，然后在代表 A 站的横线上任取一点 A，并以 A 点所对应的时间为原点，在代表 B 站的横线上向右截取相等于 170 min 的 BF 线段，得 F 点，同时按 Aa、ab、bc、cd 和 dB 区间的列车运行时分，将 BF 线段划分为 5 个时间段，连接 A、F 两点，得一斜直线。过 5 个时间段端点作垂直线，在 AF 斜直线上可得交点，过各交点作水平线，即为代表 a、b、c、d 车站的横线。

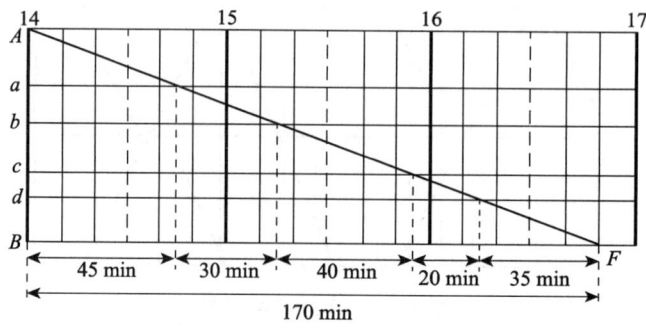

图 16-4　按区间运行时分比率确定车站位置示意

二、列车运行图的表示

列车运行图上的列车运行线（斜线）与车站中心线（横线）的交点，即为列车到、发或通过车站的时刻。根据列车运行图的格式，到发时刻有不同的表示方法。在十分格运行图上，填写 10 min 以下数值；在小时格运行图上，填写 60 min 以下数值，列车时刻的分秒均用阿拉伯数字表示，秒的字号要小于分的字号。所有表示时刻的数字，都填写在列车运行线与横线相交的钝角内，列车通过车站的时刻填写在列车运行线与车站中心线相交出站一端的钝角内，十分格运行图列车时刻表示如图 16-5 所示。

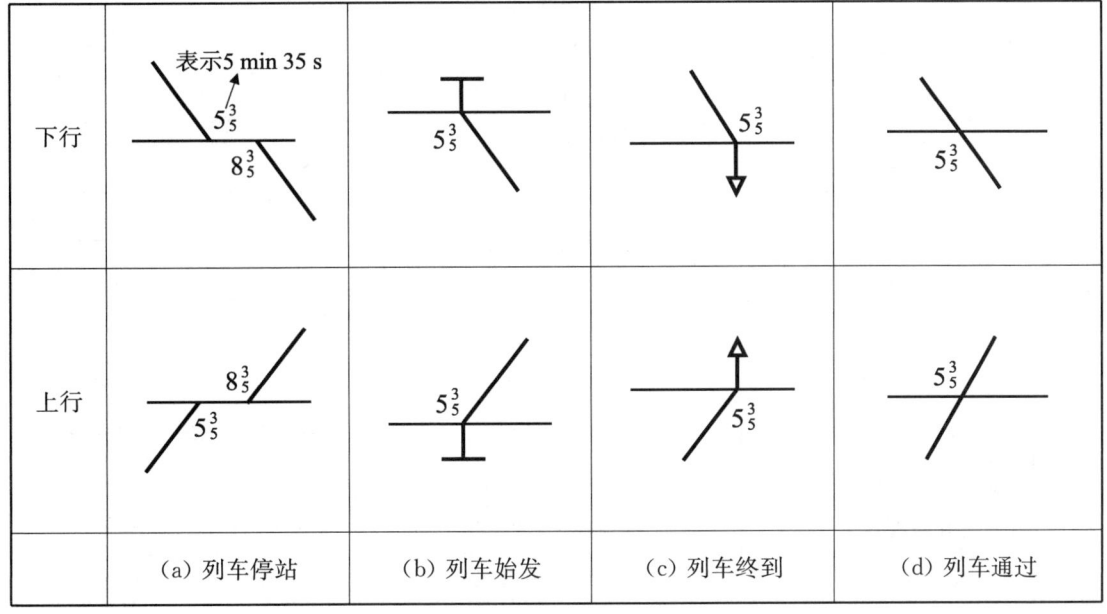

图 16-5　我国铁路列车运行图上列车时刻的表示方法

在列车运行图上，铺画有许多不同种类列车的运行线。为了便于识别，对各种列车采用不同的表示方法，并对每一列车冠以规定的车次，标在区段的首末两端区间相应列车运行线的上方。

在我国铁路系统中，为确保列车车次的统一性及有关行车设备和信息系统的正常运行，列车车次编排仅限于使用大写汉语拼音字母和阿拉伯数字，总位数原则上不得超过 7 位。列车编用车次，旅客列车在全路范围、货物列车在铁路局管内不得重复，旅客列车车次由国铁集团确定。季节性、特定时间段开行的动车组、全程客运机车牵引的临时旅客列车，可使用相应等级图定车次。列车运行方向，原则上以开往北京方向为上行，枢纽地区的列车运行方向，由铁路局规定。列车须按规定编定车次，上行列车编为双数，下行列车编为单数。在个别区间的列车，如按规定运行方向变更车次有困难时，可与规定方向不符。不同种类列车运行线的表示方法和列车车次的划分见表 16-1 和表 16-2。由于印刷原因，本书中的客货混跑运行图上的旅客列车运行线用双线表示，以区别于货物列车运行线。

表 16-1　中国铁路列车运行图列车运行线表示方法

列车种类	表示方法	示例
旅客列车、特快货物班列	红单线	———————————
临时旅客列车、旅游专列	红单线加红双杠	——‖——‖——‖——
行包专列	蓝单线加红圈	——o——o——o——
五定班列	蓝单线加蓝圈	——o——o——o——
快运货物、直达列车	蓝单线	———————————
重载列车	蓝色断线	- - - - - - - - - -
直通、自备车、区段、小运转列车	黑单线	———————————
摘挂列车	黑单线加"+""｜"	——+——｜——+——
路用列车	黑单线加蓝圈	——o——o——o——
单机	黑单线加黑三角	——▷——▷——▷——
冷藏列车	黑单线加红圈	——o——o——o——
回送客车底列车	红单线加红方块	——□——□——□——
军用列车	红色断线	- - - - - - - - - -
回送军用列车	红色断线加红方块	- -□- -□- -□- -
超限货物列车	黑单线加黑方块	——□——□——□——
高级专列及先驱列车	红单线加红箭头	——▶——▶——▶——
救援和除雪列车	红单线加红"×"	——×——×——×——
重型轨道、轻油动车	黑单线加黑双杠	——‖——‖——‖——

表 16-2　中国铁路列车种类及车次编排规定

列车种类	车次范围	备注
一、旅客列车		
1. 高速动车组旅客列车	G1—G9998	
直通	G1—G4998（G4001—G4998 为临客预留）	"G"读"高"
管内	G5001—G9998（G9001—G9998 为临客预留）	
2. 城际动车组旅客列车	C1—C9998（C9001—C9998 为临客预留）	"C"读"城"
3. 动车组旅客列车	D1—D9998	
直通	D1—D4998（D4001—D4998 为临客预留）	"D"读"动"
管内	D5001—D9998（D9001—D9998 为临客预留）	
4. 直达特快旅客列车（160 km/h）	Z1—Z9998	
直通	Z1—Z4998（Z4001—Z4998 为临客预留）	"Z"读"直"
管内	Z5001—Z9998（Z9001—Z9998 为临客预留）	

(续表)

列车种类	车次范围	备注
5. 特快旅客列车(140 km/h)	T1—T9998	"T"读"特"
直通	T1—T3998(T3001—T3998 为临客预留)	
管内	T4001—T9998(T4001—T4998 为临客预留)	
6. 快速旅客列车(120 km/h)	K1—K9998	"K"读"快"
直通	K1—K4998(K4001—K4998 为临客预留)	
管内	K5001—K9998(K5001—K6998 为临客预留)	
7. 普通旅客列车(120 km/h)	1001—7598	
(1) 普通旅客快车	1001—5998	
直通	1001—3998(3001—3998 为临客预留)	
管内	4001—5998	
(2) 普通旅客慢车	6001—7598	
直通	6001—6198	
管内	6201—7598	
8. 通勤列车	7601—8998	
9. 临时旅客列车(100 km/h)	L1—L9998	"L"读"临"
直通	L1—L6998	
管内	L7001—L9998	
10. 旅游列车(120 km/h)	Y1—Y998	"Y"读"游"
直通	Y1—Y498	
管内	Y501—Y998	
二、特快货物班列(160 km/h)	X1—X198	"X"读"行"
三、货物列车		
1. 快运货物列车		
(1) 快速货物班列(120 km/h)	X201—X398	
(2) 货物快运列车(120 km/h)	X2401—X2998、X401—X998	
直通	X2401—X2998	
管内	X401—X998	"X"读"行"
(3) 中欧、中亚集装箱班列,铁水联运班列	X8001—X9998	
① 中欧、中亚集装箱班列(120 km/h)	X8001—X8998	
② 中亚集装箱(普通货车标尺)	X9001—X9500	
③ 铁水联运班列(普通货车标尺)	X9501—X9998	
(4) 普快货物班列(普通货车标尺)	80001—81998	

(续表)

列车种类	车次范围	备注
2. 煤炭直达列车	82001—84998	
3. 石油直达列车	85001—85998	
4. 始发直达列车	86001—86998	
5. 空车直达列车	87001—87998	
6. 技术直达列车	10001—19998	
7. 直通货物列车	20001—29998	
8. 区段货物列车	30001—39998	
9. 摘挂货物列车	40001—44998	
10. 小运转列车	45001—49998	
11. 重载货物列车	71001—77998	
12. 自备车列车	60001—69998	
13. 超限货物列车	70001—70998	
14. 保温列车	78001—78998	
四、军用列车	90001—91998	
五、单机和路用列车		
1. 单机		
(1) 客车单机	50001—50998	
(2) 货车单机	51001—51998	
(3) 小运转单机	52001—52998	
2. 补机	53001—54998	
3. 动车组检测、确认列车	DJ1—DJ8998	
(1) 动车组检测列车		
① 300 km/h 检测列车	DJ1—DJ998	
直通	DJ1—DJ440	
管内	DJ401—DJ998	
② 250 km/h 检测列车	DJ1001—DJ1998	"DJ"读"动检"
直通	DJ1001—DJ1400	
管内	DJ1401—DJ1998	
(2) 动车组确认列车	DJ5001—DJ8998	
直通	DJ5001—DJ6998	
管内	DJ7001—DJ8998	

(续表)

列车种类	车次范围	备注
4. 试运转列车	55001—55998	
(1) 普通客、货列车	55001—55300	
(2) 300 km/h 以上动车组	55301—55500	
(3) 250 km/h 动车组	55501—55998	
5. 轻油动车、轨道车	56001—56998	
6. 路用列车	57001—57998	
7. 救援列车	58101—58998	
8. 回送客车底列车	"00"均为数字	
(1) 有火回送动车组车底	001—00100	
(2) 无火回送动车组车底	00101—00298	"F"读"返"
(3) 无火回送普速客车底	00301—00498	
(4) 回送图定客车底	图定车次前冠以数字"0"	
(5) 因故折返旅客列车	原车次前冠以"F"	

在我国城市轨道交通系统中，列车运行线通常用红色实线表示，车次的命名规则视各个城市（或线路）而不同，如上海地铁的车次由 5 位（线路编号超过 9 时为 6 位）组成，前 1 位（或 2 位）为线路编号，中间 2 位为出库序号，最后 2 位为目的地码，如图 16-6 所示。

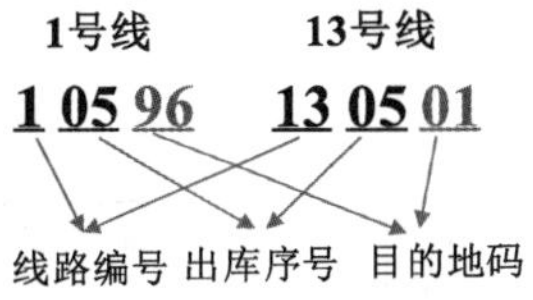

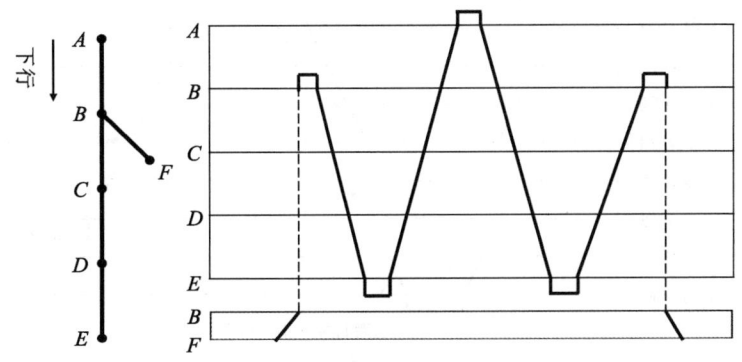

图 16-6 上海地铁的车次号命名规则

三、考虑线路连接关系的列车运行图表示

列车运行图通常按照线路（区段）进行编制，但路网中存在线路相互连通、列车跨线运行的实际情况，为使运行线直观、顺直，并更好地反映列车之间的相互关系以及机车或车底的周转关系，可在车站中心线确定的基础上，按照线路间的连接关系，设计合理的运行图底图表示方法。

图 16-7—图 16-9 分别是直线加支线、直线加环线、单一环线情形下的运行图表示方式，从图中可以清晰地看出列车在线路间的运行情况。

图 16-7 直线加支线的底图结构及运行线表示形式

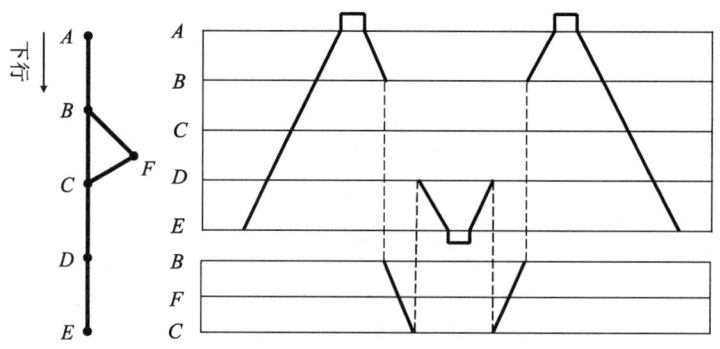

图 16-8 直线加环的底图结构及运行线表示形式

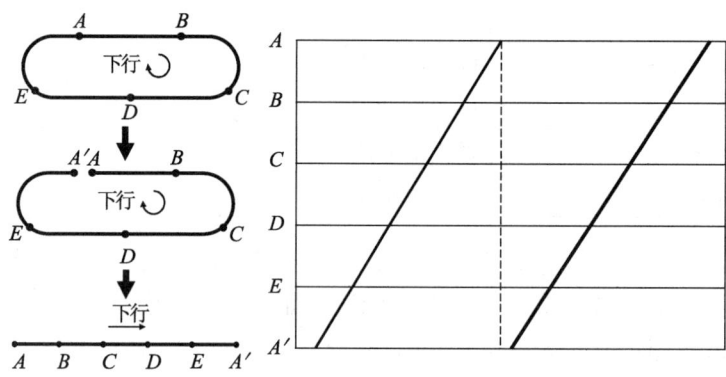

图 16-9 单一环线的底图结构及运行线表示形式

由于实际路网中,线路连接形式多种多样,因此在复杂的路网拓扑结构条件下,运行图的底图表示形式并不唯一,且是多种表示形式的组合。以沪宁城际铁路为例,图 16-10 是一种运行图表示形式。

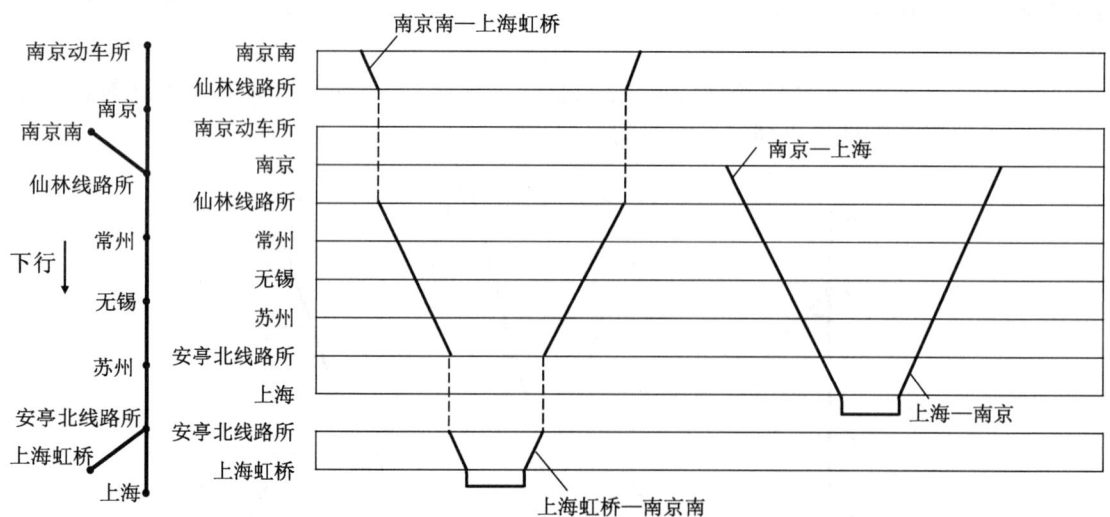

图 16-10 沪宁城际铁路的底图结构及运行线表示形式

第二节 列车运行图的分类

按使用范围以及轨道交通线路的技术设备(如单线、双线)和列车运行速度、上下行方向的列车数量、列车的运行方式等条件,列车运行图可分为多种类型。

一、按照不同的轨道交通制式

(1) 普速铁路列车运行图。在普速铁路上使用,通常包括不同速度等级的旅客或货物列车,如图 16-11 所示。

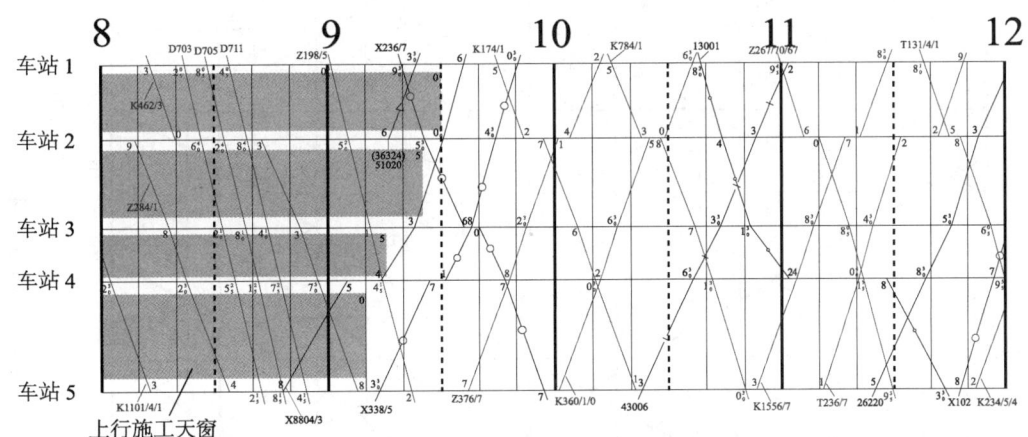

图 16-11 普速铁路列车运行图

(2) 高速铁路列车运行图。在高速铁路上使用,通常仅包括旅客列车,列车交路与停站种类多样,如图 16-12 所示。

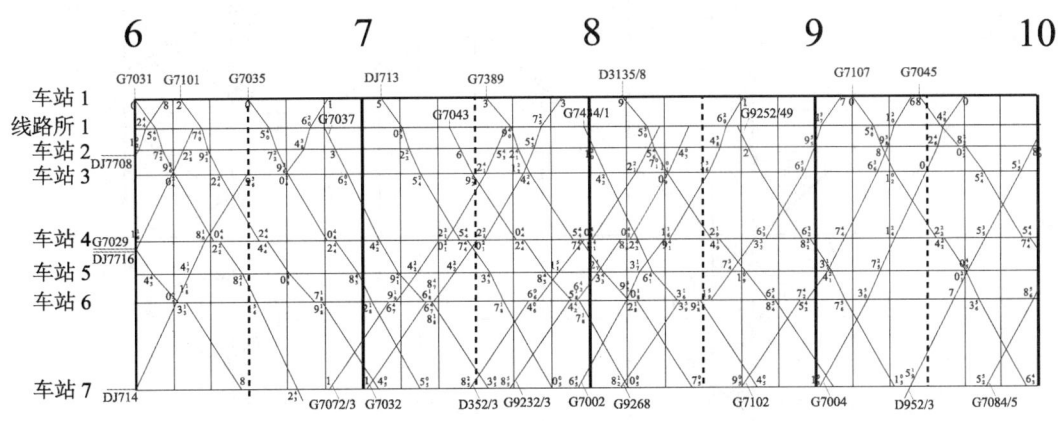

图 16-12 高速铁路列车运行图

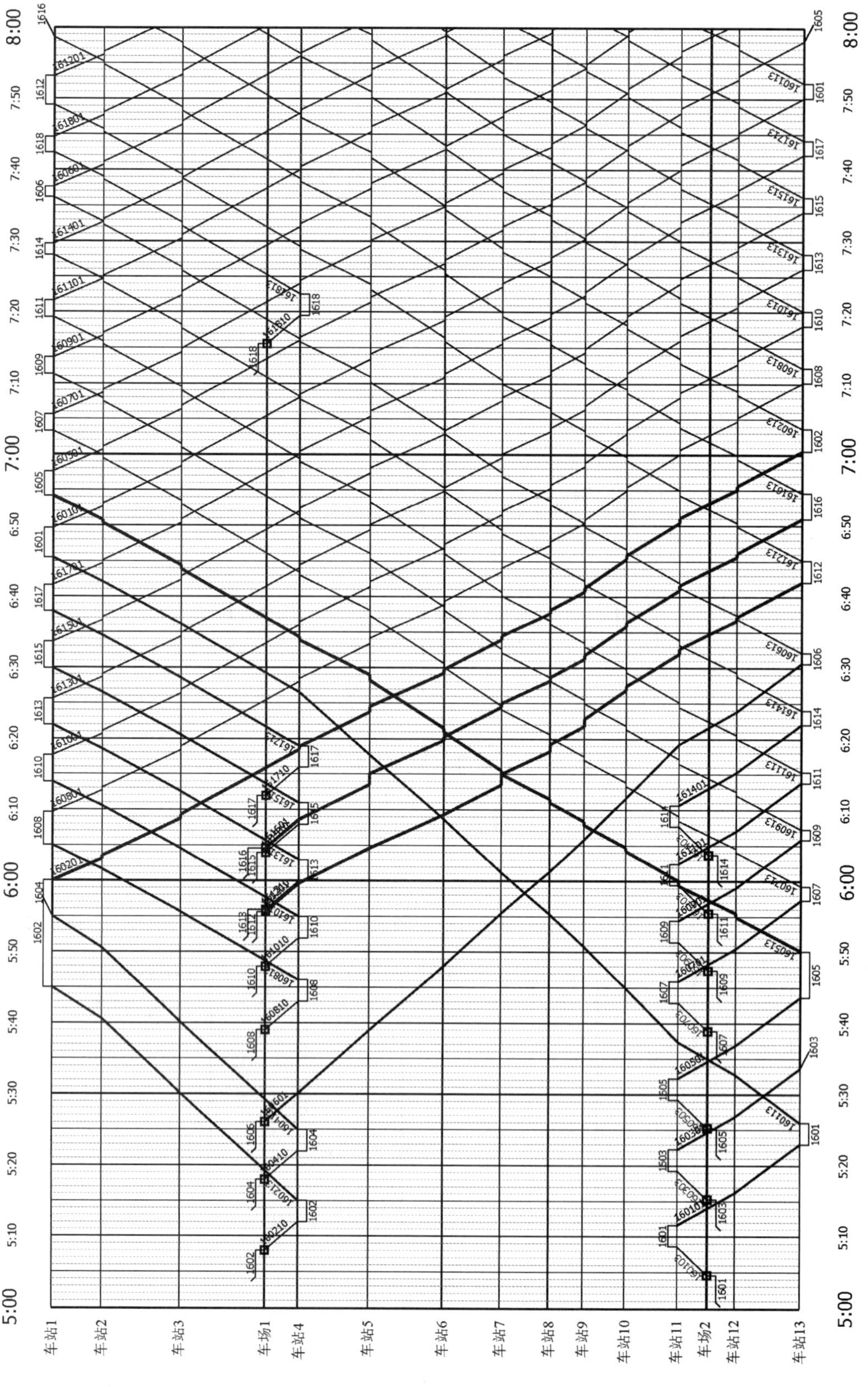

图 16-13 城市轨道交通列车运行图

(3) 城际、市域(郊)铁路列车运行图。在城际、市域(郊)铁路上使用,仅包括旅客列车,列车交路相对固定,列车停站种类有限。

(4) 城市轨道交通列车运行图。在城市轨道交通上使用,仅包括旅客列车,列车交路相对固定,列车停站相对单一(站站停),如图 16-13 所示。

二、按照区间正线数

(1) 单线运行图。在单线区段,上、下行方向列车都在同一正线上运行,因此,两个方向的列车必须在车站上进行交会,如图 16-14 所示。

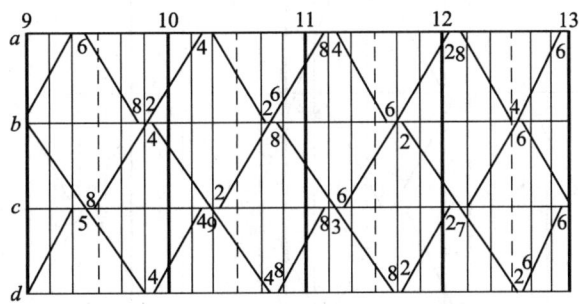

图 16-14　单线成对平行运行图

(2) 双线运行图。在双线区段,上、下行方向列车在各自的正线上运行,因此,上、下行方向列车的运行互不干扰,可以在区间内或车站上交会,但列车的越行必须在车站上进行,如图 16-15 所示。

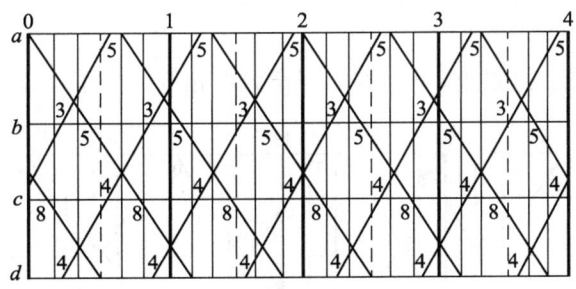

图 16-15　双线成对平行运行图

(3) 单双线运行图。在有部分双线的区段,单线区间和双线区间各按单线运行图和双线运行图的特点铺画运行线,如图 16-16 所示。

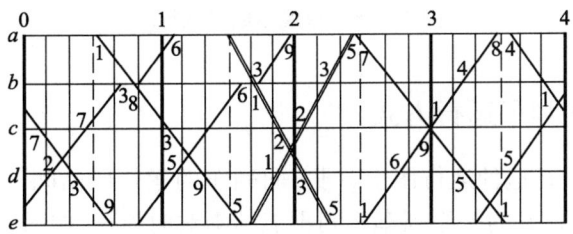

图 16-16　单双线运行图

三、按照列车运行速度

(1) 平行运行图。在同一区间内,同一方向列车的运行速度相同,且列车在区间两端站的到、发或通过的运行方式也相同,因而列车运行线相互平行,如图 16-14 和图 16-15 所示。

(2) 非平行运行图。在运行图上铺有各种不同速度的列车,且列车在区间两端站的到、发或通过的运行方式不同,因而列车运行线不相互平行,如图 16-17 所示。

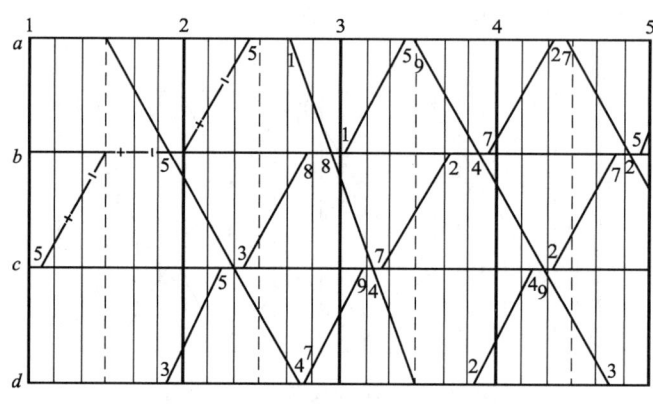

图 16-17　单线非平行运行图

四、按照上下行方向列车数

(1) 成对运行图。这是上、下行方向列车数相等的列车运行图,如图 16-14 和图 16-15 所示。

(2) 不成对运行图。这是上、下行方向列车数不相等的列车运行图,如图 16-18 所示。

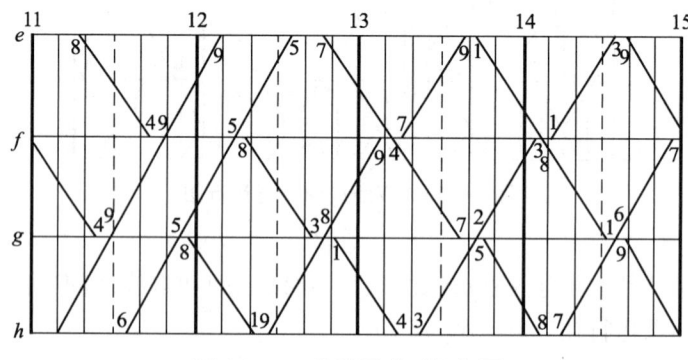

图 16-18　单线不成对运行图

五、按照同方向列车运行方式

(1) 连发运行图。在这种运行图上,同方向列车的运行以站间区间为间隔。单线区段采取这种运行图时,在连发的一组列车之间不能铺画对向列车,如图 16-18 所示。

（2）追踪运行图。在这种运行图上，同方向列车的运行以闭塞分区为间隔，在装有自动闭塞的单线或双线区段上采用，如图 16-19 所示。

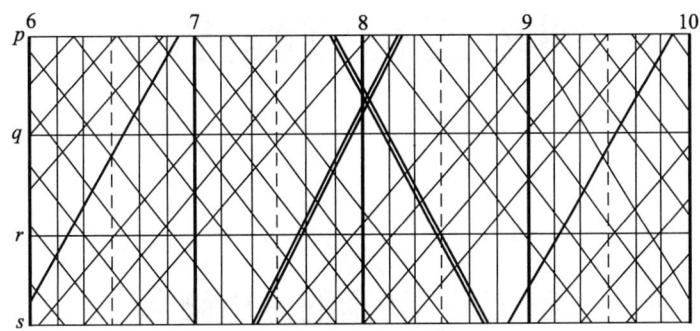

图 16-19　双线追踪非平行运行图

应该指出，上述分类都是针对列车运行图的某一特点而加以区别的。实际上，每张列车运行图都具有多方面的特点，例如某一区段的列车运行图（图 16-19），它既是双线的、非平行的，又是追踪的。

第十七章

列车运行过程控制

第一节 闭塞的基本概念

一、线路分界点和区间

分界点是车站、线路所以及自动闭塞区间的通过信号机的通称。分界点分为有配线和无配线两种。有配线的分界点称车站,无配线的分界点称线路所或自动闭塞区间的通过信号机,如图 17-1 所示。

为了保证行车安全和必要的通过能力,每隔一定距离需要设立一个分界点。分界点把每条线路划分成若干个长度不等的段落,每一段线路称为一个区间。因此,区间和分界点是组成轨道交通线路的两个基本环节。

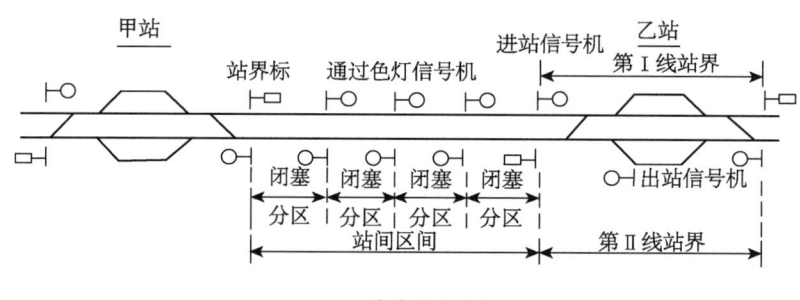

(a) 双线线路分界点

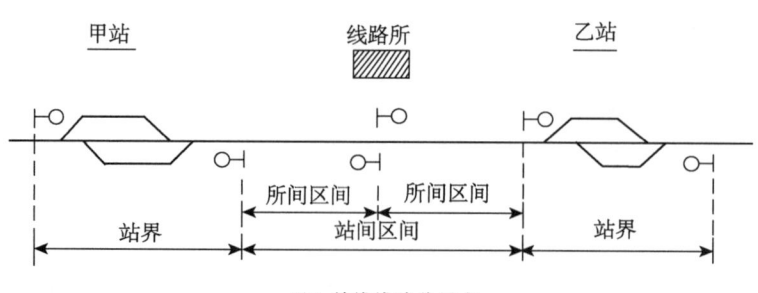

(b) 单线线路分界点

图 17-1 线路分界点

站间区间是两端分界点都是车站的区间。所间区间是两端的分界点都是线路所或线路所与车站间的区间。

线路所是在非自动闭塞区段上为了提高轨道交通线路的通过能力而设置的分界点。在线路所设有通过信号机,并有专人办理接发列车的工作。

通过信号机是自动闭塞区段上的分界点,它将站间区间划分为几个闭塞分区,以提高通过能力并自动地指示列车运行。

线路所及其通过信号机仅作调整列车运行之用,目的在于保证列车运行安全以及必要的线路通过能力。

区间与分界点应有明确的界线。在单线铁路上,以进站信号机柱的中心线作为车站与区间的分界;在双线铁路上,以各线的进站信号柱或站界标的中心作为车站与区间的分界。站界标为一长方形牌,上面写有"站界"字样。所间区间及闭塞分区以该线上的通过信号机柱的中心线为所间区间或闭塞分区的分界,车站两端与区间分界处的内方为站界。

二、闭塞

区间是指两个车站(或线路所)之间的线路。根据区间线路的数目,分为单线区间、双线区间及多线区间(如三线区间)。

列车在区间(分区)内运行的特点是:列车的运行速度高、质量重、制动距离长、不能避让。鉴于上述特点,为了确保列车在区间内的运行安全,列车由车站向区间发车时,必须确认区间(分区)内没有列车,且需遵循一定的规则组织行车,以免发生列车正面冲突或追尾等事故。这种按照一定规则组织列车在区间内运行的方法,称为行车闭塞法,或简称闭塞,办理闭塞所用的设备称为闭塞设备。

要完成上述闭塞,列车需要行车凭证后才能占用区间。列车占用区间的凭证通常为车站出站信号机和区间通过信号机的准许显示(在移动或准移动闭塞线路采用机车信号)。为了保证列车在区间内的运行安全,提高区间的通过能力,对上述凭证的取得,一方面必须保证区间空闲,在单线区段上必须杜绝正面冲突事故的可能性;另一方面,还必须迅速地办理闭塞手续和发出凭证,以缩短列车间隔时分。在用信号的准许显示作为凭证时,当列车进入区间后凭证应自动取消,即信号机自动关闭准许显示。只有列车完全出清区间并再次办理闭塞时,才能再一次开放准许显示。

组织区间行车的基本方法通常采用空间间隔法,即把轨道交通线路划分为若干个线段(区间或闭塞分区),在每个线段内同时只准许一列列车运行,使前行列车和追踪列车之间保持一定距离。这种行车方法能严格地把列车分隔在两个空间,可以有效防止列车追尾和正面冲突事故的发生,确保列车运行安全。

实现闭塞的方法,一般有以下三种:

(1) 人工闭塞。采用电气路签、路牌或路票作为列车占用区间的凭证,由接车站值班员检查区间是否空闲的闭塞方法。因为这种方法在交接凭证和检查区间状态都要依靠人来完成,所以称为人工闭塞。人工闭塞方法在我国已经很少采用,当基本闭塞法不能使用时,应根据列车调度员的命令采用电话闭塞法行车。

(2) 半自动闭塞。人工办理闭塞手续,列车凭信号显示作为发车凭证,出站信号机自动关闭的闭塞方法。发车站值班员必须在办理好闭塞手续后才能开放出站信号,列车出发后出站信号机自动关闭,在没有检测区间是否留有车辆的设备时,还须由接车站值班员确认列车的完全到达,办理解除闭塞手续。这种闭塞方法,因为既要值班员的操纵,又需依靠列车自动动作,所以称为半自动闭塞。半自动闭塞的闭塞手续办理过程如图 17-2 所示。

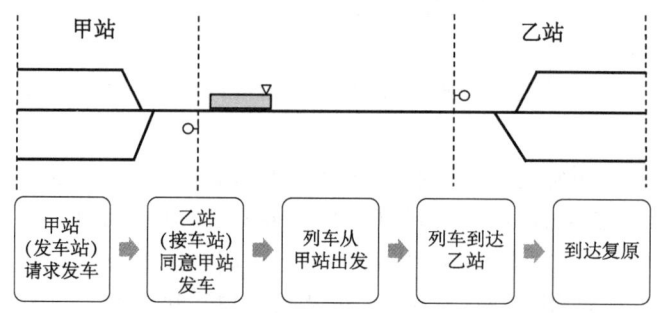

图 17-2　半自动闭塞线路的闭塞手续办理过程

(3) 自动闭塞。根据列车运行及有关闭塞分区状态,自动变换通过信号机的显示,司机凭信号显示行车的闭塞方法。这种方法因为不需要人的操纵,所以称为自动闭塞。

三、行车闭塞作业办法

我国铁路规定,行车闭塞的作业办法为:

(1) 使用自动闭塞法行车时,列车进入闭塞分区的行车凭证为出站或通过信号机显示的允许运行的信号。自动闭塞区段的车站,办理发车前应向接车站预告;单线自动闭塞区段的车站,还须得到列车调度员的同意(列车调度员已下达列车运行调整计划时除外)。已向接车站预告,但列车不能出发时,发车站须通知接车站取消预告。

(2) 使用自动站间闭塞法行车时,列车凭出站信号机或线路所通过信号机显示的允许运行的信号进入区间。自动站间闭塞须与集中联锁设备结合使用,自动检查区间空闲,发车站办理发车进路后即自动构成站间闭塞。列车到达接车站或返回发车站并出清区间后,自动解除闭塞。发车站在办理发车进路前,须确认区间空闲、接车站未办理同一区间的发车进路,并向接车站预告。发车站已向接车站预告,但列车不能出发时,在取消发车进路后,须通知接车站。

(3) 使用半自动闭塞法行车时,列车凭出站信号机或线路所通过信号机显示的允许运行的信号进入区间。开放出站信号机或通过信号机前,双线区段必须得到前次列车到达前方站的到达信号;单线区段必须得到接车站的同意闭塞信号。发车站办理闭塞手续后,但列车不能出发时,应将事由通知接车站,并取消闭塞。

(4) 使用电话闭塞法行车时,列车占用区间的行车凭证为路票。当挂有由区间返回的后部补机时,另发给补机司机路票副页。单线或双线反方向发车(正方向首列发车)时,根据《行车日志》查明区间已空闲,并取得接车站承认的电话记录号码,在发车进路准备妥当后,方可填发路票。双线正方向发车(首列除外)时,根据收到的前次发出的列车到达的电话记录号码,在发车进路准备妥当后,即可填发路票。

电话闭塞法行车的启用条件为:

(1) 基本闭塞设备发生故障导致基本闭塞法不能使用、自动闭塞区间内两架及以上通过信号机故障或灯光熄灭时。

(2) 无双向闭塞设备的双线区间反方向发车或改按单线行车时。

(3) 发出由区间返回的列车,或发出挂有由区间返回后部补机的列车时。

(4) 自动站间闭塞、半自动闭塞区间,由未设出站信号机的线路上发车,或超长列车头部越过出站信号机并压上出站方面轨道电路发车时。

(5) 在夜间或遇降雾、暴风雨雪,为消除线路故障或执行特殊任务,开行轻型车辆时。

第二节　自动闭塞的原理和类型

自动闭塞是目前国内外轨道交通大量应用的行车闭塞方法。它在确保列车安全运行的前提下,增加了列车的运行密度,提高了列车在区间内的运行速度。

一、自动闭塞的基本原理

自动闭塞是根据列车运行及有关闭塞分区状态,自动变换通过信号机显示而司机凭信号行车的闭塞方法。自动闭塞是在列车运行过程中自动完成闭塞功能的。双线单方向自动闭塞如图17-3所示,它将一个区间划分为若干小段,即闭塞分区,在每个闭塞分区的起点装设通过信号机(如图17-3中的1,3,5,7信号机和2,4,6,8信号机均为通过信号机),用以防护该闭塞分区。每个闭塞分区内都装设轨道电路(或计轴器等列车检测设备),通过轨道电路将列车和通过信号机的显示联系起来,根据列车运行及有关闭塞分区的状态使通过信号机的显示自动变换。

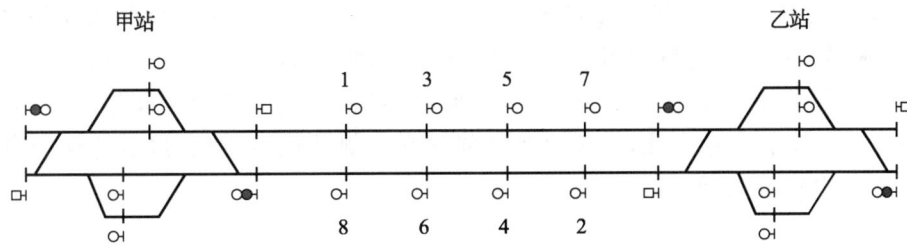

图 17-3　双线单方向自动闭塞示意

自动闭塞不需要办理闭塞手续,并可开行追踪列车,既保证了行车安全,又提高了运输效率。和半自动闭塞相比,自动闭塞有以下优点:

(1) 由于两站间的区间允许续行列车追踪运行,故大幅度地提高了行车密度,显著地提高了区间的通过能力。

(2) 由于不需要办理闭塞手续,简化了办理接发列车的程序,因此既提高了通过能力,又大大减轻了车站值班人员的劳动强度。

(3) 由于通过信号机的显示能直接反映运行前方列车所在位置以及线路的状态,因而确保了列车在区间运行的安全。

(4) 自动闭塞还能为列车运行超速防护提供连续的速度信息,构成更高层次的列车运行控制系统,以保证列车高速运行的安全。

针对闭塞分区的划分,我国铁路有如下技术规定:

(1) 在普速铁路中,三显示自动闭塞分区的最小长度应满足列车的制动距离,其长度不应小于 1 200 m,但当采用不大于 8 min 的运行间隔时间时,不得小于 1 000 m。进站信号机前方第一个闭塞分区的长度一般不大于 1 500 m。

(2) 在普速铁路中,四显示自动闭塞在确定的运行间隔时间内按四个闭塞分区排列通过信号机。四显示自动闭塞每个闭塞分区的长度应满足速差制动所需的列车制动距离。当列车运行速度超过 120 km/h 时,紧急制动距离由两个及以上闭塞分区的长度来保证。

(3) 高速铁路闭塞分区的划分,应满足动车组列控车载设备按照目标距离模式控车和未装备列控车载设备的列车按四显示自动闭塞行车的要求。

(4) 闭塞分区划分应满足列车追踪运行间隔的要求。我国针对不同制式的轨道交通线路,追踪运行间隔有相应的推荐规定。如客货混跑的普速铁路,双线三显示自动闭塞区段宜为 7 min 或 8 min,有条件的区间可采用 6 min;当采用四显示自动闭塞时,其列车追踪间隔宜为 6 min 或 7 min;单线三显示自动闭塞宜为 8 min。高速铁路的追踪间隔宜为 3 min,城市轨道交通的追踪间隔宜为 2 min。

二、自动闭塞的类型

自动闭塞系统按照运营和技术上的特征可分为不同的类型。

(一) 按照行车组织方式划分

按照行车组织方式可分为单线双向自动闭塞系统、双线单向自动闭塞系统和双线双向自动闭塞系统。

在单线区段上,一条线路需要双向行车,为了调整双向的列车运行而在线路两侧都装设通过色灯信号机,这样的自动闭塞称为单线双向自动闭塞,如图 17-4(a)所示。

在双线区段上,一般都采用单方向运行,即一条线路只允许上行列车运行,而另一条线路只允许下行列车运行。为此,对于每条线路仅在一侧装设通过信号机,这样的自动闭塞称为双线单向自动闭塞,如图 17-4(b)所示。

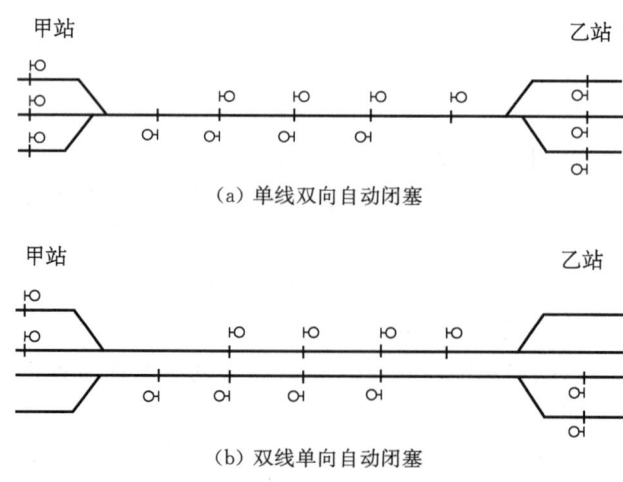

图 17-4　双向及单向自动闭塞

为了充分发挥线路的运行能力，在双线区段的每一条线路都能双向运行列车，这样的自动闭塞称为双线双向自动闭塞。在这种系统中，地面通过信号机的设置与图17-4(b)一样，反方向运行的列车是按机车信号的显示作为行车命令。

不管单线或双线的双向自动闭塞，都必须对机车的尾部和头部两个方向进行防护。为了防止两方向的列车正面冲突，平时规定一个方向的通过色灯信号机亮灯，另一个方向的信号机灭灯（或双线区段另一个方向机车信号没有信息）。只有在需要改变运行方向，而且区间是空闲的条件下，由车站值班员办理一定的手续后才能允许反方向的列车运行。所以，双向自动闭塞要比单向自动闭塞复杂。

（二）按闭塞分区是否固定划分

按闭塞分区是否固定可分为固定闭塞、准移动闭塞和移动闭塞。

1. 固定闭塞

在固定闭塞条件下，按通过信号机显示制式，通常分为三显示和四显示两种。无论哪种信号显示制式，都适用于单向自动闭塞系统和双向自动闭塞系统。

1）三显示

三显示自动闭塞通过信号机的显示意义是：

（1）一个绿色灯光——准许列车按规定速度运行，表示运行前方至少有两个闭塞分区空闲。

（2）一个黄色灯光——要求列车注意运行，表示运行前方只有一个闭塞分区空闲。

（3）一个红色灯光——列车应在该信号机前停车。

通过信号机平时显示绿灯，即"定位开放式"，只有当列车占用该信号机所防护的闭塞分区或线路发生断轨等故障时，才显示红灯——停车信号。

在三显示自动闭塞系统中，为了使后续列车经常保持在绿灯下运行，采用间隔三个分区的列车追踪间隔，如图17-5所示。这种显示制式使列车经常在绿灯下运行，并能得到前一通过信号机显示的预告，既能基本满足运行要求，又能保证行车安全，故目前得到广泛应用。

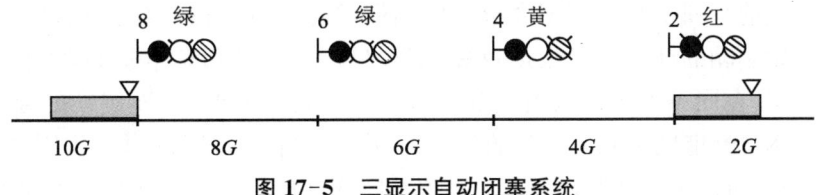

图17-5 三显示自动闭塞系统

三显示自动闭塞是通过信号机具有三种显示，能预告列车前方两个闭塞分区状态的自动闭塞。在三显示自动闭塞中，列车按线路规定速度运行，越过黄灯显示的通过信号机时开始降速，到前架红灯显示通过信号机前方停车，因此要求每个闭塞分区的长度绝对不能小于列车的制动距离。随着列车速度和密度的不断提高，在某些繁忙的客、货混运区段，各种列车的运行速度和制动距离相差很大，三显示就无法适应，从而产生了四显示自动闭塞。

2）四显示

在铁路区段上运行的有市郊通勤列车等需要经常停车，且制动距离短；也有高速（客车）、重载（货车）列车，且制动距离长。在这样的区段出现了对立的运行要求：一方面要实现最小运行间隔,闭塞分区长度越短越好,另一方面要满足高速或重载列车的制动距离,闭塞分区的长度又不能太短。为了解决这个矛盾,提高线路通过能力,最好的办法是采用四显示自动闭塞(图17-6)。

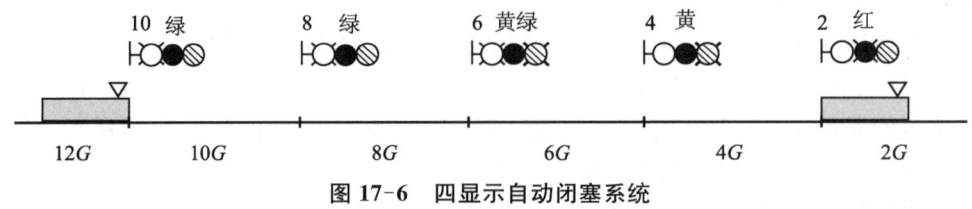

图 17-6　四显示自动闭塞系统

四显示自动闭塞是通过信号机具有四种显示,能预告列车前方三个闭塞分区状态的自动闭塞。四显示自动闭塞由于增加了一种黄绿显示,它规定高速列车以规定的速度越过黄绿显示后必须减速,以便使列车在抵达黄灯显示下运行时不大于规定的黄灯容许速度,保证在显示红色灯光的信号机前停车,而对于低速制动距离短的列车越过后不减速。由于增加了这一显示,对于高速列车,相邻两个闭塞分区的总长度应大于高速列车最大运行速度时的制动距离,每个闭塞分区的长度应大于高速列车从最高速度降低到通过黄灯的容许速度所需要的制动距离和从黄灯容许速度到红灯前停车所需的制动距离,比较理想的是两个距离相等,也就说要求每个闭塞分区的长度大于高速列车制动距离的一半。这样就能解决上述矛盾。在条件相同的情况下,四显示的列车追踪间隔时分要小于三显示的列车追踪间隔时分。

2. 准移动闭塞

准移动闭塞系统的线路依然被划分为固定位置、某一长度的闭塞分区,一个分区只能被一列车占用,但其采用音频数字轨道电路作为列车定位与信息传输以实现列车非连续定位,故闭塞分区长度远小于固定闭塞系统。准移动闭塞式的列控系统采取目标距离控制模式(又称连续式一次速度控制)。目标距离控制模式根据目标距离、目标速度及列车本身的性能确定列车制动曲线,不设定每个闭塞分区速度等级,采用一次制动方式。准移动闭塞的追踪目标点是前行列车所占用闭塞分区的始端,当然会留有一定的安全距离,而后行列车从最高速开始制动的计算点是根据目标距离、目标速度及列车本身的性能计算决定的。目标点相对固定,在同一闭塞分区内不依前行列车的走行而变化,而制动的起始点是随线路参数和列车本身性能的不同而变化的(图17-7)。空间间隔的长度是不固定的,由于要与移动闭塞相区别,所以称为准移动闭塞。准移动闭塞在较早期的城市轨道交通线路上常被采用,目前主要应用于我国高速铁路线路上。

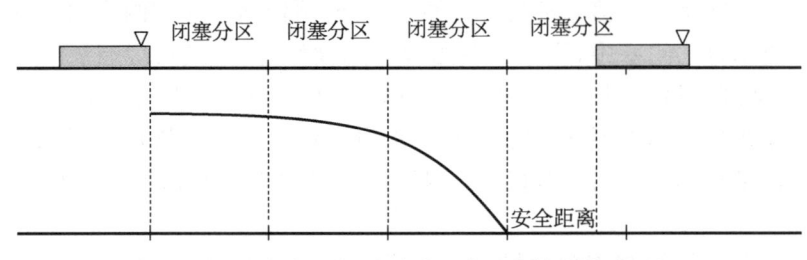

图 17-7　准移动闭塞(连续式一次速度控制模式)原理

虚拟闭塞是准移动闭塞的一种特殊方式,它不设轨道占用检查设备,采取无线定位方式来实现列车定位和占用轨道的检查功能,闭塞分区是以计算机技术虚拟设定的,仅在系统逻辑上存在闭塞分区和信号机的概念。虚拟闭塞除闭塞分区和轨旁信号机是虚拟的以外,从操作到管理等都等效于准移动闭塞方式。虚拟闭塞方式非常有条件将闭塞分区划分得很短,当短到一定程度时,其效率就接近于移动闭塞。

3. 移动闭塞

移动闭塞与传统自动闭塞的区别在于区间中不设置固定的信号点,因而取消了固定的闭塞分区。移动闭塞方式的列控系统也采取目标距离控制模式。在采用移动自动闭塞时,列车运行速度控制指令不再由轨道电路根据列车占用情况发出,而是由控制中心根据线路上的前行列车位置,前、后行列车速度,列车间隔距离,列车重量及线路、气候条件等相关参数给出。当后行列车和前行列车的间隔距离接近或等于常用制动距离加上安全间距距离时,控制中心向后行列车发出减速或制动指令。列车间隔距离还与运行速度有关,在速度比较高时,列车间隔距离就较大,反之就较短。

移动自动闭塞在实现安全、高速的前提下,能使追踪运行列车间的间隔距离达到最小,从而最大限度地压缩追踪列车间隔时间、提高线路通过能力。由于移动闭塞设备能实现连续、双向信息传输和列车运行控制,并在确保安全的前提下提高通过能力,故越来越多的新建城市轨道交通线路考虑采用移动闭塞设备。从移动闭塞设备的发展过程来看,早期发展的移动闭塞设备大部分采用交叉感应环线技术,近年来研发的移动闭塞设备大部分采用基于无线通信的技术,该技术主要运用在城市轨道交通系统中。

基于通信的列车控制系统,即 CBTC 系统(Communication Based Train Control System,CBTC)的列车追踪过程的安全保护原理有两类:

(1) 不考虑前行列车速度(MB-v_0 方式,相对位置方式)。在该方式下,不考虑前行列车的速度,只考虑其位置,又称相对位置方式,如图 17-8 所示。当前行列车停车时,后行列车停在制动前的前行列车尾端后面的安全距离外。

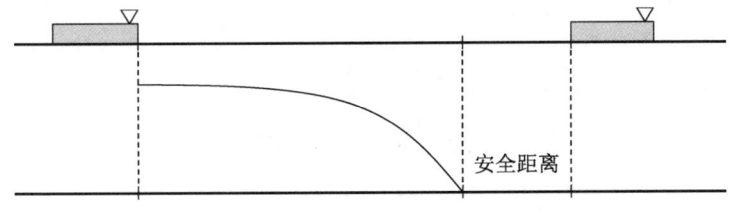

图 17-8　移动闭塞(MB-v_0 方式,相对位置方式)原理

(2) 考虑前行列车速度(MB-v 方式,相对速度方式)。在该方式下,后行列车会根据前行列车的位置和速度进行间隔控制,又称相对速度方式,如图 17-9 所示。当两列列车全部停下来时,后行列车停在前行列车停车点后面的安全距离外。

对比这两种方式,由于相对速度方式考虑了在追踪列车制动过程中前行列车的走行距离,较相对位置方式而言,其追踪间隔较短,因此效率较高。但是,由于相对速度方式的列车间隔距离较短,如果前车发生意外突然停车,则会增大行车的危险性,因此目前 CBTC 系统主要采用相对位置方式。

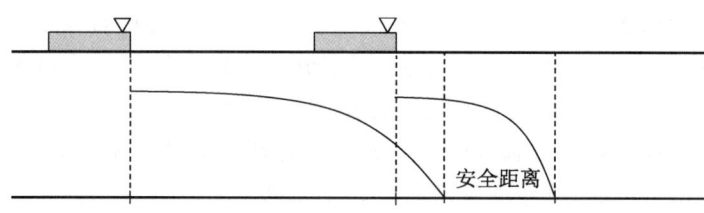

图 17-9　移动闭塞（MB-v 方式，相对速度方式）原理

第三节　高速铁路列车运行控制系统

一、中国高速铁路信号系统组成

我国高速铁路信号系统由调度集中（Centralized Traffic Control，CTC）系统、联锁系统和列控系统组成，如图 17-10 所示。

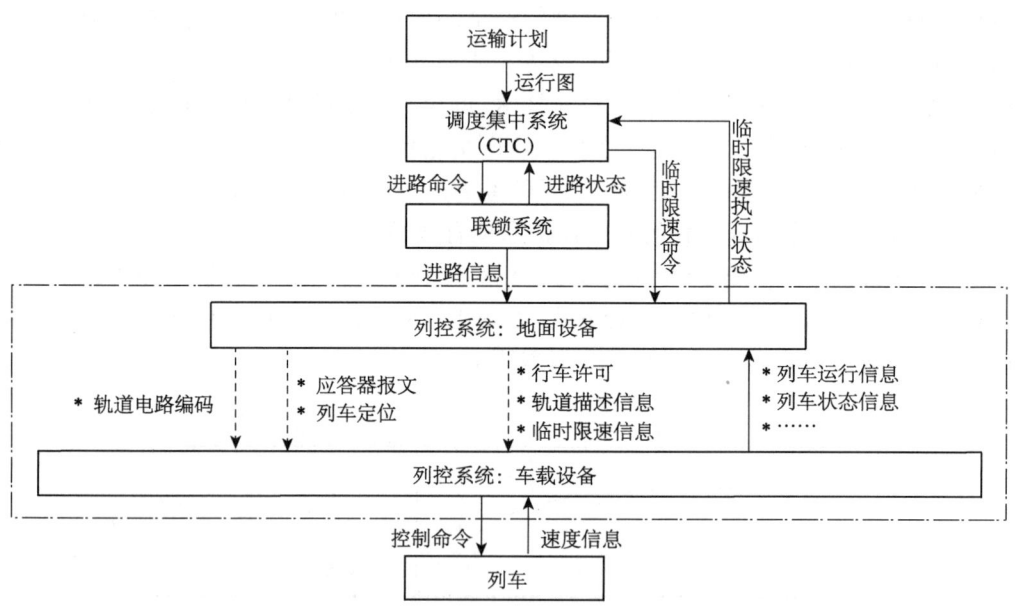

图 17-10　中国高速铁路信号系统组成

(1) CTC 系统。高速铁路列车运行控制的调度和指挥中心具有控制和监督列车运行的功能。根据列车运行图，系统编制运行计划，并向联锁系统发送进路办理指令，在调度和指挥中心显示管辖区域内的列车实际运行状况。CTC 系统具备列车运行计划人工调整、自动调整和实际运行图自动描绘，行车日志自动生成、存储、打印，调度命令传送，车次号校核等功能。同时，具备临时限速设置及向车站、司机发布调度命令的功能（含许可证、调车作业通知单等）。

(2) 联锁系统。根据从 CTC 系统接收的调度命令和车站列车的状态信息，自动办理列车进路,确保进路的完整性。

(3) 列车运行控制系统(简称列控系统)。列控系统包括地面设备、车载设备和车-地通信子系统。

高速列车运行控制系统是用于控制和防护高速列车运行的控制系统,旨在保证高速铁路安全、高效运行,其核心功能包括为司机(或自动驾驶 ATO 子系统)提供准确、充足的行车命令和信息,防止列车超速、与前方列车相撞、冒进禁止信号,确保列车安全运行至目的地。它是高速铁路的"大脑"和"神经中枢"。

传统铁路的列车运行控制系统由地面信号显示为主的自动闭塞、机车信号和自动停车构成,当列车速度超过 160 km/h 时,司机难以用肉眼及时识别地面信号,以及有效地对列车运行实施控制。当高速列车以 200 km/h 以上速度运行时,为确保列车运行安全和提高行车密度,必须以机车信号为行车凭证,采用带有速度监督的连续式列车自动控制系统,与车辆制动系统相连,实现速度自动控制。

高速铁路列控系统是伴随着高速铁路的发展而发展起来的。目前,世界上高速铁路列控系统总体上可以分为三大类:第一类是日本的高速铁路列车运行控制系统;第二类是欧洲的高速铁路列车运行控制系统,主要是法国和德国本土的高速列车运行控制系统及 ETCS(European Train Control System);第三类是中国列车运行控制系统(Chinese Train Control System,CTCS)。其中,ETCS 和 CTCS 已经各自形成比较完善的技术体系。

二、中国高速铁路列控系统组成

结合列控系统的共性目标和中国高速铁路的特点,我国高速铁路所使用的列控系统仍采用固定闭塞的形式,以轨道电路进行轨道区段占用检查,通过轨道电路、应答器及无线通信等构成车-地传输系统,向列车传送行车许可(Movement Authority,MA)、机车信号等信息,生成目标距离模式控制曲线,监控列车安全运行。

中国 CTCS 的总体结构如图 17-11 所示。

CTCS 是在借鉴欧洲列车运行控制技术规范和国外其他高速铁路列车运行控制系统运营经验的基础上,结合我国高速铁路运输特点,遵循全路统一规划原则,采用消化吸收再创新的理念发展形成的。

结合我国国情,从实际需求出发,遵循以地面设备为基础,车载设备与地面设备统一设计的原则,按系统构成和功能将 CTCS 划分为 CTCS-0 级、CTCS-1 级、CTCS-2 级、CTCS-3 级和 CTCS-4 级,见表 17-1。

表 17-1 CTCS 应用等级

应用等级	简要描述	目前应用情况
CTCS-0 级	由通用机车信号和列车运行监控装置组成	列车最高运行速度为 120 km/h 及以下的区段,常用于没有提速的既有线上
CTCS-1 级	由主体机车信号+安全型运行监控装置组成,面向运行速度为 160 km/h 及以下的区段	常用于运行速度为 160 km/h 及以下的区段,常用于提速的既有线上
CTCS-2 级	基于轨道电路和点式信息设备传输信息的点-连式列车运行控制系统	常用于运行速度为 200~250 km/h 客货共线铁路(含既有线提速 200 km/h 线路)

(续表)

应用等级	简要描述	目前应用情况
CTCS-3 级	基于无线通信系统(如 GSM-R)实现车-地连续、双向信息传输的列车运行控制系统	主要用于运行速度为 300 km/h 或更高速度的线路上
CTCS-4 级	基于无线通信且实现移动闭塞的列车运行控制系统	

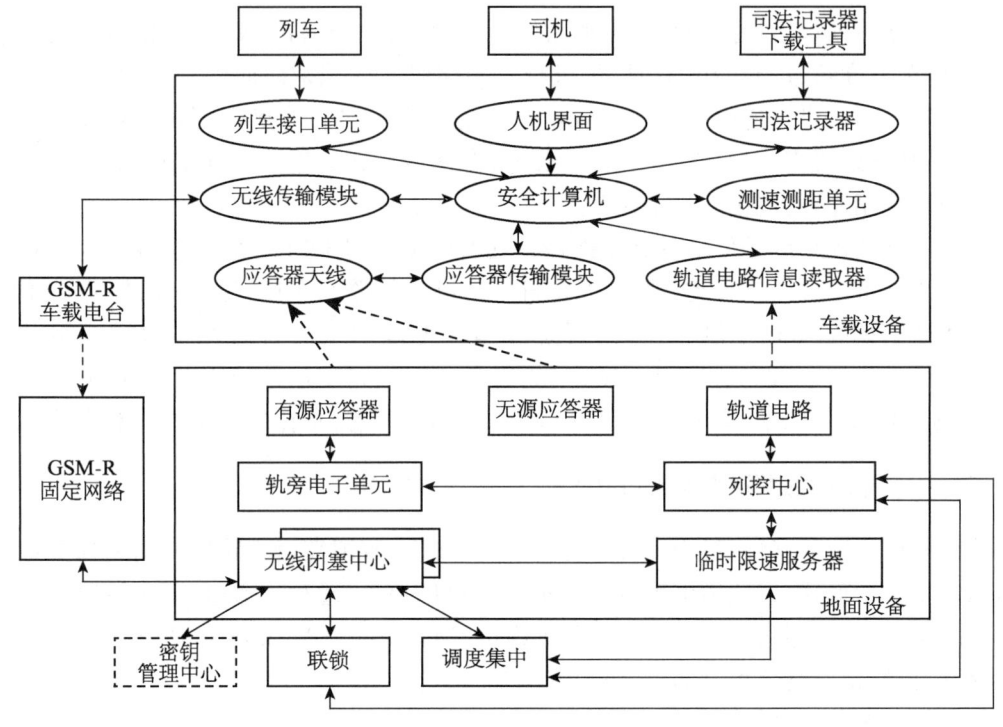

图 17-11　中国 CTCS 的总体结构

随着通信技术及人工智能技术等新一代信息技术的快速发展，在中国高速铁路网络安全、高效运营需求不断提高的驱动下，高速铁路列车运行控制系统的相关技术和内涵也在不断更新和完善。移动闭塞、智能驾驶和车车通信等多种列车运行控制系统新技术正在引领新的发展方向，列车运行控制系统的发展前景必将更加广阔。

三、中国高速铁路列控系统设备原理及构成

(一) 设备原理

中国高速铁路列控系统设备主要由地面设备和车载设备两部分组成。

1. 地面设备

中国高速铁路列控系统地面设备由 ZPW-2000 系列轨道电路、地面电子单元(Lineside Electronic Unit，LEU)、应答器、列控中心(Train Control Center，TCC)、临时限速服务器(Temporary Speed Restriction Server，TSRS)、无线闭塞中心(Radio Block Center，RBC)、信号系统安全数据网等组成，主要负责接收行车调度命令、列车运行动态信

息等,检查轨道占用,据此为每一受控列车生成相应的行车许可,并通过车-地信息传输系统将行车许可、线路描述信息等传送给列控车载设备,如图17-12所示。

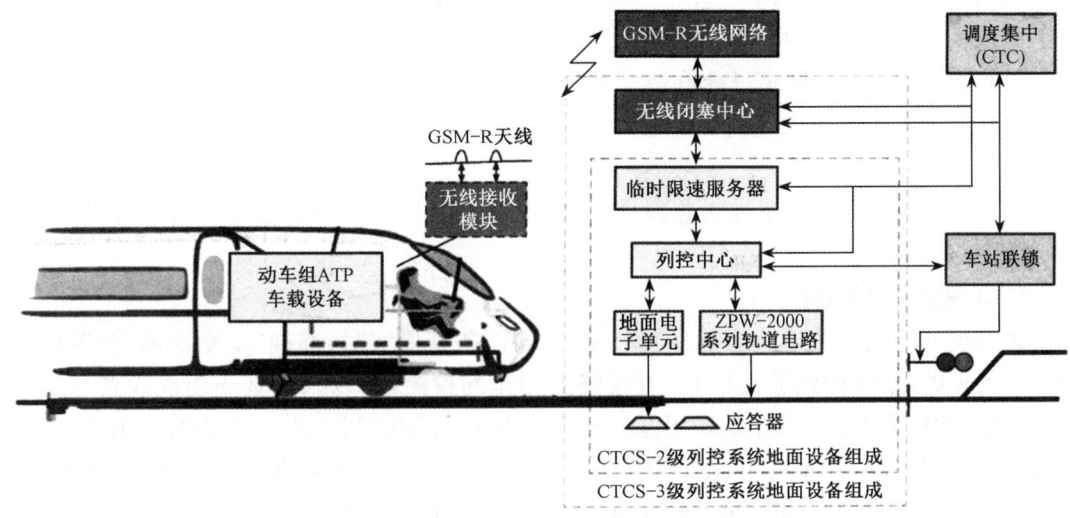

图17-12 高速铁路列控系统地面设备组成

ZPW-2000系列轨道电路实现列车占用检查,同时,连续向列控车载设备发送列车前方空闲闭塞分区数量等信息。

应答器向列控车载设备发送特定的地面信息,包括线路参数、临时限速等。地面电子单元控制有源应答器,接收来自外部控制设备(如列控中心)的数据信息,实现实时改变有源应答器中存储报文的功能。

列控中心负责实现区间运行方向与闭塞的控制。列控中心根据进路状态和轨道区段状态,实现站内和区间轨道电路的载频、低频信息编码功能,控制轨道电路的发码方向,并通过地面电子单元控制有源应答器发送相关进路信息、临时限速信息等。

临时限速服务器集中管理高速铁路的临时限速命令,完成管辖范围内临时限速命令的存储、校验、撤销、拆分、设置、取消及临时限速设置时机的辅助提示功能。

无线闭塞中心(RBC)是CTCS-3级列控系统地面核心设备之一。RBC从外部地面系统接收轨道占用及进路信息、通过GSM-R接收到的列车位置信息等,生成管辖范围内各列车的行车许可,并通过GSM-R将生成的行车许可、线路数据及临时限速等信息传送给列车,实现列车运行安全控制。

2. 车载设备

目前,中国高速铁路列控车载设备主要采用CTCS-2级和CTCS-3级两种级别,列控车载设备安装在动车组上。CTCS-2级列控车载设备和CTCS-3级列控车载设备的基本工作原理、测速定位原理、速度监控原理相同,人机界面(DMI)基本相同,但在结构组成、行车许可及控车原理、工作模式等方面有差异。

列控车载设备从被控动车组设备和地面列控设备中采集各种关键控车信息,以计算各种限速曲线并进行速度防护控制,最后将控制命令和状态信息发送给相关设备。

在列车运行过程中,车载设备通过调用内部存储信息获取列车制动特性,包括各种制动减速度、制动建立时间等,从地面设备获得行车许可终点、坡度及各种限速值信息,实时计算得到允许速度和各种防护速度曲线,并对列车实际速度进行监控,最后通过人机界面给出司机相应的指示,并根据监控效果给出相应的防护措施。

(1) 当列车实际速度超过允许速度并达到报警门限时,列控车载设备给出报警提示。

(2) 当列车实际速度超过常用制动防护曲线时,列控车载设备输出相应等级的常用制动。

(3) 当列车实际速度超过紧急制动防护曲线时,列控车载设备输出相应等级的紧急制动,直至列车停车。

(二) 速度控制原理

为实现列车高密度追踪运行,列控系统地面设备需要实时、准确、安全地确定控制范围内所有列车的位置(即轨道占用)。对线路上列车的检测,可以采用基于地面设备(轨道电路或计轴)的检测方式,也可以采用基于列车位置报告的检测方式。自动固定闭塞设备正常工作时,如果没有列车占用,则该闭塞分区状态为"空闲";如果有列车占用,则该闭塞分区状态为"占用"。追踪列车只能运行到非空闲(占用)的闭塞分区的入口。

我国高速铁路采用 ZPW-2000 系列轨道电路构成的多显示自动闭塞,信号显示采用进路式显示制式。对于进路式信号显示制式的自动闭塞系统来说,信号显示只是表示了列车前方空闲分区的数目。我国高速铁路区间线路不再设置通过信号机,而是采用信号标志牌,高速铁路区间轨道电路码序如图 17-13 所示。

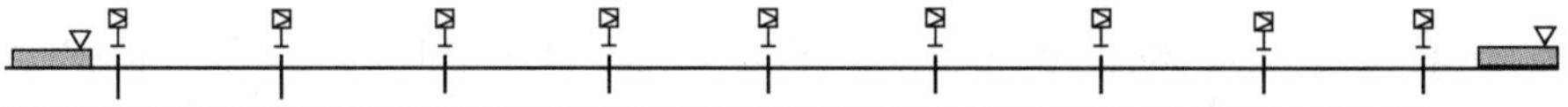

机车信号显示	L	L	L	L	L	LU	U	HU
机车信号信息名称	L5 码	L4 码	L3 码	L2 码	L 码	LU 码	U 码	HU 码

图 17-13 高速铁路区间轨道电路码序示意

(三) 行车许可和线路描述信息

行车许可(MA)是对轨旁行车信号显示的翻译,它定义了列车被授权行车的界限,即列车允许行驶距离的信息,表示列车当前位置至下一个停车信号机的距离,该停车信号(机)的位置称为行车许可终点(End of Authority, EoA)。无论信号显示规则如何,MA 信息都是一样的,因此避免了信号显示定义的不同给司机/车载设备带来的理解上的混乱。

(四) 列车定位

在列控系统中,即使实际上为列车运行排列的进路是一段复杂的线路(如在车站,列车进路包含不同道岔),但从速度-距离监控的原理来说,列车位置始终是按进路纵向延伸的。目前,普遍使用基于坐标系的列车定位方法,在线路上安装应答器组作为坐标系的原点。一个应答器组由 1~8 个应答器组成,每个应答器包含应答器的内部序号、组内应答器的数量和应答器组的编号等信息,其中应答器的内部序号描述了该应答器在应答器组内的相对位置。每个应答器组有各自的坐标系,列控系统根据应答器组的坐标系来确定列车的方向信息和位置信息,并根据应答器组的链接信息来校正列车走行距离的误差。

(五) 动态速度监控

动态速度监控就是采用速度-距离监控技术监控与位置相关的列车速度,使列车遵守最严格限制速度包络线(即列车运行速度位于最大允许速度和最小允许速度界定的范围内),而且不能越过 EoA。在列车运行过程中,实时监控列车实际速度,一旦列车实际速度超过当前允许速度,则自动实施制动,使列车减速或在 EoA 前方停车。

第四节 城市轨道交通列车自动控制系统

列车自动控制(Automatic Train Control,ATC)是在传统的信联闭设备、调度集中(Centralized Traffic Control,CTC)系统基础上,应用信息、通信、计算机、自动控制等先进技术,以列车速度自动控制为核心的新型信号系统。为适应列车速度的提高与列车间隔的缩短,新建城市轨道交通线路大多采用 ATC 系统。ATC 系统由列车自动防护(Automatic Train Protection,ATP)、列车自动监控(Automatic Train Supervision,ATS)和列车自动驾驶(Automatic Train Operation,ATO)三个子系统构成。ATP 子系统与 ATO 子系统共同完成列车运行自动化的功能,ATS 子系统完成行车指挥自动化的功能。

一、ATP 子系统

城市轨道交通的一个特点是行车间隔短(可以达到 2 min 或更短)。在如此短的间隔条件下,已经不能以地面信号作为控制列车速度的主要依据,而必须有一个可靠的且可连续不断地实现速度显示(机车信号)和速度监督、防护的系统来确保行车安全。这正是 ATP 子系统产生的背景。ATP 子系统的工作原理是:将信息(包括来自联锁设备和操作层面上的信息、地形信息、前方目标点信息和容许速度信息等)不断地从地面传至车上,从而得到列车当前容许的安全速度,据此来对列车实现速度监督及管理。ATP 子系统由轨旁设备和车载设备组成,它的主要功能包括停车站控制、速度监督与超速保护、列车间隔控制、确保联锁车站进路有效、监督车门和屏蔽门的安全开闭等。因此,它是一个确保列车运行安全的子系统。

根据自动闭塞类型的不同,ATP 子系统有固定闭塞、准移动闭塞和移动闭塞三种制式。根据信息传输方式的不同,ATP 子系统有点式和连续式两种制式。根据速度控制方式的不同,ATP 子系统有台阶式和曲线式两种制式。20 世纪 90 年代中期之前,轨道交通主要采用固定闭塞、点式信息传输、台阶式速度控制的 ATP 技术,近年来新建轨道交通线路大多采用准移动闭塞或移动闭塞、连续式信息传输、曲线式速度控制的 ATP 技术。在采用 ATP 技术时,车载信号是行车的主体信号。

二、ATS 子系统

ATS 子系统主要是实现对列车运行的监督,辅助行车调度人员对全线列车的运行进行管理。它可以显示全线列车的运行状态,监督和记录运行图的执行情况,为行车调度人员的调度指挥和运行调整提供依据,如列车偏离运行图时及时做出反应等;另外,通过 ATO 接口,ATS 还可以向旅客提供列车运行信息通报,包括列车到达时间、出发时间、列车运行方向、中途停靠点等。

ATS 子系统的功能包括自动显示列车车次、运行位置和信号设备工作状态,自动或人工办理进路,编制和管理列车运行图,自动调整运行计划,自动描绘或复示列车运行实迹,列车运行模拟仿真,车辆维修周期管理,向旅客信息系统提供信息,对运行数据自动统计和制表等。

ATS 子系统由控制中心设备、车站设备等组成。目前,ATS 子系统的结构有集中控制和分散控制两种模式,国内已经采用的 ATS 子系统以集中控制模式为主。分散控制模式的特点是列车运行图的管理及列车进路、列车运行状况的监视由控制中心负责,而列车进路的控制则由车站计算机完成。

ATS 子系统针对一些小延误的自动恢复已经有一定的策略,这大大解放了调度人员的工作强度,但目前针对长时间延误的恢复能力还十分有限。ATS 子系统的进一步发展是列车运行调整的高度智能化,要求计算机能判断(或预见)某些可能的冲突(如敌对进路的干扰、延误后的列车之间的干扰等),并结合线路或网络上的客流特征和变化趋势,及时采取措施和调整发车时刻、调整运行等级(速度)、调整间隔、调整停站时间等,从而使延误的影响最小化。

三、ATO 子系统

ATO 子系统主要用于实现"地对车的控制",即用地面信息实现对列车驱动、制动的控制。ATO 子系统可以使列车经常处于最佳的运行状态,避免了不必要的、过于剧烈的加减速,从而显著提高旅客的舒适度和列车的准点率,减少轮轨磨耗。另外,通过与列车再生制动配合,还可以有效节省牵引能耗。

ATO 子系统的优点是可缩短列车间隔,提高线路的利用率和行车的安全可靠性。ATO 子系统的功能包括:控制列车在允许速度下运行,并自动调整列车的行驶速度;列车在区间或站外停车后,一旦信号开放,即可自动启动;系统控制列车到达站台的最佳制动,使列车停在预定目标点;停站结束,保证车门关闭后,列车能自动启动;在具备自动折返功能的折返站,还可以自动折返。

ATO 子系统由轨旁设备和车载设备组成。ATP 是 ATO 的基础,ATO 不能脱离 ATP 单独工作,ATO 是 ATP 的发展和技术延伸。

四、列车驾驶模式

ATC 系统中,列车的驾驶模式有五种,见表 17-2。

表 17-2　ATC 列车驾驶模式

编号	名称	简称	说明	运用
1	列车自动运行驾驶模式	ATO 模式 AM 模式	列车所有运行指令由车载设备发出,运行过程完全由车辆自动控制,司机只负责监视 ATO 显示,监督车站发车和关闭车门,必要时可以人工介入	日常正线运营的常用模式

(续表)

编号	名称	简称	说明	运用
2	列车自动防护驾驶模式	SM 模式 CM 模式 ATPM 模式	ATP 监控人工驾驶,是一种受保护的人工驾驶模式。司机根据驾驶室中的指示手动驾驶列车,ATP 根据给定的速度曲线连续监督列车运行,当列车超速时将产生紧急制动	常在 ATO 故障时(但 ATP 功能正常)的降级运营,或为了提高驾驶员驾驶技能特意降级
3	限制人工驾驶模式	RM 模式	即 ATP 限制允许速度的人工驾驶模式,是一种受约束的人工操作,必须"谨慎运行"。列车由司机根据轨旁信号进行控制,ATP 仅监督允许的最大限速值	列车在车辆段范围内运行(试车线例外),或联锁、轨道电路、ATP 设备故障及列车紧急制动后运行
4	非限制人工模式	关断模式 URM 模式 IS 模式 BY 模式	不受限制的人工驾驶(无 ATP 监督),用于车载设备故障以及车载设备测试情况下完全关断时的列车驾驶。列车由司机根据轨旁信号和调度员的命令驾驶,没有速度监督。司机必须保证列车运行不超过限制速度(如最高 25 km/h)	车辆 ATP 设备故障或联锁故障后采用降级的行车组织办法时使用
5	自动折返模式	AR 模式 STBY 模式 SH 模式	列车在站端(设有折返轨道的终端)调转行车方向或使用折返轨道进行折返作业。自动折返模式有三种:ATO 自动运行折返模式、ATO 无人自动折返模式和 ATP 监督人工驾驶折返模式	在设有自动折返功能的折返站采用

以上五种基本运行模式,在满足一定的条件后可以相互转换,但必须符合相关规定。

五、全自动驾驶系统

全自动驾驶系统是实现更高自动化等级的 CBTC 系统。根据 ICE 62290 中城市轨道交通列车运行控制系统的自动化等级(Grade of Automation,GoA)的定义,CBTC 系统的自动化程度包括 GoA0—GoA4 五个等级,每个等级的功能要点见表 17-3。

表 17-3 列车运行控制系统自动化等级

功能		目视行车	无自动行车	半自动行车	无人驾驶行车	无人值守行车
		GoA0	GoA1	GoA2	GoA3	GoA4
保证列车安全运行	保证安全进路	×①	√	√	√	√
	保证列车安全间隔	×	√	√	√	√
	保证安全速度	×	×②	√	√	√
驾驶列车	控制加速和制动	×	×	√	√	√
监控线路	防止碰撞障碍物	×	×	×	√	√
	防止碰撞轨道上的人员	×	×	×	√	√

(续表)

功能		目视行车	无自动行车	半自动行车	无人驾驶行车	无人值守行车
		GoA0	GoA1	GoA2	GoA3	GoA4
监控乘客上下车	控制乘客通过的门	×	×	×	×	√
	防止人员在每节车之间或在列车和站台之间通过时受伤	×	×	×	×	√
	保证安全启动条件	×	×	×	×	√
运行列车	投运或停运列车	×	×	×	×	√
	监控列车状态	×	×	×	×	√
保证紧急情况的检测和管理	检测火灾/烟雾,检测脱轨,检测列车完整丢失,管理乘客请求(呼叫、逃生、监控)	×	×	×	×	√③

注:×表示由运营人员执行(也可通过列车运行控制系统);√表示由列车运行控制系统执行。

① 道岔控制由系统执行。
② 部分由系统执行。
③ 运营人员在控制中心。

在 GoA3 等级下,列车正常运行时使用有人值守的全自动运行(Driverless Train Operation,DTO)模式,列车运行时不需要司机的任何驾驶操作,列车可实现包括自动启动、车门自动开关、自动停站、远程休眠/唤醒、列车电喇叭远程控制、列车救援远程控制、逃生门远程控制等功能。该模式需要车载值守人员,且应在车头位置监督列车运行前方是否有障碍物,如线路地下越江段是否有大面积渗水、线路地下折返线与正线隔离墙是否坍塌、台风季节线路高架段是否有不明物体坠落、列车运行过程中是否脱轨等。值得注意的是,全自动运行模式往往配置自动化车辆段或停车场。

在 GoA4 等级下,列车正常运行时使用无人值守的全自动运行(Unattended Train Operation,UTO)模式,运营过程中列车上没有任何工作人员,信号系统不仅要实现列车正常和故障运行时的全自动控制,还应至少具备轨道障碍物自动检测、站台门和车门之间人员自动检测,以及列车客室内火灾和水浸自动检测等一系列涉及乘客人身安全的防护功能,同时还须提供列车乘客与中央调度员的紧急通信功能,以应对其他可能存在的安全风险。

DTO 和 UTO 模式下的城市轨道交通系统都称为全自动运行(Fully Automatic Operation,FAO)系统。

第十八章

列车运行图要素

第一节 概 述

列车运行图虽然有各种不同类型,但它总是由一些基本要素所组成。因此,在编制列车运行图之前,必须首先确定组成列车运行图的各项基本要素。列车运行图的分类是研究列车运行图的特殊性,而列车运行图的要素则是研究列车运行图的共性。

列车运行图要素包括:列车区间运行时分,列车在中间站的停站时间,机车在基本段和折返段所在站的停留时间标准,列车在技术站、客运站和货运站的技术作业时间标准,车站间隔时间和追踪列车间隔时间等。不同类型的轨道交通列车运行图在要素的具体组成上略有差异,但总体基本一致。

列车运行图要素的实质是把整个列车运行过程按空间或时间上衔接的特征划分为若干个单项作业。在空间关系上,把列车运行过程划分为列车在区间运行、列车进站停车、列车起动出站、列车停站和列车折返等单项作业;在时间关系上,分别确定每一个单项作业的开始时间、终了时间和延续时间。决定单项作业时间的主要因素有:① 移动设备和固定设备的技术条件;② 作业人员数量;③ 作业的质量要求;④ 环境条件。

一、列车区间运行时分

列车区间运行时分是指列车在两个相邻车站或线路所之间的运行时间标准,它通过牵引计算和列车试运行相结合的方法进行确定。计算确定列车区间运行时分的基本参数是区间距离,运行速度,加、减速度及线路的平、纵断面条件等。

列车区间运行时分的区间距离按车站中心线或线路所通过信号机之间的距离计算。当到发场中心线与车站中心线不一致时,按到发场中心线计算(图 18-1)。由于上、下行方向线路的平面和纵断面条件及列车运行速度的不同,区间运行时分应按上、下行方向和各种列车分别确定。

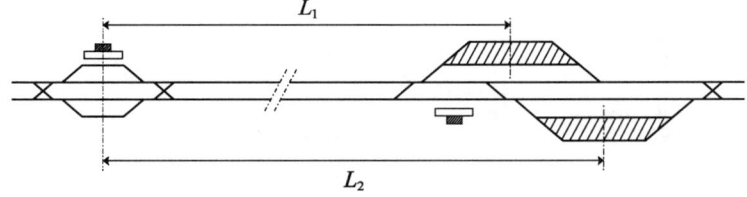

图 18-1 计算车站或线路所间列车运行时分距离图

此外，列车区间运行时分还应根据列车在每一区间的两个车站上不停车通过和停车两种情况分别确定。列车不停车通过两个相邻车站所需的区间运行时分称为纯运行时分。因列车到站停车和列车起动出站而增大的区间运行时分与纯运行时分之差称为停车附加时分和起动附加时分。起动、停车附加时分应根据机车或动车组类型、列车重量以及进、出站线路的平、纵断面条件进行确定（图 18-2）。

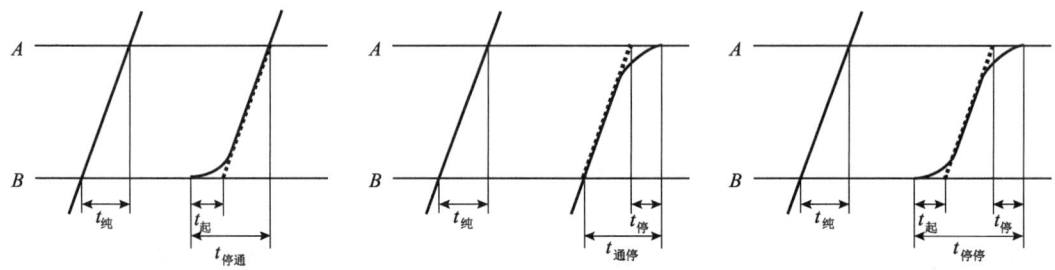

图 18-2　纯运行时分与起停附加时分

不同轨道交通制式的起停附加时分有较大差异，表 18-1 所列为我国铁路常用的几类起停附加时分标准。

表 18-1　我国铁路常用的几类起停附加时分标准

列车类型	起动附加时分/min		停车附加时分/min	
	通常范围	常用	通常范围	常用
动车组（$v \geqslant 350$ km/h）	2~3	3	2~3	3
动车组（250 km/h $\leqslant v <$ 350 km/h）	2~3	3	1~2	2
动车组（200 km/h $\leqslant v <$ 250 km/h）	1~2	2	1~2	2
普速旅客列车	1~2	2	1~2	1
普速货物列车	2~3	3	1~2	2

为了提高列车运行的可靠性，区间运行时分中可增加一定的缓冲时间。缓冲时间的设定有三个目的（图 18-3）：第一，防止或减少列车在区间由于列车故障或外部因素干扰而造成的列车延误；第二，吸收列车在进入区间前已经发生的延误；第三，节省能耗。当列车有一定的缓冲时间时，列车在区间可以保持更短时间的最大运行速度，保持较长时间的惰行状态。

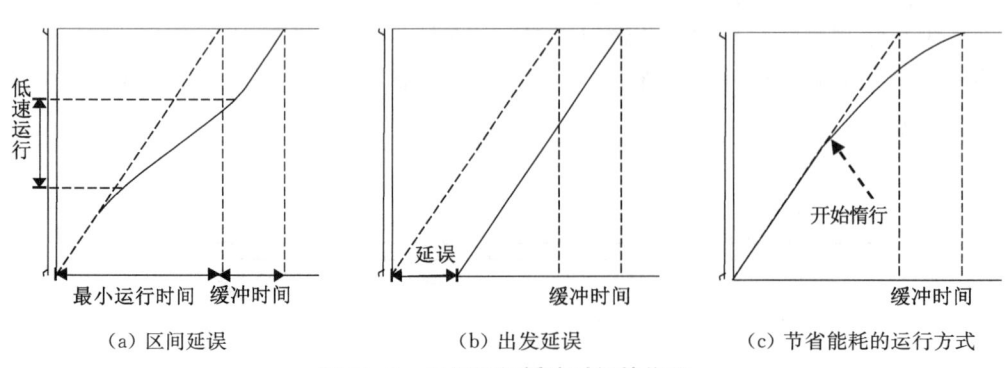

(a) 区间延误　　　　　　　　(b) 出发延误　　　　　　　　(c) 节省能耗的运行方式

图 18-3　区间运行缓冲时间的作用

二、列车在中间站的停站时间

列车在中间站的停站时间由下列原因产生：

(1) 进行必要的技术作业，如摘挂机车、试风和列车技术检查、机车乘务组和车长换班等。

(2) 客货运作业，如旅客乘降，行李、包裹和邮件装卸，车辆摘挂，货物装卸等。

(3) 列车在中间站的会车和越行。

摘挂机车作业在采用补机地段的起点站和终点站上进行。列车在中间站的技术检查和试风，一般在长大下坡道之前的车站上进行。当牵引区段较长，机车乘务组和车长的连续工作时间超过规定标准时，要采用中途换班方式。

客货运作业停站时间应根据各种列车的不同需要分别规定。对旅客列车规定旅客乘降，行李、包裹和邮件装卸所需的停站时间；对摘挂列车规定摘挂车辆、取送车及不摘车装卸作业所需的停站时间。

列车进行技术作业和客货运作业的时间标准，由每一车站采用分析计算和实际查定相结合的方法分别确定。列车在中间站的各项作业应尽可能地平行进行。在满足实际需要的前提下，应最大限度地缩短列车的停站时间，以提高列车的旅行速度。

在高速铁路上，列车中间站停站主要是旅客乘降作业，其作业项目及时间标准见表 18-2。

表 18-2　动车组列车停站作业项目及时间标准

作业项目	时间/s
① 列车停稳至车门完全打开	10
② 旅客上下车	18～60
③ 列车长通知司机(随车机械师)关门	6
④ 司机(随车机械师)触发关门按钮，车门关闭，司机确认车门关闭	10
⑤ 司机确认信号、起动列车	15
合计	59～101
通常取值	120

在城市轨道交通上，列车在车站的停站作业项目及时间标准见表 18-3。

表 18-3　城市轨道交通列车停站作业项目及时间标准

作业项目	时间/s
① 列车停稳至车门完全打开	5
② 车门完全打开至屏蔽门完全打开	1
③ 乘客完成上下客作业	10～25[①]
④ 乘客上下车结束至车门蜂鸣器响	0[②]
⑤ 关车门蜂鸣器响至车门完全关闭	4

（续表）

作业项目	时间/s
⑥ 车门完全关闭至屏蔽门完全关闭	1
⑦ 车门与屏蔽门完全关闭至列车起动	2 或 15③
建议取值	20～50④

注：① 该时间与车门处上下车人数和上下车速度有关，在时间与空间上的差异性比较大，最终的时间取决于耗时最长的车门。
② 在高峰期列车计划停站时间小于实际停站时长，或者列车发生延误时，乘客上下车一结束就会立即关门。但是，在平峰期或者计划停站时间比较长的时候，乘客上下车结束后，还未到计划的发车时间，车门仍保持开着的状态，该时间会有所延长。
③ 在无人值守的全自动运行(UTO)线路上，该时间取决于ATC系统的安全确认时间，约为2 s。在司机操作开关车门的线路上，司机需要完成一定的标准作业流程，约为15 s。
④ 受不同车站在不同方向和不同时段上客流的差异性影响，通常运行图的停站时间分车站、分时段和分上下行单独定义。

三、机车在基本段和折返段所在站的停留时间标准

机车在基本段和折返段所在站办理必要作业所需的最小时间，称为机车在基本段和折返段所在站的停留时间标准，该项停留时间标准取决于机车的运用方式。

铁路机车的基本运用方式有如下几种：

（1）肩回运转制交路。机车担当与基本段相邻区段的列车牵引任务。除了需进折返段整备外，机车每次返回基本段所在站时，也需入段作业，如图18-4(a)所示。

（2）半循环运转制交路。机车担当与基本段相邻两个区段的列车牵引任务，除了需进折返段整备外，机车第一次返回基本段所在站时不入段，继续牵引列车向前方区段运行，到第二次返回基本段所在站时，才入段进行整备作业，如图18-4(b)所示。

（3）循环运转制交路。机车担当与基本段相邻两个区段的列车牵引任务，除了需进折返段整备及因中间技术检查需入基本段外，每次返回基本段所在站，都在车站上进行整备作业，如图18-4(c)所示。

（4）环形运转制交路。机车在一个区段或枢纽内担当两个及以上往返的列车牵引任务之后，才入段进行整备作业，机车不需要转向，如图18-4(d)所示。这种交路适用于担当市郊列车和小运转列车的牵引任务。

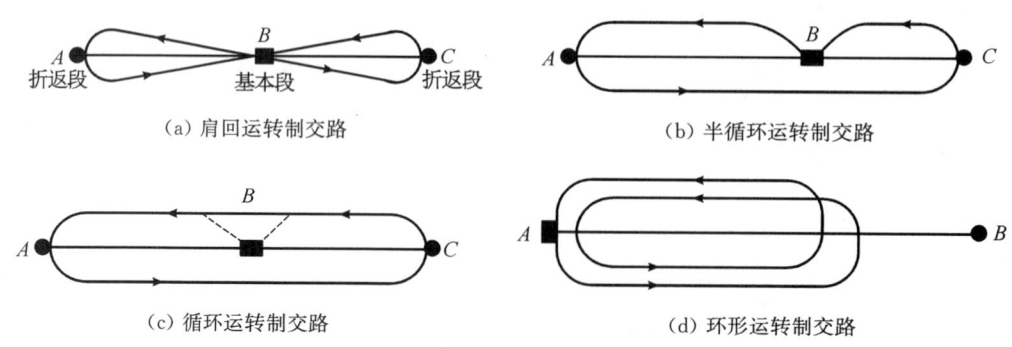

图 18-4　铁路机车的基本运用方式

机车在折返段所在站应办理的作业有：在到发线上的到达作业，包括到达试风、摘机车、准备机车入段进路等；机车入段走行；机车在段内作业；机车出段走行；在到发线上的出发作业，包括挂机车、出发试风等。综合以上各项作业所需时间，便可得出机车在折返段所在站的停留时间标准。如图 18-5 所示，10001 次列车机车自到达折返段所在站时起至牵引 10004 次列车出发时止，在该站的停留时间（包括在段内的停留时间）为

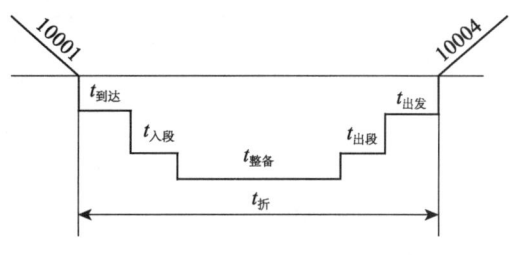

图 18-5　机车在折返段所在站作业过程

$$t_{折} = t_{到达} + t_{入段} + t_{整备} + t_{出段} + t_{出发} \quad (\text{min}) \tag{18-1}$$

以上各项作业时间可根据分析计算和查定相结合的方法确定。综合各项作业所需时间，便可得出机车在折返段所在站的停留时间。当在基本段所在站上不采用循环运转制时，机车也需要办理上述各项作业，并且整备作业要更加细致，因而整备时间也要更长一些。在编制列车运行图前，机务部门必须对每一牵引区段的机车分别查定办理各项作业的时间标准，并规定机车在基本段和折返段所在站的停留时间标准。以某铁路局为例，常用的机务作业时间标准见表 18-4。

表 18-4　常用的机务作业时间标准　　　　　　　　　　　　　　　单位：min

类型	同向换挂作业	对向换挂作业	同一机车在站换向换挂	普速机车乘务员换乘作业
内燃机车	12	11	18	6
电力机车	15	12	18	6
直供电车底机车	—	—	23	—

四、列车在技术站和客货运站的技术作业时间标准

为了保证车站与区段工作协调，必须编制与车站技术作业过程相匹配的列车运行图。因此，在编制列车运行图时，要采用技术站、客货运站技术作业过程的主要作业时间标准，具体包括：

（1）在到发车场内办理各种列车技术作业的时间标准。
（2）在驼峰或牵出线上解体和编组车列的时间标准。
（3）旅客列车车底在配属段、折返段所在站的停留时间标准。
（4）货运站办理整列或成组装卸作业的时间标准。

上述技术作业时间标准，一般应根据《站细》确定。以某铁路局为例，常用的旅客列车和货物列车技术作业时间标准见表 18-5 和表 18-6。

表 18-5　常用的旅客列车技术作业时间标准　　　　　　　　　　　　　　单位：min

类型	始发客运作业	终到客运作业	站内折返作业	车站加水作业	办客作业	车站吸污作业	发电车在站加油作业
普速旅客列车	30，20（无行包、邮政作业）	20	60（有卧铺作业），40（无卧铺作业）	6	3	10	10
动车组列车	12	12	12~20	6	2	15	—

表 18-6　常用的货物列车技术作业时间标准　　　　　　　　　　　　　　单位：min

类型	始发作业	到达作业	无调中转作业	有调中转作业	附加摘、挂机车作业	在编组站的整备作业
普通货物列车	25	35	25~35（依据《站细》规定）	30~40（依据《站细》规定）	各 2	—
快速货物列车	25	35	15	25	各 2	240

五、列车折返时间

列车折返时间是指列车在车站进行折返作业的时间总和。折返作业包括到达、作业和出发三个过程，如图 18-6 所示。

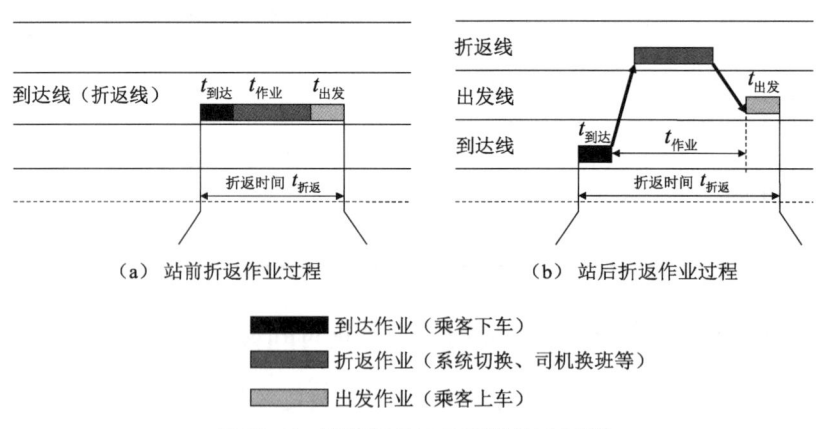

（a）站前折返作业过程　　　　　（b）站后折返作业过程

■ 到达作业（乘客下车）
■ 折返作业（系统切换、司机换班等）
■ 出发作业（乘客上车）

图 18-6　站前与站后折返的作业图解

因此，折返作业时间的计算公式为

$$t_{折返} = t_{到达} + t_{作业} + t_{出发} \quad (s) \tag{18-2}$$

式中　$t_{到达}$——乘客下车需要花费的时间，包括列车门/站台门的动作时间，s；
　　　$t_{作业}$——列车在折返站进行技术作业花费的时间，包括列车和司机的换端作业时间、一定的缓冲时间等，站后折返时，还包括了列车进出折返线的作业时间，s；
　　　$t_{出发}$——乘客上车需要花费的时间，包括列车门/站台门的动作时间，s。

需要说明的是,通常情况下站前折返过程中上述三个作业过程可以同时进行。在城市轨道交通系统中,站前和站后折返都较为常用,但在铁路系统中,站后折返较少采用。以某铁路局和某地铁为例,常用的折返作业时间标准见表 18-7。

表 18-7　常用的折返作业时间标准　　　　　　　　　　　　　　　　　　单位: min

类型	站前折返	站后折返
高铁动车组	12(8 辆编组),15~20(≥16 辆编组)	—
城市轨道交通动车组	1.5~3	3.5~5

第二节　车站间隔时间

车站间隔时间是指在车站上办理两列车的到达、出发或通过作业所需的最小间隔时间。当车站存在列车运行的敌对进路时,两列车的接或发必须依次进行,因此需要计算确定车站间隔时间。在计算确定车站间隔时间时,应遵守有关规章的规定及车站技术作业时间标准,以保证行车安全和有效利用区间通过能力。

车站间隔时间与车站信号和联锁设备类型,车站邻接区间行车闭塞方法,车站类型,接近车站线路的平、纵断面情况,机车类型,列车运行速度,列车重量和长度,车站办理作业时间等因素有关。在编制新列车运行图之前,每个车站都应根据具体条件,确定各种车站间隔时间。

一、相对方向列车不同时到达间隔时间($\tau_{不}$)

单线区段,自某一方向的列车到达车站时起,至相对方向列车到达或通过该站时止的最小间隔时间,称为相对方向列车不同时到达间隔时间 $\tau_{不}$。$\tau_{不}$ 有前一列停车、后一列通过和两列均停车两种形式,如图 18-7 所示。

为确保行车安全,在进站信号机外制动距离内进站方向为超过《技规》规定的下坡道,而接车线末端又无隔开设备的车站,禁止办理相对方向同时接车。凡不能办理相对方向同时接车的车站,由相对方向到站的两列车必须保持必要的 $\tau_{不}$。

为了提高货物列车的旅行速度,除上、下行列车在同一车站上都有作业需要停站以外,原则上应使交会的两列车中的一列通过车站,因此在运行图上较常采用的是前一列停车、后一列通过的 $\tau_{不}$。

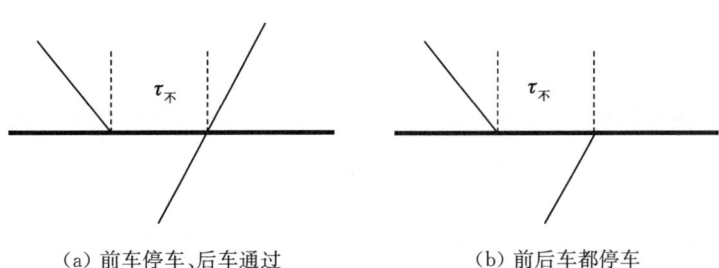

(a) 前车停车、后车通过　　　　(b) 前后车都停车

图 18-7　相对方向列车不同时到达间隔时间

$\tau_{不}$根据如下条件确定：

(1) 只有在第一列车到达车站，且为对向列车准备好接车进路以后，才能给对向列车开放进站信号。

(2) 进站信号开放时，对向列车头部在进站信号机外方所处的位置，应等于一个制动距离及司机确认信号显示时间内所通过的距离之和，如图 18-8 所示。

因此，$\tau_{不}$由两部分组成：第一部分为第一列车到达车站后，车站为对向列车开放进站或通过进路的作业时间 $t_{作业}$；第二部分为对向列车经过进站距离的时间 $t_{进}$。据此，$\tau_{不}$计算公式为

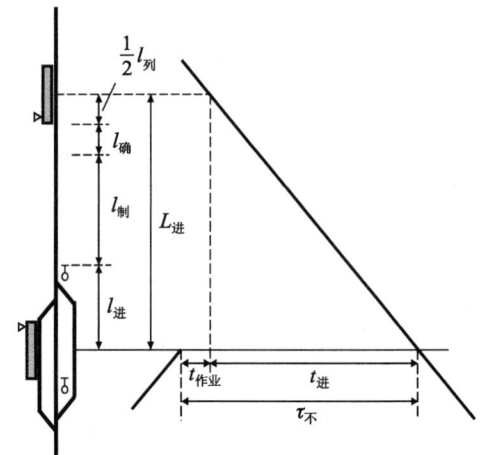

图 18-8　不同时到达间隔时间计算原理

$$\tau_{不} = t_{作业} + t_{进} = t_{作业} + 0.06 \times \frac{L_{进}}{v_{进}} \quad (\min) \tag{18-3}$$

$$L_{进} = \frac{1}{2} l_{列} + l_{确} + l_{制} + l_{进} \quad (m) \tag{18-4}$$

式中　$t_{作业}$——车站为对向列车开放进站或通过进路的作业时间，min；

0.06——单位换算系数，即 1 m/min=0.06 km/h；

$v_{进}$——列车平均进站速度，km/h；

$l_{列}$——列车长度，m；

$l_{确}$——司机确认进站信号显示状态时间内列车运行距离，m；

$l_{制}$——列车制动距离或由预告信号机至进站信号机的距离，m；

$l_{进}$——进站信号机至车站中心线的距离，m。

由于车站两端的 $l_{进}$ 和 $v_{进}$ 不同，因此每一车站必须对上、下行列车分别查定其 $\tau_{不}$。车站办理必要作业所需时间，根据各站信联闭设备条件及其作业内容查定。

二、相对方向列车会车间隔时间（$\tau_{会}$）

在单线区段，自某一方向的列车到达或通过车站时起，至由该站向同一区间发出另一对向列车时止的最小间隔时间，称为相对方向列车会车间隔时间 $\tau_{会}$。$\tau_{会}$有前一列通过、后一列出发和前一列停车、后一列出发两种形式，如图 18-9 所示。

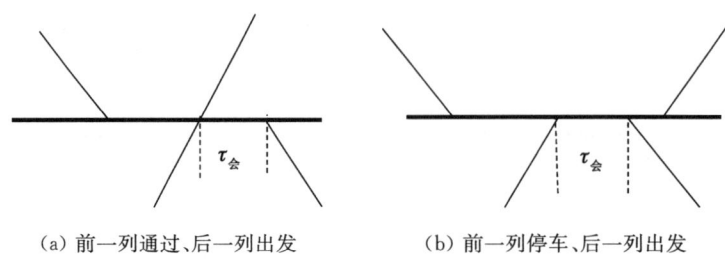

(a) 前一列通过、后一列出发　　　(b) 前一列停车、后一列出发

图 18-9　相对方向列车会车间隔时间

$\tau_{会}$是车站为出发列车准备发车进路、办理闭塞、开放出站信号等作业时间，根据各站信联闭设备条件及其作业内容查定。

三、同方向列车连发间隔时间($\tau_{连}$)

在站间闭塞区段，从列车到达或通过前方车站时起，至由车站向该区间再发出另一同方向列车时止的最小间隔时间，称为同方向列车连发间隔时间 $\tau_{连}$。$\tau_{连}$有两种类型、四种形式。两种类型根据后行列车在后方站通过或停车进行划分，四种形式分别为：

(1) 后行列车在后方站通过，前行列车在前方站通过，如图 18-10(a)所示。

(2) 后行列车在后方站通过，前行列车在前方站停车，如图 18-10(b)所示。

(3) 后行列车在后方站停车，前行列车在前方站通过，如图 18-10(c)所示。

(4) 后行列车在后方站停车，前行列车在前方站停车，如图 18-10(d)所示。

(a) 前通后通　(b)前停后通　(c)前通后停　(d)前停后停

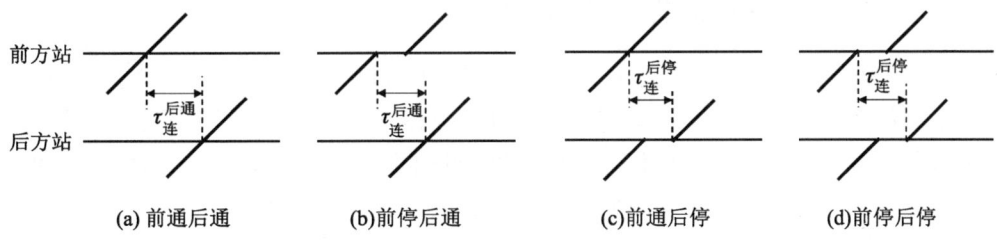

图 18-10　同方向列车连发间隔时间

后行列车在后方站通过类型的 $\tau_{连}$($\tau_{连}^{后通}$)由两部分组成(图 18-11)：第一部分为后方站为后行列车准备接车进路、办理闭塞和开放信号等作业时间 $t_{作业}$；第二部分为后行列车通过后方站进站距离的时间 $t_{进}$。据此，连发间隔时间计算公式为

$$\begin{aligned}\tau_{连}^{后通} &= t_{作业} + t_{进} \\ &= t_{作业} + 0.06 \times \frac{L_{进}}{v_{通}} \\ &= t_{作业} + 0.06 \times \frac{\frac{1}{2}l_{列} + l_{确} + l_{制} + l_{进}}{v_{通}} \quad (\text{min})\end{aligned} \tag{18-5}$$

式中，$t_{作业}$为后方站为后车开放通过进路的作业时间，min。

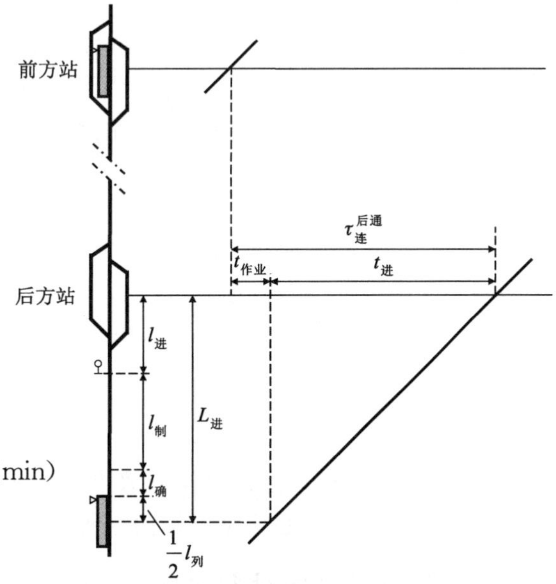

图 18-11　两列车通过前、后两个车站时的连发间隔计算原理

后行列车在后方站停车类型的 $\tau_{连}$($\tau_{连}^{后停}$)是后方站为出发列车准备发车进路、办理闭塞和开放出站信号等作业时间。

通过对 $\tau_{连}$ 组成内容的分析可以看出，$\tau_{连}^{后通}$ 的组成内容与 $\tau_{不}$ 基本相同。但必须注意，

$\tau_{连}$是发生在前、后两个车站上,而不同时到达间隔时间 $\tau_{不}$ 和会车间隔时间 $\tau_{会}$ 却是发生在同一个车站上。

四、同方向列车不同时到发间隔时间($\tau_{到发}$)

自某方向列车到达车站时起,至该站发出另一列同方向列车时止的最小间隔时间,称为同方向列车不同时到发间隔时间 $\tau_{到发}$,如图 18-12 所示。

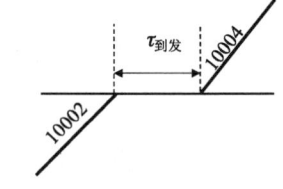

图 18-12 同方向列车不同时到发间隔时间

凡禁止办理同时接发同方向列车的车站,都必须计算确定 $\tau_{到发}$。在计算确定 $\tau_{到发}$时,必须遵守以下条件:在列车全部到达并停在警冲标内方以后,另一个同方向列车才可以从该站出发。根据以上条件,$\tau_{到发}$是车站为出发列车准备发车进路、办理闭塞、开放出站信号等作业时间。

五、同方向列车不同时发到间隔时间($\tau_{发到}$)

在站间闭塞线路,部分车站禁止同时办理同方向列车接发作业。自列车从车站发出时起,至另一同方向列车到达车站时止的最小间隔时间,称为同方向列车不同时发到间隔时间 $\tau_{发到}$,如图 18-13 所示。在计算确定 $\tau_{发到}$时必须遵守以下条件:在第一列车全部通过出发进路中的最后出站道岔以及车站办理有关作业之后,将要进站的另一同方向列车应位于该站进站信号机外一定距离的位置。

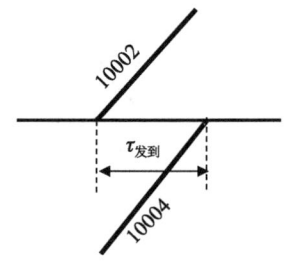

图 18-13 同方向列车不同时发到间隔时间

根据以上条件,不同时发到间隔时间由三部分组成(图 18-14):第一部分为出发列车通过出站距离时间 $t_{出}$;第二部分为到达列车准备接车进路、开放信号等作业时间 $t_{作业}$;第三部分为到达列车通过进站距离的时间 $t_{进}$。因此,同方向列车不同时发到间隔时间计算公式为

$$\left.\begin{aligned}\tau_{发到}&=t_{出}+t_{作业}+t_{进}=t_{作业}+0.06\times\left(\frac{L_{出}}{v_{出}}+\frac{L_{进}}{v_{进}}\right)\quad(\min)\\ L_{出}&=l_{出}+\frac{1}{2}l_{列}\quad(\mathrm{m})\\ L_{进}&=\frac{1}{2}l_{列}+l_{确}+l_{制}+l_{进}\quad(\mathrm{m})\end{aligned}\right\} \quad (18\text{-}6)$$

式中 $t_{作业}$——车站为到达列车开放进站进路的作业时间,min;
$l_{出}$——车站中心线至出站信号机的距离,m。

六、敌对进路相对方向列车不同时到发间隔时间($\tau_{敌到发}$)

在双线区段,自某方向列车到达(或通过)车站时起,至该站发出另一相对方向列车时止的最小间隔时间,称为敌对进路相对方向列车不同时到发间隔时间 $\tau_{敌到发}$,如图 18-15 所示。

凡列车进站停车(或通过)与另一相对方向出发列车的进路是敌对进路时,都必须计算

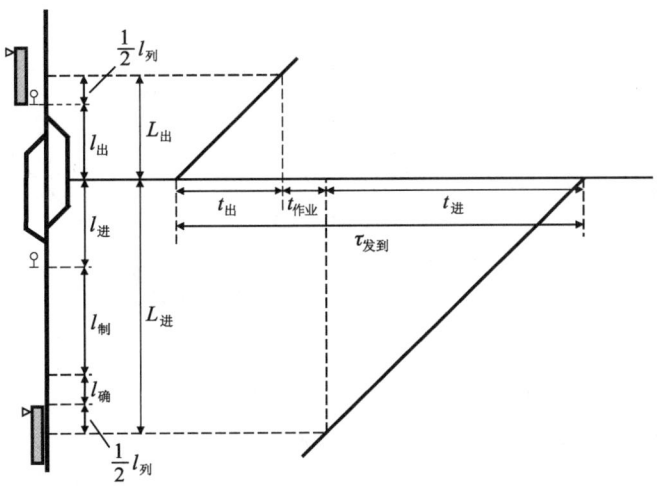

图 18-14　同方向列车不同时发到间隔时间计算原理

$\tau_{敌到发}$。在计算确定 $\tau_{敌到发}$ 时必须遵守以下条件：在前行列车到达并停稳后，另一相对方向列车才可以从该站出发。根据以上条件，$\tau_{敌到发}$ 是车站为出发列车准备发车进路、办理闭塞、开放出站信号等作业时间。

图 18-15　敌对进路相对方向列车不同时到发间隔时　　图 18-16　敌对进路相对方向列车不同时发到间隔时间

七、敌对进路相对方向列车不同时发到间隔时间（$\tau_{敌发到}$）

在有敌对进路的车站，例如车站衔接有分歧方向或双线区间到发线设于正线同一侧，自某一列车由车站发出时起至另一相对方向列车到达该站时止的最小间隔时间，称为敌对进路相对方向列车不同时发到间隔时间 $\tau_{敌发到}$，如图 18-16 所示。$\tau_{敌发到}$ 计算确定原理与 $\tau_{发到}$ 基本相同，主要是车站为出发列车准备发车进路、办理闭塞、开放出站信号等作业时间。

$\tau_{敌发到}$ 的计算原理如图 18-17 所示，计算公式见式(18-7)。

$$\left.\begin{aligned}\tau_{敌发到} &= t_{出} + t_{作业} + t_{进} = t_{作业} + 0.06 \times \left(\frac{L_{出}}{v_{出}} + \frac{L_{进}}{v_{进}}\right) \quad (\text{min}) \\ L_{出} &= l_{出} + \frac{1}{2}l_{列} \quad (\text{m}) \\ L_{进} &= \frac{1}{2}l_{列} + l_{确} + l_{制} + l_{进} \quad (\text{m})\end{aligned}\right\} \quad (18\text{-}7)$$

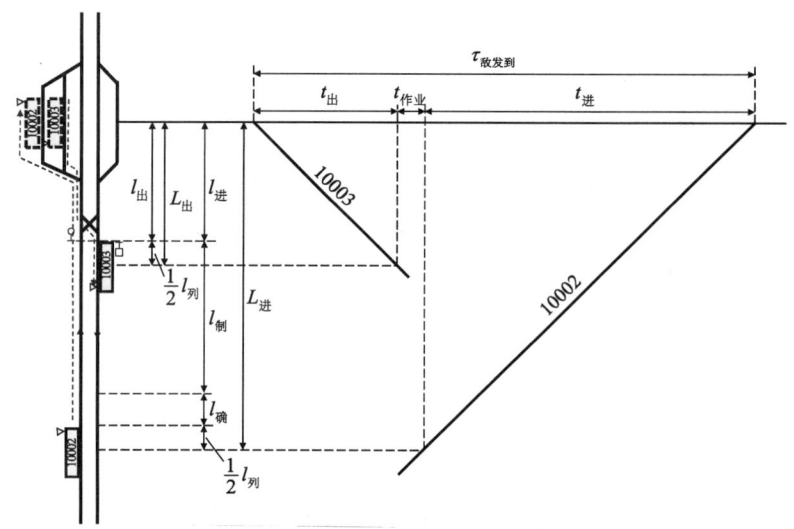

图 18-17 敌对进路相对方向列车不同时发到间隔计算原理

八、相对方向列车不同时通过间隔时间($\tau_{不通}$)

在连接单、双线区间的车站(或线路所)上,为使两个相对方向的列车在双线区间交会,自单线区间向双线区间运行的列车不停车通过车站(或线路所)时起,至双线区间向单线区间运行的列车不停车通过该站(或该线路所)时止的最小间隔时间,称为相对方向列车不同时通过间隔时间 $\tau_{不通}$,如图 18-18 所示。

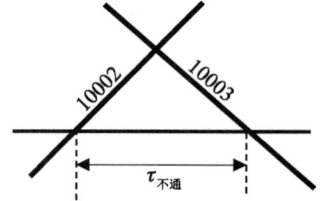

图 18-18 单、双线区段相对方向列车不同时通过车站的间隔时间

$\tau_{不通}$ 由两部分组成:第一部分为第一列车通过车站中心线后车站为对向列车开放通过进路的作业时间 $t_{作业}$;第二部分为对向列车经过进站距离的时间 $t_{进}$。

九、车站间隔时间查定方法

在我国铁路系统中,车站间隔时间由各铁路局负责组织查定。各种类型的车站间隔时间的数值应以图表表示出车站配线图、信联闭设备情况及车站办理列车到达、出发和通过作业的程序和时间,并据此填制车站间隔时间汇总表。以某铁路局为例,常用的车站间隔时间标准见表 18-8。

表 18-8 车站间隔时间标准参考   单位:min

间隔类型	$\tau_{不}$	$\tau_{会}$	$\tau_{连}^{后停}$	$\tau_{连}^{后通}$	$\tau_{不通}$	$\tau_{到发}$	$\tau_{发到}$	$\tau_{敌到发}$	$\tau_{敌发到}$
时间标准	4	2(1*)	2	4	4(客客),5(其他)	2~3	7~9	2~3	7~9

注:* 表示部分能力紧张区间 $\tau_{会}$ 可以取 1 min。

第三节 追踪列车间隔时间

在自动闭塞区段或线路的同一区间内,同方向运行的两列车以闭塞分区为间隔运行,称为追踪运行。追踪运行的两列车在运行过程中相互不受干扰的最小间隔时间称为追踪列车间隔时间 I,如图 18-19 所示。影响追踪列车间隔时间的因素主要有:列车追踪运行的间隔距离,列车运行速度,信号、联锁、闭塞设备类型,接近车站线路的平、纵断面情况等。对城市轨道交通而言,除上述影响追踪列车间隔时间的因素以外,还有列车运行控制方式、车站是否设置配线和列车停站时间等因素。

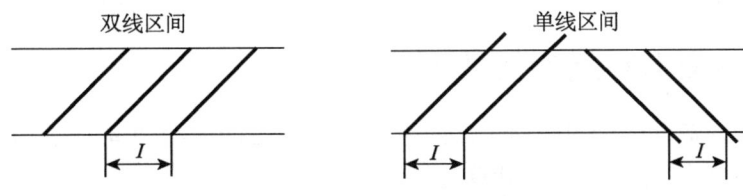

图 18-19 追踪列车间隔时间

在实际运营过程中,如因牵引方式的改变或机型调整而引起的列车重量、长度及运行速度发生变化,需要重新查定追踪列车间隔时间。

对于追踪运行的两列停站方案完全相同的列车,追踪列车间隔时间除了考虑两列车在区间内的追踪间隔时间($I_{追}$)外,还应根据追踪运行的两列车同方向到达、同方向发车及同方向通过三种条件进行计算,然后取其中最大者作为最终确定的追踪列车间隔时间 I,即

$$I = \max\{I_{追}, I_{到到}, I_{发发}, I_{通通}\} \quad (\min) \tag{18-8}$$

式中 $I_{追}$——两列车在区间内的追踪列车间隔时间,min;
$I_{到到}$——车站同方向两列车的到-到间隔时间,min;
$I_{发发}$——车站同方向两列车的发-发间隔时间,min;
$I_{通通}$——车站同方向两列车的通-通间隔时间,min。

对于追踪运行的两列停站方案不同的列车,除应计算 $I_{追}$ 以外,还须根据前后行列车的停站或通过关系,考虑表 18-9 所列的 9 种追踪列车间隔时间。

表 18-9 常用的追踪列车间隔时间

后车 前车	出发	到达	通过
出发	$I_{发发}$	$I_{发到}$	$I_{发通}$

(续表)

后车 前车	出发	到达	通过
到达			
通过			

上述各类间隔的大小与闭塞设备类型关系密切,下面将分别讨论。

一、列车在区间内的追踪间隔时间($I_{追}$)

在同一区间内追踪运行的两列车之间需要保持一定的安全距离,记为 $L_{追}$。若追踪运行的列车运行速度为 $v_{运}$,则 $I_{追}$ 的计算公式为

$$I_{追}=0.06 \times \frac{L_{追}}{v_{运}} \quad (\text{min}) \tag{18-9}$$

其中,$L_{追}$ 与信号制式有关,单位为 m;$v_{运}$ 的单位为 km/h。

1. 三显示自动闭塞区段

在三显示自动闭塞区段,区间内追踪运行的列车原则上应在绿灯信号下向绿灯信号运行,即要求在区间内追踪运行的两列车保持 3 个闭塞分区的安全间隔,如图 18-20 所示。因此,$L_{追}$ 的计算公式为

$$L_{追}=l_{列}+3l_{分区} \quad (\text{m}) \tag{18-10}$$

式中　$l_{列}$——列车长度,m;

　　　$3l_{分区}$——三个闭塞分区长度之和,m,由于各闭塞分区长度各有不同,这里是指 3 个闭塞分区长度之和,实际计算中需根据区段内连续 3 个闭塞分区长度之和的最大组合进行计算。后文表述相同。

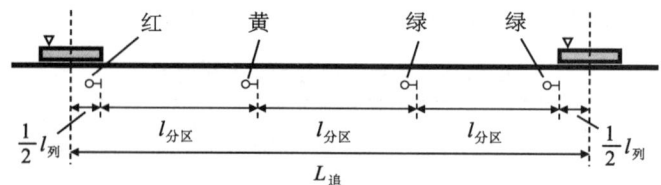

图 18-20　三显示自动闭塞区间内向绿灯追踪运行时的间隔距离

此时,追踪列车间隔时间 $I_{追}^{绿}$ 的计算公式为

$$I_{追}^{绿}=0.06 \times \frac{l_{列}+3l_{分区}}{v_{运}} \quad (\text{min}) \tag{18-11}$$

式中，$I_{追}^{绿}$ 为两列车在区间内向绿灯追踪运行时的追踪列车间隔时间，min。

但当列车在长大上坡道上运行时，由于运行速度较低，追踪列车间隔时间（$I_{追}^{黄}$）也可以按照前后列车间隔 2 个闭塞分区的条件（图 18-21）来确定，即

$$L_{追} = l_{列} + 2l_{分区} + l_{确} \quad （m） \tag{18-12}$$

式中，$l_{确}$ 为列车司机确认信号过程中列车运行距离，m。

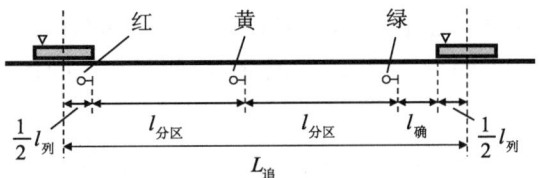

图 18-21　三显示自动闭塞区间内向黄灯追踪运行时的间隔距离

2. 四显示自动闭塞区段

在四显示自动闭塞区段，原则上区间内追踪运行的列车也应在绿灯信号下向绿灯信号运行，即要求在区间内追踪运行的两列车保持 4 个闭塞分区的安全间隔。但为了确保行车安全，也有再设置一个防护闭塞分区的情形。此时，信号显示序列为绿灯、绿灯、黄绿灯、黄灯、红灯、红灯，两列车在区间内追踪运行时应保持 5 个闭塞分区的安全间隔（图 18-22），即

$$L_{追} = l_{列} + 5l_{分区} \quad （m） \tag{18-13}$$

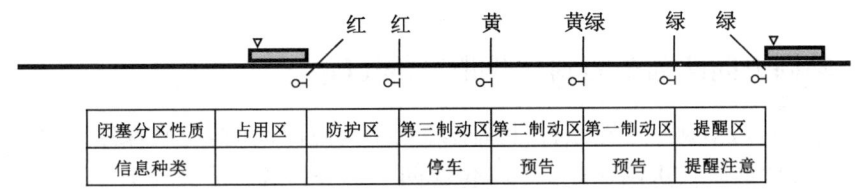

图 18-22　四显示自动闭塞有防护闭塞分区时的区间追踪列车间隔

3. 高速铁路 CTC 区段

对于高速铁路 CTC 区段，列车区间追踪间隔时间以前行列车所在闭塞分区入口附加一定的安全防护距离为追踪目标点，在满足目标制动距离的条件下，后行列车正常运行而必须间隔的最短时间，如图 18-23 所示，计算公式见式(18-14)。

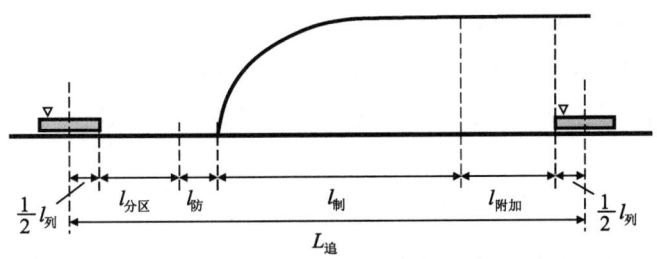

图 18-23　高速铁路 CTC 区段的区间追踪列车间隔距离

$$L_{追} = l_{附加} + l_{制} + l_{防} + l_{分区} + l_{列} \quad (m) \tag{18-14}$$

式中 $l_{附加}$——列车区间追踪运行附加距离；

$l_{制}$——列控车载设备监控制动距离，m；

$l_{防}$——安全防护距离，m，区间为 110 m，车站为 60 m。

4. 移动闭塞区段

对于移动闭塞线路，无固定划分的闭塞分区，列车间隔是动态的，并随前行列车的移动而移动。后续列车以前行列车尾部为追踪的目标点，前后列车的最小间隔等于后行列车的制动距离加上安全距离，如图 18-24 所示。据此，两列车在区间内追踪运行时的追踪列车间隔时间计算公式为

$$L_{追} = l_{列} + l_{制} + l_{安} + l_{信} \quad (m) \tag{18-15}$$

式中 $l_{安}$——安全防护距离，m；

$l_{信}$——速度控制指令传送时间内运行的距离，m。

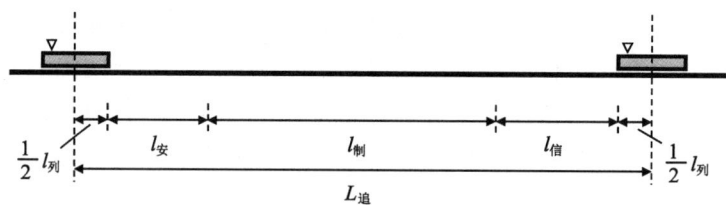

图 18-24 移动闭塞时的区间追踪列车间隔距离

二、车站同方向两列车的到-到间隔时间（$I_{到到}$）

按追踪运行两列车到站停车条件计算追踪列车间隔时间时，应确保第二列车不因站内未准备好接车进路而降低进站速度。$I_{到到}$ 包含两个部分：第一部分为前车到达后车站为后车办理接车进路的时间；第二部分为接车进路办理完毕至后车到达车站的时间。因此，计算公式为

$$I_{到到} = t_{作业} + t_{进} = t_{作业} + 0.06 \times \frac{L_{进}}{v_{进}} \quad (min) \tag{18-16}$$

式中 $t_{作业}$——车站为到达列车开放进站进路的作业时间，min；

$t_{进}$——进站进路办理完毕至列车中心线到达车站中心线的时间，min；

$L_{进}$——进站距离，即从进路开放完毕至列车中心线到达车站中心线的运行距离，m；

$v_{进}$——列车进站过程中经过进站距离的平均速度，km/h。

在三显示自动闭塞区段，$L_{进}$ 的计算方法如图 18-25 所示，即

$$L_{进} = \frac{1}{2} l_{列} + 2 l_{分区} + l_{进} \quad (m) \tag{18-17}$$

式中，$l_{进}$ 为进站信号机至车站中心线的距离，m。

在高速铁路 CTC 区段，根据 CTC 设备的特点，在不考虑延续进路条件下，只要前行列

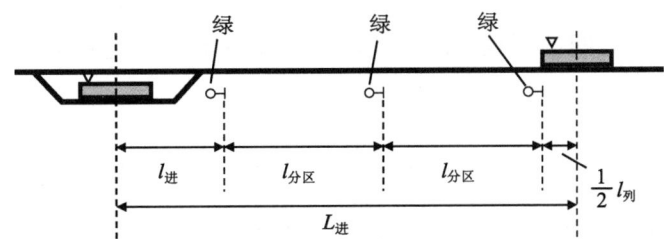

图 18-25　三显示自动闭塞区段车站同方向两列车的到-到间隔距离

车完全进入车站股道进路解锁后,即可办理后行列车的接车进路,所以 $I_{到到}$ 包括办理后行列车到达作业时间和后行列车从监控制动距离运行至站内股道的时间,因此 $L_{进}$ 的计算方法如图 18-26 所示,即

$$L_{进}=l_{制}+l_{防}+l_{咽喉}+l_{列} \quad (\text{m}) \tag{18-18}$$

式中,$l_{咽喉}$ 为车站进站信号机(或出站信号机)至股道反向出站信号机(或反向进站信号机)间的距离,m。

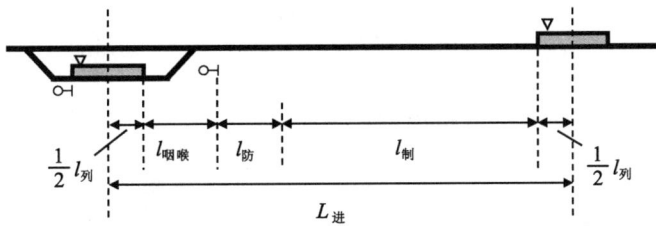

图 18-26　高速铁路 CTC 区段车站同方向两列车的到-到间隔距离

三、车站同方向两列车的到-通间隔时间($I_{到通}$)

与计算 $I_{到到}$ 的原理相同,在计算 $I_{到通}$ 时,需要确保第二列车不因站内未准备好通过进路而降低通过速度。$I_{到通}$ 包含两个部分:第一部分为前车到达后车站为后车办理通过进路的时间;第二部分为通过进路办理完毕至后车通过车站中心线的时间。因此,计算公式为

$$I_{到通}=t_{作业}+t_{进}=t_{作业}+0.06\times\frac{L_{进}}{v_{通}} \quad (\text{min}) \tag{18-19}$$

式中　$t_{作业}$——车站为通过列车开放通过进路的作业时间,min;

$v_{通}$——列车通过车站的平均速度,km/h。

$L_{进}$ 的计算方法与计算 $I_{到到}$ 时的 $L_{进}$ 相同。在三显示自动闭塞区段,$L_{进}$ 的计算公式见式(18-17)。在高速铁路 CTC 区段,$L_{进}$ 的计算公式见式(18-18)。

由于到达列车的进站平均速度 $v_{进}$ 小于通过列车通过车站的速度 $v_{通}$,因此对于同一车站同一类型的列车,有 $I_{到通}<I_{到到}$。

四、车站同方向两列车的发-发间隔时间($I_{发发}$)

按追踪运行两列车从车站出发条件计算追踪列车间隔时间时,应确保第二列车在出站

信号机显示绿灯的条件下出发。$I_{发发}$包含两个部分：第一部分为从前车出发至车尾距车站中心线满足安全距离之间的时间；第二部分为办理后车发车进路的时间。因此，计算公式为

$$I_{发发} = t_{出} + t_{作业} = t_{作业} + 0.06 \times \frac{L_{出}}{v_{出}} \quad (\text{min}) \quad (18\text{-}20)$$

式中　$t_{作业}$——车站为出发列车开放出站进路的作业时间，min；
　　　$t_{出}$——从前车开始出发到可为后车办理出站进路的时间，min；
　　　$L_{出}$——出站距离，即从前车开始出发到可为后车办理出站进路的运行距离，m；
　　　$v_{出}$——列车出站过程中经过出站距离的平均速度，km/h。

在三显示自动闭塞区段，只有在第一列车腾空两个闭塞分区后，出站信号机才能显示绿灯（图18-27），则

$$L_{出} = \frac{1}{2}l_{列} + 2l_{分区} + l_{出} \quad (\text{m}) \quad (18\text{-}21)$$

$$I_{发发}^{绿} = t_{作业} + 0.06 \times \frac{\frac{1}{2}l_{列} + 2l_{分区} + l_{出}}{v_{出}} \quad (\text{min}) \quad (18\text{-}22)$$

式中，$l_{出}$为车站中心线至站界标的距离，m。

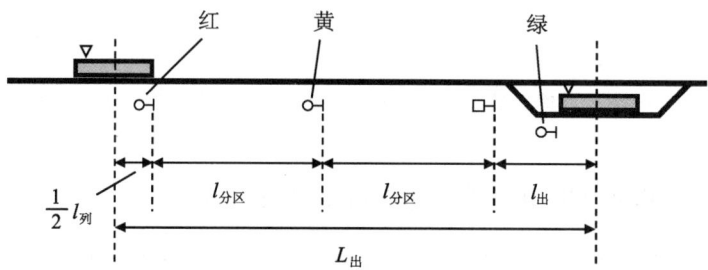

图18-27　三显示自动闭塞区段车站同方向两列车的发-发间隔距离（绿灯发车）

当准许列车凭出站信号机显示黄色灯光发车时，则

$$L_{出} = \frac{1}{2}l_{列} + l_{分区} + l_{出} \quad (\text{m}) \quad (18\text{-}23)$$

在高速铁路CTC区段，$I_{发发}$包括前行列车从车站出发至出清一离去时间和办理后行列车出发作业时间，因此$L_{出}$的计算方法如图18-28所示，即

$$L_{出} = l_{标} + l_{分区} + l_{列} \quad (\text{m}) \quad (18\text{-}24)$$

式中，$l_{标}$为列车停车标至出站信号机的距离，m。

五、车站同方向两列车的通-发间隔时间（$I_{通发}$）

与计算$I_{发发}$的原理相同，在计算$I_{通发}$时，需要在后车出站信号机显示绿灯时出发。$I_{通发}$

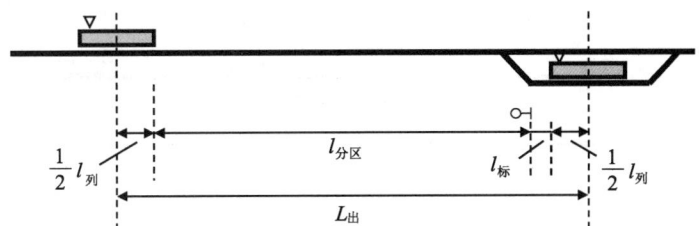

图 18-28 高速铁路 CTC 区段车站同方向两列车的发-发间隔距离

包含两个部分：第一部分为从前车通过车站至车尾距车站中心线满足安全距离之间的时间；第二部分为办理后车发车进路的时间。因此，计算公式为

$$I_{通发} = t_{出} + t_{作业} = t_{作业} + 0.06 \times \frac{L_{出}}{v_{通}} \quad (\min) \tag{18-25}$$

式中 $t_{作业}$——车站为出发列车开放出站进路的作业时间，min；
$v_{通}$——列车通过车站的平均速度，km/h。

$L_{出}$ 的计算方法与计算 $I_{发发}$ 时的 $L_{出}$ 相同。在三显示自动闭塞区段，$L_{出} = \frac{1}{2}l_{列} + 2l_{分区} + l_{出}$。在高速铁路 CTC 区段，$L_{出} = l_{标} + l_{分区} + l_{列}$。

由于出发列车的出站平均速度 $v_{出}$ 小于通过列车通过车站的速度 $v_{通}$，因此对于同一车站同一类型的列车，有 $I_{通发} < I_{发发}$。

六、车站同方向两列车的通-通间隔时间（$I_{通通}$）

按两列车不停车通过车站条件计算追踪列车间隔时间时，必须在第一列车通过出站道岔，并为第二列车开放进站信号后，第二列车不因站内未准备好通过进路而降低通过速度。$I_{通通}$ 包含三个部分：第一部分为从前车通过车站至车尾距车站中心线满足安全距离之间的时间；第二部分为办理后车通过进路的时间；第三部分为通过进路办理完毕至后车通过车站中心线的时间。因此，计算公式为

$$I_{通通} = t_{出} + t_{作业} + t_{进} = t_{作业} + 0.06 \times \frac{L_{出} + L_{进}}{v_{通}} \quad (\min) \tag{18-26}$$

在三显示自动闭塞区段，$L_{进}$ 与 $L_{出}$ 的计算方法如图 18-29 所示，即

$$\left. \begin{array}{l} L_{进} = \frac{1}{2}l_{列} + l_{分区} + l_{进} \quad (\mathrm{m}) \\ L_{出} = \frac{1}{2}l_{列} + l_{分区} + l_{出} \quad (\mathrm{m}) \end{array} \right\} \tag{18-27}$$

在高速铁路 CTC 区段，根据《技规》的规定和 CTC 设备的特点，CTC 办理列车通过作业时一般应让其在接车进路和发车进路都空闲的条件下办理，所以 $I_{通通}$ 包括前行列车出清一离去后办理后行列车通过作业时间，后行列车以正常运行速度通过监控制动距离至一离去范围的运行时间，因此

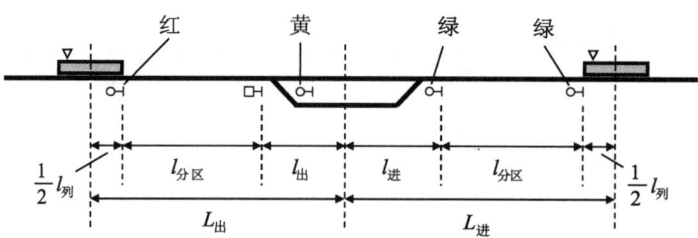

图 18-29　三显示自动闭塞区段车站同方向两列车的通-通间隔距离

$$L_{进}+L_{出}=l_{制}+l_{防}+2l_{分区}+l_{列}\quad(\mathrm{m}) \tag{18-28}$$

七、车站同方向同股道两列车的发-到间隔时间（$I_{发到}$）

对于追踪运行且停靠同一股道的两列车，需等待前车发车并离开车站，后车方可进站，且后车不因站内未准备好接车进路而降低进站速度。$I_{发到}$包含三个部分：第一部分为前车发车至车尾距车站中心线满足安全距离之间的时间；第二部分为办理后车接车进路的时间；第三部分为接车进路办理完毕至后车到达车站中心线的时间。因此，计算公式为

$$I_{发到}=t_{出}+t_{作业}+t_{进}=t_{作业}+0.06\times\left(\frac{L_{出}}{v_{出}}+\frac{L_{进}}{v_{进}}\right)\quad(\mathrm{min}) \tag{18-29}$$

在三显示自动闭塞区段，$L_{进}$与$L_{出}$的计算方法如图 18-30 所示，即

$$\left.\begin{array}{l}L_{进}=\dfrac{1}{2}l_{列}+2l_{分区}+l_{进}\quad(\mathrm{m})\\[6pt] L_{出}=\dfrac{1}{2}l_{列}+l_{出}\quad(\mathrm{m})\end{array}\right\} \tag{18-30}$$

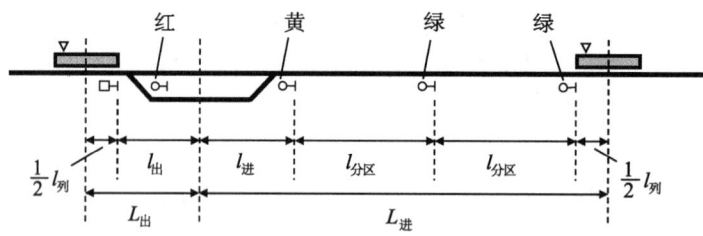

图 18-30　三显示自动闭塞区段车站同方向同股道两列车的发-到间隔距离

八、追踪列车间隔时间查定方法

查定追踪列车间隔时间，应遵守有关规章的规定和技术作业标准，根据线路、信号设备条件和列车性能，在保证行车安全、列车正常运行速度和充分利用通过能力的前提下，按线路、车站和列车速度种类等条件分别查定。列车追踪间隔时间，原则上应分上下行方向、按区间每个闭塞分区分别查定，重点可查定闭塞分区长大下坡地段；其他追踪列车间隔时间和列车车站间隔时间原则上应对每个车站分方向分别查定，重点可查定列车进路长、有延

续进路、下坡度大、限速低、出站方向第一个闭塞分区长、在一离去轨道电路区段有电分相的车站。以某铁路局为例，双线自动闭塞区段追踪间隔时间标准见表 18-10。

表 18-10　双线自动闭塞区段追踪间隔时间标准参考　　　　　　　单位：min

线路速度等级	列车间隔类型							
	$I_{发发}$	$I_{发到}$	$I_{发通}$	$I_{到到}$	$I_{到通}$	$I_{通发}$	$I_{通到}$	$I_{通通}$
300 km/h 及以上区段	3	7	6	3	3	2	6	3
120～250 km/h 区段	5	7	7	5	4	3	7	5
<120 km/h 区段（旅客列车）	6	7(8*)	8	6	5	4	7	6
<120 km/h 区段（货物列车）	7	9	9	7	5	4	8	7

注：* 为客车与货车的同一股道发到间隔时间。

第十九章

线路通过能力及旅行速度

第一节 运输能力概述

一、运输能力

为了实现运输生产过程,轨道交通必须具备一定的运输能力。轨道交通运输生产设备是形成运输能力的物质基础。根据运输生产的特点,运输生产设备可分为两大类:一类是固定设备,是指形成运输通道的基础设施,如区间、车站、机务段、动车所、车辆基地等的生产设施和供电、给水等固定设备;另一类是移动设备,是指实现运输生产(或服务)对象位移所需的运载动力和运载工具,如机车、车辆、动车组等移动设备。

轨道交通运输能力既取决于固定设备的设置数量和相互配置结构,又取决于移动设备的时空配置,还取决于固定设备和移动设备的相互适配。运输能力有时也称为生产能力,包括通过能力和输送能力两种概念。一般地,通过能力取决于固定设备的设置条件,输送能力取决于移动设备的配置条件。

二、通过能力

1. 通过能力的概念

通过能力是在采用一定类型的机车车辆和一定的行车组织方法条件下,轨道交通区段的各种固定设备,在单位时间内(铁路通常指一昼夜,城市轨道交通通常指高峰小时)所能放行通过的标准重量的最大列车数或列车对数,一般按区段或方向确定。

通过能力在一定程度上取决于各岗位的协同动作和轨道交通固定设备、机车车辆的合理运用。因此,通过能力并不是一成不变的,它随着技术设备和行车组织方法的改善而提高。计算通过能力的目的在于能够合理地安排运输生产,保证运输适应国民经济不断发展和人民生活水平不断提高的需要。

2. 区段通过能力计算依据

轨道交通区段通过能力按照下列固定设备进行计算:

(1)区间。其通过能力主要取决于区间正线数、区间长度、线路纵断面、机车(动车组)类型、信号、联锁、闭塞设备的种类。

(2)车站。其通过能力主要取决于车站到发线数、咽喉道岔的布置,驼峰和牵出线数,以及信号、联锁、闭塞设备的种类。

(3) 机务段设备。其能力主要取决于机车的定修台位及段内整备线等。

(4) 电气化铁路的供电设备。其能力主要取决于牵引变电所和接触网。

(5) 高速铁路动车段所。其能力主要取决于动车段所的规模及布局。

(6) 城市轨道交通车辆基地。其能力主要取决于停车场或车辆段的规模及布局。

根据以上设备计算出来的通过能力，可能各不相同。其中，能力最薄弱的设备限制了整个区段的能力，该能力即为该区段的最终通过能力。

铁路一昼夜时间内可供利用的时间最长为 1 440 min。但列车运行组织的实践表明，受线路养护维护、施工作业以及客货需求在时间上差异的影响，计算轨道交通通过能力时需要扣除因线路养护维护和施工作业所预留的固定作业时间，还需要考虑因设备故障和列车运行偏离、调度调整等因素所导致的能力损失，通常用有效利用系数来表示。

3. 通过能力的三个不同概念

在实际工作中通常把通过能力分为三个不同的概念，即设计通过能力、现有通过能力和需要通过能力。

(1) 设计通过能力：预计新线修建以后或现有技术改造以后，轨道交通区段固定设备所能达到的能力。

(2) 现有通过能力：在现有固定设备、现行的行车组织方法和现有的运输组织水平条件下，轨道交通区段可能达到的能力。

(3) 需要通过能力：在一定时期内，为了适应国家建设和人民生活的需要，轨道交通区段所应具备的能力。

三、输送能力

1. 输送能力的概念

输送能力是指在一定的固定设备和机车车辆类型以及一定的行车组织方法条件下，单位时间内（通常指一年）最多能够输送的货物吨数或旅客人数，一般按线路或方向确定。

2. 与通过能力的关系

(1) 既有区别，又有联系。通过能力着重于从固定设备方面衡量线路可能通过的列车数，不考虑移动设备数量和职工配备。输送能力则着重于从移动设备数量和职工配备方面规定线路能够输送的客流数量或货物吨数。通过能力具有地区固定性的特点，不能调拨，其发展一般呈阶跃式增长；而决定输送能力的机车车辆和职工配备是分散、流动的，其数量的增长一般是渐进式的。

(2) 输送能力应与通过能力相互适应。为满足不断增长的运输需求，不仅要强化固定设备，适时修建新线和对既有线进行技术改造来提高通过能力，而且也要相应地添置机车车辆，组织人员培训，并大力加强运输组织工作，充分挖掘现有技术设备的潜力来提高输送能力，从而实现最大的运输能力。

3. 计算方法

(1) 以通过能力为基础。输送能力需以轨道交通通过能力为依托并受其限制。

(2) 按方向分别计算。在同一线路上，不同方向以列数计的区段通过能力可能相同，而以货物吨数计的输送能力一般不同，重车方向大于空车方向。因此，同一线路不同方向的输送能力受客货流条件影响,其大小是不同的。

第二节　平行运行图通过能力

在计算轨道交通区间通过能力时,通常需要先计算平行运行图的通过能力,然后在此基础上再确定非平行运行图的通过能力。

一、平行运行图通过能力的计算原理

1. 平行运行图特点

平行运行图主要有以下两个特点:
(1) 运行速度:同一区间内、同一方向上,列车的运行速度相同。
(2) 交会方式:在同一车站上,上、下行方向列车交会方式相同。

2. 运行图周期

在平行运行图(简称"平图")上,任何一个区间的列车运行线,总是以同样的铺画方式一组一组地反复排列着,这种一组列车占用区间的时间,称为运行图周期 $T_周$。

图 19-1 所示为常见的平图类型,不同类型运行图的周期不同,所包含的上、下行列车数也可能不同。如果一个运行图周期内所包含列车对数或列数用 n_0 表示,则放行一列或一对列车平均占用该区间的时间应为

$$t_{均占} = \frac{T_周}{n_0} \quad (\text{min}) \tag{19-1}$$

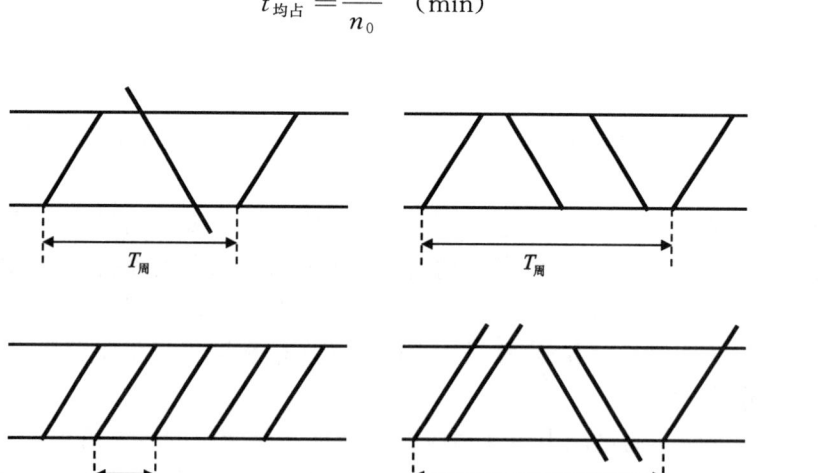

图 19-1　不同类型运行图周期示意

3. 计算方法

1) 计算思路

对于一定类型平行运行图的区间通过能力,可先确定一昼夜可用于列车运行的有效时间,在这一时间内可以铺画多少个运行图周期,然后再乘以该类型运行图周期内所包含的

列车对数或列数。

2）一般公式

$$n = \frac{1440 - t_{固}}{T_{周}} n_0 f_{有效} \quad （对/d 或列/d） \tag{19-2}$$

式中　n——平行运行图区间通过能力；

　　　n_0——一个运行图周期中所包含的列车对数或列数；

　　　$t_{固}$——为进行线路养护维修、技术改造施工、电力牵引区段接触网检修等作业，须预留的固定占用区间时间，以及必要的列车慢行和其他附加时分，但双线区段施工期间组织反向行车时，应扣除利用非施工方向放行列车所节省的时间，min；

　　　$f_{有效}$——有效利用系数，是指扣除设备故障和列车运行偏离、调度调整等因素所产生的技术损失后，区间时间可供有效利用的系数，一般可取 0.88～0.91。为方便描述，本书后面的公式中如果没有单独说明，$f_{有效}$统一取为1。

3）运行图周期（$T_{周}$）

运行图周期一般由周期内列车区间纯运行时分 $\sum t_{运}$、起停车附加时分 $\sum t_{起停}$ 以及车站间隔时间 $\sum \tau_{站}$ 所组成，即

$$T_{周} = \sum t_{运} + \sum t_{起停} + \sum \tau_{站} \quad （min） \tag{19-3}$$

由于列车在各区间的运行时分不同，各车站的间隔时间也可能不同，所以每一区间的 $T_{周}$ 常常是不等的。通过能力大小与 $T_{周}$ 成反比，$T_{周}$ 越大，通过能力越小。在整个区段里，$T_{周}$ 最大的区间也就是通过能力最小的区间，称为该区段的限制区间。限制区间的通过能力即为该区段的区间通过能力。

列车区间运行时分对运行图周期的大小起主要作用。在运行图周期里，$\sum t_{运}$ 最大的区间，称为困难区间。大多数情况下，困难区间往往就是限制区间，但有的区间虽然本身不是困难区间，由于车站间隔时间数值较大，而成了限制区间。

由于不同类型运行图 $T_{周}$ 的组成及 n_0 的数值不同，不同类型运行图的通过能力就需要分别计算。

二、单线成对非追踪平行运行图

1. 周期的计算分析

在单线区段，通常采用成对非追踪平行运行图，如图19-2所示，其周期可以用式(19-4)表示

$$T_{周} = t' + t'' + \tau_{站}^{a} + \tau_{站}^{b} + \sum t_{起停} \quad （min） \tag{19-4}$$

式中　t'、t''——上、下行列车的区间纯运行时分，min；

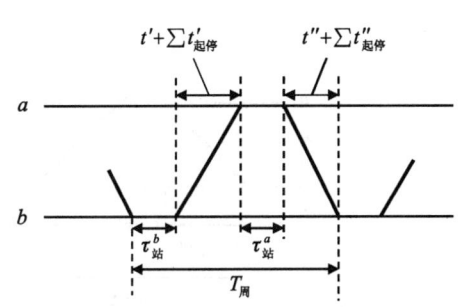

图 19-2　单线成对非追踪运行图周期的组成

$\tau_{站}^a$、$\tau_{站}^b$——计算区间两相邻车站 a、b 的车站间隔时间,min;

$\sum t_{起停}$——列车起停车附加时分,min。

由于一个周期内包含的列车数为一对(即 $n_0 = 1$),在不考虑有效利用系数时,通过能力为

$$n = \frac{1\,440 - t_{固}}{T_{周}} \quad (对/d 或列/d) \tag{19-5}$$

为使区段通过能力达到最大,应尽量缩小限制区间的 $T_{周}$ 值。在一定类型的机车和列车重量标准条件下,区间运行时分 $\sum t_{运}$ 固定不变。若要缩小 $T_{周}$,则需合理安排限制区间列车运行线的铺画方案,缩小 $(\sum t_{起停} + \sum \tau_{站})$ 的值。通过在限制区间合理地安排列车运行线的铺画方案是可以达到上述目的的。运行图上列车运行线的可能铺画方案有以下四种:

(1) 上、下行列车不停车通过车站而进入区间,如图 19-3(a)所示,其运行图周期为

$$T_{周} = t' + t'' + \tau_{不}^a + \tau_{不}^b + 2t_{停} \quad (\text{min}) \qquad [19\text{-}6(a)]$$

(2) 上、下行列车不停车通过车站而开出区间,如图 19-3(b)所示,其运行图周期为

$$T_{周} = t' + t'' + \tau_{会}^a + \tau_{会}^b + 2t_{起} \quad (\text{min}) \qquad [19\text{-}6(b)]$$

(3) 下行列车不停车通过区间两端车站,如图 19-3(c)所示,其运行图周期为

$$T_{周} = t' + t'' + \tau_{不}^a + \tau_{会}^b + t_{起} + t_{停} \quad (\text{min}) \qquad [19\text{-}6(c)]$$

(4) 上行列车不停车通过区间两端车站,如图 19-3(d)所示,其运行图周期为

$$T_{周} = t' + t'' + \tau_{会}^a + \tau_{不}^b + t_{起} + t_{停} \quad (\text{min}) \qquad [19\text{-}6(d)]$$

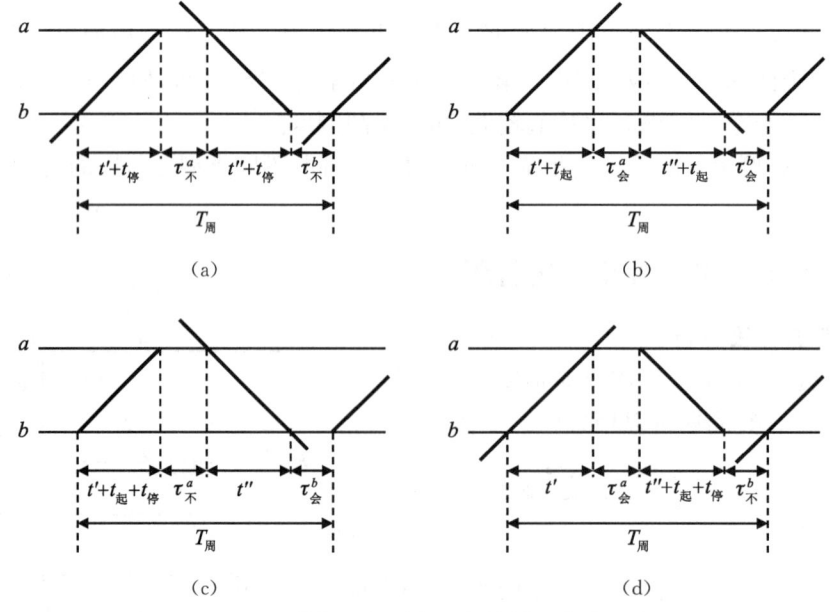

图 19-3 单线区段列车运行线铺画方案示意

2. 铺画方案的选择

(1) 就同一车站而言，$\tau_{不} > \tau_{会}$，$t_{起} > t_{停}$。上述四种铺画方案中，$(\sum t_{起停} + \sum \tau_{站})$ 的组成及其总值在不同的方案里各不相同。

(2) 为使通过能力最大，在限制区间应选择 $T_周$ 最小的方案，即最优会车方案。一般地，图 19-3 中(a)方案的周期最大，(b)方案的周期最小，(c)方案和(d)方案的周期介于二者之间。

(3) 在选择限制区间运行线合理铺画方案时，应考虑到区间两端站的具体条件。例如，当 a 站(图 19-3)下行出站方向有较大上坡道时，如果采用下行列车在 a 站停车进入区间的方案，有可能造成下行列车出发起动困难，这时就应选用下行列车通过 a 站而 $T_周$ 又较小的方案。

3. 中间站技术作业对通过能力的影响

当列车在中间站有技术作业停站需求时，中间站的技术作业停站时间对两相邻区间的通过能力会产生不良影响(图 19-4)，并可能因此而使其相邻区间成为限制区间，因此，在运行图铺画时，需要优化不同列车的交会方案，尽量消除或减少这种影响。由图 19-4 可见，为压缩技术作业停车站邻接区间的运行图周期，应使 $T_周^{a-b}$、$T_周^{b-c}$ 尽量缩小，当且仅当二者相等时，运行图周期最小，则

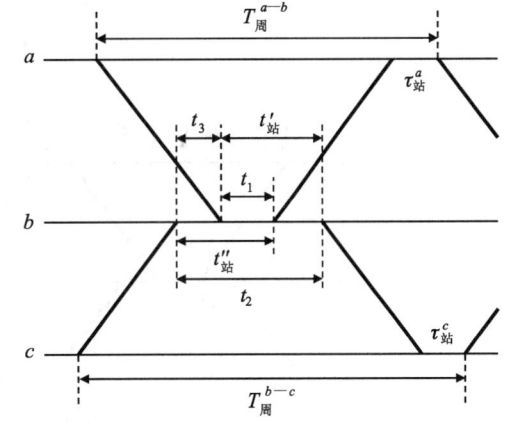

图 19-4 列车会车与技术作业停站时间关系示意

$$t'_{a-b} + t''_{a-b} + t''_{站} - t_3 + \tau^a_{站} + \sum t_{起停} = t'_{b-c} + t''_{b-c} + t'_{站} + t_3 + \tau^c_{站} + \sum t_{起停} \quad (19\text{-}7)$$

若令

$$t'_{a-b} + t''_{a-b} + t''_{站} + \tau^a_{站} + \sum t_{起停} = T_{a-b} \quad (19\text{-}8)$$

$$t'_{b-c} + t''_{b-c} + t'_{站} + \tau^c_{站} + \sum t_{起停} = T_{b-c} \quad (19\text{-}9)$$

则

$$t_3 = \frac{T_{a-b} - T_{b-c}}{2} \quad (\min) \quad (19\text{-}10)$$

从而

$$T_周^{b-c} = T_周^{a-b} = T_{b-c} + t_3 \quad (19\text{-}11)$$

当 $T_{a-b} > T_{b-c}$ 时，t_3 为正值，即应先从 $b-c$ 区间接入列车。反之，当 $T_{a-b} < T_{b-c}$ 时，t_3 为负值，则应先从 $a-b$ 区间接入列车。但此时必须保证 $t_1 \geq \tau^b_{会}$，即必须保证 $t_3 \leq t''_{站} - \tau^b_{会}$（$t''_{站}$ 为先接入列车的技术作业停站时间），如果 b 站不允许同时接车，还必须保证 $t_3 \geq \tau^b_{不}$，此时，$T_周 \geq T_{b-c} + \tau^b_{不}$，否则需要进行调整。

为了减少技术需要停站时间对通过能力的影响，可以根据具体情况采取下列措施：

(1) 将技术需要的停车站设在允许同时接车的车站或运行时分较小区间所邻接车站。

(2) 两列车在技术需要停车站交会时，先从 T 较小区间接入待会列车（例如 $T_{b-c} <$

T_{a-b},应先从 $b-c$ 区间接入列车)。

(3) 规定最小的列车技术需要停站时间。

(4) 将技术需要停车站设在允许同时接车的车站上。

(5) 当技术需要停车站不允许同时接车而邻接区间运行时分又大致相等时,可采取交错会车方式,如图 19-5 所示。若 $T_{a-b} > T_{b-c}$,参照图 19-5 可知

$$T'_{周} = T_{a-b} - \tau^b_{不} \tag{19-12}$$

$$T''_{周} = T_{a-b} + \tau^b_{不} \tag{19-13}$$

于是

$$T^{均}_{周} = \frac{1}{2}(T'_{周} + T''_{周}) = T_{a-b} \tag{19-14}$$

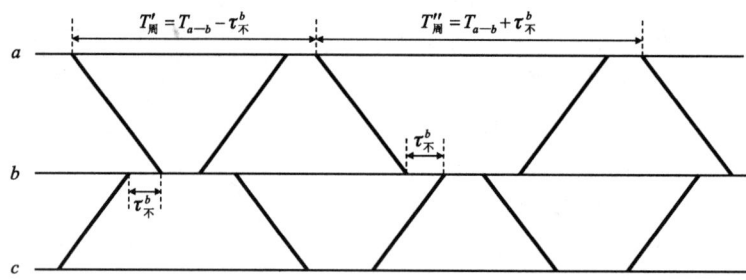

图 19-5 交错会车示意

因此,采用交错会车方式的有利条件为

$$T_{a-b} < T_{b-c} + \tau^b_{不} \tag{19-15(a)}$$

即

$$T_{a-b} - T_{b-c} < \tau^b_{不} \tag{19-15(b)}$$

或

$$t_3 < \frac{1}{2}\tau^b_{不} \tag{19-16}$$

(6) 移动运行图周期。如果无法采用上述措施,或虽采用某项措施而仍不能消除其对通过能力的影响时,可采用本办法,如图 19-6 所示。当一个列车的技术需要停站时间相当于半个运行图周期时,可采用半周期移位法。当一个列车的技术需要停站时间相当于一个运行图周期时,可采用全周期移位法。

采用运行图周期移位法时,可以提高通过能力,但旅行速度将显著降低,同时要求车站具有较多的配线,故一般只在特殊情况下采用。

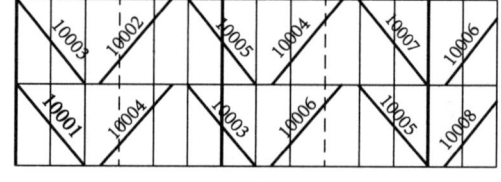

(a) 移动半周期

(b) 移动全周期

图 19-6 移动运行图周期

三、单线不成对非追踪平行运行图

在上、下行行车量不等的区段,为了适应运量增长的需要,可以采用不成对运行图。

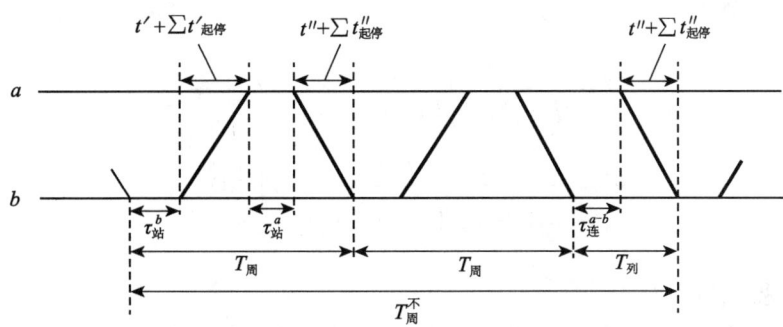

图 19-7　不成对运行图周期(图中不成对系数 $\beta_{\text{不}}=\dfrac{2}{3}$,下行方向为行车量大的方向)

由图 19-7 可见,在单线不成对非追踪平行运行图中,在一个周期内,行车量小的方向共有 n_0' 列车,行车量大的方向共有 n_0'' 列车,且 $n_0' < n_0''$,则一个周期内共有 n_0' 个成对运行的列车组和 $(n_0''-n_0')$ 列额外的不成对运行的列车。

设成对运行的列车组一个周期的时间为 $T_{\text{周}}$,则

$$T_{\text{周}} = \tau_{\text{站}}^{b} + t' + \sum t'_{\text{起停}} + \tau_{\text{站}}^{a} + t'' + \sum t''_{\text{起停}} \quad (\text{min}) \tag{19-17}$$

式中　$\tau_{\text{站}}^{a}$、$\tau_{\text{站}}^{b}$——按照运行图中的交会方案,车站 a、b 的车站间隔时间,min;

$t' + \sum t'_{\text{起停}}$——按照运行图中的停站方案,行车量小的方向列车的纯运行时分与起停附加时分之和,min;

$t'' + \sum t''_{\text{起停}}$——按照运行图中的停站方案,行车量大的方向列车的纯运行时分与起停附加时分之和,min。

设行车量大的方向两列连发列车到达间隔时间为 $T_{\text{列}}$,则

$$T_{\text{列}} = \tau_{\text{连}}^{a-b} + t'' + \sum t''_{\text{起停}} \quad (\text{min}) \tag{19-18}$$

式中,$\tau_{\text{连}}^{a-b}$ 为按照运行图中的停站方案,行车量大的方向的列车在 a—b 区间的连发间隔,min。

因此,不成对运行图中的一个周期时间 $T_{\text{周}}^{\text{不}}$ 可用 $T_{\text{周}}$ 和 $T_{\text{列}}$ 表示

$$T_{\text{周}}^{\text{不}} = n_0' T_{\text{周}} + (n_0'' - n_0') T_{\text{列}} \quad (\text{min}) \tag{19-19}$$

在不考虑有效利用系数时,行车量大的方向的通过能力为

$$n'' = \dfrac{1\,440 - t_{\text{固}}}{T_{\text{周}}^{\text{不}}} n_0'' = \dfrac{1\,440 - t_{\text{固}}}{n_0' T_{\text{周}} + (n_0'' - n_0') T_{\text{列}}} n_0'' \quad (\text{列}/\text{d}) \tag{19-20}$$

行车量小的方向的通过能力为

$$n' = \frac{1440 - t_{\text{固}}}{T_{\text{不周}}} n'_0 = \frac{1440 - t_{\text{固}}}{n'_0 T_{\text{周}} + (n''_0 - n'_0) T_{\text{列}}} n'_0 \quad (\text{列}/\text{d}) \qquad (19\text{-}21)$$

记不成对系数 $\beta_{\text{不}} = \dfrac{n'_0}{n''_0}$，则

$$n'' = \frac{1440 - t_{\text{固}}}{T_{\text{周}} \beta_{\text{不}} + T_{\text{列}} (1 - \beta_{\text{不}})} \quad (\text{列}/\text{d}) \qquad (19\text{-}22)$$

$$n' = \frac{1440 - t_{\text{固}}}{T_{\text{周}} + T_{\text{列}} \left(\dfrac{1}{\beta_{\text{不}}} - 1\right)} \quad (\text{列}/\text{d}) \qquad (19\text{-}23)$$

由此可以得到以下结论：

(1) 单线不成对运行图行车量较大方向的区间通过能力，比成对运行图为高，并且不成对系数越小，行车量较大方向的通过能力越大。

(2) 单线不成对运行图比成对运行图通过能力大的条件为：$T_{\text{周}} > 2T_{\text{列}}$，且运行时分小的方向连发有利于通过能力的提高。

(3) 采用单线不成对运行图往往比采用其他措施要降低旅行速度，需要增添车站配线，并且不成对系数越小，这种不良影响也越显著。

(4) 在需要少量增加通过能力，且上、下行行车量不平衡的情况下，才采用这个措施。

四、单线追踪平行运行图

在单线自动闭塞区段，为了提高通过能力，可以采用成对部分追踪运行图。当上、下行行车量不同时，也可采用不成对部分追踪运行图。

1. 单线成对部分追踪运行图

由图 19-8 可见，在单线成对部分追踪运行图中，一个周期内共有 n_0 对列车，其中有 N_0 组追踪运行的列车，每组共有 K 对列车追踪运行，则不追踪运行的列车共有 $(n_0 - KN_0)$ 对。在图 19-8 中，$n_0 = 7, N_0 = 2, K = 2$。

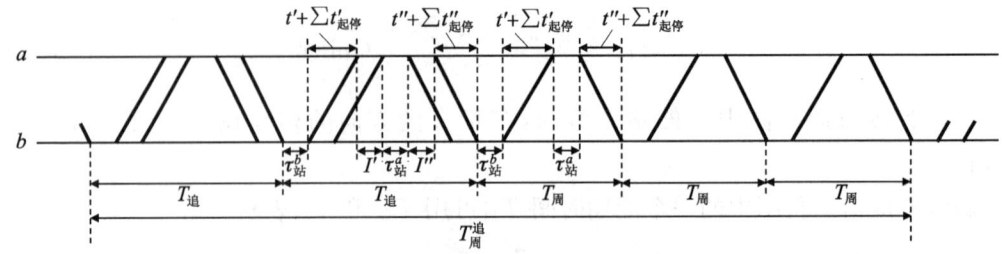

图 19-8　成对部分追踪运行图周期

设不追踪运行的列车组一个周期的时间为 $T_{\text{周}}$，其计算方法与单线不成对非追踪运行图中的 $T_{\text{周}}$ 相同，见式(19-17)。

设一组追踪运行的列车所占用的时间为 $T_{\text{追}}$，则

$$T_{追} = \tau_{站}^{b} + t' + \sum t'_{起停} + (K-1)I' + \tau_{站}^{a} + (K-1)I'' + t'' + \sum t''_{起停}$$
$$= T_{周} + (K-1)(I' + I'') \quad (\text{min}) \tag{19-24}$$

式中，I'、I'' 分别为按照运行图中的停站方案，上、下行方向的列车追踪间隔，min。

因此，成对部分追踪运行图中的一个周期时间 $T_{追周}$ 可用 $T_{周}$ 和 $T_{追}$ 表示

$$T_{追周} = (n_0 - KN_0)T_{周} + N_0 T_{追}$$
$$= [n_0 - (K-1)N_0]T_{周} + (K-1)N_0(I' + I'') \quad (\text{min}) \tag{19-25}$$

在不考虑有效利用系数时，通过能力

$$n = \frac{1440 - t_{固}}{T_{追周}} n_0 \tag{19-26}$$
$$= \frac{1440 - t_{固}}{[n_0 - (K-1)N_0]T_{周} + (K-1)N_0(I' + I'')} n_0 \quad (\text{对}/\text{d})$$

记追踪系数 $\gamma_{追} = \dfrac{KN_0}{n_0}$，则 $T_{追周}$ 可以表示为

$$T_{追周} = \left(n_0 - \frac{K-1}{K} n_0 \gamma_{追}\right) T_{周} + \frac{K-1}{K} n_0 \gamma_{追}(I' + I'')$$
$$= \frac{n_0}{K} \{[(1-\gamma_{追})K + \gamma_{追}]T_{周} + (K-1)(I' + I'')\gamma_{追}\} \quad (\text{min}) \tag{19-27}$$

通过能力可以表示为

$$n = \frac{(1440 - t_{固})K}{[(1-\gamma_{追})K + \gamma_{追}]T_{周} + (K-1)(I' + I'')\gamma_{追}} \quad (\text{对}/\text{d}) \tag{19-28}$$

由于采用追踪运行图会增加货物列车在站停站时间，降低列车旅行速度，并且相应地需要增加车站的配线数量。因此，在单线区段除了不宜采用追踪运行图外，每组追踪运行的列车数一般为两列，即 $K=2$，此时，通过能力可用式(19-29)表示

$$n = \frac{2(1440 - t_{固})}{(2-\gamma_{追})T_{周} + (I' + I'')\gamma_{追}} \quad (\text{对}/\text{d}) \tag{19-29}$$

当上、下行列车追踪间隔时间相等，或追踪系数为1(成对全部追踪运行图)时，可以得到相应的通过能力算式。

2. 单线不成对部分追踪运行图

在单线自动闭塞区段，如果上、下行行车量不同，可采用不成对部分追踪运行图。

由图 19-9 可见，在单线不成对部分追踪运行图中，上行方向一个周期内共有 n'_0 对列车，其中有 N'_0 组追踪运行的列车，每组共有 K' 对列车追踪运行，则不追踪运行的列车共有 $(n'_0 - K'N'_0)$ 对；下行方向一个周期内共有 n''_0 对列车，其中有 N''_0 组追踪运行的列车，每组共有 K'' 对列车追踪运行，则不追踪运行的列车共有 $(n''_0 - K''N''_0)$ 对，且满足以下条件：

$$\left.\begin{array}{r} n''_0 > n'_0 \\ n''_0 - K''N''_0 + N''_0 = n'_0 - K'N'_0 + N'_0 \end{array}\right\} \tag{19-30}$$

在图 19-9 中，$n_0'=6$，$n_0''=8$，$N_0'=1$，$N_0''=3$，$K'=K''=2$。

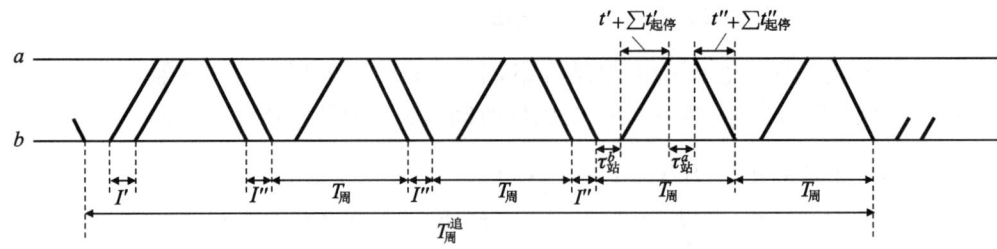

图 19-9　不成对部分追踪运行图周期

设不追踪运行的前提下一个周期的时间为 $T_周$，其计算方法与单线不成对非追踪运行图中的 $T_周$ 相同，见式(19-17)。

不考虑有效利用系数，记 $\gamma_追'=\dfrac{K'N_0'}{n_0'}$，$\gamma_追''=\dfrac{K''N_0''}{n_0''}$，$\beta_不=\dfrac{n_0'}{n_0''}$，则上、下行通过能力可以表示为

$$n'=\dfrac{(1\,440-t_固)K'}{[(1-\gamma_追')K'+\gamma_追']T_周+(K'-1)I'\gamma_追'+\dfrac{K'}{\beta_不 K''}(K''-1)I''\gamma_追''} \quad (对/d)$$

(19-31)

$$n''=\dfrac{(1\,440-t_固)K''}{[(1-\gamma_追'')K''+\gamma_追'']T_周+\dfrac{\beta_不 K''}{K'}(K'-1)I'\gamma_追'+(K''-1)I''\gamma_追''} \quad (对/d)$$

(19-32)

当 $K'=K''=K$，$I'=I''=I$，则式(19-31)、式(19-32)可进一步简化为

$$n'=\dfrac{(1\,440-t_固)K}{[(1-\gamma_追')K+\gamma_追']T_周+(K-1)I\left(\gamma_追'+\dfrac{1}{\beta_不}\gamma_追''\right)} \quad (对/d) \quad (19\text{-}33)$$

$$n''=\dfrac{(1\,440-t_固)K}{[(1-\gamma_追'')K+\gamma_追'']T_周+(K-1)I(\beta_不\gamma_追'+\gamma_追'')} \quad (对/d) \quad (19\text{-}34)$$

当单线区段采用不成对部分追踪运行图时，同样会增加货物列车在站停站时间，降低列车旅行速度，并且相应地需要增加车站的配线数量。因此，每组追踪运行的列车数一般为两列，且除了上、下行行车量特殊需要外，一般不宜采用。

五、双线平行运行图

1. 连发运行图

在非自动闭塞的双线区段通常采用连发运行图，如图 19-10 所示。双线连发运行图的 $T_周$ 为

$$T_周=t_运+\tau_连 \quad (\text{min}) \quad (19\text{-}35)$$

应该指出,由于区间线路断面的关系,上、下行方向的限制区间可能不是同一个区间,因此,通过能力应分上、下行方向分别计算。

某方向的区间通过能力按式(19-36)计算

$$n = \frac{1\,440 - t_{固}}{t_{运} + \tau_{连}} \quad (列/d) \tag{19-36}$$

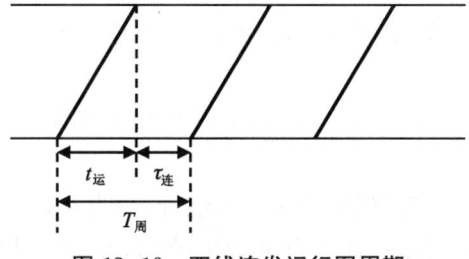 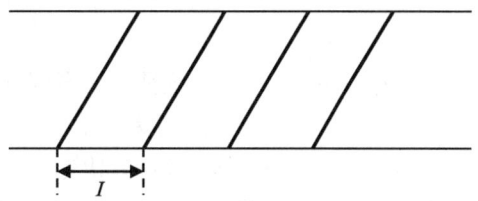

图 19-10 双线连发运行图周期　　　　图 19-11 双线追踪运行图周期

2. 追踪运行图

在装有自动闭塞的区段通常采用追踪运行图,如图 19-11 所示。双线追踪运行图的 $T_{周}$ 等于追踪列车间隔时间 I,则其区间通过能力为

$$n = \frac{1\,440 - t_{固}}{I} \quad (列/d) \tag{19-37}$$

第三节　普速铁路非平行运行图通过能力

通常情况下,铁路线上运行的是不同种类、不同速度的列车,有速度较高的旅客列车、快运货物列车,也有普通货物列车,以及停站次数多、停站时间长的摘挂列车等,采用的是非平行运行图。在非平行运行图上,铺画有各种不同速度、在区间两端站交会方式不同的列车。

非平行运行图通过能力,是指在旅客列车数量及其铺画位置既定的条件下,该区段一昼夜内所能通过的货物列车和旅客列车对数(或列数)。一般情况下,旅客列车和快运货物列车数远比普通货物列车数少,在运行图上所占比例较小,大部分货物列车仍具有平行运行图的特征。因此,在计算非平行运行图通过能力时,仍利用平行运行图所具有的规律性,先确定平行运行图的通过能力,然后根据开行快速列车对货物列车的影响,扣除由于受这种影响而不能开行以及因开行摘挂列车而减少开行的货物列车数,即可求得非平行运行图的通过能力。计算非平行运行图通过能力的方法有三种:图解法、分析法和模拟计算法。

(1) 图解法。在运行图上首先铺画旅客列车,然后在旅客列车间隔内,铺画其他货物列车(包括摘挂列车)。在运行图上所能最大限度铺画的客货列车总数即为该区段的非平行运行图通过能力。图解法比较精确,但较烦琐,故只在有特殊需要时采用。

(2) 分析法。根据旅客列车、快运货物列车和摘挂列车的扣除系数,近似地计算非平行运行图通过能力。所谓扣除系数，是指因铺画一对或一列旅客列车、快运货物列车或摘挂列车，须从平行运行图上扣除的货物列车对数或列数。计算公式为

$$n_{非货} = n - \varepsilon_{客} n_{客} - (\varepsilon_{快货} - 1)n_{快货} - (\varepsilon_{摘挂} - 1)n_{摘挂} \quad （对/d 或列/d） \quad (19-38)$$

$$n_{非} = n_{非货} + n_{客} = n - \sum(\varepsilon_i - 1)n_i \quad （对/d 或列/d） \quad (19-39)$$

式中　$n, n_{非}$——平行运行图、非平行运行图的通过能力，对/d 或列/d；

　　　$n_{非货}$——非平行运行图上包括快运货物列车、摘挂列车在内的货物列车通过能力，对/d 或列/d；

　　　$n_{客}、n_{快货}、n_{摘挂}$——运行图上旅客列车、快运货物列车、摘挂列车的铺画对数或列数（简写为 n_i）；

　　　$\varepsilon_{客}、\varepsilon_{快货}、\varepsilon_{摘挂}$——旅客列车、快运货物列车、摘挂列车的扣除系数（简写为 ε_i）。

由式(19-39)可以看出，分析法的精确程度主要取决于扣除系数取值的合理性。因此，用分析法确定非平行运行图通过能力时，首先要分析计算扣除系数。

（3）模拟计算法。各种列车的扣除系数是对于标准的普通货物列车占用区间能力的当量关系确定的，由此计算得到的通过能力只是近似值。因为当多种列车混合铺画时，除了对标准货物列车产生一定的扣除外，其相互间也在能力利用上产生了一定的影响。因此，20 世纪 80 年代以来，许多专家和学者探索运用计算机模拟分析方法，该方法既吸取了图解法的精确性和可靠性，又利用了计算机的快速运算和统计分析的强大功能，不仅能够针对具体的区段条件和行车条件准确计算列车扣除系数和通过能力，而且能够在有控随机生成大量旅客列车方案的基础上，通过计算机图解铺画满表运行图，分析有关影响因素。

一、单线非自动闭塞区段旅客列车扣除系数

在运行图上铺画一对旅客列车所造成的扣除系数 $\varepsilon_{客}$，由基本扣除系数 $\varepsilon_{基}$ 与额外扣除系数 $\varepsilon_{外扣}$ 两部分组成(图 19-12)，即

$$\varepsilon_{客} = \varepsilon_{基} + \varepsilon_{外扣} \quad (19-40)$$

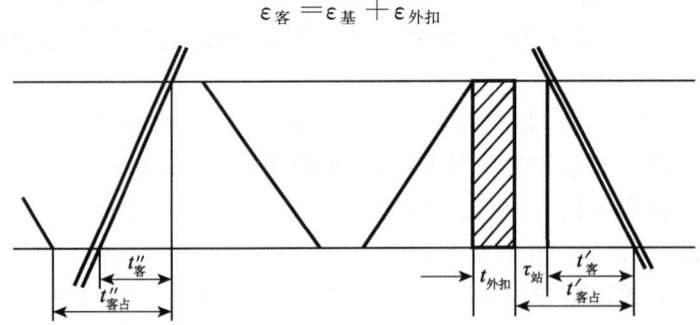

图 19-12　运行图上铺画旅客列车所形成的扣除时间

1. 基本扣除系数

1）含义

一对旅客列车占用限制区间的时间 $t_{客占}$ 与一对货物列车占用限制区间的时间 $T_{周}$ 之比，称为基本扣除系数。$t_{客占}$ 由旅客列车区间运行时分 $t_{客}$ 和车站间隔时间 $\tau_{站}$ 两部分组成。

2) 算式

$$\varepsilon_{基} = \frac{t_{客占}}{T_{周}} \tag{19-41}$$

$$t_{客占} = (t'_{客} + t''_{客}) + \sum \tau_{站} = \Delta(t' + t'') + \sum \tau_{站} \quad (\min) \tag{19-42}$$

式中　$t'_{客}$、$t''_{客}$——旅客列车在限制区间的上、下行运行时分，min；

　　　t'、t''——货物列车在限制区间的上、下行运行时分，min；

　　　Δ——货物列车与旅客列车速度的比值。

2. 额外扣除系数

1) 含义

额外扣除系数是指额外扣除时间 $t_{外扣}$ 与一对货物列车占用限制区间的时间 $T_{周}$ 之比。$t_{外扣}$ 由于两相邻旅客列车之间的时间间隔不是货物列车占用限制区间时间的整倍数而产生，其数值大小与运行图上旅客列车对数及其铺画位置、区间不均等程度、中间站到发线数目等因素有关，一般情况下额外扣除系数的取值为 0.2~0.5。

2) 算式

在单线区段可近似地按如下经验公式计算：

$$\varepsilon_{外扣} = 0.7j - 0.025n_{客} - 0.1 \tag{19-43}$$

式中　j——区间不均等程度，$j = \dfrac{T^{平均}_{周}}{T_{周}}$；

　　　$T^{平均}_{周}$——各区间货物列车平均运行图周期。

二、单线自动闭塞区段旅客列车扣除系数

在单线自动闭塞区段，旅客列车和货物列车运行线在限制区间内的相互配置有以下两种情况，一对旅客列车占用区间时间为：

（1）旅客列车按非追踪方式铺画时：$t_{客占} = t'_{客} + t''_{客} + 2\tau_{站}$，参见式(19-42)。

（2）客货列车间按追踪方式铺画时：$t_{客占} = I_{到到} + I_{发发}$，参见图19-13。

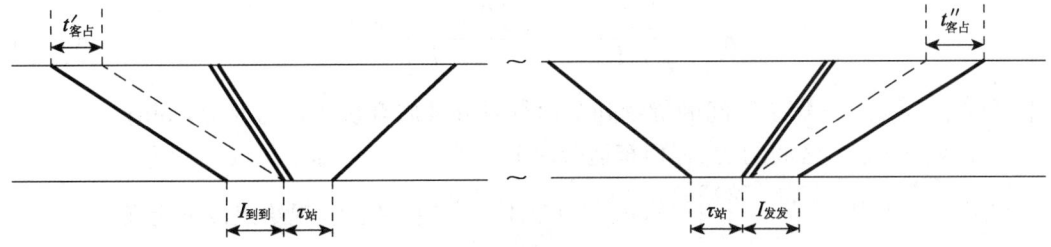

图 19-13　货物列车与旅客列车前后追踪运行示意

若客货列车间按追踪方式铺画的比例为 σ，则非追踪铺画的比例为 $(1-\sigma)$。这样，一对旅客列车占用限制区间的加权平均时间为

$$t^{均}_{客占} = (1-\sigma)(t'_{客} + t''_{客} + 2\tau_{站}) + \sigma(I_{到到} + I_{发发}) \quad (\min) \tag{19-44}$$

根据单线成对部分追踪运行图通过能力计算公式(19-29),采用成对部分追踪运行图时,一对货物列车平均占用限制区间的时间为 $(1-0.5\gamma_{追})T_{周}+\gamma_{追}I$。因而,相应地,旅客列车基本扣除系数的计算公式可写为

$$\varepsilon_{基}^{部追}=\frac{(1-\sigma)(t'_{客}+t''_{客}+2\tau_{站})+\sigma(I_{到到}+I_{发发})}{(1-0.5\gamma_{追})(t'_{货}+t''_{货}+2\tau_{站})+\gamma_{追}I} \tag{19-45}$$

基本扣除系数 $\varepsilon_{基}^{部追}$ 在很大程度上取决于 σ 的大小,而 σ 又取决于客货列车总数与非追踪平行图通过能力之比 $\gamma_{图}$(称为运行图饱和程度),它随 $\gamma_{图}$ 值的增大而增大,近似算式为

$$\sigma=0.72\gamma_{图}-0.22 \tag{19-46}$$

额外扣除系数取决于区间不均等程度,当 $j \leqslant 0.8$ 时,取 $\varepsilon_{外扣}=0.3$;当 $j>0.8$ 时,取 $\varepsilon_{外扣}=0.4$。

应该指出,在单线部分追踪非平行运行图情况下,当中间站到发线数及其分配情况与运行图结构不相匹配时,还会额外扣除一些货物列车运行线。这种额外扣除的影响因素复杂,变化范围大,最好用图解法确定。

三、双线自动闭塞区段旅客列车扣除系数

在双线自动闭塞区段运行的旅客列车,按其与货物列车旅行时间的对比可分为旅客快车(快客)及旅客慢车(慢客)两大类;对于旅客快车又分运行线分散铺画和追踪铺画两种情况;而旅客慢车则分为在区段内被越行和无越行两种铺画方式。由于不同条件下的旅客列车扣除系数差别较大,应分别进行确定。

1. 旅客快车分散铺画时的扣除系数

如图 19-14 所示,一列快客占用运行图的时间 $t_{客占}$ 的值,并不决定于限制区间,而需按整个区段考虑其对货物列车运行的影响。

$$t_{客占}=t_{快}=T_{影响}-(n_{越}+1)I \quad (\text{min}) \tag{19-47}$$

式中 $T_{影响}$——快客影响区左右界间的总时间;

$n_{越}$——在 $T_{影响}$ 时间内越行的货物列车数,按式(19-48)计算并取整

$$n_{越}=\frac{\sum t_{差,i}}{I}=\frac{\sum(t_{货,i}-t_{客,i})}{I} \tag{19-48}$$

式中 $t_{货,i}$、$t_{客,i}$——第 i 区间的货物列车运行时分及旅客快车运行时分,min;

$t_{差,i}$——第 i 区间的货、客列车运行时分之差,$t_{差,i}=t_{货,i}-t_{客,i}$,min。

在图 19-14 中,$n_{越}=\left[\dfrac{29}{8}\right]=3$,$n_{越}+1=4$。为便于叙述,现给出以下定义:

旅客列车直接占用时间(其运行线前后的平行虚线内):

$$t_{基}=I_{到通}+I_{通发} \quad (\text{min}) \tag{19-49}$$

空费时间:

$$t_{空费}=t_{快}-t_{基} \quad (\text{min}) \tag{19-50}$$

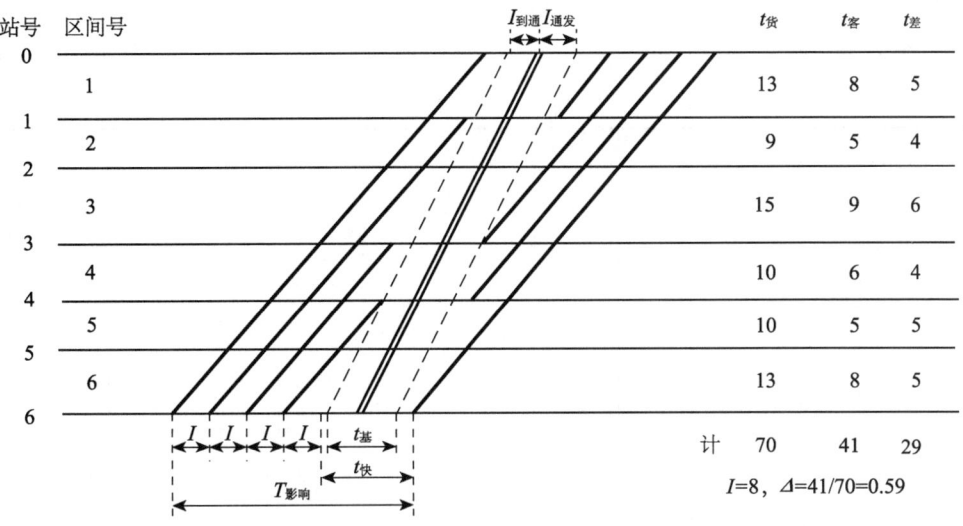

图 19-14　旅客快车分散铺画时占用区间示意

在 $T_{影响}$ 时间内，因为各站扣除的货车客车占用时间之和相同，所以各站客车前后的空费时间之和也相等。因此，一列旅客列车占用区间的时间也可表示为 $t_{客占}=t_{基}+t_{空费}$，则

$$\varepsilon_{快}=\frac{t_{基}+t_{空费}}{I}=\frac{t_{基}}{I}+\frac{t_{空费}}{I}=\varepsilon_{基}+\varepsilon_{外扣} \tag{19-51}$$

式中　$\varepsilon_{外扣}$——旅客列车分散铺画时的额外扣除系数；

　　　$\varepsilon_{基}$——旅客列车分散铺画时的基本扣除系数，它是扣除系数的最小值，可按式（19-52）计算

$$\varepsilon_{基}=\frac{I_{到到}+I_{发发}+t_{起停}}{I}\approx 2\Delta+\frac{t_{起停}}{I} \tag{19-52}$$

式中　$I_{到到}$、$I_{发发}$——旅客列车越行货物列车所产生的同方向列车到达、出发间隔时间，min；

　　　Δ——全区段客货列车运行时分之比。

设 $t_{起停}=5$ min，$I_{到到}+I_{发发}=10$ min，按图 19-14 给定资料计算，可求得 $\varepsilon_{基}=15/8=1.875$。

$\varepsilon_{外扣}$ 由越行站间客货列车区间运行时分之差的积累值 $\sum t_{差}$ 减去 I 的整倍数后有剩余而产生。这一剩余的最大值决定着扣除系数中的附加值 $\varepsilon_{外扣}$，不同的越行方案有不同的值。为了求得附加时间的最大值，可采用表格计算方法。

假设在旅客列车运行线空档内自左至右地按追踪间隔 I 铺画货物列车，在到达下一列旅客列车影响区边缘时，货物列车与旅客列车间的实际到达间隔与 $I_{到到}$ 标准值可能有所偏离，偏离时间用 $t_{偏}$ 表示。显然，$t_{偏}$ 波动于 $0\sim(I-1)$ 之间。也就是说，可能有 $(I-1)$ 个越行方案。对 $(I-1)$ 个方案——进行计算，就可求得每个方案 $t_{空费}$ 的最大值及全部方案的平均值。

根据图 19-14 所给资料编制的计算表见表 19-1。当 $I-1=7$ min 时,可有 $0\sim7$ 共 8 个可能的取值方案。

表 19-1 $\varepsilon_{外扣}$ 值计算表

站名	区间号	$t_{偏}$/min $t_{差}$/min	0	1	2	3	4	5	6	7
0										
	1	5								
1						0	1	2	3	4
	2	4								
2			1	2	3					0
	3	6								
3					0	1	2	3	4	5
	4	4								
4			3					0	1	2
	5	5								
5			0	1	2	3	4			
	6	5								
6						0	1	2	3	4
$t_{空费}$			3	2	3	3	4	4	5	4
平均值 $t_{空费}^{均}$			3.5							
$\varepsilon_{外扣}$			3.5/8=0.437							
$\varepsilon_{快}$			1.875+0.437=2.312							

【例 19-1】 现以 $t_{偏}=5$ min 时举例说明如下。

(1) 取 1 号区间的 $t_{差}$(5 min)加 $t_{偏}$(5 min)为 10 min,减去 I(8 min)剩余 2 min,将"2"填入表格中 1 站与 $t_{偏}=5$ 相对应栏,表示在左边界货物列车运行线右方铺一条运行线到 1 站的到达时刻,比标准线早 2 min。

(2) 在 2 min 的基础上,加上 2 号区间的 $t_{差}$(4 min)得 6 min,由于该值小于 I 值,表明在左边界货物列车运行线右方不能再有一条到 2 站的运行线。因此,在 6 min 的基础上,再加上 3 号区间的 $t_{差}$(6 min)得 12 min,这一时间减去 I 值后剩余 4 min,将"4"填入表格中 3 站与 $t_{偏}=5$ 相对应栏,它表示在左边界货物列车运行线右方可再铺一条运行线到 3 站,而且到 3 站的时刻比标准线早 4 min。

(3) 依此类推,可得表格中 4 站和 6 站与 $t_{偏}=5$ 相对应栏的"0"和"2"。

(4) 表格栏中 $t_{偏}=5$ min 时的最大值 4 即为 $t_{空费}$。

用同样的方法也可以得出 $t_{偏}$ 为其他数值时的 $t_{空费}$。应该指出,在本例中给出的是 $t_{货}-t_{客}<I$ 的情况,这也是我国铁路绝大部分双线自动闭塞区段的实际情况。若 $t_{货}-t_{客}>I$,则要考虑在同一车站有 2 列以上货车待避的具体条件,即双向至少有 6 股道,否则,还要考虑由于到发线数限制而产生的空费时间。

为求算 $\varepsilon_{快}$ 的一般标准,相关研究部门对我国铁路双线区段进行了大量调查,通过对实际数据进行统计分析,得出了 $t_{空费}$ 随限制区间 $t_{差}$ 值而变化的一般规律,推导出 $t_{空费}$ 和 $\varepsilon_{外扣}$ 的如下计算公式:

$$t_{空费}=1.025t_{差}+(0.05-0.0375t_{差})I-1.4 \quad (\text{min}) \quad (19\text{-}53)$$

$$\varepsilon_{外扣}=0.05-0.0375t_{差}+\frac{1.025t_{差}-1.4}{I} \quad (19\text{-}54)$$

于是有：

$$t_{\text{快}} = t_{\text{基}} + t_{\text{空费}} = (2\Delta + 0.05 - 0.0375 t_{\text{差}})I + 1.025 t_{\text{差}} + 3.6 \quad (\text{min}) \quad (19\text{-}55)$$

$$\varepsilon_{\text{快}} = \frac{t_{\text{快}}}{I} = 2\Delta + 0.05 - 0.0375 t_{\text{差}} + \frac{1.025 t_{\text{差}} + 3.6}{I} \tag{19-56}$$

计算时 $t_{\text{起停}}$ 取 5 min，若有变化，可对式(19-55)和式(19-56)中的 3.6 加以调整。据此，建议旅客快车分散铺画时的扣除系数按表 19-2 取值。

表 19-2　分散铺画时旅客快车扣除系数

I	6	7	8	9	10	11	12
$\varepsilon_{\text{快}}$	2.80	2.60	2.40	2.30	2.25	2.15	2.05

2. 旅客快车追踪铺画时的扣除系数

旅客快车追踪铺画可以大幅度地减少扣除时间，这是因为开行一列追踪旅客快车只需占用 $I_{\text{客追}}$，远较 $t_{\text{快}}$ 为小。即使采用列车连续发车的铺画方法，限制区间旅客快车运行线之间铺不下货物列车运行线时，由于两旅客快车的影响区部分重合，扣除时间亦将有所减少。

但是，追踪铺画的旅客快车必须与前行列车具有相同的速度和停站方式，否则将导致间隔增大，使货物列车让行停站时间增大。当旅客快车运行线过度集中时，需要检查客运站的设备能力是否适应，同时，这也会使得货物列车运行不均衡，影响编组站到发线和调车设备的有效运用。因此，每组追踪运行的列数不宜过多。

由于旅客列车对数的增多，追踪运行列车的比重亦将逐渐增大，其扣除系数将相应减小。此时，旅客快车扣除系数的均值 $E_{\text{快}}$ 可用式(19-57)近似计算：

$$E_{\text{快}} = \alpha \varepsilon_{\text{快}} = (1.07 - 0.0053 n_{\text{客}} + 10^{-5} n_{\text{客}}^2) \varepsilon_{\text{快}} \tag{19-57}$$

式中，系数 α 可按表 19-3 取值，$\varepsilon_{\text{快}}$ 取表 19-2 中的数值作为基数，旅客快车每增加 10 列，扣除系数相应地减少 0.1。

表 19-3　系数 α 取值表

$n_{\text{客}}$	10	20	30	40	50	60
α	1.00	0.97	0.92	0.87	0.83	0.79

3. 旅客慢车的扣除系数

1) 无越行时

旅客慢车在区段内的开行对数虽不多，但对通过能力的影响却很大。当旅客慢车无越行铺画时，可得慢客扣除系数 $\varepsilon_{\text{慢}}$ 的最大值，如图 19-15 所示。

$$t_{\text{客占}} = t_{\text{慢}} = T_{\text{慢旅}} - T_{\text{货旅}} + I_{\text{到到}} + I_{\text{发发}} - I \quad (\text{min}) \tag{19-58}$$

式中　$T_{\text{慢旅}}$——旅客慢车在全区段的旅行时分，min；

　　　$T_{\text{货旅}}$——货物列车在全区段的旅行时分，min。

于是,慢客无越行铺画时的扣除系数为

$$\varepsilon_{慢} = \frac{T_{慢旅} - T_{货旅} + I_{到到} + I_{发发}}{I} - 1 \quad (19\text{-}59)$$

近似地,$I_{到到} = I_{发发} = I$,并令 $T_{差} = T_{慢旅} - T_{货旅}$,则有

$$\varepsilon_{慢} = \frac{T_{差}}{I} + 1 \quad (19\text{-}60)$$

显然,慢客扣除系数将随旅客慢车与货物列车在全区段内旅行时分之差 $T_{差}$ 的增大和 I 的减小而增大。

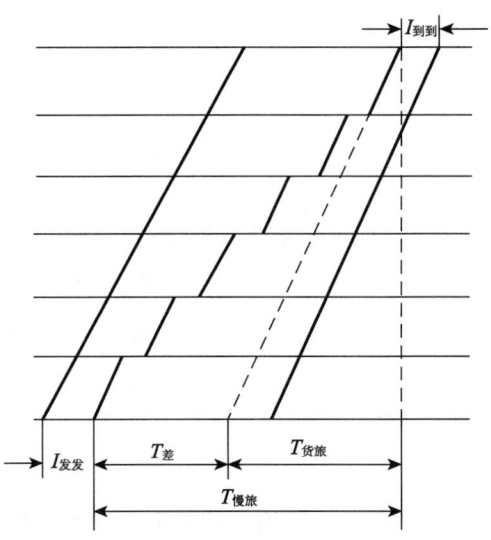

图 19-15 旅客慢车无越行时的扣除系数

2) 有越行时

当区段内的旅客列车数量较多时,将会出现慢客待避快客的情况。这时,一方面慢客因待避快客而将延长停站时间,从而使扣除系数有增大的可能;另一方面,因慢客与快客影响区重合,平均扣除时间会大幅下降。总的来说,有越行铺画对减少扣除时间是有利的。考虑到各种影响因素的作用,建议用式(19-61)近似计算 $E_{慢}$ 值:

$$E_{慢} = \beta\varepsilon_{慢} = (1.0 - 0.001\,25 n_{客} + 0.000\,125 n_{客}^2)\varepsilon_{慢} \quad (19\text{-}61)$$

式中,系数 β 建议按表 19-4 取值。

表 19-4 系数 β 取值表

$n_{客}$	10	20	30	40	50	60
β	0.83	0.69	0.58	0.49	0.43	0.39

快运货物列车扣除系数的确定方法与旅客列车基本相同,但由于有可能在运行图上移动这类列车运行线的位置,额外扣除系数可取 0.2~0.3。所以,扣除系数一般要较旅客列车扣除系数稍小一些。

四、双线非自动闭塞区段旅客列车的扣除系数

在双线非自动闭塞区段,旅客列车扣除系数同自动闭塞区段一样,也应按列车在区段的分布情况进行计算。

1. 区间不均等(系数 j 较小)时

当区段的限制区间与其他区间差别较大时(图 19-16),基本扣除系数可按限制区间计算,即

$$\varepsilon_{基} = \frac{t_{客占}}{T_{周}} = \frac{t_{客} + \tau_{连}}{t_{货} + \tau_{连}} \quad (19\text{-}62)$$

式中,$t_客$、$t_货$分别为旅客快车与货物列车在限制区间的运行时间,min。

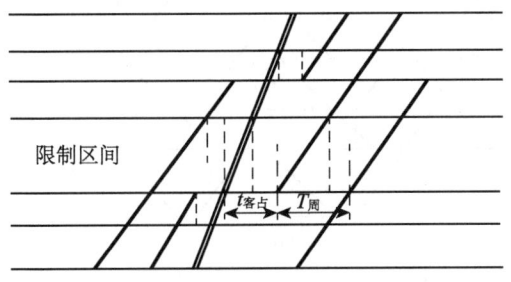

图 19-16　限制区间与其他区间差别较大时,旅客快车占用运行图时间

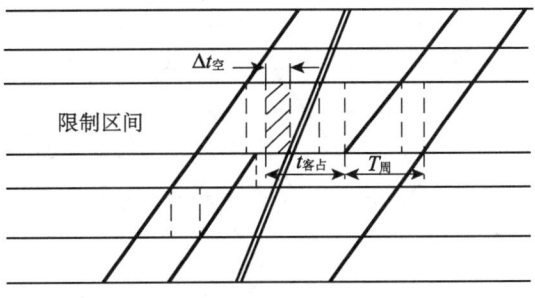

图 19-17　限制区间与其他区间差别不大时,旅客快车占用运行图时间

2. 区间均等(系数 j 较大)时

在多数情况下(图 19-17),旅客快车基本扣除系数可由固定部分与可变部分组成,即

$$\varepsilon_基 = \frac{t_{客占}}{T_周} = \frac{t_客 + \tau_连}{T_周} + \frac{\Delta t_空}{T_周} = \varepsilon_基^{最小} + \varepsilon_基^{变} \tag{19-63}$$

基本扣除系数的可变部分与区段内的区间分布情况有关,因此在近似计算中,应当分析不同区段的情况,确定出平均的 $\varepsilon_基^{变}$ 值。

双线非自动闭塞区段旅客列车扣除系数,也由基本扣除系数和额外扣除系数两部分组成。研究证明,双线非自动闭塞区段旅客列车额外扣除系数的近似值可取 0.1~0.2。快运货物列车扣除系数的确定方法与旅客列车基本相同,由于有可能在运行图上移动这些列车运行线的位置,所以扣除系数一般较小。

五、摘挂列车扣除系数

摘挂列车的运行速度虽然与货物列车一样,但由于摘挂列车在中间站停站次数多、停站时间长,所以对通过能力会产生一定的影响。区间越均等,运行图铺满程度越高,这种影响就越大。

如图 19-18(a)所示,在平行运行图上,当区间均等时,摘挂列车每一次在车站完成作业后发出,都要从运行图上扣掉一条列车运行线。一般地,摘挂列车扣除系数 $\varepsilon_摘$:

$$\varepsilon_摘 \leqslant K_站 + 1 \tag{19-64}$$

式中,$K_站$ 为摘挂列车途中停站次数。

在非平行运行图上,除了因铺画旅客列车而产生一定的空费时间 $t_{外扣}$ 外,由于区间不均等,在邻接较小区间的车站还将产生运行图空隙。利用这些空费时间和运行图空隙铺画摘挂列车,可以使摘挂列车扣除系数大大缩小,如图 19-18(b)所示。

综上所述,非平行运行图中旅客列车、摘挂列车等的扣除系数,与一系列因素有关,其中主要有:

(1) 区间不均等程度(不均等系数 j)。

(2) 非普通货物列车(旅客列车、快运货物列车、摘挂列车等)的运行速度、数量及其在

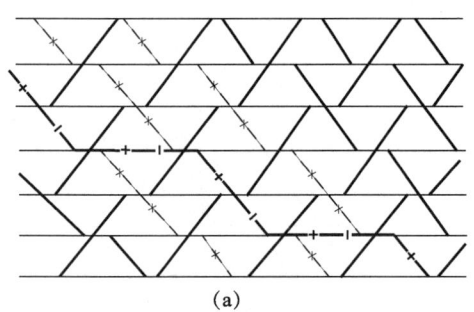 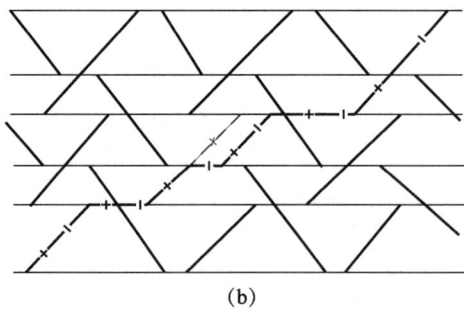

图 19-18 摘挂列车对区间通过能力的影响

运行图上的铺画位置。

（3）旅客列车和摘挂列车在区段内的停站次数及停站时间。

这些因素的影响只能在运行图铺好之后才能完全确定。因此，在计算通过能力时，不得不利用扣除系数的经验数值。目前，我国铁路采用的扣除系数如表 19-5 和表 19-6 所列。

表 19-5　列车扣除系数

区间正线	闭塞方法	旅客列车	快运货物列车	摘挂列车	
单线	自动	1.0	1.0	1.3～1.5	
	半自动	1.1～1.3	1.2	1.3～1.5	3 对以上取 1.3
双线	自动	见表 19-6	2.0～2.3	2.5～3.0	3 对以上取 2.5，6 对以上取 2.0
	半自动	1.3～1.5	1.4	1.5～2.0	

注：其他闭塞方法可参照半自动闭塞取值。

表 19-6　三显示双线自动闭塞区段旅客列车扣除系数

$n_客$/列	$I_追$/min						
	6	7	8	9	10	11	12
5～10	—	—	2.3～2.4	2.15～2.3	2.05～2.2	1.95～2.1	1.9～2.0
11～20	—	—	2.3～2.35	2.15～2.2	2.05～2.1	1.92～2.0	1.8～1.9
21～30	—	2.4～2.45	2.2～2.25	2.05～2.1	1.95～2.0	1.85～1.9	1.7～1.8
31～40	2.5～2.55	2.3～2.35	2.1～2.15	1.95～2.0	1.85～1.9	1.75～1.8	1.6～1.7
41～50	2.4～2.45	2.2～2.25	2.0～2.05	1.85～1.9			
51～60	2.3～2.35	2.1～2.15	1.9～1.95				
61 及以上	用图解法确定						

注：四显示双线自动闭塞区段，用图解法并参照本表取值确定。

第四节 高速铁路通过能力

高速铁路区间通过能力利用具有以下特点：

(1) 昼夜能力利用的不均衡性。高速铁路主要为客运服务，旅客的出行活动在其始发站一般都发生在昼间而无须夜间行车，因此昼夜之间能力利用极不均衡。在昼间，由于不同季节之间客流生成和变化规律有所不同；一周之中工作日与双休日的客流特点不同；一日之中，各时间段旅客出行的频率也不同，往往形成旅客出行活动的高峰和低谷，这同普速铁路力求组织均衡运输，充分利用区间通过能力的运营要求有较大差异。因此，除了计算以运营日为单位的区间通过能力外，还需计算高峰小时的通过能力。

(2) 理论计算能力与实际可利用能力之间差距较大。鉴于客运专线的客流特点和昼间能力利用的极不均衡，尽管理论上可以在运行图上铺画较多的列车运行线，实际上，由于各条运行线所处的时空条件不同，因此它们能吸引并完成的旅客输送量也大不相同。与普速铁路相比，高速铁路按行车量计算的实际输送能力与理论计算能力之间差距较大。

(3) 客车停站及其起停车附加时分影响的放大。在高速铁路线路上，列车停站时分加上起停车附加时分所造成的影响一般已超过追踪间隔时间的影响，高速列车因停站而产生的能力影响已经成为能力计算中的一个重要组成部分。因此，客车停站及其起停车附加时分的影响，产生了不同于普速铁路的放大效应。

(4) 长线能力相对不足与短线能力相对富余并存。垂直型天窗使客运专线的线路通过能力有"长线"和"短线"之分。长线能力可以分段使用，转化为几个短线能力，而短线能力却不能组合为长线能力。随着线路里程和天窗时间的延长，长线能力递减。因此，在能力利用上，出现方向通过能力小于其各区段通过能力，长线能力相对不足与短线能力相对富余并存的特点。

一、高速铁路区间通过能力的定义

综合以上分析，可给出高速铁路区间通过能力的定义为：高速铁路区间通过能力是指在一定客运需求条件下，采用一定类型的动车组和规定的运输组织方法，在满足一定服务水平条件下，高速铁路区段及车站的各种固定设备在可以办理旅客列车作业的规定时间内所能通过或办理的最多列车数或对数。

具体概念还可能包括：全天通过能力、高峰小时通过能力、长线能力、短线能力等。

全天通过能力是指在可以办理旅客列车运行的规定时间内最多能办理的旅客列车对数或列数。

高峰小时通过能力是指列车最密集时间段内，在不考虑各种干扰和缓冲时间条件下，每小时最多可办理的旅客列车对数或列数。

长线能力是指在客流区段不同速度列车结构固定条件下，满足特定服务水平要求，在办理旅客列车运行的规定时间内最多可办理的运程大于或等于区段长度的旅客列车对数或列数。

短线能力是指在客流区段不同速度列车结构固定条件下，满足特定服务水平要求，在办理旅客列车运行的规定时间内,去除列车占用长线能力后,最多可办理的运程小于区段长度的旅客列车对数或列数。

二、高速铁路区间通过能力的计算原理

高速铁路平行运行图通过能力计算公式由四部分组成(图 19-19):第一部分为一日内可以铺画的高速列车列数或对数;第二部分为天窗时间内可以铺画的高速列车列数或对数;第三部分为由于天窗造成的空费"三角区"内所能铺画的高速列车列数或对数;第四部分为由于受到高速列车有效到发时间的限制,一日内除天窗和"三角区"外,列车运行图中不能被利用的无效时间段内所能铺画的高速列车列数或对数。具体计算公式见式(19-65)。

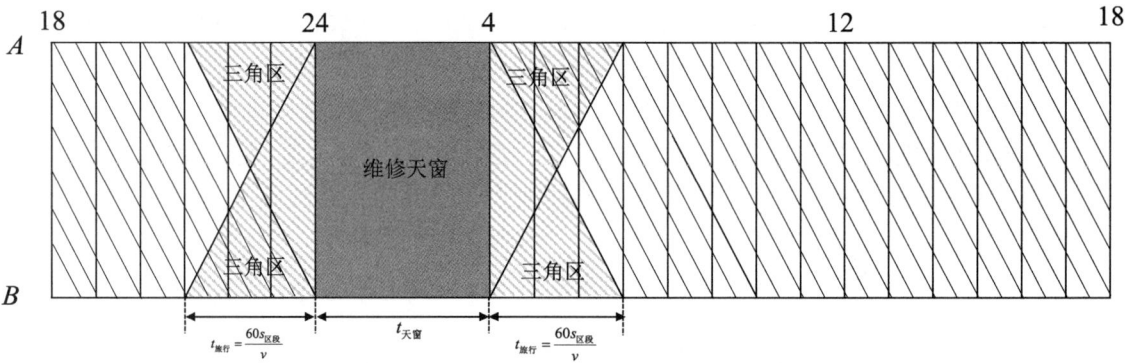

图 19-19　高速铁路区间通过能力计算原理

$$n = \frac{1\,440 - t_{天窗} - t_{旅行} - t_{无效}}{I} = \frac{1\,440 - t_{天窗} - \frac{60 s_{区段}}{v} - t_{无效}}{I} \quad (列/d) \quad (19\text{-}65)$$

式中　n——高速铁路平行运行图通过能力,列/d;

　　　$t_{天窗}$——维修天窗时间,min;

　　　$s_{区段}$——客运区段长度,km;

　　　v——列车的平均运行速度,km/h;

　　　I——高速铁路列车最小追踪间隔时间,min;

　　　$t_{无效}$——由于受到高速列车有效到发时间的限制,除天窗和"三角区"以外,在运行图中不能被利用的无效时间段,min。

在多种速度列车共线运输组织模式下,高速列车的停站与不同速度等级列车间的速差导致了高速铁路运行图为非平行运行图。因此,计算高速铁路区间通过能力时,需要分析列车停站、列车速差对通过能力的影响。

三、高速铁路区间通过能力的影响因素分析

(一)高速列车停站对通过能力的影响分析

1. 高速列车停站基本影响分析

高速列车在区段内停站一次,对通过能力的影响如图 19-20 所示。

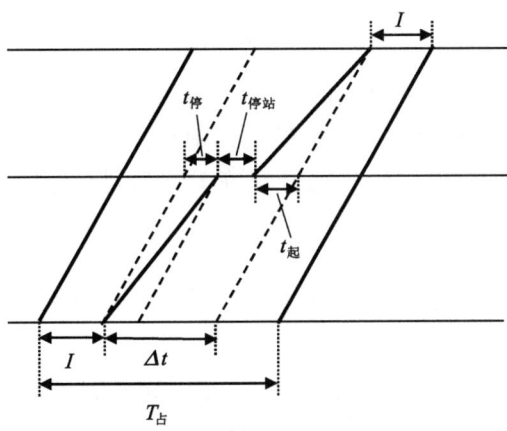

图 19-20　高速列车停站一次对通过能力的影响

高速列车在区段内停站一次的基本影响为

$$\left.\begin{array}{l}\varepsilon^{基}_{停}=\dfrac{T_{占}-I}{I}=\dfrac{2I+\Delta t-I}{I}=1+\dfrac{\Delta t}{I}\\[2mm]\Delta t=t_{停}+t_{停站}+t_{起}\quad(\text{min})\end{array}\right\} \qquad(19\text{-}66)$$

式中　$t_{停}$——列车停车附加时间,min；

$t_{停站}$——列车停站时间,min；

$t_{起}$——列车起动附加时间,min。

可以直观地看出,列车的停站时间越长对通过能力的影响越大。

2. 不同停站方案下高速列车停站影响分析

在运行区段内,列车停站对通过能力的影响不仅与停站时间有关,还与列车停站方案有关。高速列车成组停站中后行列车停站不能利用前行列车停站所产生的空隙,如图 19-21 所示,多个停站可看成是相互独立的,这是高速列车停站影响的上限。假设发通间隔为追踪间隔加起动附加时分,通到间隔为追踪间隔加停车附加时分,则此种情况下,列车停站影响与基本影响相同,即

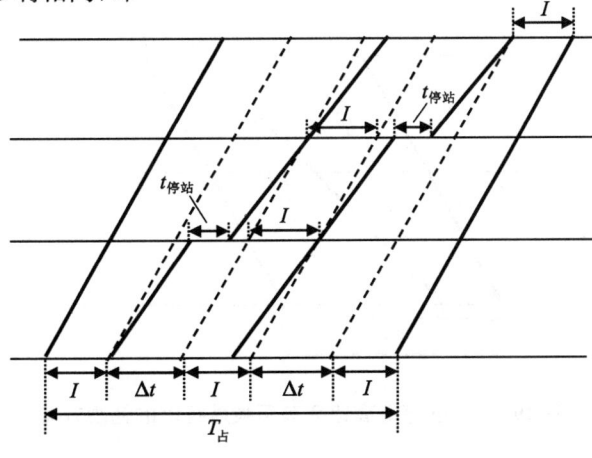

图 19-21　最不利情况下的停站铺画方案

$$\varepsilon_{停}^{不利} = \frac{T_占 - I}{mI} = \frac{2I + (m-1)I + m\Delta t - I}{mI} = 1 + \frac{\Delta t}{I} = \varepsilon_{停}^{基} \qquad (19\text{-}67)$$

式中，m 为停站列车数量，在图 19-21 和图 19-22 中 $m = 2$。

高速列车成组停站中后行列车停站能够利用前行列车停站所产生的空隙，如图 19-22 所示，多个列车停站在运行图中占用的总时间等于一列列车停站所占用的时间，此种情况下，列车停站影响为

$$\varepsilon_{停}^{有利} = \frac{T_占 - I}{mI} = \frac{2I + (m-1)I + \Delta t - I}{mI} = 1 + \frac{\Delta t}{mI} \qquad (19\text{-}68)$$

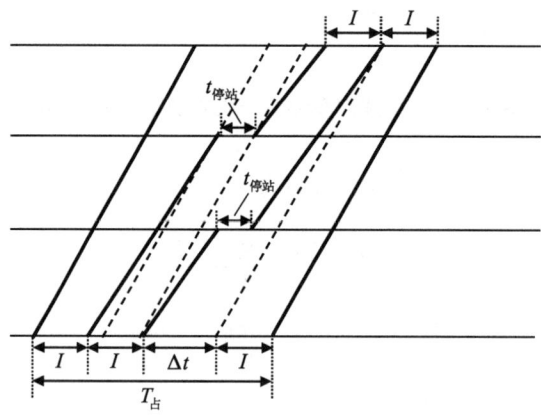

图 19-22　最有利情况下的停站铺画方案

（二）低等级高速列车影响分析

1. 低等级高速列车不被越行时的基本影响分析

在高等级高速列车间开行一列低等级列车，对通过能力的影响如图 19-23 所示。此种情况下，列车停站影响为

$$\left. \begin{aligned} \varepsilon_{低}^{基} &= \frac{T_占 - I}{I} = \frac{2I + \Delta t - I}{I} = 1 + \frac{\Delta t}{I} \\ \Delta t &= t_{低速} - t_{高速} \quad (\min) \end{aligned} \right\} \qquad (19\text{-}69)$$

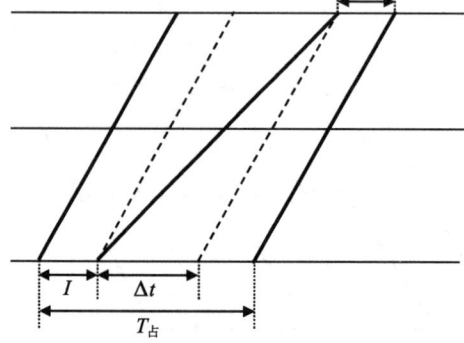

图 19-23　低等级高速列车不被越行时的铺画方案

式中 $t_{低速}$——低速列车纯运行时分,min;

$t_{高速}$——高速列车纯运行时分,min。

从以上计算公式可以看出,在高速铁路追踪间隔 I 一定的情况下,$\varepsilon_{低}^{基}$ 与不同速度列车在区间的时分差有关,不同速度列车速差越大,其基本影响呈增大趋势。

2. 低等级列车追踪且不被越行时的影响分析

在低等级列车追踪且不被越行时,对通过能力的影响如图 19-24 表示。此种情况下,列车停站影响为

$$\left.\begin{aligned}\varepsilon_{低}^{多} &= \frac{T_{占} - I}{mI} = \frac{2I + (m-1)I + \Delta t - I}{mI} = 1 + \frac{\Delta t}{mI} \\ \Delta t &= t_{低速} - t_{高速} \quad (\text{min})\end{aligned}\right\} \quad (19\text{-}70)$$

式中,m 为追踪运行的列车数。

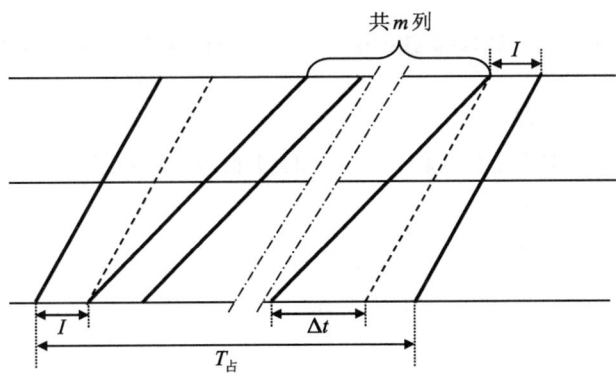

图 19-24 低等级高速列车追踪且不被越行时的铺画方案

由此可知,在不同速度列车区段时分差一定的情况下,低等级列车连发越大,对通过能力的影响越小。但低等级列车追踪列车数越多,被高等级列车越行时,低等级列车停站时间过长,会严重影响低等级高速列车的服务质量,因此,低等级列车追踪列车数应控制在一定的范围内。

3. 低等级列车被越行时的影响分析

1)低等级列车不连续追踪

在低等级列车不连续追踪且能被越行时,对通过能力的影响如图 19-25 所示。此种情况下,列车停站影响为

$$\left.\begin{aligned}T_{占} &= \max\{I + \Delta t + t_{停} + I_{到通}, I_{通发} + \Delta t + t_{起} + t_{停} \\ &\quad + I_{到通}, I_{通发} + \Delta t + t_{起} + I\} \quad (\text{min}) \\ \varepsilon_{低}^{单越} &= \frac{T_{占} - I}{I} \\ \Delta t &= t_{低速} - t_{高速} \quad (\text{min})\end{aligned}\right\} \quad (19\text{-}71)$$

由上式可以看出,低等级列车不连发且能被越行条件下的影响与各类追踪间隔时间、快慢车运行时分差有关,且快慢车运行时分差越大,影响越大。

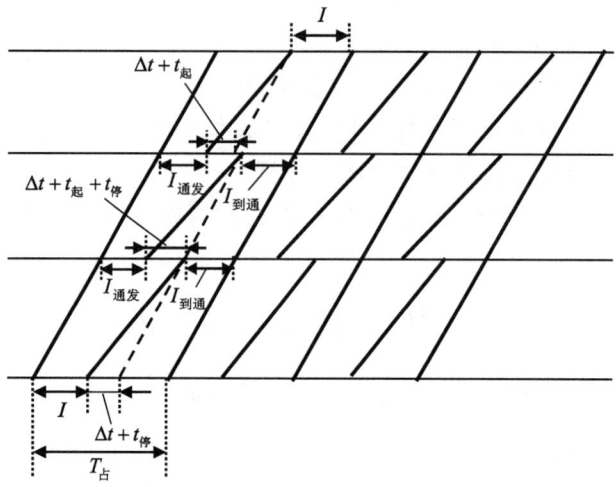

图 19-25 低等级高速列车不连续追踪且被越行时的铺画方案

2）低等级列车连续追踪

在低等级列车连续追踪且能被越行时，对通过能力的影响如图 19-26 所示。此种情况下，列车停站影响为

$$\left.\begin{array}{l}T_{占}=\max\{mI+\Delta t+t_{停}+I_{到通},\ I_{通发}+(m-1)I+\Delta t+t_{起}+t_{停}+I_{到通},\\ \qquad I_{通发}+\Delta t+t_{起}+mI\}\quad (\min)\\ \varepsilon_{低}^{多越}=\dfrac{T_{占}-I}{mI}\\ \Delta t=t_{低速}-t_{高速}\quad (\min)\end{array}\right\}$$

(19-72)

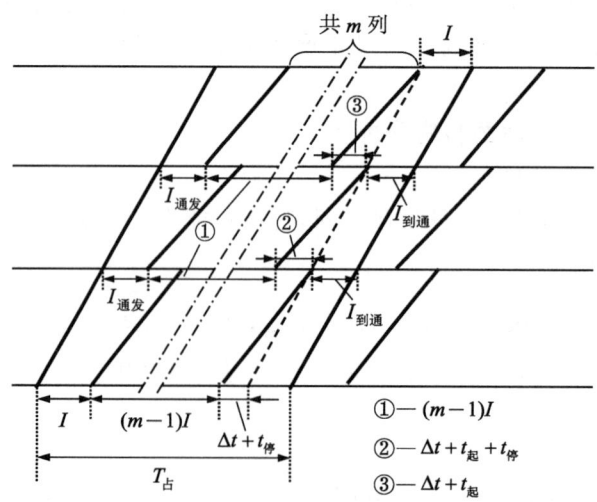

图 19-26 低等级高速列车连续追踪且被越行时的铺画方案

由上式可以看出,低等级列车追踪且能被越行条件下的影响与各类追踪间隔时间、快慢车运行时分差以及连发的列车数量有关,且连发列车数量越大,影响越小。

第五节　城市轨道交通通过能力

一、通过能力

城市轨道交通线路的通过能力是指在采用一定的车辆类型和行车组织方法条件下,线路的各项固定设备在单位时间内(通常是高峰小时)所能通过的最大列车数。研究影响通过能力的因素、通过能力的计算确定、提高通过能力的途径及措施等问题,对于城市轨道交通新线的规划设计及既有线的日常运能安排和扩能技术改造都具有重要的理论和实践意义。

城市轨道交通的通过能力按下列固定设备计算:

（1）线路。其通过能力主要受正线数、列车停站时间、列车运行控制方式、车站是否设置配线、车辆技术性能、进出站线路平纵断面和行车组织方法等因素影响。

（2）列车折返设备。其通过能力主要受折返站的配线布置形式、折返方式和折返模式、列车停站时间、车站信号设备类型、车载设备反应时间、折返作业进路长度、车辆移动速度和列车长度等因素影响。

（3）车辆基地设备。其通过能力主要受车辆的检修台位、停车线等设备的数量和容量等因素影响。

（4）牵引供电设备。其通过能力主要受牵引变电所的配置和容量等因素影响。

根据上述各项固定设备计算出来的通过能力一般是不相同的,其中通过能力最小的固定设备限制了整条线路的通过能力,该项固定设备的通过能力即为整条线路的最终通过能力。

$$n = \min\{n_{线}, n_{折}, n_{段}, n_{电}\} \quad (列/h) \tag{19-73}$$

式中　$n_{线}$——线路通过能力,列/h;

$n_{折}$——车站折返设备通过能力,列/h;

$n_{段}$——车辆基地设备通过能力,列/h;

$n_{电}$——牵引供电设备通过能力,列/h。

限制城市轨道交通通过能力的固定设备通常是线路和列车折返设备。

二、输送能力

城市轨道交通线路的输送能力也称载客能力,是指在一定的车辆类型、固定设备和行车组织方法条件下,按照现有移动设备的数量、容量及乘务人员的数量,城市轨道交通线路在单位时间内(通常是高峰小时、一昼夜或一年)所能运送的乘客人数。输送能力是衡量城市轨道交通技术水平与服务水平的重要指标。

在最终通过能力一定的条件下,输送能力 p 可按式(19-74)计算

$$p = nN_{编组} C_{定员} \beta_{满载} \quad (人/h) \tag{19-74}$$

式中 $N_{编组}$——列车编组辆数,辆;

$C_{定员}$——车辆定员数,人;

$\beta_{满载}$——列车满载率。

三、线路通过能力的计算原理

城市轨道交通采用自动闭塞行车,在此模式下线路通过能力的计算见式(19-75):

$$n_{线} = \frac{3600}{I} \quad (列/h) \tag{19-75}$$

式中,I 为追踪列车的间隔时间,s。

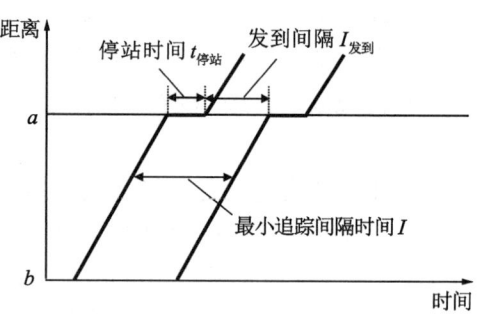

图 19-27 最小追踪间隔示意

由于城市轨道交通车站一般不设置配线,列车只能在车站正线办理客运作业,致使列车追踪运行经过车站的时间远大于列车在区间追踪运行时的间隔时间。因此,列车停站时间是限制城市轨道交通线路通过能力的主要因素之一。车站停站时间对于列车间隔时间的影响如图 19-27 所示。

列车追踪间隔时间等于列车在车站的停站时间($t_{停站}$)加上前后两列车之间的发到间隔时间($I_{发到}$)。其中,发到间隔时间是指自前方列车从车站发出时起,至后方列车到达车站时止的最小间隔时间。发到间隔时间由三部分组成:第一部分为前方列车驶离车站的时间;第二部分为后续列车准备接车进路并开放信号等作业时间;第三部分为后续列车通过进站距离的时间。最小追踪间隔时间的计算公式为

$$I = t_{停站} + I_{发到} \quad (s) \tag{19-76}$$

发到间隔时间与列车的加减速度、平纵断面以及信号制式等因素有关,一旦线路建设好,该时间就相对固定。因此,列车停站时间成了影响线路通过能力的关键因素,尤其是客流量大、开行密度高的线路上,停站时间往往成为线路通过能力的制约因素。

$I_{发到}$的大小与信号制式及列车占用设备的规则密切相关,在不同的信号制式条件下,$I_{发到}$的计算方式不同。以移动闭塞为例,在相对位置方式(MB-v_0方式)控制模式下,不考虑前行列车的速度,只考虑其位置,当前面列车停车时,后行列车停在制动前的前行列车尾端后面的安全距离外。

在相对位置方式的移动闭塞条件下,计算追踪列车间隔时间的列车间隔距离如图 19-28 所示。当前行列车离开安全防护点 D 时,后行列车以规定速度恰好运行至进站位置 A 开始减速进站并恰好停在站台 C。因此,I 由前车起动离开安全防护区间的时间、后车制动停车时间和停站时间三部分组成,计算公式为

$$I = t_{出} + t_{进} + t_{停站} = 3.6 \times \left(\frac{l_{出} + \frac{1}{2}l_{列}}{v_{出}} + \frac{l_{进} + \frac{1}{2}l_{列}}{v_{进}} \right) + t_{停站} \quad (s) \quad (19\text{-}77)$$

式中 $l_{出}$ ——车站出清点到车站中心线的距离,m;
$\quad\quad l_{进}$ ——车站制动点到车站中心线的距离,m;
$\quad\quad v_{出}$ ——列车出站过程中经过出站距离的平均速度,km/h;
$\quad\quad v_{进}$ ——列车进站过程中经过进站距离的平均速度,km/h。

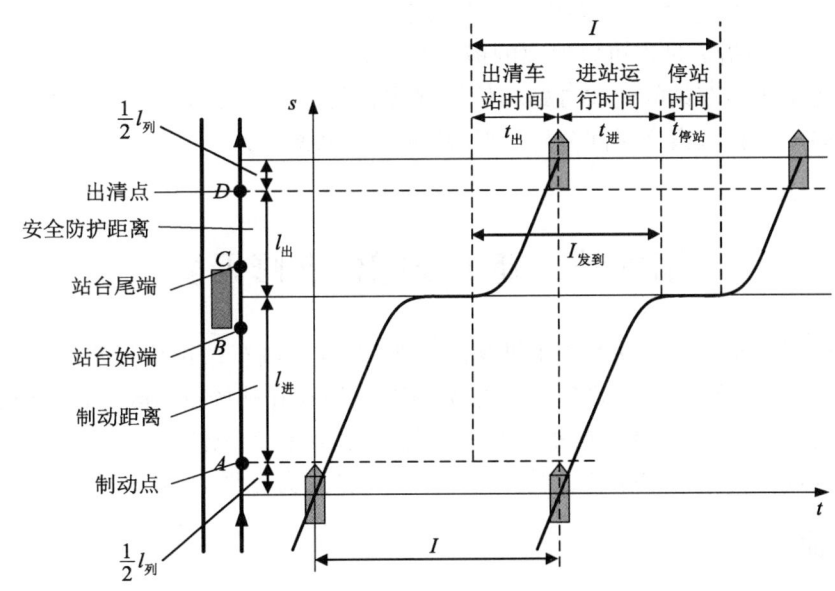

图 19-28 移动闭塞系统列车追踪间隔示意

城市轨道交通新线建成后,如果自动闭塞信号系统尚未安装就投入过渡期试运营,或系统故障需要降级运行时,除了采用调度监督组织指挥列车运行外,为确保列车运行安全,列车也可采用多区间闭塞作为基本闭塞方法(如"两站两区间",但不同城市的规则有可能不同)。"两站两区间"表示两个连续车站和连续区间只允许一趟列车占用。

"两站两区间"闭塞条件下,前后两列车按连发方式运行(图 19-29),d 站开放出站信号的条件是前行列车已离开 b 站且双区间闭塞手续已经完成。I 由三部分组成:$d-c$ 区间运行时间、$c-b$ 区间运行时间、b 和 c 的停站时间以及连发间隔时间,计算公式为

$$I = t_{d-c} + t_{停站}^{c} + t_{c-b} + t_{停站}^{b} + \tau_{连}^{后停} \quad (s) \quad (19\text{-}78)$$

式中 t_{d-c}、t_{c-b} —— $d-c$ 区间和 $c-b$ 区间运行时间,s;
$\quad\quad t_{停站}^{c}$、$t_{停站}^{b}$ —— c 站和 b 站的停站时间,s;
$\quad\quad \tau_{连}^{后停}$ ——后停条件下的连发间隔时间,s。

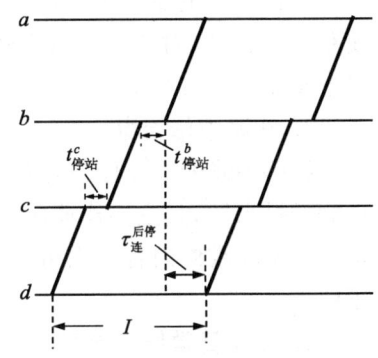

图 19-29 双区间闭塞连发运行图示

四、折返能力的计算原理

车站折返能力一般是指折返车站在单位时间(小时)内能够满足列车折返的最大列车数。车站折返能力由折返站列车接入或发出的最大折返间隔决定。车站折返能力计算公式为

$$n_{折} = \frac{3\,600}{\max(I_{进}, I_{出})} \quad (列/h) \tag{19-79}$$

式中　$I_{进}$——车站折返过程可以接入的最小间隔时间；
　　　$I_{出}$——车站折返过程可以发出的最小间隔时间。

折返能力除了与车站的配线方案和信号制式有关外，也与折返方式、折返模式、停站作业时间、技术作业时间、富余时间分配、到发均衡性等因素有关。

第六节　施工及综合维修天窗

综合维修天窗是指为了铁路施工维修的需要，对区间或车站正线规定的一段不放行列车的时间。施工维修的内容一般包括：线路大中修、线路和站场技术改造、电气化线路接触网检修、供电设备日常维护和检修等。在高速度、高密度行车条件下，综合维修天窗的开设形式及维修时间的确定，对铁路通过能力、行车组织方式会有很大影响。

一、天窗的种类

(一) 工务维修天窗

1. 设备改造施工天窗

修建第二线、第三线及行车闭塞类型、信号设备改造施工时，维修改造工作量较大，工程复杂程度高，而且需要连续多个长时间施工时段，以保证施工作业的质量，此类天窗对线路运营影响很大，在施工方案中要加以注意。

2. 线路大修天窗

线路大修主要有换轨大修和不换轨大修两类。线路大修施工作业内容较为复杂，占用线路时间较长，对线路运营有较大影响。另外，施工结束后，即天窗时间结束后，为保证线路维修质量和行车安全，还会要求部分列车限速运行。

3. 线路中修天窗

线路中修的主要任务是对路基进行彻底清筛，清除脏物、板结，恢复道床的弹性及保持良好的排水性，其主要作业包括：起道、拨道、捣固、清筛道砟、夯实整形、打磨钢轨、动力稳定等十多项维修内容。它可以结合线路大修天窗施工同时进行，天窗需在方案运行图中预留。

4. 线路日常维修天窗

铁路为了保证具有良好的线路条件，提供良好的运行状态，应进行日常的线路维修、养护以及重点病害的整治。因此，要求经常开设时间较短的日常维修天窗。

（二）电务维修天窗

电务维修主要是对信号设备的维护和检修，由日常维修、中修、大修三部分组成，具体内容包括信号机、电动道岔、轨道电路、控制台、电源屏、分线盒、电缆、继电器、地线、道口设备、行车闭塞设备、机车信号等方面的维护和检修。虽然，日常维修工作量较大，但相对来说较为简单，而且只有少部分的作业需要开设天窗，一般与其他线路维修作业同时进行，以减少对线路运营的影响。此类天窗在日常运营中可灵活安排。

（三）接触网维修天窗

电力牵引线路，要对接触供电设备进行检查维修，以保证列车运行的安全顺利。接触网的定期检修分为小修和大修两个修程，主要项目是对接触网和附加导线进行较为详细的检查，甚至整个锚段的更换，对容易变化的参数进行预测，再结合日常巡视检测。接触网以周期修、状态修为主。由于接触网维修天窗开设距离较大，时间比较固定，故应在方案运行图中预留。

二、天窗的开设形式

天窗的开设形式主要有矩形、V形两种基本形式，以及由此两种基本类型相互组合演化出不同的形式。具体的开设形式有以下几种。

1. 矩形天窗

矩形天窗的优点是综合维修时不受列车影响，维修作业效率和安全度相对较高；缺点主要是对列车运行有一定影响，尤其是跨线列车运行线的铺面受到一定限制，如图19-30所示。以高速铁路为例，在0:00—6:00时段内，在运行图中安排综合维修，运行图铺画时需要使跨线列车避开高速客运专线的维修天窗，以确保上、下行线均停电进行综合维修。

2. V形天窗

在整个区段内，按上、下行分别形成运行图空白，分方向进行线路维修施工，可根据需要组织反方向行车，如图19-31所示。其优点是保证在全天内均可行车，便于跨线列车运行线的铺画和日常运行的调度调整；缺点是一线维修、一线行车时，对两条线路的作业都会产生干扰。

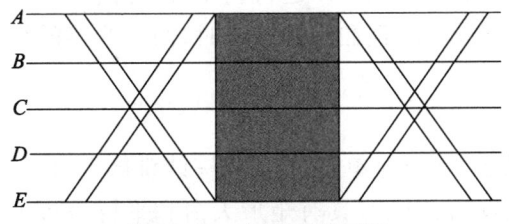

图 19-30 矩形天窗示意

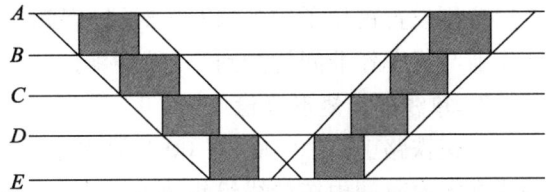

图 19-31 V形天窗示意

3. 分段矩形天窗

列车所运行客流区段内的若干个维修工作分别在不同时段开设上、下行矩形天窗，不同天窗可能形成一定的天窗错位时间（图19-32）。这种天窗具有矩形天窗的优势，在高速铁路上，通过合理设置天窗错位时间可以为高速铁路夜间行车提供可能的行车时间带，但天窗的合理组合是开设这种天窗的难点所在。

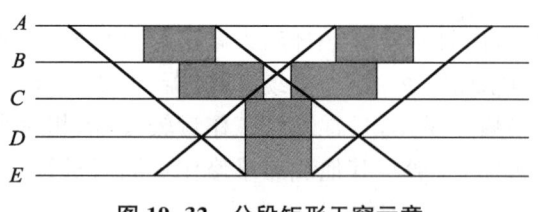
图19-32 分段矩形天窗示意

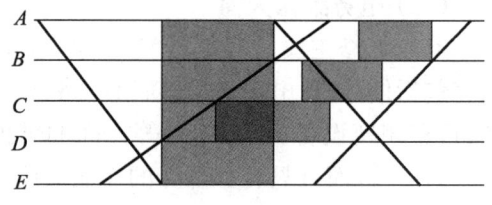
图19-33 r形天窗示意

4. r形天窗

在整个区段内,按上、下行分别设置天窗,一方向设为矩形天窗,另一方向设为底部重合的阶梯形天窗,如图19-33所示。其优点是某一方向的列车旅行速度可以提高;缺点是组织反向行车时天窗内有列车运行,存在安全隐患,降低了维修施工作业的效率,同时不能检修渡线,另一方向的列车旅行速度将会有所降低。

5. X形天窗

在某时段内,将某个区段或是全线分为两段,各自开设V形天窗,如图19-34所示。X形天窗一方面具有V形天窗的优点和缺点,另一方面它比V形天窗所占用的相邻天窗开设时段的范围要小,比较适合在较长的线路或区段上采用。

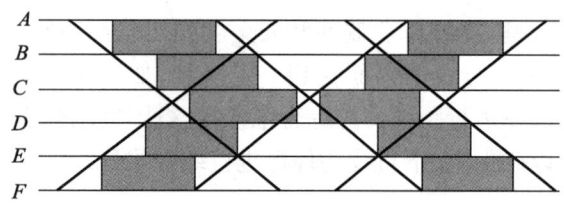
图19-34 X形天窗示意

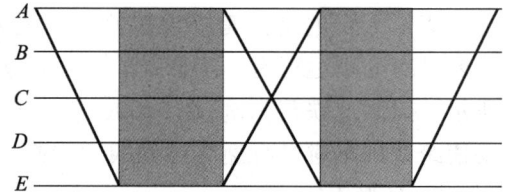
图19-35 平行矩形天窗示意

6. 平行矩形天窗

在某时段内,某区段分上、下行分别形成两个不相互重合的矩形天窗,如图19-35所示,虽然它可以解决跨线列车运行线铺画的问题,在全天内都可以运行列车,但是由于两个矩形分别设置占用了较多的发车时段,因此不利于行车,而且在维修施工时,两条线路的维修作业与行车作业间均受到一定的影响。

7. 单线隔日矩形天窗

高速铁路上,在0:00—6:00时段内,运行图按上、下行分单、双日安排一线维修天窗,另一线在天窗时间内按单线组织列车运行。此种天窗形式同时具有矩形天窗和平行矩形天窗的优点,不仅解决了平行矩形天窗由于天窗时段范围开行太大而造成对发车时段影响的问题,使天窗时段控制在夜间0:00—6:00,而且因为组织另一线反向行车,也解决了跨线列车运行图的铺画问题。但是,仍然存在维修作业与邻线行车之间相互干扰的问题。

8. 双向分隔式矩形天窗

高速铁路上,在0:00—6:00时段内,上、下行均给出1h时间以安排需要在天窗内运行通过的列车运行,其余时间则用于综合维修作业。此种天窗形式同时具有矩形天窗和V形天窗的特点,不仅解决了 V 形天窗由于天窗时段范围开行太大而造成对发车时段影响的问题,使天窗时段控制在夜间 0:00—6:00,而且因为组织一线施工、另一线行车,也解决了跨线列车运行图铺画的问题。但是,仍然存在维修作业与邻线行车之间相互干扰的问题,且行车带的开设对列车的到达分布有较高的要求。

综上所述,各种天窗形式各有优缺点,最终选取哪种形式的天窗,要根据线路的具体情况,结合客流组织需要,通过分析各类天窗的区段适应性和可行性,并进行比较后才能得出。

三、天窗时间

科学合理地设计铁路综合维修天窗的形式和时间、协调组织各专业的维修作业及解决好综合维修与运输组织间的干扰和矛盾是很重要的一个问题。天窗时间过长会造成列车停运多、运输不均衡、降低列车旅行速度、恢复正常运输秩序困难、占用较多区间通过能力等问题;天窗时间过短则会影响施工作业效率、降低施工质量、不利于线路运营安全。同时,施工时间过短,可能使施工人员太过精神紧张,不利于人身和行车安全。因此,天窗时间过长或过短都不适宜,需要选择合理的天窗时间。

维修施工天窗时间的长短主要取决于施工复杂程度、施工作业组织和作业效率、机械化程度和技术水平及占用区间通过能力等多种因素。线路维修施工实践和研究表明,线路维修天窗时间,主要应从提高线路维修作业效率和降低线路维修施工占用区间通过能力等方面来确定。

我国既有线电气化铁路的维修天窗时间一般为 90 min,采用大型养路机械维修天窗时间一般为 3 h。高速铁路综合维修所需的时间一般为 4~6 h,当采用无砟轨道时,天窗时间可以进一步缩短。

四、天窗对通过能力的影响与设置原则

1. 天窗对线路通过能力的影响

天窗的占用对线路通过能力的影响体现在式(19-2)中的 $t_{固}$,即天窗的设置使得一日内可供列车通过的时间减少。$t_{固}$ 的值越大,意味着天窗对线路通过能力的影响越明显。合理地选择天窗的开设形式以及天窗的持续时间可以有效降低其对线路通过能力的影响。

2. 天窗设置应考虑的主要因素

采用何种类型的天窗、具体的起止时间如何设置这些都是在考虑天窗设置时应认真解决的问题。天窗设置应综合考虑以下主要因素:

(1)线路的运营条件;

(2)该区段线路的运输条件;

(3)作业的经济要求;

(4)作业机具的配置和作业组织情况;

(5)对作业进度、质量和工艺的技术要求。

3. 天窗设置基本原则

(1)依据运量大小及列车密度大小区分繁忙干线和一般线路。在繁忙干线和特殊困难

地段实行预留天窗进行作业,在能力富余的一般线路上,则利用列车间隔时间设置天窗以进行维修作业。

(2) 在线路能力允许和旅客列车开行时间条件允许的情况下,天窗应尽可能设置在白天。

(3) 确保满足维修作业需要的原则。维修作业有一个最短作业时间。相应地,天窗时间也有个最小天窗时间,天窗时间小于这个时间就不能保证维修作业的顺利完成。

(4) 保证行车及作业安全。如在接触网检修天窗内,由于反向列车由有电方向向无电方向运行时必然要经过渡线或道岔,这样就有可能抱电进入无电区而使无电区带电,危及作业人员的人身安全。

(5) 正确处理好运输组织与维修作业的关系。在运输能力允许的情况下,应尽量为维修作业创造条件,如天窗时间尽量长一些,便于作业准备和机械化作业。

第七节　旅行速度及其影响因素

一、列车速度的概念

1. 运行速度

列车运行速度 $v_运$ 是指列车在区段内运行,不包括中间站停站时间及起停车附加时间在内的平均速度。运行速度可按式(19-80)计算

$$v_运 = \frac{\sum nL}{\sum nt_运} \quad (\text{km/h}) \tag{19-80}$$

式中　$\sum nL$ ——在一个区段内每昼夜完成的列车公里数;

$\sum nt_运$ ——在一个区段内每昼夜消耗的纯运行列车小时数。

2. 技术速度

列车技术速度 $v_技$ 是指列车在区段内运行,不包括中间站停站时间但包括起停车附加时间在内的平均速度。技术速度可按式(19-81)计算

$$v_技 = \frac{\sum nL}{\sum nt_运 + \sum nt_{起停}} \quad (\text{km/h}) \tag{19-81}$$

式中,$\sum nt_{起停}$ 为在一个区段内每昼夜所消耗的起停车附加时分列车小时数。

3. 旅行速度

列车旅行速度 $v_旅$ 是指列车在区段内运行,包括中间站停站时间及起停车附加时间在内的平均速度。旅行速度可按式(19-82)计算

$$v_旅 = \frac{\sum nL}{\sum nt_运 + \sum nt_{起停} + \sum nt_{停站}} \quad (\text{km/h}) \tag{19-82}$$

式中，$\sum nt_{停站}$ 为在一个区段内每昼夜消耗的中间站停站列车小时数。

4. 旅行速度系数

旅行速度系数可以用旅行速度 $v_{旅}$ 与运行速度 $v_{运}$ 的比值 $\beta_{运}$，或者用旅行速度 $v_{旅}$ 与技术速度 $v_{技}$ 的比值 $\beta_{技}$ 来表示。因此，旅行速度也可以通过旅行速度系数求得，即

$$v_{旅} = \beta_{运} \, v_{运} \tag{19-83}$$

或

$$v_{旅} = \beta_{技} \, v_{技} \tag{19-84}$$

旅行速度是表明列车运行图质量的一项重要指标，也是影响机车车辆周转和货物送达的一项重要因素。对新编列车运行图可以计算计划的列车旅行速度指标。但是，列车旅行速度指标的优化是建立在列车运行图编制优化基础上的。为此，有必要对旅行速度进行理论分析研究，在编制列车运行图前掌握影响列车旅行速度的各项因素。

旅行速度既可以通过旅行速度系数 $\beta_{运}$ 来计算，也可以通过 $\beta_{技}$ 来计算。但由于 $\beta_{运}$ 既能反映列车在中间站停站时间及起停车附加时分对旅行速度的影响，也能反映与列车停站次数有关的影响。所以，用系数 $\beta_{运}$ 来评价列车运行图的铺画质量更为全面。

二、列车在中间站的总停留时间

按新编运行图计算确定的货物列车旅行速度称为计划列车旅行速度，而按实绩列车运行图统计计算的则为实际完成的列车旅行速度。为了评价编图质量及研究铁路运营和设计上的各种影响因素对旅行速度的不同作用，实际上还可以用分析方法计算理论列车旅行速度。理论列车旅行速度是旅行速度的近似值。由于

$$\beta_{运} = \frac{v_{旅}}{v_{运}} = 1 - \frac{T_{停站}}{T_{运} + T_{停站}} \tag{19-85}$$

式中　$T_{停站}$——一对（列）货物列车平均在中间站的总停站时间（包括起停车附加时间），min；

　　　$T_{运}$——一对（列）货物列车在区段内的纯运行时间，min。

因此，在一定的列车运行速度条件下，旅行速度仅取决于列车在中间站的总停留时间。在单线区段，一对货物列车在中间站的总停留时间为

$$T_{停站} = K_{越} \, t_{越} + K_{会} \, t_{会} + \Delta T_{技} \quad (\text{min}) \tag{19-86}$$

式中　$K_{越}$、$K_{会}$——一对货物列车所摊到的越行、会车停站次数；

　　　$t_{越}$、$t_{会}$——列车在越行、交会时的平均停站时间（包括起停车附加时间），min；

　　　$\Delta T_{技}$——一对货物列车所摊到的额外增加的技术需要停站时间（考虑技术需要停站与交会、越行相结合等），min。

（一）列车越行和交会次数

1. $K_{越}$ 的确定

由图 19-36 可知，一列旅客列车越行货物列车的次数为

$$K'_{越} = \frac{T'_{货} - T'_{客}}{I} - \frac{\Delta t}{I} = \frac{(1 - \psi') T'_{货} n_{货}}{1\,440} - \Delta K \tag{19-87}$$

式中 $T'_{\text{货}}$——某一方向货物列车在区段内运行总时间，
$T'_{\text{货}} = T'_{\text{运}} + T'_{\text{停站}}$，min；

$T'_{\text{客}}$——某一方向旅客列车在区段内运行总时间，min；

I——同方向货物列车平均出发间隔时间，$I = \dfrac{1\,440}{n_{\text{货}}}$，min；

$n_{\text{货}}$——货物列车对数（不包括摘挂列车）；

ψ'——某方向旅客列车与货物列车在区段内运行总时间的比值，$\psi' = \dfrac{T'_{\text{客}}}{T'_{\text{货}}}$；

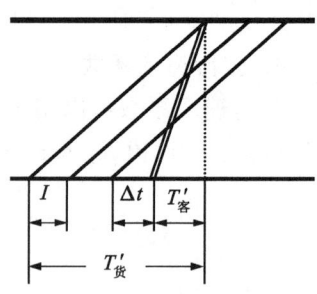

图 19-36 旅客列车越行货物列车图

ΔK——由于 $(T'_{\text{货}} - T'_{\text{客}})$ 与 I 不成倍数而产生不足一次的越行次数，$\Delta K = \dfrac{\Delta t}{I}$。

这样，一对货物列车所摊到的被旅客列车越行的停站次数 $K_{\text{越}}$ 为

$$K_{\text{越}} = \dfrac{(1-\psi)T_{\text{货}} n_{\text{客}}}{1\,440} - 2\Delta K \dfrac{n_{\text{客}}}{n_{\text{货}}} \quad (19\text{-}88)$$

式中 $T_{\text{货}}$——一对货物列车在区段内的运行总时间，min；

$n_{\text{客}}$——旅客列车对数；

ψ——一对旅客列车与一对货物列车在区段内运行总时间的比值。

2. $K_{\text{会}}$ 的确定

由图 19-37 可知，一列货物列车与反方向货物列车的交会次数为

$$K_{\text{货}}^{\text{会}} = \dfrac{T'_{\text{运}} + T''_{\text{运}} + T_{\text{停站}}}{I} - \dfrac{\Delta t}{I} = \dfrac{T_{\text{货}} n_{\text{货}}}{1\,440} - \Delta K' \quad (19\text{-}89)$$

式中，$T'_{\text{运}} + T''_{\text{运}}$ 为上、下行货物列车在区段内的总运行时间，$T'_{\text{运}} + T''_{\text{运}} = T_{\text{运}}$，min。

因为货物列车与货物列车交会时，通常是一列通过一列停车，因此式(19-89)的交会次数也就是一对货物列车的会车停站次数。

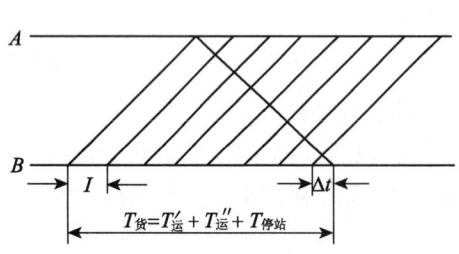

图 19-37 货物列车与货物列车交会

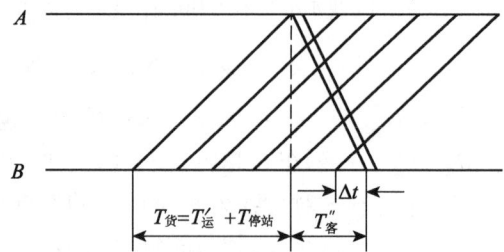

图 19-38 货物列车与旅客列车交会

由图 19-38 可知，货物列车与一列和一对旅客列车交会的次数分别为

$$K'_{\text{客}} = \dfrac{T'_{\text{运}} + T'_{\text{停站}} + T'_{\text{客}}}{I} - \Delta K'' = \dfrac{(1+\psi')T'_{\text{货}} n_{\text{货}}}{1\,440} - \Delta K'' \quad (19\text{-}90)$$

$$K_{客} = \frac{(1+\psi)T_{货} n_{货}}{1440} - 2\Delta K'' \qquad (19\text{-}91)$$

因此,一对货物列车所摊到的与旅客列车交会的平均停站次数为

$$K_{会}^{货客} = K_{客} \frac{n_{客}}{n_{货}} = \frac{(1+\psi)T_{货} n_{客}}{1440} - 2\Delta K'' \frac{n_{客}}{n_{货}} \qquad (19\text{-}92)$$

为提高列车旅行速度,在铺画列车运行图时应尽可能使列车的越行和交会结合起来,减少货物列车的总停站时间。通过分析大量列车运行图发现,有90%左右的越行能与会车相结合。然而,由于越行停站时间较会车停站时间长,在计算时应从会车停站次数里减去与越行结合的停站次数。此时,一对货物列车应摊到的会车停站次数为

$$K_{会} = K_{会}^{货} + K_{会}^{货客} - K_{越}^{结合} \qquad (19\text{-}93)$$

式中,$K_{越}^{结合}$ 为会车与越行结合的停站次数,等于 $0.9K_{越}$。

如果取 $0.1+1.9\psi \approx 2\psi$,$\Delta K' \approx \Delta K'' \approx \Delta K$,则一对货物列车所摊到的会车停站次数可近似表达为

$$K_{会} = \frac{(n_{货}+2\psi n_{客})T_{货}}{1440} - \left(1+\frac{0.2 n_{客}}{n_{货}}\right)\Delta K \qquad (19\text{-}94)$$

(二) 列车越行和交会停站时间

1. $t_{越}$ 的确定

1)非自动闭塞区段

在非自动闭塞区段,货物列车被旅客列车越行的最小和最大停站时间如图 19-39 和图 19-40 所示。

$$t_{越,\min} = 2\tau_{连} + t_{客}^{c-a} + t_{起停} \qquad (19\text{-}95)$$

$$t_{越,\max} = 2\tau_{连} + t_{货}^{b-a} + t_{客}^{b-a} + t_{起停} \qquad (19\text{-}96)$$

式中,$t_{客}^{c-a}$、$t_{货}^{b-a}$、$t_{客}^{b-a}$ 分别为客货列车区间运行时分,可取平均值,min。

取 $t_{客} = \Delta \cdot t_{货}$,$t_{起停} = 3$ min,则在非自动闭塞区段,$t_{越}$ 的近似值可按式(19-97)计算:

$$t_{越} = (0.5+1.5\Delta)t_{货} + 2\tau_{连} + 3 \qquad (19\text{-}97)$$

式中,$t_{货}$ 为某一方向货物列车平均区间运行时分。

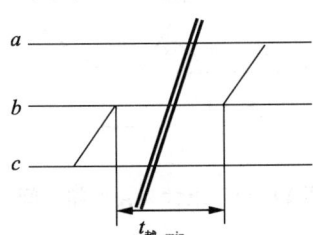

图 19-39 最小越行停站时间(非自动闭塞区段)

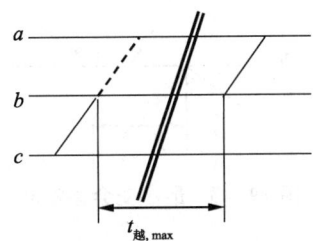

图 19-40 最大越行停站时间(非自动闭塞区段)

2) 自动闭塞区段

在自动闭塞区段,货物列车被旅客列车越行的最小和最大停站时间如图 19-41 和图 19-42 所示。

$$t_{越,min} = I_{到通} + I_{通发} + t_{起停} \qquad (19-98)$$

$$t_{越,max} = (t_{货}^{b-a} + I_{到通} - t_{客}^{b-a}) + I_{通发} + t_{起停} \qquad (19-99)$$

取 $I_{到通} + I_{通发} = 2I$,$t_{客} = \Delta \cdot t_{货}$,$t_{起停} = 3 \min$,则在自动闭塞区段,$t_{越}$ 的近似值可按式 (19-100) 计算:

$$t_{越} = 2I + 0.5(1-\Delta)t_{货} + 3 \qquad (19-100)$$

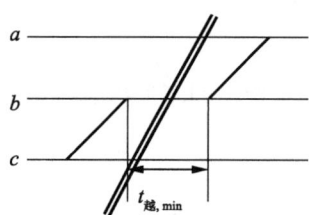
图 19-41 最小越行停站时间(自动闭塞区段)

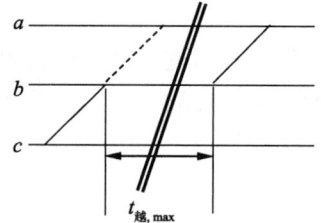
图 19-42 最大越行停站时间(自动闭塞区段)

2. $t_{会}$ 的确定

列车交会时的最小和最大停站时间如图 19-43 和图 19-44 所示。

$$t_{会,min} = \tau_{不} + \tau_{会} + t_{起停} \qquad (19-101)$$

$$t_{会,max} = 0.5(t' + t'') + \tau_{会} + t_{起停} \qquad (19-102)$$

式中,t'、t'' 分别为上、下行货物列车区间运行时分,可取平均值,min。

取 $t' + t'' = T_{周}^{均} - 2\tau_{站} - 3 = \dfrac{1\,440j}{n_{max}} - 2\tau_{不} - 3$,$j = \dfrac{T_{周}^{均}}{T_{周}}$,则 $t_{会}$ 的近似值可按式 (19-103) 计算

$$t_{会} = \dfrac{360j}{n_{max}} + \tau_{会} + 2 \qquad (19-103)$$

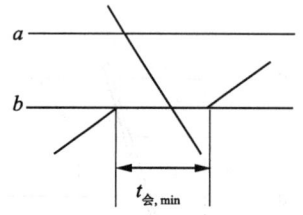
图 19-43 最小交会停站时间

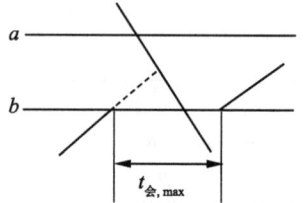
图 19-44 最大交会停站时间

(三)中间站技术作业额外停站时间

由于货物列车在中间站进行技术作业往往是与会车及越行作业结合进行的,对运行图

进行大量分析表明,在单线区段进行这样的结合约占技术作业停站的 90%,因此,一对列车由于技术作业需要额外停站的次数约为

$$\Delta K_{技}=0.1K_1+1.1K_2 \tag{19-104}$$

式中　K_1——担负单方向列车技术作业的中间站数;
　　　K_2——担负双方向列车技术作业的中间站数。

当列车技术作业的延续时间 $t_{技} \leqslant t_{会}$ 时,一对货物列车由于技术作业额外增加的停站时间为

$$\Delta T_{技}=\Delta K_{技}\, t_{技}=(0.1K_1+1.1K_2)t_{技} \quad (\text{min}) \tag{19-105}$$

当 $t_{技} > t_{会}$ 时,一对货物列车由于技术作业额外增加的停站时间为

$$\begin{aligned}\Delta T_{技}&=\Delta K_{技}\, t_{技}+(K_1+2K_2-\Delta K_{技})(t_{技}-t_{会})\\ &=(K_1+2K_2)t_{技}-0.9(K_1+K_2)t_{会} \quad (\text{min})\end{aligned} \tag{19-106}$$

三、单线区段旅行速度系数

(一) 旅行速度系数

将 $K_{越}$ 和 $K_{会}$ 的表达式及 $T_{货}=T_{运}+T_{停站}$ 代入式(19-86),则有

$$T_{停站}=\frac{[(n_{货}+2\psi n_{客})t_{会}+(1-\psi)n_{客}\, t_{越}](T_{运}+T_{停站})}{1\,440}+\Delta T_{技}-a \quad (\text{min}) \tag{19-107}$$

其中

$$a=\left[\left(1+\frac{0.2n_{客}}{n_{货}}\right)t_{会}+\frac{2n_{客}}{n_{货}}t_{越}\right]\Delta K \tag{19-108}$$

式(19-107)是 $T_{停站}$ 的一次方程,如在该式中暂不考虑 a 和 $\Delta T_{技}$ 的影响,则可解得:

$$T_{停站}=\frac{T_{运}[(n_{货}+2\psi n_{客})t_{会}+(1-\psi)n_{客}t_{越}]}{1\,440-[(n_{货}+2\psi n_{客})t_{会}+(1-\psi)n_{客}t_{越}]} \quad (\text{min}) \tag{19-109}$$

将 $T_{停站}$ 的值代入 $\beta_{运}$ 的表达式,即式(19-85),则得:

$$\beta_{运}=1-\frac{(n_{货}+2\psi n_{客})t_{会}+(1-\psi)n_{客}t_{越}}{1\,440} \tag{19-110}$$

如果考虑 a 的影响,$\beta_{运}$ 应略增大,即可在式(19-110)第二项分母中乘以修正系数 b,该值反映了编制列车运行图时利用运行图上各区间未铺满的空闲时间以减少会车和越行次数的程度。当 $\gamma_{图j} \geqslant 0.5$ 时,则修正系数的近似值为 $b=1.5-0.6\gamma_{图j}$。进一步考虑 $\Delta T_{技}$ 的影响,$\beta_{运}$ 应略减小,根据对单线情形的分析,其减小的值约为 $\dfrac{\Delta T_{技}}{2T_{运}}$。考虑 a 和 $\Delta T_{技}$ 的影响后,单线区段旅行速度系数为

$$\beta_{运} = 1 - \frac{(n_{货} + 2\psi n_{客})t_{会} + (1-\psi)n_{客} t_{越}}{1440(1.5 - 0.6\gamma_{图} j)} - \frac{\Delta T_{技}}{2T_{运}} \quad (19\text{-}111)$$

式中 $\gamma_{图}$——限制区间运行图铺满程度，$\gamma_{图} = \dfrac{(n_{货} + n_{客}\varepsilon_{基})T_{周}}{1440}$;

j——区间不均等系数。

(二) 旅行速度影响因素分析

根据 $\beta_{运}$ 及 $t_{越}, t_{会}$ 和 $\Delta T_{技}$ 的表达式，影响单线区段旅行速度的因素主要有以下几个：

(1) 客货列车数，尤其是旅客列车数。旅客列车的行车量对于速度系数的影响比货物列车约大一倍。

(2) 越行停站时间。货物列车被旅客列车越行时的停站时间，主要取决于列车在运行图上的相互位置、速度比值、越行地点的选择，以及货物列车在旅客列车前后出发的条件。在自动闭塞区段，追踪间隔时间对于越行停站时间起着决定性的影响。在非自动闭塞区段，邻接越行站的区间运行时间对越行停站时间也有着重大影响。因此，在编制列车运行图时，越行地点应选择在邻接区间运行时间较短的车站上。

(3) 会车停站时间。列车交会时的停站时间，主要取决于列车在运行图中的相互位置、会车地点选择、区间不均等程度、区间通过能力以及行车闭塞设备的类型。在区间不均等系数较小和区间通过能力较大时，会车时的平均停站时间较小。

(4) 中间站技术作业停站时间。该项时间主要取决于货物列车需要的技术作业停站次数、技术作业与会车及越行作业相结合的程度以及双向列车均需停车进行技术作业的中间站数。将上、下行列车交错安排在不同的车站上进行技术作业能够减少技术作业停站对旅行速度的影响。

(5) 区段内采用的信联闭设备和机车车辆设备类型对旅行速度有一定的影响。

四、双线区段旅行速度系数

在双线区段，货物列车(不包括摘挂列车)在区段内中间站的总停留时间只与旅客列车越行及技术作业停站有关。因此，分析旅行速度系数与各种影响因素的关系，应在单线区段旅行速度系数分析的基础上，剔除对会车停留时间影响因素的分析。另外，在铺画双线区段列车运行图时，应尽可能地使技术作业停站与旅客列车越行相结合，在技术作业停站的越行次数可近似地取旅客列车数。这样，技术作业需要的额外停站次数为

$$\Delta K_{技} = (n_{货} - n_{客})K_1 \quad (19\text{-}112)$$

该方向每一列车的技术作业额外停站时间则为

$$\Delta T_{技} = \left(1 - \frac{n_{客}}{n_{货}}\right) K_1 t_{技} \quad (\text{min}) \quad (19\text{-}113)$$

剔除会车停留时间因素和调整技术作业停站次数后，双线区段旅行速度系数为

$$\beta_{运} = 1 - \frac{(1-\psi)n_{客} t_{越}}{1440(1.5 - 0.6\gamma_{图} j)} - \frac{\Delta T_{技}}{2T_{运}} \quad (19\text{-}114)$$

根据 $\beta_{运}$ 及 $t_{越}$ 和 $\Delta T_{技}$ 的表达式，影响双线区段旅行速度的因素主要有：客货列车速度比值、旅客列车对数、区间通过能力利用率、旅客列车在运行图上的铺画方式、技术作业停站次数和时间，以及信联闭设备和机车车辆设备的类型。应该强调，双线区段货物列车与旅客列车的速度比值对旅行速度有重大影响，这一点与单线区段有着明显的不同。

第二十章 列车运行图编制

第一节 概 述

列车运行图是轨道交通运输工作的综合计划和行车组织工作的基础。科学合理地编制列车运行图,对于保证行车安全,适应市场需求,提高运输能力、效率和效益,具有重要意义。

随着轨道交通客货运量的日益增长和运输市场的发展变化,技术设备和运输组织工作的不断改进,以及列车牵引重量和运行速度的逐步提高,每经过一定时期,就有必要重新编制一次列车运行图,以适应运输市场内外部环境的变化。

一、列车运行图的管理模式

目前,我国铁路列车运行图的编制采用国铁集团、铁路局集团公司两级管理模式,各级的分工如图 20-1 所示。

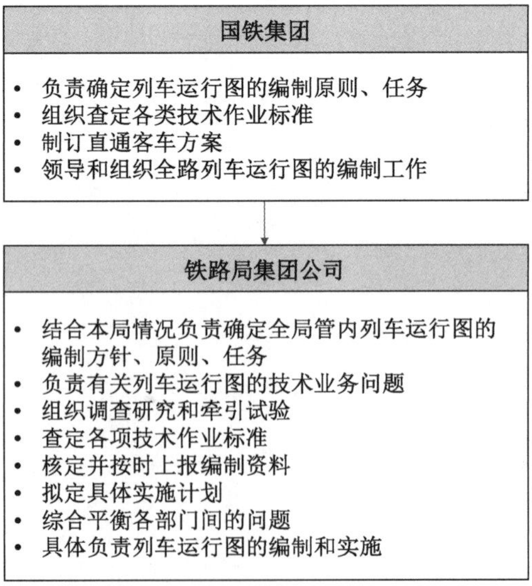

国铁集团
- 负责确定列车运行图的编制原则、任务
- 组织查定各类技术作业标准
- 制订直通客车方案
- 领导和组织全路列车运行图的编制工作

铁路局集团公司
- 结合本局情况负责确定全局管内列车运行图的编制方针、原则、任务
- 负责有关列车运行图的技术业务问题
- 组织调查研究和牵引试验
- 查定各项技术作业标准
- 核定并按时上报编制资料
- 拟定具体实施计划
- 综合平衡各部门间的问题
- 具体负责列车运行图的编制和实施

图 20-1 铁路列车运行图编制的两级管理模式

我国城市轨道交通列车运行图由各城市轨道交通网络或线路运营管理部门负责编制与实施。

二、列车运行图的编制流程

在我国铁路系统中,列车运行图的编制流程包括整理编图要素并上报方案、审核、集中编制和发布实施四个流程,如图 20-2 所示。

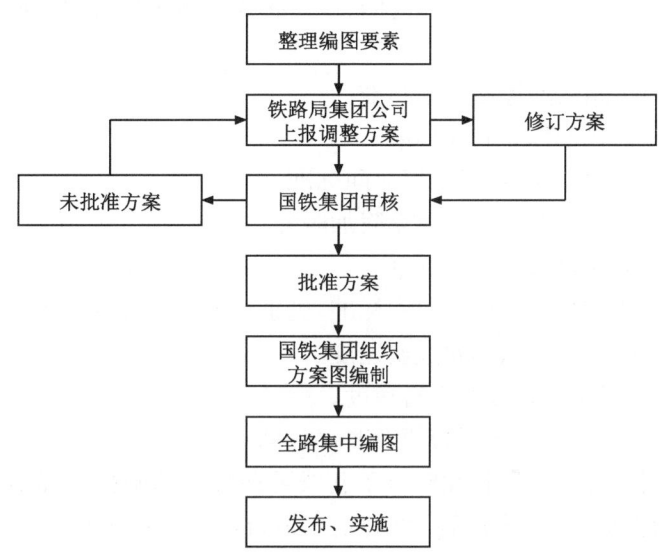

图 20-2 铁路列车运行图的编制和发布流程

各铁路局客货运营销部门进行市场调查,将客货流来源、种类、去向等信息进行梳理分析后形成客货运产品初步方案(开行列车种类、开行周期、始发站、终到站、运到时限)报国铁集团审批。国铁集团组织各铁路局召开方案审查会,确定列车运行图编制方案。国铁集团组织各铁路局运输、客运、货运、机务、车辆等专业人员召开列车运行图编制工作会议,确定开行列车车次,各铁路局间分界口列车对数、种类及时刻,各次列车在各站到、发、通过时刻,同步编制机车周转图。运行图编制审核好后,印发列车运行图和列车时刻表,公布列车新旧交替及注意事项等(图 20-3)。

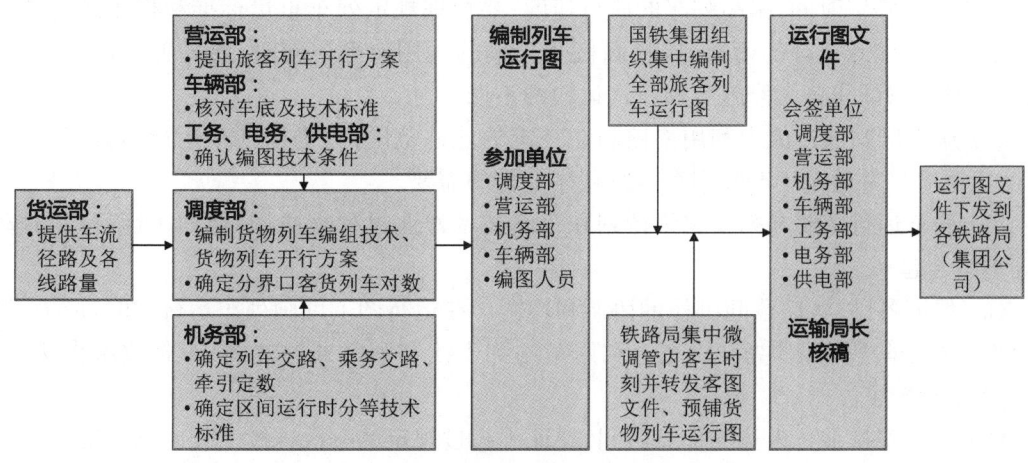

图 20-3 铁路列车运行图编制过程中的参与部门及分工

三、列车运行图编制需要的技术资料

铁路列车运行图编制需要的技术资料：
(1) 各区段各种客货列车行车量。
(2) 车站间隔时间和追踪列车间隔时间，以及必要的列车运行图缓冲时间。
(3) 各区段通过能力。
(4) 客货列车停车站名和停站时间标准。
(5) 各技术站主要技术作业时间标准。
(6) 客车车列在配属段、折返段停留时间标准。
(7) 客货列车区间运行时分和起停车附加时分。
(8) 各区段货物列车重量和长度标准。
(9) 机车在基本段和折返段作业时间标准，机车运用方式和乘务组工作制度。
(10) 各区段线路允许速度、车站过岔速度。
(11) 施工计划以及慢行地段和慢行速度。
(12) 现行列车运行图执行情况分析及改善意见。

上述技术资料中的各类时间标准，对于新线可在统一基础技术标准的基础上，通过联调联试及运行试验期间来查定和验证，以制定出适合本线路的具体技术标准；对于既有线路的查定，依据设备设施的变化，由铁路局组织相关业务部门进行技术查定工作。

四、列车运行图的编制要求

编制列车运行图时，必须满足如下要求：
(1) 保证列车运行安全。列车运行图必须符合《技规》的有关规定，严格遵守行车作业程序和时间标准。
(2) 迅速、便利地运输旅客和货物。运行图上铺画的旅客列车应最大限度地为旅客提供方便条件，客、货列车对数应考虑到运量的波动程度，保证完成国家规定的运输任务。
(3) 充分利用铁路通过能力，经济合理地运用机车车辆。在铺画列车运行线时，应消除各种不必要的停留时间，提高列车的旅行速度；要合理规定列车重量标准和机车运用方法；对直通列车要注意良好的衔接，以提高机车车辆的运用效率。同时，要妥善安排工务部门的施工计划，保证线路大修施工和日常运输两不误。
(4) 应将区间通过能力利用率控制在一定的允许范围内，确保列车运行图具有一定的弹性，以适应日常运输生产和列车运行秩序变化的需要。
(5) 列车运行图要与列车编组计划和车站技术作业过程相协调，使列车运行线与车流很好地结合起来。
(6) 保证各站、各区段间工作的协调和均衡。在运行图上铺画列车运行线时，应力求在一昼夜内各个阶段大体均衡，以充分利用车站到发线和咽喉通过能力、车站改编作业能力及区间通过能力。
(7) 合理安排乘务人员的作息时间，保证不超过规定的一次连续工作时间标准。

列车运行图是全路与运输有关各单位的综合工作计划。因此，在编制列车运行图的过

程中,要从全局出发,统筹兼顾,正确处理列车运行与技术站作业的关系、列车运行与机车交路的关系、运输与施工的关系、跨局列车与管内列车的关系、旅客列车与货物列车的关系等。要使编制出来的列车运行图既是先进的,又是可行的。各铁路局编完列车运行图后,由国铁集团审查批准,并确定在全路统一实行新列车运行图的日期(与新列车编组计划同时实行),印制行车时刻表,拟定新旧列车运行图的交替办法,各铁路局应组织各分局、站、段切实做好实行新列车运行图的各项准备工作。

五、实行新图前的准备工作

列车运行图最终经批准后,为了保证新图能够正确且顺利地实行,必须在实行新图之前做好下列准备工作:

(1) 发布有关实行新图的命令。

(2) 更新与发布新的列车时刻表(城市轨道交通系统多为公布首班车时刻表和不同峰期的开行间隔)。

(3) 拟定执行新图的技术组织措施和新旧图的交替计划。

(4) 组织有关人员学习新图,使每位相关职工了解、熟悉并掌握新图规定的要求。

(5) 根据新图的规定,组织修订和编制相关细则。

(6) 做好机车、车底和乘务人员的调配工作。

第二节 普速铁路列车运行图编制

一、旅客列车运行图的编制

铁路是以列车方式进行运输生产活动的。为了完成旅客运输计划,必须将流向、流量、流程各异的旅客组织到不同种类、不同发到站、不同到发时刻的旅客列车中去,才能安全、迅速、准确、便利、舒适地输送旅客到达目的地,并使客运技术设备得到经济、合理的运用。因此,旅客列车运行组织是铁路旅客运输服务工作的重要组成部分。

(一) 编制步骤

旅客列车运行图的编制通常分三步进行:一是编制旅客列车运行方案图;二是编制旅客列车运行详图;三是计算列车运行图指标。

编制旅客列车运行方案图的目的是解决列车运行线的布局衔接问题,尽量使列车运行线均衡排列。合理勾画机车交路,压缩机车运用台数。对于列车运行方案图,一般用小时格图纸进行编制,只标明列车在主要站(技术站、分界站及较大的客、货运站)的到、发时刻,如图 20-4 所示。在编制客车运行方案时,应充分考虑旅客旅行的方便、客车与客车之间的衔接、旅客车列(又称车底)和客运机车的经济适用等问题。

旅客列车的重量和速度,决定着旅客列车编成的大小和旅客在途时间的长短,直接影响客运能力、服务质量和设备使用效率。选择旅客列车最佳重量和速度的方法有别于货物列车,应针对提高旅客列车直通速度这一要求,在机车类型和线路条件已定的情况下,可采

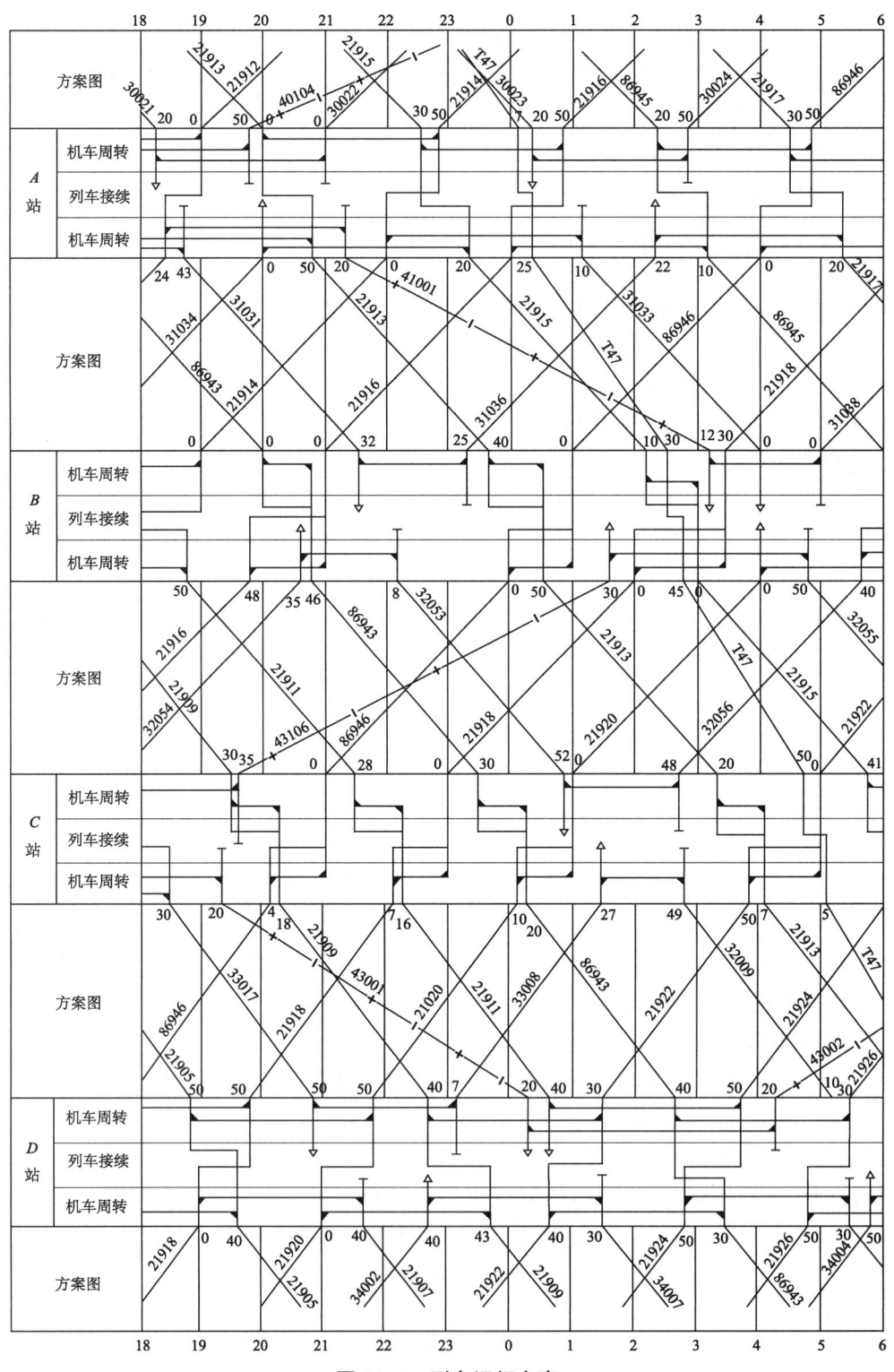

图 20-4 列车运行方案

取加速列车运行、压缩停站次数、缩短停站时间等措施来提高直通速度。还应从方便旅客的角度出发进行检验和修正,即考虑列车始发、终到、通过大站的时刻,按这个修正后的直通速度计算出来的各种旅客列车重量标准和编组辆数,最后还需考虑沿途车站的线路有效长、站台雨棚长、团体及专包车加挂预留吨位等实际因素加以确定。

在旅客列车的重量标准和编组辆数确定之后,根据各种旅客列车的编组结构,可以计算出它们的定员。在已编制客流计划的基础上,就可着手拟定旅客列车的开行方案。

旅客列车的开行方案是指确定旅客列车运行区段、列车种类及开行对数的计划。旅客列车开行方案的编制在国铁集团统一领导下进行。直通旅客列车的开行方案由国铁集团研究有关铁路局的建议后确定,管内及市郊旅客列车的开行方案则由各铁路局自行确定并报国铁集团有关业务局进行综合平衡后拟定全路开行方案并提交审批。

旅客列车的始发站、终到站及经由线路构成旅客列车的运行区段,列车种类区别出列车等级或性质,开行对数的多少表示行车量的大小,三者组成一个完整的旅客列车开行方案。

旅客列车的运行区段和开行对数主要取决于客流计划,按流开车是确定旅客列车开行方案的基本原则。可根据客流计划绘制区段客流密度图,在该图上可以清楚、直观地表示出各方向上各客流区段旅客的流量、流向及客流大量发生、消失和变化较大的地点,为划分各种旅客列车运行区段、确定列车种类、计算开行对数提供基本依据。

确定旅客列车的开行方案,除了客流条件外,还需要考虑客运设备的配置条件。为了进行旅客列车车底的整备作业,旅客列车的始发站和终到站应选择有客车整备所的车站。为了办理机车折返作业,列车运行区段的两端站应为机务段所在站。在移动设备方面,要求配属的机务段和客车车辆段能提供足够数量的客运机车和客运车辆。只有在技术设备上具备了这些条件,开行方案才是切实可行的。

确定了直通旅客列车的开行方案后,应将未能列入方案的剩余直通客流并入管内客流,用同样原理确定管内旅客列车的开行方案。对于不足每日开行一列的直通旅客列车或国际列车,可采用隔日开行或定期开行的方式,以便经济合理地使用铁路机车车辆和通过能力。

在实际工作中,每次编制运行图时,并不是都要重新确定旅客列车的开行方案,一般是以现行运行图中已开行的旅客列车为基础,根据计划客流,确定加开的、慢改快的、快改特快的、短变长的旅客列车,综合形成一个新的旅客列车开行方案。

(二) 编制要求

编制客车方案主要解决如下几方面的问题。

1. 方便旅客旅行

在安排旅客列车运行线时,必须把方便旅客旅行作为一项基本要求。

(1) 应规定适宜的旅客列车始发、终到和通过各主要站的时刻。对于运程适宜的大城市间开行的旅客列车,应尽可能按"夕发朝至"的要求安排列车始发和终到时刻。直通列车宜在下午或晚间开,但不宜过晚(迟于 0:00);宜在白天到,但不宜过早(早于 6:00)。为了提高客运站的通过能力,保证客运站工作的均衡,在城市交通的配合下,直通列车也可以规定不早于 7:00 开,不晚于 0:00 到。根据上述要求,可以对直通列车规定合理的发车时刻范围。以全程列车运行时间为 $10+24D(h)$ 为例(D 为列车在途中过夜天数),直通列车的合理发车时刻范围如图 20-5 所示。

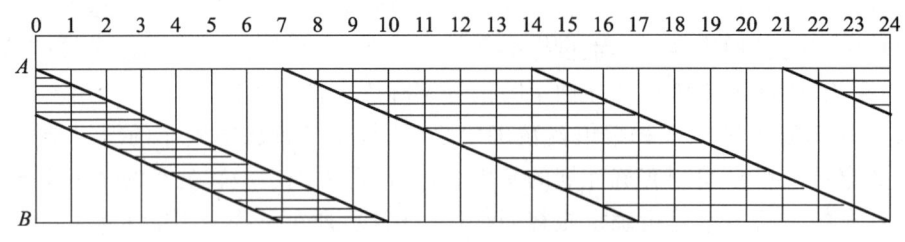

图 20-5　直通客车的合理发车时刻范围

直通列车通过沿途各大站的时刻亦应力求方便旅客，若不能完全满足此项要求，应权衡轻重，尽可能地予以照顾。

管内旅客列车以运送短途旅客为主，一般运行距离较短，故以白天运行为宜。在管内列车较多的区段不可能所有列车均在白天运行，个别列车亦可在夜间运行，但始发时刻不宜过晚，到达时刻不宜过早。

(2) 使各方向各种列车的运行时刻相互衔接，缩短旅客中转换乘的等待时间。在几个方向会合的枢纽站，旅客由一个方向转往另一个方向时，或者通过车辆换挂，或者通过中转换乘，但均要求各方向列车运行时刻适当衔接，以减少换挂车辆的停留时间或中转旅客的候车时间。如果同时满足各方向旅客的要求确有困难时，则应照顾中转直通客流较大的方向。例如，图 20-6 表示由 E 到 D 及由 C 到 A 开行直通旅客列车，但 E 至 A 的中转客流较多，C 至 D 的中转客流较少，故 C—A、E—D 直通列车经过 B 站的时刻应照顾 E—A 方向中转旅客的方便。

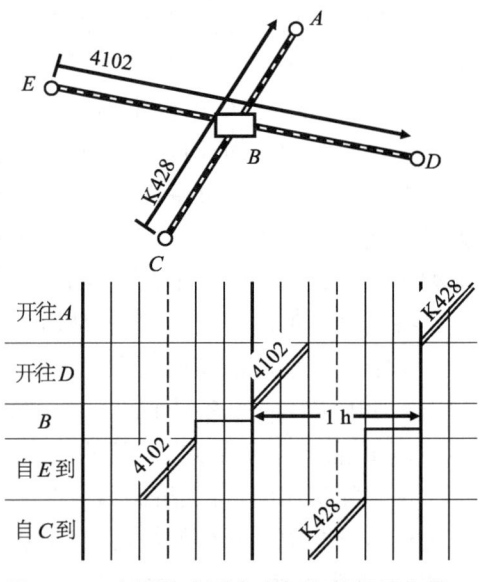

图 20-6　直通旅客列车在枢纽站相互衔接

管内旅客列车与直通旅客列车在运行时刻上亦应要求其衔接配合，以便于中小站出发的旅客由管内列车换乘直通列车，到达中小站的旅客由直通列车换乘管内列车。如管内列车数较多，最好在直通列车前后各开一次管内列车，以便于中小站旅客换乘，其铺画方式如图 20-7 所示。

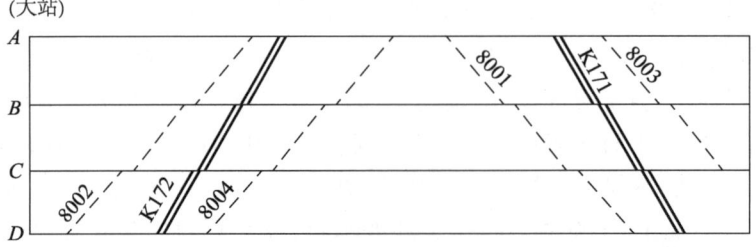

图 20-7　管内旅客列车与直通旅客列车运行时刻的配合示意(一)

当管内旅客列车数较少而某一方向(例如上行方向)直通列车换乘管内列车的客流占优势时,亦可只在直通列车的后面开行一次管内列车,以便于为优势方向客流服务,如图 20-8 所示。

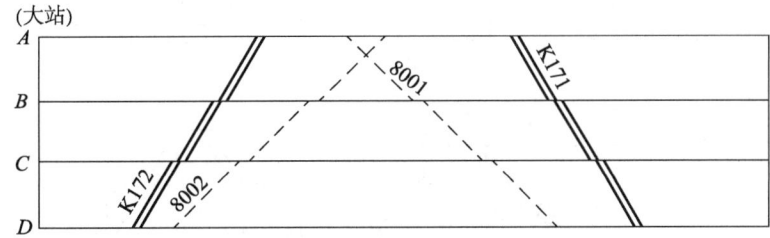

图 20-8　管内旅客列车与直通旅客列车运行时刻的配合示意(二)

铁路旅客列车在时刻上与其他交通工具相互配合对于方便旅客具有重要意义,在编制列车运行方案时亦应注意这方面问题。

2. 经济合理地使用机车车辆

直通旅客列车与管内旅客列车的到发时刻,除了应力求便利旅客外,还应考虑旅客车列和客运机车的经济适用问题。

由图 20-9 和图 20-10 可以看出,若将去程列车的到发时刻与回程列车到发时刻结合起来考虑,并适当改变列车的到发时刻,可将需要的车底数分别从 5 组减少为 4 组、2 组减少为 1 组。

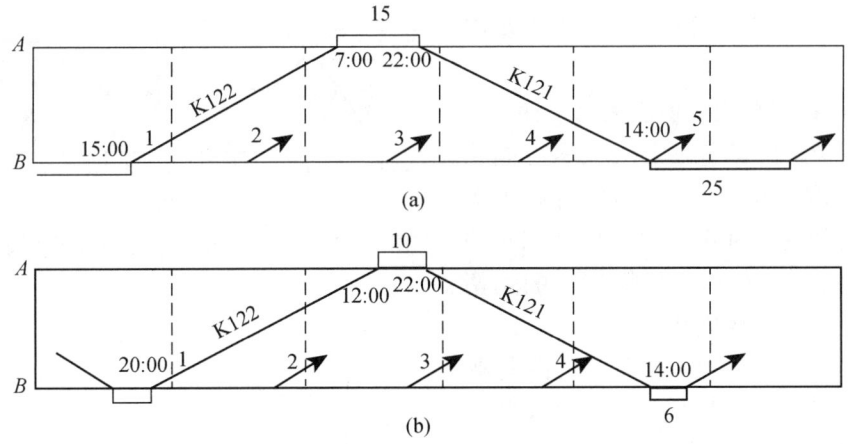

图 20-9　直通列车车列周转与到发时刻关系

旅客列车运行方案图上运行线的铺画方式对客运机车的运用也有很大影响。如图 20-11 所示,通过适当调整列车的到发时刻,即可使机车由 4 台减至 3 台。因此,在编制客车方案图时,在考虑为旅客提供方便及减少车列需要数的同时,必须注意加速机车周转。由于在编制方案图时,直通列车先于管内列车铺画,所以列车运行与机车周转相互配合问题主要是在编制管内旅客列车运行方案时才有可能加以全面考虑。

3. 保证旅客列车运行与客运站技术作业过程的协调

由于旅客列车到发时刻的特殊要求,大客运站在一昼夜的某一段时间内,往往出现列

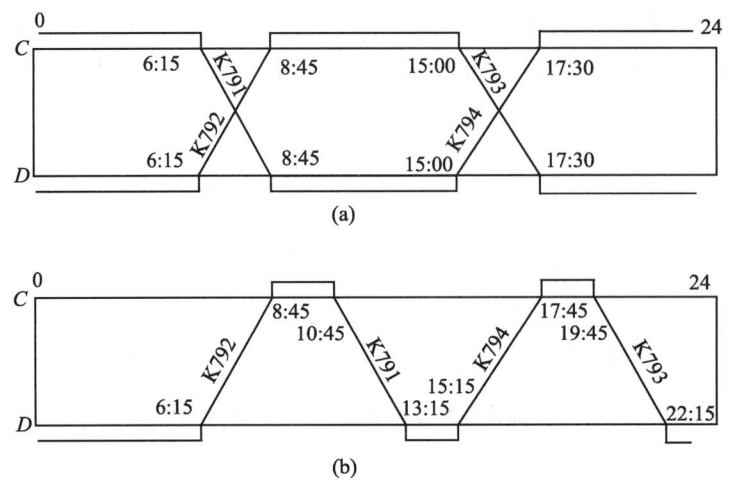

图 20-10 管内列车车列周转与到发时刻关系

车密集到达或出发的情况。在编制列车运行方案时,列车密集到发的间隔时间应与车站技术作业过程相协调,否则无法保证车站能正常接发列车。

大型客运站一般按方向设置候车室,因此同方向旅客列车的始发间隔时间,也应考虑到旅客站舍的负担,以免造成站内拥塞。

4. 为货物列车运行创造良好条件

实践证明,在客车方案图上尽可能均衡地铺画旅客列车运行线,不仅有利于车站客运设备的有效利用及保证旅客列车的良好运行秩序,还有利于货物列车的均衡运行及加速机车车辆周转。

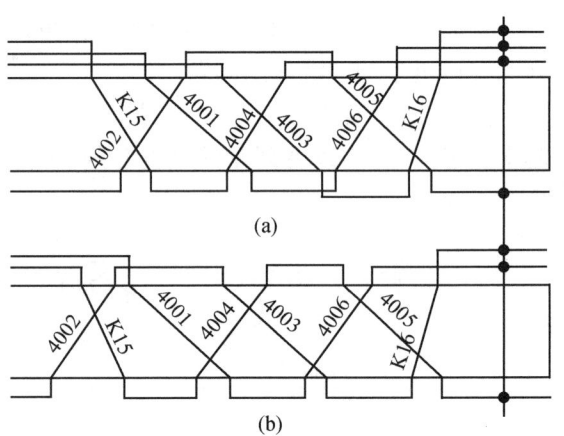

图 20-11 旅客列车运行方案与机车周转关系

在实际工作中,同时实现上述各项要求往往是困难的,在编制客车方案时,应根据具体情况,权衡利弊,合理安排。

旅客列车运行方案应按照先国际、后国内,先直通、后管内,先快车、后慢车的顺序进行编制。在铺画各种列车运行方案时,应注意区段内会车或越行地点的设备条件,考虑列车会让所需的附加时分。附加时分随单线、双线及信联闭设备的条件不同而有所不同。一般而言,会车附加10～12 min,等待越行附加30～35 min,如图20-12所示。

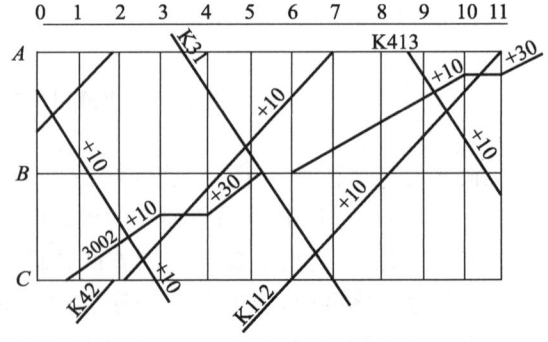

图 20-12 旅客列车会让额外增加的时间

（三）编制旅客列车运行图详图

根据旅客列车运行方案，按照上述各种列车的铺画顺序，可在二分格运行图上详细铺画各种列车的运行线，即所谓铺画详图。在编制列车运行详图时，除了国际联运的旅客列车在国境站的接续时刻不得变更外，其他列车的运行时刻尚可做少量必要的调整，以便创造更好的会让和运行条件，从而与货物列车运行实现较好的配合。

二、货物列车运行图的编制

（一）编制步骤

为了保证各邻接区段、各相邻铁路局间列车运行的紧密衔接，以及列车运行图与列车编组计划、车站技术作业过程、机车周转图的相互协调，在旅客列车运行图编制以后，货物列车运行线的铺画也可分两步进行，即先编方案图，然后根据方案图编制详图。其编制步骤如下：

（1）根据货运班列方案，铺画普速货运班列、直达列车、重载列车等运行线。

（2）根据摘挂列车运行方案，铺画摘挂列车运行线。

（3）铺画其他货物列车运行线。

具体编制方法如下：

（1）计算货物列车旅行时间。在双线区段，直达、直通、区段列车的旅行时间为区间运行时分（包括起停附加时分）与列车在中间站技术作业停站时分之和，若列车在区段被越行，还应增加待避时间。摘挂列车应另加各中间站规定的停车时间。在单线区段，除摘挂列车以外，还应考虑会车次数和停车时间，行车量越大，会车次数就越多，列车旅行时间增加得也就越多。

（2）均衡铺画运行线。可按列车数量和全日可利用的时间计算列车间隔时间。以某一直达列车运行线为准，逐一确定列车在技术站的发车时刻。当遇有旅客列车运行线时，列车间隔时间可以做适当调整，但尽量不在旅客快车之前较短时间内安排货物列车运行线，以减少列车待避次数，提高旅行速度。

（3）应用多种铺画方法。当区段行车量较少时，可从机车折返站按机车折返时间标准，成对安排货物列车运行线；当通过能力较为紧张时，可从限制区间开始铺画，以限制区间的最优列车放行方案为基础，向两边展铺，其中有些列车则需"倒铺"。

（4）合理铺画机车交路。所有列车运行线安排完毕后，应铺画机车交路。铺画机车交路一般按顺序办理，即先到站的机车应先折返。如遇个别折返时间不足标准时间时，应对部分列车的到发时刻进行适当调整。机车固定使用时，应单独铺画。

（二）编制要求

在编制货物列车运行方案图时，应注意解决以下几方面问题。

1. 列车运行图与列车编组计划的配合

为了使列车运行图与列车编组计划相配合，编制列车运行图时须做到：

（1）按照列车编组计划所规定的列车种类和列车数（并考虑适当波动），确定各种货物列车的行车量（对数或列数）。

（2）对于有稳定车流保证的定期运行列车，应在运行图上定出固定运行线，从始发站到终点站使用统一车次,这种列车通过沿途各技术站时要有良好的接续,如图20-13所示的80006次列车。

（3）对于没有稳定车流保证的技术直达列车和直通列车,在两编组站之间使用直通列车车次。当经过编组站时,相邻区段不同车次的运行线也要考虑适当的衔接,如图20-13所示的10002次与11002次列车、10004次与11004次列车。

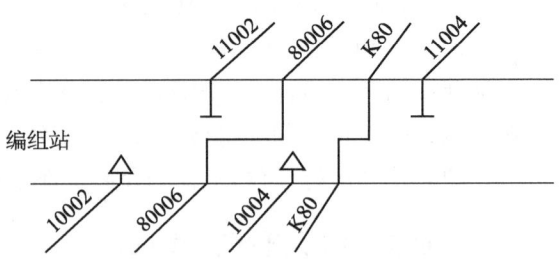

图20-13 列车运行线紧密衔接

（4）运行图上铺画的运行线,应与车流密切结合。例如,装车地直达列车由始发站出发的时间,要结合有关厂矿、企业的生产和装车情况;空车直达列车的运行线要根据空车产生的规律,从始发站开始铺画,使运行线与车流最大限度地结合起来。

2. 列车运行图与车站技术作业过程的配合

列车运行不均衡是导致货车在车站产生各种等待停留时间以及浪费车站通过能力和改编能力的主要原因。因此,在编制运行图时,应力求使各方向列车在技术站均衡到发,并使各方向改编列车和中转列车交错到开,为车站创造均衡且有节奏的工作条件。

由于受旅客列车铺画位置的影响,以及为保证邻局、邻区段货物列车有良好的运行条件,往往会造成货物列车运行线在运行图上不能均衡排列,而在一段时间内产生列车密集到开现象。在这种情况下,铺画运行图时应注意符合下列要求:

（1）列车到达技术站和由技术站出发的间隔时间,应考虑车站的到发线数目及列车占用到发线的时间,以保证车站能不间断地接发列车。

（2）到达技术站解体的列车,其间隔时间应与驼峰或牵出线的作业进度相适应,以减少列车待解停留时间。如图20-14所示,因解体列车到达间隔时间与车站技术作业过程不相协调,则可能因而产生大量待解时间。如果解体列车到达间隔时间与车站技术作业过程相协调(图20-15),则不致于产生待解时间。

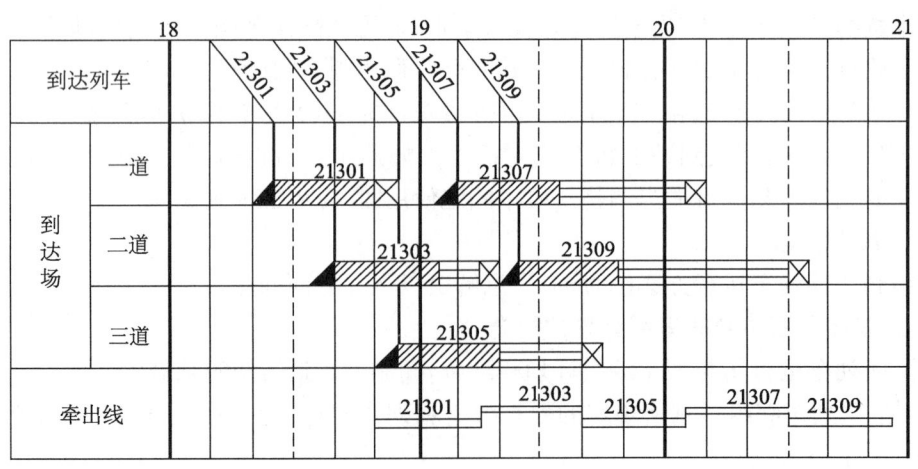

图20-14 列车到达间隔与解体作业不相协调

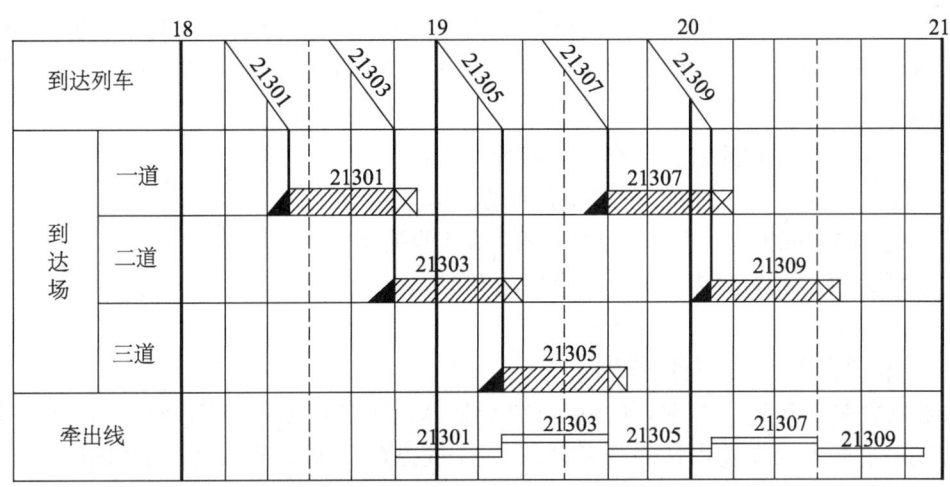

图 20-15 列车到达间隔与解体作业相协调

(3) 由技术站编组出发的列车,其间隔时间应与编组牵出线的编组作业进度相适应,以减少待发停留时间。在编制列车运行图时,对于组织始发直达列车的车站,应使空车列车到达与重车列车出发之间的间隔与该站各项作业的时间相协调(图 20-16),否则将会延长货车停留时间或不能保证重车列车按规定时刻出发。

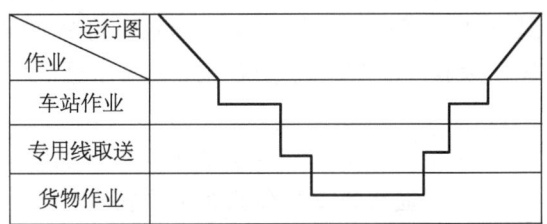

图 20-16 列车运行图与货运站技术作业过程相协调

3. 列车运行图与机车周转的配合

为了加速机车周转,保证机车在自外段停留时间符合规定的标准,不断改进机车运用指标,在编制列车运行图时,应考虑列车运行与机车周转之间有良好的配合。

为实现列车运行与机车周转相配合,一般采用根据规定行车量、机车运用方式和机车在自外段停留时间标准,并考虑机车乘务组连续工作时间等因素,顺序地将列车运行线和机车周转画在运行图上的方法。为了避免产生机车等候列车的额外停留时间,应使相对方向的列车配合地到达更换机车的技术站。其到达的间隔时间 $I_{到}$,应等于机车和列车技术作业时间标准的差额(图 20-17),即

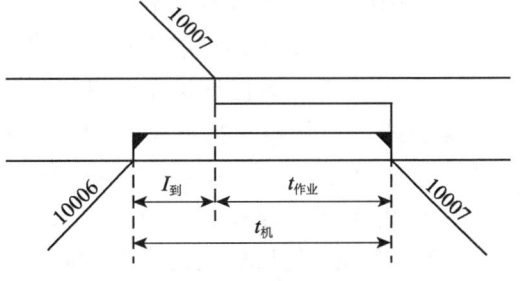

图 20-17 相对方向列车配合到达更换机车的技术站

$$I_{到} = t_{机} - t_{作业} \quad (\min) \tag{20-1}$$

式中 $t_{机}$——机车技术作业时间标准,min;

$t_{作业}$——中转列车在技术站的作业时间标准，min。

在非平行运行图上，由于旅客列车运行线的铺画先于货物列车，因而货物列车运行线的分布不可能完全均衡。在编制列车运行图时，应尽可能地使列车和机车的额外停留时间达到最小。

货物列车运行方案的编制可有下列两种方法：

(1) 由方向的一端开始，顺序铺画货物列车运行线。

(2) 由方向中间的某一局间分界站向两端延伸铺画。

在个别区段，当通过能力利用率接近饱和时，运行图编制最好就从这一最繁忙的区段开始。

(三) 编制货物列车运行图详图

根据货物列车运行方案图，可在运行图上具体铺画各区段的货物列车运行线。由于方案图只规定了区段两端技术站的到发时刻，无中间站的到发时刻，在编制详图时，因列车会让等原因，原定时刻可能要发生变更，应尽量维持原定时刻，不要发生太大变化，以免打乱运行方案图。分界站的列车到发时刻尽可能不改变。

货物列车运行线的铺画顺序是：特快货物班列、快速货物班列、直达列车、重载列车、其他货物列车和摘挂列车。铺画时可从 18:00 开始顺序铺画，也可以先难后易，即先从列车密度较大的时间开始或先铺画限制区间的运行线。一般采用正铺和倒铺相结合的方法进行。

在铺画详图时，应注意如下三方面的问题。

1. 保证行车安全和旅客乘降安全

(1) 遵守不准同时接发列车的有关规定。

(2) 保证车站间隔时间及列车追踪间隔时间符合各站所规定的标准。

(3) 避免某方向列车在禁止停车的车站上停车。

(4) 遵守规定的机车乘务组和车长工作、休息的时间标准。

(5) 列车在车站会车和越行时，同时停在车站上的列车数应与该站的到发线数相适应。

(6) 尽量避免旅客列车在中间站停车时该站有其他货物列车通过。

2. 有效地利用区间通过能力

在单线区段，如果通过能力有较大富余时（利用率在 70% 以下），为保证机车的良好运用，货物列车运行线可以从机车折返站开始成对地铺画。如图 20-18 所示，这时应尽可能使列车到达折返站与由该机车牵引相反方向列车出发的间隔时间，等于机车在折返段所在站的作业时间标准。

当在运行图上铺画的列车对数达到区间通过能力利用率的 80% 以上时，为了有效地使用区间

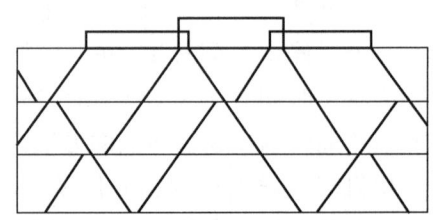

图 20-18　从机车折返站开始铺画货物列车运行线方法示意

通过能力，该区段应从限制区间开始铺画货物列车运行线，即在运行图上铺画旅客列车运行线之后，从限制区间开始铺画规定数量的货物列车运行线，然后再从限制区间分别向其他区间顺序铺画，如图 20-19 所示。

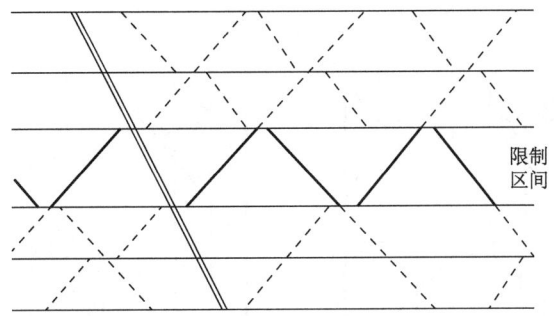

图 20-19　从限制区间开始铺画货物列车运行线方法示意

3. 提高货物列车旅行速度

影响旅行速度的主要因素是会车和越行次数及停站时间。因此,在铺画运行图时,必须尽量减少列车的会车和越行次数及停站时间。

(1) 当铺画在旅客列车之前的货物列车时,应尽可能使之通过各中间站,以避免在区段内被旅客列车越行,如图 20-20 所示。

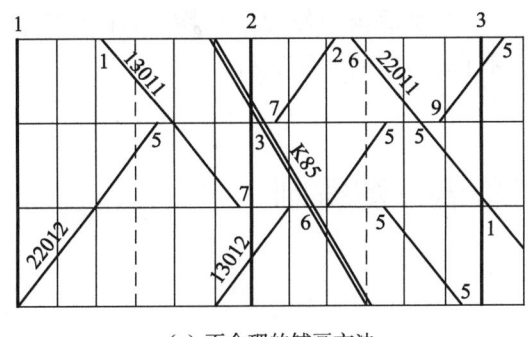
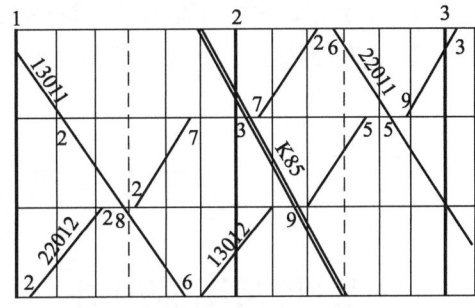

（a）不合理的铺画方法　　　　　　　　（b）合理的铺画方法

图 20-20　在旅客列车之前铺画货物列车方法示意

(2) 当在区段内不能避免越行时,应尽可能地将越行地点规定在有技术作业的车站上,或者规定在两相邻区间运行时分最小的车站上。如图 20-21 所示,若 b 站为上行列车技术作业停车站,则列车在等待越行的同时可以进行技术作业,从而减少甚至取消由于越行而产生的额外停留时间;若 b 站两相邻区间的运行时分最小,则可使列车在 b 站的待避停留时间最短。

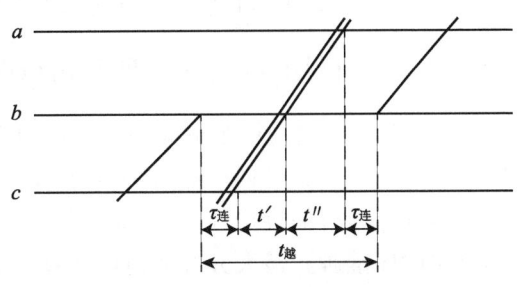

图 20-21　列车待避停留时间示意

(3) 当在旅客列车之后铺画货物列车时,应尽量使客货列车之间能够铺画交会的对向货物列车,以减少会车停站时间,如图 20-22 所示。

(4) 在单双线区段,可从最困难的单线区间开始铺画列车运行线,并尽可能使列车的交会在双线区间内进行。

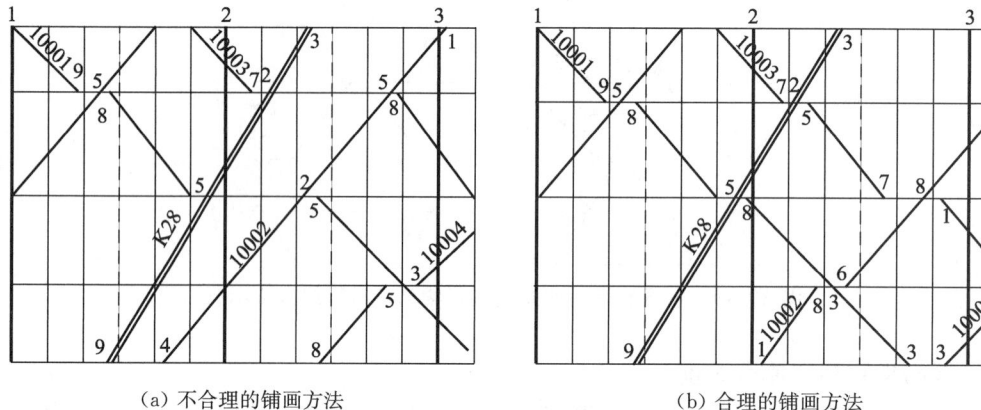

（a）不合理的铺画方法　　　　　　　（b）合理的铺画方法

图 20-22　在旅客列车之后铺画货物列车方法示意

在运量很大的区段上，为确保列车运行图与车站作业相协调，在铺画运行图之后，应对区段站、编组站、主要客运站和货运站的咽喉道岔和到发线的占用情况进行图解检查。当某些车站的接发车条件不能满足运行图的要求时，需要适当地修改运行图，或采取必要的技术组织措施，例如重新调整到发线的使用，以保证运行图的顺利实行。

第三节　分号列车运行图编制

一、分号列车运行图的种类

分号列车运行图可分为两类，即在运量波动较大的铁路区段或方向上，为适应运量波动需要而编制的不同客货行车量分号运行图，以及为进行隧道、桥梁修理和线路改造、大中修等施工，须在列车运行图上规定施工"空隙"区段的施工分号列车运行图。

二、不同行车量的分号列车运行图

（1）依照不同的行车量编制一个综合分号列车运行图。编制这种列车运行图，原则上应从最小运量的分号列车运行图开始，首先铺画运行图的基本核心列车，即定期直达列车和其他固定运行的货物列车（例如有稳定车流保证的货物列车及摘挂列车等），然后在此基础上再顺序铺画到最大分号运行图所规定的行车量，并分别把这些运行线和机车周转相互协调起来，如图 20-23 所示。

（2）按照不同的行车量，分别编制几个不同运量的独立分号运行图。编制这种列车运行图时，每个运行图上列车运行线的铺画及与机车周转的联系都应单独考虑。

综合分号列车运行图的优点是，更换分号列车运行图时，仅变更列车运行图上运量，而不变动列车车次、时刻和运行程序；缺点是很难编制出最有利的列车运行图和机车周转图，同时对列车密度的均衡性也有一定的不利影响。独立分号列车运行图的优点是每个列车

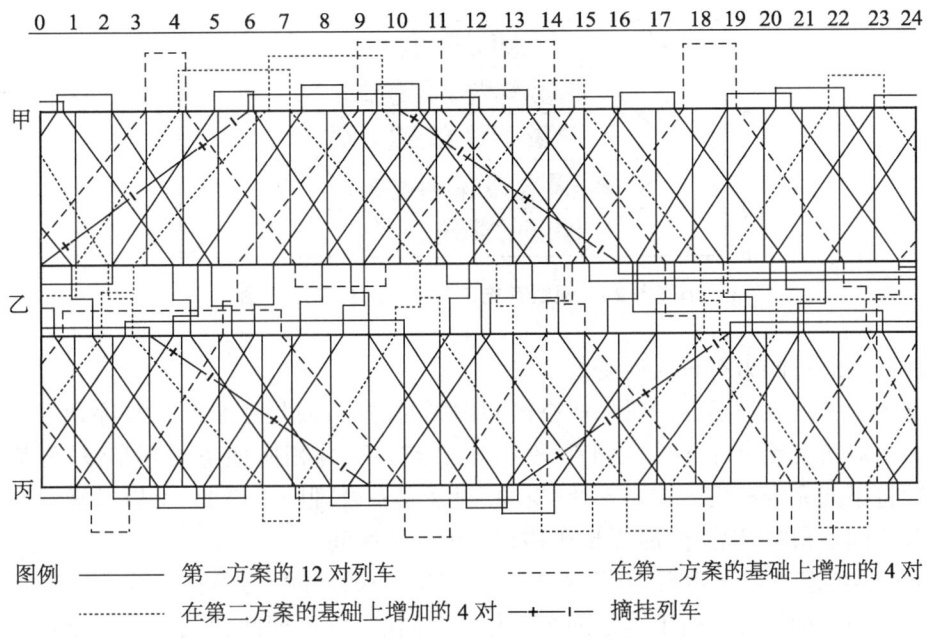

图例 ——— 第一方案的 12 对列车　　　-------- 在第一方案的基础上增加的 4 对
　　　 ········· 在第二方案的基础上增加的 4 对　—+— 摘挂列车

图 20-23　综合分号列车运行图

运行图的指标都较高,列车运行和机车周转都能取得较好的协调;缺点是由于每个分号列车运行图中的运行线是各自独立的,因此当更换分号列车运行图时,容易发生困难。

综合分号列车运行图主要用在复线区段,独立分号列车运行图则主要用在单线区段。但在运量不大而区间通过能力又不甚紧张的单线区段,亦可编制综合分号列车运行图。

三、在列车运行图中预留施工"空隙"的办法及施工分号列车运行图

在列车运行图上预留线路施工所必需的"空隙"是解决列车运行与线路施工之间矛盾的有效措施。

所谓施工"空隙",是指在列车运行图中,为区间或车站正线规定不放行列车的一段时间。在列车对数较少的区段,列车运行图上产生的自然"空隙"可作为施工"空隙";而对于通过能力比较紧张的区段,必须在列车运行图中特意预留施工"空隙"。图 20-24 为预留有施工"空隙"的列车运行图。

在运行图中预留施工"空隙"的长短,与工程内容、工程复杂程度、施工技术作业过程及线路通过能力等因素有关。预留的施工"空隙"一般不宜过长,以免造成列车运行极不均衡,过分降低旅行速度,延长机车和车辆在技术站的停留时间;但也不宜过短,以免造成施工机械和劳力的浪费,延长工期。

运行图上施工"空隙"时间的选定要考虑当地的气候条件,例如炎热地区应选在早晨,寒冷地区应选在中午。另外,旅客列车运行线必须避开施工"空隙"时间。

在列车运行图中预留施工"空隙"的方法,主要有以下三种。

(1) 在基本列车运行图中预留施工"空隙"。这种方法的优点是可以保证运输与施工互不干扰;缺点是在非施工期间,列车运行不均衡。因此,这种方法主要适用于应预留的"空

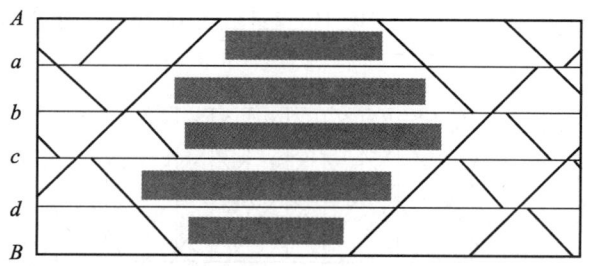

图 20-24 预留有施工"空隙"的列车运行图

隙"不大,而且通过能力有很大后备的区段。

线路施工一般并不是在区段的所有区间内同时进行,而是逐个区间顺序地进行。如果在运行图中对所有预定施工的区间都规定施工"空隙",并相应地考虑列车慢行,势必有一些"空隙"将不能完全利用。这样预留"空隙"显然是不合理的。因此,可以考虑只在开始施工的某些区间预留"空隙",然后逐步挪移到其他施工区间。

(2) 在编制基本列车运行图(不考虑施工"空隙")的同时,另编预留施工"空隙"的分号运行图。在施工期间使用施工分号列车运行图,而在不施工期间使用基本列车运行图。采用这种方法,在施工和非施工期间,运行图均能较好地符合实际需要,既保证了施工,又能照顾到列车密度的均衡。但由于只在施工区段采用施工分号列车运行图,因此容易使某些列车在技术站(施工区段与非施工区段相连接的技术站)上的衔接产生不协调现象,从而延长列车和机车在技术站上的停留时间。

(3) 在基本列车运行图里不预留施工"空隙",但在编制列车运行图时考虑了在施工期间留出施工"空隙"的可能性,其办法是:

① 对双线区段,在白天预定进行施工的时间内,同方向列车间隔时间应不少于限制区间单线运行图周期,以便施工时可在施工区间利用一条正线组织双向运行,如图 20-25 所示。

② 对单线区段,在编制基本列车运行图时,不预留任何"空隙"时间,在施工期间可采用抽线方法。如图 20-26 所示,抽掉 20003 次、20005 次、20006 次和 20010 次列车,在 a—b、b—c 区间即可留出一定的施工"空隙"。

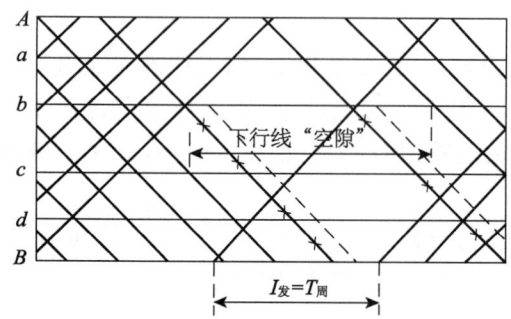

图 20-25 双线施工期间组织双向行车的运行图

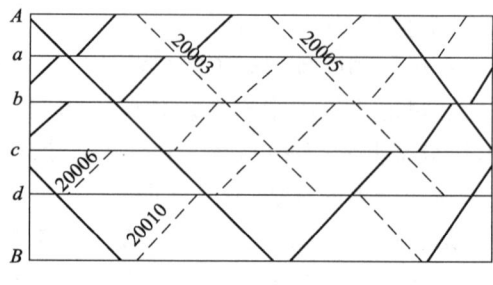

图 20-26 以抽线方法预留施工"空隙"的运行图

施工封锁区间开通后,将产生临时性的慢行,在编制施工分号列车运行图时,可将慢行附加时分规定在列车运行时分中。若不编施工分号列车运行图,而在基本列车运行图中预留施工"空隙"时,原则上不考虑慢行附加时分,可在施工前修正基本列车运行图时适当加以考虑。旅客列车慢行附加时分可以规定在列车区间运行时分内,也可预留在列车停站时分内。

为了满足铁路信联闭设备以及道岔、线路日常维修的需要,接受多年来事故教训,确保行车安全,一定要坚持"要点"维修的办法,禁止利用列车运行图间隙抢点作业。因此,在编制基本列车行动图时应考虑预留"空隙"维修时间的可能性。

第四节　电力牵引区段列车运行图编制

电力牵引具有降低运输成本、提高通过能力、改善运营工作条件和乘务组劳动条件等一系列优点。在采用电力牵引的线路上,由于机车运行速度高,在途中不必因机车自身技术需要而停站,甚至可以通过某些区段站,减少机务段数目,减少机车出入库次数,在基本段和折返段的整备作业大大简化,从而可以使机车交路延长。

当采用电力牵引时,机车的主要运用方式是循环运转制,机车乘务组可以中途换班,如图 20-27 所示。

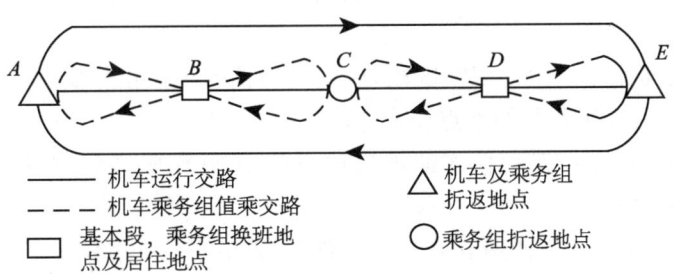

图 20-27　轮乘制机车交图

在图 20-27 中 A—E 为长交路牵引区段,机车乘务组不固定服务于某一台机车,在 A、E 折返地点乘务组不休息随原机车折返,在 B、C、D 站乘务组在到发线上换班,乘务组在 C 站交出机车后接乘对向列车返回基本段。

在电气化线路上,牵引变电所的功率和分布、接触网的导线截面与运行图类型和铺画方式之间有着密切的关系。在编制运行图时,必须充分考虑供电设备的条件。区段内两变电所之间同时运行的列车数越多、列车离变电所的距离越远、线路坡度越陡、列车的重量越大,则接触网的负荷和从接触网到机车受电弓的电压损失也就越大。因此,电力牵引区段列车运行图的编制须注意以下几点:

(1) 为了保证供电设备有最良好的工作状况,使列车达到最高的运行速度,首先要求运行线在时间和空间上应尽可能地均衡分布。

(2) 线路断面为下坡道和上坡道相互交错的区段,应力求使一个馈电区范围内同时处于上坡位置的列车数少,尤其对位于两个牵引变电所之间中部地段的各区间更需如此。

(3) 在采用再生制动的区段内,应注意上坡列车和下坡列车在时间上需互相配合,如图 20-28 所示。这样可使得上坡列车所需的大量电流,其中有一部分可以利用下坡列车施行再生制动时向接触网反馈的电流进行补偿。

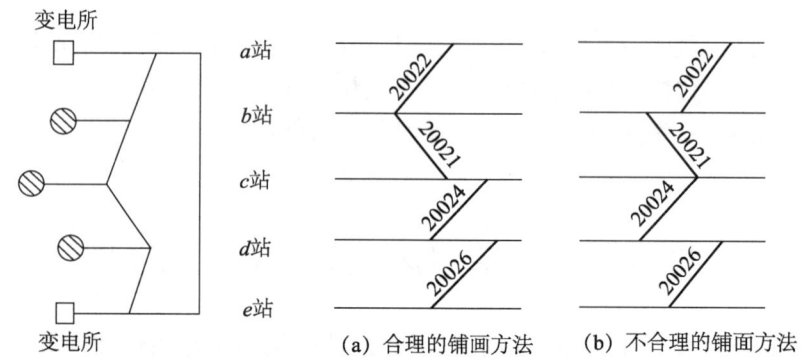

图 20-28　电气化区段根据不同线路断面在运行图上铺画列车运行线的方法

(4) 为了避免供电设备超过规定的负荷,应防止由牵引变电所间的同一地段内各分界点同时发出几趟列车,各列车的起动和加速在时间上应彼此错开至少 2～3 min。

(5) 离牵引变电所较远的区间,因接触网上电压下降幅度较大,应选择合理的会车方案。为了保证电力机车较快地转为按自动特性曲线行驶,应对出站就遇上坡的列车规定其不停车通过车站。

(6) 在线路断面比较平坦的双线区段,应避免超轴列车在相邻变电所的中部地段会车,应尽可能地使其在接近变电所的地点交会。

(7) 在列车运行图上应避免接连铺画超轴列车,最好在旅客列车或重量标准较小的货物列车之后铺画超轴列车。

(8) 在双线区段,应充分利用电力牵引条件下货物列车和旅客列车运行时分相差较小的特点,尽量组织列车无越行运行,以显著提高旅行速度。

(9) 在列车运行图上,应为接触网的日常检查与维修留出必要的"空隙"时间,此时,接触网应分为几个分段分别进行遮断。单线线路在分段的电流被遮断后,行车完全中断,而双线线路在一条正线被遮断的时间内,另一条正线可作单方向或双方向行车之用。

(10) 在线路大修施工期间,施工"空隙"之后,往往要密集放行列车,此时应注意各列车之间保证有一定的间隔时间。

第五节　高速铁路列车运行图编制

一、高速铁路列车运行图特征

高速铁路在行车组织、列车运行速度、天窗设置等方面与普速铁路有很大的区别,其列车运行线的铺画方法与双线非高速列车运行图相比较也有较大差别。我国高速铁路列车

的运行图具有开行时刻规律、充分考虑客流波动性等特点,主要表现在以下几方面:

(1) 按照客流规律安排列车运行线。随着铁路客运市场化程度的不断提高,列车运行图中旅客列车的开行规律也逐步向多样化、差异化、市场化方向发展。旅客列车除了按每日开行、隔日开行外,另有按周循环或每月的指定日循环的情况;除了传统上开行图定列车和图内、外临客外,图定列车也开始分别按日常线、周末线、高峰线开行。

(2) 不同速度值的高速列车混跑。高速铁路是铁路网的重要组成部分,除了承担本线运输任务外,还承担着大批的跨线客流运输任务,不同速度等级(300~350 km/h、200~250 km/h)的高速列车共线运行,这种情况在相当长的时间内是存在的。多种速度列车共线模式,不同等级列车之间速度差大,列车之间相互影响也比普速线要大。跨线列车的存在使得运行图的框架结构受到限制。

(3) 高速铁路列车运行图具有鲜明的时段特性。为旅客出行提供快捷、舒适的旅行条件是高速铁路运输组织的出发点,因而列车运行线的安排必须满足旅客出行规律的要求。例如,6:30—9:30 和 17:00—20:00 是列车密集到发的高峰时间带。列车运行线的安排必须满足旅客对出行时间的需求,形成列车晨间密集发车及晚间密集到达的早、晚高峰时间带。由于高峰时段大批列车的密集到发,而非高峰时段列车又较少,因此造成运力资源利用极不均衡。

(4) 高速铁路列车运行图需要具有较高的弹性。列车运行图必须要有足够的应变能力以适应列车运行调整的需求。当列车运行紊乱时,要能尽快恢复正常,以保证大部分时间能处于按图行车的状态。另外,列车运行线也要预留一定的冗余时间,以减少个别列车晚点的影响;或者预留一定数量的备用线,让晚点列车按就近的备用线运行。

(5) 旅行速度要求高。在一定的技术条件下,列车旅行速度与停站频次、停站时间有关。减少停站次数和停站时间可提高旅行速度,但也会减少客运服务频率。因此,应在保证一定服务频率和旅客上下车的前提下,尽量提高旅行速度,以充分体现高速铁路的速度优势。

(6) 列车开行与综合施工维修天窗需要统筹安排。高速铁路均在夜间设置综合施工维修天窗,天窗的设置会对不同运行距离的列车形成有效时间带,进而影响能力的利用。

二、高速铁路列车运行图编制管理现状

我国高速铁路列车运行图编制仍然是由国铁集团公司统一组织和领导,采用统一的编图软件集中编制的。现阶段国铁集团公司每季度定期召集各铁路局运输、客运、机务、车辆等部门的相关人员集中编制列车基本运行图,每年春运、暑运前还会召集各铁路局集中编制春运、暑运分号图,其中跨局列车运行线由国铁集团公司组织各铁路局协同编制,而各局管内列车运行线则由铁路局负责编制。

各铁路局编图人员统一在国铁集团公司的编图专用服务器上,利用专业的列车运行图编制软件完成跨局和管内列车运行线的铺画及相关参数修改。编图周期结束后,各局将编制完成的列车运行图和相关技术资料、运输生产指标,以及列车运行图数据库上报国铁集团公司核备。铁路局由客运、运输等部门不定期地组织相关站、段的专业编图人员来集中编制各类局管内小长假图及施工分号图等。

基于统一编图软件的功能特点和使用要求,高速铁路列车运行图编制中的主要方法如下。

(1) 具体权限:直通旅客列车、主干线上旅客列车的运行图由国铁集团公司统一协调,管内旅客列车的运行图由铁路局自行编制。

(2) 具体流程:运输部门负责铺画列车运行线,事先要将编图软件灌装 LKJ 数据、列车运行标尺及追踪、会让等技术条件资料,可通过人机对话方式进行修正。

(3) 办客站的确定:直通旅客列车办客站由担当局和经由局商定,国铁集团公司统一协调。

(4) 其他内容:车站股道运用、三固定(固定接发车股道、固定站台、固定停车位置)、车底出入库安排、车底编组、司机交路均由人工安排。旅客列车开行方案落实、调整和汇总,包括办客站、车底交路、动车组走行公里、编组、时刻表等重要信息均由客运编图人员手工完成。

三、高速铁路列车运行图编制的原则

(1) 严格遵守各项技术作业标准,保证高速铁路列车运行安全。

(2) 适应高速铁路客流特点,最大限度地满足旅客的出行需求,做好高速铁路列车运行线与客流的结合。

(3) 做好高速铁路与既有线的衔接,最大限度地提高高速铁路及既有线的通过能力。

(4) 高速列车运行与高速客运站的技术作业过程相结合,合理安排列车停站,以提高列车的旅行速度。

(5) 充分利用线路和车站的通过能力,合理安排高速铁路综合施工维修天窗。

(6) 合理勾画动车组运用交路,最大限度地提高动车组的运用效率。

(7) 根据均衡铺画原则,处理好列车密度、列车种类、动车组交路等几方面的关系,减少各种列车间的越行与避让,使列车运行图保持合理的弹性。

四、高速铁路列车运行图编制步骤

高速铁路列车运行图的编制主要包括三个步骤:预铺画、调整、定图。按照设计原则以及实际客流条件、设备条件和技术条件确立初步列车方案后,为确保方案可行,一般通过预铺画来进行检测验证。通过预铺画暴露出股道运用、进路交叉等方面存在的问题,其中部分问题可能会导致开行方案不成立,从而反向要求旅客列车方案进行调整适应,直至方案完全成立后,进行定图铺画,确定交路、停站、编组、乘务等方案。

(1) 国铁集团公司根据铁路运输市场需求、铁路技术装备或运输组织方式的变化,下达新图编制通知,提出本次编图的原则、任务及要求。

(2) 各铁路局根据国铁集团公司的要求确定本局编图的任务和要求,提出新线工程及项目,组织列车进行牵引试验,组织新线的联调联试工作,查定列车技术作业标准,提出高速铁路本线、跨线列车开行方案建议,以及既有线跨线列车上高速铁路的运行方案。

(3) 召开全路编图准备会议,审定编图相关技术资料,确定跨局高速铁路列车开行方案(列车开行对数和列车运行径路)、动车组运用交路计划等。

（4）铺画全路跨局高速铁路列车运行方案图。编制高速铁路列车运行方案图，主要解决下列问题：高速铁路列车运行与动车组周转相协调、跨局高速铁路列车与管内高速铁路列车相协调、高速铁路列车与其他运输工具在开行时间上的相互竞争与相互协作、高速铁路列车运行与客运站的技术作业过程和能力相配合、高速铁路列车在始发站和终到站的到发时刻及途经主要城市的时刻方便旅客出行等。

（5）编制高速铁路列车运行详图。在全路跨局高速铁路列车运行方案编制的基础上，编制全路跨局高速铁路列车运行图（含本线高速铁路列车运行图）、各局管内高速铁路列车运行图，勾画动车组车底运用交路。

（6）在高速铁路列车运行图编制完成后，国铁集团和各铁路局分别下发新图文件，并整理各项列车运行图指标、打印列车时刻表、绘制列车运行图，从而为新图的实施做好准备工作。

五、高速铁路列车运行图编制顺序

合理确定高速铁路列车运行线的铺画顺序，可减少列车运行线间隔检查与调整次数，提高编图效率。高速铁路列车运行图一般按列顺序进行编制。

1. 列车运行线按列车等级高低顺序铺画

先将列车按性质及运行距离长短划分等级，再按照等级高低顺序铺画列车运行线。在列车等级划分过程中，应考虑到高速铁路不同速度等级混跑的运输组织模式，兼顾高等级高速列车的有利发到时间、均衡性以及低等级跨线高速列车在既有线上时间的衔接。综合各类列车性质，将列车划分为如下等级：中、长途高等级高速列车，跨线低等级高速列车，短途高等级高速列车，短途低等级高速列车。

（1）中、长途高等级高速列车运行线的铺画

中、长途高等级高速列车运行线所形成的基本框架对整个高速铁路列车运行图的布局以及能力利用产生决定性的影响，因此其分布应尽量做到均衡，为低等级高速列车运行线的铺画创造良好条件。

（2）跨线低等级高速列车运行线的铺画

铺画跨线低等级高速列车运行线须符合全路跨线高速铁路列车方案的要求，并保证一定的旅行速度。

（3）短途高等级高速列车运行线的铺画

短途高等级高速列车运行线一般利用中、长途高等级高速列车运行线与跨线低等级高速列车运行线之间的空隙插入铺画。为了不影响已建立的整体框架，原则上不调整已铺画的运行线，只在特殊情况下，允许进行微量调整。

（4）短途低等级高速列车运行线的铺画

短途低等级高速列车运行线没有与全路跨线高速铁路列车方案的衔接问题，一般跨越区段较少，因此其始发、终到时刻的选择范围相对较大，通常利用列车运行线空隙插入的方法铺画。

2. 同等级列车按出发时刻先后顺序铺画

高速铁路列车运行线按等级由高至低顺序铺画。对于同等级列车，首先按出发时刻先

后进行排序,然后按照此顺序对列车进行铺画。

3. 高等级及先铺画列车的调整规则

在高速铁路列车运行线铺画及间隔调整的过程中,在当前铺画的列车与已铺画列车发生冲突时,先调整当前列车,然后再调整与其冲突的列车。这样可减少检查、调整的次数,提高编图效率。

六、高速铁路列车运行图编制需要解决的关键问题

1. 列车运行图的能力利用与服务水平的匹配

在编制高速铁路列车运行图时,需要做好旅行速度、服务水平和能力利用之间的协调,可以采用同类列车成组铺画、交替停站铺画、递远递停铺画等方式。

2. 本线列车运行线与跨线列车运行线的协调优化

高速铁路客流具有客流量大、客流集中、平均行程长、跨线客流所占比重大等特点。为了协调高速铁路与普速铁路的生产过程,有效利用高速铁路线和普速铁路线的能力,缩短旅行时间及提高服务质量,需要合理安排本线高等级列车运行线与跨线低等级列车运行线,以减少不同速度等级列车间的运行干扰,从而既确保高等级列车高速、安全运行,又保证跨线低等级列车在既有线上的合理衔接。

3. 高速铁路列车运行线与综合施工维修天窗的协调优化

高速铁路均采用矩形综合施工维修天窗,且天窗时间内禁止行车,天窗的开设不仅缩短了列车运行图中可供高速铁路列车运行的时间段,还人为地将列车运行图分割为两个隔开的时间段,这对于高速铁路通过能力会造成巨大影响。随着全国高速铁路逐渐成网,长距离跨线高速列车开行的数量越来越多,同时,为了丰富客运产品还开行了夕发朝至高速列车。鉴于此,高速列车运行线的铺画应与综合施工维修天窗的开设方式一起综合优化。

4. 高速铁路列车运行线与动车组运用计划的协调优化

高速铁路列车开行数量受动车组运用数量的制约,同时高速铁路列车运行线的分布决定了动车组需承担的运输任务,单从动车组运用计划优化问题着手,并不能从根本上解决动车组运用效率的问题,必须将动车组运用与列车运行线综合优化,才能提高动车组的运行效率以及列车运行计划的质量。例如,在编制列车运行图时,可以优化动车组的运用方式(图20-29),均衡每小时回动车运用所的动车组数量,并适当地减少套跑临客数量,尽量保证动车组错时回所检修;或优化车底进出库时间安排,采取途中检备车底替换上线的办法,以提高昼间检修比例,缓解夜间集中检修以及早晚集中出入库能力紧张的状况,从而保证开行列车车底的有效供给。另外,可考虑安排车底站内到发线存放,以缓解动车组存车能力不足的状况。

5. 增强高速铁路列车运行图的稳定性

高速铁路列车速度快、密度大、列车之间联系紧密,一旦出现干扰,列车运行秩序调整困难。在编制高速铁路列车运行图时,要在保证运输能力的基础上,合理安排各趟列车的到发时间,并在适当的时间与空间加入缓冲时间,使列车运行图具有较强的抗干扰性与自我恢复能力。

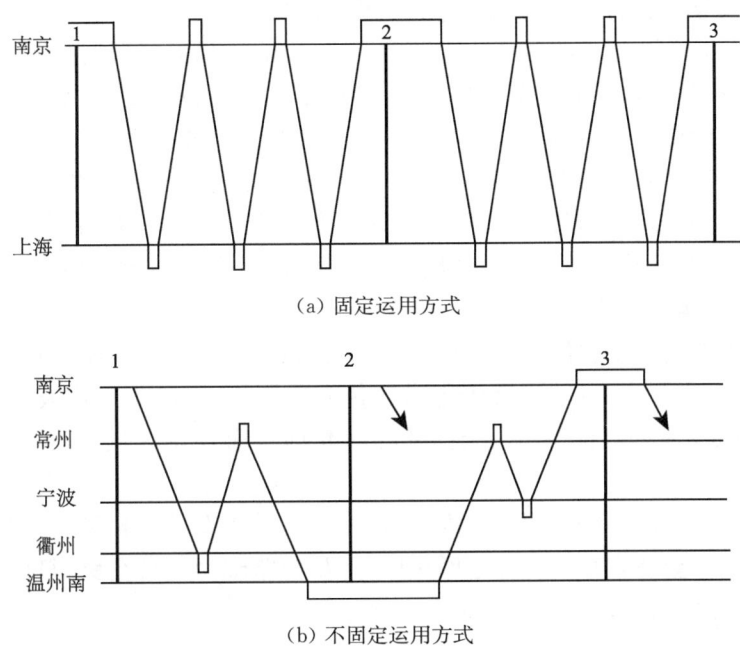

图 20-29　动车组运用方式

6. 周期化列车运行图编制探索

周期性列车运行图(也称节拍运行图)是在运输能力合理负荷下,以一定时间间隔(单元时间)为单位,循环重复铺画的饱和运行图。所谓周期性,是指单元时间内的高、中速列车开行方案及停站方案基本相同。例如,以小时(h)为单元时间,则运行图上每小时内高、中速列车的种类、数量以及停站地点、时间基本相同。

周期性列车运行图具有方便旅客出行、方便旅客记忆、运输组织有规律、有利于与其他交通方式衔接、有利于晚点列车运行调整、调整弹性大等优势,但也存在一些缺点,如固定的停站方案导致客运产品相对单一、部分旅客的换乘次数增加、通过能力利用不佳、与实际的客流需求的匹配性较弱等。

七、我国高速铁路市场化列车运行图规律探索

我国高速铁路成网后,中国铁路提出客运提质计划,实施"一日一图"的运行模式以应对客流需求的变动,使高速铁路列车开行方案和列车运行图更紧密地结合。以每周为一个周期,实施"一日一图",日常图按常态组织图定运行线,周末图也按常态组织图定运行线,高峰图于春运、暑运、小长假和黄金周等客流高峰期实施。同时,建立客运市场监测系统,科学地组织开展客流调查,并依托客运大数据,针对不同时期/时段的客流规律、列车开行效果进行分析总结,为开行方案和列车运行图调整提供精准依据。在统筹运用各类运输资源方面,通过实行信息数据共享、合理安排不同时段的动车组检修计划、优化高速动车组运用等措施,提高开行方案和运行图的可实施性。

高速铁路客流时空分布在一周内呈现出"周五至周一这4天各不相同,周二至周四这3天基本相似"的变化规律。其中,客流量较高的周五至周一合称为周末,即"4+3"中的"4",

客流量较低的周二至周四合称为日常,即"4+3"中的"3"。

我国高速铁路遵循"运力跟着客流走"和"一次铺画、按需开行"原则,按照"基本、补强、打满"三套方案,科学安排运力资源,编制阶段性旅客列车运行图基本图。根据长期的高峰期运输组织经验,设计日常线、周末线、高峰线三种开行规律的列车,并一次铺画完成,再根据需要组合形成日常图、周末图、高峰图这三个不同运力水平的运行图。日常图原则上于日常(周二至周四)实施,启动日常运行线,保证基本客流需要。周末图原则上于周末(周五至周一)实施,在日常图基础上增加启动周末运行线,满足个性需求。高峰图于春运、暑期、小长假和黄金周等客流高峰期实施,在周末图基础上增加启动高峰运行线。

另外,充分发挥列车重联优势,实行"弹性编组"策略。以运能匹配客流为前提,区分长短不同车型进行对应安排,对于周客流饱满的优先使用长编,对于规律波动较大的列车实施弹性编组。例如,根据客流变化情况,可灵活安排直通列车,实行周末重联、周中单组策略。

同时,结合动车组网络修的试点与推广,根据客流需要安排复合型交路,如周一至周四两个交路独立,周末套开列车并在异地网络修;两日交路改为三日交路,打破动车运用所配属车型对车底运用的限制。

第六节 重载铁路列车运行图编制

一、重载货运专线列车运行图的编制特点

在重载货运专线中,货流密度大的一般为双线铁路,货流密度小的为单线铁路。由于列车种类比较单一,速度大体相同,列车运行图一般为无越行的平行运行图,其列车运行线的铺画方法相对简单,一般按行车量大小和运行图周期限制条件,在行车时段采用均衡铺画的方式。需要重点考虑的是,车流与列车运行线的协调配合,车列与机车周转和车底周转的协调配合,重载列车在车站技术作业特点以及维修天窗的配置问题。

1. 车流与列车运行线的协调配合

重载货运专线的重车流主要是该线与其衔接方向及吸引地区的单一品类大宗货流,以装车地直达列车方式输送,列车运行途中一般不进行改编作业,在始发终到站间列车运行线采用贯通铺画的方式。在具备整列装车能力的车站,应根据出车能力均衡安排入空列车和出重列车运行线,并且满足以下要求:

(1) 空车到达时刻符合货物产出和集结的规律,尽量减少装车等待时间。

(2) 重车出发时刻应从空车到达时刻起算,满足装车作业、相关调车作业和出发列车技术作业时间的要求。

(3) 在重载列车车流集结的基地站,重载列车出发时刻应认真规划各衔接方向小运转列车运行线的配合到达,保证重车流的产生、集结与列车运行线的协调配合。

重载货运专线的空车流一般是整列重车卸车后产生的,以组织整列空车直达方式回送,空车直达列车运行线铺画,要根据卸车站的整列卸车能力和出车规律科学安排,在空车

流集结的基地站,空车直达列车出发运行线,也应注重各卸车点卸后空车的配合到达。

2. 列车运行与机车周转和车底周转的协调配合

重载列车,特别是万吨及以上的重载列车为多机牵引,且采用在车列中分散编挂的方式以减少列车的纵向冲击作用力。为此,在机车之间需配备机车同步操纵系统,这对机车机型的配合提出了新的要求。在重载列车运行图中,机车周转图是按相同机型机车成组编制的。机车的这种固定组合关系在列车始发站间保持不变,在运距较长的情况下,需要在途中安排固定的停车地点,以便更换机车乘务组。因此,为了提高机车利用率,列车运行线铺画时要考虑同机型机车成组周转的特点,将机车运用和检修计划统一起来。

在开行重载单元列车的货运专线上,列车始发终到站间采用固定车底循环运输方式,是典型的装、运、卸一体化的运输组织。在编制循环直达列车运行图的同时,编制车底周转图,形成固定车底循环使用的有规律的列车循环运行线铺画结构。运行线铺画,既要充分考虑固定车底在装车站和卸车站的装卸作业特点,满足整列装卸、取送等作业时间标准,满足在技术站的技术作业及其时间标准,又要考虑车底整列维修作业要求及其时间标准,一体化安排固定车底的运用与维修。

3. 列车运行线在重载列车组合站的协调配合

重载列车的组合作业需要在线路有效长满足组合列车停站及技术作业要求的专门的站线上进行,线路中部配置道岔和隔开设备,既便于在同一线路的前后线段分别接入待组合的列车,又便于在车列中部编挂机车作业。重载列车的组合作业过程,一般包括2个待组合列车的接车作业、到达作业、机车换挂作业、列车组合联挂作业、出发作业(含本务机车与其他机车建立同步操纵网络联系作业)、列车出发等。需根据作业特点确定组合作业的时间标准,在组合站应根据作业地点和条件,保证待组合列车的到达运行线与组合列车的出发运行线的协调配合。

二、自动闭塞双线电气化重载货运专线的维修天窗

在电气化重载货运专线上,与其他电气化区段一样,必须在列车运行图中为供电设备日常维修作业预留固定的时间,称为运行图日常维修天窗时间。在该时间内,由于停电,列车不能运行,但其他维修作业,如线路、通信信号设备,也可以利用天窗时间同时进行。由于运行图日常维修天窗时间一般为 90~120 min,不能满足大型养路设备机械化作业需求,因此,对大型养路机械维修作业,需要在月度计划中专门安排每日 3~4 h 的维修天窗。由于列车载重量大,在速度和行车密度较大的重载货运专线上,如我国大秦铁路,钢轨伤损和无缝线路焊缝断裂、扣件松动,轨枕偏移和出现裂缝、线路道床污染、隧道宽轨枕板地段板下垫层粉化、板结,桥梁横隔板断裂、梁体裂纹、墩台裂损、梁端顶死、支座倾斜、涵洞裂损、涵洞变形等各种隐患和病害发生频率增强,使用大型养路机械的大修作业的实际需求,决定了重载货运专线必须重视且适应大型养路机械作业的运行图天窗设置。天窗设置方式主要有矩形、V 形和混合型等。维修天窗主要由以下几部分时间组成。

(1) 区间封锁时间 $t_封$,指维修作业开始至结束,停止列车运行的时间。对日常维修作业,一般取 120 min;对大型养路机械的大修作业,考虑到大型养路机械进入和退出施工区间的走行等非生产时间因素,为提高作业效率,一般取 3~4 h,天窗安排的日数则应按大修

（2）施工辅助时间 $t_{辅}$，指天窗封锁或开通时，行车调度、施工单位等有关部门进行一系列的联系、确认、发布命令等准备工作所占用区间的时间。

（3）天窗影响时间 $t_{影响}$ 或 $t_{损}$，指由于开设天窗，区间不能用于列车运行的额外损失时间，其大小与天窗开设方式、列车运行速度、列车追踪间隔时间、区段长度、供电臂间距离等因素有关。

第七节　城市轨道交通列车运行图编制

城市轨道交通的列车运行图编制在原理上与高速铁路有一定的相似性，但由于城市轨道交通在线路特征、运输组织模式和客流规律等方面与高速铁路存在差异，故其列车运行图的编制也具有自身特点。

一、列车运行图的类型

由于城市轨道交通客流在不同时期有不同的变化规律，为了适应不同的客流特点就会编制不同类型的列车运行图，如工作日（某些线路还会区分周五与其他工作日）、双休日、节假日及特殊时期（如大型体育活动、大型展览会等）列车运行图，见表20-1。

表20-1　城市轨道交通列车运行图的类型及特点

类型	特点	客流变化图
工作日	一天中客流波动明显，一般会形成五个时间段，早、晚高峰客流最大，列车出入库频繁	
双休日	一天中客流波动不明显，列车出入库不频繁	
节假日	一天中客流波动不明显，但客流量都较大，列车出入库不频繁	
特殊时期	一天中客流波动十分明显，客流会在某一时间段内密集到达或密集离开，可能会形成几个超高峰时间段。列车出入库非常频繁	

在新线投入运营,或既有线路技术设备、客运量或行车组织方法发生较大变化时,均需要进行列车运行图的重新编制。

二、列车运行图的编制要求

城市轨道交通列车运行图编制应符合下列要求:

(1) 满足客流需求。列车运行图应根据客流特点,开行列车间隔、编组辆数、列车交路和旅行速度不同的列车。列车运行图应合理规定列车到达换乘站的时刻,减少乘客换乘时间;合理规定运营非高峰时段的列车间隔,减少乘客候车时间,此外还需要考虑与其他交通方式的相互衔接。

(2) 确保行车安全。列车运行图应符合《行规》等行车规章的有关规定,严格遵守行车作业程序和各项时间标准。

(3) 合理运用设备。列车运行图应流线结合,充分利用线路通过能力。在满足客流需求的同时,注意提高列车满载率和旅行速度,充分利用线路通过能力,合理分配冗余时间,确保运行图有一定的抗干扰能力。

(4) 配合车站工作。运行图编制应充分考虑折返站、换乘站客运组织工作的要求。

(5) 网络各线的协同。城市轨道交通成网运营后,各线路运行图的编制需要综合全网能力,基于网络客流特征,从不同层面来综合考虑。如换乘节点的时刻配合协调、首末班车的衔接、各线路的能力(间隔)协调等。在车辆、乘务员共享的线路之间,还需要考虑乘务员的综合优化、车底运用的协同优化等。

三、列车运行图编图资料准备

需要准备的运行图编制资料有开行方案类、能力类、时分类和其他要求等。

(1) 开行方案类,包括:全日行车计划、列车编组方案、列车交路方案和列车停站方案。

(2) 能力类,包括:运用车数、线路通过能力、车站折返能力、列车出入段能力、换乘站设备能力和车站存车线能力。

(3) 时分类,包括:区间运行时分、列车停站时间、折返时间、折返出发间隔时间、出入段作业时间和追踪间隔时间。

(4) 其他要求,包括:运营时间、首末班车要求、分时最大断面客流量、乘务员安排、换乘衔接及与其他交通方式的衔接等。

四、列车运行图编制流程

运行图的编制由运营管理部门负责组织,涉及多个工种和多个部门,具体编制流程包括:编制需求提出、客流分析、全日行车计划编制、运行图编制与调整、运行图审核与发布等,如图20-30所示。

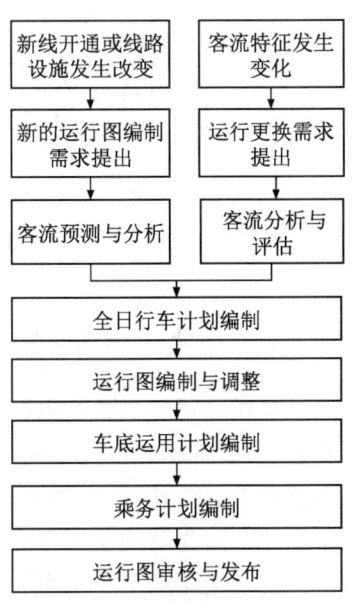

图20-30　城市轨道交通列车运行图的编制流程

五、不同峰期列车运行图编制

在城市轨道交通系统中，由于客流具有时间上的不均衡性，存在高峰和平峰时间段，因此列车运行图上的列车运行间隔呈现出多时间段的特点。但在同一运行间隔时间段内，列车运行线呈现出周期性特点。编制时可以先以周期运行线为基础，根据时间段的起始与终止时间来铺画该时间段内的其他运行线。

由于不同运行间隔的时间段所需运用的车底数不同，在不同间隔时间段的前后时间内，需要安排车底出入库，从而形成过渡时间段。过渡时间段列车运行线的铺画是城市轨道交通列车运行图最难也是最复杂的部分，铺画时不仅要求考虑车底的出入库方式，还要考虑车底的折返要求及列车的运行间隔要求等。

（1）运行间隔由疏至密。当前一时间段的运行间隔大于后一时间段的运行间隔时，表明后一时间段需要运用的车底数要比前一时间段需要运用的车底数多，因此，在前一时间段结束时，会有部分车底出库，而这些车底出库线铺画时要考虑合适的出库时间和出库方式。

（2）运行间隔由密至疏。当前一时间段的运行间隔小于后一时间段的运行间隔时，表明后一时间段需要运用的车底数要比前一时间段需要运用的车底数少，因此，在前一时间段结束时，会有部分车底入库，而这些车底入库线铺画时要考虑合适的入库时间和入库方式，如图 20-31 所示。

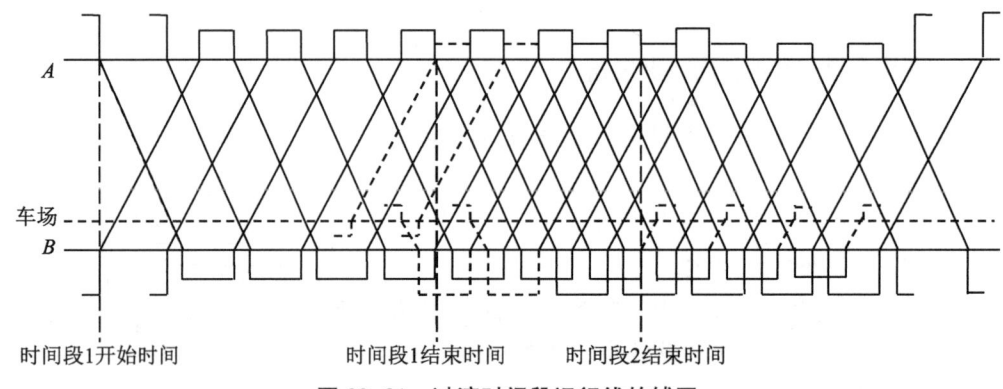

图 20-31　过渡时间段运行线的铺画

六、车底运用方式

共线交路的车底套跑运用较独立运用时的车底周转更为灵活，不仅可以加快车底的周转速度，节省车底数量，还能提高共同折返站的接发车能力。如图 20-32 所示为共线段间隔和大小交路开行比例相同的两套运行图方案，其中图(a)为车底独立运用方案，需要 7 组车底，图(b)为套跑运用方案，需要 6 组车底。

共线交路的车底运用数量取决于各独立交路的运行周期和车底运用方式，可以通过计算各独立交路的车底数量之和来估算，但这种方法不精确。因为在共线交路的运行条件下，车底运用与共线段行车间隔、不同交路列车的开行比例、共线段及非共线段运行时分、折返站的折返时间标准以及车底的运用方式(独立或套跑运用)等因素关系密切。精确的计算方法可以通过建立车底独立及套跑运用条件下的车底运用多目标非线性混合整数规划优化模型,得到车底运用数量最少和运用方式最优的方案。

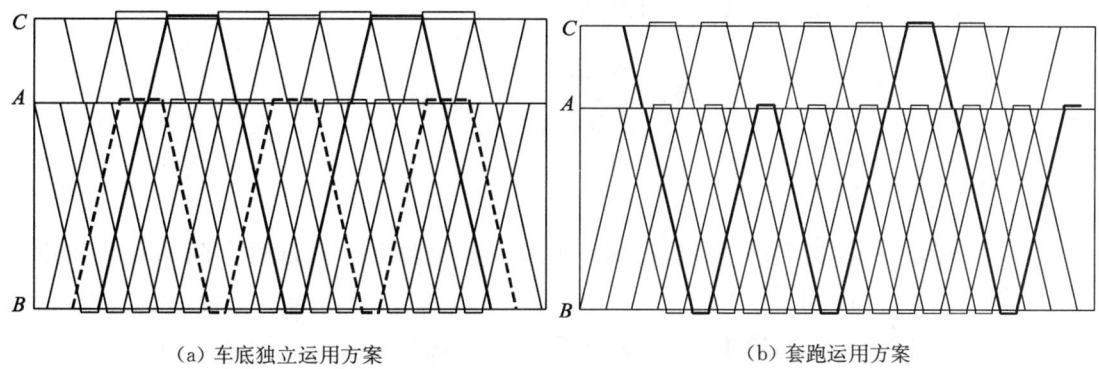

(a) 车底独立运用方案　　　　　　　　(b) 套跑运用方案

图 20-32　共线段间隔与开行比例相同条件下的不同车底运用方式

第八节　列车运行图指标

一、列车运行图编制质量的检查

列车运行图全部编完后,必须对列车运行图的编制质量进行全面检查。检查的主要内容有:

(1) 列车运行图上铺画的客货列车数是否符合所规定的任务。

(2) 列车运行线的铺画是否符合规定的各项时间标准,列车的会让是否合理,在中间站停车会让的列车数是否超过该站现有的到发线数。

(3) 摘挂列车的铺画是否满足区段管内货物列车铺画方案的要求。

(4) 机车乘务组连续工作时间和机车在自外段所在站的停留时间是否符合规定的时间标准。

(5) 在列车运行图上预留的施工"空隙"是否满足施工需要。

(6) 局间分界站列车衔接是否合适,一昼夜内各阶段列车到发密度是否大体均衡。

二、铁路列车运行图指标

通过检查,确认运行图完全满足规定的要求后,还应计算列车运行图指标。列车运行图指标包括数量指标和质量指标,由各铁路局计算,报国铁集团汇总。

1. 数量指标

(1) 国境站和局间分界站相互交接的列车数。

(2) 按列车性质分类的旅客列车数和货物列车数。

(3) 旅客列车和货物列车的走行公里。

(4) 由各始发站发出的各种旅客列车数和货物列车数。

2. 质量指标

(1) 旅客列车或货物列车的平均技术速度 $v_{技}$，见式(19-81)。

(2) 旅客列车平均直通速度 $v_{直}^{客}$，计算公式为

$$v_{直}^{客} = \frac{\sum nL_{客}}{\sum nt_{全旅}} \quad (\text{km/h}) \tag{20-2}$$

式中　$\sum nL_{客}$——旅客列车走行公里总和；

$\sum nt_{全旅}$——旅客列车全程旅行时间总和，包括运行时分、起停车附加时分和停站时间。

(3) 货物列车平均旅行速度 $v_{旅}$ 和速度系数 $\beta_{运}$，见式(19-82)、式(19-83)。

(4) 直通货物列车在技术站的平均接续时间 $T_{接续}$，是反映技术站相邻区段直通列车运行线相互衔接的质量指标，应分别就每一技术站、铁路局和全路进行计算，其计算公式为

$$T_{接续} = \frac{\sum nt_{直}}{\sum n_{直}} \quad (\text{min}) \tag{20-3}$$

式中　$\sum nt_{直}$——无改编作业通过技术站的直通、直达货物列车在站停留时间的总和；

$\sum n_{直}$——无改编作业通过技术站的直通、直达货物列车数。

(5) 货物列车平均直达速度 $v_{直}^{货}$，是综合表示货物列车旅行速度高低和技术站接续时间长短的指标，其计算公式为

$$v_{直}^{货} = \frac{\sum nl'_{货}}{\sum nt'_{旅} + \sum nt_{技停}} \quad (\text{km/h}) \tag{20-4}$$

式中　$\sum nl'_{货}$——整个方向货物列车走行公里的总和；

$\sum nt'_{旅}$——整个方向各区段货物列车旅行时间的总和，包括列车运行时间和在中间站的停站时间；

$\sum nt_{技停}$——所有直通、直达货物列车在该方向各技术站停留时间的总和。

(6) 机车周转时间 $\theta_{机}$ 和机车日车公里 $S_{机}$，是两项反映机车运用的主要质量指标，可分别按式(20-5)和式(20-6)计算

$$\theta_{机} = \frac{24M}{U_{供应}} \quad (\text{h}) \tag{20-5}$$

$$S_{机} = \frac{\sum nl_{货} + \sum MS_{单} + \sum MS_{双}}{M} \quad (\text{km/d}) \tag{20-6}$$

式中　M——一昼夜内使用机车台数(根据机车周转图确定)；

$U_{供应}$——一昼夜内向各区段供应的机车台次；

$\sum MS_{单}$、$\sum MS_{双}$——列车运行图规定的单机走行公里和双机牵引公里。

为了进一步评价新列车运行图的编制质量，除了计算新列车运行图的各项指标外，还应与现行列车运行图进行比较，分析各项指标提高或降低的主要原因。

三、城市轨道交通铁路列车运行图指标

城市轨道交通列车运行图指标与上述铁路列车运行图指标具有相似性，除了上述数量指标和质量指标外，还有如下 7 个指标。

(1) 每天运营营业时间：由最后运营时刻减去最早运营时刻，单位：h。

(2) 最大投运车底数量：要完成一天的正常运营需要投入运营的最大车底数量，单位：列/d。

(3) 全周转时间：车底完成一个全周转过程所用的时间，单位：min。

(4) 分时段行车间隔或开行列次：不同计算刻度（15 min，30 min 或 1 h）条件下各区间分方向的平均间隔或开行列车数量，单位：min 或列。

(5) 分时断面能力：不同计算刻度（15 min，30 min 或 1 h）条件下各区间分方向的输送能力，单位：人。

(6) 最小发车间隔：密度最高时段的平均最小行车间隔，单位：min。

(7) 车站的首末班车时刻：每个车站最早到达该站和最晚从该站出发的载客列车时刻（分上、下行，复杂交路时还需分目的地）。

第九节　列车运行图的计算机编制技术

一、铁路列车运行图的计算机编制

我国铁路列车运行图的编制经历了手工编制、计算机单机版编制、全局联网编制等多个阶段。近年来，列车运行图计算机编制技术不断升级换代，目前采用全路联网编制列车运行图的方式。计算机编制列车运行图技术的发展方向是在现有编图软件的基础上，充分利用大数据、云计算及人工智能等方法，实现计算机编图的系统化、网络化、智能化。

1. 发展历程

我国铁路列车运行图计算机编制软件研发主要经历了以下六个阶段。

阶段 1：根据不同路局、不同区段的特点研究解决带有鲜明个性化的具体问题。

阶段 2：致力于研究系统的通用性和适应性，力图通过一个系统去解决不同区段、不同线路的问题。

阶段 3：建立一个对于单线和双线、自动闭塞和半自动闭塞都有效的，对于全路而言都是通用的、功能较完善的且行之有效的以铁路局为整体的计算机编图软件系统，提高编图效率。

阶段 4：从构建全国路网编图技术的目标出发，重点研究建立全路旅客列车运行图编

制系统,为实现全路旅客列车运行图的优化编制创造条件,提高我国铁路列车运行图的编制质量和效率。

阶段 5:构建全路列车运行图编制的方法体系,研究建立支持异地联网编图的全路列车运行图编制系统,研究重点是全路计算机编图的网络化、精细化、智能化和系统化技术,实现列车运行图及其相关业务计划编制的一体化,建立面向铁路内部的列车运行图综合管理信息系统,实现基于计算机网络的列车运行图基础信息收集、管理、查询和综合决策支持,为实现铁路列车运行图编制和管理的集中化、统一化、快捷化提供技术支撑。

阶段 6:面向高速铁路成网后的运行图智能化编制,重点解决面向超大网络规模的全网络普速列车、高速列车运行线的布点与车站的股道运用及车底周转的协同智能化综合优化技术。

目前,我国的计算机编图研究与实践工作正处于第五阶段向第六阶段过渡时期,列车运行图计算机编制系统是铁路信息化建设的重要内容。

2. 系统功能

铁路列车运行图计算机编制系统能够自动编制列车运行图及其相关作业计划,在编制过程的各环节提供人机交互界面,并提供计划校验、审批、下达、报表生成、图形绘制、指标统计等功能,具备较高的智能辅助决策水平,保证计划的可行性和合理性。列车运行图编制系统主要功能结构如图 20-33 所示。

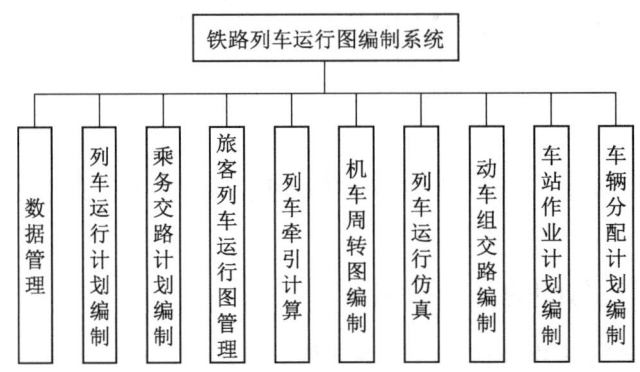

图 20-33　铁路列车运行图编制系统主要功能结构

在国铁集团信息技术中心设置全路列车运行图服务器,用于全路列车运行图的编制和动态管理,强化列车运行图审批、数据版本管理、信息发布、查询统计、数据接口等。运输部门应用列车运行图编制系统实现基于铁路广域网、局域网编图和单机编图,支持异地联网调整列车运行图,实现列车运行图及其相关业务计划编制的网络化、精细化、一体化。客运部门应用列车运行图编制系统对旅客列车运行方案、停站、编组、车底(动车组)交路、时刻表等进行编制、动态管理及信息发布。机务部门应用列车运行图编制系统实现机车周转图的编制和管理。车辆部门应用列车运行图编制系统实现车底运用计划的编制和管理。

3. 发展趋势

我国铁路运输具有需求大、客货混跑、高铁与普铁成网运营等特点,列车运行图的编制需要解决来自提高客货服务质量和运力资源利用最大化等多方面问题,我国铁路列车运行图编制的复杂性与困难性较其他国家更为突出。将大数据、人工智能等新技术与列车运行图编制深度融合，发展列车运行图智能编制技术，是提升列车运行图编制质量、提高列车运行图编制效率的必由途径。

列车运行图编制问题本身属于 NP 难解问题，存在"组合爆炸"。设在一个区段内，有 m 个车站，n 列列车（包括上、下行），且该区段内的区间数为 $(m-1)$，则该区段的列车运行图由 $(m-1)n$ 段列车运行线组成，每段运行线代表着某一列车在某一区间内的发车时刻、到达时刻及区间的运行时间。如果将开行的列车看作任务（工件），将列车占用区间或车站看作"加工"工序，每个区间看作一台机器，那么列车运行图的优化编制问题就转化为工件加工排序问题，是一类典型的作业调度问题，也就是 Job-shop 问题。显然，所有工件的加工序列有 $(n!)^{m-1}$ 种可能方案，其算法复杂度为 $O[(n!)^{m-1}]$，列车运行图编制问题的难度随着列车及车站数量的增加呈指数级增长，寻找具有多项式复杂性的最优算法是不可能的。

列车运行图是协调铁路各部门、各单位有序进行生产活动的核心计划，其编制工作并不是孤立的，而是与其他计划的编制工作包括列车运行计划编制、车底/动车组交路计划编制、车站作业计划编制等紧密联系在一起的。例如，在资源分配的本质问题上，列车运行图与车站作业计划互为制约前提，运行图中规定了列车到发车站的时刻及在车站内的停留时间，这就对应要求为列车提前安排在车站内的走行径路计划，另外车站作业资源有限，可能出现无法配合运行图为列车安排可行的走行径路现象，从而要求运行图调整列车运行时刻。因此，列车运行图及其相关计划的一体化编制是提高铁路运输组织水平的重要途径，同时也极大地增加了计划编制的难度，亟须通过智能化手段实现列车运行图编制方法的提升。此外，运行图编制质量是市场需求与能力供给的匹配度及整个铁路系统运输效率和资源运用效率的直接体现，关系到铁路运输组织生产的投入和产出，特别是在大规模路网、大量列车的情况下，未来针对计算机编制列车运行图还需要在编制质量和效率两方面做进一步研发。

1) 提升运行图编制质量

列车运行图涉及列车开行方案、列车运行线、到发线、动车组交路、列车停站等诸多要素，在编制过程中还需考虑线路、车站能力的充分运用，列车开行频率和停站方案的均衡、各路局诉求的保障等因素。为保证高质量地铺画列车运行图，需要统筹众多要素和影响因素，以满足旅客需求、充分运用运力资源为目标，对列车运行图的时空分布、停站设计、冲突调整等进行智能化的设计和编制，最终形成编制要素整体优化的一体化设计方案。

铁路运行图需要解决在超大网络规模条件下客货列车混跑的能力利用、不同速度列车之间的越行与交会方式、大型客货运站及技术站的技术作业过程优化等问题。高速铁路成网运营后，列车运行图优化的重点将以旅客需求为导向，重点考虑具有时变特点的能力服务差异性、列车之间的衔接、车底的合理周转、周期与半周期运行图的优化编制等。

列车运行图的编制需要综合考虑实际运营中存在的运输需求波动、列车运行延误等随机性变化，需要从运行图的均衡性、可靠性、鲁棒性、经济性以及与客流需求的匹配性等方面来综合评估列车运行图的静态和动态质量，并在此基础上，提升运行图的编制质量。

2) 提升运行图编制效率

目前，运行图编制软件已经能够灵活地利用编制规则，有效地疏解运行图中的冲突，但是面对路网大规模的列车运行线铺画需求,编制强度和难度将大幅增加,编制效率仍然有待提高。通常,在能够明确操作目标的前提下,应用智能编制技术铺画整体列车运行图,辅以必要的人工调整,提升列车运行图的编制效率。当前的列车运行图编制系统与客运系统、调度系统、动车组管理系统、值乘管理系统、天窗管理系统等运输生产系统之间缺少数据接口,不能进行数据交互,导致大量数据还需要人工处理。应用智能编制技术则可有效提升数据传输的安全性和效率。

二、城市轨道交通列车运行图的计算机编制

与铁路列车运行图相比,城市轨道交通系统线路车站配线简单、列车开行方案较为单一,运行图编制研究的重点和难点是如何满足高、低峰时段的差异性及多种交路形式并存的全日列车运行图的一次性生成等问题。

1. 编制方法

从国内现有城市轨道交通列车运行图的编制情况来看,目前主要采用如下几类编制方法:

(1)编图人员借助 Excel、AutoCAD 等第三方工具进行编制,运行图编制完成后,采用人工方式录入 ATS 系统。采用这样的方法,近似于手工编制。每张新列车运行图,从编制至录入 ATS 系统往往要花费 2~3 周时间,工作量大、费时费力,难以适应城市轨道交通列车运行图随客流、技术设备、运输组织方法的变化而需经常调整的要求。

(2)采用信号系统自带时刻表编辑子系统(如 FALKO、TTE、TCS 等)进行编图工作,列车运行图编制结果导入 ATS 系统实现列车运行控制,列车运行图的相关数据提供给运营各相关部门共享。采用这样的编图方式,存在下列不足之处:

① ATS 自带的时刻表编辑子系统,从功能上看,难以满足我国城市轨道交通大运量、高密度、多交路特点的运输组织需求;从操作的方便性来看,编图过程烦琐、复杂,未能达到列车运行图"自动编制"的要求。

② 各信号系统供应商所提供的运行图编制工具均不相同,其包含的列车运行图编制模块也不尽相同,几乎每条线路都需要配备专门的编图人员,因此随着线网的形成,将增加编图人员配置以及编图人员的编图技能培训。

③ 各 ATS 系统中的运行图数据存储较为封闭,且保存方式不统一,不利于运行图数据的共享,也无法做到与能力分析、客流评估、乘务计划编制等系统的无缝对接。

(3)采用专业的城市轨道交通列车运行图编制系统进行。该类工具可以及时、快速地编制和调整网络列车运行图,适应线路数量及列车开行数量的不断增加、线路技术设备特点及制式、列车开行方式及交路形式的多样化发展,也能够实现多种运行组织方式、不同运营要求的列车运行图的编制要求,同时可以满足运行图数据的多部门、多用途、多方式的共享需求,对提高城市轨道交通网络化运营管理水平、满足乘客出行需求具有极其重要的作用。

2. 关键问题

城市轨道交通列车运行图的计算机编制,需要重点解决线路拓扑结构的定义、多标尺的功能设计、行车间隔的自动匹配、运行线与车底周转的同步优化、列车冲突判断与疏解、

行车间隔和车底数量的相互影响和制约优化、车站股道使用方案的优化、满足不同开行方案的运行方案图的一次性生成、列车运行图与时刻表的生成和转换、与 ATS 系统的无缝对接等关键问题。

3. 系统架构

城市轨道交通列车运行图编制系统应包含基础数据管理、运行图编制与调整、结果输出三个主要模块，系统具备基础数据管理、全日行车计划编制、单一交路列车运行图编制、共线交路列车运行图编制、环形交路列车运行图编制、快慢车列车运行图编制、列车运行图人工调整、车站股道运用方案编制、车底运用方案编制与调整、运行图指标计算、运行图结果输出等功能结构，如图 20-34 所示。

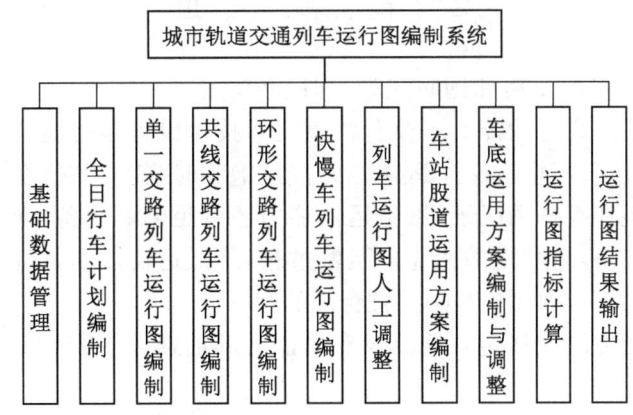

图 20-34　城市轨道交通列车运行图计算机编制主要功能结构

4. 发展趋势

随着我国各城市轨道交通网络的不断扩展和客流的增加，城市轨道交通列车运行图编制系统的发展重点包括：考虑基于网络层面的线路运行图的统筹编制，密度更高、交路更复杂运行图编制效率的提升，运行图鲁棒性能的滚动优化方法和实施策略，节能运行图的编制以及基于乘客的出行定位数据的网络衔接方案评估与优化等。

第二十一章

运输能力加强

第一节 概　述

为了适应运输市场的发展和国防建设、国民经济发展的需要,轨道交通应及时且有计划地采取措施来不断提高运输能力。改善轨道交通技术设备是提高轨道交通运输能力的主要措施。一般情况下,当轨道交通运输能力接近饱和时,就应该研究如何加强和改善轨道交通技术设备。但在有些情况下,虽然运输能力还有足够的后备,而采用新的技术设备和加强现有的技术设备,却可以加速完成运输过程,降低运输成本,提高劳动生产率,减轻劳动强度,保证行车安全,因而也是必要且合理的。

轨道交通运输能力的加强包含线路及车站能力的加强等内容。本章主要叙述线路通过能力的加强。

加强能力的时机主要根据需要能力和现有能力的水平来确定。以铁路通过能力的加强为例,现有通过能力的确定方法在本书"铁路通过能力"部分已述,需要通过能力须根据未来(或设计年度)需要开行的客、货列车数并考虑一定的后备能力进行计算,即

$$n_{需} = (n_{货} + \varepsilon_{客} n_{客} + \varepsilon_{快货} n_{快货} + \varepsilon_{摘挂} n_{摘挂})(1+\gamma_{备}) \quad (列/d) \tag{21-1}$$

式中,$\gamma_{备}$ 为通过能力后备系数。

需要的客货列车行车量通常按照最繁忙月份(春节运输除外)的日均客货流量确定,也就是说应考虑月间运输的不均衡性。至于一个月内运输的不均衡性,在确定行车量时可以不必考虑,因为通过能力的后备系数完全可以满足这个要求。因此,每日平均需要开行的货物列车数(摘挂列车和快运货物列车除外)应为

$$n_{货} = \frac{K_{波} G_{需}}{365 \varphi Q_{总}} \quad (列) \tag{21-2}$$

式中　$K_{波}$——月间货运量波动系数;

　　　$G_{需}$——货运方向全年货流量(由摘挂列车和快运货物列车运输的货流量除外);

　　　φ——平均载重系数(即列车净重与总重之比);

　　　$Q_{总}$——货物列车牵引总重。

旅客列车行车量可以按式(21-3)计算

$$n_{客} = \frac{K_{波,客} A}{365 \alpha_{客}} \quad (列) \tag{21-3}$$

式中 $K_{波,客}$——月间客流波动系数；

A——某(上行或下行)方向年度客流量，人；

$\alpha_{客}$——列车平均定员数，人。

后备系数 $\gamma_{备}$ 是根据铁路运输需要保有一定后备能力而规定的参数。铁路保持适当的后备能力主要是为了适应日常货流波动，进行运行调整以及线路和供电设备施工等方面的需要。因此，后备系数应根据各铁路方向的具体情况加以规定，一般单线可取 0.20，双线可取 0.15。

为了醒目起见，可以根据现有通过能力和需要通过能力的资料，绘制现有通过能力与需要通过能力比较图，如图 21-1 所示。利用这一比较图，可以明显地看出通过能力是否需要加强以及需要加强的数量。

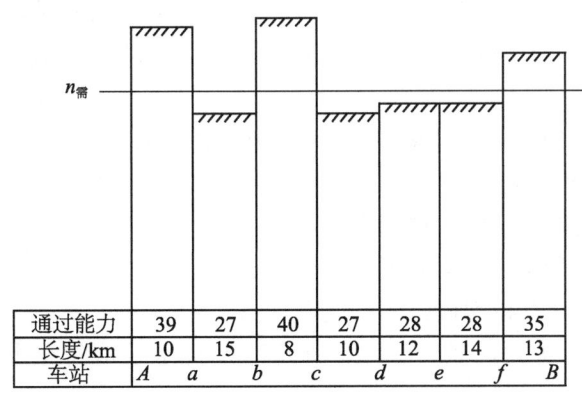

图 21-1　现有通过能力与需要通过能力比较

铁路通过能力可以用列车对数表示，也可以用运送的货物吨数表示。当用货物吨数表示时，铁路货运方向一年内所能实现的通过能力可按式(21-4)求得(不包括摘挂列车及快运货物列车运送的货物吨数)：

$$G_{能} = \left(\frac{n}{1+\gamma_{备}} - \varepsilon_{客} n_{客} - \varepsilon_{快货} n_{快货} - \varepsilon_{摘挂} n_{摘挂} \right) \frac{365\varphi Q_{总}}{K_{波}}$$

$$= \frac{n_{货能} \times 365\varphi Q_{总}}{K_{波}} \quad (t/a) \tag{21-4}$$

式中 $n_{货能}$——每日可以开行的货物列车数，不包括摘挂列车及快运货物列车；

n——平行运行图通过能力。

提高铁路通过能力就是为了增加 $G_{能}$，加强通过能力可有如下三个途径。

1. 提高列车平均牵引总重 $Q_{总}$ 及平均载重系数 φ

属于这类途径的措施主要有：

(1) 采用大型货车，改善车辆结构。

(2) 采用补机推送，实行多机牵引，开行组合列车和重载列车等。

(3) 降低限制坡度。

2. 增加行车密度，即增加行车量 $n_{货能}$

属于这类途径的措施主要有：

(1) 压缩列车运行图周期以提高平行运行图的通过能力，可以采取提高列车运行速度（例如实行多机牵引、提高线路质量等），缩短限制区间长度（如增设会让站、线路所，在限制区间修建双线插入段，部分区间修建双线或全段修建双线等）；减少车站间隔时间（如改建信联闭设备）；采用特殊类型运行图等措施。

(2) 减少扣除系数 ε，主要是通过改善列车运行图的铺画方法来达到。

3. 同时增加列车重量 Q 和行车量 n

属于这类途径的措施有采用内燃牵引和电力牵引、采用大型机车等。

加强铁路通过能力的措施多种多样，归纳起来可以划分为技术组织措施和改建措施两大类。凡是采用改进行车组织方法，或只需用少量投资，就能使通过能力达到需要水平的加强措施，均属技术组织措施。凡是需要国家大量投资，通过改建或新建铁路技术设备来加强铁路通过能力的措施，均属改建措施。在加强铁路通过能力时，应首先着眼于挖掘现有铁路的运输潜力，但同时也应有计划地对现有铁路逐步进行技术改造，以便更好地适应国民经济日益发展的需要。

提高铁路通过能力的措施多种多样，如何从中选择最有效的措施是一件重要且复杂的任务。为此，需要考虑和研究以下一系列因素：

(1) 国家对铁路建设所采取的技术政策。

(2) 该方向和区段在铁路网中的地位和作用。

(3) 该方向和区段现有技术设备的状况和特点。

(4) 国家生产力发展的远景（决定采用何种新技术及取得某些必需物资的实际可能性）。

(5) 客货需求数量增长的速度和质量的提高。

(6) 为节约国家投资，分阶段加强通过能力的步骤（每一步骤应与整个方向采取的措施相配合，保证该方向牵引重量的统一，并减少不必要的废弃工程）。

(7) 实施各种措施的技术经济效果和环境影响。

只有在全面分析和研究上述因素的基础上，才能确定技术上可行、经济上合理的通过能力加强方案。

为了寻求满足运量需要的各种可能的加强方案，最简便的办法就是根据运量逐年增长的情况和采取各种措施所能实现的能力绘制运量适应图（图 21-2）。

图中货运方向全年需要输送的货物吨数（即以吨数表示的需要通过能力）$G_需$ 根据远期规划运量确定；各种加强通过能力的措施一年所能输送的货物吨数（以吨数表示的可能通过能力）$G_能$ 根据式（21-4）计算确定。借助运量适应图，可以根据运量逐年增长的需要，选择出若干可能的加强通过能力方案及其组合，以及确定由一

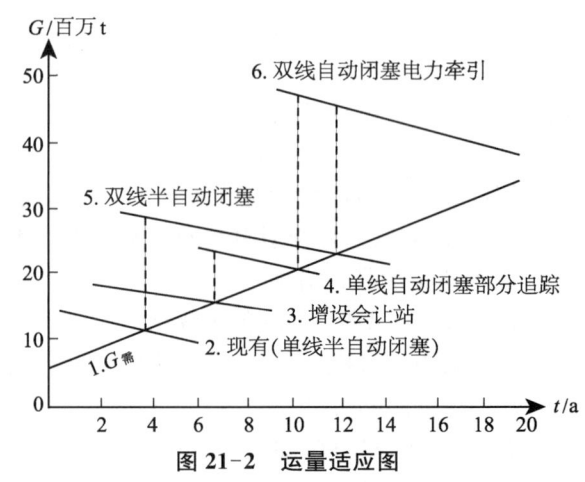

图 21-2 运量适应图

种加强措施过渡到另一种加强措施的最后期限。

应该指出,铁路各项技术装备的有关参数是相互关联的。在选择加强通过能力的措施,特别是涉及提高列车重量与运行速度时,必须注意到设备的配套问题。例如,提高列车牵引重量就会涉及站线有效长度的延长、大型机车车辆的采用、制动技术改进、线路桥梁结构的加强、养路和装卸作业的机械化、通信信号等行车控制设备的现代化等问题;同时,必须使各种设备有关参数间互相匹配,才能取得最佳效果。

为了避免车站、机务、给水、供电等设备的能力与区间通过能力不相协调,在加强区间通过能力时,必须考虑其他设备的现状,找出限制因素和薄弱环节,采取相应的加强措施来提高其通过能力,使之与区间通过能力相适应,从而发挥出最大的投资效果。

运输能力的加强措施有提高列车重量、增加行车密度和提高列车速度等,但不论是哪一种措施,都可以通过加强技术组织或改建来实现。

第二节 提高列车重量

提高货物列车重量不仅是一个增加以吨数计的铁路通过能力的最有效措施之一,还是改善铁路工作运营指标和降低运输成本的重要手段。列车重量决定着对铁路技术装备,首先是机车功率、货车构造、站线长度、电力牵引的供电设备、调车工具等的运营要求。因此,规定合理的列车重量是一个重要而又复杂的技术经济问题,它与铁路运输能力的加强紧密相关。提高列车重量,特别是发展重载运输,受到了各个幅员辽阔的资源大国的普遍重视。

1. 利用动能闯坡

货物列车牵引重量是按机车在牵引区段内最困难的上坡道上以计算速度作等速运行时的条件计算的。用来计算牵引重量的上坡道的换算坡度称为计算坡度或限制坡度。为了提高列车重量,在丘陵地区纵断面起伏较大的线路上,有时规定列车在进入计算坡道的区间前不停车通过车站,以便列车在大于计算重量的条件下,利用动能闯过计算坡道而不至于使列车速度降低到计算速度以下。

利用动能闯坡,在线路纵断面起伏较大的丘陵地区,列车牵引重量可提高 20% 左右(提高列车重量后,能否闯过计算坡道,需要根据牵引计算确定)。但是,由于列车需要不停车通过若干禁止停车的车站,当行车量较大时,会给日常列车运行调整造成困难。同时,由于提高了列车重量,列车在区间的运行速度可能随之降低。因此,以行车量表示的通过能力可能会有所减少。加上利用动能闯坡往往与施工慢行产生矛盾,所以这种方法只适宜作为提高列车重量的一种过渡措施或辅助措施。例如,在陡坡分散的线路上,在比较长大的陡坡地段进行落坡或采用多机牵引,而在其他个别陡坡区间以动能闯坡作为辅助措施,从而达到提高牵引重量的目的。又如,在几处落坡地段需要分段分期落坡时,为了减少近期改线落坡的施工地段,而同时又要达到提高牵引重量的目的,采用动能闯坡作为过渡措施也是一种行之有效的方法。

2. 采用补机及多机牵引

采用补机是提高列车重量和统一方向列车重量标准的有效措施。例如,某区段各区间的牵引重量,如图 21-3 所示,若在 b—c 区间采用补机,该区段的列车重量标准就能由 2 100 t 提高到 2 700 t,并且在 b—c 区间还可利用多余的牵引力提高列车的运行速度。

在地形变化较大的线路上,如陡坡地段长而集中,全线牵引重量受陡坡地段的限制,则在陡坡地段采用补机不仅可以提高全线列车的牵引重量,从而提高区间通过能力,而且由于减少了全线各区段的行车量,通常还可节省运用机车台数、减少燃料消耗和乘务组定员。因此,在这些线路上采用补机来加强通过能力是一种经济有效的措施。

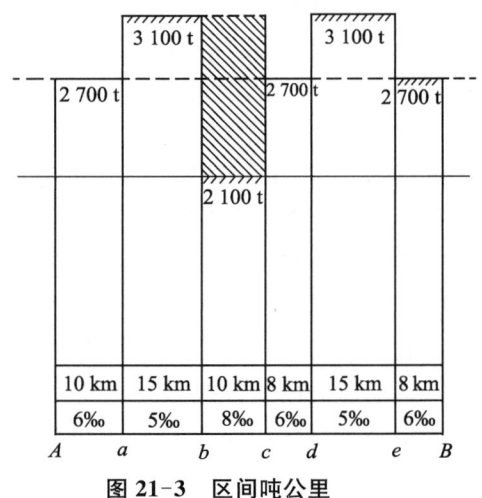

图 21-3 区间吨公里

但是,采用补机来加强通过能力时,由于补机的换挂和折返,对以列数计的通过能力会产生不利影响。补机可以在全区间(或连续几个区间)或在区间内的一个地段上采用。在全区间使用补机时,补机原则上应附挂反向列车折返,以减少因单独放行补机而对区间通过能力产生的影响。如图 21-4 所示,由于补机附挂反方向列车返回,$\tau_{站}$ 将因换挂补机而增大到 $t_{换}$,从而对通过能力产生不利影响。

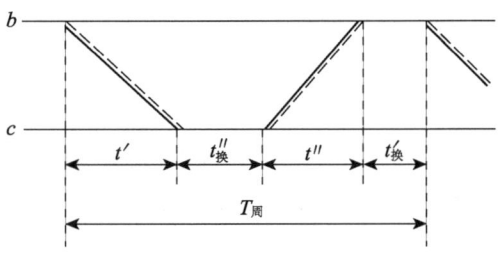

图 21-4 在全区间使用补机的运行图周期

补机在区间的一个地段推进并从区间中途折返时,若 $t_{补} \leqslant t_{列}$,见图 21-5(a),对通过能力没有影响;若 $t_{补} > t_{列}$,见图 21-5(b),则对通过能力有不利影响。

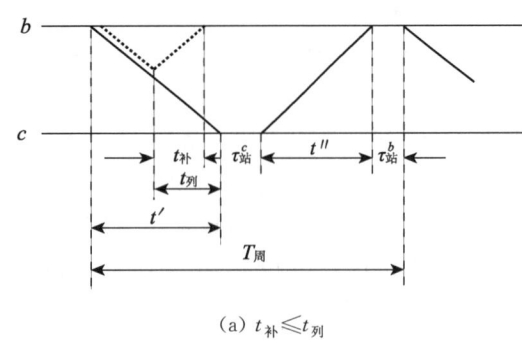

(a) $t_{补} \leqslant t_{列}$

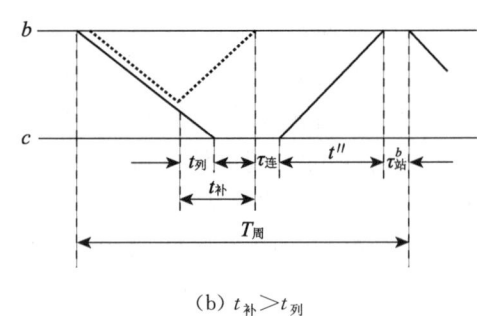

(b) $t_{补} > t_{列}$

图 21-5 补机中途折返对运行图周期的影响

当限制列车重量的陡坡区间比较集中时,采用补机一般是有利的。但当陡坡区间较多且较分散时,应当考虑在全区段组织多机牵引。

3. 采用多机牵引

多机牵引能够显著提高铁路运输能力,这种方式在电气化铁道及内燃牵引的铁路线上较为广泛采用。多机牵引可采用如下两种形式:

（1）重联牵引。按照《技规》关于货物列车编组的规定，将车辆编成规定重量的车列，两台机车重联牵引。

（2）多列合并。两列或三列列车不加任何改编而合并运行，后一列车的机车与前一列车尾部相连，即所谓组合列车。开行组合列车既可作为提高列车重量的措施，又可作为快速疏散因施工"天窗"所积压列车的临时措施。

在个别情况下，因某种原因不得不推迟繁忙铁路线加强通过能力的基建投资时，采用多机牵引方案作为过渡措施也是有效的。特别是在单线区段，由于会车次数将与行车量的平方成比例地增减，部分列车实行双机牵引可以取得更好的效果。

4. 采用大功率机车

采用大功率机车的效果和采用双机牵引相比，除了能达到同样目的外，还可获得节省机车台数和机车乘务组需要数的效果。

5. 采用大型货车、增加轴重和强化轨道结构、提高承载能力

发展大型货车的可行办法有两种：增加轴数或者增加轴重。采用多轴货车可在不增加轴重的前提下提高载重量，并大幅度地提高每延米重量以增加运能。提高货车的轴重，这种方法结构简单，车辆本身的技术问题较易解决，制造和维修所需条件也较易实现，卸车和计量设备也能适应，因而在既有线较为可行。

列车长重化、货车大型化、客运高速化、行车紧密化的发展趋势将使通过线路的总重密度逐年上升，使作用于轨道的纵向、横向、竖向动力破坏效应显著增加。这势必会加剧轨道结构的纵、横、竖向残余变形的积累和轨道部件的疲劳损伤，加速钢轨的磨耗，特别是对轨道的横向破坏。因此，强化轨道结构是大幅度增加列车重量、提高运行速度和保证行车安全的重要条件。

6. 组织重载运输

重载运输由于综合采用现代化牵引动力、大轴重车辆、强化轨道结构等移动设备和固定设备的扩能措施，特别是在多机牵引条件下，采用机车遥控同步操纵装置和车辆电空制动装置，保证了长大列车的机车同步操纵和列车在长大下坡道的制动安全，因此成倍地提高了列车重量，其扩能效果特别显著。

发展重载运输有两条基本途径：一是增加货车的轴重，二是延长列车长度。在单线铁路，发展重载运输可以将线路的输送能力从 3 000 万～4 000 万 t 提高到 7 000 万～8 000 万 t；在双线重载货运专线，可以将输送能力从年 1 亿 t 左右提高到 4 亿 t 以上。

第三节　增加行车密度

增加行车密度是提高铁路通过能力的中心环节。增加行车密度这一措施的投资少、见效快，在客货共线条件下以及在非常时期，效果特别显著。因此，在研究提高铁路运输能力问题时，一般都把增加行车密度作为优先采用的措施，待密度接近饱和时，再转为以提高重量为主的措施。增加行车密度主要可通过缩短列车间隔时间、缩短区间长度和增加区间正线数等途径来实现。

一、缩短列车间隔时间

在站间距离不变的条件下,缩短列车间隔时间(包括列车在车站的间隔时间及追踪列车间隔时间),可以减少列车占用区间的时间,从而可以提高区间通过能力。缩短车站间隔时间,重点是要缩短与邻接车站办理行车联络手续的时间,布置、准备和检查接发车进路的时间,以及办理接发车作业其他项目的时间。为此,必须采用更完善的信号、联锁、闭塞和通信设备。

单线铁路在上、下行行车量不均衡的区段,采用不成对运行图,可以利用行车量较小方向(又称空车方向)的多余能力,来增加行车量较大方向(又称重车方向)的通过能力,从而达到适应运量增长的要求。但是,由于采用不成对运行图会增加列车交会时的停站时间,因此不成对系数应根据实际需要确定。

在装有自动闭塞的单线区段,为了提高通过能力,可以采用成对部分追踪运行图,当上、下行行车量不相同时,也可采用不成对部分追踪运行图。采用部分追踪运行图虽然会增加列车交会时的停站时间,在非追踪运行图通过能力尚有富余时,通常要降低货物列车旅行速度;但是,当非追踪运行图通过能力接近饱和时,采用部分追踪运行图,由于提高了通过能力而减少了货物列车的交会次数,旅行速度实际上并没有降低,反而有所提高。研究证明,在非追踪运行图通过能力利用率超过 75% 时,采用部分追踪运行图是适宜的,并且追踪系数采用 0.5~0.6 是较为经济有利的。

在战时或在短时期内完成紧急任务时,还可采用下列临时措施缩短列车间隔,增强铁路通过能力。

(1) 开行续行列车。在非自动闭塞区段,不待前行列车到达前方车站,即以时间间隔法向区间发出同向列车,称为"开行续行列车"。此时为保证行车安全,一般规定(战时例外)续行列车只在昼间天气明亮条件下开行,且前后两相邻列车的发车间隔时间不少于 10 min,后行列车的运行速度不得超过前行列车,以及其他一系列限制措施。

(2) 在双线区段组织反方向发车。在双线区段组织反方向发车,通常用于调整列车运行。但是,当上、下行行车量不平衡,且行车量较大方向的通过能力不足而反方向能力又有富余时,在短期内也可规定行车量较大方向的部分列车经由反方向正线运行,如图 21-6 和图 21-7 所示。

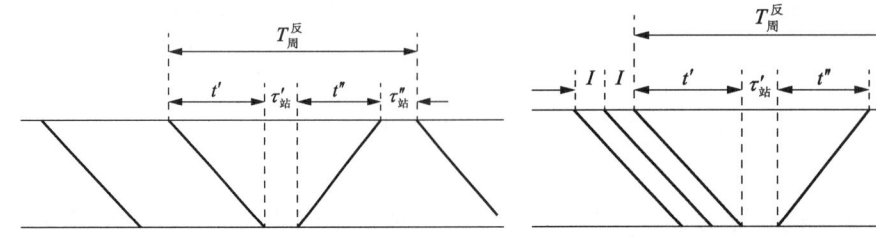

图 21-6 双线半自动闭塞区段组织反方向发车　　图 21-7 双线自动闭塞区段组织反方向发车

(3) 在区间内设置临时电话所。实质上是将区间划分为几个电话闭塞分区,从而扩大续行列车的开行范围,增大通过能力。此时,应在每个临时电话所配备一名值班员和一名信号员,负责办理行车联络及显示行车手信号。当双线区段为进行线路施工而组织反向行车时,采用这一方法特别有效。

（4）采用活动闭塞。活动闭塞是在区间内每隔一定距离指派一名信号员或士兵,昼间持信号旗,夜间执信号灯,面向列车显示与自动闭塞相同的信号。采用活动闭塞时的区段通过能力取决于信号员间的距离,该距离不应小于一定速度下的列车制动距离,也不应大于相邻信号员间互相识别信号的距离。在中等速度(30 km/h)下,信号员间的距离可取400~500 m,这样一方向每小时约可放行 15 列列车。

（5）采用成队运行。在双线区段采用成队运行,就是将前后列车的间隔缩短到视界距离,同时列车运行速度限制在 20 km/h 以下,以保证后行列车能在视界距离内制动停车。前行列车尾部与后行列车头部之间的间隔可缩短到大约 200 m 的视界距离,保证后行列车的司机能够准确看清前行列车的尾部信号。在单线线路上,由于不可能在中间站进行两队追踪列车会车,所以在单线上可采用钟摆式运行来增加通过能力。

（6）组织钟摆式运行。钟摆式运行就是在一昼夜的一段时间完全开行上行列车,而在另一段时间完全开行下行列车,依次交替,既能追踪运行,又不必在中间站会车,如图 21-8 所示。

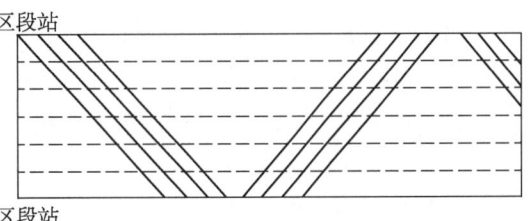

图 21-8　钟摆式列车运行图

钟摆式运行通常与活动闭塞或成队运行结合使用。这一方法将延缓机车周转,并要求技术站有较多的到发线,所以这项措施只在特殊情况下使用。

二、缩短区间长度

1. 增设会让站

增设会让站可以缩短限制区间长度,从而缩小运行图周期,提高通过能力。但是,在地形困难的线路上增设会让站,往往会受到地形条件的限制,而在地形平坦的线路上增设会让站也要受以下条件的限制。

（1）区间最短距离。在半自动闭塞区段,应保证办理接发列车的时间,避免降低列车运行速度,产生机外停车事故。区间最短距离 l_{min} 的构成如图 21-9 所示,计算式为

$$l_{min}=\frac{1\,000}{60}[v_{发}\,t_{通}+v_{运}(t_{作业}+t_{确})]+\frac{l_{列}}{2}+l_{制}+l_{进}\quad (m) \tag{21-5}$$

式中　$t_{通}$——监督列车出发和通知邻站列车出发所需时间,min;

$v_{发}$——在 $t_{通}$ 时间内列车的平均速度,km/h;

$v_{运}$——列车在区间内的平均运行速度,km/h;

$t_{作业}$——车站办理接车进路和开放信号的作业时间,min;

$t_{确}$——司机确认信号显示的时间,min;

$l_{列}$——列车长度,m;

$l_制$——制动距离,m;

$l_进$——由进站信号机至车站中心线的距离,m。

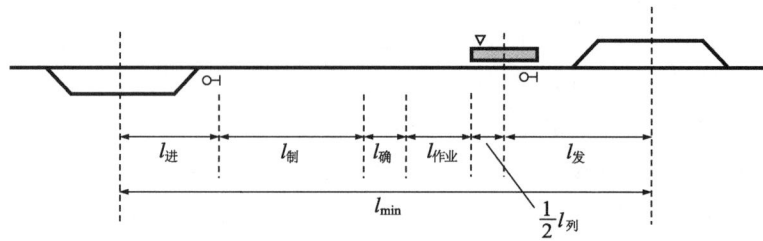

图 21-9 区间最短距离构成

由式(21-5)可见,区间最短距离与列车运行速度、办理进路时间和制动距离有关。在上坡方向,列车的运行速度和制动距离较小,因此,区间最短距离应按下坡方向来确定。

【例 21-1】 以普速铁路为例,设 $v_发=35 \text{ km/h}$,$v_运=65 \text{ km/h}$,$t_通=1.5 \text{ min}$,$t_{作业}+t_确=2 \text{ min}$,$l_列=800 \text{ m}$,$l_制=800 \text{ m}$,$l_进=600 \text{ m}$,则有 $l_{\min}=4\,841.67 \text{ m} \approx 5 \text{ km}$。

即一般情况下,普速铁路区间最短距离不应小于 5 km,否则就会影响列车的正常运行速度。

(2)实现单线区段最大的通过能力,应考虑调度指挥方面的实际可能性。单线行车量越大,调度指挥越困难;而且增设会让站越多,区间越均等,运行调整也越困难,通过能力的损失也越大。

(3)增设会让站虽然投资省、见效快,但是随着会让站数量及行车量的增加,列车交会停站的次数将增多,旅行速度随之降低,从而增加运营支出。因此,当单线行车量增大到一定程度时,修建双线或部分双线可能更为有利,需要通过技术经济比较加以比选。

增设会让站的效果,在很大程度上取决于区间的地形条件和均等程度,在区间很不均等的区段(图 21-10),只需增设 1~2 个会让站,就可将通过能力提高到所需的水平,此时增设会让站是增大铁路通过能力的一项有效措施;反之,当区间均等或接近均等时,几乎需要在所有的区间增设会让站才能提高通过能力(图 21-11),因此在这样的区段,采用增设会让站的措施一般是不利的。

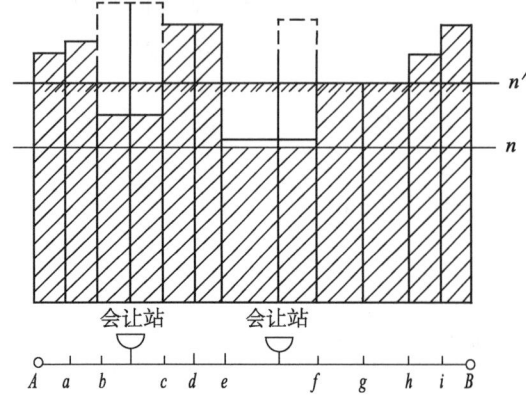

图 21-10 在区间不均等的区段增设会让站效果

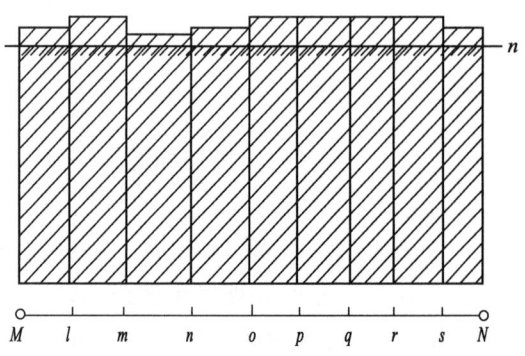

图 21-11 不利于增设会让站的均等区间示意

2. 修建线路所

在单线或双线区段,都可通过设置线路所,在所间区间组织列车连发运行,以提高区间通过能力。在采用推送补机的单线区段,为减少或消除补机折返对通过能力的影响,通常也可以修建线路所作为采用推送补机的辅助措施。

在单线区段设置线路所,不仅会增加相对方向列车交会的停站时间,从而降低旅行速度,而且在开设线路所后,其通过能力往往受其他区间的限制。因此,只有在地形条件不便增设会让站且上、下行方向的行车量显著不平衡的单线区段,才使用这种措施。

在双线区段设置线路所可以缩短区间长度,并能避免单线区段采用这种措施所产生的缺点。这是在非自动闭塞的双线区段提高通过能力的一种最常用的有效措施。

三、修建双线

修建双线可以大幅度地提高通过能力和旅行速度。对于货流增长速度较快或在全国铁路网中居于重要地位的干线,在其通过能力出现紧张之前,应有预见性地采取修建双线的措施。但是,由于修建双线需要大量投资、大量劳力和材料,工期较长,而且一般需要在整个双线工程完成后,才能获得应有的效果。因此,除了货流增长速度很快,并且整个区段能于短期内完成双线铺轨工程的线路外,一般修建双线应分阶段逐步进行。

单线向双线过渡有两种方法:一是从限制区间开始,分阶段在部分区间修建双线;二是修建双线插入段。

1. 分阶段在部分区间修建双线

在区间不均等的区段,分阶段在部分区间修建双线,这对于增加通过能力而言可以得到比较明显的效果。若各区间均等,分阶段在部分区间修建双线,一般来说是不利的。因为在全区段完成双线工程以前,几乎不能使通过能力有所增加。因此,在区间不均等系数较小、运量增长速度不是很快的区段,通常采用修建双线插入段的方法。

2. 修建双线插入段

修建双线插入段就是在区间的一段线路上修建双线,如图 21-12 所示。

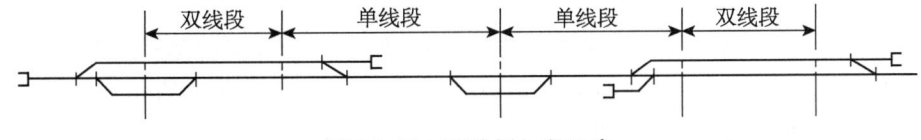

图 21-12 双线插入段示意

修建双线插入段有两种方法:

(1) 在一部分区间修建双线插入段,使单线区间运行图周期达到需要通过能力的要求,并在双线插入段组织不停车交会。

(2) 在全区段交错配置双线插入段和单线段,并使各单线段和各双线段分别达到完全均等,单线段的长度应能满足需要通过能力的要求,双线段的长度应能保证实现不停车会车,如图 21-13 所示。

虽然修建双线插入段可以大大提高通过能力,显著提高旅行速度,推迟全段双线修建工程,但是,由于存在下列缺点,在实际运用中并不能达到预期的效果。

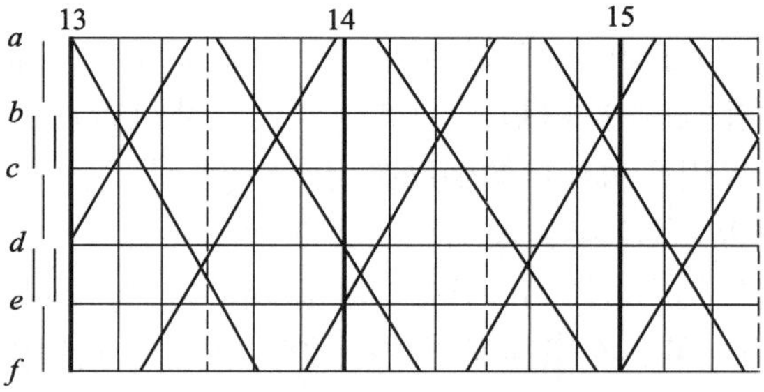

图 21-13 不停车会车运行图

（1）当某些列车晚点时，将影响后行所有列车的运行秩序，从而大大削弱实现不停车会车的可能性。

（2）由于单线段完全均等，摘挂列车和旅客列车的扣除系数增大。所以，当在区段内开行的摘挂列车和旅客列车较多时，修建双线插入段后，实际可开行的货物列车数往往比采取其他措施要少。换言之，在摘挂列车和旅客列车较多的旧线上修建双线插入段，不但不能推迟双线修建工程，有时反而会使修建双线的期限提前。

（3）由于旅客列车与货物列车的运行速度不同，必将产生停车会车与停车越行的情况，因此，在旅客列车行车量较大的区段，会显著降低这种措施对提高旅行速度的效果。

因此，全面修建双线插入段在各国铁路上都没有得到广泛应用。

四、修建三线、四线、分流线、客运专线和货运专线

由于受地区自然条件的差异和经济发展不平衡性等因素的影响，铁路客、货运量的增长突出地表现在位于人口稠密、工业集中、交通便利、经济发达的城市化地带，以及连接国家重要经济大区的繁忙铁路干线上，即具有运量集中化的趋势。为了适应这种情况，需要贯彻强化干线、优化路网的方针，对客货运输繁忙的双线自动闭塞铁路干线实现电气化技术改造，待其技术负荷达到一定水平之后，再以修建分流线或增建第三、第四线作为进一步的扩能措施。

修建客运专线和货运专线，改变传统的客货混线运行模式，实行客货列车分线运行，不仅可以有效消除客货争能导致的能力损失以及客货列车对能力利用的相互影响和相互制约，大大提高线路通过能力，而且可以极大地改善列车运行环境，提高运输质量和运输效率。实践证明，建设客运专线和货运专线是解决繁忙通道能力不足的有效措施。

第四节　提高行车速度

一、提高货物列车运行速度

在大力提高货物列车重量及旅客列车运行速度的同时，适当提高货物列车运行速度是铁路运营工作的主要任务之一。提高货物列车运行速度可以减少列车占用各项铁路设备

（如区间、车站咽喉及到发线）的时间，从而提高铁路通过能力；还可以加速机车车辆周转，从而减少所需机车车辆和乘务组数量。同时，通过加速货物送达，可以加速流动资金的周转，从而产生巨大的经济效益和社会效益。

提高货物列车运行速度，可以缩短限制区间的运行图周期，因此能够有效地提高区间通过能力。在单线区段，如果列车运行速度由 $v_运$ 提高到 $v'_运$，则区间通过能力增加的比例为

$$\gamma = \frac{2L_限 + v_运 \sum \tau}{2L_限 + v'_运 \sum \tau} \times \frac{v'_运}{v_运} \tag{21-6}$$

式中 $L_限$——限制区间长度，m；

$\sum \tau$——运行图周期内车站间隔时间和起停车附加时间的总和，min。

在半自动闭塞的双线区段上，提高列车运行速度将缩小同向列车间的间隔（$I = t_运 + \tau_连$），即可获得加强通过能力的效果。在自动闭塞的双线区段上，提高货物列车运行速度在一定范围内（例如 50~60 km/h）有助于缩小追踪列车间隔时间，若超过一定的数值，由于受车站接发车条件的限制，列车间的间隔往往不能缩短。但是，对于提高非平行运行图通过能力将有较好的效果，因为客货列车速度差缩小，旅客列车扣除系数会有所减小，相应地可增加通过能力。

二、提高旅客列车运行速度

提高旅客运输服务质量是当前旅客运输市场对运输企业提出的强烈要求。提高旅客列车运行速度是社会发展的需要，也是铁路运输企业自觉适应运输市场发展、参与运输市场竞争的需要，势在必行。

1. 提高旅客列车运行速度的技术装备条件

所谓提高列车运行速度，其显著性标志是提高旅客列车的最高运行速度。但是，旅客列车"提速"的最终目的是缩短旅客的在途时间，即提高列车最高运行速度，列车起动、停车或调速制动加速度，通过曲线速度，通过道岔速度，下坡道制动限制速度和上坡道平均速度等。这一系列旨在提高技术速度的概念，与铁路牵引动力、车辆、列车制动和线路、道岔、信号配置等技术装备条件密切相关。

2. 提高旅客列车运行速度对区间通过能力的影响

在客货共线运行的线路上，旅客列车提速后，由于客货列车速差加大，同时受部分提速客车与不提速客车速差的影响，提速客车占用区间时间将有所延长。因此，客车提速将对区间通过能力造成一定的不利影响。研究表明，这一影响的一般规律为：

（1）当旅客列车提速而货物列车不相应提速时，客车提速会降低区间通过能力。

（2）旅客列车提速对区间通过能力的影响随提速客车数量的增加而减少，即提速旅客列车数越大，平均每一提速列车的影响越小。

（3）为了扩大线路运输能力，繁忙干线客货列车应同时提速，且货物列车速度应与旅客列车速度合理匹配。

3. 修建高速铁路

高速铁路与高速公路相比,具有运行速度高、能耗和造价低、安全可靠、占地少、运输效率和经济效益好等特点。另外,与航空运输和高速公路相比,高速铁路还具有污染小,有利于环境保护的优点。

高速铁路的线路建设可分为改造既有铁路线和新建高速客运专线两种模式。

通过对既有线进行加强取直,采用新型的上部建筑和无缝线路,对小半径曲线进行取直,使之符合规定的高速要求,在运营上实行客货共线运行,称为改造既有铁路线模式。与新建客运高速专线相比,采用这种模式发展高速铁路的优点是上马快、投资省,但也存在一些缺点,如既有线中间站较多改造难度较大;改造既有线将对日常运营产生干扰,给施工带来很大困难;受原有线路技术条件的多种限制,最高运行速度受限等。因此,这一建设模式仅适用于部分特定线路。

新建高速铁路,可以改变传统的客货混线运行模式,实行客货列车分线运行,不仅可以极大地提高列车运行速度,满足旅客出行需求,而且还可以大大提高铁路通过能力,释放既有普速铁路的货运通过能力,提高运输质量和运输效率。我国高速铁路的快速发展,并成网运行的实践充分证明了建设高速铁路是提高铁路运输能力、实现铁路现代化的有效途径。

第五节 城市轨道交通通过能力加强

城市轨道交通系统的能力加强原理和方法与铁路具有相通性。在影响城市轨道交通运输能力的众多因素中,最重要的是正线数、列车运行控制方式、列车停站时间、追踪列车间隔时间、折返站的配线布置、折返出发间隔时间、列车编组辆数和车辆定员数。就最终通过能力而言,城市轨道交通一般是由线路通过能力和列车折返能力二者中的能力较小者决定的。因此,采用运输能力加强措施时必须具有针对性。

一、线路通过能力加强措施

1. 增设侧线及站台

城市轨道交通车站一般不设置到发线,当中间站与换乘站客流较大或因列车在中间站折返对线路通过能力产生不利影响时,可考虑增设侧线及站台。图 21-14(a)是侧式站台中间站增设侧线后,侧式站台变成双岛式站台;图 21-14(b)是岛式站台中间站增设侧线及站台,岛式站台变成混合式站台。中间站增设侧线后,一种情形是,列车在站台两侧轮流停靠平行作业,追踪列车间隔时间不再受列车停站时间制约,能够较大幅度地提高线路通过能力;

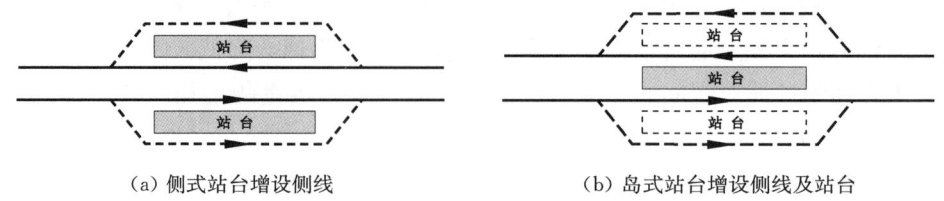

(a) 侧式站台增设侧线　　　　　　(b) 岛式站台增设侧线及站台

图 21-14　中间站增设侧线及站台站型

另一种情形是,岛式站台中间站只增建侧式站台,列车停站时两侧均有站台,乘客可从两侧车门上下车或分开上下车,有利于缩短列车停站时间,提高线路通过能力。

2. 加强站台乘车组织

列车内乘客分布不均匀会造成列车在车站停站时间延长。因此,通过站台客运员的组织,加强对候车大厅、地下通道、站台等关键部位的旅客疏导,使列车内的乘客尽可能地均匀分布,可节省列车停站时间,提高线路通过能力。

二、折返能力加强措施

当行车密度较高时,车站的折返能力往往会成为限制通过能力的关键。加强列车折返能力的措施主要有以下几种。

1. 改变折返方式或折返模式

如将站前折返方式改成站后折返方式,将固定折返线折返改成交替折返、将固定折返改成站前、站后混合折返等。

2. 改造折返线的配线形式

折返线的配线形式与折返能力直接相关,通过增加道岔和股道来增加平行进路可以有效增加折返能力。如将单一的站前折返形式改成站前、站后混合折返形式,减少线路两端折返站对全线通过能力的限制,可以很大程度地提高折返能力,如图 21-15 所示。

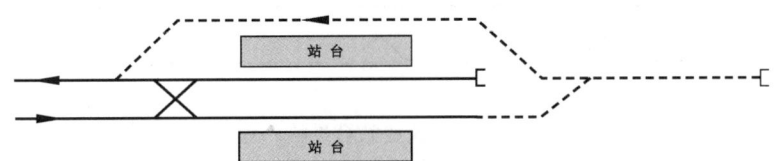

图 21-15　站前折返改造成混合折返的站型

3. 修建折返能力更大的折返站

虽然,我国在地铁设计相关规范中已经对车站配线设计优化加以规范,但目前我国大多数线路折返站主要还是从如何减少建设成本的角度来设计,对折返线在运营过程中运输调整的灵活性和远期能力的适应性考虑不足。城市轨道交通折返站配线设计与线路客流特征和线路的开行方案密切相关,在线路设计和运营初期阶段很难预估未来的客流变化。车站作为城市轨道交通系统中的一个关键固定设备,是一项百年大计工程,其规模与配线方式的选择需要在设计时充分认证评估,也需要充分预留发展空间。

其他一些国家(如德国、英国、法国、俄罗斯等)的城市轨道交通系统发展历史非常长,受客流与运输组织条件的影响,一些线路的车站也经历了信号升级和线路改造过程,但大部分线路的车站仍然保留着 100 多年前的设计方案。

折返能力最大的车站通常设计成混合型折返站,如站后＋站前、环形＋站前、环形＋站后等形式,这些车站除了车站规模与占地较大外,在能力适应性、运营灵活性和发展适应性方面具有突出优势。如柏林地铁的 Alt-Tegel 站(图 21-16)和巴黎地铁的 Porte des Lilas 站(图 21-17)就是这种类型。随着我国城市轨道交通客流量的猛增,部分线路行车密度越来越高,在这些线路上也可使用混合型折返站的形式。

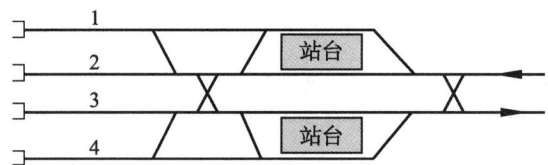

图 21-16 柏林地铁的 Alt-Tegel 站(站后＋站前混合型折返站)的配线

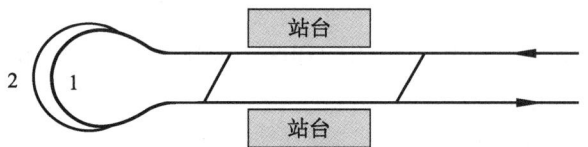

图 21-17 巴黎地铁的 Porte des Lilas 站(环形＋站后＋站前混合型折返站)的配线

4. 改变站台结构

将站台设置为"一岛一侧"式站台,如图 21-18 所示,增加旅客上下车通道,缩短乘客上下车总时间,加速列车的折返周转。该措施一般适用于地面线路情况。由于土建工程量较大,应在与其他扩能方案进行技术经济比较后确定是否必须采用该方案。

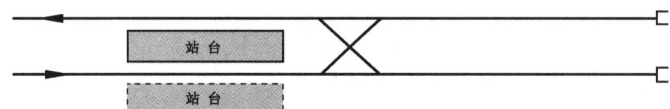

图 21-18 改变站台结构示意

5. 改变折返站控制方式,压缩进路时间

(1) 优化折返站的道岔与轨道电路设计。例如,可以将渡线道岔按两个单动道岔设计,将站内轨道电路分割等。这些措施能减少列车等待进路的空闲情况,缩短列车折返时间。

(2) 折返站采用自动信号设备。根据列车折返情况自动进行道岔转换、排列进路、信号开放及进路解锁等作业,减少列车在折返作业中办理转线或接车进路的时间,从而提高折返效率。

6. 优化调度组织

在实际运行中,由列车调度员调整发车时间,将一部分列车提前发向区间,清出发车线。在前行列车已经清空出发站线,而续行列车还未进入折返线或在折返线停留过程中,可将折返线上预置的列车发出。

7. 调整司机轮换方式

在折返站设置替换司机,对于站前折返方式,列车进站后,由替换司机直接到尾端驾驶室接管列车;对于站后折返方式,列车进站后,替换司机直接到尾端驾驶室跟随列车进入折返线,列车到折返站停稳后,替换司机接管列车,原来在前端驾驶的司机跟随列车出折返线到站台后下车休息。这种轮换方式可以消除司机由于更换驾驶室所需行走的时间消耗,从而缩短列车在折返线的作业停留时间,提高折返能力。

8. 采用自动折返

在具备自动折返的线路上,站后折返模式下,由列车自动完成,也可以有效缩短折返的技术作业时间,提高折返能力。

三、输送能力加强措施

在通过能力一定的条件下,决定输送能力的因素是车辆载客人数和列车编组辆数。因此,加强输送能力的措施主要有以下几点。

1. 优化城市轨道交通车辆

(1) 选用定员数大的车辆。客流较大的城市轨道交通线路,尤其是地铁线路,可选用大型车辆,以及选择合适的车门数及车门宽度。

(2) 优化车辆内部布置。其出发点是在车辆尺寸一定的条件下,通过将双座椅改为单座椅或将纵向的固定座椅改为折叠座椅来增加车辆的载客人数,达到增加列车定员的目的。改为折叠座椅后,在高峰运输期间可翻起座椅,增加车内站立人数,同时也提高了平均乘车舒适度。

2. 增加列车车辆编组数

增加列车车辆编组数能较大幅度地提高输送能力。但列车扩大编组受站台长度、运营经济性等因素制约,需要综合考虑。

第六节 轨道交通运输系统能力的利用

在运输地位十分重要的轨道交通线路上,运输限制部位或"瓶颈"地段的通过能力利用,往往成为保证运输畅通和关系全局运输的关键。在这些部位或地段,需要通过周密的规划和计划,精心组织均衡运输,在保证一定运输质量的前提下,尽可能地减少运输波动,最大限度地使用通过能力。

1. 无效能力

运输能力是运输生产过程中通过固定设备和移动设备以及运输组织三者的相互作用而体现的。其中,线路或区段内的各种固定设备所形成的最终通过能力是理论上可能实现的最大运输能力。而实际上,除了因固定设备的检修或施工形成不能用于运输的固定空隙时间外,由于移动设备所形成的运输流的多样性,以及运输流的时间和空间活动特征带有一定的随机性、波动性和不均衡性,因此移动设备对运输固定设备的实际占用时间和占用顺序也不尽相同,并且运输流之间还可能由于占用固定设备彼此产生干扰和妨碍。在运输组织过程中,也不可能完全按照规定的时间标准实现每一个运输技术作业过程。在复杂多变的外部环境条件下,组织运输生产过程的技术管理人员和具体完成运输生产活动的员工,由于技术、文化素质的差别,对运输能力的利用也可能产生差异。因此,运输技术作业过程中的等待和延误是不可避免的。此外,外界环境和气候条件变化、自然灾害影响和人为失误,也会造成额外的运输能力损失。因此,在运输生产过程中,计划上安排和实际中被利用的能力总是小于理论计算的能力。在运输能力中总是存在不能被利用的部分,这部分被称为无效能力。而实际被利用的能力,称为实际有效能力。

不仅无效能力是客观存在的、不可避免的,而且由于轨道交通运输系统内各子系统之间的强关联性,某个子系统的能力损失还可能传递、影响其前方或后方相邻的子系统,使之随后也产生一定的能力损失。因此,在安排运输生产计划、指挥行车、规划运输能力的加强和发展时,应充分考虑运输能力利用的这个特点。

2. 运输能力负荷

运输设备实际承担的运输量及其能力利用水平称为设备的能力负荷。

能力负荷可以从负荷的绝对值和相对值两个方面来衡量。前者反映运输设备实际承担的运输量规模,但不能反映运输设备的利用水平或能力利用的紧张程度,因此也不能反映完成某一运输工作量的组织工作难度和实际效果;后者则反映了运输设备的能力利用水平,或称能力利用率,即

$$\varphi = \frac{N_\text{实}}{N_\text{能}} \times 100\% \tag{21-7}$$

式中　$N_\text{实}$——运输设备计划的或实际的有效能力;

　　　$N_\text{能}$——运输设备的计算能力。

所以,衡量运输设备的能力利用,应注意二者的有机结合。

运输能力负荷,一般可分为技术负荷和经济负荷。

所谓技术负荷,是指在一定的条件下,轨道交通固定设备的最大计算能力扣除各种损失后,技术上可能达到的利用率。经济负荷是指在一定的条件下,轨道交通固定设备的负荷既是技术上可能达到的,又是经济上有利的利用率。设备的低负荷将造成设备闲置,甚至运营收入不敷支出;而过高的负荷则将恶化运营条件,降低运输工作质量,甚至造成行车事故,同样也将增大运输成本。过高和过低的运输负荷,在经济上都是不利的。因此,研究并确定运输能力的合理负荷水平,对于提高运输质量和效益是十分重要的。

运输生产实践表明,运输组织方法在运输能力的形成和利用中具有重要作用。通过改变运输组织方法,从数量、时间和空间几个方面调节和分配运输流,有目的地实现运输能力负荷的转移和转化,可以产生更大的整体运输效益或效能。

例如,编组站间作业分工的调整,车流径路的变更,属于相同性质能力负荷的转移;又如,组织列车合并运行,通过增加车站的作业能力负荷来减轻区间通过能力负荷,则属于不同性质能力负荷之间的相互转化。运输能力负荷的转移和转化,实质上是运用运输组织手段,通过对运输限制部位的能力负荷转移和转化作用,达到产生更大的运输效能和效益的目的。

3. 运输能力储备

轨道交通运输业的产品是人公里或吨公里,这些产品是不可储存的。对于不同时期、不同地区的运输需要,轨道交通运输业是无法用调拨储存产品的办法来调节的。轨道交通运输不能储存产品,只能储存产品的生产能力——运输能力。由于这种储存的不可移动性,所以各条轨道交通线路都要分别储备一定的运输能力。

例如,铁路的储备能力主要是为临时性军事运输、专列运输和其他特种运输的需要;为

应对自然灾害、行车事故、列车绕行的需要;为铁路设备维修的需要以及调整运输秩序的需要等。铁路设备的维修除了安排一定的"天窗"时间外,也可占用部分储备能力。我国《铁路线路设计规范》规定,铁路设计年度应为近期和远期。近期为交付运营后的第 10 年,远期为交付运营后的第 20 年。根据客货共线铁路、重载铁路的运营实践经验,规定单线铁路的储备能力采用 20%,双线铁路的储备能力采用 15%。

复习思考题

1. 列车运行图的作用、基本含义是什么？其分类有哪些？
2. 列车运行图的底图结构应如何表示？
3. 列车运行图的要素有哪些？如何确定？
4. 行车闭塞的基本原理、主要形式有哪些？
5. 自动闭塞的种类有哪些？各自的基本工作原理是什么？
6. 中国高速铁路列控系统的组成有哪些主要设备？其工作原理是什么？
7. 城市轨道交通列车自动控制系统由哪几个子系统组成？各有什么功能？
8. 车站间隔时间有哪些类型？计算原理是什么？
9. 追踪列车间隔时间有哪些类型？有何区别？计算原理是什么？
10. 运输能力、通过能力、输送能力的定义及其区别是什么？
11. 平行运行图的特点有哪些？运行图周期、困难区间、限制区间的定义是什么？如何确定？
12. 各种类型平行运行图通过能力计算的基本方法是什么？列车在区间内中间站需进行技术作业时，对平行运行图通过能力的影响是什么？如何减少这样的影响？
13. 非平行运行图通过能力的计算方法是什么？旅客列车、摘挂列车扣除系数的产生原因、确定方法和影响因素是什么？
14. 高速铁路通过能力的基本概念、影响因素有哪些？
15. 城市轨道交通通过能力的基本概念、影响因素和计算方法是什么？
16. 列车旅行速度和旅行速度系数的概念、影响因素是什么？
17. 旅客、货物列车运行图编制的主要方法和应注意的主要问题有哪些？
18. 分号、电力牵引列车运行图的特点以及编制时应注意的主要问题有哪些？
19. 高速铁路列车运行图编制时需要考虑的主要因素是什么？
20. 普速铁路、高速铁路、城市轨道交通列车运行图的编制目标与重点有何差异？
21. 列车运行图的主要指标有哪些？
22. 轨道交通运输能力加强的途径和主要措施有哪些？
23. 何为无效能力？运输能力为何要留有一定的储备？

第四篇

轨道交通系统列车运行调度工作

第二十二章

概　述

第一节　运输调度指挥系统

轨道交通系统是一个复杂的大系统,具有线长、点多、技术密集、各工种协同工作和各作业环节紧密联系等特点。由于运输生产过程受到各种因素的影响,轨道交通系统的日常运输工作经常会偏离运输计划或列车运行图的规定。为了将日常运输生产控制在正常状态,有序组织日常运输工作和对日常运输生产进行统一指挥、有效监控,轨道交通系统必须实行集中领导、统一指挥,设立运输调度机构,并根据运输生产活动的性质设置不同的调度工种,实行分工管理。

一、铁路系统的运输调度机构

铁路系统的运输调度机构必须经常地分析货流、车流和客流状况,通过制订日班计划、采取运输调整措施来预防或消除日常运输生产过程中可能发生或已经发生的问题,从而经济合理地使用技术设备,良好地完成各项运输生产任务指标。

我国铁路运输调度工作实行分级管理制,主要有全路调度指挥中心、铁路局调度指挥中心和车站(主要是编组站、区段站、货运站)调度室,下级调度在上级调度的统一指挥下进行工作。

为了对复杂的运输生产活动进行全面的指挥和监督,在各级运输调度机构中实行分工管理的原则,以便将整个运输生产活动按业务性质划分为若干部分,设置不同职名的调度员分别管理一定的工作。在路局调度所内,一般设有:计划调度员,负责编制和调整管辖区域的列车工作计划,并协助值班主任(调度长)组织实现日班计划;列车调度员,又称行车调度员,负责管辖区段内所有与列车运行有关的工作;货运调度员,负责管辖区段内装卸作业及管内重车的输送工作;机车调度员,负责机车运用的调度工作;客运调度员,负责旅客计划运输及客车的运用。此外,根据各铁路地区的货流和设备具体情况,还可以设有:预确报调度员、特种运输调度员、零担货物调度员、篷布调度员、罐车调度员、车辆检修调度员、军事运输调度员、电力牵引区段的电力调度员等。值班主任负责领导全班各工种调度员实现运输工作日班计划,协调各工种调度员的工作。全路调度指挥中心与铁路局调度指挥中心也相应地配备了有关工种的调度人员,形成分级、分工管理的铁路运输调度工作系统。铁路局调度指挥中心基本组织系统如图22-1所示。

铁路运输调度是铁路运输生产日常管理和指挥的核心工作。为了有效进行运输生产指挥,必须及时掌握运输生产过程中的各种有关信息。为此,建立以信息化技术为核心的

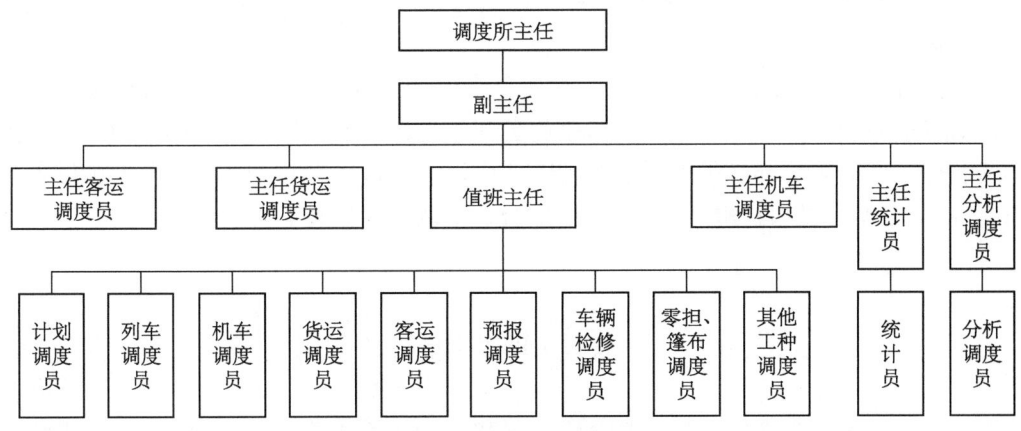

图 22-1 铁路局调度指挥中心基本组织系统

运输调度管理系统是非常必要的。

二、城市轨道交通系统的运输调度机构

在成网运营条件下，考虑到实际运营的需要，城市轨道交通通常采用集中分级式的管理架构，主要分为网络管理层、线路控制层和车站（车场）执行层。

在网络管理层，通常会设置网络综合运营协调中心，负责全网统筹管理，监督各运营线路的客流变化、列车运行和设备的运营管理，采集、传递各类运营生产信息，发布各项运营生产任务和命令，指挥网络重大突发事件的应急调度。日常工作中还需要重点对各线路的运营组织方案进行必要的协调审查、实时监控、运营信息的汇总及网络内的有关问题进行迅速处理。

在线路控制层会设置线路控制中心（Operating Control Center，OCC），负责组织指挥线路与列车运行有关的各部门、各工种协同作业，确保列车运行图的实现，组织完成客运生产任务，保证行车和乘客安全，在发生突发事件时执行路网管理层指令。OCC 设置控制中心主任、行车调度、电力调度、环控调度和客运调度等岗位，如图 22-2 所示。其中，行车调

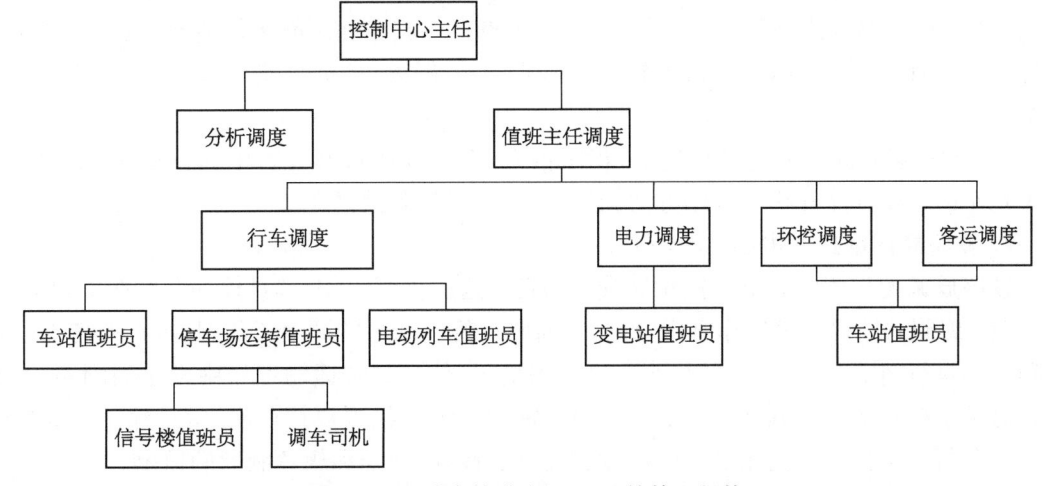

图 22-2 城市轨道交通 OCC 的管理架构

度是调度机构的核心工种,担负着指挥列车运行、贯彻安全生产、实现列车运行图、完成运输计划的重要任务。

线路执行层包括车站和车辆基地。车站负责监控列车运行、客运服务、检修和施工配合、特殊情况下的应急处置等。车辆基地负责列车运用、出入库作业、列车检修、施工配合等。所有行车作业人员都必须服从行车调度指挥、执行行车调度员命令,当行车设备发生故障时,由行车调度员指挥电力、环控调度配合行车调整及处置。

第二节 铁路运输调度工作的任务

铁路运输调度的基本任务是:正确地编制和执行运输工作日常计划,科学地组织客货流,搞好均衡运输、提高运输效率,经济合理地使用机车车辆和其他技术设备,组织与运输有关的各部门之间紧密配合、协同动作,实现列车编组计划、列车运行图和运输方案,保证完成运输生产任务及各项技术经济指标。各级调度机构的职责范围具体如下。

1. 全路调度指挥中心

全路调度指挥中心负责全国铁路的日常运输指挥工作,其具体任务和职责如下:

(1)编制全路运输工作日常计划,按阶段收取各铁路局的调度工作报告,检查全路日常运输工作的完成情况,及时处理各局发生的问题。收取各局日常运输统计报告,对全路日常运输工作的完成情况进行分析。维护调度纪律,检查各铁路局调度执行调度命令和规章制度的情况。

(2)负责全路货流、车流组织,平衡各铁路局运用车保有量。督促各铁路局按运输方案完成装卸车任务,按列车编组计划编组列车、按列车运行图组织行车,以及按计划完成局间分界站的列车、车辆交接任务。

(3)掌握全国重点厂矿、企业、港口和车站的装卸车,做好与路外单位的协作。掌握专列、军运、重点超限货物列车、跨局直达列车和五定班列的运行情况。掌握备用货车的备用、解除情况。

(4)掌握全路客流、国际旅客列车和跨局重点直通旅客列车的运行情况,组织各铁路局有计划、均衡地输送旅客,处理跨局旅客列车的加开、停运、变更径路,以及客车甩挂及客车调拨。

(5)检查各铁路局安全正点情况,当因重大、大事故或自然灾害中断行车时,及时指示有关列车的运行径路和机车运用办法,必要时调用跨局救援列车。

2. 铁路局调度指挥中心

铁路局调度指挥中心负责铁路局管内的日常运输指挥工作,其具体任务和职责如下:

(1)编制铁路局运输工作日常计划,按时收取管内站段的调度工作报告,检查各站段日(班)计划执行情况及列车运行、机车车辆运用情况,处理日常运输工作中发生的问题,并及时将有关情况报上一级调度。收取各站段日常运输统计报告,对路局日常运输工作完成情况进行分析。维护调度纪律,检查各站段调度执行调度命令和规章制度的情况。

(2)负责铁路局管内货流、车流组织,平衡管内运用车保有量。组织按批准的旬、日计划掌握去向别和限制口的装车,按旬、日、班均衡地完成装卸车任务,按列车编组计划编组列车、按列车运行图组织行车、按计划均衡地交接列车和车辆,保持各分界站机车与列车的紧密衔接,及时解决局间分界站发生的问题。

（3）掌握铁路局管内主要厂矿、企业、港口和车站的装卸车,搞好与路外单位的协作。掌握路局管内专列、军运、跨局直达列车、五定班列和排空列车的运行情况,装载超限货物的列车运行和车辆挂运情况。认真执行备用货车管理制度,掌握铁路局管内部备用货车及港口、国境站备用货车的备用、解除情况。

（4）掌握铁路局管内客流、跨局旅客列车运行情况,有计划、均衡地运送旅客,处理局管内旅客列车的加开、停运,以及客车甩挂和调拨。

（5）检查、通报管内安全正点情况,及时收取事故概况和自然灾害情况,当发生中断行车事故时,应首先向有关方面报告并采取积极措施迅速恢复行车,必要时向上级调度提出要求,调用跨铁路局的救援列车。

3. 车站调度室

车站调度室负责车站的日常运输指挥工作,其具体任务和职责如下：

（1）根据铁路局下达的日（班）计划,编制和组织实现车站的班计划和阶段计划,保证按列车编组计划和列车运行图编发列车,不间断地接发列车,完成班计划和阶段计划任务。及时收集到达列车预确报,掌握车流变化,正确推算现车和指标,按时向上级调度汇报车流和车站作业情况。认真分析考核车站日常作业计划的兑现情况和日常运输生产的完成情况。

（2）经济合理地运用车站技术设备和能力,掌握调车机车运用,组织有关部门密切配合、协同动作,按作业计划、技术作业过程和时间标准完成列车解体和编组任务,提高调车作业效率、加速机车车辆周转。

（3）主动与厂矿企业联系,及时预报重车到达情况和取送作业计划,掌握货位、装卸劳力情况,按计划均衡组织装卸车作业,组织货物作业车、检修车和专用车的及时取送,缩短待取、待送时间。

（4）维护调度纪律,认真执行调度命令、上级指示和规章制度,在确保安全的基础上,努力提高运输作业效率。

为不断提高调度组织指挥水平,各级运输调度机构必须建立严密的工作制度,建立健全岗位责任制,加强交接班会和班中会,强化安全生产和事故分析。要求调度员努力学习运输专业知识与技能,定期深入基层站段调查研究,掌握运输设备、运输作业的特点及运输生产中存在的问题,了解有关作业人员业务水平等情况。同时,抓好典型,及时总结、推广调度工作先进经验。

基于上述任务和职责,下述章节以铁路局调度指挥中心为例,重点介绍调度日（班）计划编制、车流调整、列车运行调整及日常统计与分析。

第二十三章

铁路调度日（班）计划

第一节 概 述

铁路调度日（班）计划是日常运输组织工作的基础，按货物列车编组计划、列车运行图、月度运输生产经营计划、施工计划进行编制，保证均衡地完成运输生产和施工任务。调度日（班）计划是一日（班）内的运输工作计划，包括国铁集团调度日计划和铁路局调度日（班）计划。

国铁集团调度日计划（当日 18:00 至次日 18:00）包括分界口列车交接计划、货运工作计划。分界口列车交接计划的内容：分界站交接货物列车数、临客列数、重车数、车种别空车数和重点要求。货运工作计划的内容：到局别使用车数、能力紧张去向的装车数和重点要求。国铁集团每日向铁路局下达调度轮廓计划，其内容、编制人员、起止时间与日计划相一致。

铁路局调度日（班）计划简称日（班）计划，包括货运工作计划、列车工作计划、机车车辆工作计划和施工日计划。起止时间为当日 18:00 至次日 18:00，分为两个班计划：当日 18:00 至次日 6:00 为第一班计划，次日 6:00—18:00 为第二班计划。铁路局施工日计划起止时间为 0:00—24:00。

一、调度日（班）计划编制原则

(1) 坚持安全生产的原则。
(2) 贯彻国家运输政策，保证重点运输的原则。
(3) 最大限度地满足运输需求的原则。
(4) 坚持一卸、二排、三装的运输组织原则。
(5) 按货物列车编组计划编车，按列车运行图行车，按运输生产经营计划组织运输，按技术作业过程和时间标准组织作业，优先组织快速班列开行，最大限度地组织成组、直达运输的原则。
(6) 按施工计划安排施工，坚持运输与施工兼顾的原则。
(7) 经济合理地使用机车车辆和其他运输设备，提高运输效率和效益的原则。
(8) 组织均衡运输的原则。

二、调度日（班）计划编制的主要依据

(1) 国铁集团下达的轮廓计划、调度日计划、调度命令和有关文件、电报。其中，轮廓计

划是国铁集团对铁路局编制日(班)计划提出的控制数字,于每日 10:00 前下达给铁路局。其内容包括:卸车数、装车数及通过限制口的装车数、分界站交接列车数及重车数、车种别排空车数和重点要求。

(2) 月度运输生产经营计划、货物列车编组计划、列车运行图、机车周转图、机车车辆检修计划和有关技术作业时间标准。

(3) 日运输需求车数及相关要求(军用应有军运任务通知书,超限超重货物应依据确认电报)。

(4) 预计当日 18:00 各类运用车数、车站现在车数(重车分去向,其中到本局和邻局管内摘挂车流分到站;待卸车、空车分车种)和机车分布情况。

(5) 旅客列车临时加开、停运、变更径路、途中折返、车辆甩挂、客车(动车组)回送等调度命令或文件、电报。

(6) 机车车辆试运行及路用列车开行计划。

(7) 国铁集团快运班列开行计划、命令及铁路局管内快运班列开行方案。

(8) 列车预确报。

(9) 分界站协议。

(10) 月度施工计划(批复文电)及主管业务部室提报的施工计划、路用列车开行申请。

(11) 设备维修作业计划。

三、调度日(班)计划主要内容

1. 货运工作计划

(1) 各站装车需求受理数(包括发站、发货人、品类、到站、到局、运费、限制去向、车种别受理数)。

(2) 各站卸车计划(包括到站、车种、卸车数,整列货物应有收货人及品类)。

(3) 快运班列、企业自备车等直达列车和成组装车的列数及辆数。

(4) 篷布、集装箱运用计划。

(5) 专用货车使用计划。

2. 列车工作计划

(1) 列车到、发及运行计划,包括列车车次、发站、到站、发到时分、编组内容、特定运行径路、始发列车车辆来源。

(2) 分界站列车交接计划,包括列车车次、交接时分、各列车中去向别重车数(到邻局的摘挂车流分到站)和车种别空车数。

(3) 管内工作车输送计划、各站配空挂运计划和摘挂列车的甩挂作业计划。

(4) 专用货车的调整、挂运计划。

(5) 装载超限超重货物、军运物资(人员)、剧毒品、运输警卫方案货物车辆,有运行条件限制的机车车辆,自轮运转特种设备挂运和专列的开行计划。

(6) 旅客列车的临时加开、停运、变更径路、途中折返、车辆甩挂、客车(动车组)回送计划。

(7) 机车车辆试运行计划。

(8) 路用列车运行计划。

3. 机车车辆工作计划

(1) 各区段(含跨局)机车周转图，包括机车交路、机型及机车号。

(2) 机车沿线走行公里、机车运用台数和机车日车公里。

(3) 机车出(人)厂、检修、回送计划及重点要求。

(4) 各车辆检修基地(含站修)扣修、修竣车辆取送计划。

(5) 各沿线车站停留故障车辆检修计划。

(6) 跨局及铁路局管内客、货检修车回送计划及重点要求。

(7) 动车组车底运用方案。

4. 施工日计划

(1) 施工计划编号、等级、项目。

(2) 施工日期、作业内容、地点(含线别、区间、车站、股道、道岔、行别、里程)和时间。

(3) 施工限速(含施工邻线限速)、影响范围、行车方式变化及设备变化。

(4) 施工单位(含配合单位)、施工负责人。

(5) 施工作业车进出施工地段方案。

四、调度日(班)计划的编制程序

1. 审批次日要车计划

每日 10:00 开始，最迟不晚于 14:00 结束，由主任货运调度员负责，根据国铁集团下达的轮廓计划中装车计划的要求，审批各站次日要车计划。

2. 召开日计划会议

日计划会议一般 14:00 开始，由调度所主任主持，值班主任及有关人员参加。

3. 编制日计划

(1) 调度所副主任负责编制日间总计划，包括全铁路局的卸车数、装车数、各分界站交接重空车数及列数、日计划指标等。

(2) 主任货运调度员负责编制详细的货运工作计划，包括各站的装卸车数、直达列车及成组装车等。

(3) 主任机车调度员负责编制详细的机车工作计划，包括各区段机车周转图、机车运用台数和机车检修工作安排等。

(4) 计划调度员负责编制详细的列车工作计划，包括列车到发及运行计划、分界站列车交接计划和区段管内车流输送计划。

(5) 主管运输方案的主任调度员负责协助计划调度员、货运调度员等按运输方案的规定编制计划。

4. 审批与下达

(1) 国铁集团每日 10:00 前向铁路局下达次日调度轮廓计划。

(2) 铁路局调度日计划经分管副总经理(总调度长)批准后，于 17:00 前将需国铁集团调度日计划批准的内容报国铁集团调度中心。

(3) 国铁集团调度日计划经调度中心主任(副主任)准许后，于 17:20 前以调度命令下达至各铁路局。

（4）铁路局调度日计划于 17:30 前以调度命令下达至有关单位、调度台。

（5）18:00—21:00 和 6:00—9:00 的列车工作计划,应分别于 16:00 和 4:00 前下达至有关单位。对货物列车车次的考核,仍以正式下达的日(班)计划为依据。

（6）第二班的调整计划由铁路局调度所值班主任负责组织各工种调度人员,根据第一班计划的执行情况和日计划任务进行调整,铁路局于 6:00 前以调度命令下达至有关单位、调度台。

第二节　调度日(班)计划的编制

一、日间轮廓计划的编制

日计划的任务不仅要保证完成月、旬计划规定的运输生产任务指标,而且为了保证运输生产的连续性和均衡性,必须使运输状态保持正常。因此,在制订日计划时,必须考虑三方面的问题,即月、旬计划规定的数量指标和质量指标(周转时间);保证次日 18:00 运用车保持或接近正常标准,为下一个日计划打下良好基础;根据实际情况推算能完成的运输任务量,即推算各种有效车(如管内工作车有效车、移交重车有效车等)。前两个因素是确定应完成运输任务量的依据,后一个因素则是可行性分析,确定能完成的运输任务量。

日间轮廓计划是对日间计划任务量提出控制数,它的主要内容包括:卸车数、装车数和通过限制口的装车数;分界站交接列车数、重车数和车种别排空车数等。全路、铁路局制订轮廓计划的方法基本相同,现以铁路局轮廓计划的编制为例说明编制方法。

铁路局日间轮廓计划的编制,除了要根据月、旬计划及国铁集团下达的轮廓计划外,尚需掌握货源、货流的变化情况,分界站接入列车及重空车辆的预确报以及计划日开始前(当日 18:00)运用车分布情况和机车分布情况。当日 18:00 运用车情况需根据有关资料推算得出。

1. 预计当日 18:00 各种运用车保有量

计划日开始前各种运用车保有量不仅是反映运输状态并据以确定调整措施的资料,而且是确定计划日运输任务的依据。因此,在编制日计划前应预计当日 18:00 各种运用车的保有量。

预计当日 18:00 管内工作车保有量 $N^{当日}_{管内}$ 为

$$N^{当日}_{管内} = N^{昨日}_{管内} + u^{当日}_{接入自卸} + u^{当日}_{自装自卸} - u^{当日}_{卸} \quad （辆） \tag{23-1}$$

式中　$N^{昨日}_{管内}$——昨日 18:00 管内工作车保有量,辆;

$u^{当日}_{接入自卸}$——当日 15:00 预计全日接入自卸的接重车数,辆;

$u^{当日}_{自装自卸}$——当日 12:00 预计全日自装自卸的装车数,辆;

$u^{当日}_{卸}$——当日 12:00 预计全日卸车数,辆。

预计当日 18:00 空车保有量 $N^{当日}_{空}$ 为

$$N_{空}^{当日} = N_{空}^{昨日} + u_{接空}^{当日} + u_{解备}^{当日} + u_{卸}^{当日} - u_{交空}^{当日} - u_{列备}^{当日} - u_{装}^{当日} \quad (辆) \tag{23-2}$$

式中 $N_{空}^{昨日}$——昨日 18:00 空车保有量,辆；

$u_{接空}^{当日}$——当日 15:00 预计全日接入空车数,辆；

$u_{解备}^{当日}$——当日计划解除备用车数,辆；

$u_{卸}^{当日}$——当日 15:00 预计全日接入空车数,辆；

$u_{交空}^{当日}$——当日 15:00 预计全日排空车数,辆；

$u_{列备}^{当日}$——当日计划列入备用车数,辆；

$u_{装}^{当日}$——当日 12:00 预计全日装车数,辆。

预计当日 18:00 移交车保有量 $N_{移交}^{当日}$ 为

$$N_{移交}^{当日} = N_{移交}^{昨日} + u_{自装交出}^{当日} + u_{通过接入}^{当日} - u_{交重}^{当日} \quad (辆) \tag{23-3}$$

式中 $N_{移交}^{昨日}$——昨日 18:00 移交车保有量,辆；

$u_{自装交出}^{当日}$——当日 12:00 预计全日装出的自装交出车数,辆；

$u_{通过接入}^{当日}$——当日 15:00 预计全日接入的通过重车数,辆；

$u_{交重}^{当日}$——当日 15:00 预计全日交出的重车数,辆。

预计当日 18:00 总运用车保有量 $N_{当日}$ 为

$$N_{当日} = N_{昨日} + \Delta u_{出入差}^{当日} + \Delta u_{解备}^{当日} - u_{列备}^{当日} \quad (辆) \tag{23-4}$$

式中 $N_{昨日}$——昨日 18:00 总运用车保有量,辆；

$\Delta u_{出入差}^{当日}$——当日 15:00 预计全日接入交出重空车总数之差额,辆。

当日 18:00 总运用车保有量 $N_{当日}$ 也应符合式(23-5)：

$$N_{当日} = u_{管内}^{当日} + u_{移交}^{当日} - u_{空}^{当日} \quad (辆) \tag{23-5}$$

推算出当日 18:00 即计划日开始时各种运用车保有量以后,铁路局应根据车流预测资料及国铁集团轮廓计划,确定次日车流调整措施,并通过确定次日卸车任务、装车任务及各分界站重空车交接任务等轮廓计划加以实施；推算各种运用车保有量之后,将其与技术计划标准进行比较,以便发现问题,采取措施。调整的办法包括从车流来源和车流去向两个方面加以控制。如管内工作车积压,则应加强卸车及少装管内卸的重车；如移交车保有量超过标准,则应少装超标方向的重车和加速移交重车的运送；空车保有量不足时,则应加强卸车和减少装车等。由于卸车是产生空车的来源,有了卸车任务才可确定排空和装车任务,因此,日间轮廓计划应先从确定卸车计划开始。

2. 推算次日应卸车数、确定次日卸车计划

确定次日应卸车数,目前是以运输生产计划规定的管内工作车周转时间进行控制,即按式(23-6)计算次日应卸车数

$$u_{卸}^{次日} = \frac{N_{管内}^{当日}}{\theta_{管内}} \quad (辆/d) \tag{23-6}$$

式中,$\theta_{管内}$ 为运输生产计划规定的管内工作车周转时间,d。

必须指出,用式(23-6)计算次日应卸车数,是按当日 18:00 管内工作车保有量的瞬时值确定的,不能反映次日管内工作车的变化情况。因为当日管内工作车保有量的增减,并不决定次日自装管内重车及接入管内重车与它成比例增减。为了能反映次日自装自卸和接入自卸车流的变动对应卸车数的影响,使所确定的次日卸车任务能比较符合次日车流的实际情况,次日应卸车数需根据当日管内工作车保有量、预计次日接入车流和装车调整情况,以及在保证完成管内工作车周转时间的前提下确定。由于

$$N^{次日}_{管内} = N^{当日}_{管内} + u^{次日}_{接入自卸} + u^{次日}_{自装自卸} - u^{次日}_{卸} \quad (辆) \tag{23-7}$$

所以次日应卸车数应为

$$u^{次日}_{卸} = \frac{N^{当日}_{管内} + N^{次日}_{管内}}{2\theta_{管内}} = \frac{2N^{当日}_{管内} + u^{次日}_{接入自卸} + u^{次日}_{自装自卸} - u^{次日}_{卸}}{2\theta_{管内}} \quad (辆) \tag{23-8}$$

经整理后得:

$$u^{次日}_{卸} = \frac{2N^{当日}_{管内} + u^{次日}_{接入自卸} + u^{次日}_{自装自卸}}{1 + 2\theta_{管内}} \quad (辆) \tag{23-9}$$

在制订卸车计划时,除了应根据计算的次日应卸车数外,还应考虑主要卸车站的卸车能力。当主要卸车站车流积压时,卸车计划应相应地规定少些。

3. 确定排空及装车计划

制订排空计划和装车计划时,必须按照"一卸、二排、三装"的原则,首先按照上级下达的排空任务安排各分界站的排空计划,并在保证次日空车保有量基本符合运输生产计划规定标准的情况下,确定装车计划,即调整装车计划使式(23-10)推算的次日空车保有量基本符合计划标准,以保证后一日运输工作的均衡。

$$N^{次日}_{空} = N^{当日}_{空} + u^{次日}_{接空} + u^{次日}_{解备} + u^{次日}_{卸} - u^{次日}_{交空} - u^{次日}_{列备} - u^{次日}_{装} \quad (辆) \tag{23-10}$$

式中 $u^{次日}_{接空}$——次日接入空车数,辆;

$u^{次日}_{解备}$——次日解除备用车数,辆;

$u^{次日}_{列备}$——次日列入备用车数,辆。

当局规定的某分界站的排空任务主要是接运通过的空车时,该分界站某车种的排空计划就需要根据次日有效空车来确定。

4. 确定次日移交重车数及列车数

各分界站次日移交重车计划可按式(23-11)计算:

$$u^{次日}_{交重} = N^{有效}_{移交} + u^{有效}_{自装交出} + u^{有效}_{接入通过} \quad (辆) \tag{23-11}$$

式中 $N^{有效}_{移交}$——预计当日 18:00 结存移交重车中在次日能交出的有效重车数,辆;

$u^{有效}_{自装交出}$——次日自装能交出的有效重车数,辆;

$u^{有效}_{接入通过}$——次日接入能交出的有效重车数,辆。

5. 计算日计划指标

日计划指标包括装车数、卸车数、排空车数、工作量、货车周转时间及机车日车公里等。计划日的货车周转时间,可用车辆相关法计算。因此,需首先推算次日 18:00 的运用车保有

量。次日运用车保有量 $N_{次日}$ 可按式(23-12)推算：

$$N_{次日} = N_{当日} + \Delta u_{出入差}^{次日} + u_{解备}^{次日} - u_{列备}^{次日} \quad (辆) \tag{23-12}$$

式中　$N_{当日}$——当日 18:00 运用车保有量,辆；

　　　$\Delta u_{出入差}^{次日}$——次日各分界站交接车数差,辆；

　　　$u_{解备}^{次日}$——次日计划解除备用车数,辆；

　　　$u_{列备}^{次日}$——次日计划列入备用车数,辆。

次日计划工作量 $u_{次日}$ 为

$$u_{次日} = u_{使}^{次日} + u_{接重}^{次日} \quad (辆) \tag{23-13}$$

式中　$u_{使}^{次日}$——次日使用车数,辆；

　　　$u_{接重}^{次日}$——次日接入重车数,辆。

预计次日货车周转时间 $\theta_{次日}$ 为

$$\theta_{次日} = \frac{N_{次日}}{u_{次日}} \quad (d) \tag{23-14}$$

为减少利用运用车保有量的瞬时值所带来的不准确性,货车周转时间也可用式(23-15)预计：

$$\theta_{次日} = \frac{N_{当日} + N_{次日}}{2u_{次日}} \quad (d) \tag{23-15}$$

在编制日间轮廓计划的同时,各有关调度员需编制各项详细计划,详细计划必须按照日间轮廓计划的控制数制订。

二、列车工作计划的编制

我国铁路规定,除摘挂列车、小运转列车和某些特定情况以外,列车必须达到规定的重量或长度标准才允许开行。由于局管内每日产生的出发车流去向和数量及各站的装卸任务都有变化,需预留施工天窗的情况也不同,以及受自然灾害、事故等众多因素的影响,管内有列车编组任务的车站不能简单地按列车运行图规定的车次编开列车,而需要根据具体的车流情况,在列车工作计划中选定次日使用的列车运行线、确定区段管内车流的输送安排。

根据局管内行车量的大小,可以将其管辖范围划分为几个内部作业联系比较紧密而相互间作业又相对独立的部分,每个部分为一个计划台,设立一名计划调度员负责列车工作计划的编制工作。列车工作计划主要是确定次日管内有列车编组任务的车站编开的列车车次、始发和终到时刻以及各区段中间站车流的输送方法,具体内容如下：

(1) 列车到、发及运行计划,包括列车车次、发站、到站、发到时分、编组内容、始发列车车辆来源、小运转列车运行计划、机车交路及机车型号。

(2) 分界站列车交接计划,包括列车车次、到开时分、各列车中去向别重车数(到本局管内的重车分到站)和车种别空车数。

(3) 管内工作车输送计划、各站配空挂运计划和摘挂列车的装卸、甩挂作业计划。
(4) 专用货车的使用、调整计划。
(5) 施工封锁计划。

1. 编组站列车工作计划的编制

编组站列车工作计划是利用编组站列车工作计划表(运调 11 甲,见图 23-1)进行编制的,该图表与车站技术作业表类似,但其主要目的是推算车流,制订列车开行计划。

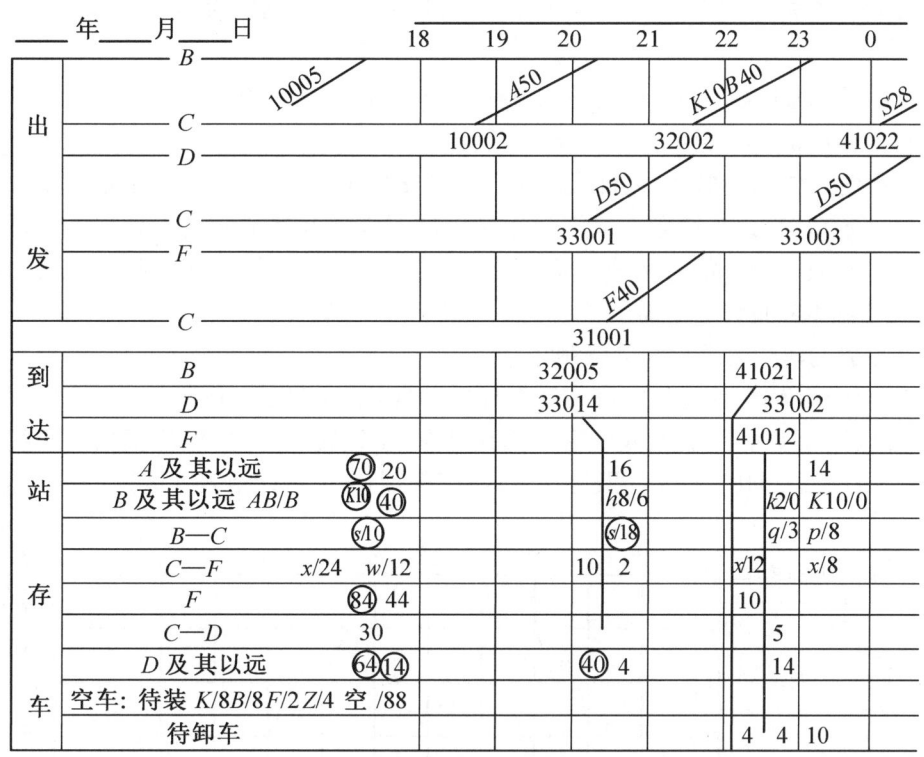

图 23-1 某编组站列车工作计划

1) 推算车流

每日 14:00 开始,计划调度员即着手收集预报资料,推算车流。编组站的车流包括中转的重车、空车及车站作业车,这些车流来自以下三方面:

(1) 当日 18:00 结存车,即当日 18:00 编组站的运用车。这是根据车站 15:00 的现在车,加上 15:00—18:00 预计到达车数,减去 15:00—18:00 预计编组出发列车的车数得到的。

(2) 当日 18:00 在局管内途中的车流。这是当日 18:00 已在局管内各区段运行的列车中,于 18:00 以后方可到达该编组站的车流。这些资料可由各有关调度员提供。

(3) 次日由分界站接入或由局管内其他车站编组到达该编组站的车流。

2) 选定列车运行线

列车工作计划必须规定全日开行列车的车次及其编组内容,而日间所开行的列车数可能与列车运行图方案(某一分号运行图)的行车量不同,为保证日间列车运行组织的优化,在选定车次时,必须注意:列车按一日四个阶段基本均衡;当日计划列车对数小于或大于选定的列车运行图方案时,选定列车车次,应首先保证核心车次的开行,按阶段均衡地安排停运、加开列车车次,或选用与日计划列车对数相适应的分号运行图;列车工作计划要确保排空列车的开行,为使排空任务均衡地实现,第一班计划排空车数必须达到全日计划的45%以上;分界站列车对数的波动应有一定限制。国铁集团指定的限制口,未经批准不得向上波动;对于行车量较小的区段(如图定货物列车在8对及以下者),始发的列车无适当车次使用时,可制订临时定点列车,但其旅行时间不得超过本区段内同种列车最长的旅行时间,等等。

列车工作计划中的各种具体问题均应按《调规》的规定来确定。

3) 确定分界站交接车计划,进行列车预报

根据所确定的出发列车计划即可确定分界站交出车计划,并向邻局预报列车的车次及编组内容。分界站交接车计划亦应汇总于规定的报表。分界站交出车计划不仅是该局日计划的结果,而且其中一部分又是邻局编制日计划的资料,因此,列车预报应及时向邻局传送,以满足邻局编制日计划的需要。

2. 区段管内车辆输送计划的编制

区段管内车辆输送计划是完成装卸车任务的保证,编制示意图如图23-2所示。区段管内重车和空车是以整列输送或以沿零摘挂列车、小运转列车输送,应根据列车编组计划和运输方案的规定,利用"技术站及区段管内日(班)列车工作计划表"(运调11乙)编制。

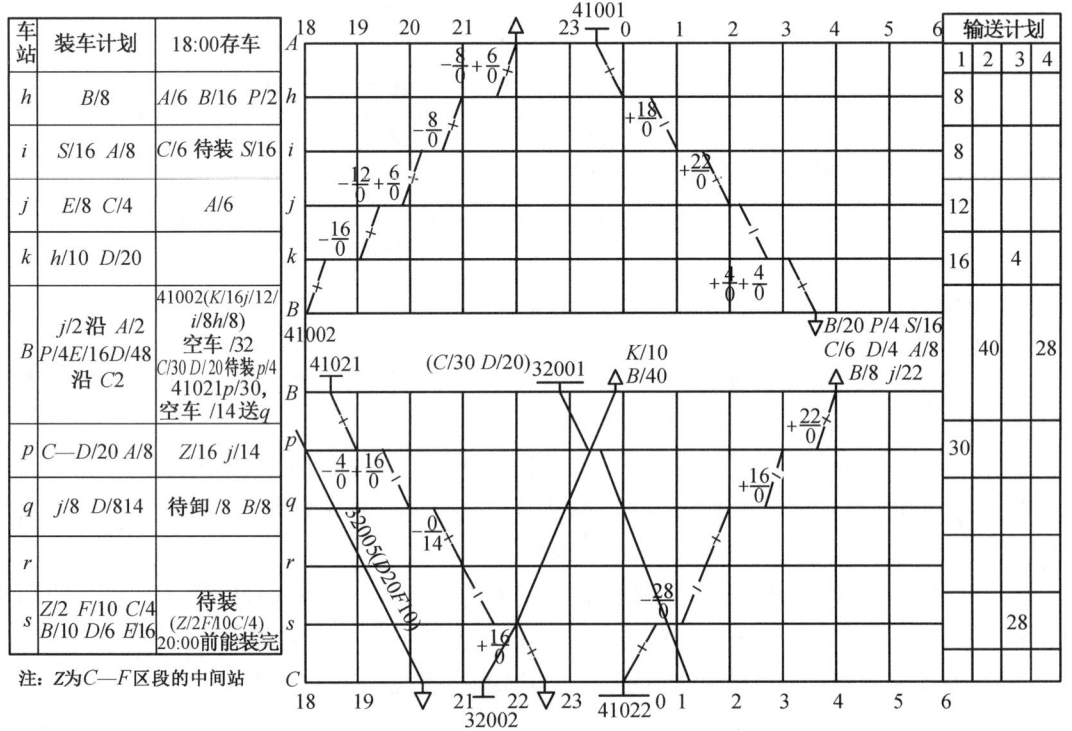

图 23-2 区段管内车辆输送计划编制示意图

管内重空车输送计划是根据预计各站当日 18:00（早 6:00）的结存车数（包括待发重车空车及待卸车）、技术站的列车工作计划、邻局列车到达预确报及各车站次日装车任务，按照列车运行图及运输方案的规定，确定各站的配空及各种列车在区段内的甩挂作业计划。

按照输送计划可以确定各站每班的装卸计划。

【例 23-1】 以图 23-2 中 A—B 区段的 k 站为例，到达该站的重车，第一阶段为 16 车，第三阶段为 4 车，18:00 没有待卸车，因此第一班可以卸车 20 辆。根据次日装车计划及空车来源，第一班可以装车 16 辆（$h/10$，$D/6$）。

三、货运工作计划的编制

货运工作计划规定管内各站次日卸车和装车任务，包括：

(1) 各站卸车数（到站整列货物要有品名、收货人）。
(2) 各站按发货单位、品名、到站别（包括限制区段、主要厂矿、港口、口岸站）的装车数。
(3) "五定班列"、重点直达列车、集装箱直达列车、企业自备车直达列车和成组装车的列数、组数及辆数。
(4) 装卸劳力、机械调配计划。
(5) 篷布运用计划。

货运工作计划规定次日自卸空车流的车种、数量及地点的分布和自装重车流的去向、数量，为列车工作计划编制提供自装卸车流的资料，是路局日（班）计划的基础。

1. 站别装车计划的编制

站别装车计划的编制，包括审批各站的日要车计划，汇总并编制品类别、去向别装车计划，制订直达列车和成组装车计划及推算自装交出和自装自卸的有效车等。

1) 审批日要车计划

为了编制全局站别的装车计划，局管内各站应分别在每日 10:00 前向路局提报次日的要车计划。日要车计划要有货源的保证，其货流应为符合旬间日历装车计划的货物、未完成日历装车计划而需要补装的计划内的货物、紧急运输的货物以及特殊情况下经国铁集团批准的计划外货物。

主任货运调度员先根据局日间轮廓计划的要求，并按如下原则审批各站上报的日要车计划：

(1) 贯彻运输政策，首先保证重点物资的装车。
(2) 按旬计划规定的日历装车计划审批日要车计划，未纳入日历装车计划的货物，应根据货物性质和缓急情况，按规定予以处理。
(3) 执行铁路局调度中心关于装车调整的指示，严格遵守限制装车的规定，保证按去向平衡装车。
(4) 对管内大的卸车站要掌握装卸搬运劳力的组织情况及货场货位腾空情况，根据现车情况调整装车，以免造成车辆积压。
(5) 尽可能地组织直达列车和成组装车。

2) 汇总装车计划,编制品类别、去向别的装车计划表

对已批准的日要车计划,按站别、调度台别及全局进行汇总,由计算机生成打印去向别、品类别的装车计划表(运货 3),并确定直达列车和成组装车计划,然后下达车站。

3) 确定自装有效车数

为了给调度中心主任提供编制日间轮廓计划时确定卸车计划及移交车计划的推算资料,在编制装车计划时,应确定次日自装交出有效车数及自装自卸有效车数。

在最后汇总确定全局的日间装车计划时,应特别注意检查去向别装车是否符合旬计划或上级调度布置的装车调整任务。不论日间装车计划多于或少于旬计划,向他局的装车数都须按旬计划的规定或局日间轮廓计划所规定的装车调整计划进行安排,多余或不足的部分应在管内进行调整。

2. 站别卸车计划的编制

局日间计划除了确定总的应卸车数和卸车计划外,尚需按站别制订详细的卸车计划。详细的卸车计划是按管内工作车有效车确定的。按有效车来确定卸车计划,可按式(23-16)计算

$$N_{卸}^{次日} = N_{当日管内}^{有效} + u_{接入自卸}^{有效} + u_{自装自卸}^{有效} \quad (辆) \tag{23-16}$$

式中 $N_{卸}^{次日}$——某站次日卸车计划,辆;

$N_{当日管内}^{有效}$——当日 18:00 管内工作车到某站卸车的有效车数,辆;

$u_{接入自卸}^{有效}$——次日接入到某站卸车的有效车数,辆;

$u_{自装自卸}^{有效}$——次日自装到某站卸车的有效车数,辆。

当日 18:00 局管内工作车或者是在局管内的车站上待发或待卸,或者是在途中运行的列车。当日 18:00 在各站的管内工作车根据各调度台三小时调整计划推算的待卸及待发车资料确定;当日 18:00 在列车中的管内工作车根据列车确报确定。这些结存的管内工作车中的有效车可按概率计算法计算,若管内工作车周转时间小于 1,则除了特殊原因不能卸下者外,一般均可于次日内卸完。

若运输方案确定了管内各站配空挂重车次,则根据批准的次日各站装车计划及有效车的界限,即可确定次日自装自卸的车数。

将以上三项能卸车数通过计算机生成管内工作车去向表(运货 4),按站别加总,即可得到局站别的卸车计划。

四、机车工作计划的编制

货运工作计划决定了次日管内自装、卸车流的流向和流量,加上分界站次日接入车流的预确报,就可以为编制列车工作计划提供完整的车流资料。列车工作计划确定各区段开行的列车车次,计划编制完毕后,需要解决的就是牵引动力。

机车工作计划由机车调度员编制,具体规定管内各机务段机车运用和检修安排,包括:

(1) 各区段机车周转图。

(2) 机车沿线走行公里、机车运用台数、机车日车公里。

(3) 机车大、中、辅(小)、临修、回送计划及提出机车工作的重点要求。次日各区段计划

开行的列车车次经列车工作计划确定后,机车调度员可根据机车在自外段的时间标准及乘务员的作息时间绘制机车周转图。在机车周转图中,要严格按照机车在基本段或折返段所在站停留时间标准和机车乘务员的劳动实践标准安排机车交路,不能编制反交路计划,对于紧交路应制订保证实现的作业组织措施,并减少单机走行。对需要大、架修和洗(定)修的机车,在周转图上注明回送车次。

编制机车周转图时,如发现机车运用有浪费情况,应当与计划调度员共同研究,适当调整车次,以提高机车的运用效率。根据机车周转图即可决定机车运用台数计划、机车沿线走行公里及机车日车公里等指标。

五、日计划的审批和修正

日计划编制后,局主管运输工作的领导必须亲自审批,并应重点注意如下几点:
(1) 主要品类别及去向别装车是否符合旬计划或上级调度布置的日间调整任务。
(2) 卸车计划是否达到应卸车标准,局间管内重车的移交是否正常、及时。
(3) 排空数量是否符合要求,排空列车及重点配空列车的车流有无保证。
(4) 编组站出发列车是否均衡,车流有无积压,机车运用是否经济合理。
(5) 主要技术指标(货车周转时间、机车日车公里、运用车保有量)能否达到月度技术计划标准等。

局日计划经批准后报国铁集团,并下达站、段。但是,18:00—21:00 的列车工作计划应提前于 16:00 前下达有关车站,以保证各阶段间工作的衔接。局日计划分两班执行,前半个日计划就是第一班计划,后半个日计划应根据前半个日计划的执行情况于每日早 6:00 前进行部分调整,作为第二班计划,以便更好地实现日计划任务。后半个日计划的修正工作由调度中心主任或值班主任负责,计划调度员、货运调度员和机车调度员参加。

第二十四章

铁路车流调整

第一节 车流预测

车流预测是进行车流调整的重要条件。只有准确预测车流的分布,才能有预见性地采取有效的运输调整,特别是车流调整措施。目前,我国铁路的车流预测是根据装车统计和车流统计资料进行的。在制订运输工作日常计划(旬计划和日班计划)过程中,对于车流预测的期限有不同的需求,因此车流预测有远期车流预测(推算)和近期车流预测(推算)两种。远期车流预测一般可预测3~7日到达铁路局管内的车流,近期车流预测一般可预测2日的车流,其车流推算方式有所不同。

一、远期车流推算

远期推算到达铁路局的管内工作车,一般根据各局装车数和运行期限,使用表24-1所列的格式进行推算。

表24-1 外局装到本局及本局装车远期车流推算

发局 运行期限 月计划 日期	A	B	C	D	E	F	G	…	计	局自装自卸计划				合计	局自装交出计划			
	4	4	3	2	1	2	3			×站	×线	…	计		×××口	×××口	……	计
1																		
2																		
3																		
4																		
5	50																	
⋮																		
⋮																		
计																		

全路调度指挥中心每日早6:00前将全路昨日各铁路局的去向别装车数通知各到达局,

车流调整人员将上述资料,以及本局自装自卸车数与自装交出车数填入车流推算表,作为推算远期车流的依据。车流填记及推算方法是根据各装车局的装车日期和到本局接入分界站的运行期限,将有关车数分别填入不同的日期栏内。例如,A 局某月 1 日装到本局的车数为 50 辆,到本局的运行期限为 4 日,则在 A 局下对应 5 日的栏内填记 50。其他各局某月 1 日装到该局的车数也根据装车日期和运行期限填入相应栏内,根据逐日填记的到达铁路局重车资料,即可推算今后某日接入本局管内工作车数量。

由各局到达某局的车流运行期限可按式(24-1)计算

$$T = \frac{1}{24}\left(\frac{L_{全程}}{V_{旅}} + \sum t_{中}\right) \quad (\text{d}) \tag{24-1}$$

式中　T——由装车局的装车集中点至到达局接入分界站的运行期限,d;

　　　$L_{全程}$——由装车局的装车集中点至到达局接入分界站的距离,km;

　　　$V_{旅}$——货物列车平均旅行速度,km/h;

　　　$\sum t_{中}$——沿途各技术站的中转时间之和,h。

必须指出,上述推算方法所采用的运行期限是以装车集中地为起点计算的,即对不同装车地点的各支车流均按同一数值计算。事实上,由于装车地点的不同、途中运行受各种因素的影响,同一装车局装到本局经同一分界站接入的各支车流,其运行期限往往并不一致,并且装车时刻有先有后,同一日装出到达同一路局的车辆数,也往往不能都在同一日内到达。因此,进一步改进车流预测方法,提高预测工作水平,对于提高铁路运输组织工作的质量具有重要意义。

车流在路网上运行至到达局,可以利用各日到达参数计算其数量。各日到达参数表示各昼夜到达指定铁路局的车流比重。它的原理如图 24-1 所示。

图 24-1 表示装车局 A 在第一昼夜装到局的车流以参数 γ_1、γ_2、γ_3 的比例分别于第一、第二、第三日到达 M 局的 m 分界站,即第一日装往 M 局的车辆 $u_{装}$,将分别以 $u_{装}\gamma_1$、$u_{装}\gamma_2$ 和 $u_{装}\gamma_3$ 的

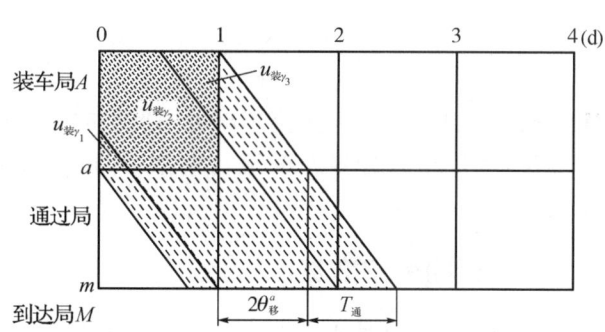

图 24-1　装车局装车车流运行至到达局分界站示意

比例于第一、第二、第三日到达 m 分界站。这样,若知道了各局各去向的装车数,以及各去向(到局的各分界站)各日到达参数的标准值,就可以预测任何一个铁路局各昼夜到达的车数。

车流各日到达参数直接取决于车流在到达局前的运行时间。可以设想,在铁路局正常工作条件下,用确定各日到达参数来预测车流是足够可靠的。由于路网配置的具体特点、装车时间和地点分布的不均衡、旅客列车运行等因素的影响,车流的形成及列车运行是不均衡的。利用分析计算方法来确定各日到达参数时,要考虑这些因素的影响实际上是不可能的。而铁路局每昼夜工作又有一定程度的稳定性,因而又有可能用统计方法确定各日到

达参数。

用统计方法确定各日到达参数,可以按照图 24-1 所示原理建立数学模型[式(24-2)],并根据到达局和相应装车局对应日期的统计资料进行。

$$u_j = \sum_{s=1}^{j} u_{\text{装}s} \gamma_{j-s+1} + \varepsilon_j, \quad j=1, 2, \cdots, n \tag{24-2}$$

当 $K \leqslant 2\theta_{\text{移}}^a + T_{\text{通}} < K+1$,$K = 0, 1, 2, \cdots$ 且 $j-s+1 > K+2$ 时,令 $\gamma_{j-s+1} = 0$,$\sum_{i=1}^{K+2} \gamma_i = 1$。

式中 u_j——第 j 日某装车局实际到达本局某一分界站的统计车数;

$u_{\text{装}s}$——第 s 日该装车局装往本局(经某一分界站)的统计车数;

γ_i——第 i 日该装车局到本局某一分界站的到达参数;

$\theta_{\text{移}}^a$——该装车局 a 分界站自装交出车辆的周转时间,d;

$T_{\text{通}}$——车辆经由通过局的平均时间,d;

ε_j——实际统计值与线性方程 $\hat{u}_j = \sum_{s=1}^{j} u_{\text{装}s} \gamma_{j-s+1}$ 计算值的误差。

为避免统计日开始时装车局现在车对到达车数的影响,到达车数的统计应从第 $(K+2)$ 日开始,即式(24-2)中 $j = K+2, K+3, \cdots, n$(n 为统计样本数)。

为了求得准确的 γ_i 参数,使得计算值与统计值的误差最小,可用最小二乘法对如下目标函数求算 γ_i 值,使

$$D = \sum_{j=K+2}^{n} \varepsilon_j^2 = \sum_{j=K+2}^{n} (u_j - \hat{u}_j)^2 = \sum_{j=K+2}^{n} (u_j - \sum_{s=1}^{j} u_{\text{装}s} \gamma_{j-s+1})^2 \to \min \tag{24-3}$$

推算远期接入的通过重车流可用类似的方法进行,只要装车局能提供车流通过的出入分界站,并按出入分界站的运行期限,即可推算通过局未来各日向各分界站交出的通过车数。

二、近期车流推算

近期车流推算是指根据有关邻局互相交换的待发重车资料、本局的待发重车和预计装往外局的重车资料推算,以预计分界站能交出的重车数。具体方法是:根据有关邻局互相交换的待发重车资料预计需要接入并经某一分界站交出的重车数,加上本局向某一分界站交出的待发重车数及本局当日预计向某一分界站装车的重车数,减去当日预计可向某一分界站交出的重车数,即可推算当日 18:00 需经某一分界站交出的待发重车数。将此数除以该分界站的移交车周转时间,便可得出预计次日某分界站应移交的重车数。

第二节 车流调整

车流调整是运输调度工作的一项重要内容。货车分布的不合理和各线路车流结构发

生较大变化是进行日常车流调整的主要原因。货车分布不合理会使一些地区因货车不足完不成运输任务,而另一些地区却又货车积压。在各线路车流结构发生较大变化时会造成一些线路或车站能力紧张,甚至可能形成堵塞,而另一些线路或车站却能力虚糜。因此,在调度机构中应有专人负责车流调整工作,研究掌握货流、车流的变化规律及有关技术设备的使用状况,建立近期和远期的车流推算制度,有预见、有计划地进行车流调整。

车流的日常调整措施主要有:按到站和货物品类调整装车;改变部分车流输送径路;组织重空车辆向某铁路局加速运送;指定额外的空车调整任务以及调整备用车辆等。按照调整的对象,车流调整可分为重车调整、空车调整及备用货车调整等。

一、重车调整

重车调整是车流调整的重点。这是因为在运用车中重车占有很大比重,重车的流向和数量,即重车流的结构决定着各区段的行车量、空车流的结构和车站的卸车任务。因此,重车调整是整个车流调整工作的基础。

重车调整措施有去向别装车调整、限制装车或停止装车、变更车流输送径路和集中装车等。在日常运输工作中,应根据车流预测资料,运用车分布情况,各去向、各区段列车运行情况,主要技术站、枢纽、卸车地区的作业情况,卸车站的卸车能力和搬运能力等因素来确定重车调整措施。

1. 去向别装车调整

去向别装车调整是重车调整的一项主要措施。按去向别组织均衡装车是保持车流稳定和合理分布、防止车流积压和堵塞的基础。

去向别装车调整通过日装车计划的调整来实现。全路调度指挥中心根据各铁路局报来的装车计划,可以计算到达各局卸车数、通过各分界站及困难区段的车流量,同时根据卸车能力、区段通过能力和计划期应当考虑的特殊情况(如施工影响、临客增加和车辆积压等情况),对装车去向和数量进行必要的平衡和调整。

在日常运输组织工作中,各铁路局必须按照上级下达的去向别装车计划组织装车(特别是向外局的装车)。当运输工作不正常,需要减少或增加日装车计划时,应首先减少或增加本局管内的装车;当发往外局的货源货流发生变化、不能实现计划的去向别装车任务时,应逐级上报,以便上级调度采取相应的调整措施;当分界站接入某去向的重车不足或增多时,应首先增加或减少本局往该去向的装车数,以保证完成移交重车计划,促进各去向列车工作的均衡和通过能力的合理使用;当延续时间较长、本局调整有困难时,应将情况及时报告上级调度,由上级调度统一调整。

2. 限制装车或停止装车

为了消除局部重车积压,可采取限制装车或停止装车的调整措施。限制装车或停止装车是指在某一时期内,对某一去向、某一到站发送某些品类货物的装车数进行限制或停止装车。

遇下列情况,应采取限制装车或停止装车调整措施:

(1) 装车数超过区段通过能力和编组站作业能力时。

(2) 装车数超过卸车地的卸车能力时。

(3) 因自然灾害、事故,线路中断行车时。

(4) 因其他原因发生车辆积压或堵塞时。

采用限装、停装调整措施时,限装、停装的期限及限制装车的数量,应根据能力及积压车流的情况决定。为了使这种调整措施产生应有的效果,并尽可能地减少其不利影响,在采取这种措施时,可先限制或停止近距离装车局的装车。在恢复正常装车时,应先恢复远距离装车局的装车,并且不应当对到达限装或停装地点的货物办理途中转票和变更到站的手续。

3. 变更车流输送径路

为了加速车流输送、降低运输成本,国铁集团对各种车流规定了正常的运行径路,包括最短径路和特定径路。在日常运输工作中,凡因自然灾害和事故中断行车或重车严重积压、堵塞时,经上级调度命令批准可变更车流输送径路。

采用变更车流输送径路调整措施应做到:

(1) 由于中断行车造成车流积压时,应事先将预计中断时间与变更车流输送径路需要额外增加的时间进行比较,当变更径路有利时才考虑采用这种措施。

(2) 确定采用变更车流输送径路调整措施时,必须检查变更径路的区段通过能力和机车供应情况,在能力可以适应的情况下方可采用。

(3) 确定采用变更车流输送径路调整措施时,必须规定变更径路的期间、经由线路、列数和车数、重车去向、空车车种以及有关的列车编组计划。

4. 集中装车

集中装车是指增加某一去向的装车,使之超过计划所规定的日均装车数。在日常运输生产中,遇下列情况可以采用集中装车调整措施:

(1) 某铁路局管内的重车严重不足。

(2) 某方向的移交重车严重不足。

(3) 重点用户、港口、国境站急需运到物资或外运物资严重积压时。

(4) 急用的防洪、抢险、救灾物资。

集中装车调整措施仅在所经区段的通过能力和到站卸车能力允许的条件下方准采用。此外,采用这种调整措施时仍应注意均衡安排,避免过分集中。

二、空车调整

空车调整是为了合理运用空车、保证装车需要的调整措施。空车调整必须做到缩短空车行程、组织车种代用和消除同车种对流。空车调整对全路车辆的分布有重大影响,并且往往是为了他局装车的需要。因此,各级调度必须从整体利益出发,严格遵守排空纪律,按照上级调度批准的车种、车数均衡地完成排空任务。空车调整措施包括正常调整、综合调整和紧急调整。

1. 正常调整

空车的正常调整是指根据各铁路局车种别的装车与卸车差数、接空车数和货车保有量编制空车调整计划,规定排空车种、车数任务。

当采用空车正常调整措施时,铁路局可利用通过空车装车(列车编组计划指定开行的空车直达列车除外),而以本局卸后空车代替,即对通过空车可以在本局管内自行调整运用,在分界站仍按规定的车种、车数移交给邻局。

2. 综合调整

当货流、车流发生变化或重车流增加时,在不影响接空局重点物资装车需要的前提下,经国铁集团、铁路局下达日计划命令批准,可对重、空车总数进行综合调整。例如,当货源发生变化、超过计划增加了空车去向的装车时,即可减少交出空车数;反之,当减少了空车去向的装车时,就要相应地增加交出空车数。采取综合调整措施可以保证更合理地分配运用车数,减少空车走行公里。

综合调整在日计划中安排,因为它涉及去向别装车和空车运用的变动,必须综合考虑接空局的空车需要量、沿线通过能力以及机车的运用情况。综合调整的重、空车数确定后,各局不得再增加重车代替空车。

3. 紧急调整

紧急调整是为保证特殊紧急运输任务所需采取的非常措施。各铁路局接到紧急空车调整命令后,必须按规定的时间、车种、车数完成排空任务,即使因此而影响本局装车或造成运用车保有量不足,也应确保完成空车的紧急调整。当采用空车紧急调整措施时,通常应将空车编成直达列车,沿途各通过局不得用来装车。

以上各种空车调整措施都是保证全路车流合理分布的重要手段。空车是装车的保证,重车是空车的来源,二者只有按照计划紧密地结合起来才能收到预期的效果。因此,任何一个排空局都必须保证完成空车调整任务。

专用空车(包括冷藏车、散装粮食车、家禽车、罐车、风动石渣车、散装水泥车、毒品专用车、集装箱专用平车、基本型号为"D"字的长大货物车和标有"专用车"字样的一般货车等)的调整方法,应按国铁集团指定的方向、到站回送,其中有配属站的除国铁集团另有指定外,均应向配属站回送。

三、备用货车调整

备用货车(简称备用车)是为了保证完成临时紧急运输任务的需要而储备的技术状态良好的货车。备用车分为特殊备用车,军用备用车,专用货车备用车和港口、国境站备用车。其中,特殊备用车是为了适应运输市场发生结构变化,为调剂车种、满足季节性运输或紧急运输等需要而储备的货车。港口、国境站备用车是为了防止因空车不足而影响上述车站的装车和换装而储备的货车。

特殊备用车、军用备用车和专用货车备用车的备用、解除,必须经国铁集团备用车命令批准。港口、国境站备用车的备用、解除,有关铁路局根据国铁集团每季度批准的计划,按照指定的车站、车种、数量,以铁路局备用车命令批准。特殊备用车须备满48 h才能解除备用;军用备用车,专用货车备用车和港口、国境站备用车则须备满24 h才能解除备用。另外,因紧急任务需要解除备用车时,经国铁集团调度命令批准可不受上述时间限制。

备用车必须停放在铁路局批准的备用车基地内。选择备用车基地时应考虑:不影响列车运行与车站作业;邻近于编组站、区段站或大装车站;邻近有车辆段或车辆检修所等。港口、国境站备用车必须停放在指定的港口、国境站。

备用车必须按《铁路运输调度规则》有关规定严格管理，建立备用车登记簿，按备用日期、时分、命令号码、地点、车种、辆数、车号、吨位等内容顺序进行登记。凡未停放在指定地点的货车均不准统计为备用车。备用车在不同基地间不得转移；在同一基地内转移时，须由备用车命令批准。

第二十五章 列车运行调整

第一节 概述

列车运行是运输生产活动的重要环节。在日常运输生产活动中,为保证列车运行安全,完成列车运行图和日班计划,各级调度机构都应设立专门的列车调度员。列车调度员负责指挥管辖区段内与列车运行有关的生产活动,对列车运行进行调整,以保证运输生产的正常秩序和列车的安全正点运行。

为了完成这一任务,列车调度员必须熟悉与行车有关的作业人员(如车站值班员、机车司机等)和技术设备(如机车的性能、使用状况,线路平、纵断面,信号、联锁、闭塞设备,车站到发线数量及其固定使用规定等);熟悉列车运行图、列车编组计划、《行规》《调规》和《站细》等技术文件及行车有关规章制度;掌握气候变化对列车运行影响的一般规律;善于针对不同的作业条件和列车运行情况,灵活运用各种列车运行调整方法;充分调动有关作业人员的积极性,组织他们按照列车运行图的要求进行工作。

列车调度员应根据列车运行的实际情况制订 3~4 h 列车运行调整计划。先进的技术设备将有助于提高调度指挥工作的质量以及改善列车调度员的工作。在设有远程遥控调度集中装置的情况下,列车调度员可以通过显示屏的显示,准确掌握列车的运行情况,直接操纵管辖区段内各站的信号、道岔,排列列车进路、办理接发列车作业;自动记录仪能自动记录列车运行情况、绘制实绩运行图。调度集中设备的采用能够简化列车调度指挥工作,提高调度工作的质量,强化列车运行安全。

第二节 铁路列车运行调整

一、普速铁路列车运行调整方法

正常情况下,列车应严格按列车运行图运行。但由于种种原因,列车运行又难免偏离列车运行图,为此需要对列车运行进行调整。列车调度员对列车运行的调整工作是通过 3~4 h 阶段计划的编制与执行来进行的。列车调度员首先应致力于组织列车正点始发。但列车在区段运行过程中,由于途中运缓、作业延误等原因,往往始发正点的列车不一定就能运行正点或到达正点;尤其是在列车密度较高的线路上,前行列车的晚点往往还会传播给后行列车,引起列车后效晚点。列车调度员应根据各阶段的列车实际运行情况,贯彻"先客后货""先快后慢"的原则,按规定的列车等级进行运行调整,尽可能地使晚点列车恢复正点运行。

编制及下达 3~4 h 阶段计划后,列车调度员的日常工作就是组织有关站段的作业人员共同实现阶段计划。为此,列车调度员应经常检查各站段执行计划情况,掌握区段内列车及邻区段列车(与本区段相接续的列车)的运行情况,掌握本区段始发列车的车流集结及编组情况,以及机车折返、整备情况等,以便根据变化的情况及时采取必要的调整措施。

列车运行调整方法一般有:

(1) 根据机车技术状态、司机技术水平、列车重量、线路允许速度及气候条件,组织列车加速运行,压缩区间运行时间,使晚点列车恢复正点或使列车赶到指定车站会让。

(2) 变更列车会让地点和会车方式,以减少列车早点、晚点、停运或加开对其他列车运行的影响。

(3) 在双线区段为了避免列车运行晚点,可以根据具体情况,组织反方向行车。另外,在双线区段组织反方向行车,也是组织区间卸车或线路施工时所采用的主要运行调整方法。

(4) 当列车密度大而区段能力又较紧张时,对小运转列车或编成辆数较少而在前方各站又无作业的列车,组织其与相邻列车合并运行。为了减少单机占用运行线,也可组织单机附挂或单机重联。

(5) 根据各站具体作业条件及列车的作业情况,组织车站快速作业,压缩列车停站时间。

(6) 根据各中间站现在车情况及摘挂列车编组内容,确定摘挂列车甩挂计划及不摘车作业计划,规定列车在各中间站的作业时间。为了预防摘挂列车晚点,可利用单机或其他机车协助摘挂列车作业;组织其他列车加速运行,使晚点的摘挂列车恢复正点运行;利用列车在站待避或等待装卸的停站时间,为前方站挑选车组,以节省前方站的调车作业时间;组织同时到站会车的两列摘挂列车互换作业,缩短列车停站时间。

(7) 为了满足组织区间装卸及线路施工而腾出一定运行间隙的需要,可采用组织列车早点运行、组织中间站快速作业、变更会让地点和会车方式、合并列车运行、组织反方向行车等方法进行列车运行调整。

二、高速铁路列车运行调整方法

高速铁路列车运行的调整策略应当严格按照高速铁路的各项行车规章制度展开。基本工作原则是由列车调度员集中统一指挥,确保列车行车安全,从全线总体效益出发,以实现综合效益最优为目标,尽可能地按计划图行车提高列车正点率,尽量减少晚点带来的影响。常用的调整方法有:

(1) 变更列车到发顺序。此方法比较常用,为保证高等级列车的正点率,往往晚点列车需要在某一车站避让高等级列车,此时到发顺序改变,这种方法也使得列车到站时刻发生变更。

(2) 变更列车区间运行时分。此方法包括列车在特定区间加速或减速运行。

（3）增开列车。在线路能力充裕的区间,若有空闲动车组使用时,可以采用此方法。

（4）取消停站或取消列车。对于旅客列车,这种方法一般不使用,只有在遇到自然灾害或不可抗拒因素影响下才有可能采用。

（5）中速列车下线运行。高速铁路能力紧张时,可使中速列车下普速铁路运行。

（6）变更到发线使用。列车运行晚点,到发线无法按计划的顺序使用时会影响后续列车的开行,此时可以使用此方法调整。

（7）变更动车组交路。当动车组担任的运行线晚点时,动车组交路计划中与之衔接的运行线改由其他动车组来担当运行任务。

第三节　城市轨道交通列车运行调整

城市轨道交通列车运行以运行图为基础。在日常运营中,当发生小延误时,列车自动控制系统(ATC系统)能根据计划运行图自动调整列车运行速度等级,通过压缩停站、区间运行与折返时间等手段完成列车的自动调整过程。而当发生长时间的列车延误时,列车的自动调整效果非常有限,因此不得不采用一些特殊的调整措施。

1. 列车跳站停车

列车跳站停车(简称"跳停")是指列车在某站直接通过而不停车也不进行上下客作业的策略。根据列车跳站停车的目的不同,可分为赶点跳停、空驶跳停和换乘站邻线列车跳停三种情况。

（1）赶点跳停是指列车发生延误后,为了能尽快恢复至正点运行,在某些车站直接通过,以节省列车在站的停站时分和起停附加时分。赶点跳停需要遵循一些原则:在有一定行车间隔保证的条件下才能跳停;列车跳停要考虑车站的上下车人数和列车满载率;末班车不能跳停;同一车站不宜被连续两次跳停;同一列车尽量不要连续跳停多站等。赶点跳停会增加被跳停车站的乘客等候时间,同时也会增加在被跳停车站下车乘客的换乘次数和旅行时间。因此,只有当线路发生长时间延误、列车运行秩序发生紊乱时才考虑采取此调整策略。

（2）空驶跳停是指为了缓解线路上某些车站的客流压力,组织空列车在始发站及部分中间站采用跳站通过,到客流量大的车站才开始停站并载客运行的策略。空驶跳停适合在高峰时间段内能力紧张的区段进行,也适合应用于因大型活动而形成的车站突发大客流的疏散。但空驶跳停会增加被跳车站的乘客候车时间和客流的积压,会在一定程度上打乱列车行车秩序,增加行车组织的难度。

（3）换乘站邻线列车跳停。在网络化运营条件下,一些大型换乘站受延误线路的行车间隔延长的影响,为了避免邻线客流的大量换入对车站和延误列车造成冲击,有时需要邻线采取列车跳站运行的措施。这种跳停措施不仅会增加被跳停列车部分乘客的旅行时间,还会增加被跳停车站旅客的候车时间。该措施的适用条件是被跳停列车有大量前往延误线路的乘客。该措施的实施需要客流组织的配合,由于对乘客的影响较大,需要慎重考虑。

2. 扣车

扣车是指发生长时间延误时,将一列或多列前行列车在前方车站增加停站时间,延迟发车时刻,以均衡列车间的行车间隔。扣车能缩短部分乘客在扣车车站的候车时间,提高车站的服务水平,但会增加被扣列车上乘客的旅行时间。扣车的实施需要根据车站客流量和前后行列车行车间隔来确定,总的原则是使列车在车站的到发尽量均衡,避免大间隔的出现。扣车时,前行列车在车站的扣停时间取决于对初始延误持续时间的判断,根据初始延误时间,逐步改变停站时间,因此,离延误列车越远的列车扣停时间会越短。

3. 小交路折返

小交路折返是指当列车发生较长时间的延误后,为了减少对后续列车的影响,组织延误列车在具备折返条件的车站提前折返的策略。小交路折返的车站必须具备折返能力和条件(最有利的条件是站后折返,这样在折返过程中对反向列车的影响较小)。小交路折返对行车组织和客流组织(需要提前广播或清客)有较高的要求,同时小交路折返会牺牲某些区段的能力。因此,该方式适合于在延误时间较长且行车密度较高的线路上采用。

4. 调整列车运行间隔

当换乘站由于客流骤增造成作业困难时,行车调度员可根据列车的运行情况,适当调整列车运行时间间隔,尽量避免各线列车同时到达换乘站。

5. 利用备车

利用备车是指当列车发生故障或长时间延误时,采用备用车底来顶替故障列车或延误列车的调整策略。备车使用的条件有多种,如当线路上列车发生故障不能继续运行时,需要用备车上线替开延误列车,使运营恢复正常;或当列车出现长时间延误时,可利用备车上线来连接后行列车。利用备车进行列车的运行调整,会增加运输组织的难度,尤其是备车上线时机的选择。在备车开行时,要做好车站的客流组织工作,尽量避免客运作业对行车组织过程产生的影响。

6. 停运列车

故障区段列车运行速度低、办理作业时间长,而 ATC 正常区段列车运行速度高、行车作业时间短,如此势必会造成列车堵塞。通过减少线上列车数量(即抽线)的方法来实现均衡运输,这样既便于调度指挥,又方便客流组织。

行车调度员对列车运行调整方法的选择,取决于列车运行的具体情况。在实际工作中,往往是上述多种列车运行调整方法的组合,如备车与跳停组合、备车与小交路折返组合、扣车与跳停组合等。这些组合策略集合了各种措施的优点,对于缓解延误的影响效果更明显,但对调度员的业务素质要求也更高,且实施过程中需要加强客运组织的配合。

第二十六章

铁路日常统计与分析

根据报告方式及其作用的不同,铁路运输统计可分为业务统计和精密统计两类,而铁路运输日常统计属于业务统计。

(1) 业务统计。业务统计的目的是及时让有关部门了解和掌握日常运输生产进度和指标完成情况,为组织和指挥运输生产提供依据。它由各基层单位统计室在每日 18:00 向上级统计部门报告。

(2) 精密统计。通过对原始单据的摘录、整理、汇总而定期编制的月、季、年度统计报表,在铁路运输统计中习惯称之为"精密统计"。其主要用途是为有关部门编制与检查月、季、年度铁路工作计划,评定工作成绩,制订运输政策,核算生产财务结果以及清算拨款等提供依据;主要由统计工厂来完成。

运输工作分析可分为日常分析(日分析、班分析)、定期分析(月分析、旬分析)和专题分析。日常分析是指国铁集团、铁路局调度机构于日班工作终了时,对日班计划执行情况所做的分析。它能及时查明计划完成情况及未完成的原因,从而可以及时采取措施,解决工作中出现的问题。定期分析是指国铁集团、铁路局按月、旬对运输工作生产计划完成情况进行的分析。它能比较深入地对计划指标的完成情况及影响因素进行分析,从而能较全面地发现问题,采取对策。根据需要,定期分析还可以对某一问题做专门的且较为深入的分析,即所谓专题分析。

第一节 旅客运输主要工作指标统计与分析

为了不断提高旅客运输质量,评价运输管理水平,必须对日常客运工作进行统计和分析。其中,统计是分析的基础和前提,分析是统计必然的继续,二者密切相关。

一、旅客运输日常统计

铁路旅客运输日常统计在站段、路局和全路分别进行,其统计内容也存在一定差异。

1. 车站客运统计

车站客运统计是整个客运统计分析和客运管理工作的基础,其主要统计客流的流量、流向和行李包裹运输的有关指标。车站客流和行包统计内容主要按报表的形式进行,通常有以下这些报表:

(1) 发送旅客去向统计表,按客流性质(直通、管内和市郊)和发送方向(线别)分别统计。

（2）下车人数来向统计表，按线别统计旅客来向。

（3）中转客流来向、去向统计表。

（4）客流区段统计表。

（5）席别分线运能与运量统计表。

（6）输送能力与实绩运量统计表。

（7）节假日客流统计表。

（8）行李包裹运输统计表。

2. 路局客运统计

（1）客流统计。有硬席区段统计表，统计列车分区段的客流密度、客流量；分区段、分车次的旅客乘车人数统计表；客运情况表，统计管内、重要站发送数量和各线的客流密度、卧铺使用情况、临时加开列车开行情况等。路局汇总整理后，形成旅客计划运输报告（客流量、卧铺使用情况、分界站报告等）和客运调度汇报表（旅客发送及行包发送、中转数，各干线客流密度，加开加挂情况等）。

（2）旅客列车运行统计。主要是列车晚点情况分析表，其内容包括按始发正点、运行正点情况，分别统计晚点率、晚点原因，以及接入晚点列车的列数、顺延列数和恢复列数、恢复时分等。

（3）客车运用统计。主要有当日客车动态记录、客车分界站报告（客车分界站出入情况）、检修车登记簿、客运调度员日计划和客车 18:00 报告等。

（4）旅客运输安全工作统计。主要是旅客和行包事故统计。

国铁集团业务统计一般有列车运行情况统计、客运量统计和客车运用统计等。

二、旅客运输日常分析

旅客运输的分析工作可以分为客流分析、客车运用分析、安全正点和日常计划质量分析及综合评价分析。

1. 客流分析

为了合理组织旅客服务和旅客列车运行，一般按旅客乘车距离和管辖范围，将客流分为三种：直通客流、管内客流和市郊客流。其中，在日常统计分析中，又将直通客流分为输出客流、输入客流和通过客流。车站又可以将客流分为始发旅客和中转旅客两类。客流分析的主要内容有以下五个方面。

（1）旅客人数分析。对车站而言，旅客上车人数也称发送人数，一般按直通客流、管内客流和市郊客流分别分析。对路局而言，除发送人数以外，还要办理一部分中转旅客的运送，因此，运送旅客人数按发送、输入和通过进行分析；旅客人数指标完成情况分析，即发送旅客计划完成率；旅客人数的结构指标，有按照局和车站的中转旅客人数结构比率，直通、管内、市郊人数比率等。

（2）客流方向分析。车站始发客流方向客流比率；车站中转客流来向、去向比率；客流方向的区段客流比率；总的方向别客流结构比率；上、下行旅客不均衡系数。

（3）旅客周转量分析。旅客周转量是指一定时期内，路局或国铁集团完成的旅客人公里数。它是全面反映铁路旅客运输工作量大小的一项重要指标,也是各路局间分配运输收入、计算和分析劳动生产率及运输成本的重要依据,计算见式(26-1)。

$$\sum AL = A_{运} L_{客} \quad (人 \cdot km) \tag{26-1}$$

式中 $\sum AL$ ——旅客周转量;
  $A_{运}$ ——旅客运送人数;
  $L_{客}$ ——旅客平均运程。

周转量分析要按实绩统计资料分直通、管内和市郊进行,并须进一步分析其影响因素。

(4) 平均运程分析。平均运程是指运送每位旅客的平均旅行公里数,也需按直通、管内和市郊分别进行分析,计算见式(26-2)。

$$L_{客} = \frac{\sum AL}{A_{运}} \quad (km) \tag{26-2}$$

(5) 行李包裹运送量分析。主要指标有运送数量(分始发和中转)、计划完成率和结构分析。

此外,还有客流动态分析、节假日客流分析等内容。

2. 客车运用分析

考核客车运用效率的指标主要有车底周转时间、列车速度、车底(客车)日车公里、客车平均载客人数、客座利用率和客车检修率等。

(1) 车底周转时间指旅客列车所使用的车底,从配属站发出之时起,至下一次再由配属站发出之时止的全部时间,以整数天为计算单位,见式(26-3)。

$$\theta_{车底} = \frac{1}{24}\left(\frac{2L_{客}}{v_{直}} + t_{配}^{客} + t_{折}^{客}\right) \quad (d) \tag{26-3}$$

式中,$t_{配}^{客}$、$t_{折}^{客}$ 分别为车底在配属站、折返站的停留时间,h。

客车车底周转时间反映了车底周转全过程的运用效率,也反映了所有与客运有关部门的运用效率,是考核客车运用效率最重要的指标之一。

(2) 旅客列车速度指标有平均技术速度、旅行速度和速度系数等(参见本书第十九章和第二十章)。其中,旅客列车直达速度(直通速度)是指旅客列车在车底配属站与折返站之间的平均速度,即旅客列车在全程的平均速度,见式(26-4)。

$$v_{直} = \frac{L_{客}}{\sum t_{运转} + \sum t_{中停} + \sum t_{技停}} \tag{26-4}$$

式中 $L_{客}$ ——车底配属站与折返站之间的距离,km;
  $\sum t_{运转}$、$\sum t_{中停}$、$\sum t_{技停}$ ——列车运转时间、中间站停站时间、技术站停站时间。

(3) 车底(客车)日车公里指旅客列车车底或车辆平均一天内的走行公里数,见式(26-5)。

$$S_{客} = \frac{\sum NS_{客}}{N_{客}} \quad (车 \cdot km) \tag{26-5}$$

式中 $S_客$——客车日车公里,车·km;

$\sum NS_客$——客车公里总数,车·km;

$N_客$——为运用客车数,列或辆。

(4) 客车平均载客人数指在一定时期内,全路、局平均每一客车公里所完成的人公里数,见式(26-6)。

$$A_{客车} = \frac{\sum AL}{NS_客} \quad (人/车) \tag{26-6}$$

式中 $A_{客车}$——客车平均载客人数,人/车;

$\sum AL$——一定时期内,全路、局完成的旅客周转量之和,人·km。

(5) 客座利用率指用百分率表示的平均每一客座公里完成的人公里数,见式(26-7)。

$$\lambda_客 = \frac{\sum AL}{NS_{客座}} \times 100\% \tag{26-7}$$

式中,$NS_{客座}$为客座公里总数,人·km。

3. 安全正点和日常计划质量分析

(1) 旅客行包运输安全分析,主要指标有售票责任差错张数,行李、包裹责任事故件批数及事故发生率,行包责任事故赔偿金额,旅客伤亡件数和旅客伤亡人数及其比率。

(2) 旅客列车正晚点分析,主要指标有旅客列车始发正点率和运行正点率及各部门责任比率。

(3) 日常计划兑现情况分析,主要指标有日计划旅客发送人数兑现率、执行预报兑现率等。

4. 主要评价指标

目前,具体应用的评价指标主要有旅客发送人数、旅客到达人数、旅客运送人数、旅客周转量、旅客平均运程、旅客列车直通速度、旅客列车始发正点率、运行正点率、客流密度、行包发送量、行包事故件数、旅客伤亡人数和客车年载运旅客人数等。

这些指标反映了旅客运输对安全、快速的要求。随着人民生活水平的不断提高,旅客对运输的便利性和舒适性要求日益强烈,应当进一步从便利、舒适的角度,增加一些指标,如旅客列车的开行频率、旅客旅行总时间(包括候车和换乘)、客车车辆人均占有面积、舒适度等。

第二节 货物运输主要工作指标统计与分析

一、货物运输日常统计

在运输生产的日常管理中,除了实时收集与列车运行有关的生产活动信息以及按阶段(3~4 h)收集现在车信息外,每日 18:00 还要对全日运输生产活动情况进行全面统计。铁路货物运输日常统计的主要内容有以下五个。

1. 分界站货车出入统计

分界站货车出入统计是反映铁路局间、营业线与新线、地方铁路间及国内与国外铁路间的列车、货车出入数的情况（运报一）。作为平衡铁路局货车现有数和检查列车、货车交接计划完成情况的依据。

2. 现在车统计

现在车统计是反映站段、路局管内每日 18：00 当时的货车现有数、分类情况及重车去向，据以编制运输工作日计划及调整运用车保有量。它包括现在车分类统计（运报二）、现在重车去向统计（运报三）。

3. 货车停留时间统计

货车停留时间统计是反映运用车办理货物作业和中转停留时间的完成情况。车站货车停留时间统计的内容和方法已于本书第一篇第七章中予以介绍。路局的货车停留时间则根据车站号码制、非号码制货车停留时间的统计资料及装卸车统计报表，按一次货物作业平均停留时间，无调中转、有调中转及平均中转停留时间，对路局管内各站的数据进行加权平均得出（运报四）。

4. 货车运用成绩统计

货车运用成绩统计是反映货车周转时间及与其有关的各项数量指标和质量指标的完成情况（运报五）。

对于日间货车周转时间完成实绩，采用车辆相关法，即

$$\theta = \frac{N_{18}^{当日}}{u} \tag{26-8}$$

式中，$N_{18}^{当日}$ 为当日 18：00 运用车数的统计数。

以当日 18：00 运用车数的瞬时值代表全日所使用的运用车数的方法显然不全面。由于统计方法上的缺陷，造成了局间抢 18：00 交车的现象。

为使货车周转时间的统计更加准确，可采用"车辆日"法进行统计计算，即在利用车辆相关法计算公式时，其分子"运用车数"按全天消耗的"车辆日"进行统计，以便完整地反映全日运用车数。全日所消耗的车辆日的统计办法可仿照车站货车停留时间的非号码制统计原理，按路局各分界站货车出入及运用车转入、转出资料，统计全局一昼夜消耗的"车小时"，然后按式(26-9)计算出局（分局）一昼夜使用的运用车数。

$$N = \frac{\sum Nt}{24} \quad (车 \cdot d) \tag{26-9}$$

$$\sum Nt = 24 N_{结存} + \sum_{j=1}^{K}\sum_{i=1}^{N_j} m_{ij} t_{ij} - \sum_{j=1}^{K}\sum_{i=1}^{N_j} m'_{ij} t'_{ij} + \sum_{j=1}^{F}\sum_{i=1}^{M_j} m_{ij} t_{ij} - \sum_{j=1}^{K}\sum_{i=1}^{M_j} m'_{ij} t'_{ij} \quad (h)$$

$$\tag{26-10}$$

式中 $\sum Nt$ ——路局管内一昼夜所消耗的车辆小时；

$N_{结存}$ ——昨日 18：00 结存的运用车数，辆；

t_{ij}、t'_{ij}——从列车接入分界站(或转入)、由分界站交出(或转出)时起至日末 18:00 止的时间,也称换算时间,h;

m_{ij}、m'_{ij}——分界站到达、出发的列车编成辆数,或转入、转出的一批车组内的车数,辆;

K、N_j——分界站的数目及其一昼夜到、发列车数,列。

F——所有这些转入、转出车的地点数;

M_j——各地点的转入、转出批数。

式(26-10)中后两项表示运用车与非运用车之转入、转出产生的车小时,包括备用车、检修车、企业租用车、自备车、新出厂车和淘汰车等的转入及转出。

利用这种方法可简便且精确地计算一昼夜消耗的"车辆日",即全日所使用的运用车数,并按公式计算货车周转时间。这比用 18:00 运用车瞬时值计算某一日所完成的货车周转时间更为精确。

5. 货物列车正点统计

货物列车正点情况反映的是货物列车按列车运行图的行车质量和日班计划的执行情况。货物列车正点率是考核运输组织工作的综合指标之一。为了反映列车运行图的执行情况,货物列车正点统计按货物列车出发正点和货物列车运行正点两项内容统计。货物列车出发正点率统计见本书第一篇第七章,运行正点率可按式(26-11)计算

$$\gamma_{运} = \frac{n_{运}^{正点}}{n_{运}} \tag{26-11}$$

式中,$n_{运}^{正点}$、$n_{运}$ 分别为正点运行的列车数和运行总列数,列。

对于列车正点、晚点出发并按出发运行线时刻正点、早点到达或晚点不超过规定旅行时间到达的,均属于运行正点。对于临时定点列车、限速列车和保留列车,一般按日(班)计划统计其运行正晚点。

货物列车正晚点的统计,不仅包括统计正点率指标,而且要统计晚点原因,并填记于"运报六"。

为了反映货运量及装卸完成情况,尚需进行装卸车统计,其统计方法见本书第一篇第七章。

二、货物运输工作分析

1. 货物运输工作分析的意义

日常统计必须准确、及时地反映运输生产活动实绩,以便正确分析,及时解决问题。运输工作分析则是根据统计资料,对运输生产活动进行分析,总结经验,以改进工作、提高运输组织管理水平,并不断挖掘运输潜力。分析工作必须加强调查研究,收集积累资料,综合采用各种科学的分析方法,不断提高分析质量,使之成为改进运输生产管理的重要基础。

货物运输工作分析一般包括装车分析、卸车分析、分界站交接车分析、列车运行图完成情况分析、运用车保有量分析、货车周转时间分析、机车运用质量指标分析和安全情况分析等。

运输工作分析应综合采用各种科学的分析方法，以提高分析水平。采用分层法和调查表法，可对统计数据进行分类整理，并进行粗略的原因分析。为了分析影响因素的主次，可利用排列图法（或称 ABC 分类法）。采用因果分析图法，可对影响生产的多种错综复杂的原因，如对装卸车完成情况、列车运行晚点原因以及安全情况等，进行清晰的图解分析。

对于一些指标统计量的数据处理，可利用直方图找出其平均值和标准偏差，并据此确定运用车保有量、货车周转时间、列车运行时分等的控制范围及其允许偏差量。对于具有相关关系的两种及以上数据，可利用散点图法进行相关性分析，如货车周转时间及其有关因素之间的关系分析。对于由多种主、客观因素构成一定函数关系的指标，如对货车周转时间的分项分析，可对各种影响因素采用固定因素分析法。

2. 装车分析和卸车分析

装车计划是运输计划的主要内容，装车也是整个运输过程的开始，装车计划完成情况将直接影响重车输送、交接和卸车等运输过程中的其他环节。因此，在日常分析和定期分析中，均应分析装车计划的完成情况，内容主要有：装车数完成情况，品类别装车计划完成情况，去向别装车计划完成情况，均衡装车情况，始发、阶梯直达列车及成组装车计划完成情况。

为了考察上述装车计划完成情况，首先应将实绩完成数与计划数加以比较，确定完成装车计划的百分数；然后对主要装车站装车计划完成情况进行分析。

运输计划是按货物品类分别规定的，所以在分析总装车计划完成的同时，还应按货物品类来分析装车计划的完成情况。尤其当主要品类未完成装车计划时，应进一步分析原因，并制订相应的改进措施。

按去向别组织装车是保证列车运行秩序正常和全路车流相对稳定的重要手段。所谓按去向别组织装车是指按计划向管内和外局组织装车。当向管内装车不足标准时，会影响管内卸车计划的完成，甚至造成管内运用车保有量的不足。当向外局未按去向别组织装车时，除了影响各方向列车运行正常秩序外，也会影响其他局装卸车计划的完成，甚至造成全路车流的混乱。

均衡装车是指一昼夜内各阶段、一旬内各日、一月内各旬均衡地组织装车，它是提高运输效率、改善铁路通过能力和车站作业能力利用的重要途径。所以，分析时应查明不均衡装车的原因，以便采取措施来提高运输工作的均衡性。

按运输方案和日计划安排组织直达列车和成组装车，是改善车流组织、加速车辆周转的有效措施。不断提高直达列车和成组装车的比重是铁路车流组织的方向，也是衡量各局运输工作组织水平的重要标准。因此，在日常作业组织中，对于已纳入计划的直达列车和成组装车，应按计划保证优先配送空车。如果总装车数已完成，而直达列车和成组装车计划尚未完成，仍可认为装车计划完成得不好，或组织装车工作的质量不高，应进一步查明其原因，并拟定相应的改进措施。

做好卸车工作是完成装车和排空计划的重要保证。因此，在日常分析和定期分析中都需做卸车分析，以查明卸车计划的完成情况，找出未完成计划的原因，总结组织卸车工作的经验，以便据以制订相应的措施来提高运输组织水平。

为了考察卸车计划完成情况（包括主要站、主要收货单位），将实绩完成数与计划数进行比较,确定完成卸车计划的百分数。此外,为进一步总结完成计划的经验,查明未完成计划的原因,还应分别就管内自装自卸车数及接入自卸车数计划完成情况、管内工作车保有量及车站 18:00 待卸车情况、管内重车输送计划完成情况进行分析。

3. 分界站车辆和列车交接分析

按计划规定完成分界站货车和列车的交接任务,是合理分配各局运用车、保证完成运输生产计划的重要条件。任何一个分界站交接任务完成得不好,都将给有关局的工作造成不良影响。分界站交接分析的内容主要有：分界站车辆和列车交接标准的完成情况、车辆和列车交接的均衡性、车种别排空任务的完成情况。

和装卸车分析一样,分界站车辆和列车交接分析首先也应从数量上进行考核,按分界口计算重、空车辆交接任务完成百分数。

分界站移重车包括接运通过和自装交出两部分。交出空车包括接运通过和本局排出两部分。车辆和列车接入情况,除了与邻局交车有关外,也与本局接车有关,因此应分别加以分析。

为保证各局间运输的均衡和协调,分界站交接不仅要求总数量完成,而且要求在时间上均衡,所以还应对分界站交接的均衡性进行分析。

在分析排空任务完成情况时,除了需要按分界站别分析完成车数及时间上的均衡性外,还应按车种别进行分析,以判明车种别排空任务完成情况。对于规定编组空车直达列车的编组站、区段站和货物站,还应分析空车直达列车编组计划的完成情况。

4. 列车运行图完成情况分析

列车运行图是铁路行车组织工作的基础。列车正常运行是整个运输组织工作的关键。因此,列车运行图完成情况是反映运输工作质量的重要内容。分析的主要内容有：旅客列车和货物列车出发和运行的正晚点情况,旅行速度完成情况,行车安全情况。

列车出发和运行正晚点情况的考核指标为列车出发正点率和列车运行正点率,并按旅客列车和货物列车分别统计。

旅行速度是列车运行图的主要质量指标。对旅行速度完成情况的分析,应对旅行速度、技术速度、速度系数几项指标同时进行,以查明影响旅行速度的两部分因素(技术速度和中间站停站时间)的完成情况。

行车安全情况的日常分析,主要可根据调度员填写的"行车事故概况"登记表进行。应查明事故原因和责任者,并及时做出处理。对于重大、大事故一般应在进行深入调查后,作出专门的事故分析。

5. 运用车保有量分析

各路局保有一定数量的运用车,是完成装卸车任务和分界站移交车任务的保证。运用车的合理分布,是保证完成全路运输生产任务和保持运输状态正常的重要因素。对于运用车保有量进行分析,除了分析运用车总数外,尚需按单位、去向别、车种别进行分析。

1) 路局管内运用车保有量的分析

运用车的合理分布应按层次进行控制,国铁集团对各路局运用车数进行控制,路局应对管内的运用车数进行管理,使其能经常保持在正常范围。

2) 各种运用车保有量的分析

对于运用车保有量,还须掌握重车运用车和空车运用车保有量。重车应按去向别即管内工作车运用车和移交车运用车分别掌握;空车当有条件时应按车种别掌握。对运用车保有量的分析,须按管内工作车、移交车和空车保有量分别加以分析。如表 26-1 所列,该局运用车保有量虽增加了 250 车,但其中管内工作车和由 A 分界站交出的移交车却还不足标准数,超过标准数的主要是 B、C 分界站的移交车。因此,解决问题主要应从加速向 C 分界站移交车辆入手,并应采取措施增加管内工作车保有量,以保证管内装卸任务的完成。

表 26-1 各种运用车保有量分析表

项目		标准	实绩	差
运用车		5 000	5 250	+250
管内工作车		2 500	2 400	−100
空车		1 000	1 000	0
移交车		1 500	1 850	+350
其中	A 分界站	500	450	−50
	B 分界站	400	550	+150
	C 分界站	600	850	+250

3) 运用车保有量与工作量、货车周转时间的关系分析

运用车保有量 N 与工作量 u 和货车周转时间 θ 之间有密切的关系。因此,当运用车保有量发生变化时,应按公式 $N=u\theta$,用固定因素法加以分析,即首先按实绩完成的工作量 $u_{实际}$ 和计划的货车周转时间 $\theta_{计划}$,计算出换算运用车数 $N_{换算}$:

$$N_{换算}=u_{实际}\theta_{计划} \quad (车) \tag{26-12}$$

也可用式(26-13)计算换算运用车数:

$$N_{换算}=u_{实际}\theta_{换算} \quad (车) \tag{26-13}$$

式中,$\theta_{换算}$ 为换算周转时间,d。

换算运用车数说明由于工作量变化所应保有的运用车数,然后将此数与实绩运用车数进行比较。

6. 货车周转时间完成情况分析

货车周转时间是从时间利用方面衡量货车运用效率的主要指标。它既能综合反映运输生产的工作质量,又直接影响运输产品质量指标——货物送达速度。因此,经常分析货车周转时间完成情况并提出改进措施是十分必要的。

在对货车周转时间进行日常分析时,可采用简便迅速的车辆相关法。除了分析总的货车周转时间外,还应对管内工作车、移交重车和空车周转时间按同样的方法进行分析,以便发现货车周转时间变化的原因。如表 26-2 所列,某局总的货车周转时间较计划标准压缩了 0.02 d。总的来说,当日运输工作情况是好的。但进一步分析可知,这一成绩主要是由于空车周转时间显著降低所致。而管内工作车的输送和卸车组织却还有缺点,以至于卸车标准没有完成,管内工作车周转时间有所延长,管内工作车保有量超过了标准。

表 26-2　某局货车周转时间分析资料

运用车分类	N			μ			θ		
	标准	实绩	差	标准	实绩	差	标准	实绩	差
运用车	6 710	6 696	−14	6 100	6 200	+100	1.10	1.08	−0.02
空车	1 080	740	−340	3 600	3 700	+100	0.30	0.20	−0.10
管内工作车	3 070	3 156	+86	2 900	2 700	−200	1.06	1.17	+0.11
移交车	2 560	2 800	+240	3 200	3 500	+300	0.80	0.80	0

在对货车周转时间进行定期分析时,应按货车周转时间的各项因素进行。表 26-3 为某局货车周转时间完成情况资料。该局货车周转时间缩短 0.1 d,装车数、卸车数、接运重车数及工作量均超额完成任务。但该局的旅行速度、中转时间、一次货物作业时间却均未完成计划,其货车周转时间的缩短主要是由于货车全周距由 313 km 缩短为 267 km。由此可见,对于由客观因素和主观因素多项指标构成的综合指标,其完成情况的分析应采用固定因素法,即将该项综合指标中有关客观因素按实绩完成情况,对其主观因素按计划要求标准,依此求出综合指标的换算标准后将实绩完成指标与换算指标对照,分析运输生产工作质量。这样可以剔除客观条件变化对指标的影响。

表 26-3　某局货车周转时间完成资料

指标	全周距/km	旅行速度/(km·h^{-1})	中转距离/km	中转时间/h	一次货物作业时间/h	管内装卸率	装车数/车	卸车数/车	接运重车数/车	工作量/车	运用车保有量/车	货车周转时间/d
计划	313	25	100	3.0	9.0	0.23	300	350	2 500	2 800	2 800	1.0
实绩	267	24	100	3.1	10.0	0.22	330	360	2 900	3 230	2 907	0.9

换算的货车周转时间表示客观因素按实绩需要,而三项主观因素按计划完成时应能达到的货车周转时间,利用换算周转时间进行分析的方法如表 26-4 所列。

表 26-4　货车换算周转时间分析

分项		计算公式	时数			实绩比计划	实绩比换算
			计划	实绩	换算		
在列车中		$T_{旅} = \dfrac{l}{v_{旅}}$	$\dfrac{313}{25}=12.52$	$\dfrac{267}{24}=11.13$	$\dfrac{267}{25}=10.68$	−1.39	+0.45
在技术站		$T_{技} = \dfrac{l}{L_{技}} t_{中}$	$\dfrac{313}{100}\times 3=9.39$	$\dfrac{267}{100}\times 3.1=8.28$	$\dfrac{267}{100}\times 3=8.01$	−1.11	+0.27
在装卸站		$T_{货} = K_{管} t_{货}$	$0.23\times 9=2.07$	$0.22\times 10=2.2$	$0.22\times 9=1.98$	+0.13	+0.22
合计	时数		24	21.6	20.67	−2.4	+0.93
	天数		1.0	0.9	0.86	−0.1	+0.04

由表 26-4 可见,换算的货车周转时间标准应为 0.86 d 比实绩少 0.04 d。这说明该局由于没有能按计划完成旅行速度、中转时间及一次货物作业时间,致使货车实绩周转时间延长了 0.04 d。利用这一原理也可分析某单一因素对货车周转时间的影响。

7. 机车运用质量指标分析

为了完成运输任务,机务段、路局必须保有一定的运用机车台数。所需的运用机车台数与机车运用质量指标之间存在以下关系:

$$M_{货} = U_{供应} K_{需} = U_{供应} \theta_{机} / 24 \quad (台) \tag{26-14}$$

式中　$U_{供应}$——机车供应台次,台;

$\theta_{机}$——机车周转时间,h。

由此可见,在一定的运用机车台数条件下,如完不成规定的机车周转时间 $\theta_{机}$,则 $K_{需}$ 必然加大,$U_{供应}$ 相应减少,从而影响运输任务的完成。因此,机车运用质量分析是运输分析工作中的一项重要内容。

机车运用质量指标主要有机车周转时间、机车日车公里和机车日产量。在日常分析中,一般只分析机车日车公里完成情况;在定期分析时,同时分析机车周转时间和机车日产量。

一日内完成的机车日车公里数 $S_{机}$ 可按式(26-15)计算:

$$S_{机} = \sum MS / M \quad (车 \cdot km) \tag{26-15}$$

式中,$\sum MS$ 为一日内完成的机车公里数(包括单机公里),可根据实绩机车周转图确定,车·km。

将实绩完成数与计划标准数进行比较,可确定机车日车公里的完成情况。从机车周转图和列车运行图中查明机车在折返地点的非生产停留时间和在运行途中的延误,便可概略地说明未完成机车日车公里标准的原因。

在日常分析中,还应特别注意机车乘务组工作时间的情况。因为往往这也是造成机车在折返地点产生非生产停留的原因。

在定期分析中,除了把机车周转时间完成情况与计划标准进行比较外,还应做分项分析。机车周转时间的分项计算公式为

$$\theta_{机} = \frac{2L}{\beta v_{技}} + t_{基}^{段} + t_{基}^{站} + t_{折}^{段} + t_{折}^{站} \quad (h) \tag{26-16}$$

式中　L——牵引区段长度,km;

$t_{基}^{段}$、$t_{基}^{站}$——机车在基本段、基本段所在站的停留时间,h;

$t_{折}^{段}$、$t_{折}^{站}$——机车在折返段、折返段所在站的停留时间,h;

β——旅行速度系数。

按照式(26-16)进行逐项分析,可以查明机车周转时间未完成是由哪些因素造成的,以及每项因素对机车周转时间的影响程度,从而可以针对性地采取相应的改进措施。

为查明机车运用质量,除了分析机车在时间上利用情况的指标外,还应综合研究机车在时间与牵引力利用方面的指标。

综合反映机车利用情况的指标主要为机车日产量 $W_{机}$，其算式为

$$W_{机} = Q_{总} S_{机}/(1+\beta_{辅}) \quad (t \cdot km/d) \tag{26-17}$$

式中　$Q_{总}$——列车总重，t；

　　　$\beta_{辅}$——单机和重联机车走行率。

由式(26-17)可以看出，列车总重和机车日车公里数的减少，或单机走行率的增加，都将给机车日产量指标带来不良影响。因此，分析时应注意查明发出欠轴列车的原因，以及为何会产生不必要的单机走行，以便改进工作，不断提高机车运用效率。

第二十七章

轨道交通系统运营可靠性

第一节 概 述

"可靠性"是包含系统工作的不间断性及其工作能力的一个复杂概念。运输系统的可靠性问题有其自身的特点,是指在一定的运营条件下完成指定任务的特性。系统越复杂,影响其运营可靠性的因素就越多。同时,运营可靠性不仅取决于技术设备的可靠性,还取决于运输流的通过条件和规律性。

在可靠性理论中,把故障划分为:完全故障、局部故障、突然故障、独立故障、生产性故障、结构故障、职能故障、间歇故障和运营故障等。

完全故障是指客体产生这类故障后,不可能再恢复其原有工作能力的故障。如车辆、线路因各种原因造成的严重破坏属于完全故障。

局部故障是指发生这类故障后客体还能利用,只是一个或若干个参数的指标超出了允许限度。它们与系统工作的主要参数恶化有关,如铁路线路和道岔的一些故障。当发生这些故障时不用停止列车运行。

突然故障的特征是系统的一个或几个主要参数发生突然的、不可预料的变化而造成的故障。如个别钢轨的突然损坏、自动闭塞装置失效等。突然故障也可能成为完全故障。

生产性故障是指违反客体生产或维修技术作业过程或因其技术作业过程不完善所造成的故障。这些故障多数发生在车辆、线路设备、接触网等维修作业中。

结构故障是指由于结构缺陷或设计不合理而产生的故障,包括与车辆、线路设备及其客体结构有关的各种故障。运输系统线路和各种车站的设计错误便属于这类故障。这些设计错误主要有:车站方案选择设计不合理、咽喉区设计不当、确定通过能力的依据不准确、其他引起运输流延误的差错等。

在车站和区段工作中经常发生暂时丧失工作能力的职能故障。作业效率不高、线路数量不足造成运输流在站外的停留,以及各种技术组织原因造成的运输流在某个特定地点前的停留等都可以理解为职能故障。

运营故障是指违反技术管理规程等运营章程或受未预计到的外界干扰而造成的故障。列车的各种延误,如向区间发车、车站接车或列车通过时发生的运行图和车站技术作业中未规定的延误,均视为车站、区段工作的运营故障。因为列车接发和通过的延误,都是偏离运行图或不遵循车站技术作业过程的结果。此外,由于违反规章制度等原因,也可能使列车和车辆产生延误,这是特殊类型的运营故障。按事故发生的性质和原因,可将运营故障分为技术设备故障和技术组织故障两大类。其中,技术组织故障是与技术设备磨耗、损坏和参数恶化无直接关系的其他故障。如乘务组缺乏、车站满线、技术作业不及时、进路准备不及时、列车整备延误和信息系统错误等。

按照列车和车辆发生延误的地点,故障可能发生在车站内、接近车站线路上或区间上,也可能同时发生在几个车站或区间上。

大多数技术组织故障是一些间歇故障,这是一种由运输流延误的多种原因引起的具有同样特征的周期性重复出现的故障。

第二节 轨道交通系统运输能力损失及其传递

一、轨道交通系统运输能力损失

轨道交通系统是一复杂的动态大系统。运输系统的有效能力主要表现为一定时间段内不间断接入车流的存储型能力和发出车流的作业型能力。因此,可用不同时间段中系统车流的保有数量与输入输出车流数量来描述系统能力的利用情况。

取双线自动闭塞区段的某一方向为研究对象,另一方向作为环境因素。若 i 系(子系统 i 的简称,余同)为技术站子系统,则 $(i-1)$ 系和 $(i+1)$ 系分别为与技术站相邻接的两个区段子系统。如果将运输生产时间单位每天分为 n 个不同的时间段,任一时间段 k 的起始时刻为 t_{k-1},结束时刻为 t_k,全天的时间段形成时间序列集合为 $\{0, t_1, t_2, \cdots, t_{k-1}, t_k, \cdots, 1440\}$。由于铁路运输生产按列车运行图、车站技术作业过程进行,因此,每个时间段还可以进一步细分为若干个时间间隔,形成新的子时间序列。设 i 系任意时刻的状态用系统中的车流数量 $x_i(t)$ 表示,时间段 $[t_{k-1}, t_k)$ 中输出车流数量为 $y_i(t_{k-1}, t_k)$(车流数量的单位可视具体情况取列或车),则该时间段中,i 系应有如下的车流状态平衡方程:

$$x_i(t_{k-1}) + y_{i-1}(t_{k-1}, t_k) = x_i(t_k) + y_i(t_{k-1}, t_k) \tag{27-1}$$

运输能力的利用是以计划进行的,在实际作业组织的任一时间段中,由于受各种随机因素的影响,作业发生延误或中断造成计划没有完成,设备能力被空费,影响了生产任务的完成,计划有效能力向实际无效能力转化,称这种转化为该时间段中的能力损失,具体表现形式为给定时间段内输入输出车流数量减少,或车流的输入输出时刻延后。

能力损失有两种形式:一种形式为直接能力损失,其后果是本阶段本子系统任务没有完成,需要后续阶段的计划无效能力来弥补,并将影响下一阶段任务的完成;另一种形式为间接能力损失,其后果是延长了机车车辆的周转、货物的送达。

这两种形式的能力损失在实际运输组织中均表现为列车运行晚点。由于列车晚点还会发生传递,因此可将晚点进一步细分为初始晚点和传递晚点。

二、能力损失产生原因分析

任一时间段中设备空闲和故障中断造成的设备有效利用时间减少和作业延误造成的单位作业量占用设备时间增加是形成能力损失的根本原因,具体可分为以下三类。

1. 作业组织延误造成的能力损失

运输流从发站至到站的过程经历了多个作业环节,每个作业环节中均有可能因作业组织不当,造成实际作业与车站技术作业过程、列车运行图等计划安排的偏离,如机车、乘务组数量不足及安排不及时、列车编组作业延误、列检组作业延误、货运作业延误、列车区间运行延误等。由于这类延误的发生受人为因素影响较大,因此随机性也较大,且作业组织中经常发生。

2. 设备故障造成的能力损失

设备故障主要有固定设备故障、移动设备故障以及其他辅助设备故障等,如线路、通信信号设施、接触网、机车车辆等故障。这类故障往往与铁路行车安全状况联系在一起,其不仅会造成设备的损坏,同时还会造成运输能力的损失。

3. 外界因素影响造成的能力损失

外界因素影响造成的能力损失主要指气候、环境等对铁路运输的影响,如我国铁路因水害等自然灾害的影响而停运、限运所造成的能力损失,客货运输量出现大幅度下滑等。

一般而言,作业组织中的能力损失时间短,易于恢复,其主要后果是导致设备效率降低,而生产任务尚能完成;后两种能力损失往往会造成规定的生产任务无法完成并形成恶性循环,后果较为严重。

三、能力损失源及其数量指标

为叙述方便起见,下面将发生初始能力损失的子系统称为能力损失源,造成能力损失的原因都简称为系统的"故障"。

轨道交通系统受列车运行图、车站技术作业过程等计划的调整控制,呈现出一种离散性特点,因此故障期间不一定全部构成能力损失。同时,轨道交通系统又是一个可重复使用的系统。在系统发生故障之后,系统恢复具有两方面的含义:一是指排除故障,恢复作业;二是指恢复至计划要求状态。因此,轨道交通运输系统的能力损失在时间进程上可用故障发生时刻 t_i^B、故障排除时刻 t_i^E、系统恢复至计划状态时刻 t_i^R 来描述,并可分为如下时间段。

1. 系统故障及排除期 $[t_i^B, t_i^E)$

在此阶段,系统停止输出车流(输出车流减少可换算成输出车流停止的情形)。由于故障发生的原因多种多样,且都带有随机性,因此可以通过数理统计方法确定有关的统计值。

2. 系统恢复期 $[t_i^E, t_i^R)$

在此阶段,系统将利用计划无效能力加速作业,在输出计划车流的同时输出受阻车流,直至恢复至计划状态。

上述两个时间段,可用各时间段长度、延误列车数和延误列车小时作为描述能力损失的数量指标,见表 27-1。

表 27-1 能力损失的数量指标汇总表

	时间段	时间	延误列车数	延误列车小时
系统故障及排除期	$[t_i^B, t_i^E)$	$T_{损失,i}$	$N_{延误}(t_i^B, t_i^E)$	$Nt_{延误}(t_i^B, t_i^E)$
系统恢复期	$[t_i^E, t_i^R)$	$T_{恢复,i}$	—	$Nt_{延误}(t_i^E, t_i^R)$
能力损失	$[t_i^B, t_i^R)$	$T_{恢复,i} + T_{损失,i}$	$N_{延误}(t_i^B, t_i^E)$	$Nt_{延误}(t_i^B, t_i^R)$

定义子系统能力损失的恢复与损失时间比为

$$\beta_{恢复,i} = \frac{T_{恢}}{T_{损}} \tag{27-2}$$

该比率描述了损失源子系统能力损失的恢复速率，$\beta_{恢复,i}$越大，恢复速度越慢，$\beta_{恢复,i}$越小，恢复速度越快。当作业完全均衡时

$$\beta_{恢复,i} = \frac{\gamma_i}{1-\gamma_i} \tag{27-3}$$

由式(27-3)可知，恢复损失比主要与子系统的能力利用率有关，在不同能力利用率条件下，恢复损失比的变化如图 27-1 所示。从图中可以看出恢复损失比随能力利用率的增加而增加，即系统能力损失的恢复速度逐渐减慢。特别是当能力利用率大于 0.8 时，能力损失的恢复速度显著降低，因此，从恢复能力损失的角度来讲，系统的能力利用率应有一个合理值。

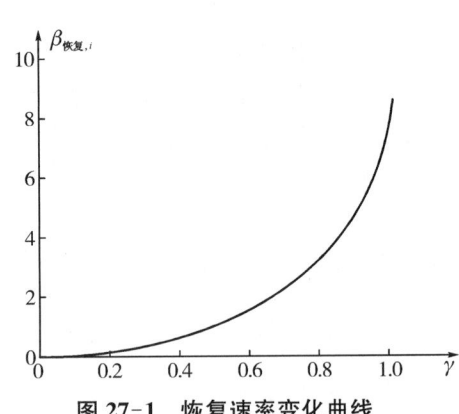

图 27-1　恢复速率变化曲线

应该指出，由于系统故障的发生主要是随机扰动影响的结果，因此，故障的发生时刻和持续时间是随机变量，同时各时间段中能力利用率不同，恢复策略不同，使得有关数量指标的计算具有十分复杂的函数关系，上述各式仅是统计意义上的平均值。但从分析可以看出，系统受随机扰动的能力损失程度及恢复速度主要取决于故障时间、系统在故障期及以后时间段内系统计划无效能力的大小和分布，以及能否转化为实际有效能力。

四、能力损失的传递规律

1. 能力损失传递过程中的延迟

任一能力损失源子系统 i 当前时间段发生的能力损失，需要后续时间段中的计划无效能力加以弥补，若称能力损失的这种对后续时间段的影响为能力损失在时间上的传递，显然，能力损失在时间维上具有向后的传递性。

由于轨道交通运输系统是一个以多级串联系统为主体的串并联系统，前方子系统需要后方子系统不断地提供输入车流，而后方子系统又需要前方子系统提供必要的作业和排队场地，故能力损失不仅在时间维上具有向后的传递性，而且在空间维上（子系统的前后方子系统）也具有传递性，能力损失在空间维上的传递较之在时间维上的传递具有更大的复杂性，也是影响系统总体有效能力的关键因素。

1) 故障及排除期

i 系在时刻 t_i^B 发生能力损失后，由能力损失的定义可知，i 系在时间段 $[t_i^B, t_i^E]$ 中的输出车流量为 $y_i(t_i^B, t_i^E) = 0$，因此，能力损失的传递过程如下：

(1) 能力损失的向后传递过程。i 系能力损失开始时，$(i-1)$ 系并未受到影响，至后续

任意时刻 t，i 系的输入车流量为 $y_{i-1}(t_i^B, t) = y_{i-1}^{计划}(t_i^B, t)$，根据系统平衡方程有

$$x_i(t) = x_i(t_i^B) + y_{i-1}(t_i^B, t), \quad t_i^B \leqslant t \leqslant t_i^E \tag{27-4}$$

由于系统的存储容量有限，当 $x_i(t) = N_{存储}^{max}$ 时，i 系将无法接入车流，表明 $(i-1)$ 系被迫停止输出车流，从而引起 $(i-1)$ 系的能力损失，这就是能力损失的向后传递。这种传递主要由 i 系的存储能力和后续时间段的车流到达强度决定。在这个过程中的延迟时间可称为第一类向后传递延迟时间 $T_{延迟,后}^1$。

(2) 能力损失的向前传递过程。同样地，i 系能力损失开始时，$(i+1)$ 系未受到影响，至后续任意时刻 t，$(i+1)$ 系的输出车流量为 $y_{i+1}(t_i^B, t) = y_{i+1}^{计划}(t_i^B, t)$，根据系统平衡方程有

$$x_{i+1}(t) = x_{i+1}(t_i^B) - y_{i+1}(t_i^B, t), \quad t_i^B \leqslant t \leqslant t_i^E \tag{27-5}$$

由于不同时间段中子系统需要根据列车编组计划、列车运行图来安排作业，因此，其输出车流需满足有关计划安排的要求。若后续时间段中 $(i+1)$ 系将因缺少需要车流而无法发车时，表明 $(i+1)$ 系被迫停止输出车流，引起 $(i+1)$ 系的能力损失，这就是能力损失的向前传递。由于满足计划要求的车流量一般与系统的总车流量成正比，因此，这种传递主要由 i 系的总车流量决定。这个过程中的延迟时间可称为第一类向前传递延迟时间 $T_{延迟,前}^1$。

(2) 能力损失对移动设备的影响。由于列车从技术站出发受到担当牵引任务的机车供应体系的影响，而机车供应则由列车运行图规定的机车交路决定，因此，当损失源 i 系为区段子系统时，某方向的列车运行延误，将会使得其反向运行的列车因缺少机车而无法发车，这是能力损失通过移动设备在对向系统中的传递。

2) 系统恢复期

当 i 系故障排除后，系统进入恢复期，在这期间能力损失的恢复过程如下：

(1) 后方子系统能力损失的恢复过程。当 i 系开始输出车流后，其存储容量被逐步腾空，同时，由于 $(i-1)$ 系受能力损失的影响，为了使系统状态达到平衡，则要求 $y_{i-1}(t_i^E, t)$ 增加，这就意味着要求 $(i-1)$ 系与 i 系同步加速作业，输出车流。

(2) 前方子系统的能力损失恢复过程。当 i 系能力损失结束后开始加速输出车流，同时，由于 $(i+1)$ 系受到能力损失的影响，为使系统状态保持平衡，要求 $y_i(t_i^E, t)$ 增加。恢复过程中要求 i 系迅速提供满足计划需要的受阻车流，因此，一方面，$(i+1)$ 系在恢复过程中仍然会因车流结构不匹配而产生间断性的中断现象；另一方面，在恢复期 i 系车流密集输出，又要求 $(i+1)$ 系有相应的存储容量，当 $(i+1)$ 系存储容量不足时，能力损失的恢复将耗费较长的时间。

这个过程中的延迟时间可分别称为第二类向后和向前传递延迟时间 $T_{延迟,后}^2$、$T_{延迟,前}^2$。

从能力损失源故障结束起至前后的第 j 个子系统的延迟时间为 j 阶传递延迟，由此可得出经历 n 阶传递延迟的第 $(i-n)$ 个和第 $(i+n)$ 个子系统故障结束的时刻为能力损失的传递和恢复过程，车流状态变化如图 27-2 所示。

2. 能力损失传递过程中的吸收

由于传递延迟的存在，各子系统能力损失的开始时刻逐渐延迟，损失时间也逐渐减少，因此，能力损失在传递过程中被逐渐吸收，这种吸收特性有如下两种形式：能力损失传递过

程中的完全吸收、能力损失传递过程中的逐步衰减。

3. 传递过程中的叠加

当系统中有两个及以上损失源时，不同损失源的能力损失在各自的传递过程中会产生相互叠加，形成综合能力损失影响。由于能力损失的传递具有向前和向后两个方向，且是在各子系统间顺序传递，因此，从时间上看，叠加是发生在能力损失分别向前和向后传递至两相邻子系统时发生的。

如前所述，能力损失的向前和向后传递的主要原因分别是各子系统的车流数量和存储容量的不足，而能力损失的恢复又主要取决于能否利用计划无效能力迅速为前方子系统提供足够的运用车流和为后方子系统提供足够的存储容量。因此，能力损失叠加时，子系统内部的车流数量和存储容量的变化较为复杂。

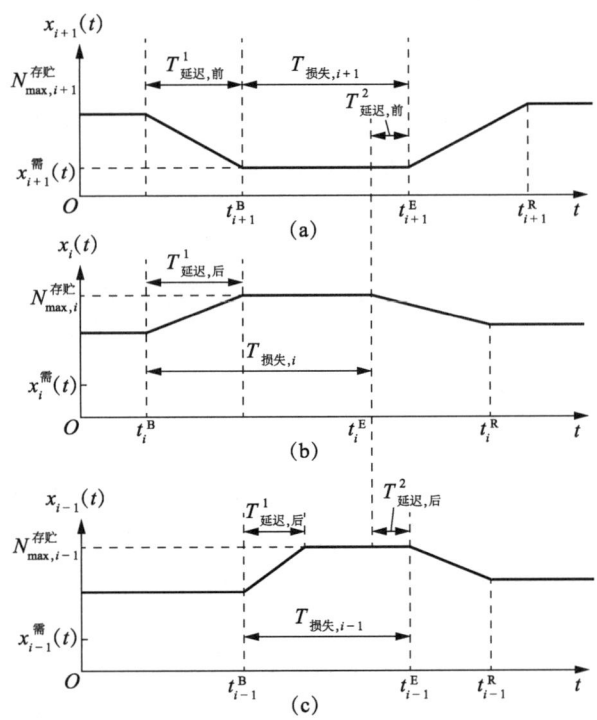

图 27-2　能力损失传递及恢复过程中车流状态变化

当两个损失源相互叠加时，由于造成能力损失向后传递的主要原因是存储容量不足，而造成能力损失向前传递的主要原因是车流数量不足，车流数量和存储容量的对立统一性使得叠加后各子系统的故障期中车流数量和存储容量能够达到一定的平衡，但也会导致系统恢复期中各子系统产生新的局部作业中断。前、后子系统的车流变化一般规律可用图 27-3 简示之。

图 27-3 表示两个损失源相互叠加时各子系统车流状态变化的一般规律，图中实线表示不考虑叠加影响时各子系统车流状态的变化曲线，阴影部分表示不同的故障开始时刻、系统恢复开始时刻的车流变化范围。从图中可以看出，能力损失相互叠加时，其恢复过程中仍将出现波动及局部中断，能力损失恢复的困难程度也将随之增加。

延迟是子系统能力利用中，在一定的设备配置、作业组织方式和车流条件下，对能力损失传递的一种滞后效应；吸收是能力损失传递过程中的衰减和抑制效应；叠加则是多个损失源子系统对能

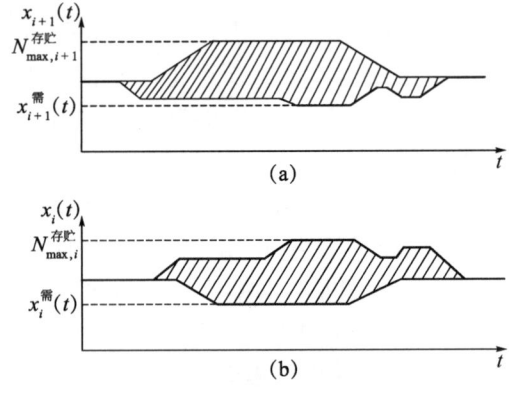

图 27-3　能力损失相互叠加时相邻系统车流变化示意

力损失传递的综合效应。对能力损失传递起重大影响的是传递过程中的延迟。一般而言，子系统延迟时间越长，对能力损失的吸收作用越大，多个子系统能力损失的叠加影响则越小。

第一类延迟越大，即损失源前后方子系统储备容量和储备车流越大时，被动损失子系统对能力损失的吸收量就越大，反之亦然。当第一类延迟量为零时，能力损失在传递过程中将呈现发散性，因此系统具备一定的储备容量及储备车流是十分必要的。

第二类延迟越小，即故障排除后，子系统中的计划无效能力越大，能力损失恢复过程中的恢复速度就越快，反之亦然。因此，系统具备一定的冗余作业能力也是十分必要的。

第二十八章

铁路运输调度指挥现代化

第一节 概 述

铁路运输调度在铁路运输的日常工作中占据核心和枢纽地位,具有极其重要的作用。铁路运输调度的基本任务是:正确地编制和执行运输工作的日常计划,科学地组织货流、车流和客流,搞好均衡运输,提高运输效率,经济合理地使用机车、车辆和其他技术设备,组织与运输相关的各部门紧密配合、协同工作,实现列车编组计划、列车运行图和运输方案,完成运输生产任务。

由于铁路运输系统涉及的生产活动规模大、地域广,涉及的设备种类及数量多且参与人员也多,因此,为了使铁路整体能够协调有序地工作运营,且能服从统一指挥、调整和控制,就需要相应的技术和设备来支持。其中,铁路运输调度指挥自动化、智能化具有十分重要的作用。

所谓铁路运输调度指挥自动化、智能化系统是指为满足铁路运输调度指挥的要求,利用先进的通信技术、计算机技术、控制技术和人工智能技术等,对铁路车站和区间的信号设备等进行远程控制和监测、对一定地域范围内运行的全部列车进行集中监视和实时控制的系统。调度人员通过这种系统可以对所管辖地区内的线路、枢纽及地区线路上运行的列车进行实时集中调度。随着实际运用的需要和科技的进步,运输调度指挥系统也在不断更新与发展。

1992年,铁道部开始建设铁路运输管理信息系统(Transportation Management Information System,TMIS)。该系统是铁路运输信息化的核心,于2002年底基本建成。TMIS包括货物运输计划管理信息系统、车辆管理信息系统、确报信息系统、货票管理信息系统、运输信息系统、分局调度综合信息系统和编组站信息系统等一系列子系统,对于提高铁路运输能力、降低运输成本、改善服务水平、增强竞争优势等具有十分重要的作用。

1996年,铁道部在吸取国外先进经验的基础上,决定建设铁路调度指挥管理信息系统(Dispatch Management Information System,DMIS)。该系统采用铁路信号技术、计算机技术、通信技术、网络技术、多媒体技术和数据库技术,通过铁路既有专用数据通道,将铁道部中心、铁路局中心、铁路分局中心以及覆盖全路所有车站的DMIS设备连成一个实时、可靠、安全的DMIS网络。

2005年,铁道部发布了《铁路信息化总体规划》,其中将DMIS与TMIS进行了系统整合,命名为铁路列车调度指挥系统(Train Operation Dispatching Command System,

TDCS)。此后又在 TDCS 的基础上,加入自动排列进路功能,和列车进路及调车进路的自律功能,发展成为兼顾行车作业和调车作业的分散自律调度集中系统(Decentralized and Autonomous CTC,CTC)。

TDCS 是铁路列车调度指挥系统,主要具备调度指挥信息的记录、分析、车次号校核、自动报点、正晚点统计、运行图自动绘制、调度命令及计划的下达、行车日志自动生成等功能。CTC 是分散自律调度集中系统,除了完成 TDCS 的全部功能外,还可以实现对管内车站信号设备的操控功能。

第二节 铁路列车调度指挥系统

铁路列车调度指挥系统(TDCS)是实现铁路各级运输调度,对列车运行实行透明指挥、实时调整、集中控制的现代化信息系统。TDCS 由全路、铁路局的 TDCS 中心局域网及车站基层网组成,是一个覆盖全路的现代化铁路调度指挥和控制系统。TDCS 利用信息技术、网络技术、控制技术等现代化科学技术手段,在保证网络安全的前提下,与相关系统紧密结合、互联互通、信息共享,实现铁路运输调度的科学化、现代化,不仅使运能增加、效率提高,还减轻了调度人员的劳动强度,改善了调度指挥的工作环境。

一、TDCS 系统结构

1. 总体结构

我国铁路调度指挥管理是以行车调度为核心,以站、段为基础,实行全路和铁路局两级调度指挥管理的体制。为了适应调度管理体制,TDCS 的设计分为三层网络体系结构,如图 28-1 所示。

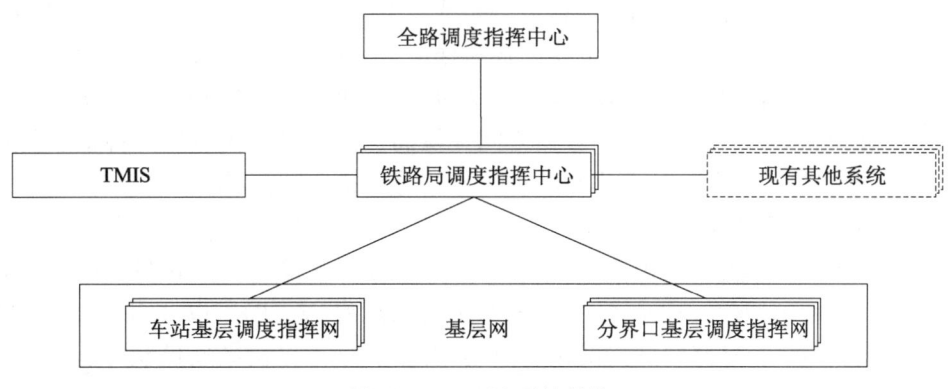

图 28-1 TDCS 系统结构

全路调度指挥中心 TDCS 位于系统的最高层,是核心部分。它以原铁道部调度指挥中心大楼为主体,构成一个为调度指挥服务的局域网,通过专线通道、数据网链路和路由器与 18 个铁路局调度中心实现远程连接,进行信息交换,并建立全路各专业技术资料库。全路调度指挥中心能获得各铁路局分界口、重要铁路枢纽、主要干线等的运输状况和 TDCS 基层网等的实时信息,在获得大量运输管理信息的基础上为运营决策提供真实可靠的信息,实现调度指挥工作的现代化管理。

全路调度指挥中心 TDCS 是为了适应铁路运输发展需要而建立的。它是一个集中式、综合型、透明的现代化运输调度指挥中心,是全路运输生产的总枢纽,也是一个综合了通信、信号、计算机、网络、多媒体、运输组织等多门学科技术的庞大系统工程。全路调度指挥中心 TDCS 的建成不仅极大地改善了调度人员的工作条件、提高了行车指挥的技术水平,也为决策提供了真实可靠的信息,实现了调度指挥工作的现代化。

铁路局调度指挥中心 TDCS 位于系统的第二层,在各铁路局所在地建有路局调度指挥中心局域网,通过专线与全路及其所属各车站实现远程连接,并进行信息交换。铁路局调度指挥中心不仅是管理层,同时也是直接调度指挥行车的指挥层,不仅要完成基层网信息的汇总、处理和标准化,监督铁路局各级调度,同时还将基层信息通过专线通道、数据网链路传送到上层全路调度指挥中心。随着铁路运输和信号技术装备的发展,铁路局调度指挥中心还具有对管辖范围内的信号设备集中控制的能力,可实现对列车进路的自动控制。

基层网位于系统的最下层,包括车站行车调度指挥系统等,主要完成信息实时采集、传送及监视等功能,是整个 TDCS 的信息来源。基层网的主要功能包括:列车运行及设备状态实时信息的自动采集和传送;无线车次号自动校核;车站的行车业务,包括自动报点、行车日志自动生成、甩挂车作业、列车速度报表、现存车统计、阶段计划接收;调度命令无线传送功能等。

2. 全路调度指挥中心 TDCS 系统结构

全路调度指挥中心 TDCS(简称"全路 TDCS")由高性能、高可靠的计算机网络系统构成。下面主要从局域网系统、广域网系统、服务器系统、工作站系统、大屏幕投影系统等硬件结构组成方面入手进行介绍。

1) 局域网系统硬件结构组成

全路 TDCS 网络由主干网和楼层接入网构成。主干网是全路 TDCS 网络系统的核心,用来连接小型机、高性能服务器、路由器设备和楼层接入网交换机、工作站等设备。为使主干网具有支撑实时传输、多媒体传输等功能,采用了成熟的 1 000 M 以太网技术,同时,传输介质采用光纤,它为各楼层客户及服务器之间提供高速的信息交换通道。各楼层用户网采用高效率的 100 M 以太网构成,可满足各种工作站等设备的带宽需求。

2) 广域网系统硬件结构组成

全路调度指挥中心使用路由器并通过 2 M 专线通道方式与铁路局调度指挥中心进行信息交换,遵照《列车调度指挥系统(TDCS)数据通信规程(V2.0)》,以 TCP/IP 协议进行信息共享和通信。对每个铁路局连接两条 2 M 专线通道,原因是两条通道能均衡信息流量并互为主备,以保证远程通信的可靠性。为了实时监视和记录全路 TDCS 与各铁路局 TDCS 通信通道的状态,2 M 专线通道侧还装有通信质量监督设备。

3) 服务器系统及存储系统硬件结构组成

服务器是局域网中的重要设备,系统设置了数据库服务器、应用服务器、通信服务器和信息接口服务器。所有服务器共享连接一套存储系统,对所有工作站提供数据库访问与应用服务。

数据库服务器和应用服务器均使用高性能集群软件来提供高可用性的集群环境。每台数据库服务器和应用服务器配置相同。数据库软件包括应用集群、分区、管理工具等组件。数据库服务器和应用服务器将完成系统最主要的任务，如数据库访问服务、文件访问服务、信息处理、数据统计分析、应用软件服务等。

通信服务器采用高性能 PC 服务器，形成双机热备系统，实现与各个铁路局的信息交换。选用通信中间软件作为支撑平台，通信协议遵照《列车调度指挥系统（TDCS）数据通信规程（V2.0）》。

存储系统包括一套存储区域网（SAN）光纤磁盘阵列和一套磁带库。主机接口和驱动器接口均为光纤接口，能满足数据较长时间的备份，并安装了管理软件和备份软件，以满足实时备份的要求。

4）工作站系统硬件结构组成

工作站由调度人员、各级管理人员及维护人员使用。调度人员使用工作站主要进行日常调度工作，各级管理人员使用工作站主要行使审批和监督检查的管理职能，维护人员使用工作站主要实施系统维护。工作站能提供图形界面，它通过网络访问数据库服务器、应用服务器和通信服务器以获取各服务器所提供的数据库服务和应用服务。另外，工作站支持单屏或多屏幕显示，可以满足不同的应用要求。

5）大屏幕投影系统硬件结构组成

大屏幕投影系统能集多种信息于一体，可提供高清晰度、大画面的宏观显示。全路调度指挥中心调度大厅设置的投影大屏幕墙是由多台投影仪投影的大屏幕组合而成的。大屏幕不仅能宏观地显示调度工作站的内容，而且能将活动图像通过网络接口的方式以大画面呈现出来，从而为调度人员及有关人员提供图形、图像、文字等多种形式的信息。

大屏幕投影系统由投影仪、投影屏幕、多屏控制系统（器）和控制台组成。投影屏幕和投影仪配合使用，控制台则用于管理投影系统以及调试投影显示效果。

大屏幕投影系统的关键设备是多屏控制系统。多屏控制系统连接在网络中，操作人员可以实时处理本地工作站上显示的信息，或直接处理显示墙上的信息，也可以将大屏幕授权给某些工作站的用户使用，使他们能将各自屏幕上的显示内容送至大屏幕上显示，以供调度大厅的现场人员观看。多屏控制系统对于可靠性的要求很高，因此采用两套多屏控制系统主、备运行，若其中一台发生故障，可由控制人员切换至备用系统。多屏控制器还配置了双网卡，用以提高网络的可靠性。另外，在调度大厅还配备了与大屏幕系统配套使用的音响系统和录像设备。

6）其他系统硬件结构组成

除前面涉及的局域网、广域网、服务器、工作站以及大屏幕系统以外，全路调度指挥中心还设置了网络安全设备、打印机、绘图仪和电源系统等。其中，网络安全设备包含防火墙、入侵检测、动态口令身份认证、防病毒和漏洞评估等，用以保证原铁道部 TDCS 的网络安全。打印机和绘图仪用于输出报表、图纸以及图形资料。另外，在各楼层内还设置了网络共享激光彩色打印机和彩色喷墨绘图仪可供所有用户使用。数字化仪和图像扫描仪则用于图形图像信息的输入和修改。

3. 铁路局调度指挥中心 TDCS 构成

铁路局调度指挥中心 TDCS（简称"铁路局 TDCS"）由三大部分组成：中心机房设备、调度所设备和远程工作站设备。铁路局 TDCS 通过主、备路由器,经主、备 2 M 通道与所管辖的车站基层网、相邻局 TDCS 及原铁道部中心 TDCS 连接,以便互相交换信息。铁路局 TDCS 各功能台通过交换机与路由器相连,构成主、备星形连接局域网,实现信息交换与共享。

铁路局 TDCS 采用双网系统,系统重要设备(如服务器、交换机和路由器等)的软硬件均为双套冗余。

1) 中心机房设备

中心机房设备包括数据库服务器、应用服务器、通信服务器、网络交换机、网络管理工作站、系统维护工作站、电源屏设备、防雷设备和远程通信系统。

(1) 数据库服务器。数据库服务器由小型机、高分辨率彩色显示器、键盘、鼠标器等设备组成,安装 Unix 操作系统及集群管理软件,构成双机集群环境和相应数据库。数据库服务器主要完成各种信息的存储和分析统计,如基本运行图、实际运行图、阶段计划、运行图自动调整以及各种分析统计报表。

(2) 应用服务器。应用服务器是整个铁路局 TDCS 网的核心设备之一,列车运行信息的分析、计划的编制、实际运行图的保存等主要处理工作都在应用服务器上完成。

(3) 通信服务器。通信服务器用于铁路局中心系统与各个车站系统、相邻铁路局、全路之间的数据交换。

(4) 网络交换机。为保障通信准确可靠,整个铁路局局域网采用双以太网结构,设置两套带宽不小于 100 M 的网络交换机。所有铁路局局域网工作站均配备两块网卡,可以分别与两套交换机连接。

(5) 网络管理工作站。在中心机房中设置网络管理工作站,系统维护人员可以在工作站监视整个铁路局 TDCS 网络的运行状况,同时还可以对网络设备进行流量统计、分析、远程配置等维护工作。

(6) 系统维护工作站。在中心机房中设置系统维护工作站,维护人员可以在工作站了解系统各设备的工作状态和列车运行情况。

(7) 电源屏设备。铁路局局域网上的服务器和工作站等设备均依靠电源屏供电。电源屏提供电源稳压、与设备间的隔离、双路电源的自动与人工切换以及断电报警功能。为了保证给调度所设备提供高质量、有效可靠的净化电源,并在电源切换时使系统设备正常工作不受影响,电源屏外接双机热备的大容量长延时在线式 UPS。

(8) 防雷设备。防雷设备包括电源防雷设备和通信防雷设备。电源防雷设备安装在电源屏的前端,用于保护电源屏免受外部不良电压或电流的损坏。如果远程通信使用了室外电缆,则需要在通道线的接入端加装通信防雷设备。

(9) 远程通信系统。远程通信系统由路由器和若干调制解调器构成。路由器满配置 2 M 远程端口,负责与车站进行远程通信,与相邻铁路局、全路进行远程通信,采用 2 M 专线通道方式。调制解调器实现与铁路局下辖站段远程终端的通信。

2) 调度所设备

调度所设备包括行车调度台工作站、基本图维护工作站、调度主任工作站、主任助理工作站、值班主任工作站、分析室工作站以及机调、货调、局长等工作站和大屏幕系统。

(1) 行车调度台工作站。在各个行车调度台设置工作站,为调度员提供各种运输指挥中需要的功能。工作站配置多屏显示卡、100 M 网卡和多台液晶显示器。工作站安装 Windows 操作系统、列车运行显示系统、调度命令系统和列车调度系统程序。

（2）基本图维护工作站。在分析室设置基本图维护工作站，为铁路局基本图维护人员提供服务。工作站主机采用 PC 机，配置 100 M 网卡和液晶显示器，安装 Windows 操作系统和基本图维护系统程序。

（3）调度主任工作站。在调度所主任室设置调度主任工作站，为调度所主任提供列车实时显示和运行图分析服务。工作站主机采用 PC 机，配置 100 M 网卡和液晶显示器，安装 Windows 操作系统、列车运行显示系统和运行图分析系统程序。

（4）主任助理工作站。在调度所设置主任助理工作站，为调度所主任助理提供列车实时显示和运行图分析功能。工作站主机采用 PC 机，配置 100 M 网卡和液晶显示器，安装 Windows 操作系统、列车运行显示系统、调度命令和运行图分析系统程序。

（5）值班主任工作站。在调度所值班主任室设置值班主任工作站，为调度所值班主任提供列车运行显示、运行图分析、运行图打印和调度命令功能。工作站主机采用 PC 机，配置 100 M 网卡、液晶显示器、激光打印机和彩色喷墨绘图仪，安装 Windows 操作系统、列车运行显示系统、调度命令系统和运行图分析系统程序。

（6）分析室工作站。在分析室设置分析室工作站，为调度所分析室人员提供运行图分析功能。工作站主机采用 PC 机，配置 100 M 网卡和液晶显示器，安装 Windows 操作系统和运行图分析系统程序。

（7）其他工作站。根据各铁路局的实际情况，在统计室、机调、车流、客调、货调、局长等处可安装工作站。工作站的配置与分析室工作站的配置相同。

（8）大屏幕系统。为了提供宏观的行车信息显示，在铁路局调度大厅设置大屏幕投影显示系统或马赛克表示盘设备，且投影系统和表示盘内部均设置驱动终端。采用 PC 机作为终端的主机，配置 100 M 网卡和显示器。终端上安装 Windows 操作系统和显示驱动程序。

3）远程工作站设备

远程工作站设备包括机务段（折返段）、车务段的调度命令工作站和电务段调度工作站。

（1）调度命令工作站。在机务段（折返段）、车务段设置调度命令工作站，以提供调度命令接收和打印功能。工作站采用 PC 机作为主机，并配置显示器、路由器和激光打印机。工作站安装 Windows 操作系统和调度命令接收系统程序。

（2）电务段调度工作站。在电务段设置电务段调度工作站，以显示列车运行、车站信号设备等信息，并可进行站场显示历史回放。工作站采用 PC 机，并配置显示器和路由器。工作站安装 Windows 操作系统和列车运行显示系统程序。

4. TDCS 基层网络系统构成

TDCS 基层网主要由车站计算机网络设备、车站分机采集及控制设备、车站值班员终端三部分组成。

1）车站计算机网络设备

车站计算机网络设备主要由以下设备构成：网络集线器、路由器和调制解调器。车站由网络集线器构成车站局域网。车站同铁路局 TDCS 的连接一般通过路由器接入 2 M 数字通道,并采用环形、星形或星环形相结合的结构构成广域网。

2) 车站分机采集及控制设备

车站分机采集及控制设备由中央采集控制单元、开关量采集设备及相应的机柜和机笼组成。一般要求分机采集及控制设备由互为热备的两套系统构成。

在继电联锁车站,车站分机从分线盘上直接采集信号联锁设备的状态信息。在计算机联锁车站,车站分机通过串行通信接口接收车站计算机联锁送来的站场表示信息;车站分机通过串行通信接口同无线车次号设备相连,接收无线车次号信息;同时,车站分机通过串行通信接口同无线调度命令发送装置相连,向列车发送无线调度命令。

车站分机通过 2M 数字通道将车站采集信息送到铁路局 TDCS,并将调度所下发的各种计划和调度命令等信息传送到车站网络系统中。

3) 车站值班员终端

车站值班员终端一般配置为双机热备的双屏终端。双机热备保证了系统的可靠性,双屏则分别用于站场显示和运统二/运统三的显示。车站 TDCS 终端具有车站及邻站显示、车次号管理、行车日志管理、调度命令接收和打印、现存车和甩挂车编组管理、用户登录管理等主要功能,以及其他一些辅助功能。

5. 铁路局间分界口 TDCS 构成

1) 在各铁路局没有 TDCS 的情况下构建铁路局间分界口 TDCS

铁路局间分界口系统由车站设备、中心机和调度台终端三部分组成。

车站设备包括采集分机和车站值班员终端。采集分机设置在信号机械室,负责采集控制台信息和区间信息,同时还负责信息的通信传输。车站值班员终端采用 PC 机作为主机,主要完成站间列车运行信息的显示。

在分界口的主站设置中心机,负责与两个铁路局的终端交换信息。

为调度员提供一套终端设备,以便实时监督分界口各个车站的列车运行信息和列车交接车辆情况。另外,铁路局的终端配置了网络通信设备,可与全路中心服务器相连,向全路中心传送分界口信息。

2) 在各铁路局已经有 TDCS 的情况下构建铁路局间分界口 TDCS

铁路局已经构建了 TDCS,故车站设备无须重新投资。铁路局间分界口系统由中心机和调度台终端两部分组成。

在分界口的主站设置一台中心机,分别与相邻铁路局 TDCS 服务器建立通信,收集相应车站的信息;同时,负责与两个铁路局的终端交换信息。

为调度员提供一套终端设备,以便实时监督分界口各个车站的列车运行信息和列车交接车辆情况。另外,铁路局的终端配置了网络通信设备,可与全路中心服务器相连,向全路中心传送分界口信息。

二、TDCS 系统功能

TDCS 系统的主要目标是提高铁路行车调度指挥管理的现代化水平,提高运输生产效率,协调分界口交接工作,改善调度员以及车站值班员的工作条件,并且为建立铁路客货运服务信息系统提供基础,以期提高铁路运输服务质量,同时,也为全路调度指挥中心提供全路行车实时信息,从而真正实现全路一盘棋。

1. 全路调度指挥中心 TDCS 主要功能

全路调度指挥中心 TDCS 系统不负责具体的行车指挥工作,它主要接收各铁路局 TDCS 发送的列车运行状况、信号设备显示状态、列车早晚点情况、计划运行图、实际运行图、各种调度命令、施工、封锁以及气象、事故、灾害等信息,同时为各专业调度提供实时监视及统计查询功能,并统计各局间分界口的运输数据。各路局都设置了专用通信机负责通信。

2. 铁路局调度指挥中心 TDCS 主要功能

铁路局调度指挥中心 TDCS 主要功能包括实现干线列车运行秩序的宏观监视、铁路局管内列车运行的实时监视和历史查询、列车自动追踪、无线车次号自动校核、列车运行图管理、列车紧跟踪报警、车站自动报点、调度命令、与 TMIS 的接口等。

1) 干线列车运行秩序的宏观监视

铁路局调度指挥中心 TDCS 借助地理信息子系统实现对干线列车运行正点率、干线列车运行晚点原因及分析、干线行车密度、重点列车跟踪等实时信息的显示和查询。

2) 分界口运输状态宏观监视

分界口运输状态宏观监视的主要内容有交接列车情况显示,交接列车汇总表显示、查询和输出,列车运行时刻表显示、查询和输出,列车正点和晚点统计,时刻表等运输统计报表,计划/实际运行图等。

3) 列车运行实时监视和历史查询

铁路局调度指挥中心 TDCS 利用基层网提供的信息,通过表示屏及高分辨率显示器,为调度员提供调度区段内行车信息的细节显示,实时模拟显示所辖区段内车站和区间列车运行信息,并在有关终端实现列车车次号跟踪显示(图 28-2)。

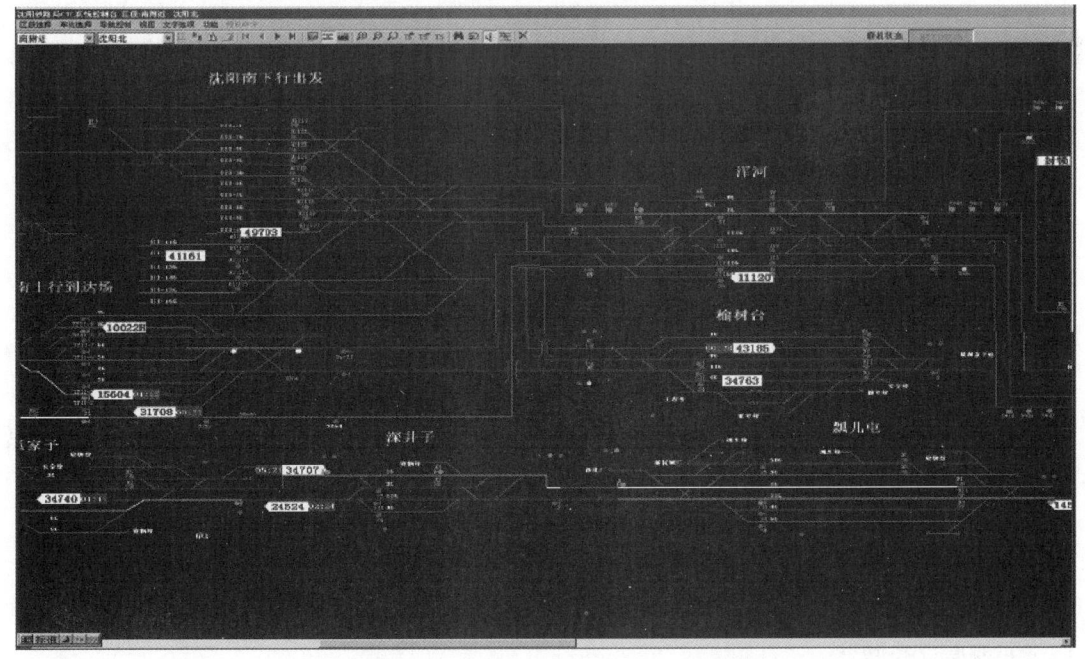

图 28-2　TDCS 的列车运行状况实时监视界面

4）列车自动追踪

系统可以根据列车的运行状况及信号设备状态对列车车次号进行追踪，并采用无线车次号系统进行车次号校核。车次号自动追踪是根据信号设备状态（占用、锁闭、信号开放）来判断列车位置，并随着列车的移动而不断移动列车车次，从而实现标识列车、自动采集列车到达及出发时刻的目的。

5）无线车次号自动校核

无线车次号自动校核是指列车运行监控装置所记录的机车运行数据信息不断地在机车安全信息综合检测装置（TAX箱）的总线上发布，TDCS数据采集单元对于车次号、机车号、机车速度、机车位置、车重、计长等信息数据进行纠检错编码及可靠的传送，再由TDCS基层设备校核车次正确性的过程。

6）列车运行图管理

列车运行图管理的主要内容包括基本运行图的维护、阶段计划的生成及自动调整、实际运行图的绘制、行车计划下达到车站（图28-3）、操作与数据记录等。

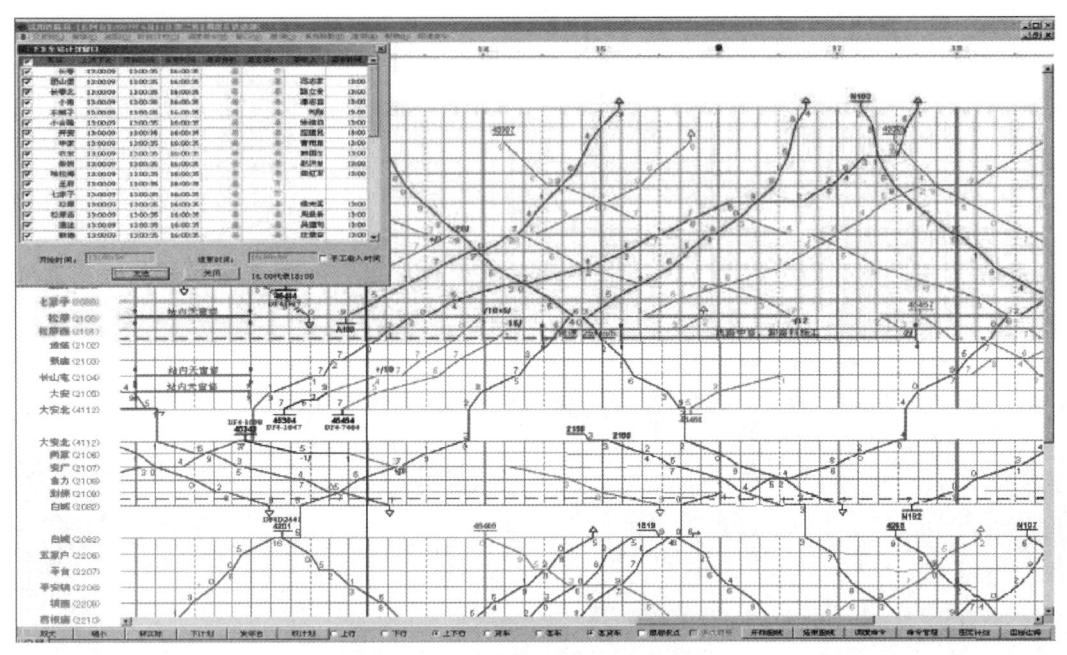

图28-3　TDCS的计划下达图面

7）列车紧跟踪报警

对处于紧跟踪状态的列车车次在窗上给出闪烁显示，同时用文字给出紧跟踪报警，待调度员确认后消失。

8）车站自动报点

列车通过采点处会自动地将当前列车到、发某点的时分同运行图时分不断进行比较，并将早、晚点时分在显示屏上的列车车次后面显示。

9）调度命令功能

调度命令功能主要包括编辑、存储、下达、接收、打印和查询。

10）站存车和甩挂作业管理

车站值班员通过车务终端设备可将本站的站存车上报给列车调度员。列车调度员可以通过网络将车站甩挂计划下达给相应的车站值班员。

11）调度命令无线传送

采用无线传输通道可以实现铁路局中心向列车传送调度命令等数据信息的功能。

此外，铁路局调度指挥中心 TDCS 还包括防火墙、入侵检测、动态口令身份认证、防病毒、漏洞评估、时钟校核、网络管理、系统维护、基础数据维护和通信质量监督等功能。

3. 铁路局间分界口 TDCS 主要功能

铁路局间分界口的列车运行情况直接影响相关铁路局的运输秩序。分界口是否运行顺畅是全路指挥中心、相关铁路局的运输指挥人员非常关心的问题。铁路局间分界口 TDCS 的主要功能包括列车运行实时监视及历史再现、车次跟踪和车次号的人工维护、信息统计与查询、相邻铁路局调度命令的接收等。

1）列车运行实时监视及历史再现

在调度台提供铁路局分界口车站（包括相邻车站）行车信息的实时显示功能，可以单独监视指定车站（包括车站所辖的区间），也可以监视整个分界口（分界站和相邻车站）。

2）车次跟踪和车次号的人工维护

车站分机可通过列车占用和出清的变化实现对列车车次的自动跟踪。同时，车站分机也可实现对交接口的接入和交出列车数目的统计并进行保存。

3）信息统计与查询

铁路局分界口 TDCS 自动统计分界口的交接车辆数目和指定车站的列车通过数量，统计内容可以按照列车类型和方向划分。另外，将跟踪的车次号与基本运行图进行比较，可以实现列车早、晚点数据信息的自动统计功能。同时，分界口 TDCS 还提供对上述信息的查询功能。

4）相邻铁路局调度命令的接收

本铁路局分界调度员的调度命令应能下达到相邻铁路局的调度台、分界站；同时，也能实时接收相邻铁路局分界调度台的调度命令。

4. 基层网 TDCS 主要功能

基层网 TDCS 主要实现信息的采集与传送、本站和邻站信息的显示、调度命令的签收和打印、调度命令的无线传送、阶段计划的签收和打印、行车日志（运统二、运统三）的自动生成、车站运用车管理等功能。

1）实时信息的采集传送

信息采集是 TDCS 基层网的最基本功能，通过安装在每个站的车站分机，系统可以采集得到现场的动态信息，同时通过传输设备将信息及时发送到铁路局 TDCS 中心。在计算机联锁车站，车站分机通过串行通信接口接收车站计算机联锁的电务维护台送来的站场表示信息（状态和控制信息）；在继电联锁车站，车站分机通过专门的开关量采集板采集信号联锁设备的状态信息。

2）本站和邻站信息的显示

TDCS 通过安装在每个车站的车站值班员终端为车站值班员显示区间信号的开放情况以及列车在区间的运行情况、上行和下行方向邻近车站的实时信息、与本站控制台站型一致的本站及相邻车站和车站区间的有关行车表示信息；另外，还可以根据配置文件设置站场显示位置、站场显示方向、站场的垂直和水平放大比例，以及实时显示本站采集系统的码位信息。

3）调度命令的签收和打印

车站值班员可对调度命令进行接收、签收、存储、查询和打印。

4）调度命令的无线传送

车站值班员终端经判断后选择合适的时机通过无线信道进行命令发送，且终端具有命令发送、回执检查、自动重发、报警提示等功能。

5）阶段计划的签收和打印

车站值班员可对阶段计划进行签收、查询和打印。阶段计划签收后，即显示在行车日志(运统二、运统三)上。

6）行车日志(运统二、运统三)的自动生成

基层网 TDCS 自动生成列车的到站、出发时间，以及列车的车次、到发点、占用的股道等信息，并将其显示在 TDCS 终端上(图 28-4)。TDCS 终端根据日班计划和上述信息实时生成运统二或运统三表格，而对于表格中其他一些无法自动生成的项目，值班员可以根据实际情况手动填写。

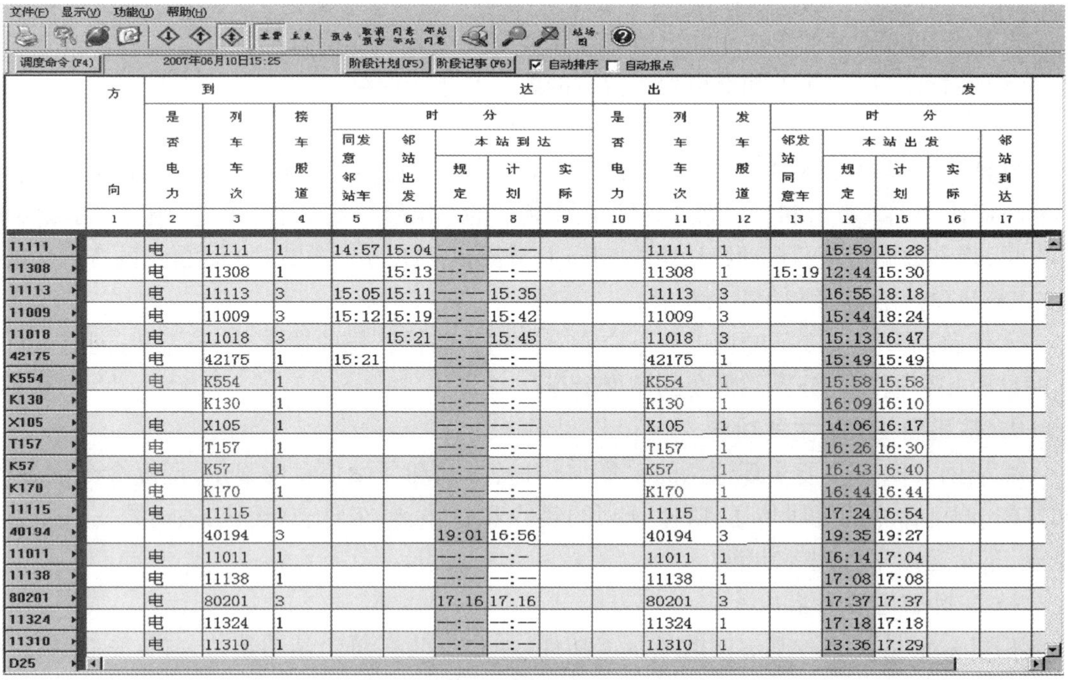

	到达									出发							
	方向	是否电力	列车车次	接车股道	时分：同意邻站发车	时分：邻站出发	本站到达：规定	本站到达：计划	本站到达：实际	是否电力	列车车次	发车股道	时分：邻站同意发车	本站出发：规定	本站出发：计划	本站出发：实际	邻站到达
	1	2	3	4	5	6	7	8	9	10	11	12	13	14	15	16	17
11111		电	11111	1	14:57	15:04	—:—	—:—			11111	1		15:59	15:28		
11308		电	11308	1		15:13	—:—	—:—			11308	1	15:19	12:44	15:30		
11113		电	11113	3	15:05	15:11	—:—	15:35			11113	3		16:55	18:18		
11009		电	11009	3	15:12	15:19	—:—	15:42			11009	3		15:44	18:24		
11018		电	11018	3		15:21	—:—	15:45			11018	3		15:13	16:47		
42175		电	42175	1	15:21		—:—	—:—			42175	1		15:49	15:49		
K554		电	K554	1			—:—	—:—			K554	1		15:58	15:58		
K130			K130	1			—:—	—:—			K130	1		16:09	16:10		
X105		电	X105	1			—:—	—:—			X105	1		14:06	16:17		
T157		电	T157	1			—:—	—:—			T157	1		16:26	16:30		
K57		电	K57	1			—:—	—:—			K57	1		16:43	16:40		
K170		电	K170	1			—:—	—:—			K170	1		16:44	16:44		
11115		电	11115	1			—:—	—:—			11115	1		17:24	16:54		
40194			40194	3			19:01	16:56			40194	3		19:35	19:27		
11011		电	11011	1			—:—	—:-			11011	1		16:14	17:04		
11138		电	11138	1			—:—	—:—			11138	1		17:08	17:08		
80201		电	80201	3			17:16	17:16			80201	3		17:37	17:37		
11324		电	11324	1			—:—	—:—			11324	1		17:18	17:18		
11310		电	11310	1			—:—	—:—			11310	1		13:36	17:29		
D25																	

图 28-4　TDCS 的行车日志界面

7）车站运用车管理

车站值班员可以在车站 TDCS 终端上输入车站运用车(站存车、现在车)信息，这些信息具体包括存车股道、车辆的类别和辆数、车辆的去向和说明。

此外，基层网 TDCS 还具有无线车次号校核、车次跟踪及自动报点、车次和到发点的人工管理、甩挂车作业、列车速报表和用户管理等功能。

第三节　分散自律调度集中系统

分散自律调度集中系统,即 CTC 系统,主要对管辖区段内的列车和调车作业进行指挥管理,它是通过联锁、列控、区间闭塞等信号设备实现集中控制的铁路信号技术装备,也是铁路运输的重要行车设备和指挥中枢。我国新一代分散自律调度集中系统吸取了传统 CTC 的经验和教训,同时充分考虑了中国铁路客货混跑、调车作业多的实际情况,并采用"分散自律(Distributed Autonomic System)"理论,将调车控制纳入 CTC 系统功能中,使其能够实现对调车进路的智能化远程控制,从而有效地解决了调车控制过程中车站与行车指挥调度中心频繁交换控制权的问题,另外,还能执行无人值守车站的调车作业,充分发挥调度集中优势。

一、CTC 系统结构

调度集中系统由铁路局中心系统、车站系统和网络系统三大部分组成。铁路局中心系统分别设置高铁调度集中中心系统(简称"高铁中心")和普速调度指挥/调度集中中心系统(简称"普速中心")。另外,调度集中系统还包括查询子系统、运维子系统、仿真测试子系统和应急备用系统等辅助配套系统,高铁中心和普速中心可共用相关辅助配套系统。

1. 铁路局中心系统

铁路局高铁中心系统包括数据库服务器、应用服务器、通信前置服务器、接口服务器、对外信息提供服务器、对外时间服务器等服务器设备,列车调度工作站、助理调度工作站、综合维修工作站、站场图显示工作站、综合查询工作站、值班主任工作站、计划调度员工作站、调度维护工作站等用户终端设备;另外,还包括网络通信、信息安全、通信质量监督、电源、防雷、授时设备、机房综合监控等配套设备,以及根据需要设置的大屏幕投影系统和绘图、打印设备。系统结构如图 28-5 所示。

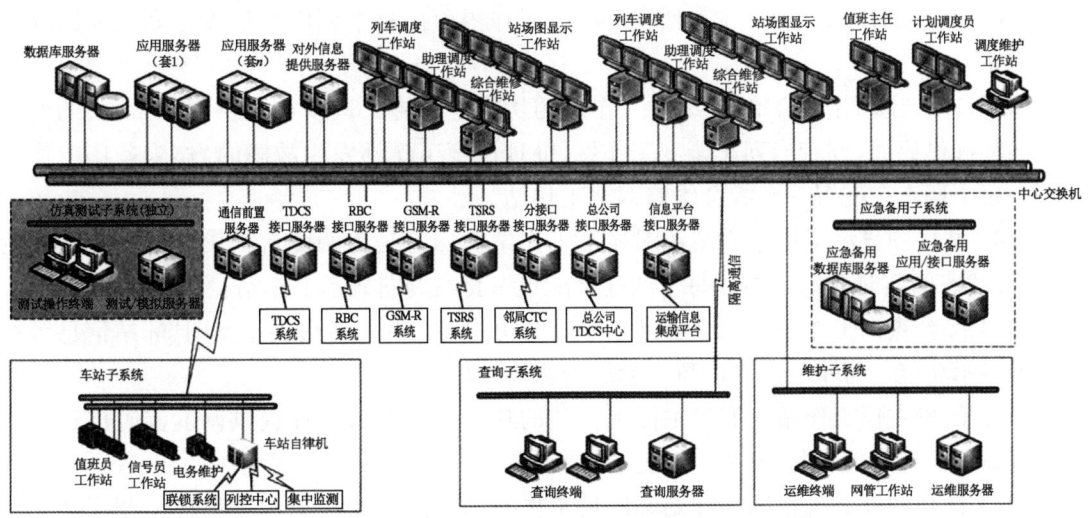

图 28-5　铁路局高铁中心系统结构示意

铁路局普速中心系统参照高铁中心系统同等独立设置,主要设备配置如下:

(1) 数据库服务器。数据库服务器的功能是集中存储列车运行计划、运行实绩、调度命令以及其他调度集中业务数据。

(2) 应用服务器。应用服务器的功能是调度集中核心业务逻辑处理和信息分发。应用服务器应按照处理业务、处理范围(线别、区域)分开设置,且满足故障隔离原则。铁路局普速中心系统分别设置实时数据处理服务器、运行图和调度命令处理服务器、综合信息处理服务器三类应用服务器。设备数量应按照调度台和车站数量合理确定,一套应用服务器原则上处理范围不超过三个调度台。

(3) 通信前置服务器。通信前置服务器的功能是实现中心系统与车站系统之间的数据交换。通信前置服务器应按不同线别或区域分别设置,并且每套通信前置服务器处理车站的数量原则上不超过 64 个。

(4) 接口服务器。接口服务器的功能是实现调度集中系统与外部系统的信息共享和数据交换。接口服务器按照不同的接口对象分别设置。其中,无线承载控制(Radio Bearer Control,RBC)接口服务器按线路分别设置;临时限速(Temporary Speed Restriction Server,TSRS)接口服务器按调度台分别设置;铁路移动通信系统(Global System for Mobile Communications — Railway,GSM-R)接口服务器按高铁和普速线路分别设置。

(5) 对外信息提供服务器。对外信息提供服务器的功能是负责对外信息交换的数据存储和通信中间件管理。

(6) 对外时间服务器。对外时间服务器的功能是向信号集中监测等外部系统提供时间同步服务。

(7) 列车调度工作站。列车调度工作站的功能是为列车调度员提供列车计划、调度命令、站场和列车运行状态监视等各种调度指挥操作界面。每个调度台配置一套双屏列车调度员工作站,并根据需要配置打印设备。

(8) 助理调度工作站。助理调度工作站的功能是为助理调度员提供列车计划、调度命令、站场控制、临时限速、列车状态监视等各种操作界面。每个调度台配置一套双屏助理调度工作站。

(9) 综合维修工作站。综合维修工作站的功能是为施工调度员提供列车计划、调度命令等各种操作界面,或者当列车调度工作站、助理调度工作站发生故障时,作为备用工作站使用。每个调度台配置一套综合维修双屏工作站。

(10) 站场图显示工作站。站场图显示工作站的功能是为调度台提供全区段的列车运行、信号状态的实时显示功能。每个调度台配置一套站场图显示工作站。

(11) 综合查询工作站。综合查询工作站的功能是为调度台提供基本图、邻站信息等相关查询显示功能。每个调度台配置一套综合查询工作站。

(12) 值班主任工作站。值班主任工作站的功能是为值班主任提供调度实时信息查询和调度命令审核功能。每个(副)值班主任台设置一套工作站。

(13) 计划调度员工作站。计划调度员工作站的功能是为计划调度员提供调度实时信息查询功能。每个计划调度台设置一套。

（14）调度维护工作站。调度维护工作站的功能是辅助运输管理人员完成调度集中系统所需运输数据的输入、修改和日常维护。调度维护工作站设置一套，并按照需要配置打印设备。

（15）授时设备。授时设备的功能是为整个系统提供准确时间。授时设备应双套设置，具备 GPS/北斗双模授时，内置高精度原子钟。

（16）网络通信设备。中心系统应配置网络通信设备，以满足调度集中组网的相关要求。

（17）信息安全设备。中心系统应配置信息安全设备，以满足调度集中信息安全的相关要求。

（18）通信质量监督设备。中心系统应配置通信质量监督设备，具备应用流量分析、通信质量分析、应用性能管理等功能，以满足调度集中运维数据的采集要求。

（19）电源、防雷、环境监控设备。中心系统机房应配置电源、防雷、环境监控设备，以满足调度集中对机房环境的要求。

2. 车站系统

调度集中车站系统的主要设备包括车站自律机、车站服务器、车务终端（值班员终端和信号员终端）、电务维护终端、车务管理终端、网络设备、信息安全设备、通信质量监督设备、电源设备、防雷设备等，具体结构如图 28-6 所示。

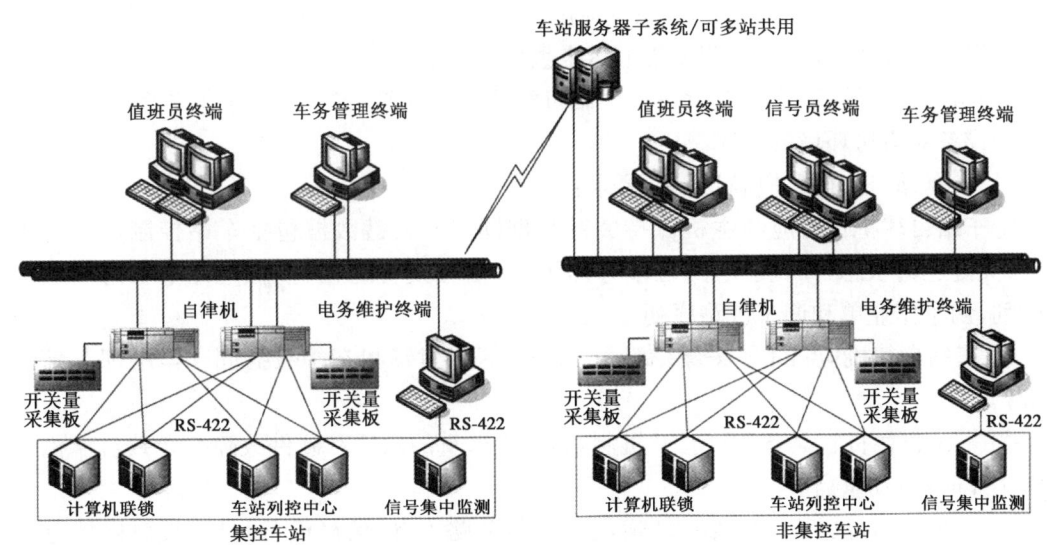

图 28-6 调度集中车站系统结构示意

调度集中车站系统主要设备的配置如下：

（1）车站自律机。功能包括列车跟踪、自动排路、分散自律逻辑检查、外部系统接口以及控制指令输出等，是调度集中系统的核心设备。车站自律机应双机热备，采用工业控制专用硬件平台和模块化结构；还应根据实际情况配置开关量采集设备。调度集中区段的车站应设置自律机，中继站、配套衔接车站则按需设置自律机。

（2）车站服务器。车站服务器负责处理车站级行车指挥、车站级数据处理和集中存储管辖范围内车站的行车数据。行车数据具体包括列车运行计划、调车作业计划、行车日志、调度命令、施工登（销）记、行车事件报警日志以及相关规章、资料等。车站服务器应双机热备，配置大容量的网络存储器，安装于信号机房。调度集中区段一个直属站或车务段的多个车站共用一套车站服务器，车站数量不应超过15个。

（3）车务终端。车务终端提供行车作业操作界面，具体包括车站行车作业计划（列车、调车）管理、行车日志生成、阶段计划和调度命令签收、站间透明显示、车站控制模式切换、进路序列控制、按钮控制等功能。当TDCS区段的车站实施调度集中车站系统时，车务终端可按需提供占线板界面，采用股道视图方式显示和设置作业状态、股道防溜标记等，并可在该界面进行进路序列的人工触发。调度集中区段的非集控车站应设置值班员车务终端，而设信号员岗位的大型车站应设置信号员车务终端。

（4）电务维护终端。电务维护终端提供车站电务维护操作界面，具体包括设备状态监控、日志记录和查询、相关数据输入维护等功能。调度集中区段每个车站设置一套电务维护终端。

（5）车务管理终端。车务管理终端提供车站运输管理数据、《站细》等资料信息维护以及施工和故障处理登销记操作界面。调度集中区段每一车站设置一套车务管理终端。

（6）网络设备。车站系统应设置网络设备，以满足调度集中组网要求。

（7）信息安全设备。车站系统应设置信息安全设备，以满足调度集中信息安全要求。

（8）通信质量监督设备。车站系统应配置通信质量监督设备，具备应用流量采集、通信质量数据采集等功能，且满足调度集中运维数据采集要求。

（9）电源、防雷、环境监控设备。车站机房应配置电源、防雷、环境监控设备，且满足调度集中设备对机房环境的要求。

另外，车站自律机还应满足以下要求：

①车站自律机备机应与主机保持关键数据同步。关键数据包括车站控制模式与操作方式、关键逻辑状态（如轨道电路区段分路不良、信号设备封锁、接触网停电状态）、列车进路序列、调车作业单和调车进路序列。

② 车站自律机应将本站采集信息、车次号、区间封锁状态等数据同步至相邻车站的自律机。

③ 车站自律机宜具备"看门狗"机制，当发生严重的软件和硬件故障并导致自律机无法正常工作时，自动重启。

④ 自律机运行过程中应保存轨道电路区段分路不良、信号设备封锁、接触网停电等关键逻辑状态，并可在重启时恢复。

⑤ 自律机备机发生死机、掉电等故障或者重启时，不应影响主机正常工作。

⑥ 自律机实时表示完整信息的刷新发送周期不超过60 s。

3. 网络系统

1）网络结构

调度集中网络系统由铁路局中心局域网、车站局域网和广域网组成，其中高铁中心和普速中心应分别独立组网。

调度集中内部通信协议采用基于 TCP/IP 的专用协议。调度集中网络地址和路由协议分配由国铁集团业务主管部门集中管理。调度集中网络中的路由器、交换机等网络设备均应能支持基于 SNMP 的远程集中管理。

当调度集中系统和 TDMS、TSRS、RBS、GSM-R 等系统接口时，应采用独立的网络设备和冗余通道。

调度集中系统应充分利用冗余通道实现数据的可靠传输。

2) 铁路局中心局域网

铁路局高铁中心局域网由核心交换机、楼层交换机、列头交换机、接入交换机、局间互联路由器、接入路由器等网络设备组成，采用冗余双网结构，中心局域网的计算机设备均配置双网卡，且分别通过独立网线连接。

铁路局普速中心局域网参照高铁中心局域网设置。

3) 车站局域网

车站局域网由车站交换机和车站路由器组成，应采用冗余双网结构。车站局域网的计算机设备均配置双网卡，且分别通过独立网线连接，网络速率不低于 100 Mbit/s。

车站局域网的任何设备不得采用以太网、TCP/IP 通用网络协议与其他系统联网，而应采用带光电隔离的 RS-422/RS-485 等通信方式和专用通信协议与其他系统设备相连。

4) 广域网

调度集中广域网包括相邻铁路局中心之间、中心与车站之间、车站与车站之间的广域网络，应采用双通道连接，且双通道应分别接入互为冗余的两套不同设备。

调度集中系统配套的 TDCS 车站应按照调度集中标准接入调度集中网络。

4. 相关辅助子系统

1) 查询子系统

查询子系统为其他生产岗位提供信息查询服务，主要设备包括查询数据库服务器、查询应用服务器、隔离通信机、查询终端及相关网络设备。

查询子系统应单独组网。同一个铁路局，调度集中与 TDCS 系统可共用查询子系统。

查询子系统通过接口通信机和专用单向传输协议与调度集中系统进行接口，并且在查询系统汇聚路由器的边界处设置网络隔离设备。

2) 运维子系统

运维子系统提供设备管理和维护功能，主要设备包括软件和数据管理服务器、维护综合服务器、IT 集中监测设备、网管工作站、中心维护工作站、站段维护终端以及相关网络设备。

调度集中与 TDCS 系统可共用运维子系统。

运维子系统应建立国铁集团、铁路局维护中心两级结构，为各级电务管理和维护部门提供相应的技术手段。

3) 仿真测试子系统

仿真测试子系统提供软件、数据测试验证以及培训平台，主要设备包括数据库服务器、应用服务器、数据模拟服务器、培训终端、维护工作站、车站综合处理机柜、网络设备及其他实际需要的设备。

仿真测试子系统独立组网，不与在用生产系统连接。仿真测试子系统设备配置数量相比在用系统同等设备有所降低，具体数量按照铁路局的实际需求确定。

仿真测试子系统原则上应可模拟仿真铁路局管内任意调度区段和车站。

4) 应急备用系统

铁路局中心机房应配置备用数据库服务器。正常情况下，调度集中业务数据同时写入主用、备用数据库服务器（或采取数据库同步方式），但以主用数据库支撑生产业务。当主用数据库故障时，切换至备用数据库。

对于应用服务器、通信服务器、接口服务器、调度台工作站、核心交换机、接入路由器等关键设备配置（$N+1$）个备份设备。备份设备应按在用设备同等性能要求配置，其安装位置可在所备用目标机器范围附近的机柜内，且电源、网线均应完整配套。

调度集中系统可按照需求设置中心应急备用系统。当中心机房发生全面故障时，启用备用系统接管，以维持调度指挥基本功能的运行。具体要求如下：

（1）应急系统必须完全独立于主用系统建设，具体包括供电、网络、机柜、主机等。在条件允许的情况下，应考虑设立独立机房，确保主用系统的故障不会对应急系统造成影响。

（2）应急系统的逻辑结构与主用系统基本一致。应急系统由数据库服务器和应用、通信、接口服务器等设备构成，但在设备配备档次、设备容量、设备数量等方面可以合理缩减。

（3）应急系统的数据应和主用系统实时同步。当主用系统正常时，主用数据库中的数据应实时向应急数据库同步。

（4）应急系统应和车站系统保持稳定可靠的连接。车站系统的抽头车站或者通信汇聚点应配置应急专用通道与应急中心连接，并保持数据心跳激活状态。

（5）调度台安装应急调度终端。应急调度终端在正常情况下处于关机状态，不参与生产运营。应急调度终端应设置专用电源和网线。

二、CTC系统功能

从功能角度来看，分散自律调度集中系统（即CTC系统）主要由列调工作站、助调工作站、车务终端、应用服务器、数据库服务器、通信前置服务器和车站自律机等组成，其功能结构及相互关系如图28-7所示。

根据图28-7所示各功能模块的相关功能可知，CTC整个作业流程如下：由列调工作站编制、下达列车运行计划；将运行计划下达到各站；车站收到计划后，自动将列车运行调整计划转换为列车进路指令序列；等待CTC排列进路的时机；当CTC排列进路的规定时机一到，并进行《站细》条件检查通过后，向联锁系统下达进路控制命令；在进路排列完成后，自动以文字方式向司机提供前方站的接车进路预告信息，然后将来自联锁的行车表示信息以及自身采集的表示信息发送至调度中心；车站自律机按照报点规则自动采集列车的到、发点或通过点，并将报点信息发送至调度中心；调度中心依此自动描绘实际图，同时车站自律机将报点信息传送至车务终端；车务终端根据该信息自动填写运统二、运统三报表。

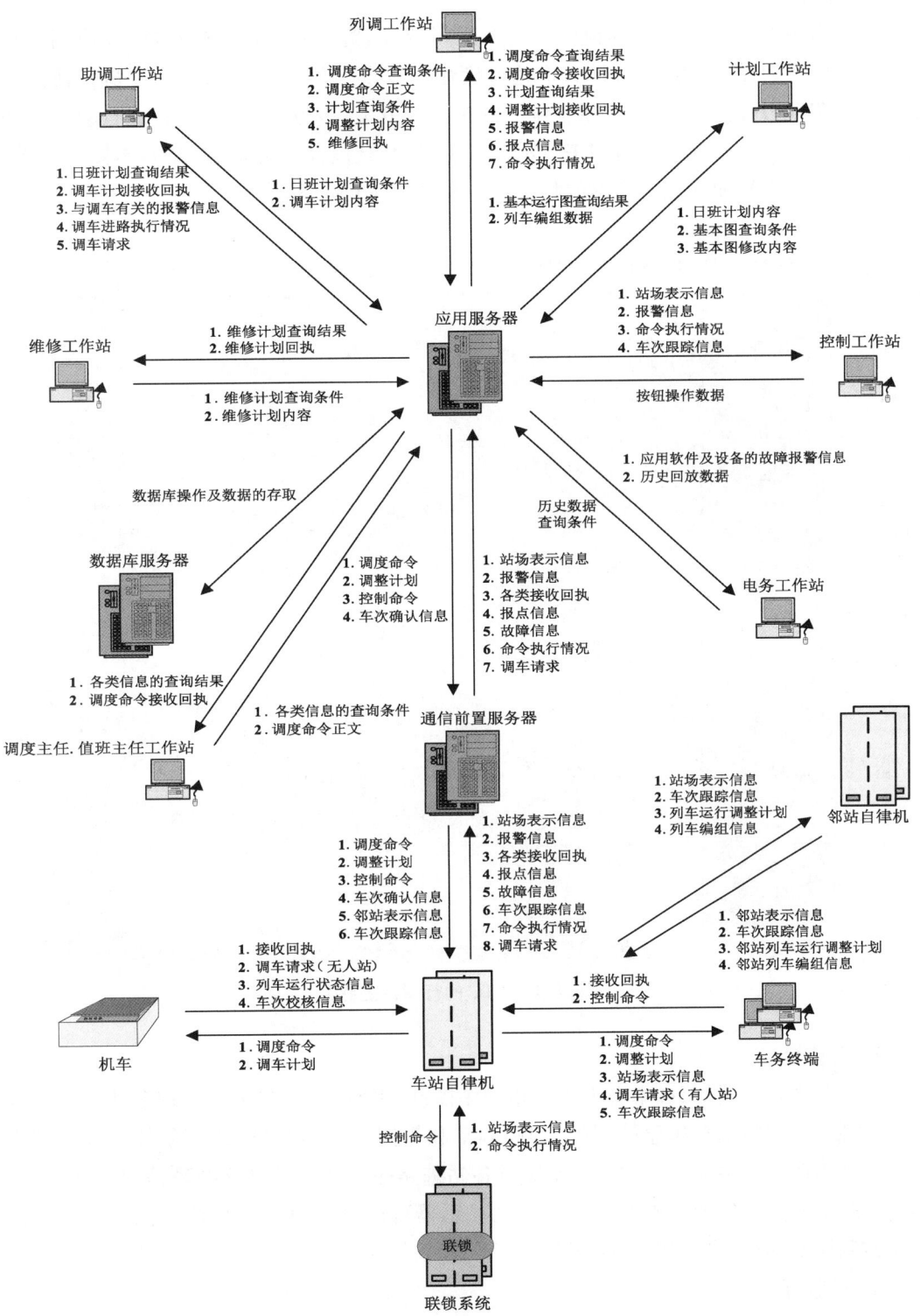

图 28-7 CTC 系统功能结构及相互关系

1. 行调台

行调台主要实现监控管辖范围内列车运行位置、指挥列车运行的功能,完成调整和下达列车阶段计划,维护实际运行图,下达调度命令以及与相邻区段列车调度员交换信息等功能。行调台服务器为 CTC 提供详细的列车会让方案,该方案是 CTC 完成自动控制功能的主要依据。行调台的显示器用来显示运行图界面、调度命令界面、站场基本图界面等,主要完成列调工作站和计划工作站的相关功能及显示(图 28-8)。

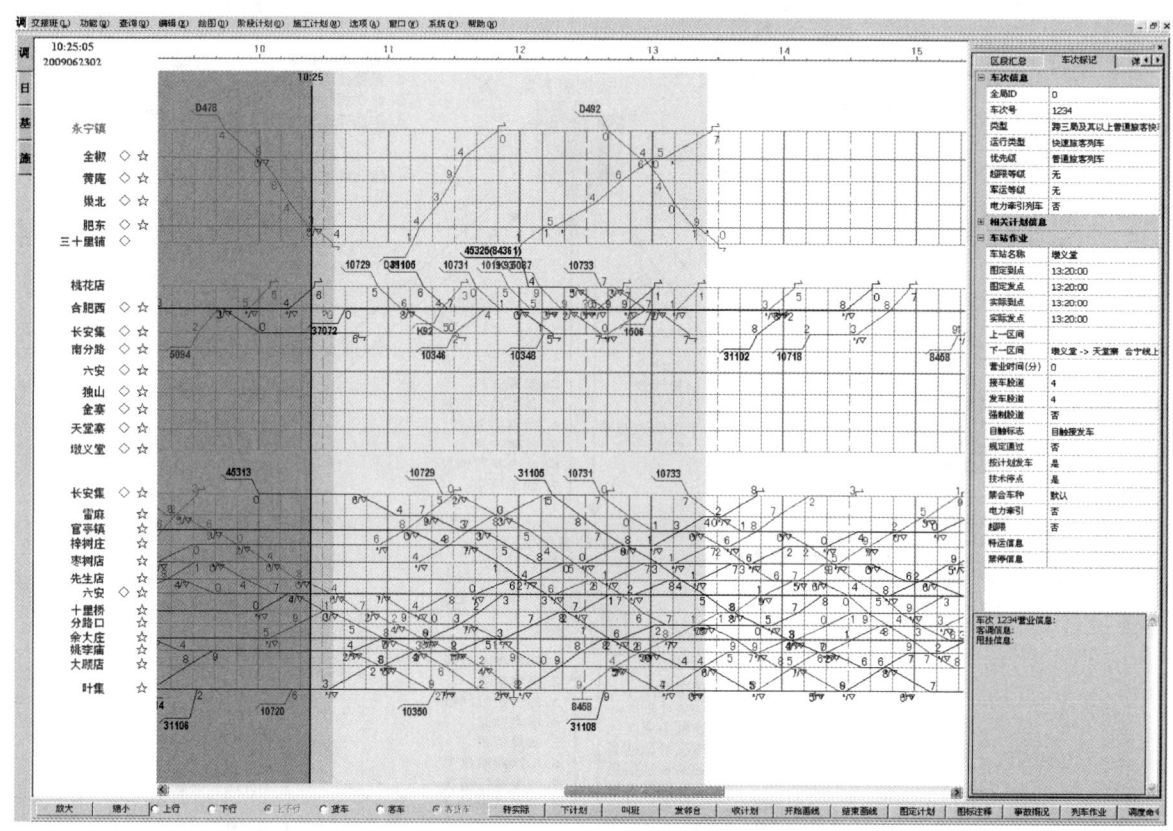

图 28-8　CTC 的行调台主界面

2. 助调台

助调台主要实现 CTC 中心人工进路操作控制、闭塞办理、非正常处理等功能;同时,还可以实现无人车站调车作业计划的编制、调整和指挥,以及在自律约束条件下调车进路的人工办理等调车相关功能。本工作站监督各站进路序列情况及进路办理情况,及时处理一些需人工干预的接发列车作业。工作站的显示器可以分别显示管辖范围内每个车站进路操作控制界面和列车运行图界面(图 28-9)。

3. 调监台

调度监督界面用于显示调度区段内全站站场界面及所有列车运行情况,一般在调度中心大厅可以连接大屏幕显示。调监台的相关功能与助调台相似。

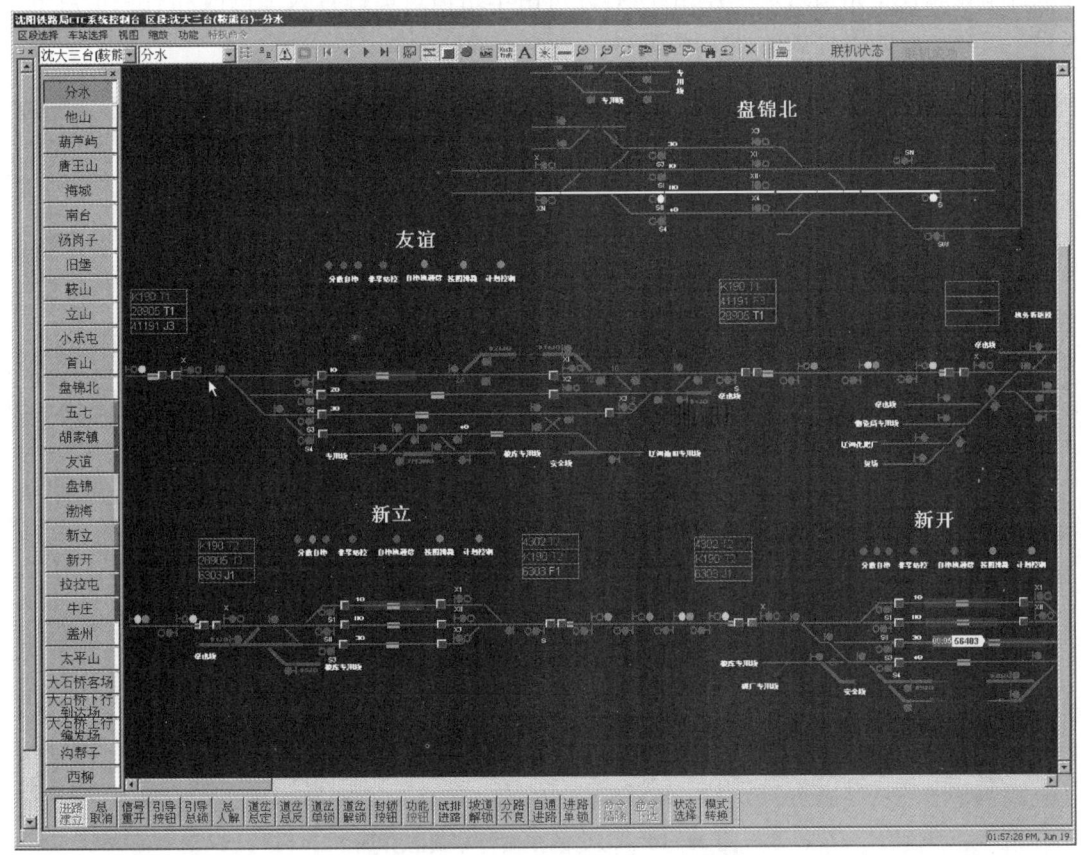

图 28-9　CTC 的助调台主界面

4. 车务终端

车务终端完成车站调车计划的编制、调车进路的办理及其他控制操作,所办理的进路要由自律机进行冲突检测后才能送达联锁设备;具有监督列车进路的功能。车务终端上以图表形式显示本站及相邻各两站的实际运行图、列车运行调整计划等内容;自动生成本站行车日志、完成调度命令签收等功能,并可完成站间透明的显示。在分散自律控制模式下,在车务终端可以取消(解锁)由车站办理的调车进路或关闭信号,实现"谁办谁解"的设计原则。

车务终端软件根据使用者的不同可以有不同的界面,如对于车站值班员,软件界面包含站场显示和控制、运统报表及调车作业单管理;对于操作员,软件界面包含站场控制和调车作业单管理。

1) 调度命令

车务终端调度命令功能主要包括三个部分:车站接收调度台下发的调度命令、车站向调度台发送请求调度命令、车站向机车发送无线机车调度命令。

2) 车站行车日志及车站运行图

CTC 的车站系统能够自动生成车站行车日志,中间站为运统二,编组站、区段站为运统三。行车日志在车站值班员工作站显示，并可由车站值班员进行人工修改和有关信息的录入。车站行车日志界面如图 28-10 所示。

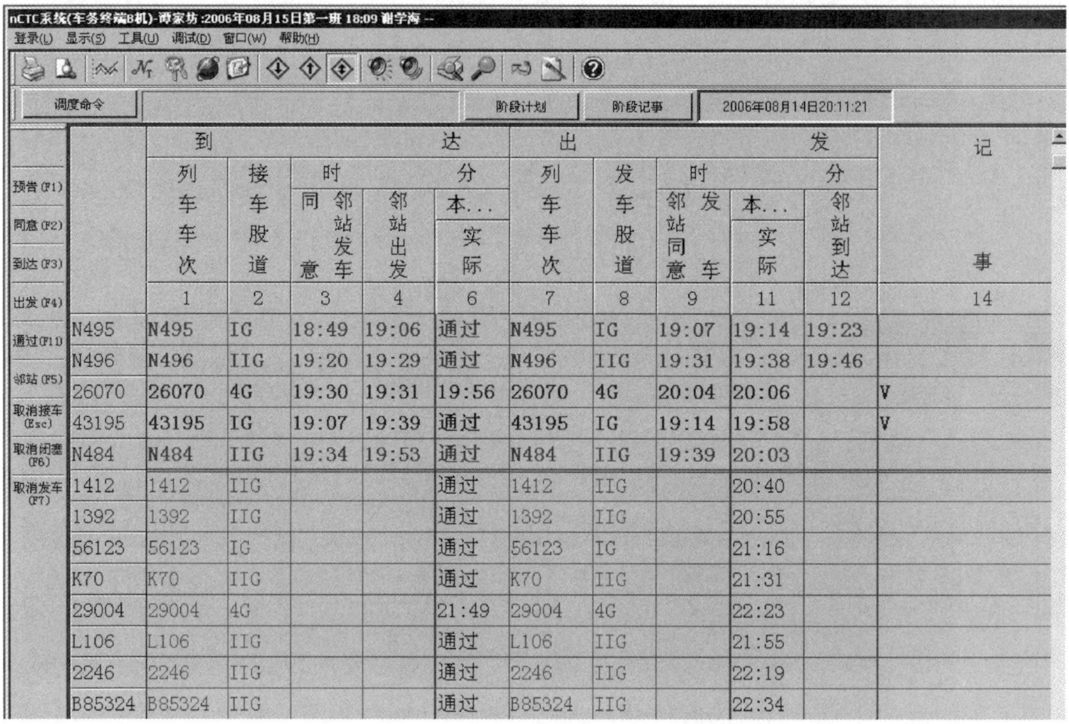

	到达 列车车次	接车股道	时分 同意邻站发车	邻站出发	本...实际	出发 列车车次	发车股道	时分 邻站同意发车	本...实际	邻站到达	记事
	1	2	3	4	6	7	8	9	11	12	14
N495	N495	IG	18:49	19:06	通过	N495	IG	19:07	19:14	19:23	
N496	N496	IIG	19:20	19:29	通过	N496	IIG	19:31	19:38	19:46	
26070	26070	4G	19:30	19:31	19:56	26070	4G	20:04	20:06		V
43195	43195	IG	19:07	19:39	通过	43195	IG	19:14	19:58		V
N484	N484	IIG	19:34	19:53	通过	N484	IIG	19:39	20:03		
1412	1412	IIG			通过	1412	IIG		20:40		
1392	1392	IIG			通过	1392	IIG		20:55		
56123	56123	IG			通过	56123	IG		21:16		
K70	K70	IIG			通过	K70	IIG		21:31		
29004	29004	4G			21:49	29004	4G		22:23		
L106	L106	IIG			通过	L106	IIG		21:55		
2246	2246	IIG			通过	2246	IIG		22:19		
B85324	B85324	IIG			通过	B85324	IIG		22:34		

图 28-10　CTC 的车站行车日志界面

3）列车编组和速报

CTC 系统与 TMIS 系统联网，从 TMIS 系统中可以取得列车编组（运统一，又名确报），这是调度员安排甩挂作业和调车作业的依据。列车编组的内容包括：车次号、发报时间和发报站、总重、辆数、长度、车号、品名、到站。

列车速报信息一般由始发车站的车站值班员在调度集中系统的车务终端上输入，上传到调度中心，系统将该信息向列车运行的前方车站发送。根据不同的运输组织模式，速报中的机车号、司机姓名可由机务段值班员输入；运转车长姓名由乘务室值班员输入，也可由调度员电话收听，人工输入。列车速报的内容包括：车次号、机车号、司机姓名、运转车长姓名、列车长度、辆数、总重、尾号、篷布、超限级别。

4）甩挂作业

列车调度员根据列车编组单和车站存车情况，结合作业列车的具体运行情况安排列车在中间站的甩挂作业，并形成甩挂作业计划，通过网络下达到车站。车站值班员根据甩挂作业计划安排站内调车作业，制订调车作业通知单。车站甩挂作业结束后，车站值班员将列车的新编组发送到调度中心，系统自动更新列车的编组，以便安排前方站的甩挂作业。

调度集中系统可以处理无行车人员的车站甩挂调车作业。此时，由助理调度员根据甩挂作业计划制订这类车站的调车作业通知单，组织车站的调车作业。

5) 车站站存车

中间车站的站存车由车站值班员在车务终端上输入该站当前的存车情况,并发送到调度中心供各工种查询,亦可由行车调度员电话收听,手工输入。无人站的站存车由助理调度员输入并维护。

6) 车站站间透明

CTC系统的车站系统能够提供本站以及相邻各两站的车站站场平面和计划/实际运行图显示,车站值班员和信号员可以了解到邻站的信号设备状态、进路排列情况和列车运行位置等信息,通过提供单屏多站(图28-11)和单屏单站(图28-12)两种显示方式,实现站间透明,从而提高本站的接发车作业和调车作业的效率。

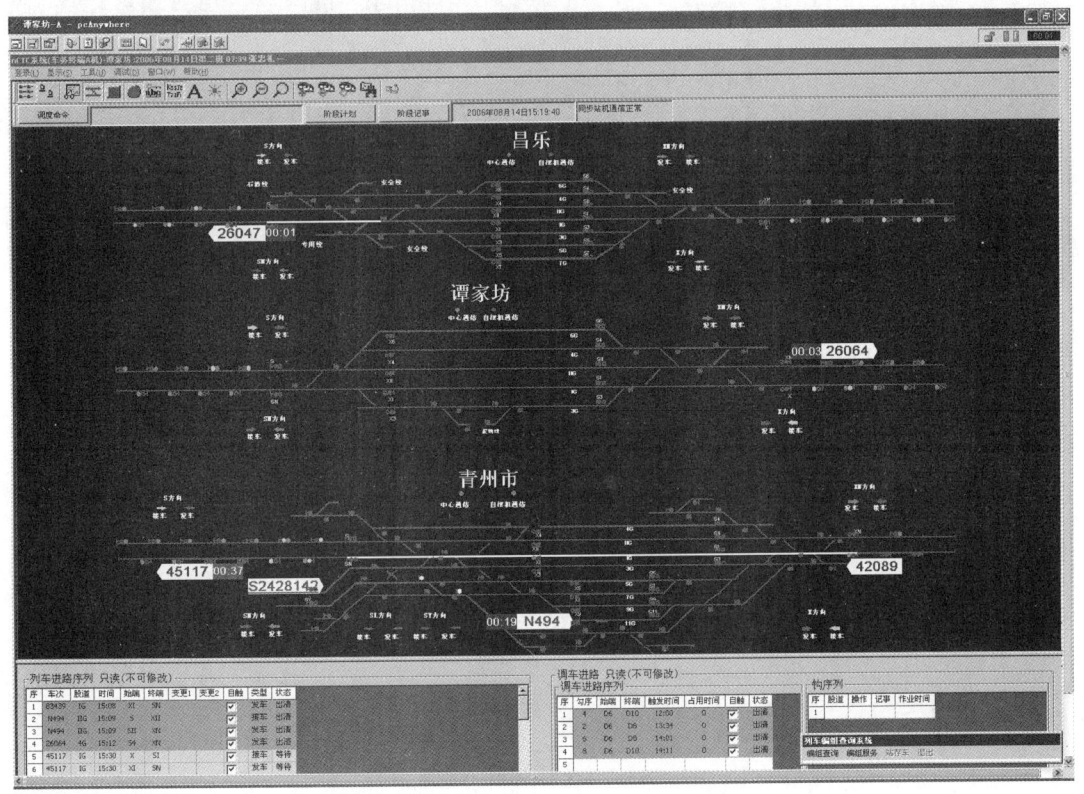

图28-11　CTC的单屏多站显示界面

运输调度指挥作为轨道交通系统的核心,需要利用先进的计算机技术、智能信息处理技术、网络技术、通信技术和控制技术来应对各种铁路运输状况,实现铁路运输服务和管理的智能化。随着人工智能、物联网、云计算、移动计算、大容量通信、现代大数据处理、系统技术、控制技术、智能自动化技术等面向铁路运输需求的各种现代信息技术的快速发展,对轨道交通基础设施、技术装备和服务需求实现全息感知、快捷识别、智能决策,是未来轨道交通运输调度指挥的发展方向。运输调度智能化将能动态高效地调配铁路运输全服务流程相关资源,从而以更低的成本实现更高级别的系统安全、更高的整体性能和效率以及更高的可持续性和互操作性。

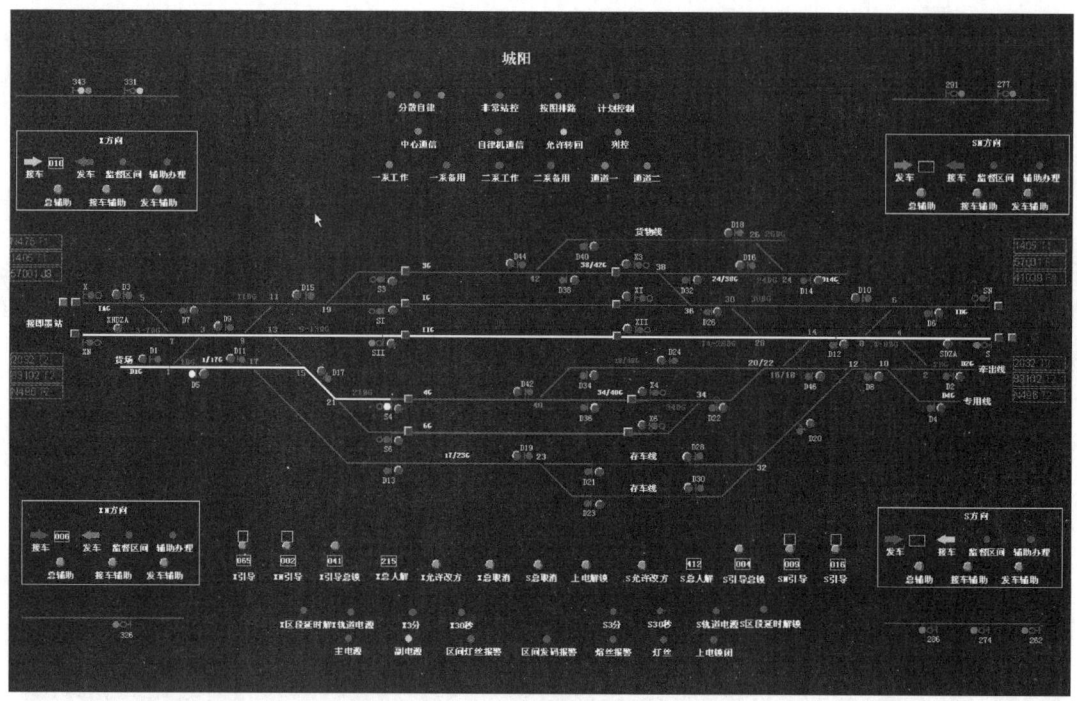

图 28-12 CTC 的单屏单站显示界面

复习思考题

1. 铁路运输调度指挥系统的组成和任务有哪些?
2. 铁路调度日(班)计划的主要内容及编制要求有哪些?
3. 铁路车流预测和车流调整的方法有哪些?
4. 铁路及城市轨道交通列车运行调整的基本方法有哪些?
5. 日常客货运输工作统计和分析的主要内容及方法有哪些?
6. 轨道交通系统运营可靠性的基本含义、运输能力损失及其传递的基本规律有哪些?
7. 我国铁路列车调度指挥系统(TDCS)的体系结构和主要功能是什么?
8. 我国分散自律调度集中系统(CTC系统)的基本结构和主要功能是什么?

参 考 文 献

[1] 国家发展改革委.发展改革委印发《中长期铁路网规划》[EB/OL].[2023-06-20].https://www.gov.cn/xinwen/2016-07/20/content_5093165.htm.
[2] 国务院.国务院关于印发"十四五"现代综合交通运输体系发展规划的通知.[EB/OL].[2023-07-11].https://xxgk.mot.gov.cn/2020/jigou/zhghs/202201/t20220119_3637245.html.
[3] 中国国家铁路集团有限公司.新时代交通强国铁路先行规划纲要.[EB/OL].[2023-06-17].http://www.china-railway.com.cn/xwzx/rdzt/ghgy/gyqw/202008/t20200812_107636.html.
[4] 徐瑞华.轨道交通系统行车组织[M].北京:中国铁道出版社,2005.
[5] 江志彬.城市轨道交通网络列车运行组织与管理[M].上海:同济大学出版社,2018.
[6] 杨浩.铁路运输组织学[M].4版.北京:中国铁道出版社,2015.
[7] 彭其渊,王慈光.铁路行车组织[M].2版.北京:中国铁道出版社,2015.
[8] 钱名军,宋建业.铁路行车组织基础[M].北京:中国铁道出版社,2015.
[9] 唐涛,李开成.高速铁路列车运行控制[M].北京:中国铁道出版社,2021.
[10] 荣剑,程谦,曲思源.列车运行图编制与管理[M].北京:中国铁道出版社,2021.
[11] 陈永生,吕永昌,陈伟革,等.高铁信号与控制[M].上海:上海科学技术文献出版社,2019.
[12] 中华人民共和国铁道部.列车运行图编制管理规则[M].北京:中国铁道出版社,2008.
[13] 中国铁路总公司.铁路技术管理规程(普速铁路部分)[M].北京:中国铁道出版社,2014.
[14] 中国铁路总公司.铁路技术管理规程(高速铁路部分)[M].北京:中国铁道出版社,2014.
[15] 中国铁路总公司.调度集中系统技术条件:TB/T 3471—2016[S].北京:中国铁道出版社,2016.
[16] 铁道部运输局.铁路列车调度指挥系统(TDCS)[M].北京:中国铁道出版社,2006.
[17] 中国铁路总公司.列车调度指挥系统技术条件:TB/T 3580—2022[S].北京:中国铁道出版社,2022.
[18] 国务院办公厅.国务院办公厅转发国家发展改革委等单位关于推动都市圈市域(郊)铁路加快发展意见的通知.[EB/OL].[2023-07-20].http://www.gov.cn/zhengce/content/2020-12/17/content_5570364.htm
[19] 薛峰.高速铁路运输组织方法与实践[M].成都:西南交通大学出版社,2022.
[20] 闫海峰,王利华,唐巧梅.铁路行车组织[M].2版.成都:西南交通大学出版社,2021.